總主編 ——— 羅時進

明清才子傳箋證

——第一卷——

明代詩文編（洪武——永樂）（下）

主編
梅新林 丁小明

鳳凰出版社

樓璉傳

樓璉，字士連，浙江義烏人，生年不詳。

鄭曉《吾學編》卷五十八《翰林侍講樓璉》、宋濂《宋學士文集》卷三十一《樓母婁氏墓版文》、李賢《明一統志》卷四十二、許相卿《革朝志》卷七、趙士喆《建文年譜》卷中、徐象梅《兩浙名賢録》卷八、過庭訓《本朝分省人物考》卷五十二、徐學聚《國朝典彙》卷二、李贄《續藏書》卷七"遜國名臣"、程敏政《明文衡》卷四十二、嚴長明《（乾隆）西安府志》卷二十五、陳田《明詩紀事》甲籤卷二十二、王崇炳《金華徵獻略》卷三等，俱載有樓璉事迹。

許相卿《革朝志》卷七《樓璉傳》："樓璉，字士連，浙江金華人。受業宋濂之門。"

過庭訓《本朝分省人物考》卷五十二："樓璉，字士連，義烏人。"

出生文學世家，師事宋濂，經學淵邃，文章峻潔，爲同門所推。

鄭曉《吾學編》卷五十八《翰林侍講樓璉》："璉，字士連，金華人。嘗從宋濂學。"

過庭訓《本朝分省人物考》卷五十二："樓璉，字士連，義烏人。祖有成，字玉汝，以字學著，吴萊稱其精緻可傳，任無爲路學録。父光亨，字景元，從吴萊學，宋濂序其《梅溪詩稿》，稱爲法度之詩。璉蚤承庭訓，復從宋濂游，經學淵邃，文章峻潔，爲同門所推。"

按,宋濂《宋學士文集》卷三十一《樓母婁氏墓版文》中記載,樓母對樓璉要求嚴格:“樓君隱居教授,州里多宗之。每懸燈覽書,直至雞號。夫人侍左右,不敢先寢,困睫,或不可擘,必奮迅自力,習以爲常。”

洪武四年(1371),璉以明經試吏部入官,擢大同宣寧縣簿,又遷爲成都府仁壽縣主簿。

按,宋濂《樓母婁氏墓版文》載樓璉母親卒日云:“壽七十八,其時則洪武辛亥九月十七日。又明年癸丑某月日,藏於竹山里先塋之次。……璉以明經試吏部入官,今爲成都府仁壽縣主簿。”宋濂爲文時,樓璉已遷仁壽主簿,可知其在宣寧的任期不足兩年。

宋濂《樓母婁氏墓版文》:“義烏樓璉詣余禁林,且哭且拜曰:‘璉也不才,幸獲厠名銓曹,擢主大同宣寧縣簿。歸與母夫人别,夫人慘然若不能勝情,整璉衣,出門涕泪,闌干被頰。璉恐重傷夫人之意,忍泣而往之官。僅五月,而訃音至矣。’”

過庭訓《本朝分省人物考》卷五十二:“洪武中,由儒士召,授宣寧主簿。”

歷任仁壽、大治主簿,擢藍田知縣,轉廣東道監察御史,以事謫戍雲南。

許相卿《革朝志》卷七《樓璉傳》:“洪武中以儒士召,主宣寧、仁壽二縣簿。”

過庭訓《本朝分省人物考》卷五十二:“洪武中,由儒士召,授宣寧主簿,歷仁壽、大治。升藍田知縣,轉廣東道監察御史,以事謫戍雲南。”

徐學聚《國朝典彙》卷二:“樓璉字士連,金華人,嘗從宋濂學。洪武中以藍田知縣擢御史,謫戍雲南。”

沈青崖纂《(雍正)陝西通志》卷二十七:"藍田縣學,在縣治南,明洪武十年知縣樓璉建。"

嚴長明《(乾隆)西安府志》卷二十五:"樓璉,字士連,金華人,洪武中以儒士召知藍田時,邑事草創,璉莅任後即建修廟學,旋擢御史。"

按,貶謫雲南期間,樓璉作七律詩《雲南即事》:"五雲南國在天涯,六詔山川景物華。摩歲中山標積雪,納夷流水帶金沙。翠蛙鳴入雲中樹,白雉飛穿洞口花。獨有江南征戍客,尋常清夢苦思家。"(張豫章《四朝詩》明詩卷七十二)

建文元年(1399),選補天下儒學官,璉以文學舉入爲翰林院侍讀。

許相卿《革朝志》卷一:"(建文元年)六月辛丑……選補天下儒學官……以文學舉人樓璉爲翰林院侍讀。"

許相卿《革朝志》卷九《宋懌傳》:"建文君念濂爲皇考舊學之臣,召懌還,以爲翰林侍書。懌書與劉彦銘、朱思平,皆名革朝間。而濂門人有聲者,同郡樓璉、浦江鄭楷云。"

《(嘉靖)浙江通志》卷四十六:"樓璉……洪武中嘗爲宣寧仁壽一縣主簿。庚辰年,召爲翰林侍講。"

鄭曉《吾學編》卷五十八《翰林侍講樓璉》:"建文君嗣位,屢下詔求賢,璉以文學舉入翰林,侍經筵官至侍讀。"

鄭曉《吾學編餘・儀制・薦舉》:"建文初,方希古建議開薦舉之途,遂下詔求直言,舉山林岩穴懷才抱德之士,如高危、鄭恕、樓璉、鄭楷輩皆擢用。"

李贄《續藏書》卷七《翰林侍書宋公》:"宋懌……建文即位,念濂爲興宗舊學之臣,乃遠處蜀,召懌入翰林,爲侍書。與劉彦銘、朱思平及濂門人樓璉、鄭楷皆見擢用。"

建文四年(1402),明成祖即位,命方孝孺草詔,孝孺不屈而戮死,復改命璡。璡入見孝孺極刑,惶懼受命。歸獨憤嘆,自經死。

許相卿《革朝志》卷七《樓璡傳》:"文皇即位,命方孝孺草詔,孝孺不屈,戮死。復改命璡,璡入見孝孺極刑,惶懼受命。歸獨憤嘆,其妻問之曰:'得無傷方先生耶?'璡愧曰:'我受刑尚可,正恐累汝輩耳。'逡巡間一夕,自經死。"

過庭訓《本朝分省人物考》卷五十二:"靖難師入京,命方孝孺草詔,加以極刑。改命璡爲之,璡不得已受命。歸而憤嘆,妻子問:'得無傷方先生耶?'璡乃自經死。"

王崇炳《金華徵獻略》卷三:"靖難師入,命方孝孺草詔,不從,滅九族。乃命璡爲之,歸而慨嘆不食。妻問之曰:'得毋傷方先生意耶?'璡默然一夜,自經死。"

張廷玉等《明史》卷一百四十一本傳:"成祖既殺孝孺,以草詔屬侍讀樓璡。璡,金華人,嘗從宋濂學,承命不敢辭。歸語妻子曰:'我固甘死,正恐累汝輩耳!'其夕,遂自經。"

嵇曾筠監修《(雍正)浙江通志》卷二百三十九:"明侍讀樓璡墓,《義烏縣志》:在智者鄉張塘之原。"

按,明清以來,人們對樓璡不得已受命草靖難之詔,又逡巡自經的行爲多有議論。

郎瑛《七修續稿》卷三:"成祖皇帝命樓璡草靖難之詔,適方孝孺受刑之時,唯唯承旨,歸而噴嘆自縊。宋林希草東坡謫辭,成而擲筆嘆曰:'壞了平生名節。'夫樓非不知靖難之詔不當草,畏死甚而勢迫以受也;林非不知東坡之辭不可草,利心急而計遷宰輔也。然卒死而名節壞焉,豈非勢利成其過哉?况於區區士也哉?"

袁袠《王艮樓璡贊》:"袁袠曰:'王艮之憂,樓璡之怖,皆浩然之氣餒而未克耳。'夫子曰:'仁不憂,勇不懼。'二子歉焉。然以視反

面二心者胥淵矣,何害君子哉?'"(朱鷺《建文書法擬》)

王崇炳《金華徵獻略》卷三《忠義傳》對樓璉之死有評價云:"論曰:'嗚呼!靖難之際,古今君子之厄運也。孝陵之土未乾,骨肉之難旋作,六宫一燼,皇器頓移,方、黄之儔慘受誅戮,而大小臣工各懷致身之義,於此雉經,於彼淵沉。龔泰赴難得脱,登城一擲,粉身殉國,烈矣。樓璉於金川失守之時,徘徊生死之關,兩端未决,既承草詔之命,歸而自裁。或者疑其非忠,然使璉當授簡之際,投筆峻拒,以求一死,則十族之誅,且踵方氏之故武矣……予嘗讀王世貞《國朝叢記》,載壬午諸事,不覺怒髮上指,曰:'人事至此,三綱淪,五常滅。'蓋文皇挾其怒勢以折一時懷忠之臣,而又激於方孝孺之剛心勁氣,遂至不顧千古之誹議,而倒行逆施,在孝孺亦止以一死成仁……夫人生之大倫有五,既有君臣,豈無父母,豈無兄弟,豈無妻子,豈無師友?吾欲盡其一而戕害僇辱其四,於義宜乎?吾既一死亦足以報故君矣,然則璉之所爲,適合情理,不足多咎也。"

與浙東文人頗近,以早從宋濂游,遂與同門鄭楷等取宋濂自仕國朝以來所作,復選録爲十卷,名曰《續文粹》,以傳於學者。

陳田《明詩紀事》甲籤卷二十二載永嘉林温爲樓璉作《送樓士連之官四川仁壽分韻得知字》:"見説蜀中天下奇,一官萬里去何之。雲連古棧驅車遠,江繞盤渦入棹遲。落日秋風神禹廟,黄鸝碧草武侯祠。尋幽好載郫筒酒,縣令相過是故知。"

程敏政《明文衡》卷四十二樓璉《潛溪續文粹序》:"璉早從公游,辱公見知,竊嘗嘆天下知愛公文,而不能盡得其意,且不能盡觀也。以爲公昔無恙,時嘗擇舊文爲《文粹》以傳矣。因復與同門友浦陽鄭楷叔度等,取自仕國朝以來所作,復選録爲十卷,名曰《續文粹》,以傳於學者。"

杭世駿《道古堂全集》文集卷二十七《宋景濂未刻稿跋》:"劉誠

意基又摘取其精者,約爲《文粹》十卷。門人鄭濟、鄭洧、方孝孺等以爲未盡,乃更選續十卷,皆孝孺與劉剛、林静、樓璉手自繕寫,刊於義門書塾。"

丁丙《善本書室藏書志》卷三十五:"《潛溪集》八卷,嘉靖刊本,汪魚亭藏書。金華宋濂著……選《續文粹》十卷,皆孝孺與同門劉剛、林静、樓璉手自繕寫,刊於義門書塾,革除之後,多爲禁絶,今兵燹之後,更無從得矣。"

繆荃孫《雲自在龕隨筆》卷三:"明宋學士著作最富,《潛溪集》元時已盛行。入明,劉伯温選定爲《文粹》十卷,門人方孝孺、鄭濟等又選《續文粹》十卷,皆孝孺與同門劉剛、林静、樓璉手自繕寫,刊於義門書塾。"

著有《居夷集》五卷,乃謫戍雲南時所作。

黄虞稷《千頃堂書目》卷十八:"樓璉《居夷集》五卷,謫戍雲南洱海時作。"

永瑢等《四庫全書總目》卷一百八十九《滄海遺珠》提要:"《滄海遺珠》四卷,浙江范懋柱家天一閣藏本,不著編輯者名氏。前有正統元年楊士奇《序》,稱都督沐公所選。又稱其字曰景容,黔寧王之仲子。佐兄黔國公爲朝廷鎮撫西南一方。考《明史》,黔寧王沐英之子晟爲黔國公,鎮雲南,昂爲右都督,領雲南都司,則此集當爲昂所編。惟昂字景高,不字景容。疑其初字景高,至洪熙元年後避仁宗之諱,改高爲容,史未及詳。其以第三子爲仲子,則疑誤以黔國公爲長也。所録凡朱經、方行、朱緋、曾烜、周昉、韓宜可、王景彰、樓璉、王汝玉、逯杲、平顯、胡粹中、楊宗彝、劉叔讓、楊子善、張洪、范宗暉、施敬、僧天祥、機先、大用二十人之作,共三百餘首,皆明初流寓遷謫於雲南者。每人姓名之下,各注其字號里居。以其爲劉仔肩、王偁諸家詩選所不及,故名曰《遺珠》。二十人皆無專集。此編去取頗精審，所録多斐然可觀。自古以來，武人能詩者代代有之，以武人司選録而其書不愧善本者，惟此一集而已。”

爲詩明麗清新，粲然可觀。

樓璉詩見於沐昂《滄海遺珠》卷二者三首：《采蓮曲》：“妾學采蓮蓮始花，花顔與妾争春華。妾有朱鉛爲郎飾，不學爾花徒弄色。秋霜一夜花無主，妾憶行郎泪如雨。暗卜行郎何日歸，定是蓮房結子時。”《題深上人松月軒》：“夜月明松頂，軒居不掩扉。石泉沉濕翠，碧瓦弄晴暉。林静猿初息，巢空鶴未歸。此中凝坐者，寒沁薜蘿衣。”《送鏡中照上人兼柬斗南和尚》：“舊住扶桑第幾山，偶然踪迹落人間。蘿衣拂露辭秋壑，藤杖扶霜度曉關。滇海飛來孤月小，點蒼留得半雲閑。殷勤爲報圓通客，鶴背清風好共還。”

樓璉詩見於錢謙益《列朝詩集》甲集卷二十二者三首，曰《雲南即事》《題深上人松月軒》《送鏡中照上人兼柬斗南和尚》；又見於張豫章《四朝詩》明詩卷七十二。《雲南即事》：“五雲南國在天涯，六詔山川景物華。摩歲中山標積雪，納夷流水帶金沙。翠蛙鳴入雲中樹，白雉飛穿洞口花。獨有江南征戍客，尋常清夢苦思家。”

文章學宋濂，經學淵邃，文章峻潔。主張根據仁義，博而知要，養端介之氣於内，不爲利害所移。

過庭訓《本朝分省人物考》卷五十二：“璉早承庭訓，復從宋濂游，經學淵邃，文章峻潔，爲同門所推。”

程敏政《皇明文衡》卷四十二樓璉《潛溪續文粹序》云：“可名之功，衆人知之；難名之功，君子知之。至於不見其功而天下陰受其利者，此非聖賢之徒不能知也。……山嶽出雲而霖雨被四海，人以爲霖雨之澤也，而不知本於山岳之助。賢人鉅儒之於國家，不必有赫然之功，而其及物常在乎事爲之外，謂天下果興於斯人，衆人未必知而信之。然欲天下之安定,非斯人亦莫之能也。……公修身於户庭之間,而姓字播於千萬里之外,蠻夷异類,皆知尊慕之,使中國之美傳於無極,其功蓋大矣!而當時之人未必能名其爲功,此公所以爲盛與?公之爲學,博而知要,其德粹然,與世無競,而端介之氣,充養有道,不爲利害所移。蓋仁人長者之風,不見於世久矣,乃於公而見之。天之遺斯世不亦厚乎?"

程敏政《皇明文衡》卷九十二樓璉《貞義處士鄭府君墓表》:"金華之浦江有孝義門曰鄭氏,鄭氏有好學篤義之君子曰處士,諱洧,字仲宗。其言慤而信,其行和而謹,少受業於太史潛溪公,劬躬勵志,痛自繩斫。籠雞卧榻之側,聞雞初號,輒危坐誦讀,至夜二鼓不休。由是盡通貫聖賢經訓,尤精於朱氏論議。根據仁義,下筆爲文,有奇俊語,一時老儒多嘆譽之。"

行事以忠孝著於族,追樓氏賢踪而紹懿美。

《義烏縣志》卷二十一張坦讓《樓氏忠孝節義序》:"所可异者,爲臣秉忠,爲子盡孝,難兄難弟,萃於一門,如烏傷樓氏也……如以忠著者,則有樓圖南、樓璉;以義顯者,則有樓鎮;以孝稱者,則有樓蘊、樓斗南、樓楷。至於節烈閨媛,歷載邑乘,班班可考。是忠孝節義四大綱,維獨樓氏兼而有之。而圖南、斗南一盡臣道於王室,一盡子道於家庭,雖二南均係科名,其於君父兩俱無愧,而著美各成其名,況以同胞兄弟一忠一孝,尤不易得也。猗歟休哉!烏傷誠以忠孝重也。夫樓氏之族,代出偉人,文章功業,德行科名,卓然宇宙,炳若日星,上下千餘年,後先輝映,可以裨名教,可以勵風俗,可以警頑,可以起懦,迄今得逢。……余既深知樓氏,又何惜爲之贅片言?以附簡末因節,叙其源流,略舉其家世,非欲使後之人震驚慨嘆,尤深望樓氏之子若孫,有以踵芳躅而媲休聲,追賢踪而紹懿美,觀感於前,興起於後,則將來之爲忠爲孝爲義爲節爲烈,正未有艾也。"

參考文獻：

1. 鄭曉《吾學編》，明隆慶元年鄭履淳刻本。

2. 李贄《續藏書》，明萬曆三十九年王惟儼刻本。

3. 朱鷺《建文書法擬》，明萬曆刻本。

4. 徐學聚《國朝典彙》，明天啓四年徐與參刻本。

5. 過庭訓《本朝分省人物考》，明天啓刻本。

6. 許相卿《革朝志》，明刻本。

7. 王崇炳《金華徵獻略》，清雍正十一年刻本。

8.《義烏縣志》，清嘉慶七年刊本。

9. 錢謙益《列朝詩集》，清順治九年毛氏汲古閣刻本。

10. 杭世駿《道古堂全集》，清乾隆四十一年刻光緒十四年汪曾唯修本。

11. 沐昂《滄海遺珠》，清光緒十二年刻本。

12. 陳田輯撰《明詩紀事》，清陳氏聽詩齋刻本。

13. 程敏政《皇明文衡》，《四部叢刊初編》本，上海書店 1989 年版。

14. 宋濂《宋學士文集》，《四部叢刊初編》本，上海書店 1989 年版。

15. 張豫章《四朝詩》，《文淵閣四庫全書》本，上海古籍出版社 1987 年版。

16. 繆荃孫撰，張廷銀、朱玉麒主編《繆荃孫全集・筆記》，鳳凰出版社 2014 年版。

（邱江寧）

吴伯宗傳

吴伯宗，名祐，伯宗其字，以字行。江西金溪人。元元統二年(1334)生。父儀，元鄉貢進士。

查繼佐《罪惟録·列傳》卷八中："父儀，元季鄉薦，世稱東吴先生。講學受徒，著《稗傳》及《類編》《五倫辨》三書，尤深於《春秋》。嘗言世有楊子雲，其將好之矣。壬辰，寇起，集鄉黨自保。入國朝，其太守聘起之，力辭，卒。"

按，吴伯宗生年諸傳未載，此據《明清會元狀元科舉文墨今譯》録之。

少有异才，十歲通舉業。

雷禮《國朝列卿記》卷一百四十一："伯宗生而岐嶷，十歲通舉子業，識者奇之，嘆曰：'此兒玉光劍氣，終不可掩。'"

焦竑《玉堂叢語》卷七："(伯宗)幼而穎悟，鄉先達葛元喆曰：'此兒玉光劍氣，終不可掩。'"

明洪武三年(1370)鄉試，中解元；洪武四年會試，名二十四；同年廷試，中狀元，授承直郎、禮部員外郎。

《明太祖實録》卷六十二："(洪武四年三月)乙酉朔，策進士於奉天殿，登第者百二十人。賜吴伯宗等三名進士及第；第二甲十七人，賜進士出身第；三甲百人，賜同進士出身。詔賜伯宗朝服冠帶，授禮部員外郎。”

李士棻修《(同治)東鄉縣志》:“是時初議開科取士,命國子祭酒魏觀、博士孫吾與、修撰王僎爲讀卷官。高皇帝親製策問,略曰:‘古者敷奏以言,明試以功,漢之賢良、宋之制舉得人爲盛,今特延子大夫於廷,不知古帝王敬天勤民,其道何由?’伯宗條對稱旨,上擢爲第一,賜袍笏冠服,授承直郎。”

宋濂《宋文憲公全集》卷四《故東吴先生吴公墓碣銘》:“洪武庚戌,江西鄉闈試多士,府判官王櫯夢州城中迎狀元,既而先生之子伯宗實在首選。明年辛亥,對策大廷,復以第一人賜進士及第,召見奉天殿,授承直郎、禮部員外郎。或者以夢之前徵爲先生世科之符,而先生已歿,不及見矣。……初,伯宗會試南宫,予嘗奉敕與考試事,伯宗因來謁,以先生文集序爲請,予未暇爲,而先生訃音至矣,伯宗乃泣拜求撰墓文。”

陳田《明詩紀事》:“田按,辛亥爲明興首科,伯宗以剛直顯,可謂得人。是科讀卷者爲國子祭酒魏觀、太常博士孫吾與、給事中李顔、修撰王僎。觀《早朝奉天殿》詩云:‘多士聽宣魚貫入,諸侯分直雁行聯。’紀其事也。”

焦竑《國朝獻徵録》:“四年廷試進士,觀與博士孫吾與、修撰王僎爲讀卷官,乃得吴伯宗等一百二十人。時開科之始,得人最盛,而伯宗卒爲名臣,人以此多觀之識。”

時郭翀亦高才,因其貌不及伯宗,太祖易伯宗爲狀元。

覺羅石麟修《(雍正)山西通志》卷一百十三:“郭翀,字子翔,壺關人。洪武庚戌舉鄉試第八,明年會試,賜榜眼及第,官吏部考功主事。翀博學,治《春秋》有名,每與友人賈敏、李約談論,輒以第一人自許。廷試傳臚,果第一。高皇帝在燭影下見其貌頗寢,因以吴伯宗易之,而置翀第二。翀與伯宗等相唱和,有句曰:‘鳳凰城闕紫宵間,曆數丕承王氣還。'敏與約亦同登辛亥進士。"

查繼佐《罪惟録·列傳》卷八中:"九月始殿試,有總提調、提調、讀卷、監試、掌卷、受卷、彌封、對讀等官。賜吴伯宗、郭翀、吴公達等及第出身有差。策擬翀第一,貌寢,改伯宗伯。宗名祐,以字行,庚戌解元。其府判王褻夢鄉解當復爲狀頭,果然。授員外郎。"

李紱《穆堂稿》:"有明以制舉業取士,吾撫吴公伯宗用廷試第一人,開一代之先。而吉安一郡,繼起大魁者至十有二人,他郡則猶無論。嗚呼,何其盛耶!"

朱彝尊《明詩綜》卷三引《静志居詩話》:"閣老首科狀頭,自後西江人物繼起於是,有'狀元多吉水,朝士半江西'之諺。"

吴伯宗《榮進集》卷四《送聞伯皐赴湘潭縣丞序》:"洪武四年春,僕初與計偕來京師,叨奉大對。及進士第,時同年士百有一十人,咸褒衣峨冠,濟濟焉鵠立闕門,聽臚傳甲乙之第。"

洪武六年(1373)九月,參修《大明日曆》《皇明寶訓》。

《明太祖實録》卷八十五:"(洪武六年)九月壬寅,翰林學士承旨兼吏部尚書詹同等言:'自上起兵渡江以來,征討平定之迹,禮樂治道之詳,雖有紀載,而未成書,乞編日曆,藏之金匱,傳與後世。'上從其請,同與侍講學士宋濂爲總裁官,侍講學士樂韶鳳爲催纂官,禮部員外郎吴伯宗,儒士朱右、趙壎、朱庶、徐一夔、孫作、徐尊生同纂修,鄉貢巡士黄昶、國子生陳孟暘等謄寫。"卷一百十一:"八月,上命濂與詹同、樂韶鳳等纂修《大明日曆》一百卷,又與吴伯宗、朱右等修《寶訓》五卷。"卷一百六十一:"時初開科取士,得伯宗,上甚喜,賜袍笏冠服,擢禮部員外,即命與學士宋濂等同修《日曆》。"

宋濂《宋文憲公全集》卷十二《大明日曆序》:"洪武七年,歲在甲寅夏五月朔日,新修《大明日曆》成。粤從皇上興臨濠、踐天位,以至六年癸丑冬十又二月,凡戒飭之諄復,征伐之次第,禮樂之沿革，刑政之設施，群臣之功過，四夷之朝貢，莫不具載，合一百卷，藏諸金匱，副在秘書。甲寅以後，則歲再修而續藏焉。……今《日曆》所書，籌略之運，功業之著，規模之宏遠，其本蓋原於此矣。然而史事甚重，古稱直筆，不溢美，不隱惡，務合乎天理人心之公，無其事而曲書之者，固非也。有其事而失書之者，尤非也。况英明之主不世出，而記注之官遷易不常，無以究夫聖德之高深。臣同暨濂，幸獲日侍燕閑，十有餘年，知之深，故察之精，察之精，則其書也，頗謂得其實而無愧。兹因《日曆》成書，謹揭其大要於首簡，使他日修《實録》者，有所采掇，庶幾傳信於千萬世也。其總裁官翰林學士承旨、嘉議大夫、知制誥兼修國史兼吏部尚書臣詹同，翰林侍講學士、中順大夫、知制誥同修國史兼太子贊善大夫臣宋濂。催纂官翰林侍講學士、嘉議大夫、知制誥同修國史臣樂韶鳳。纂修官禮部員外郎臣吴伯宗，翰林編修臣朱右、臣趙壎、臣朱廉，儒學教授臣徐一夔、臣孫作，布衣臣徐尊生。其讎校謄寫，則臣伯宗、臣廉及鄉貢進士臣黄昶、國子生臣陳孟陽。開局於六年九月四日，歷二百六十有五日始訖事云。"

朱彝尊《曝書亭集》卷六十二："六年秋九月，詔編《大明日曆》，以詹同、宋濂充總裁官。樂韶鳳充催纂官。纂修凡七人，吴伯宗、朱右、朱廉、徐一夔、孫作、徐尊生，壎復與其列。"

洪武八年(1375)，因胡惟庸中傷，貶鳳陽。上疏論胡惟庸罪狀，太祖閲後召還。

吴伯宗《榮進集》卷三《即事》："得遂敢言志，身危亦快哉。挑燈頻搦筆，想望聖心回。"同卷《上疏》："疏上何庸計，忠肝只自裁。莫思言逆耳，雲净正天開。"

查繼佐《罪惟録》："(洪武八年四月)時惟庸專恣惡，禮部員外郎吴伯宗抗直，譖黜鳳陽。伯宗上書論時政，直指惟庸罪狀，得召還。"

《明太祖實録》卷一百六十一:“胡惟庸方用事,欲人附己。伯宗性剛直,不肯與之相降屈,惟庸每銜之。八年,竟坐忤,惟庸中傷,以事謫居鳳陽。伯宗上書論時政,因言惟庸專恣不法,不宜獨任以事,恐久爲國患,辭甚剴切。上得具奏,即召還,賜襲衣鈔錠。”

朱國禎《皇明大政記》:“時丞相胡惟庸專横,伯宗性剛直不屈,惟庸銜之,故貶。伯宗上疏論時政,因指斥惟庸罪狀,不宜獨任以政,恐滋久爲國大蠹。辭甚切直,上覽其奏,召還,賜襲衣鈔錠。”

洪武十年(1377),出使安南,返京後任國子監助教。

《明太祖實録》卷一百六十一:“奉使安南,得馴象方物以歸,除國子助教。”

林弼《登州集》卷十《送韓君子煜官海門序》:“洪武丁巳春,弼再奉旨與禮部員外郎吴伯宗、順慶府照磨韓君子煜同使安南。越四月,至其國。其王煒郊迎璽書,至宫北面拜,跪受上賜如禮。遣貢方物,奉表陳謝。瀕行,煒遣陪臣持黄金若干兩爲贈,弼與二君峻辭却之。子煜曰:‘嫌疑必慎。’亟取紙筆,俾臣具狀領回,復語其執政以却之之故,要在上不失聖朝之體,下不失遠人之心。萬里瘴鄉,山川險惡,而吾三人,同心一力,以事王事。行則方舟聯轡,寢則共室對床,相聚之殷,而相與之厚,未嘗一事之或違,一言之或戾也。既復命當路,以韓君爲能,超遷海門令。予與吴君送之龍江之滸,酌之酒而告之。”

吴伯宗《榮進集》卷三《奉始安南國聞角》:“海水盈盈漏轉籌,霜風吹角到譙樓。夢殘明月三更曉,心逐閑雲萬里秋。玉帛幾回賓上國,詩書半世客南州。平生事業深如昨,無奈青燈照白頭。”同卷《奉使安南赴召還京》:“驛使傳宣詔逐臣,輕舟夜發五河濱。當年早際風雲會,此日重沾雨露新。豈有文章裨製作,只將忠直答皇仁。明朝咫尺天顔近,莫怪燈花報喜頻。”同卷《上問安南事伯宗出使安南後奉旨召還京師，因上問而答也。》："上問安南事，安南風俗淳。衣冠唐日月，禮樂舜乾坤。瓦瓮呈醇酒，金刀破細鱗。年年二三月，桃李一般春。"

《明史》卷一百三十七："伯宗之使安南也，以名德爲交人所重。其後，襄陽任亨泰亦舉洪武二十一年進士第一，以禮部尚書使安南，交人以爲榮。前後使安南者，並稱吴、任云。"

洪武十二年(1379)，講東宫，首陳正心誠意之説，得太子嘉許。十三年，改翰林典籍。

《明太祖實録》卷一百六十一："十二年，命進講東宫，首陳正心誠意之説，皇太子嘉納之。明年，改爲翰林典籍，御製十題，命賦之。伯宗挽筆立就，詞語峻潔。上嘉其才敏，賜織金錦衣。"

洪武十四年(1381)，參編《千家姓》。

楊慎《升庵集》卷五十《千家姓跋》："洪武十四年五月朔，翰林編修吴沈，典籍劉仲質、吴伯宗據户部黄册編爲《千家姓》以進，傳之天下。今教童子者，猶以宋世《百家姓》訓蒙，殊失之矣。"

程敏政《皇明文衡》卷五吴沉《進千家姓表》："臣沉等言：'臣聞古者天子建德，因生賜姓，胙土命氏，此姓氏所由興也。三代以前，有姓以别婚姻，氏以辨貴賤，所由來尚矣。三代以後，姓氏寖廣。推原其始，有以帝王名號爲氏者，有以王父字爲氏者，有以所生之土爲氏者，有以官、有以爵及謚爲氏者，有以所封之國若邑、若鄉、若亭爲氏者，有以技、以物爲氏者，故往往姓同而氏則分。年代既遠，族類益繁，於是以氏爲姓而索之族矣。歷漢、唐、宋、元生齒之盛，華夷之混，又有以部落爲姓者，有因功賜姓者，有因過、因事、因刑改姓者，有避諱、避仇、避難、避嫌改姓者，有慕前賢名字冒姓者，有音訛及音同文异或文同音异轉姓者，有省文、省言轉姓者，其區分類别,不可勝紀。前代雖有《氏族志》等書流行於世,類皆搜羅未盡,互有詳略,識者病之。恭惟皇帝陛下,誕膺天命,混一區宇,車書萬里,薄海内外,遐陬僻壤,咸霑沐聖化。安土樂生,黎庶阜蕃,又非前代之比。臣等謹稽諸史牒,質之圖籍,旁搜博訪,類萃成編,約爲韵語,凡爲姓一千九百六十有八名,曰《千家姓》,繕寫呈上。極慚膚淺,未能悉備。萬幾之暇,得賜覽觀。刊布四方,以便初學習讀。天下之人,有以知聖朝土地廣大,人民衆盛,恩德深厚,而思各保其族於悠久,以同躋仁壽之鄉也。洪武十四年五月朔日,翰林編修臣吴沉、典籍臣劉仲質、臣吴伯宗等誠惶誠恐,稽首頓首謹言。'"

洪武十四年(1381),除太常寺丞,辭不拜。十五年,除國子司業,復辭,由是貶陜西金縣教諭。尋召還,除翰林簡討。

《明史》卷一百三十七:"除太常司丞,辭。改國子司業,又辭。忤旨,貶金縣教諭。未至,詔還爲翰林檢討。"

洪武十五年(1382)九月,參譯西域曆書。

查繼佐《罪惟録》:"隨命儒臣吴伯宗與西域馬沙亦黑翻譯西域曆書三卷。"

劉智《天方至聖實録》卷二十《回回天文書序》:"序曰:'皇上奉天明命,撫臨華夷,車書大同,人文宣朗。爰自洪武初大將軍平元都,收其圖籍、經傳、子史,凡若干萬卷,悉上進京師,藏之書府。萬幾之暇,即召儒臣進講,以資治道。其間西域書數百册,言殊字异,無能知者。十五年秋九月癸亥,上御奉天門,召翰林臣李翀、臣吴伯宗而諭之曰:"天道幽微,垂象以示人,人君體天行道,乃成治功。古之帝王,仰觀天文,俯察地理,以修人事、育萬物,由是文籍以興,彝倫攸叙。邇來西域陰陽家推測天象,至爲精密,有驗其緯度之法，又中國書之所未備。此其有關於天人甚大，宜譯其書，以時披閲。庶幾觀象，可以省躬修德，思患預防，順天心，立民命焉。"遂召欽天監靈台郎臣海達兒、臣阿答兀丁、回回大師臣馬沙亦黑、臣馬哈麻等咸至於廷，出所藏書，擇其言天文陰陽曆象者，次第譯之。……越明年二月，天文書譯既，繕寫以進，有旨命臣伯宗爲序。……'"

阮元《疇人傳》："洪武元年，征元回回司天監黑的兒阿都剌、司天監丞迭里月實一十四人修定曆數。二年，又征回回司天臺官鄭阿里等十一人至京議曆法。三年，改司天監爲欽天監，以回回科隸焉。十五年，詔伯宗與翰林李翀同譯《回回曆》《經緯度天文》諸書。書成，命伯宗爲序。由是，回回法與大統參用。後神宗時用禮科給事中侯先春言，以《回回曆》纂入《大統曆》中，以備考驗。論曰：《九執》《萬年》，不行於當時，而《回回》《經緯度》乃得與《大統》始終參用，蓋其法亦屢變而加精漸，能符合天象矣。"

《明史》卷三十七《曆志七》："回回曆法，西域默狄納國王馬哈麻所作。……其曆元用隋開皇己未，即其建國之年也。洪武初得其書於元都。十五年秋，太祖謂：'西域推測天象最精，其五星緯度，又中國所無。'命翰林李翀、吴伯宗同回回大師馬沙亦黑等譯其書。"

陳夢雷《古今圖書集成・曆法彙編》："至於歲差環轉，歲實參差。天有經，地有緯，列宿有本行，日、月、五星有本輪，日、月有共會，惟西國之曆有之。高皇帝命吴伯宗與西域馬沙亦黑翻譯曆法，蓋以此也。"

未幾，拜武英殿大學士。

《明太祖實録》卷一百五十："（洪武十五年十一月）戊午，仿宋制置殿閣學士，以禮部尚書邵質爲華蓋殿大學士，翰林學士宋訥爲文淵閣文學士,檢討吴伯宗爲武英殿大學士,典籍吴沉爲東閣大學士。"

洪武十六年(1383)冬,坐弟仲實薦舉不實,降翰林檢討。

《明太祖實録》卷一百六十一:"十六年冬,坐弟仲實爲三河知縣薦舉不以實,伯宗爲所累,復降爲翰林檢討。"

雷禮《皇明大政記》:"武英殿大學士吴伯宗,以薦舉失人,降爲翰林檢討。"

漸忤太祖意,坐文字進不以時,貶雲南,洪武十七年(1384)卒於途。謚文莊。

《明太祖實録》卷一百六十一:"(洪武十七年四月)乙未,翰林院檢討吴伯宗卒。"

查繼佐《罪惟録》:"相傳從游浚苑,地有死孩之首,上問古有此此否?伯宗倉促不能對,上怒曰:'君問臣,臣不對,禮乎?'時上好用隱事難儒臣,亦以伯宗學淺謭,竟付詔獄死。按,《實録》稱卒於官,或曰諱之也。"

廖道南《殿閣詞林記》卷一:"十六年冬至,弟仲晏爲三河令,薦舉不以實,坐是復降檢討,卒。"

盧上銘《辟雍紀事》:"後在史院,復坐進文字不以時,謫滇南,卒。"

項篤壽《今獻備遺》卷五《吴伯宗》:"十六年冬,坐弟仲實爲三河知縣謬薦人,詞連公,復爲翰林檢討。明年卒。論曰:吴公以首科及第,受知聖主,簡直密勿,可謂遇矣。而旋起旋廢,才不究用,謂非命耶?"

焦竑《國朝獻徵録》:"十七年四月乙未,坐文字進不以時,謫雲南,卒。"

伯宗文思敏捷，善應制，有《南宫》《使交》《成均》《玉堂》等集。現僅存《榮進集》。

廖道南《殿閣詞林記》卷一："御試以十題命賦詩，伯宗援筆立就，風格峻絶，上大稱賞，賜織金錦衣。"

黎元寬《進賢堂稿》："昔吴伯宗最先取大魁，其在館閣，則上御製十題命賦，援筆立就，詞語峻潔，溪之獻也。"

《四庫全書總目》卷一百六十九《榮進集》提要："所著有《南宫集》《使交集》《成均集》共二十卷，又《玉堂集》四卷，今皆未見。此本中有《奉使安南》《國學釋奠》《玉堂燕坐》諸詩，疑原集散佚，後人掇拾殘剩，合爲此編也。一卷冠以廖道南《殿閣詞林記》小傳一篇，次爲鄉試會試御試卷。二卷、三卷皆詩，而附以賦及詩補遺。四卷爲雜文。"

詩宗李白，愛其瀟灑不羈。詩多歌舞升平，贊頌帝業之作，境界開闊，雍容典雅，爲明臺閣體之先。

錢謙益《列朝詩集》甲集卷十四吴伯宗《題李氏栖碧樓》："唐有謫仙人，風骨特高妙。晚愛栖碧山，閑心付登眺。桃花與流水，目擊領其要。遐觀窮有象，幽討入無徼。不知誰相問，但覺遺一笑。聲落天地間，松風紫鸞叫。諸孫企高躅，异世頗同調。瓊樓梯空青，銀榜生光耀。予亦愛其人，臨風劃長嘯。"

《四庫全書總目》卷一百六十九《榮進集》提要："其詩文皆雍容典雅，有開國之規模。明一代臺閣之體，胚胎於此。"

吴伯宗《榮進集》卷二《南京詩應制》其一："龍虎山河御氣通，遥瞻帝闕五雲中。英雄盡入江東籍，將帥多收薊北功。禮樂日躋三代盛，梯航歲貢萬方同。都將盛德熙文治，殊俗全還太古風。"其三："列郡徵賢起俊髦，萬機獨使聖躬勞。開藩上相頒龍節，破虜將軍設豹韜。地接皇圖三輔壯,天垂華蓋七星高。逢春别賜瑶池宴,捧進金盤五色桃。”

《榮進集》卷二《長江潦水十二韵應制》:“巴蜀已消雪,長江潦水渾。洪濤涵日月,巨浪浴乾坤。回擁三山出,雄驅萬馬奔。大聲如拔木,遠勢瀉傾盆。浩蕩川原混,微茫島嶼蹲。漫漫連兩岸,渺渺接千村。轂轉盤渦急,雲蒸濕氣屯。浮游多浴鷺,變化有溟鯤。已足沾疇隴,還應赴海門。朝宗長不息,灌溉意常存。惠澤流今古,陰陽順曉昏。滔滔南國紀,永護九重尊。”

《榮進集》卷二《蘆汀洲隱浦應制》:“秋水長江湛碧淪,西風蘆葉净無塵。波間月出天光迥,海上潮來雪色新。戒候每聞賓雁集,忘機唯與狎鷗親。長歌濯足烟霞裏,始信幽人樂是真。”

時見歌咏田園之作,悠閑自適,意境渾成。

吴伯宗《榮進集》卷二《莽蒼叟歌山應制》:“老翁無事愛青山,散髮長歌莽蒼間。谷口獨行紅日近,松間穩卧白雲閑。風傳清籟遥相應,石作丹梯邈可攀。幽興浩然天地杳,恍疑身在列仙班。”

文宗范仲淹,崇務實,重説理,氣盛言宜。

吴伯宗《榮進集》卷四《范氏族譜序》:“予自弱冠時,則慕宋參知政事范文正公。希文先生之文章、政事、節行,使人感奮激烈,想見其人,而恨生晚,不得承先生之下風。嘗欲一游吴中謁先生之祠而拜焉,而道遠,莫之能遂。”

《榮進集》卷四《務本堂記》:“君子之務學,本與用對,則先本而後用。本與文對,則先本而後文。本與末對,則先本而後末。本,誠君子之先務也。仁智禮義之性原於天,具於心。道之而爲道,德之而爲德,體之於身,而達之於天下。天下事物之理千變萬化,皆由此出,所謂本也。本既立,推而達之,則並乎政事之施,粲然文章之美，體用一原，質文兩盡。其於末也何有？譬之木焉，枝幹扶疏，花葉茂盛，藹然生意之暢者，由其根本之固也。不培其根而蕃其枝，鮮不槁矣。川源之流不息，以其有本也；行潦之集立涸，以其無本也。是故君子唯本之是務。……夫有諸中，必形於外，足乎己，必及於人，孝弟可以學文，忠信可以學禮，彦本既知務本矣。體立而用行，本大而末茂，由是勉焉，以成其文，豈不爲君子之歸乎？"

性温厚，外柔内剛。才德兼備，被目爲取士權輿。

潘耒《遂初堂集》："太祖仿宋制，置殿閣大學士，蓋猶翰林學士之任，侍帷幄、備顧問而已，未嘗寄以軍國之重，以故擢諸明經修行長者爲之。吴伯宗剛直不附，屢獲譴責，爲其難矣。鮑恂、張長年以遲暮見徵，高尚其志，可謂履道幽貞之士也。是以君子有取焉。"

廖道南《殿閣詞林記》卷一："喬林之枝，風折之殘；當衢之蘭，物踐之傷。若伯宗者，以忤惟庸，竟坐貶斥。其直氣勁操，屢折不回，説者以爲開科第一人，名德俱稱，非耶？贊曰：矯矯烈士，大廷之魁。侃侃直節，君子之才。積忤權臣，乃遭奇禍。人亦有言，義不可過。歷數往哲，如君幾人？誰其繼之，一峰羅倫。"

傅維鱗《明書》："史官曰，明以制科取士，士亦以此自重，故得人於斯爲盛。凌彝至於季世，而采春華，忘秋實，爲王、楊、盧、駱者，多不稱其行，制科遂爲天下詬。吴伯宗制科初開第一人也，驚才絶學，不呈身權相，首陳正心誠意之説，其樹立何如哉？予故表而出之，爲取士權輿云。"

《四庫全書總目》卷一百六十九《榮進集》提要："守正不阿，雖忤時貶謫，不少悔。胡惟庸擅權之日，勢焰張甚，獨毅然上疏劾之。風節棱棱，殊不可及。"

焦竑《國朝獻徵録》："伯宗爲人温厚詳雅，博學能文，然不苟婞阿，故屢獲譴。"

參考文獻:

1. 吴伯宗《榮進集》,《文淵閣四庫全書》本,上海古籍出版社 1987 年版。

2.《明太祖實録》,“中央研究院”歷史語言研究所 1962 年校印版。

3. 張廷玉等《明史》,中華書局 1974 年版。

4. 焦竑《國朝獻徵録》,明萬曆四十四年徐象橒曼山館刻本。

5. 廖道南《殿閣詞林記》,《叢書集成續編》本,上海書店出版社 1994 年版。

6. 曾燠《江西詩徵》,清嘉慶九年賞雨茅屋刻本。

7. 錢謙益撰集,許逸民、林淑敏點校《列朝詩集》,中華書局 2007 年版。

8. 江西省人物志編委會編《江西省人物志》(明代卷),方志出版社 2007 年版。

9. 郭皓政,甘宏偉編著《明代狀元史料彙編》,武漢大學出版社 2015 年版。

10. 鄭翔等編《江西歷代進士全傳》(第三册),上海古籍出版社 2016 年版。

11. 田啓霖劉秀英編譯《明清會元狀元科舉文墨今譯》,黑龍江大學出版社 2017 年版。

(朱麗霞)

姚廣孝傳

姚廣孝，幼名天禧，字斯道，號獨庵老人、逃虚子。僧名道衍。祖菊山，父妙心，母費氏。長洲(今江蘇蘇州)人，生於行醫世家。元順帝至元元年(1335)生。

焦竑《國朝獻徵録》卷六《御製推忠報國協謀宣力文臣特進榮禄大夫上柱國公姚廣孝神道碑》(以下稱《御製姚廣孝神道碑》)："姚廣孝，蘇之長洲人，祖菊山，父妙心，皆積善。母費氏。"

焦竑《熙朝名臣實録》卷九："李贄曰：'公官太子少師、推忠輔國協謀宣力文臣，階特進榮禄大夫，勛柱國，追封榮國公，謚恭靖，加贈少師。别號獨庵老人，又自謂逃虚子。'"

張廷玉等撰《明史》卷一百四十五本傳："姚廣孝，長洲人，本醫家子。年十四，度爲僧，名道衍，字斯道，事道士席應真，得其陰陽術數之學。"

按，姚廣孝《逃虚子集》補遺《相城妙智庵姚氏祠堂記》對其家世記載頗詳："姚氏之先，汴梁人，世爲人民，家寒微，無夙望顯者。宋高宗南渡，曾祖某挈妻子亦避兵來江南，首至長洲，蘇州府之屬邑也，不市居，因家相城焉。相城地最窪，水環其廓，居民多以耕漁爲業。祖某業醫養親，僦屋一廛而住，無寸田尺土，生計甚疏，然世事佛積善，鄉之人皆敬焉。"

又按，據《明史》本傳："(永樂)十六年三月入覲，年八十有四矣,病甚,不能朝,仍居慶壽寺。"永樂十六年(1418),姚廣孝八十四歲,可知其爲元順帝至元元年生人。

元至正八年(1348),年十四,入里中妙智庵學佛,師事宗傳法師。年十八,始剃髮爲僧。

《明史》卷一百四十五本傳:"年十四,度爲僧,名道衍,字斯道,事道士席應真,得其陰陽術數之學。"

按,姚廣孝《相城妙智庵姚氏祠堂記》自云其志:"廣孝尚幼,不願習醫,而白父曰:'某不樂於醫,但欲讀書爲學。有成,則仕於王朝,顯榮父母;不就,則從佛,爲方外之樂。'……年十四即從佛,父不奪吾志,遂出家於里之妙智庵,禮宗傳爲師,訓名道衍。十八,剃髮爲僧。游學湖海上,讀古今聖賢書,研究道理,作爲詩文,刻意追古,時人多忌而諱焉。"

按,姚廣孝出家學佛之因,明人以爲或爲謀求功名富貴。如明代郎瑛《七修類稿》卷四十三載:"姚廣孝常白父曰:'某不樂醫,願仕以顯父母。'父不從。一日入城,見僧官騶從之盛,嘆曰:'僧亦富貴如此耶!'决欲出家,遂入里之妙智庵,改名道衍。"明代田藝衡《留青日札》卷二十七《姚廣孝傳》載:"嘗白父:'不願醫,願仕以顯父母。'父不從。一日入城,見僧官騶從之盛,嘆曰:'僧亦富貴如此邪!'元壬辰年,遂出家,入里之妙智庵,改名道衍。""元壬辰年",即至正十二年(1352),是年,姚廣孝虚歲十八。

然《明史》姚廣孝本傳載:"永樂二年四月拜資善大夫、太子少師,復其姓,賜名廣孝。……命畜髮,不肯。賜第及兩宫人,皆不受。常居僧寺,冠帶而朝,退仍緇衣。出振蘇、湖,至長洲,以所賜金帛散宗族鄉人。"縱觀姚廣孝一生,其不貪貨圖財、耽於富貴,故上述郎、田二人之説未必可信,僅從永樂二年(1404)其將成祖所賜錢財散於衆人即可知一二。

至正年間，學佛同時，與相城靈應觀道士席應真善，爲忘年交，廣孝師事之，得其陰陽術數之學。

焦竑《國朝獻徵録》卷六王鏊《資善大夫太子少師贈榮國公謚恭靖姚廣孝傳》（以下稱《姚廣孝傳》）："姚廣孝，長洲人。初爲僧，名道衍，字斯道，居相城妙智庵。時相城靈應觀道士席應真者，讀書學道，兼通兵家言，尤深於機事。廣孝從之，執弟子禮，於是盡得其學。"

何喬遠《名山藏》卷六十《臣林記》："姚廣孝，其先汴人，扈宋南渡，家長洲之相城。世業醫。廣孝目光炬射，形如困虎，幼名天禧。年十四，白父曰：'兒不願醫，願仕。不，則願出家。'因削髮爲僧，名道衍，字斯道。相城道士席應真者，博學明法，兼綜兵略。道衍師之，盡得其機秘。又嘗遇异人授以占决之術，然深自晦匿也。里人王行獨知其有當世才。"

按，席應真，字心齋，號子陽子，常熟人。清人汪學金《婁東詩派》卷二十七《席應真傳》載："應真，字心齋，元末提舉虞山致道觀，卒年八十一，號子陽子，有《金薤稿》。"

《（同治）蘇州府志》卷一百三十五又載：席氏"少辭家，學老氏法，經籙、丹法靡不洞究，兼涉儒籍，尤邃於《易》，釋典、方術，咸能旁通。奉其母甚孝，至葬祭，痛哭如初喪。或謂：'親愛既割，何得徇禮若是過歟？'應真曰：'吾法當割愛入道，然世間豈有不孝之神仙也哉？'始提點常熟致道觀，遷郡之白鶴觀，及相城靈應宫。與釋道衍爲忘形交，衍師事之。或云衍兵法半是應真所傳也。洪武十四年三月卒，年八十一"。

富有詩才，與王賓、高啓、楊基等交游，亦與宋濂、蘇伯衡來往。遍游江湖。

鄭曉《吾學編》卷三十一《榮國姚恭靖公》:“與王賓、高啓輩善厚,亦與宋濂、蘇伯衡來往。遍游江湖。”

何喬遠《臣林記》:“道衍善詩詞古文,與楊基、高啓游。”

王彝《王常宗集》卷二《衍師文稿序》:“至正間,余被圍吴之北郭,渤海高君啓、介休王君行、潯陽張君羽、郯郡徐君賁,日夕相嬉游,而方外之士得一人焉曰道衍師,其爲古歌詩,往往與高、徐數君相上下。”

《明史》卷一百四十五本傳:“廣孝少好學,工詩,與王賓、高啓、楊孟載友善。宋濂、蘇伯衡亦推獎之。”

錢謙益《列朝詩集》閏集卷一《姚少師獨庵衍公》:“公居吴,爲高啓北郭十友之一。啓嘗叙其《獨庵集》,以爲‘險易並陳,濃淡迭顯,能兼采衆家,不事拘狹’。”

按,王賓,生卒年不詳,初名國賓,字仲光,號光庵,吴郡長洲(今江蘇蘇州)人。與同里韓奕、姚廣孝交善,至老不渝。隱居不仕,善畫山水。年七十卒,姚廣孝爲其作《王賓傳》。

高啓(1336—1373),字季迪,號槎軒,長洲(今江蘇蘇州)人。元末隱居吴淞青丘,自號青丘子。與劉基、宋濂爲明初詩文三大家。與楊基、張羽、徐賁爲“吴中四杰”,又與王行等號“北郭十友”。著有《高太史大全集》《鳧藻集》等。高啓曾作《獨庵集序》評姚廣孝詩云:“或閎放馳騁以發其才,或優柔曲折以泄其志,險易並陳,濃淡迭顯,蓋能兼采衆家,不事拘挾。觀其意,亦將期於自成而爲一大方者也。”(《鳧藻集》卷二)

楊基(1326—1378),字孟載,號眉庵。原籍嘉州(今四川樂山),後遷吴中(今江蘇蘇州),爲“吴中四杰”之一,元末明初詩人。以詩著稱,亦兼工書畫。著有《眉庵集》。

明洪武三年(1370),大病初愈,作《五色雀》詩以顯志。

《逃虛子集》卷三《五色雀並序》云:"洪武三年春正月六日,余病纔起,試步庭除,小憩晴檐下,俄有雀身被五色,飛鳴於前,坐客咸奇之,而謂余曰:'此雀五色文明之象,子病起而遇之,异日文章當有大進矣。'余因笑而賦是詩。"其詩云:"五彩全影欺衆鳥,肯求燕伴離雲表。斐然自喜不同群,何慮此身盈握小。日暖風輕長戢翼,恥向籬根鳴唧唧。銜書呈异漫夸朱,却火蒙恩徒羡黑。綺翰曾拂瑶池水,未嘗生子空城裏。形微敢並丹丘鸞,文明已似山梁雉。午出庭除幸相遇,燁燁光輝來又去。野田飽粟縱高飛,他年佇看棲瓊樹。"

按,姚廣孝此處以五色雀自喻,從該詩不難看出其遠大志向。

洪武八年(1375),朱元璋詔通儒,姚廣孝以僧人身份入禮部。次年,辭歸吴門。

《逃虛子集》卷二《白馬照禪師塔銘》:"洪武八年乙卯,衍因通儒學校,召留京師天界禪寺。……九年春,奉旨賜還吴門。"

《逃虛子集》卷三《蓮華室銘並序》:"洪武九年春,衍奉旨還西山之海雲院,闢小室,奉彌陀畫像於西隅,昕夕面之西稱念,無過客,則終日危坐,澄想而已,名之曰蓮華室焉。"

按,辭别金陵,姚廣孝作《奉旨歸山中》詩云:"蘿龕雲暖足棲遲,忽拜徵書且暫離。不仕還從禪子志,無才終荷聖君知。食供美膳飢應厭,衣賜輕絺暑正宜。此日承恩歸舊業,坐看松長萬年枝。""且暫離"似有弦外之音,意爲不久即回,只因"無才"無以報答聖恩,尚須修煉深造。此前,姚廣孝友人高啓因魏觀事於洪武六年(1373)被腰斬,王彝亦被誅,劉基於洪武八年死於故里。此類與當朝政治關係密切之事,或令姚氏畏懼。姚氏時聲名未顯,《奉旨歸山中》詩作謙遜,有静觀其變、以待良機之意。

洪武十五年(1382)八月,馬皇后崩,太祖選高僧誦經薦福,宗泐薦選道衍。

《御製姚廣孝神道碑》:"洪武十五年,僧宗泐舉至京師,朕皇考太祖高皇帝一見异之,命住持慶壽寺。"

《明史》卷一百四十五本傳:"洪武中,詔通儒書僧試禮部,不受官,賜僧服還。經北固山,賦詩懷古。其儕宗泐曰:'此豈釋子語耶?'道衍笑不答。高皇后崩,太祖選高僧侍諸王,爲誦經薦福。宗泐時爲左善世,舉道衍。燕王與語甚合,請以從。至北平,住持慶壽寺,出入府中,迹甚密,時時屏人語。"

按,洪武三年(1370),宗泐、姚廣孝二人同過北固山,姚作《京都覽古》詩一首:"譙櫓年來戰血乾,烟花猶自半凋殘。五州山近朝雲亂,萬歲樓空夜月寒。江水無潮通鐵瓮,野田有路到金壇。蕭梁事業今何在?北固青青眼倦看。"《逃虚子集》補遺《少師姚廣孝事迹》載:"至京口,游覽賦詩曰……其友宗泐見其摇膝高吟,笑之曰:'此豈釋子語耶?斯道斯道,汝薄南朝矣。'"可見姚氏詩中充溢着興亡之感以及政治抱負,同行者宗泐亦當有所體悟。鑒於姚氏才華、與其交厚之誼,洪武十五年宗泐薦舉姚廣孝亦是情理之中。

又按,宗泐(1318—1391),字季潭,别號全室,俗姓周,臨海(今浙江台州)人。深得太祖賞識。明河《補續高僧傳》卷十四《泐季泐傳》載其生平云:"八歲,從訢笑隱學佛。十四剃落,二十受具。洪武四年,住徑山。太祖高皇帝徵江南有道浮屠師,應召稱旨,命住天界。上丕建廣薦法會於蔣山太平興國寺,宿齋室。……丁巳,奉使西域,還朝,授右街善世。因命育髮,將授以儒職。師姑奉命至髮長,上召而官之,師再辭求免,願終釋門。上嘉嘆從之,賜《免官説》以旌其志。相城道衍負奇志,摇膝高吟,傍若無人,師每正色責之曰:'此豈釋子語耶?'"

關於洪武皇帝"一見异之"原因，或與馬皇后下葬過程中的异事相關。清代王有光《吴下諺聯》卷三"風雨雪落"條載："風雨雪，婚、喪家恒謂天緣不吉，然亦有斡旋道化故事。明初，馬皇后之喪葬期，大風雨雪，殯重艱於啓行。國師姚廣孝屬以法語云：'雨落天流泪，風號地舉哀。山川都帶孝，奉送女如來。'柩遂輕舉詣陵，一無阻滯。"

十一月，道衍隨侍朱棣於燕邸，深見親信，與密謀。

《御製姚廣孝神道碑》："洪武十五年，僧宗泐舉至京師，朕皇考太祖高皇帝一見异之，命住持慶壽寺。事朕藩邸，每進見論説，勤勤懇懇，無非有道之言，察其所以堅確有守，積純無疵，朕益重之。"

王鏊《姚廣孝傳》："洪武中，以高僧薦選，侍文皇於燕邸，深見親信，與密謀。"

按，《逃虚子集》卷七有《十月一日金陵發船之北平》詩云："石頭城下水茫茫，獨上官船去遠方。食宿自憐同衛士，衣冠誰笑雜軍裝。夜深多櫓聲摇月，曉冷孤桅影帶霜。歷盡風波艱苦際，無愁應只爲賓王。"此詩盡顯姚廣孝心聲。年届不惑、"歷盡風波"，乃姚氏劫後餘生之嘆。此時燕王深信於他，姚氏復有能大展宏圖之感。

建文元年至四年(1309—1402)，靖難之役，助燕王起兵，道衍功第一。

《御製姚廣孝神道碑》："及皇考賓天，而奸臣擅命變更舊章，構爲禍亂，危迫朕躬。朕惟宗社至重匡救之責，實有所在，廣孝於時識進退存亡之理，明安危禍福之機，先幾效謀，言無不合，出入左右，帷幄之間，啓沃良多。"

《明史》卷一百四十五本傳："及太祖崩，惠帝立，以次削奪諸王，周、湘、代、齊、岷相繼得罪，道衍遂密勸成祖舉兵。成祖曰：'民心向彼,奈何?'道衍曰:'臣知天道,何論民心?'乃進袁珙及卜者金忠。於是成祖意益決,陰選將校,勾軍卒,收材勇异能之士。燕邸,故元宫也,深邃,道衍練兵後苑中,穴地作重屋,繚以厚垣,密甃瓴甋瓶缶,日夜鑄軍器,畜鵝鴨亂其聲。""帝在藩邸,所接皆武人,獨道衍定策起兵。及帝轉戰山東、河北,在軍三年,或旋或否,戰守機事,皆決於道衍。道衍未嘗臨戰陣,然帝用兵有天下,道衍力爲多,論功以爲第一。"

成祖即位,以靖難功高,授道衍僧録司左善世。

《明史》卷一百四十五本傳:"成祖即帝位,授道衍僧録司左善世。"

永樂二年(1404),廣孝年七十,拜資善大夫、太子少師,復其姓,賜名廣孝,贈祖父如其官。

《御製姚廣孝神道碑》:"内難既平,社稷奠安,乃召至京師,命易今名,特受資善大夫、太子少師,既又賜之誥命,祖考皆追封資善大夫、太子少師,如其官。"

王鏊《姚廣孝傳》:"永樂中,以靖難功,進官太子少師,復姓,賜今名,擬於元之劉秉忠。"

鄭曉《吾學編》卷三十一《榮國姚恭靖公》:"靖難後,爲左善世。立東宫,升太子少師。復姚姓,賜名廣孝,輔太子南京。上令公蓄髮再三,終不肯從命。"

何喬遠《臣林記》:"既即位,授道衍僧録司左善世。仁宗立爲太子,上命淇國公丘福等兼宫僚,命道衍太子少師,復其姓,賜名廣孝,被之冠服,予以二宫人。廣孝冠服入謝,削髮如故,二宫人弗近也。上益重之,呼少師,不名。"

《明史》卷一百四十五本傳:"永樂二年四月拜資善大夫、太子少師,復其姓,賜名廣孝,贈祖父如其官。帝與語,呼少師而不名。”

明成祖撰有《賜太子少師姚廣孝七十壽詩》二首,其一云:“壽介逃虚子,耆年尚未央。功名躋輔弼,聲譽籍文章。晝静槐陰合,秋清桂子香。國恩期必報,化日正舒長。”其二云:“玉露滋芳席,奎魁照碧空。斯文逢盛世,學古振儒風。未可還山隱,當存報國忠。百齡有餘慶,寫此壽仙翁。”(《御選宋金元明四朝詩·御選明詩》卷一)

按,姚廣孝“少師”一職,“秩居永樂朝之最”。其擔任朱棣太子朱高熾之師,且於永樂五年(1407)四月,任皇長孫朱瞻基侍講、侍讀,由此可窺朱棣對姚廣孝之信重。

是年六月,出賑蘇州、湖州灾。收養子姚繼。

《明史》卷一百四十五本傳:“出振蘇、湖。至長洲,以所賜金帛散宗族鄉人。……帝親製神道碑誌其功,官其養子繼尚寶少卿。”

鄭曉《榮國姚恭靖公》:“永樂二年,賑濟蘇、湖。”

何喬遠《臣林記》:“蘇、松饑,廣孝奉命出賑。道閶門,見酒帘書甚工,問:‘誰書也?’則一少年。召見之,曰:‘能父我乎?’少年曰:‘幸甚!’還見上,上賜名繼,以爲尚寶卿。”

董斯張撰《(崇禎)吴興備志》卷二十:“永樂二年六月,命太子少師姚廣孝往蘇、湖等府賑濟。”

順道返鄉,拜其姊,訪舊友,多遭拒。

李紹文《皇明世説新語》卷七:“蘇郡隱士王賓,號光庵,素與姚少師友善。及少師靖難,賓愧其所爲,不與接。少師屏騎從,衣短褐以往,賓閉户不納。少師力請,賓佯問爲誰,少師曰:‘是昔日道衍也。’不應。少師大呼曰:‘光庵不棄舊日之雅,容老僧一見乎?’賓答曰:‘吾在割薪,忙不暇也。’”

《明史》卷一百四十五本傳:“其至長洲,候同産姊,姊不納。訪其友王賓,賓亦不見,但遥語曰:'和尚誤矣,和尚誤矣。'復往見姊,姊詈之。廣孝惘然。"

按,姚廣孝與舊交王賓是否因廣孝靖難一事而交惡,後世文獻載録不一。《四庫全書總目》卷一百七十五《光庵集》提要云:"觀賓集有所作《賑灾記》,稱廣孝爲少師,鋪陳功德甚至。賓没後,廣孝爲之傳,亦極稱譽。是兩人交契終始如一,蓋流俗欲推尊賓者,造作此言,殊非事實。"

十一月,詔令姚廣孝與解縉等纂修《永樂大典》,三年(1405)春動工,歷時四年乃成。

陳建《皇明通紀法傳全録》卷十四:"永樂五年十一月,《永樂大典》書成,先是上命翰林臣解縉等采各書所載事物類聚之,而統之以韵,庶幾考索之便。縉等受命輯成,上之賜名《文獻大成》。既而上覽其書,尚多未備,復命重修,以太子少師姚廣孝、刑部侍郎季篪及縉總兵事。"

《明史》卷九十八《藝文志三》:"《永樂大典》二萬二千九百卷。永樂初,解縉等奉敕編《文獻大成》,既竣,帝以爲未備,復敕姚廣孝等重修,四歷寒暑而成,更定是名。成祖製序。後以卷帙太繁,不及刊布,嘉靖中,復加繕寫。"

按,據《明太宗實録》載,永樂二年十一月丁巳,朱棣敕令姚廣孝與刑部侍郎劉季篪、文淵閣大學士解縉三人纂修《永樂大典》。永樂三年春正式動工,四歷寒暑始成。朱棣將盛世修文的浩大工程交付姚氏等人,足見纂修者學術水平之高。

永樂五年(1407)四月,皇長孫出閣就學,廣孝侍説書。

陳建《皇明通紀法傳全録》卷十四:"永樂五年四月,皇長孫出閣就學,御名瞻基,時年九歲,命太子太師姚廣孝、翰林待招陸瑄、鄭禮等侍講。”

《明史》卷一百四十五本傳:“五年四月,皇長孫出閣就學,廣孝侍説書。”

永樂九年(1411)十月,監修《太祖實録》。

《明太宗實録》卷一百二十“永樂九年冬十月乙巳”條:“命重修《太祖高皇帝實録》。上即位之初,命曹國公李景隆等監修,而景隆等心術不正,又成於急促,未及精詳。上巡幸至北京之初,命翰林學士胡廣等重修。至是,命太子少師姚廣孝、户部尚書夏原吉爲監修官,翰林學士兼左春坊大學士胡廣、國子祭酒兼翰林院侍講胡儼、右春坊大學士兼翰林院侍讀黄淮、右春坊右庶子兼翰林院侍講楊榮爲總裁官,左春坊左諭德兼翰林院侍講楊士奇、金幼孜等爲纂修官。”

陳建《皇明通紀法傳全録》卷十五:“永樂九年十月,詔重修《太祖高皇帝實録》,以前監修總裁官李景隆、茹瑺等心術不正,又成於急促,未極精詳故也。遂命姚廣孝、夏元吉監修,胡廣、胡儼、黄淮、楊榮、楊士奇、金幼孜爲總裁。”

《御製姚廣孝神道碑》:“朕命儒臣纂修《皇考太祖高皇帝實録》,廣孝爲監修官,躬自校閲,克勤所事。”

按,朱元璋於洪武三十一年(1398)去世,建文帝朱允炆繼位,建文朝修纂《太祖實録》。朱棣登基後,於永樂元年(1403)重修《太祖高皇帝實録》。朱棣不以建文皇朝爲正統,又不滿李、茹等人之修纂,故有《太祖實録》三修之事,姚廣孝任監修。據《明太宗實録》載,《太祖實録》編纂官分爲監修官、總裁官、纂修官三級,監修官地位尤重。姚廣孝不負朱棣,助其完成編修。《明史》本傳載:“書成,帝褒美之。”

永樂十一年(1413),撰《寒山寺重興記》。

《(崇禎)吴縣志》卷二十五《姚廣孝寒山寺重興記》:"出閶門西行不十里,即楓橋。橋之南去尋丈地,寒山寺在焉。臨運河塘,其塘北抵京口,南通武林,爲衝要之所。舟行屨馳,蟬聯蟻接,晝夜靡間。唐元和中,有寒山子者,不測人也。冠樺皮冠,著木履,被藍縷衣,掣風掣顛,笑歌自若,來此縛茅以居。暑暍則設茗飲,濟行旅之渴。挽舟之人,施以草屩,或代其挽,修持多行甚勤。尋游天台寒岩,與拾得、豐干爲友,終隱入岩石而去。希遷禪師於此創建伽藍,遂額曰'寒山寺'。寺當山水之間,不甚幽邃,來游者無虚日。唐詩人張懿孫賦《楓橋夜泊》,有'姑蘇城外寒山寺,夜半鐘聲到客船'之句,天下傳誦,於是黄童白叟知有寒山寺也。自唐歷五代及宋與元,寺凡幾興廢,碑刻澌泯無考。粤自聖朝永樂三年,深谷昶禪師老成有戒行,札授住持,赤手奮發,化募衆檀,�荆榛,奮瓦礫,先建佛殿,次立丈室、山門及説法之堂,樓禪之所,庖庫湢溷,凡合有者畢備。殿内塑釋迦世尊於中,迦葉、阿難侍側,文殊、普賢二大士坐左右,梵王帝釋秉爐而前,十八應真列於兩旁。香雲暗曖,金碧焜熀,一會靈山,儼然未散。方丈則設寒、拾、豐干之像,不敢忘其所自也。道場一新,規模可覩,都人士之游覽,豈無知懿孫之題咏者耶?雖然,深谷興復之偉績,奚可泯没無聞?其同參友雲海請余記,勒石以告夫來者。永樂十一年十月,長洲姚廣孝撰。"

按,此《記》所云唐元和中"來此縛茅以居"之事,未知何據,學者多有争議。

永樂十六年(1418)三月,入覲,病甚,不能朝,仍居慶壽寺。尋卒。年八十四。追贈推誠輔國協謀宣力文臣、特進榮禄大夫、上柱國、榮國公,謚恭靖。

《御製姚廣孝神道碑》:“永樂十六年三月來朝北京,仍居慶壽寺。朕往視之,與語極歡。至二十八日,詔諸門人,告以去期,即斂袂端,坐而逝,享年八十有四。朕聞之哀悼不勝,輟視朝二日,命有司爲治喪葬,追封榮國公,謚恭靖,贈以勛號。”

何喬遠《臣林記》:“賜贈廣孝推忠輔國、協謀宣力之臣,特進榮禄大夫、柱國、榮國公,謚恭靖。有司治喪葬,親製碑文墓道。仁宗元年,加贈少師,侑享太宗廟。宣德元年,置墳户。世宗九年,移祀大隆興寺,太常春秋祀。”

鄭曉《榮國姚恭靖公》:“十六年,來朝北京,寓慶壽寺。病,車駕再臨視。卒,贈少師,贈榮國公,謚恭靖。上爲文《神道碑》。”

《明史》卷一百四十五本傳:“十六年三月入覲,年八十有四矣,病甚,不能朝,仍居慶壽寺。車駕臨視者再,語甚歡,賜以金唾壺,問所欲言。廣孝曰:‘僧溥洽繫久,願赦之。’溥洽者,建文帝主録僧也。初,帝入南京,有言建文帝爲僧遁去,溥洽知狀,或言匿溥洽所。帝乃以他事禁溥洽,而命給事中胡濙等遍物色建文帝,久之不可得,溥洽坐繫十餘年。至是,帝以廣孝言,即命出之。廣孝頓首謝。尋卒。帝震悼,輟視朝二日,命有司治喪,以僧禮葬。追贈推誠輔國協謀宣力文臣、特進榮禄大夫、上柱國、榮國公,謚恭靖。賜葬房山縣東北。帝親製神道碑誌其功,官其養子繼尚寶少卿。”

晚著《道餘録》,頗毁先儒,識者鄙焉。又有《逃虚子集》《佛法不可滅論》。

李紹文《皇明世説新語》卷七:“姚廣孝著《道餘録》,識者非之。張洪興曰:‘少師於我厚,今死矣,吾無以報,但見《道餘録》,輒爲焚棄耳。’”

王鏊《姚廣孝傳》:“廣孝博通内外,典亦工,文詞所著有《逃虚子集》,别有《道餘録》,則專詆程朱。”

何喬遠《臣林記》:“廣孝嘗著《道餘録》譏詆宋儒,有楊洪與廣孝厚,毁其書。”

《明史》卷一百四十五本傳:“晚著《道餘録》,頗毁先儒,識者鄙焉。”《明史》卷九十八《藝文志三》:“姚廣孝《佛法不可滅論》一卷、《道餘録》一卷。”《明史》卷九十九《藝文志四》:“姚廣孝《逃虚子集》十卷、《外集》一卷。”

《四庫全書總目》卷一百七十五《逃虚子集》《類稿補遺》提要:“《逃虚子集》十一卷,《類稿補遺》八卷,浙江范懋柱家天一閣藏本,明姚廣孝撰。……其詩清新婉約,頗存古調,然與嚴嵩《鈐山堂集》同爲儒者所羞稱。是非之公,終古不可掩也。附載《道餘録》二卷,持論尤無忌憚。”

按,永樂帝《御製姚廣孝神道碑》稱贊姚廣孝云:“大振宗風,旁通儒術,至諸子百家靡不貫穿,故其文章閎嚴,詩律高簡,皆超絶塵世,雖名人魁士,心服其能,每以爲不及也。”

洪熙元年(1425)加賜少師,配享成祖廟庭。嘉靖九年(1530),移祀大隆興寺,太常春秋祀。

鄭曉《榮國姚恭靖公》:“洪熙元年,侑享成祖廟庭。嘉靖九年,移祀大興隆寺,罷侑享。”

何喬遠《臣林記》:“仁宗元年,加贈少師,侑享太宗廟。宣德元年,置墳户。世宗九年……移祀大隆興寺,太常春秋祀。”

《明史》卷一百四十五本傳:“洪熙元年加賜少師,配享成祖廟庭。嘉靖九年,世宗諭閣臣曰:‘姚廣孝佐命嗣興,勞烈具有。顧係釋氏之徒,班諸功臣,侑食太廟,恐不足尊敬祖宗。’於是尚書李時偕大學士張璁、桂萼等議請移祀大興隆寺,太常春秋致祭。詔曰:‘可。’”

參考文獻：

1. 姚廣孝《逃虚子集》,《四庫全書存目叢書》本,齊魯書社1996年版。

2. 張廷玉等《明史》,中華書局1974年版。

3. 鄭曉《吾學編》,明隆慶元年鄭履淳刻本。

4. 焦竑《國朝獻徵録》,明萬曆四十四年徐象橒曼山館刻本。

5. 陳建《皇明通紀法傳全録》,明崇禎九年刻本。

6. 何喬遠《名山藏》,明崇禎刻本。

7. 葉昌熾《寒山寺志》,江蘇古籍出版社1999年版。

（王文榮　程水龍）

胡奎傳

胡奎,字虚白,號斗南老人,浙江海寧人。元至元元年(1335)生。

沈季友《檇李詩繫》卷三十八:"胡奎,字虚白,號斗南老人,海寧人,官寧府教授。"

《四庫全書總目》卷一百六十九《斗南老人集》提要:"奎,字虚白,海寧人。生元至順間。……是集前有寧王權序,稱其晚年泊舟鄱陽望湖亭,見石刻東坡'黑雲堆墨未遮山'詩,次韵和之。俄見一叟來,誦其詩,曰:'子非斗南老人耶?'因以自號。"

寧王朱權《斗南老人集序》云:"先生,浙之海寧人也,生於元至順乙亥。"按,至順乙亥,即至元元年(1335)。

關於"斗南老人"之號,朱權《斗南老人集序》另載云"斗南一人"。該序載:"兩稱'斗南'之名,可謂异矣。昔宗哲徐將軍居西山,有道士過訪,飲間,童子以蕨獻於几上,道士指之曰:'一拳打得地皮穿,握住東風不放拳。只待杜鵑啼血後,展開鳳尾始朝天。'問其所作,以箸書'斗南一人'四字於几上。時先生未有是稱。宗哲曰:'昔狄仁杰稱斗南一人,莫非仁杰之詩乎?'道士但摇手大笑,俯而不答。少頃,酒酣,失其所在。宗哲异之。後得先生詩稿,方知先生詩也。其道士,仙也。先生之詩,鬼神亦嘗取矣。稱爲'斗南一人',豈非神仙中人耶!"

少時,曾師事於貢師泰,與貝瓊、高啓等以詩交。

朱權《斗南老人集序》云:"及長,師事於参政貢師泰之門。因客與師泰評古詩,有'太行積雪都消盡,船到舒州水正高'之句,師泰曰:'太行在何處?舒州在何處?紕謬太甚!'時先生方十有二歲,在傍笑曰:'太行雪消時,莫不天下雪都消盡耶?'師泰奇其神童,曰:'此子日後必能作詩。'後歷元三朝,聲譽聳於京臺,詩名震於淵藪。"

貝瓊《清江貝先生集》卷十九《送胡虚白歸海昌序》:"予客海昌時,嘗謁民曹尚書貢公玩齋於北郭,坐有胡虚白者,公極稱其好學,工文辭,遂納交焉。……初,虚白從公學詩,公爲指授三經三緯法,及論漢魏以下之變,富若曹、劉,精若鮑、謝,淡若陶靖節,玄若陰常侍,至於李、杜之壯麗,王、岑之和平,長吉之奇,東野之僻,必出入數家中,而盡其意象焉。故虚白未三十已進於詩,凡觸物而成者,粲然春翹之擢穎,翕然天籟之投曲,殆非一時學者之所及也。"

《四庫全書總目》卷一百六十九《斗南老人集》提要:"嘗游貢師泰之門。"

按,貢師泰(1298—1362),字泰甫,號玩齋,安徽宣城人。元泰定四年(1327)進士,授泰和州判。歷任吏部侍郎、兵部侍郎、禮部尚書,官至户部尚書。著有《玩齋集》。

又按,《兩浙名賢録》卷五十四寓賢《户部尚書貢泰甫師泰族子友初附》:"至正間起授兩浙運使、户部尚書。奉詔漕閩廣粟,海上多警,留居海寧,與諸生朱燧、謝肅、胡奎輩講學。"

又按,貢性之,字友初,宣城人。貢世泰侄。工詩,善畫竹、梅。著有《南湖集》。貢性之《溪山小隱和胡虚白韵》載:"我聞神仙之國伐毛兼洗髓,遠在西海西邊蓬萊之弱水。我生有夢不可到,仿佛君家畫圖裏。溪流泠浸玻璃天,層巒叠嶂含雲烟。渡頭楊柳緑如染,洞口桃花紅欲然。老夫已借過眉杖,來聽松泉弄幽響。雲中雞犬知幾家,胡麻已熟雕胡掌。此中此樂何紆餘,赴隴無煩來鶴書。便欲相從學耕釣,細和山聲同水調。”

洪武六年(1373),以儒者徵至京,尋以母老辭歸。

貝瓊《清江貝先生集》卷十九《送胡虛白歸海昌序》:“余客海昌時,嘗謁民曹尚書貢公玩齋於北郭,坐有胡虛白者,公極稱其好學工文辭,遂納交焉。未幾,公如閩,余亦挈家過雲間,不相知者十餘年。既老而講學檇李之殳、史兩山下,數得虛白詩讀之。嗚呼!尚書公已没,及門之士皆散於四方,惟余與虛白尚有耿耿殘月太白之相配,能無今昔之相感邪?……此余喜讀其詩,且恨不及尚書公見之,而世亦無大雅之徒能知作者之得失矣。昔郢人堊漫其鼻端若蠅翼,使匠石斫之,堊盡而鼻不傷,郢人立不失容。宋元君召試之,對曰:‘臣則能斫之矣,雖然,臣之質死久矣,自夫子之死也,吾無以爲質矣,吾無與言之矣。’其爲詩也亦然,又安得起公九京,如郢人聽匠石之斫哉?是以益重余之悲也。余病且廢學,方將與虛白逍遥東阡西陌歡。今年春,又有國子助教之命,遂來京師,何其相遇之難歟!會徵天下諸儒,海昌亦以虛白應詔,至則以母老求歸,執政許之。亟走橋門,見余而别,因歷序其始終如此。而君子樂道人之善,且及於師友者,亦厚之至也。洪武六年秋七月二十六日,檇李貝瓊序。”

按,海昌,海寧别稱。據貝瓊此文,胡奎於洪武六年曾至京師,旋歸里。

洪武中,徵授爲寧王府教授。

王圻《續文獻通考》卷一百九十六《經籍考》:“胡奎《斗南老人集》六卷。奎,字虛白,海寧人。明初,以儒學徵,官寧王府教授。”

陶元藻《全浙詩話》卷二十八："奎，字虚白，海寧人，寧府教授，有《斗南老人集》。"

陳田《明詩紀事》甲籤卷二十二："奎，字虚白，海寧人。洪武中，以儒學徵授寧府教授。"

永樂元年(1403)，隨寧王朱權遷居江西南昌。

朱權《斗南老人集序》："我朝國初以儒學授教授，予求爲王門師。居豫章七年，予憫其衰老，遣使送歸海寧。"

按，豫章，南昌古稱。洪武二十四年(1391)，時年十三歲的寧王朱權受封，二十六年就藩大寧(今屬内蒙古自治區赤峰市)。後因助朱棣靖難之役有功，永樂元年，改朱權封國爲南昌。胡奎居南昌前後總計七年。

《國朝獻徵録》卷一《寧獻王權》："海寧胡虚白以儒雅著名，王請爲世子師傅者七年，告老而歸，王爲輯其詩文，序而傳之。"

錢謙益《列朝詩集》乾集卷下《寧獻王》："海寧胡奎以儒雅著名，請爲世子師傅者七年，告老而歸，爲輯其詩文，序而傳之。"

曾自江西歸里，途中泊於鄱陽湖望湖亭，和東坡詩韵，書於壁。

《(嘉靖)海寧縣志》之《人物志》卷八："胡奎，字虚白，浙之名儒也。博貫經史，尤長於詩，以寧國薦爲府教授。嘗過望湖亭和東坡詩，於肆有老人觀之，曰：'六百年無此詩矣，君非斗南先生耶？'言訖，遂不見人，故稱爲斗南先生。"

都穆《南濠詩話》："海寧胡教授虚白，洪武間歸自江西，泊舟番君之望湖亭，見亭上石刻東坡詩一絶云：'黑雲堆墨未遮山，白雨跳珠亂入船。卷地風來忽吹散，望湖亭下水連天。'虚白賡其韵曰：'鷗外清波雁外山，望湖亭下繫歸船。夜深起坐占風信，人在珠宫月在天。'書之於壁。忽有老者來，誦其詩曰：'子非斗南老人耶？'

乃爲長揖,舉首不知所往。虚白因自號'斗南老人'。"

徐象梅《兩浙名賢録》卷四十七《斗南先生胡虚白奎》:"嘗過望湖亭,和東坡詩書於壁間。有老人觀之,曰:'六百年來無此詩矣,君非斗南先生邪?'言訖,忽然不見,故人稱爲斗南先生。"

按,此類記載爲後世諸家演繹,究其本事,或見於高啓《高青丘詩集注》卷八《贈胡校書奎》:"我初遇子東海濱,苧衫席帽凌風塵。登城觀濤共嘆息,見者不識何如人。歸時憶近看燈節,孤舟夜過黄岡雪。書來書往道加餐,幾日相逢五年别。再會之計何悠哉,我未及去君能來。秋風吹殘太湖水,乘興上得吴王臺。吴王臺前白楊柳,西施去後吴娃醜。四海同爲此地人,百壺獨買誰家酒?更尋豪客作夜游,簸弄明月琵琶洲。有愁爲君亦蕩滌,何况我輩元無愁。醉中狂談君可恕,且共周旋莫歸去。秋光已算逼重陽,好爲黄花三日住。"

朱彝尊《静志居詩話》卷五《胡奎傳》:"虚白泊舟鄱陽望湖亭,見石刻東坡'黑雲推雨未遮山'絶句,次韵和之,書之於壁。俄見一叟來,誦其詩,曰:'子非斗南老人邪?'乃爲長揖,回顧不知所之,因以'斗南老人'自號。高青丘《贈胡校書詩》所云'簸弄明月琵琶洲'者是已。"

《芸亭詩話》:"人有見題咏,而漫爲次韵,反貽笑於大方家。惟海寧胡虚白和東坡《題望湖亭詩》爲得之。"

錢謙益《列朝詩集》甲集卷十七:"奎,字虚白,海寧人。寧府教授。嘗歸自江西,泊舟番君之望湖亭,見亭上石刻東坡'黑雲推雨未遮山'一絶,次韵和之,書之於壁。忽見一叟來,誦其詩,曰:'子非斗南老人耶?'乃爲長揖,舉首不知所之,因以斗南自號。"

《(嘉慶)硤川續志》卷七:"明胡奎,字虚白,早著才名,楊廉夫、貢泰甫重之。官寧府教授。嘗歸自江西,泊舟番君之望亭湖,見亭上石刻蘇子瞻詩,和之。有老人觀壁間所題,嘆曰:‘子非斗南老人耶?’乃爲長揖,舉首不知所之,因以斗南老人自號。”

永樂六年(1408),寧獻王朱權遣使送歸海寧。永樂七年,卒於里中,壽七十五。

朱權《斗南老人集序》:“我朝國初以儒學授教授,予求爲王門師。居豫章七年,予憫其衰老,遣使送歸海寧。明年卒於家,時年七十有五。”按,明年即明永樂七年。

又按,胡奎生卒年鮮有文獻記載。據前文朱權序文,胡奎生於元至元元年(1335),卒年“七十有五”則表明胡氏享年七十五歲,依古人以虛歲記年之慣例,胡奎當卒於明永樂七年。

著有《斗南老人集》六卷。其詩不事雕飾,冲雅規刺,有風人餘意。

朱權《斗南老人集序》:“是詩者,斗南虛白胡先生之詩也。其序也,涵虛子臞仙之所作也。凡欲舉其事,必先昭揭其文以發揮之,務在輝煌炫赫,以光厥績。然有其詩而無其文,如舟之無水,不能以行遠。今先生之詩,又非艖艇之比,乃萬斛之舟焉,非巨浸不能以達江海。莊子所謂‘夫水之積也不厚,則負大舟也無力’。予之文,實不足以比巨浸之厚,而先生之詩實不侔乎艖艇之小,故借予之文以假巨浸,庶幾可以達於江海,通於天下,是有望於斯文也。乃呼中書君即墨侯而告曰:詩之行於世也多矣,而作詩者又多矣,而無一人與焉。雖孩提之兒,亦能言之,而童顛没齒者,不能作也。是知人之爲詩者易,而不知詩之爲人者難。難易之説,非窮微至妙而不能以窺其徼也。苟非酌天和飲玄化而得性理之端倪者,曷足以觀於此哉!……先生以詩鳴於世者久矣,然生而穎悟,天性不凡,其胸次之量,又是一般涵養,與人不同處多,但托興於詩酒,隱化淪景,有出世間語,非神仙中人,莫能及也。白玉蟾有曰:'收入酒生涯,擁出詩世界。'蓋有得於此矣。鴻飛冥冥,弋人何慕,籬下燕雀徒啾啾耳,豈不然乎?其高處,若披太華之朝霞,叫天門之閶闔,泛泛者莫能及也。駑騉之競騏驥,愈望愈遠,不過伏櫪俯首而已。其幽深邃遠者,飄然如凌霄之鶴,雖鄒衍、相如不足以形容其高;其雄杰豪邁者,凛然如嘯風之虎,雖季子、張儀不足以張皇其大;其咀嚼道妙者,雖邵子、种放不足以研覈其賾;其游方之外者,雖子休、列生不足以摹寫其真。酩酊造化,盤礴宇宙,鬼神爲之駭矚。"

《四庫全書總目》卷一百六十九《斗南老人集》提要:"六卷,兩淮鹽政采進本,明胡奎撰。……案,今世所傳奎《集》,皆出天籟閣鈔本。止有四卷,前有項元汴題識,而無寧王原序。此本爲明初寧王府文英館所刊,見於《寧藩書目》。崑山徐氏傳是樓又從原刻影抄,實分六卷,凡詩一千九百餘首。與項氏所藏互校,乃知彼多所脱佚,不爲足本。……奎詩不事雕飾,往往有自然之致。彝尊謂'其功力既深,格調未免太熟,誦之若古人集中所已有者',其言誠不爲過。然舂容和雅,其長處亦不可掩。視後來之捃拾摹擬者,固有間矣。"

按,朱彝尊《静志居詩話》卷五云:"其詩功力既深,格調未免太熟,誦之若古人集中所已有者。吾鄉雲東逸史曾手書其稿,舊藏項氏天籟閣,繼歸高氏稽古堂,今爲華山馬思贊所藏,余借觀録其六首。"

吴仰賢《小匏庵詩話》卷一:"竹垞翁評胡奎虚白詩謂:'功力既深,格調未免太熟,誦之若古人集中所已有者。'觀數公之語,不啻重規疊矩矣。"

嵇璜《續通志》卷一百六十二《藝文略》:"《斗南老人集》六卷,明胡奎撰。"

陸心源《皕宋樓藏書志》卷一百十一:“《斗南老人詩集》四卷,舊鈔本,明教授臣胡奎虛白子撰。”

陳田《明詩紀事》甲籤卷二十二:“奎,字虛白,海寧人。洪武中,以儒學徵授寧府教授。有《斗南老人集》六卷。……虛白長於樂府,七言斷句,風藻翩翩,殊有標致。余所見《斗南集》係影抄寧國文英館本,與《四庫》著録一千九百餘首之數適合,洵爲罕見之笈。《詩綜》第録六詩,不足見其所長,特廣爲甄録,與海内談藝家共賞之。”

徐伯齡《蟫精雋》卷十二載:“胡斗南:國初胡虛白,杭之海寧人,號斗南老人。工詩文,有《斗南集》行世。其題《楊妃教鸚鵡念心經》詩云:‘春寒中酒睡初醒,笑倚東窗小玉屏。早悟眼前空是色,不教鸚鵡念《心經》。’又《咏女史》六首:《楊妃病齒》云:‘侍兒扶起倦看花,不道春寒入齒牙。獺髓縱能醫病頰,蠹根先長在唐家。’《西施捧心》云:‘妾住西家本姓施,越王嘗膽已多時。至今獨抱心中苦,長向春宫鎖翠眉。’《虞姬請劍》云:‘當時玉斗碎鴻門,碧血空霑楚劍痕。滿地落花皆漢土,不知何處著春魂。’《昭君出塞》云:‘玉顔一别漢宫花,雁背霜寒萬里沙。説與當時邊上將,鐃歌只合奏琵琶。’《二喬觀書》云:‘自小觀書在繡幃,天生國色世應稀。争知醜婦無才貌,曾向南陽嫁布衣。’《緑珠墜樓》云:‘花飛金谷彩雲空,玉笛吹殘步障風。枉費明珠三百斛,荆釵那及嫁梁鴻。’冲雅規刺,有風人餘意,大率類此。”

參考文獻:

1. 胡奎《斗南老人集》,《文淵閣四庫全書》本,上海古籍出版社 1987 年版。

2. 胡奎著、徐永明點校《胡奎詩集》,浙江古籍出版社 2012 年版。

3. 徐象梅《兩浙名賢録》,《續修四庫全書》本,上海古籍出版社 2002 年版。

4. 貝瓊《清江貝先生集》,《四部叢刊初編》本,上海書店 1989 年版。

5. 朱彝尊《静志居詩話》,《文淵閣四庫全書》本,上海古籍出版社 1987 年版。

6. 陳田輯撰《明詩紀事》,上海古籍出版社 1993 年版。

7. 錢謙益撰集,許逸民、林淑敏點校《列朝詩集》,中華書局 2007 年版。

(王文榮　程水龍)

高啓傳

高啓，元順帝至元二年(1336)生，字季迪，號槎軒，又號青丘子、孟渚豪士，又別號吹臺，洪武三年(1370)辭官後自署青丘退史。

高啓《高太史鳧藻集》卷首李志光《高太史傳》："高啓，字季迪，吴郡人。生元丙子……始號槎軒，又號青丘子。"

《高青丘集·附録》吕勉《槎軒集本傳》亦云："先生諱啓，字季迪，世吴人……先生生元丙子。"

汪珂玉《珊瑚網法書題跋》卷十三《青丘子書惜花嘆》，詩後署"槎軒高啓"。

厲鶚《南宋院畫録》卷八"絶憐雌兔眼迷離，芳草春眠對兩兒。誰道姮娥曾作伴，廣寒孤宿已多時"(《高青丘集》卷十八作《黄荃子母兔》，稍有异文)詩後署"槎軒"，並鈐"高季迪印"。

《高青丘集》卷十一《青丘子歌》，其序云："江上有青丘，予徙家其南，因自號'青丘子'。"

楊基《眉庵集》卷三《舟入蔡河懷徐幼文》"孟渚豪士渤海高"小字注："季迪也。"

姚廣孝《逃虚子詩集》卷九《雪夜讀高啓詩》(亦載於《高青丘集·附録》)云："吹臺長別最傷情，詩句留傳到遠林。此夜雲窗開帙看，宛同北郭對床吟。"

洪武六年(1373),高啓作《槎軒記》(《鳧藻集》卷一),末署“青丘退史”。

按,元代丙子年有二,一是元世祖至元十三年(1276),二是元順帝至元二年(1336)。據高啓生平,高啓生於元順帝至元二年。

高啓之號有槎軒、青丘子、孟潴豪士、吹臺、青丘退史。高啓《鳧藻集》卷一《槎軒記》:“槎,浮木也。予嘗客淞江之上,濱江之木,當秋爲大風所摧折者,隨波而流,顧而有感,因以名所居之軒。及游京師,翰林學士金華宋公,爲篆二大字,自是或仕或退,東西旅寓,所至輒扁於室……”高啓嘗以“槎軒”名居。張適《甘白先生張子宜詩集》卷三有《次韻高槎軒燕集之作》,是知“槎軒”之名,時人已呼之,而其始於何時,則未之知也。

高啓《青丘子歌》約作於至正十八年(1358),故“青丘子”之號約始於至正十八年。然同時之人,未見有以此呼之者,而後世往往名之“高青丘”,“槎軒”之號,幾不爲人所知。

張羽《静居集》卷一録哀高啓之作《無寐》《觀高吹臺遺稿以詩哀之》二首,前者題下注:“時聞吹臺故。”永樂元年(1403)周立《缶鳴集序》(《高青丘集·附録》)言高啓詩有“《鳳臺》《吹臺》《江館》《青丘》《缶鳴》《南樓》《姑蘇》《勝壬》等集”,其中《吹臺》疑以其號名集。

按,薛居正《舊五代史》卷四:“以高明門外繁臺爲講武臺。是臺西漢梁孝王之時,嘗按歌閲樂於此,當時因名曰吹臺。”《元和郡縣圖志》卷七:“梁王吹臺在縣(開封縣)東南六里,俗號繁臺。”“吹臺”之號,或與高啓先世爲汴人有關。

先世爲汴人,後遷杭州,再遷蘇州。

高啓《鳧藻集》卷一《游靈岩記》自稱“啓,吴人”。

王彝《高季迪詩集序》(《高青丘集·附録》):“季迪名啓,季迪其字也。其先渤海，今爲蘇州人。"李志光《鳧藻集本傳》稱高啓爲"吴郡人"。張適《哀辭》(《高青丘集·附録》)稱高啓"世爲吴城人"。張廷玉《明史》卷二百八十五《高啓傳》:"高啓，字季迪，長洲人。"

金檀《高青丘年譜》(《高青丘集·附録》)云:"先生系出渤海，世爲汴人，南渡隨蹕家臨安，後趨吴，居郡之北郭，遂爲吴人。"

按，金檀當時尚可見《錢塘高氏家譜》，金檀《高青丘年譜》云"南渡隨蹕家臨安，後趨吴"是有根據的。

所謂"系出渤海"是指高啓爲齊高祖高歡之後，詳見下。

遠祖高歡。祖父本凝，父一元，字順翁。家裕饒。早歲父母去世。一兄一姊，兄名咨。侄二:常，庸。

《高青丘集》卷四《贈銅臺李壯士》云:"我祖昔都鄴，神武爲世雄。"同書卷八《送高二文學游錢塘》云:"我家本出渤海王，子孫散落來南方。"

金檀《高青丘年譜》:"祖本凝。父一元，見《錢塘高氏家譜》。字順翁，見吕勉傳；兄咨，並見吕傳；先生其次也，少孤。"

吕勉《槎軒集本傳》云:"考順翁以上俱裕饒。……稍長，兄咨戍淮右，繼失怙恃，即綜理家政，往來江城以居。"

張適《哀辭》:"父祖皆弗耀，而豐於財。"

《高青丘集》卷二《風樹操》原注:"予自傷早失怙恃而作。"卷十《奉橘園》有:"君有阿婆我無母。"卷八《廣陵孫孝子愛日堂》有:"嗟余少已失庭闈。"

《高青丘集》卷七《夢姊》:"我家白頭姊，遠在婁水曲。"

《高青丘集》卷十五有《與侄常游東庵》，卷十二有《客舍喜侄庸至》。

按，高啓所云"我祖昔都鄴，神武爲世雄"是關於其遠祖的自述。"神武"即齊高祖神武皇帝高歡。唐李延壽撰《北史》卷六《齊本紀》:“齊高祖神武皇帝,姓高氏,諱歡,字賀六渾,渤海蓨人也。”“(武定四年)庚戌,遣太原公洋鎮鄴。”高洋即高歡次子,於550年即帝位,國號齊,建都鄴(今河南安陽北),史稱北齊。這是高啓嘗自署“渤海高啓題”(趙琦美《趙氏鐵網珊瑚》卷一《跋蘭亭》)、“齊人高啓”(《鳧藻集》卷五《陳希文墓誌銘》《葛仲正墓誌銘》)的原因。

《(乾隆)長洲縣志》卷二十三“人物”:高庸,字季常,甫里人,季迪從子。永樂四年進士。

妻周氏,亦能詩,永樂元年尚在。三女,一子,次女及子早殀。

吕勉《槎軒集本傳》:“年十八,頎而未冠,嘗聘青丘鉅室周翁仲達女,因家落,弗克備六禮。一日翁病,所交戲之曰:‘若婦翁有不安,盍往問之,可乎?’先生曰:‘諾,願携往焉。’遂同抵其第。翁謂所交曰:‘吾疾近稍愈,未可率爾與新客見。聞其善吟,客位間有《蘆雁圖》,脱一題足矣。’先生走筆一絶云:‘西風吹折荻花枝,好鳥飛來羽翼垂。沙闊水寒魚不見,滿身霜露立多時。’翁笑曰:‘若欲偶之意亟矣。’語所交請其回,當擇日妻之矣。”

永樂元年(1403)周立《缶鳴集序》(《高青丘集·附録》):“先姑夫迨今歿且二十餘年……幸吾姑尚無恙。”

《高青丘集》卷十一《余未有嗣雪海道人以張仙畫像見贈蓋蘇老泉嘗禱而得二子者予感其意因賦詩以謝》:“我年已及壯,吉夢未兆熊。雖有三女兒,豈足慰乃公?”同書卷六《見花憶亡女書》:“中女我所憐,六歲自抱持。”徐賁《北郭集》卷九有《贈高季迪幼女定兒》,《高青丘集》卷十五有詩《子祖授生》。

按,《高青丘集》卷七有《召修元史將赴京師别内》《答内寄》。後詩有云:“風從故鄉來,吹詩達京縣。讀之見君心,寧徒見君面。”故周氏亦能詩。

高啓有三女,次女名書,幼女名定兒。次女高書亡於至正二十七年(1367)圍城之時。高啓之子祖授在洪武六年(1373)出生，時高啓三十八歲。永樂元年周立《缶鳴集序》云“先姑夫迨今歿且二十餘年，不幸無後以傳”，知祖授早殀，然事未見於高啓及其朋友文集，故祖授之亡應在高啓歿後。

少警敏力學，以詩名，自編詩集曰《效古》。

李志光《高太史傳》：“少警穎力學，遂工於詩。……陪臣饒介之、丁仲容輩，以詩自豪，及見啓，爲嘆服。”

吕勉《槎軒集本傳》：“性警敏，書一目即成誦，久而不忘，尤粹群史。嗜爲詩，出語無塵俗氣，清新俊逸，若天授之然者。年十六，淮南行省参知政事臨川饒介之分守吴中，雖位隆望尊，然禮賢下士，聞先生名，使使招之者再，先生避畏久之，强而後往。座上皆鉅儒碩卿，以倪雲林《竹木圖》命題，實試之也。且用次原詩木、緑、曲韵，時先生一愿稚耳，衆易之，侍立少頃，答曰：‘主人原非段干木，一瓢倒瀉瀟湘緑。逾垣爲惜酒在尊，飲餘自鼓無弦曲。’饒大驚异，以其含蓄深遠，非稚作可及，延之上座，特爲書於圖。諸老爲之掣肘，自是名重搢紳間，縱前輩靡弗畏之。”

張適《哀詞序》：“未冠以穎敏聞……尤嗜爲詩……類而選成一集，名曰《效古》，日咀咏之。由是爲詩，投之所向，罔不如意，一時老生宿儒，咸重器之，以爲弗及。”

早年，家吴城北郭，復僑居青丘之大樹村。

高啓《鳧藻集》卷二《唐處敬序》：“余世居吴之北郭。”

吕勉《槎軒集本傳》云：“居城東北陬……有田百餘畝，在沙湖東，迤南切吴淞江，遂僑江滸之大樹村。”

按，高啓《鳧藻集》卷一《蜀山書舍記》：“而予也，北郭之野有土，東里之第有書，皆先人之遺也。”《高青丘集》卷六《暫歸鳴珂里舊宅》云“故廬在東里”,則高啓在“北郭”和“東里”均有居所。“北郭”即吴城北郭,即吕勉《槎軒集本傳》所云“居城東北陬”,亦即所謂“北郭十友”之“北郭”。“東里”當是在高啓自稱青丘之地“大樹村”。《甫里志》卷十七云:“高翰林啓宅,在青丘。”吉川幸次郎在其《中國詩史》(安徽文藝出版社1986年版)之《關於高啓》一文云:“‘青丘’之號來自於他在蘇州郊外的莊園中一個見於仙書的地名。又作‘青邱’,‘丘’‘邱’同一個字。”高啓在詩中三次提到大樹村,其中《高青丘集》卷十八《江上晚歸》有“大樹村中即我家”之句。大樹村,今屬蘇州市吴中區勝浦鎮,吴淞江北青丘浦(現稱青秋浦)旁,村落已廢。

與諸友唱和,世稱“十才子”或“北郭十友”。

高啓《鳧藻集》卷二《送唐處敬序》:“余世居吴之北郭,同里之士有文行而相友善者,曰王君止仲一人而已。十餘年來,徐君幼文自毗陵,高君士敏自河南,唐君處敬自會稽,余君唐卿自永嘉,張君來儀自潯陽,各以故來居吴,而卜第適皆與余鄰,於是北郭之文物遂盛矣。”

金檀《高青丘年譜》“至正十一年”云:“先生未喬甫里,家北郭,與王行比鄰。其後徐賁、高遜志、唐肅、宋克、余堯臣、張羽、吕敏、陳則皆卜居相近,號‘北郭十友’,極一時詩酒之樂。十子之名,肇此數年。”

朱彝尊《静志居詩話》卷三引錢謙益語:“(余堯臣)與里中楊基、張羽、徐賁、王行、王彝、宋克、吕敏、陳則、釋道衍爲高啓十友。”

《明史》卷二百八十五《王行傳》:“初,高啓家北郭,與行比鄰,徐賁、高遜志、唐肅、宋克、余堯臣、張羽、吕敏、陳則皆卜居相近,號‘北郭十友’,又稱‘十才子’。”

按,“北郭十友”之名最早見於明陸應陽(1542—1627)《廣輿記》卷三、錢謙益(1582—1664)《列朝詩集小傳》甲集前編,蓋陸、錢二氏據高啓《春日懷十友》詩而取名,後相沿成習,遂以"十友"呼之。其實,在陸、錢之前二百年間僅見"十才子"之稱。

"十才子"最早見於洪武十三年(1380)吕敏《題徐幼文惠山圖》(明朱存理撰,趙琦美編《趙氏鐵網珊瑚》卷十四):"徐幼文居姑蘇北郭,時稱十才子,幼文其一也。"此後,黄暐《蓬窗類記》卷三、凌迪知(1529—1600)《萬姓統譜》卷四十均稱"十才子"而非"北郭十友"。然吕敏《題徐幼文惠山圖》僅提及徐賁一人,其他未詳。其成員,明清文獻所載,亦不盡相同,但大致有兩種情況:一是不包括高啓,或稱之爲"高啓十友",錢謙益、陳田持此説;二是包括高啓,《明史稿》《明史》持此説。

張士誠據吴,不仕,然與張吴陪臣參政饒介、參軍蔡彦文交游密切,有唱和之作。

王彝《高季迪詩集序》:"(高啓)生元末,不仕。"

李志光《鳬藻集本傳》:"張士誠有浙右時,群彦多從仕者,啓獨挈家依外舅周仲達,居吴淞江上,歌咏終日以自適焉。"

吕勉《槎軒集本傳》:"元季俶擾,張士誠據浙右,時彦皆從之,先生獨弗與處,挈家依外氏,以咏歌自適,故有《青丘子歌》並《江館》一集寓志焉。"

錢謙益《列朝詩集小傳》甲集前編"饒介傳"引姚廣孝語:"介之爲人,倜儻豪放,一時俊流,如陳庶子、姜羽儀、宋仲温、高季迪、陳惟寅、惟允、楊孟載輩,皆與交,衍亦與焉。"

按,至正十六年(1356),張士誠據吴,矯制以饒介爲淮南行省參政,蔡彦文爲參軍。次年,元以士誠爲太尉,官其將吏有差。高啓北郭諸友之中如楊基、余堯臣、徐賁、張羽、唐肅、高遜志均仕於張士誠,然高啓不仕。

至正二十一年(1361),相士薛月鑒訪高啓於青丘,高啓有《贈薛相士》(《高青丘集》卷六),已明確表達了避世不仕的思想:“請看近時人,躍馬富貴場。非才冒權寵,須臾竟披猖。鼎食復鼎烹,主父世共傷。安居保常分,爲計豈不良?願生毋多言,妄念吾已忘。”高啓不仕張吴,但與張吴顯要人物參政饒介、參軍蔡彦文交游密切,有唱和之作。

《高青丘集》卷五《陪臨川公游天池三十韵》、卷十一《贈醉樵》、卷十二《哭臨川公》、卷十五《陪臨川公游天池》,《鳧藻集》卷一《游靈岩記》、卷三《代送饒參政還省序》,都是寫贈饒介詩文,其中《哭臨川公》有“無因奠江上,應負十年知”之句,亦可見二人之交誼。

對蔡彦文亦是如此。《高青丘集》卷四有《燕客次蔡參軍韵》《退思齋爲蔡參軍賦》,卷十四有《感懷次蔡參軍韵》,《鳧藻集》卷三有《送蔡參軍序》,亦見二人之關係。

朱存理《珊瑚木難》卷七有“饒介之詩一帖”:“病中對梅花一株,欣然有作,若有會也。録似西塾孟載、季迪兩先生一笑,介頓首。”故高、楊皆饒介之客,其交往於此可見一斑。

隱居婁江,編成《婁江吟稿》。

《鳧藻集》卷三《婁江吟稿序》:“竊伏於婁江之濱,以自安其陋。時登高丘,望江水之東馳百里而注之海,波濤之所洶欻,烟雲之所杳靄,與夫草木之盛衰,魚鳥之翔泳,凡可以感心而動目者,一發於詩;蓋所以遣憂憤於兩忘,置得喪於一笑者,初不計其工不工也。積而成帙,因名曰《婁江吟稿》。”

明洪武二年(1369)與修《元史》,八月,史成。命教授功臣子弟,授翰林院國史編修官。

《明史》卷二百八十五《趙壎傳》:“洪武二年,太祖詔修《元史》,

命左丞相李善長爲監修官，前起居注宋濂、漳州府通判王禕爲總裁官，徵山林遺逸之士汪克寬、胡翰、宋僖、陶凱、陳基、曾魯、高啓、趙汸、張文海、徐尊生、黄篪、傅恕、王錡、傅著、謝徽爲纂修官，而壎與焉。以是年二月，開局天界寺。……至八月成。"

王禕《高季迪詩序》云："頃承詔與余同修《元史》，尋入内府教胄子，授翰林國史編修。"

李志光《鳧藻集本傳》："明興，以某臣薦，偕謝徽等聞於朝，與修《元史》，授翰林國史編修官，復命教授諸王。"

吕勉《槎軒集本傳》亦云："次年（洪武三年）二月，官翰林編修。"

按，《鳧藻集》卷二有《元史曆志序》《元史列女傳序》，故高啓曾參與《元史曆志》和《列女傳》的編撰。

洪武三年（1370）秋，擢户部右侍郎，辭歸。寓居吴淞江上，重新編訂《缶鳴集》，作《姑蘇雜咏》。

《鳧藻集》卷五《志夢》："（七月）二十八日暮，出院還舍，有控馬馳召余二人，上御闕樓俟焉。既見，奬諭良久，面拜啓户部侍郎、玄懿吏部郎中。啓以年少未習理財，且不敢驟膺重任，辭去。玄懿亦辭。上即俞允，各賜内帑白金，命左丞相宣國公給牒放還於鄉。"

王彝《高季迪詩集序》："擢爲户部侍郎，辭不拜，有旨賜歸其鄉。"

吕勉《槎軒集本傳》："至七月，特擢户部侍郎。以年少未諳理財之任，懇辭致政，實洪武庚戌也。……復居青丘。時盧熊修郡志初成，爲之考據，並躬探覽於風俗、古迹、祠廟、冢墓、山水、泉石、園亭、寺宇、橋梁雜賦，每繫一詩，衆體兼備，共如干首，名《姑蘇雜咏》，傳於世。"

洪武三年謝徽《缶鳴集序》："季迪之詩甚多，有《吹臺集》《缶鳴集》《江館集》《鳳臺集》，凡爲詩幾二千首，皆當世之儒先君子序其端。今年冬,予訪之吴淞江上,季迪出其詩示余,蓋取舊所集諸詩,益加删改,彙稡爲一,總名曰《缶鳴集》。自古樂府、歌行而下,至五七言諸體,得詩九百餘篇,皆其精選,富矣哉!亦可謂不易矣!然是編也,特以今年庚戌冬而止,後有所作,當别自爲集。季迪不以予不肖,屬予序之,庸敢叙諸編端以俟。"

按,高啓《缶鳴集序》(《鳧藻集》卷三):"近客東江之渚,因間始出而彙次之,自戊戌至丁未,得七百三十二篇。"洪武二年胡翰曾爲之序。謝徽所序《缶鳴集》是"取舊所集諸詩,益加删改",是以《缶鳴集》之初本增益而成。

洪武五年(1372),魏觀知蘇州府,過往甚密。七年,魏觀因修府治獲譴,高啓作《上梁文》連坐被殺,年三十九。

李志光《鳧藻集本傳》:"適江夏魏觀爲郡,老而好士,延見王彝輩。啓嘗會於京,尤禮遇之。不得已,亦厠爲客。復强辭之,歸故里,殊悒悒不樂,遂蹇連以没,年甫三十九。"

吕勉《槎軒集本傳》:"蓋觀爲勝國遺才,頗自矜詡,矧解《青鳥經》術,到任,第欲更張,以吴城無蛇門,則自東南水陸來之生氣間沮,故百年至富,極品之貴,甚有所妨,圖欲闢之。先是,在城諸委巷久淤,舟艇往來不便,役民挑浚甚急,已多斂怨;又以府治乃前元都水屯田司,偏於西,則出武衛之下,即城中央舊治而新之。吴帥慮其居左,且觀由内出,諸帥俯見,弗爲禮,銜而密疏之。尋有張度御使來,微行廉其迹,以先生嘗爲撰《上梁文》,王彝因浚河獲佳硯爲作頌,並目爲黨,俱攣赴京。衆洶懼喪魄,先生獨不亂,臨行在途,吟哦不絶,有'楓橋北望草斑斑,十去行人九不還''自知清澈原無愧,盍倩長江鑒此心'之句。殁於甲寅之九月也。年甫三十九。"

《明史》卷二百八十五《高啓傳》:"啓嘗賦詩,有所諷刺,帝嗛之未發也。及歸,居青丘,授書自給。知府魏觀爲移其家郡中,旦夕延見,甚歡。觀以改修府治獲譴。帝見啓所作《上梁文》,因發怒,腰斬於市,年三十有九。”

按,高啓《上梁文》不存,《高青丘集》卷十五有《郡治上梁》詩。

關於高啓之死,自明初迄於當代,各種議論和猜測紛紛。其中主要觀點有兩種:以詩得罪説,見錢謙益《列朝詩集》甲集卷四、《明史·高啓傳》;辭官得罪説見錢伯城《詩人高啓之死及其詩歌評價》,章培恒主編《中國文學史》。

與楊基、張羽、徐賁並稱吴中四杰,詩名尤著。

《明史》卷二百八十五《高啓傳》云:“明初,吴下多詩人,啓與楊基、張羽、徐賁稱四杰,以配唐王、楊、盧、駱云。”

《(正德)姑蘇志》卷五十二《楊基傳》云:“至正洪武之際,與高啓、張羽、徐賁齊名,號‘吴中四杰’。”

《四庫全書總目》卷一百六十九《大全集》提要:“啓天才高逸,實據明一代詩人之上。其於詩,擬漢魏似漢魏,擬六朝似六朝,擬唐似唐,擬宋似宋,凡古人之所長,無不兼之。振元末纖穠縟麗之習而返之於古,啓實爲有力。”

陳田《明詩紀事》卷七:“季迪諸體並工,天才絶特,允爲明三百年詩人稱首,不止冠絶一時也。”

按,吴中四杰的另一種説法是“高楊張徐”。現存文獻最早見於永樂元年(1403)高啓内侄周立所作序言:“時與嘉陵楊基孟載、潯陽張羽來儀、郯郡徐賁幼文,名重當世,人稱高楊張徐,比唐之四杰也。”這或許是“吴中四杰”之名的來源。另,王士禛《香祖筆記》卷四云:“王彝……又或以爲吴中四杰之一,以常宗代張來儀者。”然除《香祖筆記》外,他書未見“高楊徐王”的記載。

明徐泰《詩談》云:“姑蘇高啓,岱峰雄秀,瀚海渾涵,海内詩宗,豈惟吴下?楊基天機雲錦,自然美麗,獨時出纖巧,不及高之冲雅。

潯陽張羽、吴興徐賁亞矣。四杰叙稱,以其才乎?”徐泰認爲“吴中四杰”“高楊張徐”的排列是由他們的詩歌成就决定的。

傳世有詩集十八卷,文集五卷,詞集一卷,今人彙爲《高青丘集》。

謝徽《缶鳴集序》云:“季迪之詩甚多,有《吹臺集》《缶鳴集》《江館集》《鳳臺集》,凡爲詩幾二千首。”

永樂元年高啓内侄周立序云:“其詩則有《鳳臺》《吹臺》《江館》《青丘》《缶鳴》《南樓》《姑蘇》《勝壬》等集,文則有《鳧藻集》,詞則有《扣舷集》也,幾二千餘篇。”

高啓自選定爲《缶鳴集》十二卷,凡九百餘首。周立於永樂元年鏤版行之。至景泰初,徐庸掇拾遺佚,合爲一編,題曰《高太史大全集》。高啓文集《鳧藻集》、詞集《扣弦集》爲周忱正統九年(1444)刊行,不在《大全集》内。成化中,張習合《江館》《鳳臺》《槎軒》諸集,“類成十卷,總名曰《槎軒集》”。清雍正年間金檀輯注《高青丘詩集注》,搜輯遺佚,《鳧藻集》五卷、詞集《扣弦集》也在詩集之後,在高啓詩文集中最爲完備。

今人徐澄宇、沈北宗以金檀文瑞樓刻本爲底本,校以墨池館本、竹素軒本、濂溪書院本,和諸家所編合集而成《高青丘集》,計詩十八卷、《遺詩》一卷,文五卷,詞一卷。

參考文獻:

1. 高啓著,金檀輯注,徐澄宇、沈北宗校點《高青丘集》,上海古籍出版社 1985 年版。

2. 張廷玉《明史》,中華書局 1974 年版。

3. 王鏊《(正德)姑蘇志》,《天一閣藏明代方志叢刊》續編本,上海書店出版社 1990 年版。

4. 李光祚修，顧詒禄等纂《（乾隆）長洲縣志》，《中國地方志集成》本，江蘇古籍出版社 1991 年版。

5. 彭方舟《吴郡甫里志》，《中國地方志集成》本，江蘇古籍出版社 1992 年版。

6. 王士禛《香祖筆記》，上海古籍出版社 1982 年版。

7. 錢謙益《列朝詩集小傳》，上海古籍出版社 1983 年版。

8. 張羽《静居集》，《四部叢刊三編》本，上海書店 1986 年版。

9. 徐賁《北郭集》，《四部叢刊三編》本，上海書店 1986 年版。

10. 朱彝尊《静志居詩話》，人民文學出版社 1990 年版。

11. 陳田《明詩紀事》，上海古籍出版社 1993 年版。

12. 楊基《眉庵集》，巴蜀書社 2005 年版。

13. 朱存理撰，趙琦美編《趙氏鐵網珊瑚》，《景印文淵閣四庫全書》本，臺灣商務印書館 1986 年版。

14. 朱存理《珊瑚木難》，《叢書集成續編》本，上海書店出版社 1994 年版。

15. 汪珂玉《珊瑚網法書題跋》，《叢書集成續編》本，上海書店出版社 1994 年版。

16. 厲鶚《南宋院畫録》，《叢書集成續編》本，上海書店出版社 1994 年版。

（貫繼用）

張孟兼傳

張丁，字孟兼，以字行，浦江（今屬浙江）人。元順帝至元四年（1338）生。

宋濂《鑾坡前集》卷九《張孟兼字辭》："生於歲戊寅正月六日，以歷推之，是月九日始入春，則中氣猶居丁丑年之冬，其王父府君因以丁命名。"

張廷玉《明史》卷二百八十五本傳："張孟兼，浦江人，名丁，以字行。"

方孝孺《遜志齋集》卷二十一："張孟兼者，名丁，金華之浦江人也。"

永瑢《四庫全書總目》卷一百六十九："孟兼名丁，以字行，浦江人。"

陳田《明詩紀事》甲籤卷六、陶元藻《全浙詩話》卷二十七、朱彝尊《静志居詩話》卷二、嵇曾筠《浙江通志》卷一百八十、李維禎《山西通志》卷八十五、錢謙益《列朝詩集》甲集卷十三、鄭柏《金華賢達傳》卷七記載亦同。

出自浦江平安望族張氏，始祖張元善五代時爲避亂舉族遷居越之青山，宋初復徙浦陽。祖父張鎮，純孝俠義，祖母葉氏，性慈惠柔。孟兼爲家中長孫，祖父母愛憐之。

張孟兼《白石山房逸稿》卷四宋濂《衢州刺史懷仁先生墓碑銘》:“五代時有諱叔完者,仕周爲國子監丞,季子諱元善,字懷仁,行干四公者,爲衢州刺史,避亂越之青山。宋建隆初,復徙浦陽南山之麓。……乾四公則兼始祖也。”

張孟兼《白石山房逸稿》卷五陳璉《平安圖記》云:“吾先代留候之後,來家於浦。有諱敦、字伯仁者,仕漢爲車騎大將軍,其後遷居淮之清河……”

《浦陽平安張氏宗譜·平安張氏支派録》:“浦陽平安張氏乾四府君諱元善,字懷仁,仕衢州刺史。因避後周亂寓越之青山,宋建隆初復徙浦陽桃源山麓。更自桃源而遷居平安,乃爲平安第一世祖也。”

張孟兼《白石山房逸稿》卷二《元故十二府君墳記》:“(大父)公生而倜儻,遇事廓落無阿私意……有急告者,不問親疏,咸怡然濟之。鄉豪右有非義,必委曲摧阻,令不得騁,故毁譽每相半,而公卒確行其志不少奪,凛然有古任俠之風。族人某早世,家落,有孤女,煢煢旦夕莫能給……遂以女歸,與諸女鞠之,長成,嫁於邑士。公欲築室營遷,而母卒,因慟哭曰:‘母氏勤於内治,不能享一日之安,遽爲終古之隔,欲養而不可得,痛忍言哉!’凡歲時祭祀必泣下,沾衣自免喪以至於終身,無不皆然。”

少於白石山中築書室苦讀,年十九,始離家游學城南,師聞人夢吉,辨析六藝,采刺爲篇章。聞人夢吉贈字孟兼。

張孟兼《白石山房逸稿》卷三鄭淵《跋張孟兼白石山房詩卷》:“同邑張君孟兼,築室白石山中,爲讀書之地,其志豈欲隱哉?蓋欲養其所學以適當世之用耳。”

《浦陽平安張氏宗譜·重建白石山房記》:“孟兼公隱居肄業,常構書房於泉石之間山麓之下,名曰白石山房。”

宋濂《芝園前集》卷一《故葉夫人墓碣銘》:“年十九,禮宜授室,始離大母左右,游學城南,師事聞人先生,辨析六藝,采剌爲篇章,久之乃歸。”

李賢《明一統志》卷四十二:“聞人夢吉,金華人。夙承家學,於六經傳疏悉患手抄成帙,義理所在,必深究密察。閉户討論逾十年,乃開門講授。泰定間歷教官,所至學者争從之游,門人宋濂、吴履仁輩私謚曰凝熙。”

蘇伯衡《蘇平仲集》卷十《書張孟兼字説後》:“聞人先生字張君以兼,豈曰其生以戊寅而其歲爲丁丑,兼二年而云乎?亦以戊爲剛,丁爲柔,而欲張君兼之以成其德乎。《易》曰:‘一陰一陽之謂道。’是天地之育物必資陰陽之兼施也。《書》曰:‘高明柔克,沉潛剛克。’是聖人之馭世,必資剛柔之兼用也,而况於學者乎?美矣哉,先生之命字也。張君能不吐剛,不茹柔,則張君其克承師訓矣。於乎,念之哉!”

至正二十二年(1362),聞人夢吉卒,終年七十歲。孟兼有詩紀之。

聞人夢吉事迹詳見宋濂《潛溪後集》卷十《故凝熙先生聞人公行狀》。

張孟兼《白石山房逸稿》卷一《展聞人先生墓》:“聞人先生,孟兼授業先師也,往拜墓側,詩以哀之:兔魄何年掩少微,徘徊馬鬣涕頻揮。十年燈火人安在?一代文章事已非。衰草寒烟天漠漠,空林落葉雨霏霏。傷情更有山陽笛,吹徹梅花未忍歸。”

至正二十五年(1365),朝廷下詔求賢,州縣薦孟兼。

宋濂《芝園前集》卷一《故葉夫人墓碣銘》:“歲己巳,朝廷下詔求賢,以圖治安,州縣不以孟兼爲不敏,交章薦之。”

方孝孺《遜志齋集》卷二十一《張孟兼傳》:"會天子詔徵才能士,郡縣以孟兼名上。擢國子學録、禮部主事,遷太常司。"

至正二十六年(1366),入國子監爲學録。

《明太祖實録》卷二十一:"元至正丙午年十月乙酉,以郭永爲國子博士,李克正爲學正,張孟兼爲學録,吕仲善爲典膳。"

張廷玉《明史》卷二百八十五本傳:"史成,授國子學録。"

按,孟兼參與《元史》編纂在洪武間,《明史》此誤,以《明太祖實録》爲準。

明洪武三年(1370),詔續修《元史》,以宋濂、王褘爲總裁,徵孟兼爲纂修官。

夏燮《明通鑑》卷三:"乙丑(初六),詔重開史局。仍以宋濂、王褘爲總裁,復徵四方文學士朱右、貝瓊、朱廉、王彝、張孟兼、高遜志、李懋、李汶、張宣、張簡、杜寅、殷弼、俞寅、趙壎等十四人爲纂修官。……孟兼,浦江人,劉基爲上言:'今天下文章,宋濂第一,其次即臣基,又次即孟兼。'上頷之。"

宋濂《鑾坡前集》卷一《〈元史〉目録後記》:"至若順帝之時,史官職廢,皆無實録可徵,因未得爲完書。上復詔儀曹遣使行天下,其涉於史事者令郡國上之。又明年春二月乙丑開局,至秋七月丁亥書成,又復上進。以卷計者:紀十,表二,傳三十又六。凡前書有所未備,頗補完之。其時與編摩者,則臣趙壎、臣朱右、臣貝瓊、臣朱世廉、臣王濂、臣王彝、臣張孟兼……而總其事者,仍臣廉與臣褘焉。合前後二書,復釐分而附麗之,共成二百一十卷。"

《明太祖實録》卷四十九:"(洪武三年二月)乙丑,詔續《元史》,時儒士歐陽佑等采摭故元元統以後事實還朝,仍命翰林學士宋濂、待制王褘爲總裁,儒士趙壎、朱右、貝瓊、朱世廉、王彝、張孟兼、高遜志、李懋、李汶、張宣、張簡、杜寅、殷弼、俞寅十四人同纂修。"

洪武五年(1372)九月,與劉崧、宋濂等國子監聯句。十一月,任晉府録事,參與郊祀大典。既竣事,與宋濂、陶凱、黄肅、牛諒、熊鼎、吴雲、劉崧、周子諒、陶誼、吴從善等分韵賦詩,作《郊禋慶成分得霄字四十韵》。十二月,劉仔肩編《雅頌正音》成,與宋濂爲之序。

宋濂《鑾坡後集》卷六《玉兔泉聯句引》:"洪武五年秋九月十又五日,日入酉,予與仲子璲過張録事孟兼於成均,秉燭對坐。孟兼方命侍史汲玉兔玉兔泉瀹茗,俄熊參軍鼎、劉職方崧、周虞部子諒皆集,相與談詩,至愜心處,輒抵掌笑嘩。吕太常仲善聞之,亦歡然來會。既啜茗已,孟兼出新造《玉兔泉銘》諷之,且曰:'今夕何夕,勝友如雲,不可無以爲娱。請舉泉聯詩,何如?'衆皆曰然。予年有一日之長,俾題其首句,餘則以次而續。鬥奇據勝,哄哄弗能休。至二鼓詩成,各擁衾就榻。逮雞再號,風雨淒迷載塗,官事有程,皆不告而散。予亦騎驢去朝天矣。明日,孟兼將屬,遂作小楷繫詩於銘左,徵予爲之引。"此《玉兔泉聯句》並序亦見於張孟兼《白石山房遺稿》卷一及劉崧《槎翁詩集》卷八(題《玉兔泉有引》),蓋序引雖宋濂所作,聯句則三人所爲,故三人集中皆見。

宋濂《鑾坡後集》卷五《〈郊禋慶成詩〉序》:"皇帝自登大寶,主百神,即有事於昊天上帝,以仁祖淳皇帝配神作主,於今五載,弗懈益恭。粤洪武壬子冬十一月辛酉日長至,復遘其時……既竣事,禮部尚書陶凱、工部尚書黄肅……晉府録事張孟兼、吴府録事吴從善咸謂皇帝升中於天,國之大典,幸際熙明,與於執豆籩之列,不可無篇什以紀慶成,昭示萬世。遂以唐詩'星臨萬户動,月傍九霄多'爲韵,各賦詩一章,而屬濂序之。"張孟兼《白石山房逸稿》卷一有《郊禋慶成分得霄字四十韵》詩。

永瑢《四庫全書總目》卷一百八十九:"《雅頌正音》五卷,明劉仔肩編……有宋濂、張孟兼前後二序，皆作於洪武三年。”然現存《文淵閣四庫全書》本《雅頌正音》僅存宋濂前序而不見孟兼後序，《文淵閣四庫全書補遺》本亦不見此序。僅日本内閣文庫所藏豐後佐伯藩主毛利高標本尚存此序，下據之轉引。

劉仔肩《雅頌正音》卷末張孟兼《雅頌正音後序》：“鄱陽劉汝弼所輯《雅頌正音》若干卷，多名公卿之作，而林泉之士，上頗見一二焉。譬工師之於大木，必徂徠、新甫是求，蓋徂徠、新甫實松柏之所産也。今京師者，四方人材所萃，汝弼采詩，苟不於與焉，是捨徂徠而求松，離新甫而取柏也，其可忽哉！聖朝以神武混一寰宇，九夷八荒莫不梯航入貢，聲詩之作，此惟其時。故觀汝弼所采，舂容乎長篇，鏗鏘乎短韵，其氣昌而腴，其體正而雅，非純於治世之音者歟？昔鳳凰鳴於岐山，説者以爲文王治化之感召，理不可誣。今天下之士得陶寫性靈以鳴國家之盛，其與生文王之時者，夫又何遠歟？鳳鳥之祥，不過一物之靈，於其鳴也或尚知美之，况人爲萬物之靈者歟？此集之輯，所以不敢後之歟！抑余聞承平之世，山川草木咸成文章，不特名公卿而已。林泉之下，豈無奇作之以跨盛唐而追漢魏者？汝弼尚多采之，庶幾成一代之盛典。余非知詩者，嘗與汝弼游，知其博學有識，去取甚嚴，可以垂後而傳遠，故相與一言之。汝弼之詩，間亦附見，意欲承教於君子。然其雅麗典則，豈所謂□□者歟？王君舉直不没人善，取以鋟諸□□□之士也歟？洪武三年□十二月既望浙河張孟兼序。”

後任太常寺丞、山西按察司僉事。

張孟兼《白石山房逸稿》卷四《敕命》：“奉天承運，皇帝聖旨敕曰：郊廟社稷之祀，國之大典，凡執籩豆相禮儀者，必擇修潔之士以任之。張孟兼，今授將仕佐郎太常司贊禮郎，爾尚敬以執事，既習熟於平居之時，毋怠惰於祼獻之候，庶副委令之意，爾宜勉之。洪武七年九月。"

宋濂《芝園前集》卷一《故葉夫人墓碣銘》:"蒙恩擢國子録,轉主事儀曹,遷丞奉常,凡歷八春秋。"

方孝孺《遜志齋集》卷二十一《張孟兼傳》:"(孟兼)每爲宋先生言:'先生曷不於上前薦我?'先生亦才孟兼,欲薦之,未有徑。會上欲用越僧證,問先生嘗見證文否?誰所有,且索之以觀,時證爲書與孟兼論性命,先生因言太常丞張孟兼所有之。詔先生召孟兼,以證文至。上覽畢,顧孟兼,謂先生曰:'張丞,卿門人也?'先生對曰:'非臣門人,乃臣里中子耳。且爲文有才甚,誠意伯劉基稱之。'上熟視孟兼曰:'生骨相薄,仕宦徐徐進乃可耳。毋驟也。'未幾,除孟兼爲山西按察司僉事。"

劉基《誠意伯文集》卷十六有《送張孟兼之山西按察司僉事任》詩。

宋濂《翰苑續集》卷六《送部使者張君之官山西憲府序》:"我國家始建國江左,輒從秦元之請,立按察司,設官分職,彈劾百僚,所以伸正氣也。迄今垂二十年,憲度益嚴,遴官益精。有若山西憲僉張君孟兼,尤號稱職者也。"

宋濂《芝園前集》卷一《故葉夫人墓碣銘》:"山西提刑按察司僉事張孟兼,請餘銘其大母葉氏之墓,凡三年矣。"洪武十年,張孟兼以山東按察廉使還家省親(詳下),宋濂爲其作《故葉夫人墓碣銘》。據此則孟兼於洪武七年時已爲山西提刑按察司僉事。又據黄伯生《故誠意伯劉公行狀》:"洪武八年正月,胡丞相以醫來視疾,飲其藥二服,有物積腹中如卷石。……居家一月而薨。公生於至大辛亥六月十五日,薨於洪武乙卯四月十六日。"可知洪武八年正月,劉基已卧病在床,其作《送張孟兼之山西按察司僉事任》當在洪武七年。

洪武八年(1375),宋濂夫人賈専病愈,濂遣子璲及二孫還鄉省親,在朝群公大夫士咸賦詩餞之,孟兼爲作《題宋仲珩歸省卷後》《送宋仲珩省母歸金華》。孟兼《文稿》成,劉基爲之序,然其序不知何時散佚。

宋濂《潛溪録》卷六張孟兼《題宋仲珩歸省卷後》:"予友宋仲珩,執丈太史公之仲子也。性敏學博,自少工書法。侍太史於京師,會建奉天殿,禁中有詔徵書額,時予備官儀曹,即以仲珩名聞,俾謹書之,而尚書揚公以進。既稱旨,遂問其父子之賢已。而仲珩被敕,草古詩若干首,上覽之稱譽有加焉。皇太子暨晉王亦知仲珩之能書,時出雜篇章令寫之。於戲!以仲珩之妙年,擅當代書之名,上徹天聽,玉音之所獎予,其爲榮遇,可謂千載一日,猶祥麟威凰出際盛時,莫不争先快睹。榮美爵禄,見寵被於身,蓋無疑矣。令仲珩奉太史公命歸省丘墓,中朝士大夫咸賦詩送之。前御史中丞劉公與序其篇端,予既賦詩,復書此卷末,與之識别,庶幾鄉邦俊彦有見者,尚當以仲珩而加勉哉。"

劉仔肩《雅頌正音》卷五張孟兼《送宋仲珩省母歸金華》:"朔風歲華晏,游子去京國。爲言省慈母,念念忘寢食。山川雖云遠,何敢憚匍匐。客懷畏别離,令我忽凄惻。我家子同里,近在南山側。相去一舍間,况是素親識。往者各家居,朝夕弄文墨。時常子來過,暫離輒相憶。自期韓孟交,叩難惟籍湜。子才實超邁,字畫更奇特。夙多臨池功,揮灑雄筆力。豈獨鍾張輩,可作當代則。比來接縉紳,容度彌整飭。恍如雜葩卉,方春競顔色。顧我絆微名,窮巷嘆逼反。果非子慰藉,何以洗胸臆。笑語每移時,欲去必曛黑。固知千里外,此樂不易得。子今遽去我,而我心轉畫。辭親四寒暑,未得供子職。近雖道路通,半載無消息。便當從子歸,恨不生羽翼。"

宋濂《芝園前集》卷一《跋張孟兼文稿序後》:“伯温作土中人將二載,俯仰古今,不能不慨然興懷。孟兼請濂題識序後,因書伯温昔日之言,以表吾愧。操觚之時,泪落紙上。洪武十年三月二十五日。”則至遲在洪武八年,《孟兼文稿》已編成。

宋濂《潛溪録》卷五鄭楷《書先師潛溪書張孟兼文集序後》:“洪武十年正月,公以翰林學士承旨致仕而歸。甫逾兩月,張公孟兼以山東按察廉使還家省親,訪公於青蘿山,袖出誠意伯劉公所贈文稿序,請公識以一言。且謂官程急速,即欲戒行。於時賓朋滿座,公遂據案屬稿,命予繕寫遺之。此紙是也。”

丁丙《善本書室藏書志》卷三十五:“孟兼文六卷……編前有宋濂手識、劉伯温序,張孟兼文稿後有義門鄭淵撰《白石山房稿跋》,有張紹仁印、學安、張氏秘篋、讀异書齋四印。”

以廉勁疾惡聲聞朝廷,升山東按察司副使。將赴山東,出《玉兔泉卷》請宋濂重題其後。

方孝孺《遜志齋集》卷二十一《張孟兼傳》:“孟兼廉勁疾惡,抵司,糾擿奸滑,無所貸。株連徒黨相援引,每一事株流數十。吏民見張僉事出行部,皆凛然墮膽,如畏鬼神。聲聞朝廷,升副使,移山東。”

宋濂《潛溪録》卷五鄭楷《書先師潛溪書張孟兼文集序後》:“洪武十年正月,公以翰林學士承旨致仕而歸。甫逾兩月,張公孟兼以山東按察廉使還家省親……”由此推之,孟兼當於洪武十年(1377)三月之前升任山東按察司副使。

宋濂《芝園前集》卷一《重題玉兔泉卷後》:“泉地産,初何與人事?世目之爲貪爲盗,不過借其名以厲人行,泉固自若也。金陵有泉曰玉兔,甘潔异常。或者悼其不幸爲奸檜所發,或者以檜之惡無污泉之清,争出巧辨,嘵嘵不自休。嗚呼,安得莊生齊物之旨語之者哉？部使者張孟兼將上山東，出示此卷請重題其後。題已，孟兼曰：'先生可爲調人之官矣。'一笑而别。"

洪武十年(1377)，張孟兼以山東按察廉使還家省親，宋濂序張孟兼文稿，爲作《故葉夫人墓碣銘》。

宋濂《潛溪録》卷五鄭楷《書先師潛溪書張孟兼文集序後》："洪武十年正月，公以翰林學士承旨致仕而歸。甫逾兩月，張公孟兼以山東按察廉使還家省親，訪公於青蘿山，袖出誠意伯劉公所贈文稿序，請公識以一言。且謂官程急速，即欲戒行。於時賓朋滿座，公遂據案屬稿，命予繕寫遺之。此紙是也。"

方孝孺《遜志齋集》卷二十一《張孟兼傳》："初，孟兼遷副使山東，自陳父老，大夫爲之請假，上許之。孟兼歸至家，縣令丞皆門謁，奉酒牲爲禮，孟兼坐受其拜不答，麾酒却之。"

張孟兼《白石山房逸稿》卷一《出京歸省口占》："幾度天涯望白雲，今承歸省見雙親。春秋雖富朱顔改，歲月難憑白髮新。美味調羹陳玉笋，佳殽入饌薦金鱗。人生百行無如孝，此志拳拳慕古人。"

張孟兼《白石山房逸稿》卷三釋來復《贈張憲副歸省》："三月官船别帝都，鳥啼江樹雨晴初。莫言無物爲親壽，留得歸函直諫書。"

宋濂《芝園前集》卷一《跋張孟兼文稿序後》："濂之友御史中丞劉基伯温，負氣甚豪，恒不可一世士，常以'倔强書生'自命。一日，侍上於謹身殿，偶以文學之臣爲問。伯温對曰：'當今文章第一，輿論所屬，實在翰林學士臣濂，華夷無間言者。次即臣基，不敢他有所讓。又次即太常丞臣孟兼。孟兼才甚俊，而奇氣燁然。'既退，往往以此語諸人，自以爲確論。嗚呼！伯温過矣。濂以無根葩澤之文，何敢先伯温？今伯温之言若此，其果可信耶？否耶？縱使伯温非謬爲推讓者，才之優劣，濂豈不自知耶？伯温誠過矣。惟言孟兼才之與氣，則名稱其實爾。今觀所造《孟兼文稿序》，嘉其語粹而辭達,他日必耀前而光後,其惓惓猶前意也。伯温作土中人將二載,俯仰今古,不能不慨然興懷。孟兼請濂題識序後,因書伯温昔日之言,以表吾愧。操觚之時,泪落紙上。洪武十年三月二十五日。”

宋濂《芝園前集》卷一《故葉夫人墓碣銘》:“山西提刑按察司僉事張孟兼,請餘銘其大母葉氏之墓,凡三年矣。予時供奉詞林,日以文墨事上,竟弗暇爲。今蒙恩休致家居,而孟兼亦予告省親,道過予門,又復以前事爲屬,其言極慘戚,予何忍不爲孟兼一銘之乎?”

六月,因與山東布政使吴印衝突,遭辱受杖。

《明太祖文集》卷七《諭山東布政使吴印敕》:“洪武十年六月二十日,御史臺奏……今張孟兼輕薄小人,必是妄自尊大,以致布政司官觀透所以爲人,少有笑慢,以致此等小人不顧生死,阻壞公政之事,特來誑聞。今敕御史虞泰,前去將張孟兼杖訖六十,就鎖項前來,再行問罪。敕到奉行。”

方孝孺《遜志齋集》卷二十一《張孟兼傳》:“山東布政使吴印,乃鍾山主僧,上親選拜官,妻女用金帛,寵之甚厚。印以見知人主,自尊重,禮節少簡。孟兼自負其能無敵,且印新用,又僧也,易之。印候孟兼,由中門入。孟兼以爲印雖位大,然我風憲司,不當由我中門,召守卒笞之。月朔望入學謁孔子畢,令諸生執經講説。孟兼故以語侵譏印,印不平。時初刊大明寶鈔,印不令使,兵民更自至庫買錢,民以爲病,而孟兼謂此詔印擅行之,是違制也。騎馬入布政司,摘棰僚吏問罪,且言將上封事言於朝。其僚吏皆大懾,勸印即上封事,言孟兼見陵侮。然孟兼封事終不上也。上覽印言,以爲孟兼凌我任用臣,不遜,治笞之。”

洪武十一年(1378)被誣棄市,年四十一。

方孝孺《張孟兼傳》:“孟兼既辱,愈憤,即捕爲書封事者,欲論以罪。印復上書言狀，請去位，避孟兼之横，否者，且爲所擠。上大怒曰：‘彼乃敢與我抗耶？吾今乃與爾抗！’遂械孟兼至闕下，廷詰之，命衛士捽髮摘拏，垂死，特論棄市。詔印曰：‘吾除爾害矣，善爲之。’”

《明史》卷二百八十五：“布政使吴印者，僧也，太祖驟貴之，寵眷甚，孟兼易之。印謁孟兼，由中門入，孟兼杖守門卒。已，又以他事與相拄。太祖先入印言，逮笞孟兼。孟兼憤，捕爲印書奏者，欲論以罪。印復上書言狀，太祖大怒曰：‘豎儒與我抗邪！’械至闕下，命棄市。”

孟兼涉獵書史，富有俊才，爲鄉里所稱。然爲人孤高自許，奴視同儕。劉基曾於朱元璋前謂今天下文章士，宋濂第一，劉基次之，張孟兼再次之，愈自高然。鄉人皆勸其遜讓，不聽，卒至於禍。

方孝孺《張孟兼傳》：“孟兼爲人侃侃自許，涉獵書史，頗有俊才，爲鄉里所稱。會天子詔徵才能士，郡縣以孟兼名上。擢國子學録、禮部主事，遷太常司。孟兼固自負能爲文，常奴視同輩。而是時誠意伯劉基以文章有重名，與翰林學士宋先生俱爲天下所尊信，基氣豪，不肯妄下人，而獨喜稱孟兼。嘗爲上言：‘今天下文章士，第一爲翰林學士宋濂，臣基次之，不敢辭，又其次則有張生孟兼，其餘臣不知也。’孟兼爲基所稱，愈自高，然他人弗服也，或稍慢之，孟兼輒怒。嘗以文示其鄉人，視之無言，置袖中曰：‘俟夜熟復之，今弗悉也。’孟兼陽爲好言曰：‘須删修之可也。’退則大怒其鄉人，發其所短，揚言於衆駡之，且詆其文曰：‘彼猶蠻夷山谷中，縱爲人衣，前懸而後曳，左侈而右斂，視國工所製，何敢望哉？’其鄉人自知，不與較。既而孟兼以謫輸作，鄉人不及唁，及以赦出復官，乃賀。孟兼怒駡：‘若見人失官，則棄背不一視，及復官，乃更謬爲卑讓賀我。若真細人，吾何以禮？’爲倨坐，不起迎送。其傲睨好面訐人，皆如此,人以是不附之。……初,孟兼遷副使山東,自陳父老大夫爲之請假,上許之。孟兼歸至家,縣令丞皆門謁,奉酒牲爲禮,孟兼坐受其拜不答,麾酒却之。鄉人皆勸其少遜讓,和以下人,孟兼不聽。及於敗,或憐之,或快之,以爲宜。然孟兼中實無憸賊之心,只以尚氣好高人,以故爲人所陷。"

《白石山房逸稿》附王世貞《張孟兼像贊》:"國初之業,潛溪稱冠,烏傷爲輔。我高皇帝常評江南人才,惟宋濂、王褘兩人耳。而劉誠意之對帝論文則首推宋,而己次之,其三即張孟兼,豈無所見而云然哉?帝曰:'此人愎,未堪驟登大位,漸近可也。'後升觀察,過里中上冢,邑令謁之,不禮,竟以剛方少容,争辨异端,爲同列擠傾。惟帝知人,雖彼自有以取之,抑亦造物之忌才耶?"

所交者宋濂、宋濂子宋璲,劉基,義門鄭氏鄭濤、鄭枋、鄭洧、鄭淵,釋來復,吴植等,多見於集中。

宋濂《鑾坡前集》卷九有《張孟兼字辭》,《鑾坡後集》卷六有《元故一鄉善士張府君墓版文》,《芝園前集》卷一有《故葉夫人墓堨文》《重題玉兔泉後》《跋〈張孟兼文稿序〉後》,《白石山房逸稿》卷四有宋濂作《衢州刺史懷仁先生墓碑銘》。宋濂《潛溪録》卷六有張孟兼作《題宋仲珩歸省卷後》,劉仔肩《雅頌正音》卷五有張孟兼作《送宋仲珩省母歸金華》,《白石山房逸稿》卷四有宋璲《張孟兼像贊》。劉基《誠意伯文集》卷十六有《送張孟兼之山西按察司僉事任》。《白石山房逸稿》卷一有張孟兼爲義門鄭氏作《題義門》,爲鄭濤作《義門鄭仲舒先生得請歸浦江,余與先生同里且親,故賦是詩,情見乎辭矣》,爲鄭枋作《送鄭叔車還鄉》,爲鄭洧作《送鄭仲宗聽宣諭東歸》。《白石山房逸稿》卷二有鄭濤《〈登西臺慟哭記疏〉並跋》,吴植《西臺慟哭歌》,《跋〈登西臺慟哭記疏〉》。《白石山房逸稿》卷三有釋來復《白石山房歌》《送副使張君歸省》《寄張副憲》,鄭洧《湖口寄懷張孟兼》,吴植《送副使張君歸省》。《白石山房逸稿》卷四有鄭淵《跋張孟兼白石山房詩卷》《張孟兼故友楊文炳墓誌銘》。

廉勁疾惡,糾擿奸滑。爲人磊落,直行其志。慕節義,嘗釋謝翱《登西臺慟哭記》《冬青樹引》,時傳誦甚廣,識者咸謂無孟兼則謝翱之義不得白於世。

方孝孺《張孟兼傳》:"孟兼廉勁疾惡,抵司,糾擿奸滑,無所貸。"

宋濂《翰苑續集》卷六《送部使者張君之官山西憲府序》:"孟兼行哉,民生休慼無不得言。吾見軺車夕至,而封章朝上也。貪賕舞法吏,吾見望風畏讋,解印綬而避去也;民冤之不伸,戾氣鬱結,吾見涣然而冰釋也。"

《白石山房逸稿》張以瑨《白石山房遺集序》:"先生以蓋世之學,於書無所不讀,其置身千仞,不可一世,磊磊落落,不少曲於心,不少挫於物,秉正嫉邪,直行其志。"

《白石山房逸稿》卷二《釋西臺慟哭記》:"《登西臺慟哭記》者,粤謝翱之所作也。宋丞相文信公,值國亡數起兵南服。翱,布衣也。倜儻有大志,會丞相開府,時杖策軍門,署以爲諮事參軍。後丞相死,翱慟知己之不復,故登斯臺,以竹如意擊石,作楚歌招其魂。若其慟西臺,則慟乎丞相也。慟丞相,則慟乎宋之三百年也。西臺者,子陵之西臺也。始翱哭於夫差之臺,句踐之國,又於此升臺而哭者,亦登峴踐華之意……(後跋)箕子痛殷亡,過故墟而欲泣焉,以爲近於婦人,乃作《麥秀》之詩以歌咏之。歌咏者,憂宗社之音也。今翱之慟哭西臺也,毋亦悼斯人之已非,憫亳社之既屋,義激於中而情見乎辭,又豈异於箕子歟?且翱在勝國時,無禄位之寄,及運窮物改,而能慟夫知己,以及於國,迹之异於箕子也。然則居箕子之位者,乃反不見其歌,而亦不見其慟也,其本心宜何如哉?

百世之下秉貞尚義,以能發乎中心之憤憤者,非翺其誰歟?予後翺之生,私心景慕,每誦其文,多微言,於是忘其愚陋,本諸遺意,以詳釋其記,使後世知有箕子之歌於前,而有翺之慟於後也。雖然,若翺固未可以喻於箕子也,吾獨惜翺之時有箕子之位者而無翺之慟也,後之秉史筆者尚庸考於斯?清河張丁識。"

程敏政《宋遺民録》卷三:"今觀粵人謝皋羽父所爲《登西臺慟哭記》,蓋亦慟斯人之云亡,閔亳社之既屋,義激於中而情見乎辭,亦庶幾屈原之志哉。然其文多隱語,不有好古急義之士,殆莫能羽翼發揮以暴白其事於來世也。而浦陽張丁乃獨能爲之分章析句,次其日月,定其名氏,必求當時之事以實之,忠厚哉若人之用心也!抑又觀皋羽父之辭,有曰:'今人不有知余心,後人必有知予者。'請以朱子之自謂者而頌丁,固將可以少慰皋羽父於地下乎!金華許元。"

《白石山房逸稿》卷二《釋〈冬青樹引〉别玉潛》:"《冬青樹引》者,宋文丞相軍門諮議參軍謝翺之所作也。宋菆宫在會稽境内,元楊總統欲利其金玉,以宋王氣在是,矯詔發之。當是時,山陰唐珏見諸陵已發,乃策暮夜使人收貯遺骸骨,葬蘭亭之山,種冬青樹爲識。翺,珏之故人也,至元丙戌入越,嘗登越臺慟哭丞相,故時有斯作焉。自古忠臣義士所見略同,若唐、謝之爲豈易?所謂同聲相應者耶。玉潛,珏字也……(後跋)予既注皋羽《登西臺慟哭記》,又以此詩讀者未易通其詞旨,故爲之疏,以便參考而自質焉。適文獻黄先生之門人傅藻氏以書來,謂聞之文獻者曰:楊總統初欲利殯宫之金玉,故爲妖言以惑主聽而發之,越中王修竹一日出金帛與諸惡少,衆皆驚駭而請曰:'平日且不敢見,今乃有賜,不審欲何爲?雖死不敢避。'因徐謂曰:'爾輩皆宋人也,吾不忍陵寢之暴露,已造石函六,刻紀年一字爲號,自思陵以下欲隨號收殯爾。'衆皆諾,遂夜往收貯遺體骨而葬,上種冬青樹爲識。此歌詩之所爲作也。其説如此。予以舊注頗有异同，亦既以書致鄙見於傅君矣。故未即以舊聞非是，而未加改定，姑書一通寄傅，且書來言於此，以問該洽者。庶幾予言或可再正而未晚也。丙午正月十日張丁識。”

程敏政《宋遺民録》卷六：“浦陽張君孟兼取閩人謝翱爲宋丞相文公所作《西臺慟哭記》詳疏其文，復取其至越中所作《冬青樹引》並疏之於卷末，且以窆宋遺骸事爲唐珏及王修竹而疑其异同。予謹按：郡先生霽山林君當宋亡時，忠義耿耿，有《南山有嘉樹》及《商婦怨》等詩見所著集中，嘗與唐珏收宋遺骸於山陰，種冬青樹其上，刻志有‘丙之年子之月，冬青花不可説’之句，蓋先生乃王修竹門客。先生與珏所爲，王蓋與知之矣。夫謝翱在文公之門，傳公者曾不及翱，非張君兹述殆泯滅不傳。今書珏之事而霽山林君不與焉，豈非闕乎？餘因並識其事以釋君之疑，且以副君好古博雅之盛心云。洪武四年二月十九日孔希普識。”

精於古辭，深於名理之學，詩文温雅清麗，亦曄曄有奇氣。

永瑢《四庫全書總目》卷一百六十九《白石山房逸稿》提要：“今雖不睹其全集，而即二卷以觀，其詩文温雅清麗，具有體裁，而龍驤虎步之氣，亦隱然不可遏抑。”

宋濂《翰苑續集》卷六《送部使者張君之官山西憲府序》：“孟兼精於古文之辭，前御史中丞劉公極稱道之，尤深名理之學。其與李證應奉往復論性書，上徹九重之聽，蒙召對左掖門，士林以爲光榮云。”

《白石山房逸稿》附張以琣《白石山房遺集序》：“故其發爲文詞，古秀雄杰，雷霆走其精鋭，風雲同其變化，即其平易似不經意之處，皆非淺人可到。劉青田稱其文曄曄有奇氣，洵不誣也。”

所著有《白石山房文稿》與《蜀山遺集》，並遭回禄，《四庫全書》《續金華叢書》僅收録二卷本。後張孟兼十一世孫朝煌(《四庫全

書》作"思煌")掇拾其祖散佚詩文,並附以諸家序跋及後人詩、文、傳、志,成《新本白石山房稿》五卷。

《白石山房逸稿》附張朝煌《白石山房遺集叙》:"予祖孟兼公秉鉞山西,執筆史館,政事文學炳炳麟麟……獨所著《白石山房文稿》二十卷與《蜀山遺集》,並遭回禄,莫能睹其片紙隻字……謹以他集中所記載與諸老先生所題贈者,録成一帙,名之曰《白石山房逸稿》,雖所傳不多,然而嘗鼎一臠,窺豹一斑,知予祖者正無俟乎多求也。"

《白石山房逸稿》附闕世繒《張孟兼先生文集序》:"浦陽張孟兼先生……所著有《白石山房文稿》及《蜀山遺集》……乃今考其遺書,亡失殆盡……余秉鐸於兹,讀先生遺集,惜其殘缺不完,而魯魚亥豕之訛,急需訂正,因旁搜他集,間得一二以補遺亡……康熙戊戌年春王正月浦江縣儒學訓導秀水曾安世繒闕氏拜書。"

《白石山房逸稿》附張以琣《白石山房遺集序》:"惜其全集在當時已收入内府,後之賢嗣極意搜羅,僅存十一於千百,如崑山片玉,愈少則愈可貴,因急付之鍥梓,以垂不朽。嗜古之士,雖不獲見其大全,即此缺簡殘篇以想作者之氣概骨力,亦卓然自成一家言矣……乾隆己巳年十月朔日同邑後學張以琣拜題。"

《白石山房逸稿》附倪一膺《張孟兼先生遺集序》:"蓋先生以果直嚴毅抗高皇,無罪猝死,遺書不果刊布,尋采入秘書,故後人不能知……先生兹集,乃孫朝煌思晦氏從他書遴次,未及十一,盈把皆遺珠矣。"

永瑢《四庫全書總目》卷一百六十九《白石山房逸稿》提要:"《白石山房逸稿》二卷,明張孟兼撰……《藝文志》載孟兼文集六卷,焦竑《國史經籍志》亦同。其本久已散佚,近時有孟兼十一世孫思煌者,始掇拾他書所載,重編定爲五卷,而集内收他人唱和題贈之作幾十之七八,孟兼著作仍寥寥無多。"

永瑢《四庫全書總目》卷一百七十五《新本白石山房稿》提要："《新本白石山房稿》五卷，明張孟兼撰。孟兼有《白石山房逸稿》，已著録。是編乃其十一世孫思煌所重編。思煌序稱孟兼舊有《白石山房文稿》二十卷，與《蜀山遺集》並遭回禄，無片紙隻字存。及觀焦竑《國史經籍志》，載孟兼集六卷，乃知萬曆初猶存文淵閣，然秘之内府，人間不得而觀。兹不過殘編斷簡中采而輯之，僅存什一於千百云云……皆掇拾他書而得者，附以諸家跋語，分爲二卷。其三卷至五卷，皆載同時投贈及後人詩、文、傳、志，卷帙雖增於舊本，而孟兼之著作則無所增也。"朝煌本原本不存，今流傳者乃乾隆十四年承啓堂刻本，南京圖書館有藏。1997 年齊魯書社以之影印入《四庫全書存目叢書》集部第二十六册别集類。《存目叢書》本較《四庫全書》本多出《義門鄭仲舒先生得請歸浦江，予與先生同里且親，故賦是詩，情見乎辭矣》《豫讓橋》《春日游鍾山分得長字》《出京歸省口占》《挽鳳山陳坦夷》《蓮房聯句》《聖門弟子章句》等七篇（參見袁艷芳《張孟兼詩文集校注》，湘潭大學 2015 年學位論文）。

《續金華叢書·白石山房逸稿》卷末胡宗楙："家藏有兩鈔本，編次各异，取二卷本與四庫本互校以付梓人。"《續金華叢書》本較《四庫全書》本、《存目叢書》本多出《送鄭叔車還鄉次首》五古長篇一首。

按，張孟兼所作，現可知者即尚有遺佚多篇，如見於《雅頌正音》之《雅頌正音後序》《送宋仲珩省母歸金華》《春夜學宫宴集以春宵一刻直千金分韵得一字》《送朱仲雅經歷赴任浙江》《哀友陶本中詞》；見於《潛溪録》之《題宋仲珩歸省卷後》；見於《槎翁詩集》之《同禮部主事張孟兼國録蕭子所焚香夜坐同賦綫香聯句二十韻》。《浦陽歷朝詩録》卷五張孟兼詩四首，不見於《白石山房逸稿》者一首：《義門鄭仲舒先生得請歸浦江，余於先生同里且親，故賦是詩，情見乎辭矣》。《金華詩録·别集》卷一收高啓與宋璲、張孟兼《蓮房聯句》,亦見於高啓《高太史大全集》,字句微有不同。另蘇伯衡《蘇平仲文集》卷十五《雪夜聯句》亦有張孟謙詩句,當作於蘇、張二人同修《元史》期間。其現不可知者或當更夥。

參考文獻:

1. 張孟兼《白石山房逸稿》,《文淵閣四庫全書》本,上海古籍出版社 1987 年版。

2. 張孟兼《白石山房逸稿》,民國《續金華叢書》本。

3. 張孟兼《白石山房逸稿》,《四庫全書存目叢書》本,齊魯書社 1996 年版。

4. 劉基《誠意伯文集》,商務印書館民國二十五年版。

5. 方孝孺《遜志齋集》,寧波出版社 1996 年版。

6. 宋濂《宋濂全集》,浙江古籍出版社 1999 年版。

7. 陳文新主編《中國文學編年史·明前期卷》,湖南人民出版社 2006 年版。

8. 袁艷芳《張孟兼詩文集校注》,湘潭大學 2015 年學位論文。

(江新躍)

管訥傳

管訥，字時敏，號竹間，松江華亭（今屬上海）人。約生於元至元四年（1338）。

《（正德）松江府志》卷三十："管訥，字時敏，華亭人。"

沈德潛《明詩别裁集》卷二："訥，字時敏，華亭人。"

吴勤《蚓竅集序》："雲間管公，字時敏。竹間，其别號也。"

《蚓竅集》卷首周子冶《全庵記》："三十一年，會左長史缺，奏以屬公。……在職十年，公亦年登七十，乞致其事，以歸田里。主君閔其勞效居多，不忍其去已。"

按，管訥於洪武三十一年（1398）升長史，在職十年，至永樂五年（1407），虚年七十，據此推算管氏約生於元至元四年（1338）。又《蚓竅集》卷四《九月廿五日值余初度，諸友以詩酒見壽於舟中，賦五言長律一首以謝》，則其生於九月二十五日。

九歲能文。受詩於劉敬思，學古文於楊維楨。與錢惟善、倪瓚、袁凱等爲友。

《（乾隆）江南通志》卷一百六十六："管訥，字時敏，華亭人。九歲能詩。長，師楊維楨，友袁凱。"

《（光緒）青浦縣志》卷十九："管訥，字時敏，居澱山湖濱。九歲能文，比壯，儀觀偉然。受詩於劉敬思，學古文於楊維楨。又作樓曰'宜遠',以延四方名士,如錢惟善、倪瓚、袁凱,皆其人也。"

按,劉儼,字敬思,浙江錢塘人。朱彝尊《静志居詩話》載其生平云:"劉儼,字敬思,錢塘人。元末隱居西湖。明初徵入修《禮樂書》,授廣東市舶司令。有《樗隱集》。儼爲松江管訥之師,其卒也,訥哭以詩。丁鶴年極稱之。"《蚓竅集》卷三《哭先師樗隱先生》詩,詩前自注曰:"先生姓劉,名儼,字敬思,以樗隱自號。世業儒,爲錢塘人。元世不仕,隱居西湖之上。天朝代元,徵入京,修《禮樂書》《方輿續編》,既而授廣東市舶司令,而疾卒,敬賦長律以哭之。"

又按,楊維楨(1296—1370),字廉夫,號鐵崖、鐵心道人,紹興諸暨人。元末明初詩人、文學家、書畫家。吴勤《蚓竅集序》云:"公蚤歲讀書三泖之上,鍾山水之秀,爲文儒。甞師事廉夫楊先生,執經座下,爲高弟。"

《静志居詩話》卷四:"管師事廉夫,《集》經鶴年論定,春容疏越。"管訥《蚓竅集》由交游深厚的丁鶴年評閲編定。丁鶴年(1335—1424),字永庚,回族詩人。北京老字號"鶴年堂"創始人。《四庫全書總目》卷一百六十八《丁鶴年集》提要載其生平:"本世家子,遭亂,不求仕宦,篤尚志操,兼以孝聞。烏斯道、戴良爲作傳,皆以申屠蟠擬之。元亡,避地四明,後歸老武昌山中。"

洪武九年(1376),以秀才徵爲楚王府紀善,恭謹强力,事不避難,楚王器重之。

《(崇禎)松江府志》卷三十:"管訥……洪武中以秀才徵,拜楚王府紀善,恭謹强力,事不避難,楚王深加器重。"

任職於楚王府二十餘年,洪武三十一年(1398)晉長史。

《(正德)松江府志》卷三十:"管訥……洪武中,以秀才仕至楚府長史,子孫皆仕於楚,今遂爲楚人。"

《(乾隆)江南通志》卷一百六十六:"洪武中歷官楚王府長史。事王二十餘年,以忠謹稱。"

《蚓竅集》卷首周子冶《全庵記》:"(洪武)三十一年,會左長史缺,奏以屬公。……請命於上,留置本國,禄之終身。歲中宴饗接以賓禮,風晨月夕引見,不時遣賜珍饌,繼踵於庭。"

《(嘉慶)松江府志》卷七十七:"明長史管訥宅,在三里汀。訥詩云'我家三里汀前住,茅堂政近桃花渚'是也。'"

《(同治)江夏縣志》卷二:"管家嶺在縣東五十里,楚藩賜長史管訥黄屯山地,後因家於此。"

《(光緒)青浦縣志》卷十九:"洪武九年,以秀才徵爲楚王府紀善,恭敬强力,王深器重。奏晉長史。"

趙萬里《蚓竅集跋》:"時敏……與袁海叟交善,俱以詩名。洪武九年,徵拜楚王府紀善。進右長史。"

年五十後,生子錫,爲丁鶴年門人。

《(崇禎)松江府志》卷三十八:"先是訥五十,艱子。及從討蠻寇於銅鼓,用訥指畫,悉破斬之,諸將以鄰於寇壤,欲殄其衆。訥進言曰:'是雖荒裔,亦人類也,奈何草雉而禽獮之?'王從其言。指揮使蔡春退而嘆曰:'管公一言活數萬之命,必有後矣。'越數年,生子錫,名延枝,教育於宫中。既長,奏爲伴讀。"

朱彝尊《曝書亭集》卷六十三:"楚王破銅鼓蠻,諸將欲殄其餘黨,訥固争得免。王曰:'管長史一言活萬人,必有後已。'而生子,名延枝,楚王育之宫中。"

《蚓竅集》卷六《辛未初度和季翔見壽》詩:"日華初上萬年枝,官滿雄藩未許辭。初度今朝猶是客,老來多累又添兒。黄花醉我留連酒,白雪驚人唱和詩。珍重同袍交契在,十年一日共襟期。"

按,據前文,管訥生於元至元四年(1338),時至"辛未"年即洪武二十四年(1391),虛歲五十四,“老來多累又添兒”一句,則表明當於此時生子。與府縣志記載相合。

吴升《大觀録》《明賢詩翰姓氏》卷十:“名訥,字時敏,華亭人。洪武九年徵拜楚王府紀善之國,後升長史,王疏於朝,永留本國,禄之終身。初從昭王破銅鼓蠻,力請勿殄餘黨,全活者衆。生子因名延枝。著四部集。”

年七十,乞歸。楚王不忍其去,仍奏留府中。

《(崇禎)松江府志》卷三十八:“楚王深加器重,奏晉長史。在職十年,事無苟從,必由於義。年七十,乞歸。王不忍其去,親製詩道意,命世子書‘忠勤良佐’四大字以褒之,仍奏留本國。……訥子之延枝,天順己卯,年逾七十,省墓還松,親故有贈行詩文卷。”

《行年録》“七十歲”條:“明管訥,字時敏,爲晉王長史十年,事無苟從。年古稀,乞歸,王不忍,親製詩慰之,命世子書‘忠勤良佐’四字以褒之,仍奏留任。《江南志》”

錢謙益《列朝詩集》甲集卷十七《管長史訥傳》:“事王二十五年,乞致仕歸里。王請命於朝,留居本國,禄之終身。葬郡城東黄屯山。”

《(光緒)青浦縣志》卷十九:“年七十,乞歸,王不忍其去,仍奏留本國。没,葬武昌東黄屯山。”

晚名其室曰“全庵”。

見《蚓竅集》卷首周子冶《全庵記》。

永樂十四年(1416)尚在世。或卒於永樂十九年(1421)。

周子冶《全庵記》:“公雖耆艾,視聽不衰,容色晬然,不忘啓沃,主君愈親重之。退而深惟曰:‘吾待罪陪輔幾四十年,得全四體以從先臣，皆主君之賜。'……主君聞之大喜，錫名延枝，教育於宫中，洎抵於成室以戚畹，永樂十四年，奏爲伴讀，於是父子咸有禄食。"

按，永樂十四年管訥"奏爲伴讀"，則訥此時仍健在，且"父子咸有禄"。據前文洪武九年(1376)管訥到楚王府，至永樂十四年(1416)，正合"陪輔幾四十年"之語。

李時人《中國文學家大辭典・明代卷》："管時敏(1338—1421)，名訥。……永樂十九年(1421)卒，年八十四，葬郡武昌城東黄屯山。"

元明之時，與交游多有唱和。

按，丁鶴年有詩贈管訥。《丁鶴年集》卷二《送長史管公時敏朝京》詩："黄鶴樓前畫舫開，送車千輛動浮埃。楚人獨數蘇從諫，齊士誰過管仲才。報政每隨鵷鷺入，覽輝重見鳳凰來。君心東注同江漢，一一敷陳對玉臺。"按，鶴年以管仲之才比管訥，對其推重甚高。

《和吴教授晚泊大信阻風》："樓船溯流上，高帆阻長風。大江浩無際，一氣何鴻蒙。回望天門山，峨峨相長雄。洪濤走其下，屹立西與東。不有浮海嘆，豈無濟川功？大鵬度寥廓，斥鷃守卑叢。物理固有定，世事徒匆匆。張燈啓華筵，一笑杯酒中。"

《墨窗爲越人趙撝謙賦》："女媧立極斷鰲足，羲畫之先無刻木。始觀鳥迹製文字，夜鬼哭天天雨粟。篆隸變化生八分，行草復作何紛紛。六書古制既茫昧，載籍況遭秦火焚。後之作者不可數，形聲寥寥眇千古。更論得法神妙間，自信臨池心獨苦。君居於越文獻邦，家藏金石書滿窗。磨穿青州老未已，萬斛巨鼎疇能扛。吴興宗人已物故，浙河東西誰獨步。君今有志繼絶學，砥柱中流見孤注。剡溪百番冰雪光，玄霞一斗松煤香。滿堂賓客看揮灑，風雨颯颯龍鸞翔。我嗟塗鴉手如棘，屢欲從君問奇畫。君還許我載酒來，我捧千鍾勞君筆。"

工詩能文,著有《蚓竅集》十卷、《秋香百咏》一卷、《還鄉紀行》一卷。

《(正德)松江府志》卷三十:"工詩能文,有《蚓竅集》。評者謂'清新幽柔,可與袁景文並駕'。"

《(崇禎)松江府志》卷五十四:"《蚓竅集》,長史管訥時敏著。時敏爲楚相,楚王賢之,命壽諸梓。昔人稱其詩,清麗優柔,與景文並駕。自題曰'蚓竅',志謙也。胡粹中有序。"

朱彝尊《静志居詩話》卷四:"管訥,字時敏,松江華亭人。洪武中徵拜楚府紀善,升左長史,乞致仕。王請命於朝,留居本國,禄之終身。有《秋香百咏》《蚓竅》《還鄉紀行》等集。"

《四庫全書總目》卷一百六十九《蚓竅集》提要:"時敏學詩於楊維楨,而不蹈襲維楨之體。所作春容淡雅,多近唐音。張汝弼作《董紀集序》,歷數松江詩人,獨謂時敏詩清麗優柔,足與袁凱方駕,蓋不誣也。時敏又有《秋香百咏》《還鄉紀行》諸篇,在集外别行。"

《石倉歷代詩選》録有其詩。

曹學佺《石倉歷代詩選》卷三百五《明詩初集》二十五選録其詩有:《素堂》《白馬篇》《遠游篇》《少小從行伍二首》《銅爵妓》《二隱圖》《星夕》《秋夜》《寫懷》《病後喜雨謝同寅紀善貝季翔見過》《曉起》《游寶林寺》《獨坐》《答友人雨中見寄》《郊居》《贈洪山龍門海禪師侍者真净》《送宗師還玉泉寺》《夢游洪山寺》《齋居直館》《雪谷爲武昌奚瑄賦》《題蔡用强石城山房》《過烏沙夾答諸僚友》《出都門》《發新河次韵》《回從經陽邏》《舟中寫示蕭雷二伴讀》《曉發雷港》《題伴讀董時貢所藏山水》《和吴教授過潯陽》《九月廿五日值余初度諸友以詩酒見壽於舟中賦五言長律一首以謝云》《永嘉裴季和家有竹居典簿中都國學種竹數竿想像故園之意》《墨窗爲越人趙撝謙

賦》《尹母行》《題胡長史雪舟卷》《哀雁吟》《姚氏野春堂》《宴徐氏樓》《和内兄金士簾清明日答張應辰見過》《山水便面》《寄淞上友人》《送兄勉翁自鳳陽回淞》《過洞庭》《題王秉正雲林清隱》《送長史司吏吴永中役滿還廣東》《送寶曇應禪師游峨眉回金陵》《和鶴年丁先生宿東岩韵兼呈洪山海禪師》《題修江王玠西山舊隱圖》《雙竹》《紙被》《木芙蓉》《月中桂》《燈花》《松窗聽雨爲西安楊公主賦》《黄鶴樓》《北榭》《吕仙亭》《辛未初度和季翔見壽》《陸氏滄浪漁隱》《送監生馬駿赴京》《伴讀周庠求題其師叙南游克成先生雙溪草堂》《修竹芙蓉》《題玄真詩意圖》《墨桃花》《贈别》《書松雪翁墨迹後》《咏菊》《紀夢》《京口懷季翔》《和鶴年先生訪補衲和尚詩》《雲林先生小景爲李至剛參議題》《題奚瑄雲山佳處》《題畫》。

《明詩綜》收管訥詩三十六首，明清學者多有論定。

朱彝尊《明詩綜》卷十三："訥……有《秋香百咏》《蚓竅》《還鄉紀行》等集。丁鶴年云：'時敏詩氣象雄渾，襟懷曠達，用事親切，措辭醇雅。'黄文獻公謂："文章莫難乎詩，詩莫難於近體。"時敏體嚴整，間出新語，亦復清俊，非文獻所云難者與？'又云：'五七言律至晚唐，氣漸衰靡，不可爲法。惟絶句詩，至晚唐尤爲精緻。宋人不得其門而入，元人惟龍麟洲、范清江、虞青城得其三昧，餘或偶得之而不純。時敏絶句，俱有法度，豈非常私淑於三公故耶？'又云：'時敏咏物詩，形容精密，非筆頭有五色花者不能。'胡粹中云：'長史古制近體，舂容乎意度，鏗訇乎節奏，追琢乎文章。其言麗以則，其思深以遠，其義葩而正，温柔敦厚，不迫不竭，方諸古人，亦未多讓。'吴孟勤云：'長史樂府五言有漢魏體，律詩源出於盛唐，如碧海冲融，天光萬頃，汪洋莫窺其涯涘。'楊仲舉云：'長史文章務以理勝，尤長於詩。'廖鳴吾云：'長史詩清新幽柔，可與袁景文並駕。'"

《静志居詩話》："……管師事廉夫，《集》經鶴年論定，舂容疏越,豈出景文之下?而説詩家入選寥寥。卧子、舒章生長五茸,知有袁而不知有管,竟置不録。徑寸之珠,詎可遺哉!"

《明詩綜》録其詩有:《聽松樓爲國學林敬伯賦》《和陸伴讀閭過梅根》《和吴教授晚泊大信阻風》《曉起》《二隱圖》《從征古州蠻回塗紀驛》《銅爵妓》《答友雨中見寄》《郊居》《姚氏野春堂》《答吴高士見寄》《寒食》《送瀘州判官孫彦博》《對雪》《題陸二闔墨梅》《墨窗爲越人趙撝謙賦》《稼村贈鄉人孫原璘》《仝將軍歌》《桃花歌次韵答季翔》《鷹雞行》《春江捕魚圖》《少小》《獨坐》《寄淞上友人》《題王秉正雲林清隱》《題伴讀董時貢所藏山水》《墨蘭》《送馬駿赴京》《贈别》《題畫》《吴農四時歌三首》。

《(乾隆)華亭縣志》卷十二:"訥九歲能文,曾師事楊廉夫,詩集爲丁鶴年論定,朱彝尊謂其春容疏越,不出袁景文下。"

吴勤《蚓竅集序》云:"其詩風格高古,一一可古之作者;其五言樂府有漢魏體;五七言律詩多出盛唐,春容雅淡,譬之黄鐘大吕之音,孰不爲之洗耳者乎?"

《(光緒)青浦縣志》卷三十《遺事》:"管訥時敏,師事楊鐵崖,《集》經丁鶴年論定,鶴年謂其詩'氣象雄渾,襟懷曠達,用事親切,措詞淵雅'。其咏物詩,形容精密,尤非筆頭有五色花者不道,乃説詩家入選寥寥。卧子、舒章,生長五茸,知有袁而不知有管,抑獨何與?"

參考文獻:

1. 管訥《蚓竅集》,《四部叢刊三編》本,上海書店 1986 年版。

2. 陳威修、顧清纂《(正德)松江府志》,明正德七年刻本。

3. 方岳貢修、陳繼儒等纂《(崇禎)松江府志》,明崇禎三年刻本。

4. 馮鼎高修、王顯曾等纂《(乾隆)華亭縣志》,清乾隆五十六年刊本。

5. 曹學佺《石倉歷代詩選》,《文淵閣四庫全書》本,上海古籍出版社 1987 年版。

6. 朱彝尊《明詩綜》,《文淵閣四庫全書》本,上海古籍出版社 1987 年版。

7. 朱彝尊撰、姚祖恩輯《静志居詩話》,《文淵閣四庫全書》本,上海古籍出版社 1987 年版。

8. 李時人編著《中國文學家大辭典·明代卷》,中華書局 2018 年版。

(王文榮　程水龍)

林鴻傳

林鴻，字子羽，福清（今屬福建）人。約生於元至正元年（1341）後。

《明史》卷二百八十六《林鴻傳》："林鴻，字子羽，福清人。"

《福清縣志》卷十四《文苑傳》："林鴻，字子羽，宏街人。"

林鴻生年未確知。其於元季，嘗有從戎經歷。其《送尚抱灌往閩南采詩》云："予生草澤間，鼓腹歌唐虞。奈何際板蕩，奮劍當前驅。……市朝既變更，部曲歸里閭。三十始讀書，謬爲章句儒。"據此略知元明更替時，林氏始折節讀書，按，詩中"三十始讀書"乃約略之説。結合《明史》卷二百八十六《林鴻傳》"歷禮部精膳司員外郎，性脱落，不善仕，年未四十，自免歸"的記載，可考林氏辭官歸閩在洪武十四年（1381），則其生年當在元至正元年（1341）稍後。

少任俠，讀書能强記。

黄仲昭《八閩通志》卷六十二《人物・文苑》："幼穎悟，讀書一覽輒能記憶。"

錢謙益《列朝詩集小傳》甲集《林膳部鴻》："少任俠不羈，讀書能强記。"

好習劍術，且擅彈琴。

林鴻《鳴盛集》卷二《寄王六博士》："懷人看玉劍，寫咏拭瑶琴。"卷三《寄蔡殷》:"少年所性尚游俠,夜讀古書朝射獵。相逢然諾重千金,性命由來輕一葉。"

按,林鴻詩集中有許多書劍並列出現的詩句,如卷一《感秋》:"撫劍中夜起,氣候何凄清。"《送尚抱灌往閩南采詩》:"奈何際板蕩,奮劍當前驅。"《送黄玄之京》:"匏斟日動爵,劍舞風披巾。"《斬蛇劍》:"紫劍混赤精,紅光吐青蓮。壯哉三尺鋒,可以摧金天。"卷三《山中即事》:"少年書劍愧蹉跎,舊業空山掩碧蘿。"卷三《過高逸人别墅》:"醉來興逸無不爲,投壺擊劍仍彈棋。"《觀趙龍虎習兵》:"登壇久論安邊記,倚劍平臨近海城。"

洪武三年(1370),林鴻與倪桓會於太和宫,倪桓爲《鳴盛集》作序。

《鳴盛集序》:"吾友林鴻子羽,早穎悟,涉獵群書……且天性倜儻,樂山水,好翱翔,率嘗與予登道山清冷臺、薛老峰,泉石膏肓,風雲氣概,故其詩邁俗軼塵,良有以也。今年冬,與予相會太和宫,因出所製一編而求序,予辭不獲,故秉翰而題其首。"落款爲"洪武三年冬吴興倪桓序"。

洪武六年(1373),林鴻始任訓導,爲官七年。

王世貞《弇山堂别集》卷八十一《科試考一》:"(朱元璋下詔從洪武三年八月開始)使中行文武,皆由科舉而選,非科舉,毋得與官。"

《明史》卷七十一《選舉三》:"(洪武六年二月下詔)是年罷科舉,别令有司察舉賢才。以德行爲本,而文藝次之。"並設立了聰明正直、人才等名目,"至十七年始復行科舉,而薦舉之法並行不廢"。

喻政纂修《(萬曆)福州府志》卷五十一《選舉志七·薦辟》:"福清縣,林鴻,字子羽,員外郎。"

朱彝尊《曝書亭集》卷六十三《林鴻傳》:“林鴻,字子羽,福清人。洪武初以人材薦,授將樂縣儒學訓導。”

錢謙益《列朝詩集小傳》甲集《林膳部鴻》:“洪武初,以人才薦,授將樂儒學訓導。居七年,拜膳部員外郎。”

洪武十二年(1379),林鴻擢禮部精膳司員外郎,爲官三年。

林鴻《鳴盛集》卷四《將之鐔城留别冶城諸彦》:“十載吟秋卧翠微,三年宦薄日邊歸。玉華花鳥應相送,依舊閩南一布衣。”可知林鴻爲官共十年,爲將樂縣儒學訓導七年,爲膳部員外郎三年。

林鴻《鳴盛集》卷一《送黄玄之京》:“予也夙穎悟,十五知論文。……冥心三十年,尋源頗知津。……三十爲禮官,制作多述因。”從此亦可判斷,林鴻被薦出仕時,年齡在三十多歲(按,詩中“三十爲禮官”中的“三十”,當爲大概而論,非精確年齡)。

洪武十三年(1380),劉崧爲林鴻《鳴盛集》作序。

劉嵩《鳴盛集序》云:“洪武庚申,季春既望,嘉議大夫、禮部侍郎權吏部尚書、廬陵劉崧子高序。”按,劉崧,字子高,江西泰和人,原名楚,號槎翁。元季鄉舉,國初改今名。仕至禮部侍郎,權吏部尚書,終國子司業,年六十一。《明史》卷一百三十七《劉崧傳》、《静志居詩話》卷二《劉崧》、《國朝獻徵録》卷三十五《侍郎劉公崧傳》有記。

按,據蔡偉春《高棅詩學研究四題》(湘潭大學 2011 年學位論文)所論,林鴻亦不可能早於此年歸隱,《四庫全書》所存林鴻《鳴盛集》中有劉崧的序,而據《明史》考察劉崧之生平,其於洪武三年以人材薦授兵部職方司郎中,遷北平按察司副使,爲胡惟庸所惡,坐事謫輸作,尋放歸。洪武十三年,胡惟庸誅,徵拜禮部侍郎,未幾,擢吏部尚書,致仕。明年三月,與前刑部尚書李敬並徵拜敬國子祭酒,劉崧爲國子司業,未旬日卒。考察劉崧生平事迹,若林鴻與其有交往,則只可能在洪武十三年。

洪武十四年(1381),林鴻辭官歸閩。黄玄隨行,師事之。

林鴻《鳴盛集》卷一《送黄玄之京》有"三十爲禮官,制作多述因。前年乞骸歸,甘作隱逸倫"語。按,洪武十二年(1379),林鴻擢禮部精膳司員外郎,爲官三年,至洪武十五年。"前年乞骸歸",當爲在任三年後,據此判斷,林鴻辭官之時,當爲洪武十四年(1381)。

林鴻《鳴盛集》卷四《放歸言志》:"君門乞得此身閑,野樹烟江一棹還。收拾舊時詩酒伴,遠尋僧舍入秋山。"説明林鴻在秋天辭官。

喻政纂修《(萬曆)福州府志》卷六十二《人文志十》:"黄玄,字玄之,本將樂人也。林鴻爲將樂教官時,玄嚴事之……及鴻家居,玄挈妻子入福州,終身師焉。"

錢謙益《列朝詩集小傳》甲集《黄訓導玄》:"黄訓導玄,字玄之,侯官人。其初將樂人也……及子羽棄官歸,玄挈妻子入閩,終身師事之。"

《明史》卷二百八十六《林鴻傳》:"歷禮部精膳司員外郎,性脱落,不善仕,年未四十,自免歸。"

洪武十五年(1382),林鴻初識高棅,並與鄭定三人會於適安堂。

《(弘治)長樂縣志》卷九《名構》:"適安堂,在二都,龍門漫士高棅創。洪武壬戌,鄭定、林鴻輩會於斯堂。"

《(弘治)長樂縣志》卷七《名勝志》:"適安堂,在二都龍門。高棅創。鄭定、林鴻輩會集斯堂。"

高棅《嘯臺集》卷十三《首夏枉林七員外鴻鄭二逸人宣林六秀

才敏夜過適安堂別墅分得塘字》:“舊識浮丘生,新知膳部郎。投簪俱未晚,傾蓋即相忘。”

林鴻《鳴盛集》卷三《過高逸人别墅》:“識子何不早,見子即傾倒。世人意氣不相合,顔色雖同心草草。子有園林東海濱,香名滿耳人共聞。梁鴻避世身不仕,孔融愛客家常貧。兹晨飲客青山墅,新壓葡萄酒如乳。緑林穿窗鳥當歌,紅條拂地花能舞。醉來興逸無不爲,投壺擊劍仍彈棋。人生得意有如此,世上悠悠那得知。”

按,由二人詩中“新知膳部郎”“識子何不早”可知,棅與林鴻識於此時。

按,適安堂,時人多有唱酬。若王恭《白雲樵唱集》卷二《賦高漫士適安堂題於方壺所寄畫》:“小隱翻成大隱媒,終南捷徑近蓬萊。君家草堂獨蕭灑,半占峰南松際開。”“草堂松際秋聲裏,四壁清暉映烏几。卷幔朝眠日出高,野鶴孤雲只如此。孤雲野鶴澹忘形,贏得丘園養性靈。飛騰未應郎官宿,嘉遯猶當處士星。”“吟詩作畫多閑放,心迹悠悠古人上。玩宇天空豁遠懷,嘯臺夜雪聞清響。”“王門記室舊交情,國子先生若弟兄。清時共逐鵷鸞去,白首誰同鷗鷺盟。”“顧余别是滄浪客,蓬蓽相逢即相得。對酒龍門月色秋,放歌雞嶼潮頭白。”“壺丘仙墨思紛紛,千里神交寄樹雲。坐卧草堂時見畫,知君不羨北山文。”

陳亮《陳徵君集》卷一《高彦恢適安堂》:“即地可栖遯,何必遠結廬。作堂依故宅,聊以適起居。青青映户庭,嘉木羅且敷。圖史積左右,日與文士俱。有時風日佳,吟行步前除。蕭散咏樂情,暢然形神舒。用世豈無心,出門畏崎嶇。優游保貞素,庶得遺毀譽。”

洪武十六年(1383),作《送黄玄之京》。

林鴻《鳴盛集》卷一有《送黄玄之京》。黄玄,字玄之,將樂人,官泉州訓導。林鴻弟子,明初“閩中十才子”之一。生平附見於《明史》卷二百八十六《林鴻傳》中。詩集散佚不傳,現存詩歌見於袁表、馬熒所編《閩中十子詩·黄博士集》。

卒於永樂十一年(1413)以前,周玄作詩悼挽之。

林鴻《鳴盛集》卷一《題草澤遺書》:"買斧入城市,伐木歸中林。中林多樛木,實勞匠者心。林深闃無人,清風聞嘯音。雲濤既浩蕩,龍虎亦悲吟。筋力既不惜,但恐白日沉。願言秘大樸,俯首從哇淫。"

按,此詩應爲王恭死後所作,故林鴻卒年應晚於王恭。而林環在永樂九年(1411)所作《白雲樵唱集序》中並未提到林鴻已卒,故林鴻當卒於永樂九年後。又《明文海》卷二百五十七王褒《朱宗珏行卷詩序》:"厥後内叔林鴻捐館舍,又玄周玄官禮曹員外郎,玄之黄玄去爲泉郡師,亦物故,獨紀善鄭定、待詔高棅公偕予輩校理秘閣。"據此可知,林鴻在高棅爲待詔、尚未升典籍時就已去世,即卒於永樂十一年(1413)以前。

周玄《宜秋集》卷三《贈林八橙别泣懷先師鴻》:"秋襟惆悵泪千行,何況臨歧也斷腸。洛社鶯花悲杜牧,藍關風雪夢韓湘。江離露下清帖晚,海國天連白雁長。欲吊歸魂不堪寫,藍臺詞賦舊凄凉。"

與高棅、陳亮、王恭、鄭定、周玄、黄玄、唐泰、王褒、王偁合稱"閩中十才子"。

朱彝尊《曝書亭集》卷六十三《林鴻傳》:"閩中善詩者數十才子……十才子者,閩鄭定,侯官王褒、唐泰,長樂高棅、王恭、陳亮,永福王偁及鴻弟子周玄、黄玄,時人目爲'二玄'者也。"

郭柏蒼《全閩明詩傳》卷三"林鴻"條:"林鴻與陳仲完、王偁、唐泰、王褒、鄭定、高廷禮、王恭、周玄、黄玄稱洪永十才子。"

《四庫全書總目》卷一百八十九《閩中十子詩》提要:"閩中十子

者:一曰福清林鴻,有《膳部集》;一曰長樂陳亮,有《儲玉齋集》;一曰長樂高廷禮,有《木天清氣集》《嘯臺集》;一曰閩縣王恭,有《白雲樵唱》《鳳臺清嘯》《草澤狂歌》諸集;一曰閩縣唐泰,詩軼不傳,散見《善鳴集》中;一曰閩縣鄭定,有《澹齋集》;一曰永福王偁,有《虛舟集》;一曰閩縣王褒,有《養静集》;一曰閩縣周玄,有《宜秋集》;一曰侯官黄玄,其集名不傳。皆明初人。"

按,《閩書》卷七十三、卷七十五《英舊志·縉紳》,《八閩通志》卷六十二《人物·良吏》《人物·文苑》皆言王褒、王恭均爲閩縣人。《八閩通志》卷六十二《人物·文苑》、《明史》卷二百八十六《林鴻傳》皆言唐泰爲侯官人。唯朱彝尊《曝書亭集》卷六十三《林鴻傳》言"侯官王褒、唐泰,長樂高棅、王恭、陳亮",疑誤載。明時,閩縣與侯官均隸屬於福州府,二縣分轄福州府治,形成一府兩縣的局面。今據《閩書》存之。

閩中十子,林鴻爲之冠。

朱彝尊《静志居詩話》卷三《林鴻》:"閩中十子,子羽稱巨擘焉。"

《四庫全書總目》卷一百六十九《鳴盛集》提要:"明初,閩中善詩者有長樂陳亮、高廷禮……而鴻爲之冠,號'十才子'。"

朱彝尊《明詩綜》卷十《林鴻》引宋轅文語:"明初閩中詩人,子羽爲冠,王弇州呵爲小乘,要亦是作家。"

朱彝尊《曝書亭集》卷六十三《林鴻傳》:"閩中善詩者數十才子,鴻爲之冠。"

錢謙益《列朝詩集小傳》甲集《林膳部鴻》:"凡閩人言詩者,皆本鴻。"

林鴻論詩師法盛唐,且極力摹擬。

李東陽《懷麓堂詩話》:"林子羽《鳴盛集》專學唐,袁凱《在野集》專學杜，蓋皆極力摹擬，不但字面句法，並其題目亦效之。開卷驟視，宛若舊本；然細味之，求其流出肺腑卓爾有立者，指不能一再屈也。”

徐泰《詩談》：“閩南林鴻，師法盛唐，善臨晉帖，殆逼真矣，惜惟得其貌耳。”

錢謙益《列朝詩集小傳》乙集《高典籍棅》：“膳部之學唐詩，摹其色象，按其音節，庶幾似之矣。其所以不及唐人者，正以其摹仿形似，而不知由悟以入也。”《列朝詩集小傳》丁集《村舉人章》：“吾謂閩中詩派，宗子羽而禰善夫，以摹仿蹈襲爲能事。”

《四庫全書總目》卷一百八十九《唐詩品彙》提要：“明初閩人林鴻始以規仿盛唐立論……厥後李夢陽、何景明等，摹擬盛唐，名爲崛起，其胚胎實兆於此。”

《唐詩品彙・凡例》：“先輩博陵林鴻嘗與余論詩，上自蘇李，下迄六代，漢魏骨氣雖雄而菁華不足；晉祖玄虛；宋尚條暢；齊梁以下但務春華，殊欠秋實；唯李唐作者可謂大成。然貞觀尚習故陋，神龍漸變常調，開元、天寶間，神秀聲律，粲然大備，故學者當以是楷式。”

尤工五律。

胡應麟《詩藪》之《續編》卷一《國朝》：“閩林員外子羽，諸體皆工，五言律尤勝，合處置唐錢、劉，不復辨别。”

顧起綸《國雅品・士品一》：“林員外子羽，才思藻麗，如游魚潛水，翔鳶薄天，高下各適情性。”

倪桓《鳴盛集序》稱林鴻詩云：“洋洋大篇，溶溶短章，皆新奇俊逸，馳騁若騏驥，浩蕩若波濤，清絶若雪山冰崖，皎潔若瓊琚玉珮，擇其尤者，置之韋、柳、王、孟間，未易區别。臨川王先生郁一見而异之曰：‘此大曆才子復見於今矣。’”

爲晉安詩派之祖。

郭柏蒼《全閩明詩傳》引《龍性堂詩話》云:"今人議吾鄉詩,多本子羽,聲調平穩,目爲閩派。大抵緣《晉安風雅》一派故耳。《晉安風雅》由當時王、李之派盛行,選者不能另出手眼,特取聲調整齊者以悦里耳,非作者之咎也。"郭伯蒼按云:"十子詩,明末國初指爲'閩派'。此語始於浦舍人源入閩時,二玄誦其詩曰:'吾家詩也。'門户之别,乃起於此。"

《四庫全書總目》卷一百六十九《鳴盛集》提要:"明初,閩中善詩者……而鴻爲之冠……其論詩惟主唐音,所作以格調勝。是爲晉安詩派之祖。"

陳衍《槎上老舌·林子羽遺句》:"子羽詩文一洗前人纖弱之習,爲開國宗派第一。"

邵銅《鳴盛集後序》:"子羽林先生,吾閩善賦者之巨擘也,國朝詩派起於先生。當時若鄭孟宣、黄玄之、周又玄、高廷禮、林伯璟、漢孟輩號稱'十才子',皆出於其門嗣。是流於王皆山及中美、孟揚、陳仲完、鄭公啓、張友謙、趙景哲諸公,繩繩繼繼,尤不乏人,是皆先生殘膏剩馥,沾溉後來者益多矣。"

王兆雲《皇明詞林人物考》卷一《林子羽》:"林公名鴻,字子羽,閩中人也。盧陵劉子高序。其詩窺陳拾遺之閫奧,駸駸開元之盛風。吴興倪桓又擬爲'大曆十子'。以今觀之,在國初真足名一家矣。"

鄭方坤《全閩詩話》卷六引《少洲詩話》語:"閩當國初,詩法尚沿宋、元之故。至鴻始以唐人音調倡鳴鄉黨,遂爲一時風雅之宗。同時如唐泰、黄濟、周玄、黄玄、鄭定、高廷禮、王恭、林敏、吴海、林伯璟、王偁諸人,羽翼先後,丕然變其文風。於此一鄉開來之功,亦不可泯云。"

喜與文士、僧人結社唱和。

王兆雲《皇明詞林人物考》卷一《林子羽》:“嘗開詩社,招致海内詞客。”

朱彝尊《曝書亭集》卷六十三《林鴻傳》:“晉府引禮舍人無錫浦源,字長源,慕鴻名,逾嶺訪之,造其門,二玄請誦所作,曰‘吾家詩也’。以告鴻,鴻延之入社。”

按,林鴻《鳴盛集》中有多首關於結社的詩句如“早祈蓮社就,來此息貪嗔”(卷二《三教堂蘭若》)、“青蓮開梵宇,白社結詩壇”(卷二《宿靈异上人房》)、“誰能招惠遠,結社向東林”(卷二《爲釋東旭咏白蓮》)、“青草舊游苔滿院,白蓮新社雨侵池”(卷三《夏日與諸公至絓月蘭若》)、“共有東林蓮社約,寒流石上幾時逢”(卷三《送朗上人歸匡廬》)。另如“最憐詩社散,凄絶獨長吟”“洛社分携孤劍去,潯陽耆舊幾家存”“入社逢僧夏,尋山到水源”“聞説遠公能館我,便投章甫卧東林”等。

從游者甚多,尤以二玄爲勝。

黄仲昭《八閩通志》卷六十二《人物》:“而一時才士如鄭孟宣、高廷禮、周又玄、黄玄之、林伯璟、林漢孟之流皆從之游。其后王皆山、王中美、王孟楊、陳仲完、鄭公啓、張友謙、趙景哲諸名人以詩名於時,又私淑於鴻者也。”

徐景熹《福州府志》卷六十《人物十二·文苑》:“三山周玄,黄玄皆師事之……林敏、陳仲宏、鄭關、林伯璟、張友謙、趙迪諸人皆鴻弟子。”

錢謙益《列朝詩集小傳》甲集卷二十《黄訓導玄》:“黄訓導玄,字玄之,侯官人。其初將樂人也。林子羽爲將樂學官,玄爲弟子。子羽雅重玄,嘗爲詩稱‘青衿二十徒,達者惟黄玄’。”

朱彝尊《静志居詩話》卷三《黄玄》:"林子羽倡風雅於八閩,從之游者頗衆,而獨矜許二玄爲入室弟子。其贈玄之詩云:'予也夙穎悟,十五始知文。冥心三十年,尋源頗知津。探奇始有得,服膺如獲珍。誓將覺後生,庶以酬先民。青衿二十徒,達者惟黄玄。持此欲有授,二玄乃其人。'"

王應山《閩大記》卷四十六《行事三・文苑》:"林敏、陳仲完、鄭關、林伯璟、張謙、趙迪諸人皆鴻弟子。二玄尤著。"

晚與浦源結社,兩人皆稱詩家俊豪。

朱彝尊《明詩綜》卷十《林鴻》引穆敬甫語:"員外自負良高,晚與浦舍人結社,愈詣妙境,兩人皆詩家俊豪也。"

何喬遠《閩書》卷八十《英舊志》:"林鴻,字子羽,以詩名閩中。先朝遺老如吴海、陳亮輩皆極推許,而一時才士皆從之游。晉陵浦舍人源能爲詩,聞鴻名,不遠來謁。鴻使門人又玄、玄之見之。源出投二玄。二玄讀至其《送人荆門》詩,有'雲邊路繞巴山色,樹裏河流漢水聲'之句,驚曰:'此我家詩也。'入白鴻,鴻出,甚歡,因避所居舍源,源名從此重。"

李東陽《懷麓堂詩話》:"國初諸詩人結社爲詩,浦長源請入社,衆請所作。初誦數首皆未應,至'雲邊路繞巴山色,樹裏河流漢水聲',並加贊嘆,遂納之。"

孫爾准修《(道光)重纂福建通志》卷二百十三《人物・文苑傳》:"晉府引禮舍人浦源,字長源,無錫人也,慕鴻名,欲往訪而無由,一日以收買書籍至閩,造其門二玄,請誦所作,曰:'吾家詩也。'鴻延之入社,辟所居舍之,源名益重。"

林鴻與高棅交好,互有寄贈唱酬之作。

林鴻《鳴盛集》有寄贈高棅詩文《過高逸人别墅》《寄高逸人》

《憶龍門高逸人》《留别高八逸人》等。

高棅《嘯臺集》卷十五《送林膳部歸冶城》:“龍門雨裏識君時,醉度殘春又别離。芳草滿衣愁對酒,青山倚棹共題詩。晴川樹外孤城出,野館花邊匹馬遲。歸去釣龍臺上月,好憑南雁寄相思。”《嘯臺集》中另有寄贈林鴻詩文《首夏枉林七員外鴻鄭二逸人宣林六秀才敏夜過適安堂别墅分得塘字》(卷十三)、《卧病别墅陰雨連日寄懷林七鄭二時諸公有羅田游宴僕不能往故有是作》(卷七)、《夏五日鄭浮丘群公游天王寺分得酒字與余曩與鄭浮丘宣林膳部鴻陳直方容同游此寺迨今一紀重訪舊游半爲陳迹撫景興懷因探韵以見志浮丘子别有餘不重贅》(卷十)、《秋夜林七員外園林燕集》(卷十四)、《同林七員外鄭二逸人陳五處士林三真士游天王寺分韵賦得霜鐘》(卷十四)、《同群公游般若寺送林七膳部歸冶城》(卷十五)、《寄林七膳部兼呈林懷之廣文》(卷十五)、《秋日見寄兼呈林懷之廣文林子羽員外二先輩》(卷十七)、《酬林七員外秋日登平遠臺見寄》(卷十七)等。

其詩文集中有大量“紅橋詩”,並有《挽沙陽朱氏》九首。朱氏爲長於詩詞的女子,馮夢龍《情史類略》演化爲林鴻與張紅橋情事,難以據信。

林鴻《鳴盛集》卷三《挽紅橋》:“柔腸百結泪懸河,瘞玉埋香可奈何。明月也知留佩玦,曉峰長想畫青蛾。仙魂已逐梨雲夢,人世空傳薤露歌。自是忘情惟上知,此生長抱怨情多。”

林鴻《鳴盛集》卷四《咏懷十二首》其一:“女螺江上送蘭橈,長憶春纖折柳條。歸夢不知江路遠,夜深和月到紅橋。”其二:“我有相思千點泪,夜深和雨滴紅橋。”其三:“記得雲娥相送處,淡烟斜月過紅橋。”其四:“寶馬未歸新月上,緑楊影裏倚紅橋。”其五:“長記看燈三五夜,七香車子度紅橋。”其六:“幾度踏青歸去晚,却從燈火認紅橋。”其七:“燕子不來春事晚,數株楊柳暗紅橋。”其八:“流水落花多少恨,日斜無語立紅橋。”其九:“日午捲簾風力軟,落花飛絮滿紅橋。”其十:“只恐鳳樓人待久,玉鞭催馬上紅橋。”其十一:“爲惜碧波明月色,鳳頭鞋子步紅橋。”其十二:“誰道蓬山天樣遠,畫闌咫尺是紅橋。”

林鴻《鳴盛集》卷四《挽沙陽朱氏》其一:“今日重來人不見,七峰猶似黛眉青。”其八:“聞説七峰山下水,至今流恨也吞聲。”

按,《明一統志》卷七十七《地理類·山川》:“七峰在沙縣治南,又名七孕山。”毫無疑問,朱氏爲沙縣(即沙陽)人。又《閩書》卷十九《方域志·延平府沙縣·山川》:“太史溪,縣治前七峰山下,十里澄碧。”因此,《挽沙陽朱氏》(其二)“珠沉玉殞兩茫茫,十里溪流與恨長”中的“十里溪流”爲延平府沙縣的太史溪。此説明朱氏居住在沙縣七峰山、太史溪附近。

按,林鴻與沙陽朱氏確有所交往,是否爲林氏繼室,待考。後人演化出與張紅橋之情事,近小説家言。可參見蔡一鵬《林鴻、張紅橋事迹考》(《中州學刊》1997年第6期)、鄧紅梅《紅橋考證與四庫館臣的疏誤》(《北京大學學報》2005年第1期)。

有《鳴盛集》行於世。

喻政纂修《(萬曆)福州府志》卷六十二《人文志》:“有《鳴盛集》十卷。”

按,錢謙益《列朝詩集小傳》亦言有《鳴盛集》十卷。然《四庫全書總目》卷一百六十九《鳴盛集》提要云:“《鳴盛集》四卷,浙江汪啓淑家藏本。明林鴻撰……此本爲成化初鴻郡人温州知府邵銅所編,末有銅跋,稱覽其舊稿,慨然興思,因詳加校勘,補其闕略。”

按,《文淵閣四庫全書》本《鳴盛集》後有附録一卷。

參考文獻：

1. 林鴻《鳴盛集》,《文淵閣四庫全書》本,上海古籍出版社1987年版。

2. 王兆雲《皇明詞林人物考》,明萬曆刻本。

3. 何喬遠《閩書》,福建人民出版社1994年版。

4. 饒安鼎修,林昂、李修卿纂《(乾隆)福清縣志》,上海書店出版社2000年版。

5. 喻政纂修《(萬曆)福州府志》,福州海風出版社2001年版。

6. 黄仲昭《八閩通志》,福建人民出版社2006年版。

7. 周玄《宜秋集》,清鈔本。

8. 胡應麟《詩藪》,上海古籍出版社1970年版。

9. 錢謙益《列朝詩集小傳》,上海古籍出版社1983年版。

10. 郭柏蒼、楊浚纂《全閩明詩傳》,遼寧大學出版社1990年版。

11. 徐泰《詩談》,中華書局1991年版。

12. 顧起綸《國雅品》,中華書局2006年版。

13. 朱彝尊《明詩綜》,中華書局2007年版。

14. 李東陽《懷麓堂詩話》,人民文學出版社2009年版。

（夏爽）

嚴震直傳

嚴震直，初名子敏，字震直，因明成祖曾呼其字，遂以字名，號西塞山翁，烏程(今浙江湖州吴興區)人。元至正四年(1344)生。

《明太宗實録》卷十二下“洪武三十五年九月”條：“工部尚書嚴震直卒。震直，湖州烏程人。”

張廷玉等撰《明史》卷一百五十一本傳：“嚴震直，字子敏，烏程人。……建文中，嘗督餉山東，已而致仕。成祖即位，召見，命以故官巡視山西，至澤州，病卒。”

朱彝尊《静志居詩話》卷二《嚴震直傳》：“嚴震直，初名子敏，字震直，因御稱其字，乃互易焉。”

按，嚴震直生年，文獻多不載録。據《明史》本傳，其建文年間致仕，朱棣即位後召見，使其巡視山西，因病而亡。朱棣即位於建文四年(1402)。另據《(弘治)湖州府志》卷十九《嚴震直傳》載，嚴震直“五十九卒，葬烏程之西塞山”，則嚴氏當卒於建文四年，古人以虚歲計數，又可推知其當於元至正四年(1344)生。

明洪武五年(1372)，以布衣起家。

鄭曉《吾學編》卷七《工部尚書嚴震直》：“嚴震直，烏程人。洪武五年起家布衣，授試參議。”

《明史》卷一百五十一本傳：“洪武時以富民擇糧長，歲部糧萬石至京師，無後期，帝才之。”

按，明糧長，一般由富户擔任，須帶頭納糧，且負責徵糧和押解事務。梁方仲《明代糧長制度》（上海人民出版社 1957 年版）云：“從糧長的地位説，它僅屬於地方上半公職人員的性質，並非正式官吏；從它的正常職務來看，却與吏相近而與官相去甚遠。”又云：“糧長原來由政府委派民間富户擔任，論其地位與職務實與‘吏’頗近，而與‘官’相去甚遠。”

又按，明糧長選任之法有三：永充制、朋充制、輪充制。明初永充制，明中葉爲朋充制或輪充制。太祖對江南施以高壓，曰“白糧”，即賦役同體，糧長由大地主充任。嚴震直或爲永充制糧長，一任多年，至洪武二十三年被授官止。

洪武二十三年(1390)，以賢良舉，初授通政司參議。九月，改户部郎中，再遷爲工部侍郎。

談遷《國榷》卷九“洪武二十三年九月”條：“戊戌，分户部四子部爲十二部，雲南則四川兼領之，刑部同。通政司參議嚴震直爲刑部郎中。”

《明史》卷一百五十一本傳：“二十三年特授通政司參議。”

按，《明史》本傳云嚴震直洪武五年以布衣起家，而相關文獻鮮有言及此後任職，恐多年任糧長之職。據《明太宗實録》卷十二下“洪武三十五年九月”條載：“工部尚書嚴震直卒。震直，湖州烏程人。洪武庚午，以賢良舉，初授布政司左參議之職，受事於户部，尋實授户部郎中。”“洪武庚午”即洪武二十三年(1390)，嚴氏“以賢良舉”，授布政司左參議之職，其爲官時間當於此時計。至於初授是“布政司”抑或“通政司”，是“户部郎中”抑或“刑部郎中”，則據朱彝尊《明詩綜》卷五載：“授試布政司參議，未之官，留署通政司。”《大清一統志》卷二百九十載：“嚴震直……洪武初以富民推擇糧長，歲部糧至京師,無後期,帝才之,特授通政司參議。”嚴氏任布政司參議實未到任。據《建文朝野彙編》卷十九:“嚴震直,烏程人。洪武五年起家布衣,授試參議。尋授户部郎中,升工部右侍郎,逾年進尚書。”嚴氏後任户部郎中。

洪武二十五年(1392),升工部右侍郎。

《明太宗實録》卷十二:“壬申,升工部,試右侍郎。”按,壬申年即洪武二十五年。

《明史》卷一百五十一本傳:“二十三年特授通政司參議,再遷爲工部侍郎。二十六年六月,進尚書。”按,嚴震直於洪武二十六年前任工部侍郎。

洪武二十六年(1393)六月,進工部尚書。是年,其弟侄不法,上審之。十二月,坐事,降監察御史。尋升都察院右都御史。

《明太宗實録》卷十二:“明年,升本部尚書。坐事,降監察御史。”按,據前文可知“明年”即洪武二十六年,任工部尚書。

《國榷》卷十“洪武二十六年六月”條:“戊戌,户部侍郎郁新、工部侍郎嚴震直並爲尚書。”“洪武二十六年九月”條:“丙辰,宥工部尚書嚴震直弟侄罪。其鄉人訴弟侄不法,即命震直按之,獄上,不欺,故並釋。”

鄭曉《吾學編》卷七《工部尚書嚴震直》:“二十六年,鄉民訴其弟侄不法,上付震直訊。報具獄,上以爲不欺,赦其弟侄。已而坐事,降監察御史。”

《明史》卷一百五十一本傳:“二十六年六月進尚書。時朝廷事營建,集天下工匠於京師,凡二十餘萬户。震直請户役一人,書其姓名所業於官,有役則按籍更番召之,役者稱便。鄉民訴其弟侄不法,帝付震直訊。具獄上,帝以爲不欺,赦其弟侄。已,坐事降御史，數雪寃獄。”

按，嚴震直降爲監察御史之時，《明太祖實録》卷二百三十“洪武二十六年十二月”條載：“十二月壬申朔，降工部尚書嚴震直爲監察御史。”《國榷》卷十亦載：“十二月壬申朔，工部尚書嚴震直降監察御史。”則嚴震直擔任尚書的時間甚短，即自洪武十二年六月至十二月。然此次降嚴震直爲監察御史，所坐何事，尚不明確，據其本傳記載，恐非因其弟侄之事。

洪武二十八年(1395)，討龍州，諭安南。還，修廣西興安縣靈渠。

《明太祖實録》卷二百四十“二十八年八月”條：“遣禮部尚書任亨泰、監察御史嚴震直使安南，諭以討龍州趙宗壽之故。……告以趙宗壽之罪不可赦，安南當慎守邊境，毋啓納叛之謀。”

《國榷》卷十“洪武二十八年八月”條：“丁卯，左都督楊文爲征南將軍總兵官廣西，都指揮使韓觀、右軍都督僉事朱晟爲左、右副將軍，劉真爲參將，率京兵三萬至廣西會師，討龍州趙宗壽，及奉議、南丹、向武等州叛蠻。戊辰，禮部尚書任亨泰、監察御史嚴震直使安南，諭以討趙宗壽之故，恐其接壤易疑也。”按，明朝派使臣出訪安南，意在防止趙宗壽與安南勾結，也是斷趙宗壽之後路，防止其逃入安南，亦有震懾安南之意。

《吾學編》卷七《工部尚書嚴震直》：“二十八年修桂林靈渠。”按，修靈渠的具體時間在是年九月。《國榷》卷十“洪武二十八年九月”條載：“丙辰朔，兵部尚書唐鐸參軍事廣西，請修興安縣三十六陂溉田，命御史嚴震直督工，遂通漕。”

《明史》卷一百五十一本傳：“二十八年，討龍州，使震直偕尚書任亨泰諭安南。還，條奏利病，稱旨。尋命修廣西興安縣靈渠，審度地勢，導湘、灕二江，浚渠五千餘丈，築渼潭及龍母祠土堤百五十餘丈,又增高中江石堤,建陡閘三十有六,鑿去灘石之礙舟者,漕運悉通。歸奏,帝稱善。"

洪武三十年(1397),二月,上《論兩廣鹽法》,疏請引廣東鹽於江西。四月,擢右都御史。八月,復工部尚書。

《明太祖實録》卷二百五十四"洪武三十年八月"條:"己丑,以右都御史嚴震直爲工部尚書。"

《吾學編》卷七《工部尚書嚴震直》:"洪武三十年二月,震直上《論兩廣鹽法》,廣鹽得行江西安、贛、吉、臨諸府。"

談遷《國榷》卷十"洪武三十年八月"條:"己丑,右都御史嚴震直爲工部尚書。"按,嚴震直復任工部尚書當於是年八月。

《明史》卷一百五十一本傳:"三十年二月疏言:'廣東舊運鹽八十五萬餘引於廣西,召商中買。今終年所運,纔十之一。請分三十萬八千餘引貯廣東,别募商入粟廣西乏糧衛所,支鹽廣東,鬻之江西南安、贛州、吉安、臨江四府便。'帝從之。廣鹽行於江西自此始。其年四月擢右都御史,尋復爲工部尚書。"

按,據前文可知洪武二十六年十二月之後不久嚴氏即"升都察院右都御史"。至於嚴震直升右都御史的具體時間,《明太祖實録》卷二百五十二"洪武三十年四月條"載:"癸卯,擢監察御史嚴震直爲右都御史。"《國榷》卷十"洪武三十年四月"條亦載:"御史嚴震直爲右都御史,前刑部尚書楊靖爲左都御史。"

洪武三十一年(1398)春,猶在工部尚書任。

《明太宗實録》卷十下"洪武三十五年七月"條:"命前工部尚書嚴震直、户部致仕尚書王鈍、天府府尹薛正言等,分往山西、山東、河南、陝西等布政司巡視民瘼。"

談遷《國榷》卷十二"建文四年七月"條:"甲辰,命前工部尚書嚴震直致仕。”

《明史》卷一百五十一本傳:“建文中,嘗督餉山東,已而致仕。”按,明建文年間(1399—1402)嚴氏致仕。

朱彝尊《静志居詩話》卷二《嚴震直傳》:“洪武三十一年春,致仕。”按,朱棣即位廢建文年號而改用洪武年號,建文四年即洪武三十五年(1402),而《静志居詩話》所云洪武三十一年致仕,恐有誤。

建文元年(1399),帝念其任事久,留居京師。

朱彝尊《静志居詩話》卷二《嚴震直傳》:“建文元年己卯,復以年老辭,不與事,帝念其任事久,留住京師。考《遺興集》中有《宴集賜第之葵心堂》詩,乃是年三月十五日事。分韵者,爲董學士倫、茹尚書瑺、高太常遜志、任尚書亨泰、程都御史本立、李尚書至剛、鄭庶子濟、黄侍郎福、張尚書紞、高經歷德暘,凡十有一人。太常詩云:‘偉哉尚書公,致政鳴珂里。賜第最幽敞,逈出京塵裹。’庶子詩云:‘尚書遂休致,賜第居京洛。’侍郎詩云:‘司空居廟堂,憂國鬢如絲。挂冠神武門,賜第留京師。’歷歷可證。”

建文四年(1402),七月,受詔往山西以安民。秋九月十一日,病卒於澤州公廨。

《明太宗實録》卷十下“洪武三十五年七月”條:“甲辰,上諭群臣曰:‘朕居藩邸時,凡百姓艱苦靡不知之。而數年兵興,北方之民疲勞尤甚,朕所以舉義者爲宗社生民之計。今宗社既安,而北方之民未安,吾夙夜不忘。遂命前工部尚書嚴震直、户部致仕尚書王鈍、天府府尹薛正言等,分往山西、山東、河南、陕西等布政司巡視民瘼,何弊當革?何利當建?速具奏來。’”

《(弘治)湖州府志》卷十九《嚴震直傳》:“太祖皇帝謂廷臣曰:‘老嚴成此大功,朕授得人矣。’其政績皆類此。五十九卒,葬烏程之西塞山。”

《(萬曆)湖州府志》卷四:“尚書嚴震直墓在西塞山。”按,西塞山,位於湖州城西。

《明史》卷一百五十一本傳:“成祖即位,召見,命以故官巡視山西,至澤州,病卒。”按,朱棣以“清君側”之名,於建文四年(1402)即洪武三十五年“靖難”成功,登基稱帝,改次年爲永樂元年(1403)。嚴震直於洪武三十五年在巡視山西任上病卒。

談遷《國榷》卷十二“建文四年九月”條:“工部尚書嚴震直卒。……建文初,督餉山東。至是,使安南,回雲南悲憤吞金而死。”按,談遷疑嚴震直雲南偶遇建文帝之事,故而自注曰:“嚴震直後死,諸家謂南使回滇,值文太師,悲憤賫志。第龍潛纔三月,安能遽及於滇,且露其迹也?考《從亡隨筆》,時太師政在襄陽廖平家,則震直死别有繇耳。國史云:‘寡學無識,善附權要,上頗薄之。’史未足盡信,大抵以樸質勤敏稱,視張紞、王鈍死,又有間矣。”又按,關於《明太宗實録》卷十二所載“震直資貌魁偉而寡學無識,善附權要,士頗薄之”,亦不可信。

朱彝尊《静志居詩話》卷二《嚴震直傳》:“考《文皇帝實録》壬午七月二十三日詔云:‘朕居藩邸……速具奏來。’尚書受詔往山西,是秋九月十一日,病卒於澤州公廨。合之忠誠伯茹瑺所撰《嚴公神道碑》無异。初不聞奉長陵密詔往雲南訪建文帝也。《吾學編》《遜國表》《忠紀》等書,不知何所據,信吞金爲實,列尚書爲後死忠臣之首。萬曆十九年,巡按御史黄鍾疏請建祠,榜曰‘旌忠’,列在祀典。越數十年,其裔孫祇字文昭作《祠祀辨》,大指謂:‘吾祖功業,炳燿史册,何藉吞金一死以罔天下?後世黄公,欲顯吾祖,適足以誣吾祖也。’噫,文昭不欲誣其祖,可謂賢子孫矣。”按,壬午年即建文四年(1402)。

又按,嚴震直在建文年間事,文獻記載存疑,如鄭曉《吾學編》

卷七《工部尚書嚴震直》:"靖難兵起,震直督餉齊魯間,兵敗,爲北兵所縛,置布囊,兩馬夾舁至北平。建文君遜位後,復爲工部尚書,奉使安南。至雲南,見建文君,悲愴吞金而死。"因而,朱彝尊在《静志居詩話》中考辨云:"而《續藏書》謂:'尚書歸老在里,長陵以兩馬夾袋舁至京。'《致身録》又稱:'靖難兵起時,督餉山東。'皆妄也。"可見永樂初年嚴氏在雲南吞金而死不可信,朱彝尊考證可取。

著有《遣興集》。

黄虞稷《千頃堂書目》卷十七:"嚴震直《遣興集》。初名震直,字子敏,後更以名與字互易焉,烏程人。明初由糧長授河南布政司參議,累官工部尚書,致仕。永樂初,召令宣諭山西,卒於澤州。"

朱彝尊《明詩綜》卷五:"震直……有《遣興集》。"

董斯張《吴興備志》卷二十二:"嚴震直《流芳録》三卷。長洲陳頎景泰間分教湖州,嘗取舊志編輯成書。成化八年,潯陽勞鉞廷器守湖,與儒士張淵朝夕討論,重加增補,得二十二卷。見彭華、夏時正勞《志》序。"按,嚴震直《流芳録》,僅有此處見載。

長子嚴宗仁。

《湖州府志》(清同治十三年刊本)卷七十七:"嚴宗仁,字儒琳,烏程人,震直長子。母屠氏病亟,醫藥罔效。宗仁焚香默禱,刲股作糜以進,一啜良愈。鄉里將聞於有司,請旌,宗仁固止之。歿後,有以其事聞於朝者,恩褒孝子,賜宗彝以表墓。"

參考文獻:

1. 張廷玉等撰《明史》,中華書局 1974 年版。

2. 鄭曉《吾學編》,明隆慶元年鄭履淳刻本。

3. 杭世駿纂修《(乾隆)烏程縣志》,清乾隆十一年刻本。

4.《(弘治)湖州府志》,清歸安姚氏咫進齋鈔本。

5. 談遷《國榷》,中華書局1988年版。

6. 朱彝尊《明詩綜》,《文淵閣四庫全書》本,上海古籍出版社1987年版。

7. 王學偉《明洪武時期出訪安南使臣研究1368—1398年》,暨南大學2006年學位論文。

(王文榮　程水龍)

王恭傳

王恭，字安中，一字安仲，號皆山樵者。閩縣（今福建福州）人，寓居長樂（今福州長樂區）。生於元至正四年（1344）。

過庭訓《本朝分省人物考》卷七十福州府："王恭，字安中，閩縣人也。"王恭有《白雲樵唱集》，林環撰序稱："聞吾閩之長樂有王先生恭者。"

按，《長樂縣志》卷五《儒林》有王恭條目。《閩縣鄉土志》耆舊録二學業云："王恭，《明史》附傳……詳《明史·文苑》林鴻附傳。"《八閩通志》卷六十二《福州府文苑》："王恭，字安仲，閩縣人，寓居長樂。"《明史》卷二百八十六林鴻本傳，稱恭爲"長樂王恭"。《明史》同卷王恭本傳："王恭，字安中，隱居七岩山，自稱皆山樵者。"考明《（弘治）長樂縣志》點校本卷一《山川》："七岩山在縣治西南，上有七岩，故名。"明《（正德）福州府志》卷二十八云："王恭，字安中，閩縣人，寓居長樂。"綜上，取"閩縣人，寓居長樂"。

關於王恭的生年，一般皆謂不詳。然《（崇禎）長樂縣志》卷七《人物志》載："永樂丙戌，年六十三，以儒士薦至京，預修《大典》。"永樂丙戌爲永樂四年，即公元1406年，准此逆推之，則王恭生於至正四年（1344）（詳蔡瑜《高棅詩學研究》附録《高棅年譜》，臺灣大學文史叢刊1990年版）。《（正德）福州府志》卷二十八亦云："永樂丙戌，年六十三。"

按,《(崇禎)長樂縣志》的記載,與《閩書》記載相似;而從交游情況看,他年齡當小於林鴻而長於高棅,定其生於至正四年(1344),亦正吻合,當屬可信。

少年豪縱,與陳亮相攀游俠。

王恭《草澤狂歌》卷二《答林逸人兼柬劉大因憶滄州野堂叟》:"小來攀游俠,脱身過怡闕。白馬行看戚里花,錦袍醉舞娼樓月。娼樓酒幔官道春,孟嘗平原能愛賓。報仇雪耻感恩遇,瀝膽隳肝寧顧身。"

按,此詩是王恭永樂初年憶往之作。滄州野堂叟,即陳亮,字景明。長樂沙堤村(今屬福州市長樂區潭頭鎮)人,係"閩中十子"中年長者。平時好文士,樂義輕財,在元代後期有孟嘗、平原之風。推崇五代陳摶,自號扶摇子。屢徵不出,以布衣終。著有《滄州集》三卷、《儲玉齋集》六卷。

明《(正德)福州府志》卷二十八載:"陳亮,字景明,長樂人。好文工詩。不屑仕進,家居作儲玉樓、滄洲草堂。日與名士高廷禮、王恭、周玄輩往來倡和,又與三山諸耆彦爲九老會。號滄洲,又號拙修翁。"

又按,滄州草堂是當年長樂文人社交聚會中心,王恭《白雲樵唱集》卷一《哭滄州陳景明處士》有"君家足文獻,勝事令人羨"句,可知滄州草堂收藏文獻之豐富。詩中又云:"醉後又分咏,敏捷皆成章。有時忽得句,夜半扣予户。開門見月明,相邀到天曙。"見彼此純粹詩人之真性情也。

食貧,游江海間,中年葛衣草履,樵隱於七岩山,凡二十年,自號皆山樵者。

《白雲樵唱集》附録王偁《皆山樵者傳》:"若今所謂皆山樵者,其殆庶幾於斯人之流歟!樵者少業爲士,漫游江海間,中年乃棄去名迹,葛衣草履,樵隱於七岩之山,逮今二十年矣。”

林環《白雲樵唱集原序》:“王先生恭者,以詩鳴。先生時遁於樵,自號爲皆山樵者,不欲與世接。”

《白雲樵唱集》附録曾棨《皆山樵者辭》:“皆山樵者,姓王氏名恭,閩人也。閩地皆山,而恭以文學行誼,隱以樵,故以自號。”

《白雲樵唱集》附録林慈《皆山樵者傳》:“閩有高士王皆山氏,生當方内承平,時豹林谷之隱者。……詩有《白雲樵唱》等集,壯年落魄不羈,未爲世用。自治城來,樵於長樂之籌嶺、董岩、太常、六平諸峰,凡舟崖翠壁靡不登,歷無有定所,故自號曰皆山樵者。……暇日,過橋門,執予手曰:‘子故人知我者也,曩爲貧故,不得不業於樵,以救溝壑之飢,與買臣輩爲伍。’”

嘗私淑於林鴻,與林慈以文學游。亦與高棅、林敏、林良箴、陳登等有酬唱往來。

按,《(正德)福州府志》卷二十八、《(乾隆)福清縣志》、《(民國)平潭縣志》卷十四《林鴻傳》云:“……先朝遺老如吴海、陳亮輩皆極推許。而一時才士如鄭孟宣、高廷禮、周又玄、黄玄之、林伯璟、林漢孟之流,皆從之游。其后王皆山、王中美、王孟揚、陳仲完、鄭公啓、張友謙、趙景哲諸名人,以詩名於時,又私淑於鴻者也。”

《白雲樵唱集》附録林慈《皆山樵者傳》謂與恭“每遇風恬日煦,即相與聚首,歌伐木詩,酌數行酒,挂幅巾林下,聆黄鳥好音,幽懷泊如也”。

王恭《白雲樵唱集》卷一有《贈别陳少尹思孝服闋之天官》等。卷二有《長歌贈别高漫士赴召天京》《夏日同龍門高漫士游棋山寺》《題高待詔爲用衡作水墨圖》等。卷三有詩《贈林漢孟赴召天京》云:“想到都門知己在,南宫西掖有逢迎。”另有《早秋懷林良箴因憶東峰諸上人》《送糧長林思器赴召京師》《次韵答高漫士》《同高漫士夜集陳叔謨山莊》《詩寄梁浮丞陳思孝工篆入翰林》等交游之作。高漫士,即高棅。林漢孟,即林敏,長樂人,《明詩紀事》甲籤卷三十録林敏四詩。林良箴,字思器,長樂人。工詩文草書,琴尤精,自號琴樂子。傳見《閩書》卷一百二十六。陳登,字思孝,長樂人。永樂二年(1404)以薦召入翰林,預修國史。生平事迹見楊士奇《東里文集》卷十九《陳思孝墓誌銘》,明嘉靖刊本。

永樂四年(1406)秋,以儒士薦,待詔翰林,敕修《永樂大典》。冬,林慈爲其作《皆山樵者傳》。

《白雲樵唱集》附録林慈《皆山樵者傳》:"今季秋,皆山亦以儒士被薦,來京預修書於文淵閣……永樂丙戌臘國子博士長樂林慈志仁書於成均之署。"丙戌,永樂四年也。

按,《全閩詩話》卷六載:"文廟時修《永樂大典》,鄭定、高廷禮交薦之,强起至京,年六十餘矣。"高廷禮,高棅也。

林環《白雲樵唱序》曰:"永樂四年,朝廷方開石渠,廣延天下士,先生以薦至,相見於玉堂之署。觀其神清體癯,鬚鬢如雪,葛巾野服,翛然如孤鶴振鷺,知爲風塵表物,得造化清氣蓋多也。……余益信天下之所以昌先生之詩者有在,而又信詩果不能窮人也。"

永樂五年(1407),《大典》成,試詩高第,授翰林典籍,不就。是年仲春,王偁著《皆山樵者傳》,解縉作《皆山樵者贊》。季夏,曾棨作《皆山樵者辭》以贈。十月,林仲貞書《皆山樵者説》。十二月,有閩儒士遣歸,恭與高棅諸鄉友,餞其行,首歌五闋。翌年,歸。

《白雲樵唱集》附録王稱《皆山樵者傳》:"永樂五年丁亥仲春之望,翰林院檢討、獨山王偁孟揚書。"

《白雲樵唱集》附録解縉《皆山樵者贊》:"翰林院學士廬陵解大紳贊。"

曾棨永樂五年立秋日爲王恭撰《皆山樵者辭》曰："事畢，告老而歸，過予言别，作《皆山樵者辭》以送之。"

按，《全閩詩話》卷六載："《大典》成，試詩高第，授翰林典籍，不就，歸。"自是世有"王典籍"之稱。

《閩中十子詩》卷十高棅《送四彦歸閩州詩並序》云："永樂六年冬十二月，《大典》書成，擇日表進，與纂修者三千人，咸蒙賞賚，而恩榮遣歸者三之二。吾閩儒士鄭銘、陳茀，泮生陳循、林彬，皆在遣中。戒行有日，凡鄉友之在禁林者，聞而出餞，且惜其去……乃相與酌酒言别，發爲歌咏，以壯其行，典籍王公安中首歌五闋。"

按，此記"永樂六年冬十二月"，當爲"永樂五年"之誤，參《明太宗實録》卷七十三"永樂五年十一月乙丑"條："太子少師姚廣孝等進，重修文獻大成，書凡二萬二千二百一十一卷，一萬一千九百五本，更賜名《永樂大典》，上親製序以冠之。"又按，永樂五年冬十二月，恭仍在京師，則歸期或當作次年。

永樂九年(1411)，林環爲其《白雲樵唱集》作序。

按，四庫本《白雲樵唱集》原序："永樂九年春，二月吉旦，賜進士及第翰林院修撰莆田林環崇璧序。"

卒年不詳。與王偁、王褒齊名，與王偁、王褒、王洪時稱"詞林四王"。亦與林鴻、王褒、鄭定等合稱"閩中十才子"。

《列朝詩集小傳》乙集《王紀善褒》："中美與孟揚、安中齊名，其詩殊乏才情，不堪鼎足，或其佳者不傳耳。"

《列朝詩集小傳》乙集《王侍講洪》："當時詞林稱四王，皆有才名，希範與閩人王偁、王恭、王褒也。"王洪，字希範，錢塘人。

《八閩通志》卷六十二福州府文苑林鴻條："林鴻，字子羽，福清人……先朝遺老如吴海、陳亮輩皆極推許，而一時才士如鄭孟宣、高廷禮、周又玄、黄玄之、林伯璟、林漢孟之流皆從之游。其後王皆山、王中美、王孟揚、陳仲完、鄭公啓、張友謙、趙景哲諸名人以詩名於時,又私淑於鴻者也。"

《(民國)長樂縣志》卷二十五列傳五載:與同邑鄭定、高棅、陳亮,流寓周伭、黄伭,侯官黄褒、唐泰,福清林鴻,永福王偁齊名,閩中稱十才子。"

恭博學强記,善歌詩,揮毫立就。其詩風華跌宕,多縹緲之音,得唐人之風。

《白雲樵唱集》附録林慈《皆山樵者傳》:"其人中虚外夷,剷鋤城府,博學强記,貌甚偉,言甚文,禮甚度,解飲酒,尤善歌詩。"

焦竑《國朝獻徵録》卷二十二:"恭善爲詩,援筆纚纚,千言立就。"

朱彝尊《静志居詩話》卷三:"安中整練不及子羽,而風華跌宕,多縹緲之音,固似勝之……林衡者云:皆山善得中唐之韻,如'渭水寒流秦塞晚,灞陵殘雨漢原秋''他鄉見月長爲客,别路逢霜半在船''鳥外明河秋一葉,天涯凉月夜千峰''雲歸獨樹天邊小,雪罷孤峰鳥外青''驛館夜殘明候火,市樓霜曉度寒砧'……均有大曆十子遺音。"

《白雲樵唱集》附録解縉《皆山樵者贊》:"善爲詩,有唐人風格,蓋博學隱者云。贊曰:'葛天之民,太古之音。越唐過漢,戛玉鏗金。布衣蕭然,不慕寵榮。强之而起,朝陽鳳鳴。'"

唐人之風實乃大曆詩風。按,《(民國)長樂縣志》卷二十五記載:"恭詩援筆纚纚,千言立就,意多凄婉,托喻頗深,有大曆遺響。"

有《白雲樵唱》四卷、《草澤狂歌》五卷,未出仕前所作。《鳳臺清嘯》二卷,官翰林以後作,已不傳。

《四庫全書總目》卷一百六十九《白雲樵唱集》提要:"《白雲樵

唱集》四卷、附録一卷,明王恭撰……閩中十子之一也……《明史·文苑傳》附載《林鴻傳》中,其詩凡三集。一曰《鳳臺清嘯》,乃官翰林以後作。此集及《草澤狂歌》,則皆未仕以前所作。恭没之後,湮晦不傳。成化癸卯,南京户部尚書黄鎬搜恭遺稿,始得此集於吏部郎中長樂黄汝明家。因屬汝明編次,分爲前後二集,卷首有永樂三年林環舊序,兼爲三集而作者。序中所列次第,以此集爲首,知其詩在《草澤狂歌》以前。卷末又有永樂中林蕙諸人所作皆山樵者傳、贊、辭、説,則刻成之後,續爲增入者也。恭與同邑高棅齊名……迹其性情,本耽山野,此集又作於田居之日,故吐言清拔,不染俗塵,得大曆十子之遺意,其格韵遠在棅上。"

《四庫全書總目》卷一百六十九《草澤狂歌》提要:"《草澤狂歌》五卷,明王恭撰。按恭所作三集,《鳳臺清嘯》已不傳,故《千頃堂書目》有其名而闕其卷數。范氏天一閣所藏僅存其《白雲樵唱》而無此集。此集出自秀水汪氏,蓋幾佚而僅存也。大致與《白雲樵唱》相近,而中年所作,情思較深。"

《(乾隆)福州府志》卷七十二:"《草澤狂歌》五卷,《鳳臺清嘯》二卷,《白雲樵唱》二卷。"

四庫本《石倉歷代詩選》卷二百九十八曹學佺云:"王安中詩,刻十子集之外,又有《草澤狂歌》一册,徐興公屬予選之,附於其後。"又録林應聘跋云:"王典籍《草澤狂歌》,向未登木,徐惟和得自張海城先生,不啻若拱璧,然乃鈔録未竟而逝。予藏篋中,不忍閲視,傷人琴之亡也。頃慮散佚,强泪抄成,仍送之緑玉齋,以成惟和之志,蓋亦效挂劍徐君云爾。萬曆壬寅秋七月志尹氏題。"

按,《四庫全書總目》謂"卷首有永樂三年林環舊序",有誤。根據林環《白雲樵唱》序,自謂作於永樂九年。《四庫全書總目》之《白雲樵唱集提要》謂《草澤狂歌》作於《白雲樵唱集》之後,《草澤狂歌》

提要謂之中年所作,或有一誤。《白雲樵唱集》卷二《龍龕龍集並序》署"永樂甲申六月十又四日",則永樂初王恭已年六十餘。

明清選家,皆重其詩,予以揚譽。

《閩中十子詩》選其詩五卷,凡五百四十七首,《皇明百家詩》録其詩一百八十餘首,《石倉歷代詩選》録其詩一百五十四首,《全閩明詩傳》録其詩七十一首。《列朝詩集》《明詩綜》《明詩紀事》皆選入其詩,予以揚譽。

參考文獻:

1. 袁表、馬熒選輯《閩中十子詩》,《景印文淵閣四庫全書》本,臺灣商務印書館 1986 年版。

2. 袁表、馬熒輯,苗健青點校《閩中十子詩》,福建人民出版社 2005 年版。

3. 張廷玉等撰《明史》,中華書局 1974 年版。

4. 焦竑著《國朝獻徵録》,影印《中國史學叢書》本,臺灣學生書局 1965 年版。

5. 錢謙益《列朝詩集小傳》,上海古籍出版社 1983 年版。

6. 過庭訓撰《本朝分省人物考》,周駿富輯《明代傳記叢刊·綜録類》,臺北明文書局 1991 年版。

7. 黄仲昭《八閩通志》,福建人民出版社 1996 年版。

8.《(乾隆)福清縣志》、《(民國)平潭縣志》,《福建府縣志集》,上海書店出版社 2000 年版。

9.《(弘治)長樂縣志》《長樂市志》附録,福建人民出版社 2001 年版。

10. 朱景星修、鄭祖庚纂《閩縣鄉土志》《侯官縣鄉土志》,

福州海風出版社 2001 年版。

11. 朱彝尊著、黄君坦校點《静志居詩話》，人民出版社 1990 年版。

12. 陳廣宏《閩詩傳統的生成》，上海古籍出版社 2018 年版。

13. 李駒主纂《（民國）長樂縣志》，福建人民出版社 1994 年版。

14. 葉溥、張孟敬纂修明正德《福州府志》，海風出版社 2001 年版。

（廖肇禄　于時）

高棅傳

高棅,又名廷禮,字彦恢,别號漫士,長樂(今屬福建福州)人。元至正十年(1350)生。

《明文海》卷四百二十九林誌《漫士高先生墓銘》:"永樂二十有一年二月三十日,翰林典籍漫士高先生廷禮,卒於南京之官舍,年七十有四。"據此推算,可知高棅生於元順帝至正十年。

高棅《木天清氣集》卷六《臘月二十三日立春值余初度之辰群公來集席上分韻送陳守之睦州得憶字》,卷十《臘月二十三日病中口號呈謝諸友》:"去年初度喜逢春,今歲兹晨值病身。"可知其生於臘月二十三日。

《長樂龍門志》卷七:"高廷禮,初名棅,字彦恢,自稱漫士,譜名景度。"按,景度,爲棅族譜名,鮮有提及,棅至交王恭於《歲暮岱峰同龍門漫士留别高景度先輩》(《白雲樵唱集》卷三)、《爲高景度題山水》(《閩中十子詩》卷十九《王典籍集》卷五)曾提及此名。

高棅《嘯臺集》卷八《贈皆山樵者歌》序末云"三山漫士高棅",卷十三《浮屠緣公住粤城以幼名居》亦題爲"三山漫士"。又《木天清氣集》卷六《題永壽字説後》,序中自云"金門大隱高廷禮",同卷《贈三山樵老歌》亦言"金門大隱懷清風"。按,高棅隱居三山時,自號三山漫士,出仕之後自號金門大隱。

又按,高棅詩文集中落款屬地有數種説法:曰長樂,明時爲福州府領縣，縣治大祉澳；曰三山，福州别稱；曰新寧，長樂唐朝時爲新寧，唐武德六年改爲長樂；曰渤海，爲高氏郡望；曰龍門，在長樂縣城南門外二公里；曰二都，龍門舊屬二都；曰後澳，龍門古稱。

宋尚書張鎮之後，曾祖麟，父諱駒清，謚皎白居士。母陳氏。

林誌《漫士高先生墓銘》："實宋尚書張鎮之後，曾祖麟，以出莅高氏，祀復無子，取猶子隆爲後，遂從高姓，是先生之祖。"又云："考諱駒清，才不羈，蚤世，謚皎白居士。妣陳氏，爲宋樞密使洽之孫。"

何喬遠《閩書》卷七十七《英舊志》："高廷禮……本宋尚書張鎮後也。祖麟，繼於高，遂昏焉。"

洪武九年(1376)，高棅與蓬丘子、太史玄觀龍門山水，論方壺子畫。

高棅《嘯臺集》卷十一《題湖山總宜圖方壺道人畫》序："曩歲丙辰秋，余與蓬丘子、太史玄觀龍門山水，蓬丘子出示壺公畫米襄陽家法，從余辯真僞，余論其筆墨浮露，錯亂無旨，殆非壺公筆，蓬丘子遂持贈任本立氏。"

按，方從義，字無隅，自號方壺子，又號方壺、不芒道人、鬼谷山人、金門羽客。貴溪縣人。其繪畫師從董源、巨然、米芾，畫作冠絶一時。

洪武十一年(1378)，玩宇樓建成。讀書其間，悠然閑適。

陳音《嘯臺集序》："吴航高廷禮氏，隱龍門，偃蹇不屑仕進，致專於詩，思偶唐賢，矻矻逾十稔。"

陳音《嘯臺集序》："十稔……屏謝紛囂，於天下書無所不讀，而尤肆力於詩。"

李駒《長樂縣志》卷七《名勝志》："玩宇樓，在二都後澳之西。

明高棅創。太史周玄寓棅宅,别去,將所携書籍數千卷悉授棅,乃建樓藏之,只開一窗,以見天日。故名。”

王恭《白雲樵唱集》卷三《奉寄龍門高漫士牧隱二先輩》:“玩宇平臨半占峰,清暉遥映翠微松。雲來雞嶼應還倦,鳥下龍門去亦慵。池草任隨吟處長,江花偏待醉時逢。十年自笑無家别,誰念滄浪遠寄蹤。”又同卷《次韵答高漫士》二首中有句:“遥知玩宇樓中月,應怪登臨每負期。”

洪武十四年(1381),與鄭定始訂交。

高棅《木天清氣集》卷四《挽鄭國博孟宣》:“憶昔初識君,余年三十二。君居七齡長,投分猶兄弟。”

按,鄭定,字孟宣,號浮丘生,又號淡齋,祖籍閩縣。善擊劍,工古篆、隸書。陳友定辟爲記室。友定敗,亡交、廣間。已,入長樂居之。洪武中,舉明經,爲延平訓導。末年,徵爲齊府紀善。永樂中,遷國子助教。有《淡齋集》。《明史》卷二百八十六、《閩書》卷七十七《英舊志》有傳。

洪武十五年(1382),棅與鄭定、林鴻會於適安堂。

明弘治本《長樂縣志》卷九《名構》:“適安堂,在二都,龍門漫士高棅創。洪武壬戌,鄭定、林鴻輩會於斯堂。”

李駒《長樂縣志》卷七《名勝志》:“適安堂,在二都龍門。高棅創。鄭定、林鴻輩會集斯堂。”

按,適安堂,時人多有唱酬。若林鴻《過高逸人别墅》:“子有園林東海濱,香名滿耳人共聞。梁鴻避世身不仕,孔融愛客家常貧。兹晨飲客青山墅,新壓葡萄酒如乳。緑林穿窗鳥當歌,緑條拂地花能舞。醉來興逸無不爲,投壺擊劍仍彈棋。人生得意有如此,世上悠悠那得知。”王恭《賦高漫士適安堂題於方壺所寄畫》:“小隱翻成大隱媒，終南捷徑近蓬萊。君家草堂獨蕭灑，半占南峰松際開。草堂松際秋聲裏，四壁清暉映烏几。卷幔朝眠日出高，野鶴孤雲只如此。孤雲野鶴淡忘形，羸得丘園養性靈。飛騰未應郎官宿，嘉遯猶當處士星。吟詩作畫多閑放，心迹悠悠古人上。玩宇天空豁遠懷，嘯臺夜雪聞清響。王門記室舊交情，國子先生若弟兄。清時共逐鵷鸞去，白首誰同鷗鷺盟。顧余别是滄浪客，蓬蓽相逢即相得。對酒龍門月色秋，放歌雞嶼潮頭白。壺丘仙墨思紛紛，千里神交寄樹雲。坐卧草堂時見畫，知君不羨北山文。"陳亮《高彦恢適安堂》："即地可栖遁，何必遠結廬。作堂依故宅，聊以適起居。青青映户庭，嘉木羅且敷。圖史積左右，日與文士俱。有時風日佳，吟行步前除。蕭散咏樂情，暢然形神舒。用世豈無心，出門畏崎嶇。優游保貞素，庶得遺毁譽。"

洪武十六年(1383)，陳銘歲貢入京，高棅有詩送之。

高棅《嘯臺集》卷三《送貢士陳以義》贊其"穎脱非徒誇"，期其青雲得意。

按，陳銘，字以義，長樂人。自幼穎敏，家道荒落，立志讀書於石田茅屋，學既成乃入貢，爲太學生，志節彌著。楊榮《文敏集》卷二十三有《故大理寺右評事陳以義墓誌銘》。《閩書》卷七十七《英舊志》、《長樂縣志》卷二十四《循績》有傳。

林士衡卒，棅作《哭林四士衡》。

高棅《嘯臺集》卷十七《哭林四士衡》："清時每欲請長纓，薄宦天涯只一經。楚水忽聞悲吊鶴，鑾鄉空没候文星。一壞宿草湘雲黑，千里歸魂海樹青。惆悵九原成永隔，不堪愁絶淚雙零。"按，林士衡，是年舉文學，授廣西横州學政之官，未及境而殁於永之清湘。

洪武十七年(1384),承林鴻詩學觀念,始編《唐詩品彙》。秋,客嶼湖,宿林實夫怡閑堂。冬,作《喜得故人太史玄手札詩》。

《四庫全書總目》卷一百八十九《唐詩品彙》提要:"明初閩人林鴻始以規仿盛唐立論,而棅實左右之,是集,其職志也。"

《唐詩品彙·凡例》:"先輩博陵林鴻嘗與余論詩,上自蘇李,下迄六代,漢魏骨氣雖雄而菁華不足;晉祖玄虚;宋尚條暢;齊梁以下但務春華,殊欠秋實;唯李唐作者可謂大成。然貞觀尚習故陋,神龍漸變常調,開元、天寶間,神秀聲律,粲然大備,故學者當以是楷式。予以爲確論,後又采集古今諸賢之説,及觀滄浪嚴先生之辯,益以林之言可徵。故是集專以唐爲編也。"

《四庫全書總目》卷一百八十九《唐詩品彙》提要:"所録凡六百二十家,得詩五千七百六十九首,分體編次,爲五言古詩二十四卷,七言古詩十三卷,長短句附焉。五言絶句八卷,六言附焉。七言絶句十卷,五言律詩十五卷,五言排律十一卷,七言律詩九卷,排律附焉。始於洪武甲子,成於癸酉。"

《唐詩拾遺序》:"予既愛唐詩,喜編録,初采衆作,裒爲一集,曰《唐詩品彙》。凡得唐諸家六百二十人,共詩五千七百六十九首,分爲九十卷。自洪武甲子迨於癸酉方脱稿。"

高棅《嘯臺集》卷十七《宿怡閑堂懷亡友林實夫》序:"曩歲甲子秋,予客嶼湖,聞滄洲陳隱君亦在焉,拂曙題詩,訪隱君於林實夫怡閑堂。"

高棅《嘯臺集》卷十四《喜得故人太史玄手札詩》序:"東萊太史氏玄,博學好古,樂道安貧,與予爲益友。洪武戊午,君以文學辟召,授宜州之忻城丞,間關數千里,携妻子之官,且忻城地盡南荒,猺獠雜處,瘴癘不時而作。一别六年,音徽杳絶,天高地迥,口語難真,每望南雲,未嘗不爲斯人興慨。今冬,得君手書,知改調陵江之始興,仍佐邑也。嗚呼,天之未喪斯文也。而此公得不泥,亦吾黨之榮,喜而有賦。”按,洪武戊午爲洪武十一年,六年後爲是年。

《唐詩品彙》爲世所重,議者服其精博。

《四庫全書總目》卷一百八十九《唐詩品彙》提要云:“《明史·文苑傳》謂‘終明之世,館閣以此書爲宗’。”朱彝尊《明詩綜》卷十《高棅》引林尚默語:“詩始漢、魏,盛唐極盛。宋失之理趣,元滯於學識,而不知由悟以入。自襄城楊士弘編《唐音》,然知者尚鮮。先生選《唐詩品彙》,議者服其精博。”

王士禎《香祖筆記》卷六:“宋、元論唐詩,不甚分初、盛、中、晚。故《三體》《鼓吹》等集,率詳中、晚而略初、盛,攬之憒憒。楊仲宏《唐音》始稍區别,有正音,有餘響,然猶未暢其説,間有舛謬。迨高廷禮《品彙》出,而所謂正始、正音、大家、名家、羽翼、接武、正變、餘響,皆井然矣。”

郭柏蒼《全閩明詩傳》卷三十七《永樂朝一·高棅》引《小草齋詩話》:“元詩所以一變乎宋者,謝皋羽之功也。明詩所以知宗夫唐者,高廷禮之功也。”

林俊《見素集》卷七《畏齋存稿序》:“高棅諸家之所選定,至正宗軌範,精義會編,益以密矣。”

洪武十八年(1385)春,友鄭泰初被命入京,棅有詩贈行。未幾,鄭泰初卒,棅爲之作挽詩。冬十月,棅客冶城。臘月,作《題湖山總宜圖方壺道人畫》。

高棅《嘯臺集》卷十《哭鄭九》序:“洪武十八年春,余友鄭泰初始被命。將之京,其生平交游咸有贈言,余亦歌長句爲别。無何陽關之曲未終,而汨羅之哀雲起。遂使青雲之士重有感焉。載歌挽些以發余悲,並繫贈别之詩哭於君之靈機,倘九泉有知,庶乎延陵之劍矣。”又《送鄭九泰初徵士應召之京》:“置酒臨極浦,悵然心鬱陶。長波寫萬古,回首青雲高。故人身登青雲路,翩翩彩鷁凌波去。君不見千里長波歸海深,看君離情更深處。羨君白面一書生,年未三十名已成。名駒空行見風采,欲使伏櫪皆悲鳴。别時粤城春已老,風光更在金陵道。輦路啼鶯樹樹來,白門垂柳青青好。雙闕天高曉露寒,九重日暖散班朝。獨有賈生年最少,日斜猶未下金鑾。”

高棅《嘯臺集》卷十七《酬陳滄洲見寄》序:“冬十月,滄洲隱君以書並詩來問,凡再至而僕方客游冶城,洎還家,一發眼便披緘如對,何其眷愛之深。僕固不足道,特隱君之不屑教我也。吟玩數過,且慰新歸之懷,因投筆奉和,聊寓别後相思。”

《嘯臺集》卷十一《題湖山總宜圖方壺道人畫》序:“今冬,予客冶城,本立持此卷來謁,且道蓬丘子已弗禄,令人愴然興感疇昔,情見乎詞,並繫之詩,復歸諸任公。時乙丑臘月也。”

洪武十九年(1386),棅與王褎始訂交。

高棅《木天清氣集》卷九《王紀善挽詩》序:“余與君有十年之長,情好往來三十載。”按,王褎卒於永樂十四年,距是年合三十年,推之,二人當訂交於是年,故繫於此。

洪武二十一年(1388),棅與陳亮等十九人游三寶岩,並賦詩。

明弘治本《長樂縣志》卷二十《三寶岩讀書處》序:“邑人高棅嘗游覽其上,爲之記……‘洪武戊辰春,予陪司賦劉公仲謙、領教陳君原中,率諸生池鯨輩,訪滄洲陳隱君於沙堤。越三日,隱君携朋載酒,領予來游。掃石列觴,且觴且眺。俄而飛雨洗空,爽氣拂席,一時之幽緻雅懷,不知身在人間,樂也。時會中十九人各有詩,今録其一二云。’”

洪武二十三年(1390),黄銅、陳顯鄉試中舉,棅寫《仙舟雲外圖》並詩送之。

李駒《長樂縣志》卷四《選舉》之"舉人"條:"洪武二十三年庚午黄銅字孔鑄、陳顯字汝宜。"

高棅《嘯臺集》卷三有《庚午科邑學生黄銅陳顯登鄉第將計偕京師來别余龍門山遂寫仙舟雲外圖以美其行並賦此爲别》。又同卷《仙舟雲外圖》:"滄珠與昆玉,俱爲連城珍。雙飛出百里,光彩生南閩。黄子涵雅量,空陂浩無垠。陳卿如完玉,三十豈長貧。楚璞羞且獻,夜光不投人。十年共布衣,一旦風期親。笑把芳桂枝,飄摇登紫宸。嚴冬别我行,使人愴離神。矯首望滄波,仙舟四無鄰。雪度日邊櫂,雲游帝里春。東風滿閶闔,三月楊柳新。時泰多美士,攀龍皆縉紳。二賢被殊寵,聯步聽絲綸。"

按,黄銅,字孔鑄,長樂人,洪武二十三年庚午鄉試中舉,由舉人官至河南光州知州。陳顯,字汝宜,洪武二十三年庚午鄉試中舉,由舉人官至國子助教。二人《福州府志》卷二十三《選舉志》皆有記。

是年,棅妻陳氏卒。

林誌《漫士高先生墓銘》:"永樂二十有一年二月三十日,翰林典籍漫士高先生廷禮卒於南京之官舍,年七十有四。其子熟還櫬以葬於長樂縣崇丘里之半占山……娶陳氏,先卒,葬得佳兆,虚右壽藏,三十四年乃合葬。"

洪武二十四年(1391),仲春,陳亮游龍門,宿棅家一日。秋,題常清先生陳仲晉《南雅集》後。

高棅《嘯臺集》卷三《答陳滄洲留别之作》序:"辛未仲春之月,滄洲陳隱君來游龍門,既浹旬,會歸沙堤,别前一日,宿余家小樓方床,夜雨相對,論心達明,賦七言近體詩以留别。况余與隱君向好非一日,寧無辭以贈,遂歌古道奉呈,並得以酬留别之作云。”

高棅《嘯臺集》卷十七《題常清先生陳仲晉南雅集後》序:“洪武辛未秋,先生之子登袖《南雅集》以見示,凡詩若干首,皆先生宦游中所作也。伏讀數四,起予小子,能無一言寫感舊之懷乎?敬賦七言律詩書之卷末以歸子登,並勖其紹庭之志云。”

洪武二十五年(1392),棅作《題臺江夜泛詩》。

高棅《嘯臺集》卷八《題臺江夜泛詩序後》:“辛未臘月夜,鳳陽王公子守正、廬陵胡秀才光大、閩郡鄭浮丘孟宣,載酒共泛此江,各有賦咏,以紀勝會。越明年,春,浮丘子持以見示,因索予賦其後,余雖不及與斯游,讀其詩,慨想風致,不覺興發,授筆奉酬。”

洪武二十六年(1393),輯成《唐詩品彙》九十卷。着手《唐詩拾遺》十卷之編輯。與鄭定、王恭謁陳亮於滄州,並訪林思器於蒼林。是年,棅爲潘善應作詩追挽父母。

《四庫全書總目》卷一百八十九《唐詩品彙》提要:“至戊寅,又搜補作者六十一人、詩九百五十四首,爲《拾遺》十卷附於後。”

《唐詩拾遺序》:“切慮見知之所不及,選擇之所忽怠,猶有以没古人之善者,於是再取諸書,深加攟括。或舊未聞而新得,或前見置而後録,掇其漏,搜其逸……題曰《唐詩拾遺》,附於《品彙》之後。”

高棅《木天清氣集》卷一《將之京師夏日蒼林宴集作》:“昔與鄭浮丘,來尋王子猷。三人同二屐,浪作大堤游。朝從滄洲吟,暮醉蒼林酒。陳翁忘年交,林子金石友。别來十度春,鄭老登青雲。同游半白髮,笑我復離群。”

按,棅於永樂元年被徵入京,上推十年前,當爲是年。

又按,林良箴,名銘,一字思器,長樂人。工詩文草書,尤精於琴。自號琴樂子。《閩書》卷一百二十六《韋布》有載。

高棅《嘯臺集》卷十七有《潘父挽詩舊爲憲椽其子善應今爲祠部員外郎》《潘母張氏挽詩已上二詩爲潘祠部追挽二親而作也》。又《嘯臺集》卷二有《艾齋詩爲祠部郎潘善應作》。

按,潘善應,字伯仁,本名旻,以字行,懷安人。洪武二十年丁卯福州府舉人,洪武二十一年戊辰,任亨泰榜進士,賜同進士出身,後任禮部員外郎。《閩書》卷七十六《英舊志》有記。

洪武二十七年(1394),王偁爲高棅《唐詩品彙》作序。

《唐詩品彙·叙》:"編成,漫士持以質是非於偁,噫!以偁之陋,何足以知此也!因爲叙其選取之意於首……洪武歲在甲戌仲冬月,靈武王偁叙。"

洪武二十八年(1395),九月初一,棅持《唐詩品彙》求林慈爲作序。

《唐詩品彙·叙》:"暇日持以示余,徵言爲叙……洪武乙亥九月朔日,伸蒙子後人林慈書。"

九月九日,與董七宴横湖馮氏館,宴集碧潭軒,有詩。

高棅《嘯臺集》卷十四有《九日同董七兄宴横湖馮氏館臨别有作》《九日同鄭二逸人董七侍讀林一秀才雨中宴集朱聘君碧潭軒以微雨潭上來分韵余得微字》。

九月十六日,自横湖游壺山,訪叔氏張伯清,作《游壺山詩》。

高棅《嘯臺集》卷十四《游壺山詩並序》序云:"余性嗜山水,樂游觀,苟有勝處,雖悠閑寂寞之濱,亦往道焉。若壺山之遠濱窮海,益予所欲往,而未暇者也。乙亥九月既望,與客泛舟,自横湖來游,先飲於合嶼,興酣,携族人贊道中行,洎林叔達、馮公肅與其侄鈞生,凡六人,涉沙洲,蹇裳於空波落照間,以抵壺山,訪叔氏張伯清讀書處。時日已夕,張叔領予歷覽憩鰲峰、臨雙井大略,使人遠近眺聽,如不可端倪,雖未窮其躋攀,亦足以酬平生之素願矣。遲明將歸,賦詩以記斯游,並寓重來之意云。"

十月二日,宿馮氏館,有作寄懷陳滄洲。冬,夜宿董七書齋。馮昆仲來訪,山栖夜宿。

高棅《嘯臺集》卷十四《宿馮氏館呈陳滄洲》序:"余與滄洲陳隱君僅成歲別,又十月二日過故人嶼湖馮氏館,聞隱君先余來游,且經旬矣,喜而投暝相尋,適值留醉於好事者家,逾望咫尺,猶曠心期,退而與馮張燈連榻,論詩夜分。遲明走筆以呈並東林實夫高士。"

同卷《冬夜宿董七兄書齋雨中夢故園遲明留别同會諸友》有句"此别多應度殘臘,重期携手又新年",可知,此時當在臘月歲末。

高棅《嘯臺集》卷十四有《歲暮候董七來别未至却喜馮一昆仲枉顧山栖夜宿聽雨探韵以寄董》,此時,棅歲暮客居,已欲返。

洪武二十九年(1386),八月初,棅游鐔之沙陽。爲羅正伯賦《贈七峰生歌》。

高棅《嘯臺集》卷八《觀瀾歌贈觀瀾子》序:"洪武丙子孟秋,余自三山來鐔,訪舊於郡庠觀瀾子,時董教席與予一傾,蓋握手談當世事,歡若平生……况予將有遠適,由閩關道吴入越,攬四明浙浦之浩渺……時八月初吉,龍門高漫士。"

《嘯臺集》卷三《贈七峰生歌》序:"羅户曹正伯,初讀書於縣庠對七峰之下,故以七峰生自號,名公卿率有詩文贈之。丙子秋,予游沙陽,正伯出巨帙以觀,要予賦此。"

按,羅雅,字正伯,沙縣人,初讀書於縣庠,號七峰生。永樂間以歲貢爲户部郎中,歷官山東參政。《閩畫記》、《御定佩文齋書畫譜》卷五十五有傳。

高棅有寄贈羅雅詩作三首:《嘯臺集》卷三《贈七峰生歌》、卷十三《題羅正伯畫米家山水》、卷十四《晚發沙陽群公追餞至高山岩留别詩》。

十月十一日,夜宿雲際寺。十月十二日,同群公游栖雲寺。

高棅《嘯臺集》卷十四有《十月十一日夜宿雲際寺翌日别東明上人》。

高棅《嘯臺集》卷十四《十二日同群公游栖雲寺詩》序:"丙子孟冬十又一日,予偕邑庠訓迪董養浩、鄭泠齋聯佩幽尋宿於雲際寺,翌日游兹山,雲海公延飲方丈,既酣,諸生吴宗貴輩携酒後至,移席於東明上人房,飲散各留題以紀,興雖不足以張兹山之永久,亦見吾二禪者所謂墨名而儒行,可以與之游乎?故執筆不讓,詩於左。"

十月十五日,群公三十餘人爲棅餞行至高山岩。

又《晚發沙陽群公追餞至高山岩留别詩》序:"予來沙陽凡兩閱月,獲與舊好新知,無日不放懷於詩酒間,情甚戀戀,若不能相捨决去……十月十五日旋裝,群公送餞至高山岩……因題數語以志别,詩於後奉呈席上諸友,羅刑部彦和、羅户曹正伯、王太守士良、董司訓養浩、鄭司訓伯固、吴公子機賴、舍人景川、樂大椽汝剛、邊先生文進、魏隱士伯徵、姜茂才彦章、林孝廉志剛,暨諸生王友、陳湜輩,通三十餘人。"

宿怡閑堂,並作詩以懷亡友。

高棅《嘯臺集》卷十七《宿怡閑堂懷亡友林實夫並序》序云:"曩歲甲子秋,予客嶼湖,聞滄洲陳隱君亦在焉,拂曙題詩,訪隱君於林實夫之怡閑堂。實夫固留曉飯,泥飲成醉。值予以事之古槐,竟不得。一夕歡語,别去一紀,重登斯堂,而實夫不可復見,令人愴然。幸而尊翁矍鑠,阿戎岐嶷,知君九泉固無遺恨矣。雖然感今思昔,孰能已於言乎?敬題律詩一首,庶以寫予衷云。"

有詩别郡學陳長進士。

高棅《嘯臺集》卷五《題青雲高興圖贈陳長進士别》有句"歲暮告我行,飛霜滿離襟",此詩寫於歲暮,陳長於是年中進士,故繫於此。另,《嘯臺集》卷四有寄贈陳長之作《郡學生陳長雲山琴興》。

按,陳長,閩縣人,洪武二十九年進士,後任新寧教諭。《閩書》卷七十二《英舊志》有記。

洪武三十年(1397),陳銘擢任湖廣衡州府推官,高棅有詩送行。

高棅《嘯臺集》卷十二題畫詩《題行雲别思圖送陳以義推事赴衡陽》有句:"十月衡陽霜露繁,山陽人吏待行軒。"

按,陳銘,洪武三十年,擢湖廣衡州府推官,聽斷公明,廉慎自持。楊榮《文敏集》卷二十三《故大理寺右評事陳以義墓誌銘》有記。

洪武三十一年(1398),夏至日,作《贈皆山樵者歌》。

高棅《嘯臺集》卷八《贈皆山樵者歌》序末記爲"洪武戊寅夏至日,三山漫士高棅贈"。

夏,與友人會於玉融邑庠。時《嘯臺集》已編成。

闕名《高漫士嘯臺集序》:"洪武戊寅夏,余會廷禮於玉融邑庠,出是編,遍而閱之。不質以俚,不靡以華,淵乎其醇以深,較當時作者先鏊弧而登,以余不武,且退避之三舍矣。邑庠諸生與凡志於古者,咸請稿鈔録,廷禮略無吝色。"

秋,《唐詩拾遺》成,輯成《唐詩品彙》一百卷。

《唐詩拾遺序》:"又自癸酉迄戊寅,是編始就。復增作者姓氏六十有一、詩九百五十四首爲十卷,題曰《唐詩拾遺》,附於《品彙》之後,足爲百卷以成集……洪武戊寅秋,新寧高棅謹志。"

建文元年(1399),夏六月大旱,邑令祈雨,棅作詩紀其事。

高棅《嘯臺集》卷十二《喜雨篇贈王邑令祈禱有感》:"單閼之歲夏六月,旱既太甚魃爲孽。"另,《嘯臺集》卷十三有《縣官祈雨有感詩》。按,"單閼之歲"爲太歲紀年"卯",據《長樂縣志》記,洪武三十五年至永樂十六年間,王遵道皆爲長樂知縣。高棅於永樂元年徵辟入京,故此"卯"歲當爲建文元年己卯之歲。

又按,王遵道,蘇州東武人。洪武三十五年至永樂十六年間,爲長樂知縣。省刑薄斂,禮賢下士,時稱賢令。比秩滿,民懇留之。祀名宦詞。《長樂縣志》卷二十一《列傳》、《八閩通志》卷三十七《秩官》有傳。

建文二年(1400),鄭定歸閩省墓,與陳亮、王恭、高棅等會於滄州草堂。

王恭《白雲樵唱集》卷二有詩《國子先生鄭孟宣以賜告歸省丘墓,暇日訪余新寧之沙堤,余因載酒於滄州野堂以宴之,適文墨友方外交翕然來集。酒酣樂甚,分韵賦詩,余得酒字。時庚辰孟秋七月》

高棅《嘯臺集》卷七有詩《七月八夜茶陽舟中玩月待酒將與鄭二孟宣言别》。

建文三年(1401),春,與馮魯會龍門,並賦詩寄贈陳亮。

高棅《嘯臺集》卷十五《春日寄陳滄洲》序:"僕既想沙堤舊游,

十年夢寐。每與滄洲陳隱君一會面,輒有佳期,期輒不果。首春,景度兄領諸弟去游,復承隱君邀扎來及,僕以人事羈牽,又不同此良會。十又五日,故人馮公魯過余龍門,下山因予叙南湖之别,話滄洲之勝,獨往之心,殊覺飛動,則知素願克諧,又有日矣。同用心字韵賦詩,先此寄奉,並呈吾家老謝云。"

按,高棅《嘯臺集》卷三《答陳滄洲留别之作》:"辛未仲春之月,滄洲陳隱君來游龍門,既浹旬,會歸沙堤。"十年之後當爲是年,故繫於此。

夏,棅持《唐詩品彙》請馬得華作序。爲陳全作《阜陽别墅詩並序》。

《唐詩品彙序》:"洪武辛巳夏六月初吉玉融、馬得華序。"

高棅《嘯臺集》卷八《敷衍别墅詩並序》序云:"曩歲辛丑中,冷風外史鄧子方自上清來游閩,與先君子爲方外交……歷四十年,忽忽若一大夢。向予之童草今且二毛矣。"按,"曩歲辛丑"爲元至正二十年,"歷四十年"爲建文三年。

董玭爲紀善,有書寄棅。

高棅《木天清氣集》卷一《哭亡友董紀善玭》:"才名三十秋,霄漢重交游。念我舊同袍,緘書慰離憂。"按,董玭於洪武四年薦辟,"三十秋"後,即爲是年,故繫於此。

建文四年(1402),棅題《彭祖觀井圖》。王偁南湖草堂築成,徵棅詩。

高棅《嘯臺集》卷七《題彭祖觀井圖》,詩後有志:"右彭祖觀井圖……前賢亦述其意,予竊笑其老不知命而顧惜若是。殆與樂天居易者不侔矣,披圖諷咏,以俟達者評之。歲在壬午春,高棅識。"

高棅《嘯臺集》卷八《南湖草堂詩並序》序云："予友王孟揚，構草堂於永陽山中，繼先志也。堂面南湖，其東西偏别構仰高翁石二軒，又有密齋、損庵、怡怡堂、望松樓諸燕息之所。既落成，自爲之記，以盟諸泉石，示將終身焉。乃歲敦牂，馳書來徵詩於余。"

按，《爾雅·釋天》："太歲在午曰敦牂。"故王偁草堂建成當爲壬午歲。

永樂元年(1403)，春，棅作《閩江春暮枉贈鄭二助教董七記室詩劄見問憶舊寫懷歌以答之》。

詩見高棅《嘯臺集》卷十二，有句云："故人一别已三春，三見江頭楊柳新。"知棅與鄭定已别三年，庚辰歲二人得會於滄洲草堂，且始終有句"玉堂金馬固無我"，此時棅尚未出仕，故繫於是年。

夏，棅與王恭、林思器等宴别。

林誌《漫士高先生墓銘》："先生與皆山並以詩遇今上，初二人自布衣召入翰林。"

高棅《木天清氣集》卷一《將之京師夏日蒼林宴集作》序："余昔與浮丘子鄭宣、皆山樵王恭數爲沙堤之游。至則謁陳拙修隱君於滄洲，訪林思器佳士於蒼林，湖山烟水，無日不放懷詩酒間。無何，浮丘子已高騫遠翥，今予亦被徵命。將行，思昔舊游殆不可復，乃夏六月，偕王自梅江復過沙堤，館於滄洲堂，僅浹旬矣。思器飲予離觴，因睹浮丘子《蒼林宴别》之作，諷咏不已。酒酣，因以'離堂思琴瑟，别路繞山川'之句，分韻志别。群公詩成，賡歌繼發，樂飲無算。一時去住情悰襟懷慷慨，視浮丘子之爲，良不多讓也。予賦得離字，並次斯語，而爲之簡首會者凡十人。"

棅爲樊可久繪《滄浪秋興圖》。秋，棅以布衣徵辟入京，陳伯康有詩送之。

高棅《木天清氣集》卷六《題樊可久滄浪秋興圖》序:"曩歲癸未秋,余被命將行,别故人王君安中於梅江之上,有樊生遲字可久者,日從余游。每風晨月夕,天高氣清,生輒放船鼓枻,浩歌中流。或拋罩撒綸以取魚爲樂,然性不嗜魚,而但取適於雲水之間者也。余因寫《滄浪秋興圖》以美之。"

《倚韵奉寄和陳滄洲留别之作》序:"曩歲癸未秋,余以虚名被徵,赴京師。"

李駒《長樂縣志》卷十四《選舉志》"薦辟"條:"永樂元年,高棅,後改廷禮。"

陳伯康《送高廷禮應薦之京》:"首石峰南祖帳開,山花堤柳送離杯。百壺酒盡青驪遠,五緉風來彩鷁催。楚國舊傳徐穉隱,漢廷今重賈生才。新詩不待函題寄,乘興同飲到鳳臺。"按,陳伯康,字仲進(一曰仲晉),長樂江田人,陳登之父。洪武中,以明經薦授宜陽縣丞,攝治孟津。三載考最,調韓城。擢知江山縣,上特旨褒其惠政。後坐勘灾被逮,卒於京。祀鄉賢。著有《南雅集》。《閩書》卷七十七《英舊志》、《長樂縣志》卷二十四有傳。

棅作《將之京師過邑生吴中隱湖山小隱賦此以贈之》。

詩見高棅《木天清氣集》卷五,有句云:"湖色蒼茫笠澤秋,山光恍佛金陵曙。"當作於是年。

永樂二年(1404),入翰林爲待詔,預修《永樂大典》。

高棅《木天清氣集》卷六《倚韵奉寄和陳滄洲留别之作》序:"曩歲癸未秋,余以虚名被徵,入京師。明年入翰林。"

林誌《漫士高先生墓銘》:"先生與皆山並以詩遇今上。初,二人自布衣召入翰林,皆山即除典籍,卒。先生爲待詔。"

按,張廷玉《明史》、錢謙益《列朝詩集小傳》、黄仲昭《八閩通志》、朱彝尊《曝書亭集》、郭柏蒼《全閩明詩傳》皆云，“永樂初自布衣召入翰林爲待詔”。《明畫録》《續書史會要》《四庫全書總目》等因之，惟《玉堂叢話》載：“洪武初，入翰林爲待詔。”上述説法皆有誤。

高棅《木天清氣集》卷三《山中雜興》序：“國子上舍黄生宗武，舊有草堂在福唐方山之下，洎來京師，卒業成均，未幾，選入中秘，與纂修之列，與余同筆硯者逾年。”依此序文可知，棅確曾預修《永樂大典》。又卷十二《十月初吉校讎休暇燕集張江寧官舍席上探韵得頭字》有句：“石渠休暇送殘秋，萬卷圖書輟校讎。”

按，棅預修《永樂大典》事未見記載，然《木天清氣集》卷二《送四彦歸閩州詩並序》序云：“永樂六年冬十二月，《大典》書成，擇日表進，與纂修者三千人咸蒙賞賚，而恩榮遣歸者三之二。”又據《閩書》卷七十三《英舊志・縉紳・王恭》：“文廟時修《永樂大典》，鄭定、高廷禮交薦之，强起至京，年六十餘矣。”又《明通鑑》卷十五：“又簡中外官及四方宿老有文學者充纂修，選國子監及郡縣生員能書者繕寫，開館於文淵閣。”棅時在翰林院，且推薦王恭與修《永樂大典》，故棅應在編修之列，然棅於永樂三年至五年丁母憂歸閩中，故諸傳未記。

秋九月，棅應制作《奉賦騶虞歌》。

高棅《木天清氣集》卷五《奉賦騶虞歌》序：“永樂二年秋，周王府得騶虞，王自獻於朝，皇上親降萬乘以迎，敦孝友之至情，表治平之上瑞，臣民稱賀，歌頌盈廷，翰林待詔臣高棅謹拜手而爲之歌曰……”

典史黄本增築海堤，棅有《述績篇》，以紀其事。

明弘治本《長樂縣志》卷三《名宦》：“黄本，淮泗人，字維成。永樂間爲典史。王皆山贈之以詩有'贊襄花縣讀馳名,高論心閑政自平'之句,又增築海堤。高漫士作《述績篇》,以紀其事。"卷七後有高棅作《述績篇爲邑幕黄本增築海堤》。

李駒《長樂縣志》卷五《水利志》:"海塘堤在十四都,約二千六百餘步,以障海潮,元季崩陷。明洪武年間,本縣主簿汪漾修築。永樂二年,典史黄本重修,增置斗門一座。"

高棅《嘯臺集》卷七《述績篇五十韵》詩前有記:"長樂縣黄贊府惟成,增築海堤,既成,邑民享其利者,咸歌咏之。龍門高棅爲賦《述績篇》以紀其事,庶備觀風者采焉。"

永樂三年(1405),丁母憂歸閩中,守母喪。

高棅《木天清氣集》卷六《倚韻奉寄和陳滄洲留别之作》序:"曩歲癸未秋,余以虚名被徵,赴京師。明年入翰林。又明年丁内艱,歸田里。"

永樂五年(1407),釋服入京。

高棅《木天清氣集》卷六《游靈峰寺和王皆山舊游之作》序:"丁亥六月五日大暑,余時將釋服歸朝,來别藍田諸舊好。"又《龍山圖歌留别林一用禮》序:"歲在彊圉大淵獻之夏,余將釋服歸朝,來别龍江諸舊好。"按,"彊圉"爲歲陽紀年之"丁","大淵獻"爲太歲紀年之亥,即爲"丁亥",永樂五年。

又卷五《梅江謡留别梅江諸友》有句:"六月登玉京,炎蒸欺人不可行。"

永樂六年(1408),安南進貢白象,高棅有詩《奉賦安南進白象應制》。

高棅《木天清氣集》卷十二《奉賦安南進白象應制》:"聖主龍飛

御八荒，赤麟紫鳳共驂翔。來庭半是雕題族，捧節多應粉署郎。絶域諸琛皆獻贄，南交异獸獨呈祥。龐姿柱武如丘陡，雪鼻冰牙窣地長。雲陛玉鱗分氣色，月池銀兔借恩光。香塵不涴貞純質，大樂常先率舞行。仗外衹疑留落月，螭頭長訝駐繁霜。行隨輦路驚群馬，立近天閑間乘黄。周室旅獒那可擬，漢家神馬詎能方。由來至德懷荒服，不是宸心眷异常。”

按，《續文獻通考》卷二十九：“四年貢白象及方物，五年又貢方物，六年又貢白象及方物。”永樂年間，安南兩次進貢白象，一爲永樂四年，一爲永樂六年。永樂四年高棅歸閩丁母憂，此詩當作於永樂六年。

《永樂大典》書成，棅作《送四彦歸閩州詩》。

高棅《木天清氣集》卷二《送四彦歸閩州詩並序》序云：“永樂六年冬十二月，《大典》書成，擇日表進，與纂修者三千人咸蒙賞賚，而恩榮遣歸者三之二。吾閩之儒士鄭銘、陳茀，泮生陳循、林彬皆在遣中。戒行有日，凡鄉友之在禁林者，聞而出餞之。”

按，四彦者，鄭銘、陳循、陳茀、林彬。鄭銘，長樂人，與修《大典》，書成，恩榮遣歸；陳循，長樂人，曾以泮生入翰林院，書成遣歸；陳茀，長樂人，宜州知州，選舉預修《大典》，書成，恩榮遣歸；林彬，長樂人，宣德中貢士，任和州學正，與修《大典》，書成，恩榮遣歸，《閩書》卷七十七《英舊志》有傳。

棅題樊可久《滄浪秋興圖》。

高棅《木天清氣集》卷六《題樊可久滄浪秋興圖》序：“曩歲癸未秋，余被命將行，别故人王君安中於梅江之上，有樊生遲字可久者，日從余游。每風晨月夕，天高氣清，生輒放船鼓枻，浩歌中流。或抛罩撒綸以取魚爲樂，然性不嗜魚，而但取適於雲水之間者也。余因寫《滄浪秋興圖》以美之。時後,予來京師,暌離五載,而王君亦以才徵擢入翰林,與余同官。暇日,出是圖,且道生之請於數千里外求予一言,遂歌長句於後。异時,予與王君乞老歸來,濯纓於梅江之上,相對兩翁,生能無歌滄浪之曲爾,倡予和爲其興,當何如耶?”

按,永樂元年,棅被徵入京前爲樊可久繪《滄浪秋興圖》,五載后王恭(安中)亦被徵入京,道樊可久之請,求棅爲題句。故繪圖在永樂元年,題詩在是年。

永樂七年(1409),二月,張輔徵交阯,王偁隨行,棅作《送王檢討南征》。

高棅《木天清氣集》卷六《送王檢討南征》有句:“二月大軍行,禁城春正好。鳥啼白門花,馬踏龍河草。”

按,據《明史》卷一百五十四《張輔傳》,張輔率師三征交阯:一、永樂四年七月至五年五月;二、永樂七年春二月壬戌至八年二月;三、永樂九年春正月己卯至十二年九月。又王偁《虛舟集》卷五《自述誄》:“大將軍英公復征交阯,辟居幕下,於是泛洞庭、浮沅湘、歷九嶷、吊蒼梧,征兵南海。”此中言“復征”當爲第二次征交阯。又《國朝獻徵録》卷二十二《翰林院檢討王偁》亦記:“英國公張輔,奉命征交阯,表偁爲護行。”

按,詩中“二月天軍行”,故當爲是年春二月王偁隨張輔征交阯。此詩應作於是年,故繫此。

二月,林賜辭歸,高棅賦詩爲其送行。

高棅《木天清氣集》卷五《溧陽司訓林伯予來校文於南宫竣事將歸維陽林仲貞置酒於神樂觀以餞之群公即席分韻賦詩爲贈言余以足疾未會亦屬以門字韻時二月晦日也》。

按,永樂年間,林賜曾參與《永樂大典》編修,與高棅共校文於南宫。棅寄贈林賜詩作另有五首:《嘯臺集》卷四《送林伯予應薦之京》、卷十三《員外之子伯予早歲好文善聲詩進業不已余喜而有贈用勉其日新之志》、卷十五《故人黄玄久别因林伯予行走筆以寄》;《木天清氣集》卷三《題林伯予師宴堂》、卷十《離席上各賦七言近體一首送林伯予廣文之行在應選》。

臘月二十三日,棅生日,群公來集,棅有詩。

高棅《木天清氣集》卷六《臘月二十三日立春值余初度之辰群公來集席上分韻送陳守之睦州得憶字》。

按,查《廿二史朔閏表》可知,臘月二十三日立春,當爲是年。

永樂八年(1410),棅於病中作《臘月二十三日病中口號呈謝諸友》。

高棅《木天清氣集》卷十《臘月二十三日病中口號呈謝諸友》:“去年初度喜逢春,今歲兹晨值病身。”按,永樂七年己丑,臘月二十三日立春,“今歲”當爲是年。故繫於此。

永樂十年(1412),十月,天降甘霖,時人以爲盛事,棅作《瑞應甘露詩並序》以賀。

高棅《木天清氣集》卷十三《瑞應甘露詩》序云:“永樂十年冬十月甲子,皇上將舉大狩之典,乃命皇太孫殿下率諸軍演武於方山之陽。是日天降甘露於兹山,既采取以獻。越五日戊辰,天子親歷六飛由朝陽而東,大獵於陽山,天復降甘露,視方者有加山……臣庶稱賀,翰林待詔恭維皇上嗣統以來……謹拜手稽首賦詩以獻。”

鄭閶登進士,授安陸學正,赴任時,棅有詩以送之。

高棅《木天清氣集》卷四有《送鄭進士閶赴安陸學正》。按,鄭閶,永樂壬辰進士,授安陸學正,故此作繫於是年。

永樂十一年(1413)升翰林典籍。在翰苑二十年。

高棅《木天清氣集》卷六《倚韵奉寄和陳滄洲留别之作》序:"曩歲癸未秋,余以虚名被徵,赴京師。明年入翰林。"

梁章鉅《東南嶠外詩話》:"吾邑高棅,由布衣徵入翰林,爲待詔,九年始擢典籍。"

錢謙益《列朝詩集小傳》乙集卷三《高典籍棅》:"先生爲待詔,九年始升典籍。"

林誌《漫士高先生墓銘》:"先生爲待詔,九年始升典籍。"

永樂帝如北京,棅作《送曾子棨侍講扈從分得出字》等詩贈隨行同僚。

高棅《木天清氣集》卷五《送曾子棨侍講扈從分得出字》:"永樂十一春,仲月日維吉。乾坤氣冲融,朝野歡寧謐。"

棅另有《送胡學士光大金諭德幼孜扈從北巡分得輦字》《賦得朱雀橋送周惟翰典籍扈從北巡》《送鄒仲熙侍講扈從北巡》等詩贈隨行同僚。

按,《歷代通鑒輯覽》卷一百二《成祖皇帝》:"十一年癸巳二月,帝如北京,皇太孫從命,皇太子監國。以尚書蹇義、學士黄淮、論德楊士奇、洗馬楊溥輔太子監國。"詩中所云"永樂十一春,仲月日維吉",年月合於是記。

永樂十二年(1414),棅友王偁卒。

王偁《虚舟集》卷五《自述誄》:"日者以支干推定人禍福生死,謂吾年、日皆庚,迪於丙,歲在閼逢,罹於鶉火,其弗延矣。嗚呼,其果然耶!"按,"歲在閼逢,罹於鶉火",爲太歲、歲陽結合紀年,實爲"甲午",合於是年干支,故繫於是年。

永樂十三年(1415),林環卒,棅有詩挽之。

李清馥《閩中理學淵源考》卷五十二《侍講林絅齋先生環》:“永樂十三年扈從巡幸,卒於北京,年四十。環負材曉世務,特爲成祖所器,一時儒碩亦厚重之。没無不悼惜焉。”

高棅《木天清氣集》卷十《挽林侍講環二首》其一:“雙飛吊鶴下金臺,共惜詞林失殿魁。青史人間留直筆,玉樓天上召奇才。朔風鬼嘯寒雲斷,海樹魂歸莫雨來。惆悵壺公山下路,凄涼白骨掩蒼苔。”其二:“桂林曾占一枝香,蒿里今成大夜長。明月斷雲悲楚些,秋風寒篴怨山陽。關河空送孤兒哭,翰墨偏令故舊傷。幸有芳馨留不朽,墓銘無愧蔡中郎。”

永樂十四年(1416),王褒卒,棅有詩挽之。

高棅《木天清氣集》卷九《王紀善挽詩並叙八首》序:“柔兆涒灘之歲,仲夏五日,鄉友紀善王君中美以疾没於長安官舍……閲三月,其孤肇奔喪來京,將奉櫬歸閩。”

按,《爾雅·釋天》:“太歲在丙曰柔兆,太歲在申曰涒灘。”“丙申”年即爲是年。

永樂十九年(1421),鄭定卒,棅有詩挽之。

高棅《木天清氣集》卷四《挽鄭國博孟宣》序:“余與鄭君孟宣交四十年,情誼猶一日。”詩中又云:“憶昔初識君,余年三十二。君居七齡長,投分猶兄弟。”據此可知,鄭定與棅相識時棅三十二,鄭定三十九。“交四十年”可知,棅七十二歲時鄭定卒,享年七十九歲。

高棅《木天清氣集》中有多首贈鄭定詩:《挽鄭國博孟宣》(卷四)、《淡齋鄭國博畫像歌》(卷八)、《和鄭國博韵》(卷十)、《燈夕前二日大祀慶成宴畢而鄭博士携書來集予之官舍對壺飛觴樂余無笑鄭先生有作余亦繼之席上群公雅興當何如也》(卷十)、《步韵奉酬鄭國博正月十六夜進詩錫宴之作》(卷十)、《淡齋鄭國博移居官舍紀善王公以律奉賀余亦步韵以繼之》(卷十)、《國博鄭兄暮年久困床第藥物罔功憂及弗起故作詩求予長别且要予生挽之什予唯樂天居易達命返空生挽亦似無謂故賦此以寬其憂云》(卷十)、《故國子博士淡齋先生求賦詩》(卷十四)、《奉和鄭國博觀燈宴畢夜半相遇》(卷十四)。

永樂二十一年(1423),編成《唐詩正聲》後,卒。年七十四。

黄鎬《唐詩正聲序》:"又慮其編目浩繁,得其門者或寡,復窮精闡微,超神入化,采取唐人所作,得聲律純正者凡九百二十九首,分爲二十二卷,名曰《唐詩正聲》,編成而先生歿。"

林誌《漫士高先生墓銘》:"永樂二十有一年二月三十日,翰林典籍漫士高先生廷禮卒於南京官舍,年七十有四。"

錢謙益《列朝詩集小傳》乙集卷三《高典籍棅》:"永樂癸卯卒於官,年七十有四。"

何良俊《四友齋叢説》卷二十四:"近世選唐詩者,獨高棅《唐詩正聲》頗重風骨,其格最正。"

胡應麟《詩藪》外編卷四稱贊高棅《唐詩正聲》對李白和杜甫的詩歌"去取精核,特愜人心,真藝苑功人,詞壇偉識也","蓋至高廷禮《品彙》而始備,《正聲》而始精,習唐詩者必熟二書,始無他歧之惑"。

有三子五孫。

林誌《漫士高先生墓銘》:"有三子,曰熊、曰熟、曰然。五孫,曰箕、曰唐、曰默、曰堅、曰莆城。"

《嘯臺集》二十卷,爲山居時所作。《木天清氣集》十四卷,入京後所作,並録《四庫》。

《四庫全書總目》卷一百七十五:"《嘯臺集》二十卷,《木天清氣集》十四卷……其山居時所作名《嘯臺集》,入京後所作名《木天清氣集》。"

朱彝尊《明詩綜》卷十《高棅》引錢受之語:"漫士《嘯臺集》,其山居擬唐之作,音節可觀,神理未足,時出俊語,錚錚自賞。《木天集》應酬冗長,塵坌堆積,不足與宋、元人作僕,何況三唐?"

朱彝尊《曝書亭集》卷六十三《高棅傳》:"論者謂其詩'音節可觀,神理未足',然棅之言曰:'余夙耽詩,恒欲窺唐人之藩籬。首踵其域,如墮終南萬疊間,茫然弗知其所往。然後左攀右涉,晨躋夕覽,下上登頓,進退周旋,歷數十年。厥中僻蹊、通莊、高門、邃室,歷歷可指數。'蓋其學之專如是。"

其性善飲,工詩、書、畫,時稱三絕。

林誌《漫士高先生墓銘》:"書得漢隸筆法,畫原於米南宮父子,出入商、高間……在翰苑二十年,四方求詩畫者争致,金帛脩饌,歲常優於禄入。"

鄭方坤《全閩詩話》卷六:"高漫士摹米南宫、方方壺,妙絶一時。李文正初賞識之,曰:'异日當爲名家。'在翰苑二十年,求者日至,酬應無遺,嘗自題所圖,有'興暢不自惜'之句。"

吴肅公《明語林》卷十:"高廷禮詩既有名,山水尤妙。或求畫者,輒自戲曰:'令我作無聲詩耶?'時稱廷禮'二妙'。"

朱彝尊《明詩綜》卷十《高棅》引林尚默語:"平生賦詠流傳海内,又能書工畫,時稱三絶。"

爲人淳厚,有至性,與人交,無新故賢愚,盎然如一。博學能文,尤雄於詩。

黄仲昭《八閩通志》卷六十二:"廷禮事親孝謹,與人無賢愚新故,盎然如一。"

徐景熹《(乾隆)福州府志》卷六十:"廷禮爲人有至性,以孝聞,善與人交,無新故賢愚,一也。"

林誌《漫士高先生墓銘》:"博學能文,尤雄於詩,雖談笑奮筆,而精思力摹莫及。"

楊慎《丹鉛録》:"其最佳者五言短古,高處直逼韋、柳,如嶠嶼春湖詩云云。"

朱彝尊《明詩綜》卷十《高棅》引俞汝成語:"漫士意興俱佳,而歌行尤勝。"顧玄言語:"翰籍才識博達,惜文多意少,且乏新興。至擬古諸作,頗擅雕蟲,往往有青於藍者。"李時遠語:"廷禮深得唐人風致。"李舒章語:"廷禮如製錦善手,頗有尺度。"

朱彝尊《静志居詩話》卷三:"廷禮擬唐,五古若'長空一飛雁,落日千里至','夜色不映水,微風忽吹裳','銜杯雙樹間,百里見海色','飛雨一峰來,微雲度疏竹',不失唐人遺韻。"

其意豁如,喜結社。詩酒文會無虚日,風流文雅,照映一時。

高棅《木天清氣集》卷一《將之京師夏日蒼林宴集作》序:"余昔與浮丘子鄭宣、皆山樵王恭數爲沙堤之游。至則謁陳拙修隱君於滄州,訪林思器佳士於蒼林,湖山烟水,無日不放懷詩酒間。無何,浮丘子已高騫遠翥,今予亦被徵命。"卷五《倚韻奉寄和陳滄洲留别之作》:"忘年相愛最相親,不作貌同心草草。况此龍門三妙並,歡同洛社宴耆英。"卷十《都門曉望寄懷王皆山暨梅江吟社諸友》:"十月微霜度上林,都門曙色早寒侵。故人滄海勞飛夢,獨對秦淮悵别心。天外三山孤岸遠,日邊雙闕五雲深。何時把酒梅江上,尊酒還同白社吟。"同卷《送釋玉林領僧綱歸建州》:"春風飛錫上瑶京,塵境真機去住情。雙樹别來金刹遠,中峰歸去紫衣榮。新承一命沾殊渥,還領群僧坐化城。我欲舊山尋社侣,溪頭應見遠公迎。"

入翰林後亦與同僚有社事活動。《木天清氣集》卷三《桃林宴集》:"編校稀暇豫,盍簪豈徒然?桃林得佳勝,不啻武陵川。萬木抱東城,五雲連日邊。憑高却炎暑,俯見清泠淵。况有賢主人,投轄成留連。彈棋駐落景,把酒聞新蟬。宦况謝拘檢,客心忘暮年。永期同洛社,何必探雲泉。"卷十一《十月初告校讎休暇燕集張江寧官舍席上探韵得頭字》:"石渠休暇送殘秋,萬卷圖書輟校讎。結社共尋陶令酒,邀歡如在庾公樓。宣城紫乘新開罇,淮浦霜鱗泠上鈎。青眼定將投轄飲,黄花更爲盍簪留。劉郎後駕高情合,沈約多才太白浮。酣暢一時輕宦况,笑談四座總儒流。市聲不到琴臺静,公事都閑廨宇幽。身外也知抛物累,尊前無復念鄉愁。白門好鳥鳴官樹,赤縣斜陽送客舟。此會明年君更健,慚予白雪已盈頭。"

錢謙益《列朝詩集小傳》乙集卷三《陳處士亮》:"(陳亮)作草屋滄洲中,與名士王恭、高棅爲文酒詩社。"

徐景熹《(乾隆)福州府志》卷六十:"(陳亮)山中爲小樓曰'儲玉',購四方名書藏之,又作草屋滄洲中,與名士王恭、高棅爲文酒過從,暇則泛江歷山,投上方、蘭若,尋僧問偈,意豁如也。山中爲九老社,以終。"按,"九老社"指陳亮、王恭、高棅、林文質、林永芳、林宗宏、鄭彦初、鄭德玉、謝宗元、鍾吉夫、陳豫中等人三山雅集所結之社。

與林鴻、陳亮、王恭、鄭定、周玄、黄玄、唐泰、王褒、王偁合稱"閩中十才子"。

朱彝尊《曝書亭集》卷六十三《林鴻傳》:"閩中善詩者數十才子,鴻爲之冠。十才子者,閩縣鄭定,侯官王褒、唐泰,長樂高棅、王恭、陳亮,永福王偁及鴻弟子周玄、黄玄,時人目爲'二玄'者也。"

郭柏蒼《全閩明詩傳》卷三:"林鴻與陳仲完、王偁、唐泰、王褒、鄭定、高廷禮、王恭、周玄、黄玄稱洪永十才子。"

《四庫全書總目》卷一百八十九《閩中十子詩》提要:“閩中十子者,一曰福清林鴻,有《膳部集》;一曰長樂陳亮,有《儲玉齋集》;一曰長樂高廷禮,有《木天清氣集》《嘯臺集》;一曰閩縣王恭,有《白雲樵唱》《鳳臺清嘯》《草澤狂歌》諸集;一曰閩縣唐泰,詩軼不傳,散見《善鳴集》中;一曰閩縣鄭定,有《澹齋集》;一曰永福王偁,有《虛舟集》;一曰閩縣王褒,有《養静集》;一曰閩縣周玄,有《宜秋集》;一曰侯官黄玄,其集名不傳。皆明初人。”

參考文獻:

1. 高棅《嘯臺集》,明成化十七年黄鎬刊本。

2. 高棅《高漫士木天清氣集》,《四庫全書存目叢書》第 32 册,齊魯書社 1995 年版。

3. 高棅《唐詩品彙》,《文淵閣四庫全書》本,上海古籍出版社 1987 年版。

4. 徐景熹修、魯曾煜等纂《(乾隆)福州府志》,清乾隆十九年刊本。

5. 何喬遠《閩書》,福建人民出版社 1994 年版。

6. 李駒等纂、孟昭涵修《(民國)長樂縣志》,《中國地方志集成·福建府縣志輯》,上海書店出版社 2000 年版。

7. 黄仲昭《八閩通志》,福建人民出版社 2006 年版。

8. 錢謙益《列朝詩集小傳》,上海古籍出版社 1983 年版。

9. 黄宗羲編《明文海》,《文淵閣四庫全書》本,上海古籍出版社 1987 年版。

10. 郭柏蒼、楊浚《全閩明詩傳》,遼寧大學出版社 1990 年版。

11. 朱彝尊著、姚祖恩編、黄君坦校點《静志居詩話》,人民文學出版社 2006 年版。

12. 朱彝尊輯録《明詩綜》,中華書局 2007 年版。

13. 朱彝尊《曝書亭集》,上海商務印書館 1935 年版。

14. 吴肅公撰、陸林校點《明語林》,黄山書社 1991 年版。

15. 王士禛撰、湛之點校《香祖筆記》,上海古籍出版社 1982 年版。

(夏爽)

趙謙傳

趙謙，字撝謙，初名古則，號考古先生，浙江餘姚人，元至正十一年(1351)生。

《明史》卷二百八十五有傳。另外，焦竑《國朝獻徵録》卷一百《瓊山教諭趙撝謙傳》、朱右《白雲稿》卷五《西閣集序》、劉三吾《坦齋文集》、趙撝謙《趙考古文集》、朱存理《樓居雜著》、過庭訓《本朝分省人物考》、徐象梅《兩浙名賢録》、焦竑《玉堂叢語》、焦竑《國史經籍志》、豐坊《書訣》、何震《續學古編》、沈國元《皇明從信録》、涂山《明政統宗》、唐胄《(正德)瓊臺志》、趙琦美《趙氏鐵網珊瑚》、查繼佐《罪惟録》、方以智《通雅》、黄宗羲《明儒學案》、朱彝尊《經義考》、朱彝尊《曝書亭集》等，俱記載其事迹。

按，徐象梅《兩浙名賢録》卷十二《教諭趙撝謙謙》："趙謙字撝謙，餘姚人，初名古則。"

焦竑《國朝獻徵録》卷一百《瓊山教諭趙撝謙傳》："趙謙，字撝謙，餘姚人，博洽經史，時號考古先生。"按，沈國元《皇明從信録》卷九："撝謙，餘杭人，雅追古學，欲探造化之原，嘗與修《正韵》。"閲趙撝謙《趙考古文集》，趙撝謙當爲"餘姚人"，而非"餘杭人"。

黄宗羲《明儒學案》卷四十三《瓊山趙考古先生謙》："趙謙，字撝謙，初名古則，餘姚人也。"

張廷玉等《明史》卷二百八十五本傳載："洪武十二年命詞臣修

《正韵》，撝謙年二十有八，應聘入京師，授中都國子監典簿。”吴修《續疑年録》卷三：“趙撝謙四十五，生元至正十一年辛卯，卒明武二十八年乙亥。”

宋秦悼惠王之裔，然幼貧，寄食山寺，攻苦厲行，聞有异書，不難重趼與借，窮日夜手抄之。授業於鄭四表，得益肆其力於學。

劉三吾《坦齋文集》卷上《贈瓊臺外史趙謙序》：“趙撝謙自幼立學，攻苦厲士行，聞人有异書，不難重趼與借，窮日夜手抄之，以故得益肆其力於學。”

焦竑《瓊山教諭趙撝謙傳》：“其五世孫宏翰《上丘深庵書略》云，先生自蚤歲勵志聖學，東游鄞、台尋考亭墜緒，歸而兀坐塢山萬書閣，博究六經百氏，因續武王諸銘，並列四勿箴於座右。”

黄宗羲《瓊山趙考古先生謙》：“秦王廷美之後，降爲農家，就外傳於崇山寺，達旦忘寐。年十七八東游，受業天台鄭四表之門。”

朱彝尊《曝書亭集》卷六十四《趙撝謙傳》：“宋秦悼惠王之裔，幼貧，寄食山寺，與學佛者同學。”

《明史》本傳：“幼孤貧，寄食山寺。”

洪武十二年至十三年（1379—1380），聘至京修《正韵》，衆以謙年少，黜授謙爲中都國子監典簿。又與僚友論事不合，遂放歌東歸，肆力於著述，而學者翕然宗之。

趙撝謙《趙考古文集》卷一《塢山讀書處後記》：“余筮仕於中京，期月即被讒毁，擯回田里，復得歸棲塢山卒業。”

焦竑《瓊山教諭趙撝謙傳》：“洪武十二年，太祖命詞臣修《正韵》，先生應聘而出，衆以年少黜之爲中都國子典簿。時宋學士景濂爲總裁，徒爲嘆息，而竟不能留。明年，又與僚友論事不合，罷去，放歌東歸，蓋肆力於著述，學者翕然宗之。”

焦竑《焦氏淡園續集》卷二《六書本義序》:"國初修《正韵》,以聘至京,年二十八耳。而自信其説不爲顯貴者所奪,竟移疾歸。宋景濂學士深知其人,遣二子從之游,然不能留也。"

徐象梅《教諭趙撝謙謙》:"國初徵修《正韵》,稍試其學,尋罷歸。"

陳田《明詩紀事》卷十四《趙撝謙》條下:"孝陵徵修禮書,敕中書省云:'令天下郡縣舉素志高潔、博通古今、練達時宜之士,年四十以上者,禮送至京。其年過五十、未及四十非深知經術者,勿遣。'撝謙應召,時年二十八,當事者以議論不合,借年少斥去,殆援此制也。余謂撝謙厄類賈生,遇榮司馬。撝謙没後,長陵修《永樂大典》,門人柴欽進言其師所撰《聲音文字通》當采録,奉命馳傳即其家取之,此何异長卿之《封禪書》也!"

朱彝尊《曝書亭集》卷六十四《趙撝謙傳》:"洪武十二年,命詞臣修《正韵》。撝謙年二十有八,應聘入京師,衆以年少易之,撝謙亦自信其不爲貴顯者所奪,以是不見録,授中都國子監典簿。"

傅維鱗《明書》卷一百五十一《宋克趙撝謙祝允明文璧傳》:"洪武初,徵修《正韵》,衆以謙年少,黜爲中都國子監典簿。"

朱彝尊《明詩綜》卷八:"黄太冲云:先生詩有《考古餘事》千篇,未曾傳世。《詩話》:明祖《正韵》一書,出自獨斷。天子考文,諸臣敢不敬應。撝謙於六書四聲最精,焉肯盡棄其學而順帝之則?其見黜也,必因不苟附和而然,不在年少也。既歸,築考古臺,述《聲音文字通》,書成,賦詩云:'文字聲音嘆久訛,十年辛苦事研磨。誰云沈約知音甚,未許揚雄識字多。魚魯從今堪辨析,鼎鼒由昔費摩挲。總憐朋舊微鍾子,歸卧雲山看薜蘿。'當知臺名'考古',心非《正韵》爲今矣。"

趙撝謙有詩見其心迹,如《趙考古文集》卷二《松菊徑》云:"不同彭澤賦歸來，松樹菊叢先自栽。門巷杳然車馬隔，落英無數點蒼苔。"《芋栗園》："人間八月稻粱秋，争似山中芋栗收。也可盍簪供笑語，免教輸税見王侯。"《桑柘林》："吴蠶眠起正紛紜，桑柘斜曛十畝雲。白眼看他閑草木，只將紅紫媚東君。"《芝蘭室》："奕奕猗猗寵色新，蕭然一色四時春。漢廷御史云仍在，如此清芬可比倫。"

洪武二十二年至二十五年(1389—1392)，朝廷搜訪遺賢，以是再徵至京，官翰林學士。爲廷臣所擯，謫爲瓊山教諭。

焦竑《瓊山教諭趙撝謙傳》："二十二年，朝廷搜訪遺賢，先生復起。時吏部郎侯公庸具奏，太祖曰：'朕知之久矣，朕將老其才而大用之。'具啓懿文。懿文曰：'吾識其人，宋先生每稱之，然其所著書，非静處不能就其以爲教。'官翰林學士。廬陵解公縉又謂：'與其班於朝廷之上，孰若施教化於蠻夷萬里之遠。'乃領教瓊山。"

焦竑《焦氏淡園續集》卷二《六書本義序》："洪武二十二年，召還。嘗會解學士於群貴中，語笑嘩然，傾其一座要人，率目爲狂生。獨少宰侯庸大器之，特薦於朝。高皇帝曰：'朕知之久矣，俟老其才而用之。'顧卒爲忌者所擯，授瓊山教諭以行。先生隨方指授，一時名賢流寓者，咸相推重，教以大行，稱海南夫子云。"

尹守衡《皇明史竊》卷一百三："二十二年，朝廷搜訪遺賢，召還京。解學士縉故多才，以其字學，頗輕之。吏部郎侯庸特薦於上，高皇帝知其博而頗緩其用。侯庸具啓懿文太子。太子曰：'吾識其人，宋先生每稱之。然其所著書，非處之以藏修静養之地，不可其以爲教官。'縉謂：'與其班於朝廷之上，孰若施教化於蠻夷萬里之遠？'乃授瓊山教諭。縉爲文送之曰：'教官，聖人之木鐸也，吾當賀聖人於南海之濱，又增一木鐸矣。'"

洪武二十五年至二十八年(1392—1395),由國子典簿謫任瓊山縣教諭。至則慨然以造就後進爲己任,一時士類,翕然從之,文風丕變,世稱海南夫子。

焦竑《瓊山教諭趙撝謙傳》:"洪武壬申,由國子典簿謫任瓊山教諭,造就後進,一時士類翕然從之,文風丕變。守令爲築考古臺於學右,爲著述之所。……公爲文送之曰:'教官,聖人之木鐸也。吾當賀聖人於南海之濱,又增一木鐸矣。'先生既至,作《瓊臺布學範》,慨然以興起斯文爲己任。雖將門子弟及蠻夷荷戈執戟之徒,皆知向風慕義,而遠方從游者,若合肥王惠仲迪、莆田朱繼伯紹、三山鄭觀尚賓、鳳陽孫一仲岳、臨川吴均平仲輩爲最著。由南海始聞聖學,而名世大儒寖出矣。翕然文風,被弦誦,日洋洋鄒魯。"

尹守衡《皇明史竊》卷一百三:"謙至,守令爲築一考古臺於學右。謙復著有《學範》以教諸生,士遵其教,彬彬鄒魯,稱爲海南夫子。"

洪武二十八年(1395),太祖將以大用之,不果而卒,蓋十月一日卒,年四十五。

焦竑《瓊山教諭趙撝謙傳》:"太祖將以大用之,不果而卒,蓋洪武二十八年十月一日。"

焦竑《六書本義序》:"逾二歲,因進香入覲,上其所著書。高皇帝嘉納,下翰林看詳,當事者竟爲寢閣。亡何,先生亦下世矣。"

尹守衡《皇明史竊》卷一百三:"三年入覲,上其所著書。高皇帝下翰林院看詳。歸,亡何卒。臨終,著有《造化經綸圖》,手書别瓊之士友,曰:'予聞之太虚之中,不能不聚而爲人物。人物又不能不散而爲太虚。其聚其散,蓋皆理數之自然,有不能自已者,豈有所爲者也?予之此身在太虚中,如冰在水,而今將爲水矣。'"

徐象梅《教諭趙撝謙謙》:"卒於番禺,年四十五。"

朱彝尊《趙撝謙傳》:"二十八年,卒於番禺。"

一生跨元入明,長游四方,樂取友人,轉益多師,有一善一能,輒往訪。又慨然以造就後進爲己任,故弟子員甚夥。

按,趙撝謙自幼立學,聽聞有善者輒往造訪,轉益於鄭四表、樂良、鄭真、趙俶、迮雨、張昱、吴志淳、朱芾等人,或學《易》,或學《春秋》,或學《詩》,或學《書》。且與當時諸多縉紳名流有交,如朱右、謝肅、徐一夔、胡信中、石玉海、唐志淳、楊希賢等,其文集《趙考古文集》中多有記載。

朱彝尊《趙撝謙傳》:"幼貧,寄食山寺,與學佛者同學。長游四方,樂取友人,有一善一能,輒往訪,隆寒溽暑,恒徒步百餘里。與朱右、謝肅、徐一夔定文字交。天台鄭四表善《易》,則從之受《易》。定海樂良、鄞鄭真明《春秋》,山陰趙俶長於説《詩》,迮雨善樂府,廣陵張昱工歌詩,無爲吴志淳、華亭朱芾工草書隸,撝謙悉與爲友。博究《六經》百氏之學,尤精六書。"

與鄭四表。徐象梅《兩浙名賢録》卷十二《教諭趙撝謙謙》:"聞金華鄭四表學有根源,往師之,得其傳,歸塢山萬書閣,潛心大業,飢寒迫之,其容粹如也。"

與唐志淳。趙琦美《趙氏鐵網珊瑚》卷一唐志淳《石鼓文》:"洪武丁卯秋九月,余在燕城觀石鼓,因賦此四十韵,以紀一時之勝覽。今年春鄉友趙撝謙氏持墨本來京師,遂俾余録諸卷尾,然前賢巨作悉列於右,譬之甆甌瓦缶,參乎商彝周鼎間,只覺形聲之醜陋,耳觀者當嘉撝謙之好古而恕予之狂妄云。"

與常師。趙撝謙《趙考古文集》卷一《送常師赴天界寺序》:"今常師謂京城雄都,謂天界巨刹,宜有識道理懷德業者,遂趣裝而往,其歷會稽,泝錢塘,登虎丘,涉湯泉,而赴天界,於所造詣益大,猶觀水之爲川,距河而放於海乎!脱常師徒事耳目之游而不求夫合於心者,則猶臨原泉而不探有本之旨,見川逝而不悟道體之本,循河至海而不知河海之所以爲大也。余與常師内交久,故於其行不可以不告也。”

與胡信中。《趙考古文集》卷一《送胡信中復入太學詩序》:“吾黨之幾與交者惜其久不回,而會别又亟,乃操執其袂,市壺酒、彘肩祖於江上亭,咸相率賦詩以道其行,而屬余爲序。”卷二有《送胡信中復入太學詩》。

與石玉海。《趙考古文集》卷一《送石玉海之官合陽縣序》:“余幼讀《中庸輯録》,知石城先生有功於聖賢之學者也,尚未知石城爲何許人。問諸師,始知石城乃世家越之新昌。竊計新昌於餘姚爲同郡鄰邑,而未及訪其居,而求見夫舊物以識其子孫,然又未知其所自。今年秋,余以鄉貢赴天都,適與玉海會於天官,即之温如玉,而禮度甚詳,問之乃石城先生之裔,由國學出歷諸事,而入是選。扣之,乃出其先世舊物以示,然後盡知石氏所自,爲宋朝累世文章故家也,私竊喜之。未幾,玉海任合陽縣丞,將之官,予乃崇肉載酒,祖道白下河滸而告之曰:‘子讀書既能明夫理矣,出歷諸事又能施諸用矣,不明夫理而梏諸事,則爲冗雜,不致其用而徒明其理,則爲空言事理,無兼適儒者之道也。由是而階以繼,乃祖流風善政,爲聖朝大用,蓋未可量也,豈止丞而已哉!’余既喜識石城子孫,又慶玉海由是而階,故序以别。”

與楊希賢。《趙考古文集》卷一《送楊希賢序》:“憶嘗與登龍泉絶頂,閑覽江山,興感今昔,已而離坐白石上,論道人物。”

與汪尚志。《趙考古文集》卷一有《送汪尚志東游詩序》《送汪尚質序》

與吴仲庚。《趙考古文集》卷一有《送吴仲庚詩序》,卷二有《談棋送吴仲庚先生歸》。

與吴温夫和駱則誠、駱則敬兄弟。《趙考古文集》卷一有《贈駱則敬序》云:“許昌滑攖寧先生醉六經而該群言,由大路而存濟物之心者也。適與時牾,遂大肆於醫,而卒名於世,而得行其志,其所著之書尤傳誦於人。晚歲避居東海之上,由是貫籍餘姚,而傳其業,得其奥者吴君温夫,駱君則誠、則敬兄弟其尤也。吴君既以儒雅該博之道得之,而駱君兄弟又以姻戚而卒其業者。余既與三子游,又嘗私淑於先生,故吾非直言三子之兼通於醫,而慶先生之道有所傳也。”卷二有《與友駱則誠别》《賡駱則誠母壽詩韵》《與駱老夫人壽詩》。

與黄宗海。《趙考古文集》卷一《丹山書院記》:“友人黄君宗海,脱謝世事,兀坐丹山中,極嗜而樂者,唯書而已,猶懼夫交戰者之或勝,故以書隱,自號志所守也。然以宗海之才志,曠達不羈,修業崇德,常如不及,吾知其行藏以道,不安卑近者也,有所名世必矣。”

與張廷玉、胡直如。《趙考古文集》卷一《塢山讀書處後記》云:“訪曩時相與從事於詩書者,或羈於世故,或迷於异端,或牿於商賈,或污於屠販,或淪於百工技藝,能始終不逾志,而出則耕牧、入則讀書者,惟山之陽張廷玉、山之陰胡直如。直如與余所居尤近相,與往還尤密。”

從學者甚衆,如宋濂二子、柴庭芳、朱繼、鄭觀、吴均等。

焦竑《焦氏淡園續集》卷二《六書本義序》:“宋景濂學士深知其人,遣二子從之游。”

朱彝尊《曝書亭集》卷六十四《趙撝謙傳》:“宋濂獨遣其子璲從游,嘆以爲不及。”

王直《抑庵文後集》卷八《贈稽勛員外郎柴庭芳序》:“廣敬清淳

簡重,文行之美衆皆推讓之,而又通古文字,其學得於趙撝謙先生,論議精博,尤非他所能及。”

唐胄《(正德)瓊臺志》卷三十四:“朱繼,字伯紹,莆田人。鄭觀,字尚賓,三山人。挽趙考古詩云:‘面首光霽壇,松筠映蒼翠。哲人不復留,風月今誰爲。’吴均,字平仲,臨川人。以上三人俱洪武末寓瓊,從學趙撝謙考古先生,爲高弟。”

著作宏富,有《聲音文字通》《造化經綸圖》《六書本義》《學範》《歷代譜贊》等。

焦竑《瓊山教諭趙撝謙傳》:“尤精六書之學,尝著《聲音文字通》《造化經綸圖》《學範》《歷代譜贊》等書……嘗謂士之爲學,必先窮理,窮理必本讀書,讀書必貴識字,故曰六書明則六經如指諸掌。今六書自秦漢以來,千有餘載,世莫能明,遂築考古臺,肇述六書本義,以提其綱,繼成《聲音文字通》以極其博。及其終也,會六經百氏於一心,而約之以《造化經綸圖》。又作《學範》以推所得於人。天台林氏序《六書本義》有曰:‘吾知此書包貫古今,卓然特立,其有功於先王也大矣。’西邸顧氏謂,《聲音文字通》功不在孟氏辟异端下。門人合肥王惠仲迪謂:‘《造化經綸圖》張前賢未發之機,啓後學既迷之徑。’四明鄭氏序《學範》有曰:‘學者以斯爲範,當爲名世大儒。信斯言也,謂先生之學無功於聖門,可乎?’”

焦竑《焦氏淡園續集》卷二《六書本義序》:“居塢山萬書閣,輯《聲音文字通》一百卷,《六書本義》十二卷,《童蒙習句》一卷。”

徐象梅《教諭趙撝謙謙》:“築考古臺,速六書之旨,注《聲音文字通》及《易學提綱》諸書凡三百餘卷。”

按,朱彝尊《趙撝謙傳》:“隱居塢山萬書閣,築考古臺,取諸家論著,證其得失,作《六書本義》,繼成《聲音文字通》,約之以《造化經綸圖》,又作《學範》,共著書三百餘卷,時目爲考古先生。”查繼佐

《罪惟録·列傳》卷十八《趙撝謙》:“罷歸,築考古臺,述六書之旨,著《聲音文字通》及《易學提綱》,諸書凡二百餘卷。”

焦竑《國史經籍志》卷四:“《學範》六卷,趙撝謙。”

黄虞稷《千頃堂書目》卷一:“趙撝謙,《易學提綱》,《南游紀咏集》五卷。”

嵇璜《續文獻通考》卷一百九十一:“趙撝謙,《考古文集》二卷。”

尤精六書學,其《六書本義》别以形聲事意,後雖有作,無以加矣。

王鏊《震澤長語》卷下:“六書之學説文備矣,後世紛紛有作,若鄭樵、周伯琦、趙撝謙,其義益密,而撝謙尤精,别以形聲事意,母生子,子生孫,後雖有作,無以加矣。”

焦竑《六書本義序》:“《六書本義》,句餘趙先生所著也。……先生自謂‘《聲音文字通》自秦漢以來所未有’,惜不可得。家藏《本義習句》,乃國初善本,楊生君貺請刻而廣之,並屬余序。竊謂士於小學,固九流之津,涉六藝之鈐鍵也。秦之吏人猶能誦《爰歷》《滂喜》,漢世童子無不通《急就》《凡將》,至於今而滅裂甚矣。昔人謂世無一物不識於書,而實無一人能諳其義,良可嘆也。此編自班、揚以迨勝國諸家之説,靡不旁采而獄究之。如許慎、鄭樵,世所宗仰,皆去短集長,而發其所未備。雖去古甚遠,而奥文奇字,猶仿佛其遺意,學者觸類以求之,詁經訂史,糾謬砭俗,皆必有藉焉。惡能廢諸!君貺童年而知學,志不後人,觀其所好,與漢之通《急就》《凡將》者何异!余嘉其意,而爲序之如此。”

趙琦美《趙氏鐵網珊瑚》卷一張翰《石鼓文跋》:“獲覩古越趙撝謙先生家世藏石鼓全碑,誠西周故物也。其文類《小雅·車攻》《吉日》詩,考之信然。予何幸,因撝謙先生見此文也!前國子監學録、江右張瀚跋。”

朱彝尊《趙撝謙傳》:“夫士之爲學,必先窮理,窮理必本夫讀書,讀書必本識字,六書明然後六經如指諸掌矣。”

陳第《世善堂藏書目録》卷下:“《六書本義》十二卷,趙撝謙。”

焦竑《國史經籍志》卷二:“《六書本義》十二卷,趙撝謙;《聲音文字通》十二卷,趙撝謙。”

按,李東陽《懷麓堂詩話》:“趙撝謙嘗作《聲音文字通》十二卷,未有刻本,本入内閣而亡其十一,止存《總目》一卷,以聲統字,字之於詩,亦一本而分者。”

有《趙考古文集》二卷傳世,其意度波瀾,頗存古法,確乎學有原本。

《趙考古文集》卷首黄世春《趙考古文集序》:“余於太冲氏得其裔孫所録古文五十餘篇,古今詩十餘篇,借録而讀之,要之與古作者何以异,而猶未有表章者,則其鄰於埋没也亦幾矣。然其孫式微已甚,非果有文章之好,而能録其遺集出没於藏書之家,意天將藉是而彰考古,與考古之於海南士風丕變,人稱爲海南夫子,則考古之所以不朽者有在。而吾猶珍惜其遺文,亦後學景仰文獻之懷,自然如是者。今余有録本矣,太冲氏可以舊本還其孫,告以考古之不遇於朝,猶能教行一方,著述之不傳,猶可以斯文得遇於來世之人也。順治十四年丁酉端陽後二日,後學黄世春序。”

《四庫全書總目》卷一百六十九《趙考古文集》提要:“撝謙有《六書今義》,已著録。《明詩綜》引黄宗羲之言,謂其詩集名《考古餘事》,凡千首,不傳於世。今考焦竑《國史經籍志》,撝謙集已不著録。黄虞稷《千頃堂書目》雖列其名而不著卷數,則亦未見原本,信乎其久不傳也。此本所録詩僅十餘篇,古文亦只五十餘篇。前有順治丁酉黄世春序,稱其子孫式微已甚,而能録其遺集,出没於藏書之家，殆天將藉是而彰考古云云。蓋其後人掇拾散亡，重裒成帙者耳。集後附遺言十六條，又載其裔孫諸生護上瓊州姜參政請復姓書，及與浙中族姓札數通，蓋撝謙没後，其幼子流寓海南，依母族冒吴姓，故護請於姜而復之。又撝謙所作《造化經綸圖》亦附於後，編次頗無條理。然傳刻先集者，多因祖父以附子孫，自宋元以來即往往以文集爲家牒，陋例相沿，亦不自是編始矣。撝謙以小學名家，不甚以文章著。此本又僅存殘剩，未必得其精華，而意度波瀾，頗存古法，究與鈔語録者有别，是則學有原本之故也。"

於勢利淡然，而直義所在，目無王公，卒以此厄窮亦不悔也；清苦自立，雖盛暑祁寒，躡蹻走百餘里，往來問學。

朱右《白雲稿》卷五《西閣集序》："一日，友生趙撝謙詮次其平日所爲詩，凡若干卷，來囑予序。予惟天地間光岳之氣融而爲清淑，鍾而爲仁賢，至發乎聲，聞著之事業，皆其秀也。爲釋爲道，往往又得其秀而最清者，胸次悠然，飄飄物外，不爲世尚俗累牽，引風朝，月夕吟，嘯嘲咏，出人意表，有非經生學子所能及者。"

焦竑《瓊山教諭趙撝謙傳》："永樂初年，門人吾邑柴廣敬擢進士高等，以《聲音文字通》上奏，太宗詔藏之秘閣，爲考文重典。翰林諸友自解公以下讀其書，莫不悲泣。公既爲墓表，諸友各賦哀詞，蓋傷其位不滿德，壽亦不永，而又幸其書之有傳也。及英宗纂修實録，以先生爲浙之人物、廣之名宦，是蓋大人先生預修之時，一以至公示天下，非有私於先生也。生聞先生臨終手書别瓊之諸友，曰：'予聞之，太虚之中，不能不聚，而爲人物；人物又不能不散，而爲太虚。其聚其散，蓋皆理數之自然，有不能自已者，豈有所爲者也？予之此身在太虚中，如冰在水，而今將爲水矣。'又嘗以《造化經綸圖》授王仲迪，曰：'觀此以明其理，寡欲以養其心，調息以養其氣，讀書以驗其誠，聖賢之域不難到矣。'《易》與《中庸》，皆聖門傳道極致之言也,而先生此圖又所以發二書之秘,故其臨終所得如此,是即張子所謂存順没寧,蔡氏所謂安静以還造化舊物者,先生之見定矣。大人先生不爲暴白其事,則天下後世,又孰知先生之學爲可傳乎?"

徐象梅《教諭趙撝謙》:"作瓊臺,布學範,教化大行,嶺表以稱爲趙夫子,謙於勢利淡然,而直義所在,目無王公,然卒以此厄窮不悔也。"

查繼佐《陳桱趙撝謙》:"撝謙淡於聲華,持義堅,目無王公。"

黄宗羲《明儒學案》卷四十三《瓊山趙考古先生謙》:"先生清苦自立,雖盛暑祁寒,躡蹻走百餘里,往來問學。嘗雪夜與門人柴廣敬劇談,既乏酒飲,又無火炙,映雪危坐,以爲清供。其著述甚多,而爲學之要,則在《造化經綸》一圖。謂其門人王仲迪曰:'寡欲以養其心,觀止以明其理,調息以養其氣,讀書以驗其誠,聖賢之域不難到。'又讀武王《戒書》而惕然有感,以往古之聖,猶儆戒若是之至,後世眇末小子,其敢事事不求之心哉!既以古篆隨物而書,又銘其所用器物之未有銘者,以見道之無乎不在也。其時方希直氏亦補注《戒書》,以爲其言之善者,與《詩》《書》要義無以异焉。蓋從來學聖之的,以主敬爲第一義,先生固與希直善,其講之必有素矣。廬陵解縉嘗銘先生之墓,謂其力學主敬,信不誣也。今《大紳文集》既失此文,而先著述亦多散逸。萬曆間,集弱侯所表章者,僅先生字學之書,某幸得此於其後人,故載之於右。"

張廷玉等《明史》卷二百八十五本傳:"博究《六經》、百氏之學,尤精六書,作《六書本義》,復作《聲音文字通》,時目爲考古先生。"

善書法,爲明初著名書家之一。

陳田《明詩紀事》卷十四:"明初之善書者,朱孟辨之篆冢,趙撝謙之墨窗,最爲韵事。"並引管時敏《賦墨窗》詩云:"君居於越文獻邦,家藏金石書滿窗。磨穿青州老未已,萬斛巨鼎疇能扛。吴興宗人已物故,浙河東西誰獨步。君今有志繼絶學,砥柱中流見孤注。剡溪百番冰雪光,元霞一斗松煤香。滿堂賓客看揮灑,風雨颯颯龍鸞翔。”

參考文獻:

1. 趙撝謙《趙考古文集》,《文淵閣四庫全書》補配清文津閣《四庫全書》本。

2. 焦竑《國朝獻徵録》,明萬曆四十四年徐象橒曼山館刻本。

3. 徐象梅《兩浙名賢録》,明天啓刻本。

4. 黄宗羲《明儒學案》,《文淵閣四庫全書》本,上海古籍出版社 1987 年版。

5. 劉三吾《坦齋文集》,明萬曆六年賈緣刻本。

6. 陳田輯撰《明詩紀事》,上海古籍出版社 1993 年版。

7. 朱彝尊《曝書亭集》,《四部叢刊初編》景清康熙本,上海書店 1989 年版。

8. 朱彝尊輯録《明詩綜》,《文淵閣四庫全書》本,上海古籍出版社 1987 年版。

(王文榮　程水龍)

林右傳

林右，字公輔，以字行，又名佑，字左民，浙江臨海人。元至正十六年(1356)生。

方孝孺《遜志齋集》卷十一《與趙伯欽》："僕求友於四方十餘年，可友者衆矣，於同郡得一人焉，曰林右公輔，尤僕之所敬者。"同卷《答胡懷秀才》："往年在浙東，獲交才俊間，其最善者眉山蘇太史平仲，臨海葉刑部夷仲，浦陽鄭楷叔度，天台林右左民、趙象伯欽、陳叔英元采、王琦修德。"

按，方孝孺《遜志齋集》卷十四《贈林公輔序》："今年來京師，始獲同郡林君公輔。公輔長予一歲，爲文章善放詞馳騁，然察其志，殊不以此爲足。"據盧演《方正學先生年譜》(清同治刻《遜志齋集》本)："元至正十七年丁酉先生生始。"林右長孝孺一歲，則當生於至正十六年。

年十七，始折節讀書，習科試之文，後棄去，學詩古文辭，徐一夔稱賞之，欲致其門下，右婉拒之。

按，徐一夔，字大章，天台人。自少學文，以文名江南。洪武六年(1373)，以儒士薦授杭州府儒學教授，通經學古，後召入史館纂修《元史》。

林右《天台林公輔先生文集》之《答徐始豐先生書》："右年十

七，始知讀書，時以進取爲心，方且鈔録前朝科試之文，旦夜誦習，探竊其餘，漫衍成章，譬如宋人刻楮之戲，將以媚人而已。人亦以爲能，不三年，頗自厭矣，遂棄去，學古詞，亦不過慕效近人所爲，視前人稍變其句讀耳。……而右也何人，敢奮筆舌伎，玷辱門下哉？或者因其退，庶幾自愧，悟少分聖賢萬萬之末，則見進之日方始矣。今夫人見稱於尋常，猶以爲喜，况見取賢大夫君子哉！其喜宜何如也，敢以爲辭乎？甚非徼异於衆，自揣其中，不足當先生之所取，恐人因右，將不信先生之言也。”

與許伯旅、王叔英、沈公桓、余尚則、王錡、趙象諸賢爲友，師事葉見泰。友人郭濬以其文介於方孝孺，孝孺激賞之，引爲同道。

徐象梅《兩浙名賢録》卷四十七：“許伯旅，字廷慎，黄岩人。洪武初，爲刑科給事中，以詩名，時稱爲許小杜。林公輔嘗觀其《感興》諸詩，問其得何法而然。廷慎曰：‘法可言也，法之意不可言也。上士用法，得法之意；中士守法，得法之似。吾詩幾用法矣。’識者以爲不妄。”林右《許廷慎詩集序》：“嗚呼！吾思少時與廷慎同學，廷慎長予一歲，争趨戲爲笑樂，烏知其至此。”

徐象梅《兩浙名賢録》卷八：“王叔英，字原采，台之黄岩人。洪武二十年薦起爲仙居訓導。三十年改海安府學，升漢陽知縣，有惠政。”

林右《送沈公桓序》：“予少與公桓同在邑庠，公桓姿儀開爽，與予交最密。”

《(萬曆)黄岩縣志》卷六：“余尚則，名郁，以字行，號訥齋……洪武九年以選貢第一人入太學，肄業，授河東鹽運副使。尋奏正鹽法忤旨，謫岳州經歷，與方孝孺、林公輔、盧原質輩爲友，以文學知名當世。其詩酷類晉唐人，所著有《蛙吟稿》。”

黄虞稷《千頃堂書目》卷十七：“王綺，字修德，寧海人。與郭濬皆以文名,林右稱其如月墮澄江,上下一色,净絶垢氛,清明之氣可掬。後坐事謫滇南。"

林右《深州先賢祠記》:"伯欽名象,天台人,卓然好學而有文云。"

林右《明故刑部主事葉見泰先生墓誌銘》:"右少與昂游,事先生以師禮,先生愛右殊甚,酒半酣抵掌歷論,已而嘆曰:'吾將老矣。能無望諸子乎?'"

林右少與郭濬友善,郭濬因林右文章之才,向方孝孺介紹林右。有方孝孺予郭濬文章爲證。方孝孺《遜志齋集》卷十一《與郭士淵論文》:"繼而又承寄以林君公輔之文,且教僕曰試評其可否焉。僕昔聞吾兄言,固知林君之賢,及展而讀之、默而味之,其思淵以長,其辭辯以達,不覺叩几三嘆,反復玩繹,遂至夜深,乖離旅寓之思爲之頓消,而沉伏鬱抑之氣勃然奮起。信乎!斯文之可以悦人,而吾郡之秀不可及也……自古國家之興,功崇而績偉,政舉而教行,天恐其或失墜也,必生博特英達之士,執筆而書之,所望於將來者,非兄與公輔輩而誰乎?此非僕私於同郡而言,雖太史公亦深望焉。更爲謝林君,加意問學,以法六經爲務。"

右氣高才敏,倜儻狂狷,善擊劍,知兵,以豪杰自許,不願以文士而終。曾選入成均,爲國子生,宋濂賞其文。

方孝孺《遜志齋集》卷十一《與趙伯欽三首》其一:"僕求友於四方十餘年,可友者衆矣,於同郡得一人焉,曰林右公輔,尤僕之所敬者。公輔氣高而才敏,於人鮮推讓,視人行行然,有不滿之色。"

方孝孺《遜志齋集》卷二十一《溪漁子傳》:"溪漁子亦自雄其才志,嘗往來江淮之南,結交大俠异人,論古人功業。遇當其意,徘徊嘆息,仰天拊髀,若有意於從之游也。與天台林右、張轂最善。右亦豪士,善擊劍,知兵而長於爲文。轂陽狂飲酒,自放於歌詩。二人皆自負高一世，嬰豎視同列。”

林右《許廷慎詩集後序》：“廷慎執酒誦夢予詩，其首數語曰：‘少時結交友，悵悵長憶君。何其夜來夢，復接平生親。握手步雲閣，示我高世文。渾雄脱凡近，要妙幾通真。’予歎曰：‘吾豈文士也耶？’廷慎曰：‘子非文士，豈有經濟才如古豪傑者乎？’予曰：‘吾雖非古豪傑，亦不願爲文士也。’廷慎笑曰：‘吾别林生久，不意其狂態復發。’已而又曰：‘子雖狂，大丈夫立心當如是也。拘拘文字之末，抑可悲矣。’”

方孝孺《遜志齋集》卷九：“成均之中，拔於四五百人之上者，有天台郭濬士淵、林佑公輔，二子之文，太史公稱之。”

徐一夔《始豐稿》卷十二《故元贈承務郎江浙等處行中書省左右司員外郎吴君墓誌銘》：“始以國子生林右所爲狀來乞銘。”卷十四《跋袁鏞傳後》：“以國子生林右善叙事，請爲私傳，以補《宋史》之缺。”

洪武十一年(1378)春正月，趙撝謙《六書本義》書成，右序其卷首。

趙撝謙《六書本義》卷首《六書本義自序》：“然區區一得之愚，不敢不取正於有道，考古君子尚恕其僭而取其心焉。時洪武十有一年春正月朔，餘姚趙古則自序。”

趙撝謙《趙考古文集》卷一《答林左民書》：“《六書本義》雖刻數板，竟未能完。再齒及，足見故人厚愛也。林集一册寄去，相見悵然。不宣。”

林右《六書本義序》：“字學之不明，義理之不明也，有志之士，寧不慨然於斯乎？此趙君撝謙《六書本義》之所由作也……吾知撝謙此書所以包貫古今，卓然特立，其有功於先王也大矣。或謂六經至朱子而後明，六書得撝謙而後著，其功稱雖有大小而用心則一，可與知者言也。"

洪武十五年(1382)七月望夕,與方孝孺、葉夷仲、張廷璧、陳元采夜登臨海巾山,縱談千古,竟夕不眠,謂子瞻死後此樂三百年所無。

林右《游巾峰後序》:"洪武壬戌七月望夕,雲漢開霽,月色皓然,特异於常,蘭莊葉先生與吾友同游郡城南之巾山,臨絶頂,俯眺萬類,胸中廓然,不知此身之在人世。"

方孝孺《遜志齋集》卷十五《巾山草堂記》:"往者壬戌七月之望,予偕葉君夷仲、張君廷璧、林君公輔、陳君元采,夜登絶頂,飲酒望月,縱談千古,竟夕不眠。予謂葉君曰:'昔蘇子瞻夜登黄樓,觀王定國諸公登桓山,吹笛飲酒,乘月而歸,以爲太白死三百年無此樂矣。斯樂也,又子瞻死三百年後所無也。'諸君皆大笑。"

《(康熙)臨海縣志》卷十五有張廷璧《登巾山看月同方正學先生暨林公輔葉夷仲陳元采》:"擊節長風生,嘯歌明月上。集會皆賢豪,復兹地蕭爽。枯峰屹雙撑,飛構凌萬丈。斜探斗柄横,俯聽江瀨長。孤艇樹邊歸,哀禽雲外響。曠望天地寬,泠然起遐想。排空叫子晉,更欲超象罔。羽化亦奚爲,意適即仙賞。清咏興難忘,芳樽醉猶强。靈運志疏狂,安石情放蕩。莫慢今夕游,遺風後人仰。"

是年冬,與王叔英、楊大中、葉見泰、方孝孺被徵京師。時宋濂已卒,孝孺出《送希直歸寧海五十四韻》見示,諸公收泪讀之而爲之跋。

鄧元錫《皇明書》卷三十一:"王叔英,字原采,浙江黄岩人,篤志力學,洪武中,與楊太中、葉見泰、方孝孺、林右並徵,辭還里。"

方孝孺《遜志齋集》卷二十三《舟中呈同召葉夷仲林公輔楊大中陳元采》:"本乏適時用,誤爲當世知。進身愧蹇拙,退處乃其宜。

何意承寵光，使車忽來兹。靡靡逾南國，秩秩錫多儀。嚴程不可稽，王命自有期。親愛俱在眼，弗獲顧我私。聖猷同山岳，微忠劣毫絲。黽勉諒何補，徒興千載思。”

方孝孺《遜志齋集》附録葉見泰《跋太史公送方希直還詩》：“今年冬，予與希直同徵赴京師，希直於舟中出以見示，相與收泪讀之。予且衰，愧無以答公之知。希直方富於齒，尚益自力，以求副詩中之所稱也夫！洪武十五年長至日。”

方孝孺《遜志齋集》附録林右《跋太史公送方希直還詩》：“當今之世，去聖人已遠，執聖人之道，以户牖天下者，太史公一人而已。天下之士登公門者，奚翅千數，而公許與之間，特於希直深有望焉。觀所贈詩，拳拳之意，蓋可見矣。雖然，使天下之士，其立心，其操行，其爲文辭，誠如希直者，公之心也。幸而僅有焉，又烏得不深望哉！又烏知所望於希直者，不爲天下學者之所望哉！吾知此詩之作，不特於希直見之。”

至京師，初爲中書舍人，因奉璽書行邊有功，進春坊大學士，命輔導皇太孫，以事謫中都教授。

管紹寧《賜誠堂文集》卷三：“春坊大學士林右，浙江寧海人，洪武初爲中書舍人。”

焦竑《玉堂叢語》卷四：“林右，洪武初嘗奉璽書行邊，有戡定功。”

趙士喆《建文年譜》卷下：“右初爲中書舍人，與方孝孺爲莫逆交，奉璽書行邊有功。”

朱鷺《建文書法擬·建文諸忠臣譜》：“林右字公輔，浙臨海人。洪武中書舍人，與希直、原采莫逆交。嘗奉璽書行邊有功。”

張朝瑞《忠節録》卷二《翰林修撰王叔英》“洪武中，與楊大中、葉見太、方孝孺、林右並徵至京，叔英固辭還鄉。”

按,林右初任何職,文獻記載不一,有“王府教授”“中都教授”“中書舍人”“春坊大學士”之説。《(康熙)臨海縣志》卷九:“洪武初,任王府教授。”張朝瑞《忠節録》(明萬曆刻本)卷二:“丁元亂不仕。洪武初爲中書舍人,與希直、原采爲莫逆交。嘗奉璽書行邊,有戡定功,進春坊大學士,命輔導皇太孫,以事謫中都教授。尋挂冠歸。”黄宗羲《弘光實録鈔》卷二:“王府教授,《三台文獻録》可證也。此云春坊大學士,所當改正,至於《致身録》《從亡隨筆》,皆僞書不足信。”

時友人趙撝謙守官中都辟雝,右與許伯旅、王修德相往還。

查繼佐《罪惟録·列傳》卷十八:“趙撝謙,字古則,浙餘姚人,雅追古學。洪武十二年,徵修《正韻》,以年少黜爲中都國子典簿。”

趙撝謙《趙考古文集》卷一《奉吴崙學書》:“及守官中都辟雝,所接者亦不減在京時,然相與骨肉兄弟者,惟林左民、許廷慎而已。”

陳田《明詩紀事》甲籤卷十一許伯旅《松山道中貽林左氏》:“簪組非吾好,丘園乃素心。孰知西郭路,重爲故人尋。水落江逾壯,天寒日易沉。飄零慚夕鳥,栖息每同林。”

林右《與許士修書》:“右在鳳陽,友人王修德來,持觀樂詩數首示予曰:‘子試以爲何人作也?’予讀久之,嘆曰:‘此古人作耳,非今世人所能爲也。使今有斯人也,雖在萬里之遠,予且束書相從,求其議論,以開予心之未然者。’修德笑曰:‘此吾鄉許君士修之作也。’予曰:‘予今歸矣,當假道寧邑,以求一見。’”

歸京師,與元勛子弟駙馬都尉李祺、曹國公李景隆等游,右受李祺之囑作《丹桂軒記》,屬筆孝孺爲景隆作《春風和氣堂記》。

趙撝謙《趙考古文集》卷一《答林左民書》:“秋季偶入府庠,會教授王俊華審知故人出處，且喜足下榮歸，繼得足下書，忭躍再三。蓋淵珠荆璞，自不能掩其光華耳。珍重珍重！”

林右《丹桂軒記》：“李君子綬，太師韓國公第四子也。公以道相天下，今致事居定遠里第，君朝夕侍焉，遂於所居構軒。中列古圖書，外樹丹桂……其伯兄駙馬公因名其軒曰丹桂，俾予記之。”

黄佐《革除遺事》卷六：“景隆以洪武十九年四月襲封曹國公，上嘗書‘體爾祖彌，忠孝不息’八字以賜之，使之讀書，友儒生。一時韋布有名者，若天台林右輩，皆與交游。”

林右《送曹國公北征序》：“曹國李公實奉命以行。公之先王嘗受征胡之寄。大軍未出，彼已宵遁……若公者，可不謂其人哉！將見成功而還，凱歌奏俘，退告先王。予雖不學，尚爲公傳之，使天下知世臣之後，在唐不獨李愬，在宋不獨曹瑋、韓琦，而公之名，且與之俱雄百代下，豈不偉哉！”

方孝孺《遜志齋集》卷十七《春風和氣堂記》：“曹國李公年盛而志博，質壯而氣和，爲天子近戚重臣而篤學下賢，嗜好與韋布之士類，名私第燕處之所曰‘春風和氣堂’。因友人林君公輔屬筆於某，某念童稚時嘗以文見先武靖王於濟上，王喜而禮貌之，從容笑語，以國士見期，今十有五年矣。”

洪武十八年(1385)春正月既望，右爲許恕作《北郭集序》。又撰《費公行義詩叙》，王叔英評其文抑揚反覆，足以傳世行遠。洪武十九年，作《張烈婦傳》。

陸心源《皕宋樓藏書志》卷一百六《北郭集序》：“先生少以文學著名，用薦者起身爲澄江書院山長，不樂即棄去，浩然自得，與山僧野子相往還，乘風咏月，人莫測也。其爲詩一出自然，讀之愈久，而意愈無窮，固不暇如世之粉藤，一辭一句，取媚人口，此善學淵明者也。雖然，淵明當晉室告終，力不能救，其咏吟茅茨之下，固非得已也。先生亦豈隱者,使言行計從,當與古人有爲者並。今抱身而去,獨得已乎?讀先生之詩,則先生之爲人可知矣。"

王叔英《静學文集》卷二《書林左民所著〈費公行義詩叙〉後》:"吾友林君左民,以文章名世,其文好稱人善,世多以爲譽。今觀其所著《費公行義詩叙》,所書不過數事,而其論議抑揚反覆,俾覽者誦言而得其意,其得以爲譽非邪?費公之行,固世所希,而林君之文,又足以傳世行遠,使費公流芳於後世者,其在斯文歟!其在斯文歟!"

張昶《吴中人物志》卷八:"張員外概妻金氏,名淑寧,年二十二嫁概,概得罪,吏具辭將置於法,淑寧聞之曰:'吾雖歸張未及期月,義不可使夫獨死。'謂死於夫死之後,孰若死於夫未死之前,使其無疑憾於地下,遂經死。後三日,概得宥,葬婦於先壟,事在洪武十九年,天台林右作《張烈婦傳》。"

王叔英以右所撰墓誌銘寄方孝孺,孝孺指其爲文傷於率易。友人趙伯欽任深州學正,立先賢祠以振起文學,右爲其作《深州先賢祠記》。

方孝孺《遜志齋集》卷九《答陳元采》:"公輔銘雖傷率易,然不害爲好也。但銘前不叙其鄉里及其父祖名行,復不書其卒葬日月爲失。首言刻諸墓上,後謂銘諸墓,始終爲不相應,其意必謂其父人知其名,不必書,卒葬,他文辭可互見。故然雖古人有如此者,亦用言之,否則世久漶漫,不知其爲何時之人、何人之子也。如刻石未成,中斷獨障狂瀾等語,亦未醇,宜稍爲更定。恃與相知,故一言之。然亦不須令人知此言出於僕也。公輔才氣俊邁,未易及之,鑿空立論,甚有可喜者。但理趣易窮,不逮古人涵蓄深遠,乃本於疏薄所致耳,此我輩通患也。"

《遜志齋集》卷十一《與趙伯欽三首》其二:"林左民爲學,近復何似？王微仲兄弟一至於此，可哀。”

方孝孺《遜志齋集》卷九《答林公輔》：“寄示諸文已詳讀之，求之輩流，可謂特出而有餘矣。然吾猶願足下以古人自鑒，而裁其高下，勿爲諂妄小生所戲。”

林右《深州先賢祠記》：“故雖版入皇朝，涵養垂二十年，文學猶未甚振起。學正趙伯欽至，嘆曰：‘此吾之責也。吾聞之，人有所激，必有所慕，因其慕而激之，則易爲化。’……行重於言久矣。今之人，非但行不及言，而言行若出於二人者，深之士子來游來歌，其將有考於斯乎？不然，則一祠之立，不足爲邦人之重輕，而孔孟諸公有靈，亦不繫祠之有無也。邦人其勉哉！”

右曾評三友人之文，孝孺如春氣方至，郭濬如蒼鶻摩空，王綺如月墮澄江。友人許伯旅卒，以詩稿托之，撰《許廷慎詩後序》。王叔英《静學齋文集》成，右叙其文，以陳師道期之。

黄宗羲《明文海》卷二百三十四林右《操縵稿序》：“余因公言取三君子之文觀之，方之文如春氣方至，津液之色，充滿廣宇，飛潛動植，各有生意。郭之文如蒼鶻摩空，飛縱東西，初無定適，而俊逸之氣自爲人所畏。王之文如月墮澄江，上下一色，净絶垢氛，清明之氣可掬也。”

林右《許廷慎詩集後序》：“未期月，廷慎得疾將死，曰：‘吾以稿累子。’吾謹藏諸篋中，未嘗敢易出也。出則必大哭失聲，思少時與廷慎同在邑庠，廷慎穎悟絶行輩，獨奇予可交，抵其死，時十有四年，中别去者，惟二年爾。然又以書相問也，語相通也，豈如今竟不可復見乎？是以思其居處，思其笑語，猶足以起人哀慕，況其手澤之所存者乎？嗚呼，廷慎已矣，間雖恍惚見於夢寐，覺視枕席，惟月露凄然而已。豈不可哀也夫！豈不可感也夫！”

林右《静學齋文集序》：“陳君原采之文，其嚴正也，如大儒之秉禮,周旋必中矩度;其和通也,如巧夫之呈技斂散,反覆之機括轉移之間,又非在己者,求之於世,如原采者,無幾人……故今誦後山之文不衰,原采其後山乎?何陳氏之多賢也!嗚呼,世習日下,士不以文章自重,皆挾之以爲取富貴之資而已耳。得如原采者而友之,豈非吾之願哉!”

洪武三十年(1397)秋八月,爲方孝孺撰《遜志齋集序》。

《遜志齋集》卷首林右《遜志齋集序》:“況聞前朝之故習,竊成説爲文辭,雜老佛爲博學,志氣污下,議論卑淺,齪齪然無復有大人君子之態。吾友方君希直,奮然而起,曰:‘是豈足以爲學?不以伊周之心事其君,賊其君者也。不以孔孟之學爲學,賊其身者也。’發言持論,一本於至理,合乎天道,自程朱以來未始見也。天下有志之士莫不高其言論,將盡棄其所學而從之。嗚呼,豈非豪傑之所用心也哉!常士世生,豪傑之士不多見,而於吾希直見之,又豈非吾之願也哉!希直之文,吾評之矣。譬如春氣方至,真液之色充滿廣宇,飛潛動植之物各有生意,天下之人莫不信之。”

永樂六年(1408),島夷訌海上,率群弟子剿平之,成祖聞其名,遣使召之,稱疾不赴。武士械至京,以欲與孝孺同朝爲辭而致劓刑死。福王時贈禮部尚書,謚貞穆。

按,建文三年(1402)至建文四年,靖難之役起,方孝孺不願降服,殉國。林右聞方孝孺族誅,爲位而哭。永樂戊子(1408),上遣使召右,右言必與方孝孺同朝,是以犯上而致劓刑死。事见趙士喆《建文年譜》卷下。

查繼佐《罪惟録・列傳》卷十二上:“永樂戊子,島夷訌海上,閭里推爲長,率群弟子剿平之。上聞右名,遣使召之,稱疾不赴。令武士械至京,上雅欲官右,右曰:‘罪人逃死已久,藉令可仕,當與孝孺同朝矣。'上大怒,命曳出劓之。"

嵇曾筠監修《(雍正)浙江通志》卷一百六十五:"永樂戊子,賊訌海上,台被其毒。監司聞右才,請爲閭里計。右勉起視兵,督郡子弟剿平之。上以此知右,遣使召之,不赴。令武士械至京師,猶以温語相慰勞。右對曰:'罪人逃死已久,藉令可任,當與方孝孺同朝矣。'上怒命劓之,竟死。"

鄒漪《啓禎野乘二集》卷五:"靖難之變,王叔英、林右、盧元質諸君子稱八忠。"

萬斯同《明史》卷一百八十三:"嘗奉璽書行邊有功,進春坊大學士,命輔導皇太孫。以事謫中都教授,棄官歸。聞孝孺死,爲位哭於家。成祖召之不至,械至京,猶欲官之。右對曰:'罪人逃死已久,藉令可仕,當與方孝孺同朝矣。'成祖怒,劓之死。福王時贈禮部尚書,謚貞穆。"

管紹寧《賜誠堂文集》卷三:"永樂戊子,島夷訌海上,監司聞右才名,請爲閭里説,勉起視兵,督鄉勇剿平之。上以此知右,遣使召,不赴。令武士械至京師,然猶温語相慰勞,冀加録用。右對曰:'罪人逃死已久,藉令可仕,當與方孝孺同朝矣。'上大怒,命曳出劓之而死。擬謚貞穆,一擬毅確。"

焦竑《玉堂叢語》卷四亦有類似記載。

性孝友,其父因事充軍,右乞棄官代父役,人皆賢之。

《(康熙)臨海縣志》卷九:"父因事充軍,乞代父役。役滿,復其原官,人皆賢之。"

方孝孺《遜志齋集》卷九《答林公輔》:"僕自京師歸,潛伏奥秘,不與世人往來,於有聲勢者尤不喜見,兼以疾瘧彌年,氣力羸憊,未嘗妄出户限。又素懶作書疏,由是平生故人如足下者,例成疏闊。瑄上人及同姓九成回,再承寄至書,撫問稠叠厚甚,且知足下棄官代父軍役,旋即蒙恩,復其章綬。行益修,文益峻,聲譽益隆,此固閭里所望者。然僕私願於足下,則不止此。”

著述今多不傳,詩多散佚,今存查慎行家鈔本《天台林公輔先生文集》。

按,今所存《天台林公輔先生文集》收録於《四庫全書存目叢書》,不分卷,係清康熙間查慎行家鈔本。集中共有序三十六篇、記二十七篇、墓誌銘七篇、傳四篇、跋六篇、書二篇、題識二十篇、琴操二篇、祭文一篇,共計一百零五篇。卷末有查慎行所書行草跋:“林公輔名右,明洪武朝人。被薦授職閤門下,所著文計一百五篇,不分卷帙。余得鈔本於友人齋頭,補綴破爛,别録如右。原本舊用朱墨校閱,每篇段落及字句之間,多有鈎畫甲乙處,於作者命意,眉目分明,要是留意於先民矩矱者,故並其圈點,悉依原本,以存其舊焉。初白翁又按:先生臨海人,洪武中與葉見泰等並徵,官中書舍人,與方正學友善。嘗奉璽書行邊有功,進春坊大學士,命輔導皇太孫,以事謫中都教授,棄官歸。靖難初,聞正學被禍,爲位哭於家。成祖召之不至,械至京,猶欲用之。先生對曰:‘罪人逃死已久,藉令可仕,當與方孝孺同朝矣。’成祖怒,劓之死。南渡後,追贈禮部尚書,謚貞穆,事載華亭《明史列傳》。世但知先生爲文士,罕有稱其忠義者,特表出之。康熙辛丑四月,查慎行再識。”

永瑢《四庫全書總目》卷一百七十五《林公輔集》提要:“是集多記序酬應之作,惟題後數則間及史事,亦無特識。至於故國舊君,動多詆斥,其視徐鉉撰《李煜碑》但陳運數有歸者,用心之厚薄,尤相去遠矣。”

作詩重情,主張千變萬化皆隨其心,善用其法。以爲意之所至,詞必至之,固未嘗囿乎法,亦未嘗廢乎法也,古之藝人如庖丁

輩,千變萬化皆隨其心,手所出無他焉,亦惟善用其法耳。

黄宗羲《明文海》卷二百五十八林右《許廷慎詩後序》:“廷慎在鳳陽時,嘗讀杜詩,忽然悟曰:‘古人之高,乃在是矣。’遂斂其平日所作,向火焚之,自是歷半年不作一詩,惟晝夜誦想,幾至忘食寢。人或以事問之,皆不知所以答,騃騃似偶人。一日呼童子研墨甚急,大書所作感興諸詩,極其宏壯。時江西劉先生子憲以詩自負,見之嘆曰:‘是子且來逼人矣。’余因取觀之,誠非近代人語言也。問其得何法而然,廷慎曰:‘法可言也,意不可言也。上士用法,得法之意;中士守法,得法之句。似吾詩幾用法矣,如是而起,如是而終,如是而爲開合,如是而爲抑揚頓挫,如是而爲輕重高下,意之所至,詞必至之,固未嘗囿乎法,亦未嘗廢乎法也。古之藝人如庖丁輩,千變萬化皆隨其心,手所出無他焉,亦惟善用其法耳,由是而觀天下之術,未有不能用法而神著也。余雖知其言之美,而不能用其言者矣。’會别歸,廷慎詩日有名。”

林右《贈趙怡雲序》:“術可得而師,心不可得而師也。心苟正矣,雖無其術,猶足感天地,况兼有其術者乎?心苟僻矣,雖有要妙之術,思動一物之微尚不能,况於天地乎?”

林右《孫惟慎詩集序》:“人之靈於物者耶,斂心而坐,萬物已具。張目而視,則日月之朗耀,吾詩之著明也;風雲之卷舒,吾詩之流動也;山川之流峙,吾詩之起伏也;造化之生成,吾詩之始終也。如是將焉往而非詩,詩焉往而非我,何必日習諸人而後能哉!”

崇信方孝孺,主張爲文本於程朱理學,理直而氣壯。以爲修德之爲文,不詭不隨,惟正是守,不泥不專,惟義是宜,此其文有過於人者。

《遜志齋集》卷首林右《遜志齋集原序》:“至宋程朱諸子者出,

一掃陋習,頓回天下於大道之中,天下之人皤然而改曰:吾道固在是也。然後老佛之説爲無用。嗚呼!當其肆爲邪説,乘吾道之無人,戕賊其間,根蟠枝散,固植人心,漫不可拔。天不生程朱於天下,則天下之人終日昧昧,如瞽者之宵行,何由睹青天而見白日也哉?……吾友方君希直,奮然而起,曰:是豈足以爲學?不以伊周之心事其君,賊其君者也;不以孔孟之學爲學,賊其身者也。發言持論,一本於至理,合乎天道,自程朱以來未始見也。天下有志之士,莫不高其言論,將盡棄其所學而從之。嗚呼,豈非豪傑之所用心也哉!常士世生,豪杰之士不多見,而於吾希直見之,又豈非吾之願也哉!希直之文,吾評之矣,譬若春氣方至,真液之色,充滿廣宇,飛潛動植之物,各有生意。天下之人,莫不信之。此特其一事耳。要其大者不在此也。雖然文所以達志也,不觀其文,何以知其志之所存?余故又序其文云。洪武三十年秋八月,同郡友人林右撰。"

黄宗羲《明文海》卷二百三十四林右《操縵稿序》:"雖然間嘗聞之物有五色,五色之變不可勝窮也,物有五味,五味之變不可勝盡也,色味在物,其變在人,人之才智不同,物各隨其人而變此,所以無窮盡也。文章之在天地,亦猶是也。其大經大法本於聖人,其淺深精粗、高下輕重則各隨乎其人。故自古以來,歷代雖遠,作者雖衆,然體制迭异,意氣代殊。譬如人也,均有其面,而面面之貌不同,非各極其變之所在歟。由是而觀則知守色味而不變者,非善文者也,修德之爲文,不詭不隨,惟正是守,不泥不專,惟義是宜,此其文有過於人者,其亦可謂善變矣乎!雖然吾聞古之君子變已非難,使天下皆有所變爲難,文自前代以降,千人一律,如刻符信,讀之厭矣,則變而通者,有不在修德與諸君子哉!"

同卷林右《静學齋文集序》:"文章之士,探造化之原,窮聖人之理，究古今人事之得失，推有於無，生無於有。世之顯者，可使之没；世之沉淪者，可使之顯；馳騁所至，雖英雄不可得而議，鬼神不可得而知，浩浩乎與天地争功，能蓋天地。非聚夫至精至純之氣，不足以生斯人於世，雖欲不惜之而不可得也。生之也難，故惜之也甚，故生之於世也少，理數然也。今夫生數百萬於天下者，何損天地之氣？而天地之氣，必因文人而泄，將欲不惜之，可乎？世之能文章之士，不知天所甚惜之意，一處草莽則呼號於人，見夫豪官勢人，甘於奔走不暇，殊不思彼可尊我可賤也。天何生彼之多，生我之少，則我尊於彼也久矣，雖在飢寒之間，猶爲可貴，而乃爲彼屈，抑何不自惜之甚哉！余觀古今文人，其不屈者鮮矣，雖韓文公之賢，猶不免乎此，吾未嘗不爲之太息也。"

參考文獻：

1. 林右《天台林公輔先生文集》，清康熙查慎行家鈔本。

2. 張昶《吴中人物志》，明隆慶張鳳翼、張燕翼刻本。

3. 鄧元錫《皇明書》，明萬曆刻本。

4. 朱鷺《建文書法擬》，明萬曆刻本。

5. 徐象梅《兩浙名賢録》，明天啓刻本。

6. 黄佐《革除遺事》，明鈔本。

7. 鄒漪《啓禎野乘二集》，清康熙十八年金閶存仁堂素政堂刻本。

8. 《（康熙）臨海縣志》，清康熙二十二年刊本。

9. 黄宗羲《弘光實録鈔》，清光緒三年傅氏長恩閣鈔本。

10. 查繼佐《罪惟録》，《四部叢刊三編》影印吴興劉氏嘉業堂藏手稿本，上海書店 1985 年版。

11. 陶元藻《全浙詩話》,清嘉慶元年怡雲閣刻本。

12. 陳田《明詩紀事》,清陳氏聽詩齋刻本。

13. 黄宗羲《明文海》,清涵芬樓鈔本。

14. 王叔英《静學文集》,民國《嘉業堂叢書》本。

15. 方孝孺《遜志齋集》,《四部叢刊初編》景明本,上海書店 1989 年版。

(邱江寧)

方孝孺傳

方孝孺，字希直，一字希古，號遜志。台州寧海縣人，元至正十七年（1357）生。

廖道南《殿閣詞林記》卷六、陳建《皇明通紀法傳全録》卷十、過庭訓《本朝分省人物考》卷五十四、《明史》卷一百四十一《方孝孺傳》、盧演等《方正學先生年譜》等載其事迹。

過庭訓《本朝分省人物考》卷五十四："方孝孺字希直，一字希古，台州寧海縣人。至正丁酉始生之夕，有大星墮於其家。"

警敏端方，鄉人稱敬。

廖道南《殿閣詞林記》卷六："性資精敏絶倫，長老見之皆咄咄嗟异。方髫齔，已善屬文，雙眸烱烱如電，讀書十行俱下，日積寸許。見典册所載聖賢名字或良將相形貌，輒默記，欣然有願慕之志，鄉人呼爲小韓子。"

陳建《皇明通紀法傳全録》卷十："聰穎絶倫，雙眸烱烱，一目十行俱下。積寸爲文，雄邁醇深，鄉人呼爲小韓子。見典册所載聖賢遺迹，欣然有願參之志。"

過庭訓《本朝分省人物考》卷五十四："性資精敏絶倫，長者見之皆咄咄嗟异。方髫齔，已善屬文。雙眸烱烱如電，讀書十行俱下，日積寸許。見典册所載聖賢名字或良將相形貌，輒默然記，欣然有願慕之志,鄉人呼爲小韓子。"

少志於學,著書以自警。

按,洪武三年(1370),著《幼儀雜銘》以自警;洪武七年,隨父宦游濟寧,著《釋統》三章、《深慮論》十首。

過庭訓《本朝分省人物考》卷五十四:"年十五,侍父宦游濟上,覽周公、孔子故宅,求七十子遺迹,慨然嘆曰:'使吾得遇孔子同時,縱顔閔未可幾,其餘豈多讓哉!但恨今世無聖人,不得依歸耳。"

黄宗羲《明儒學案》卷四十三:"謂聖功始於小學,作《幼儀》二十首;謂化民必自正家始,作《宗儀》九篇;謂王治尚德而緩刑,作《深慮論》十篇;謂道體事而無不在,列《雜誡》以自警。持守之嚴,剛大之氣,與紫陽真相伯仲,固爲有明之學祖也。先生之學,雖出自景濂氏,然得之家庭者居多。"

從宋濂游,盡得其學。洪武八年(1375)父犯事,願代,不果。

廖道南《殿閣詞林記》卷六:"孝孺持所爲文上謁濂,願受業,濂一見,大加賞异,謂孝孺曰:'吾備位禁林數年來,閲天下之士亦多矣,而未有如子者。子之文,非當世之文也。顧肯從我游乎?'即日館置左右,日與討論經史、爲文辭。濂歸金華,孝孺往來山中凡四年,盡得其所學。自是文章繼濂而起,一時四方耆儒宿俊,無不折輩行與之交,而胡翰、蘇伯衡、葉見泰輩在衛東,尤以文學知名當世,每見孝孺,未嘗不心服也。"

過庭訓《本朝分省人物考》卷五十四亦有類似記載。

陳建《皇明通紀法傳全録》卷十:"從宋濂游,同門多天下名士,一旦盡出其下。先輩如胡翰、蘇伯衡,皆自謂弗如。孝儒顧末悦文藝,恒以明王道爲己任,進修所詣月异而歲不同,世咸以爲朱程復出。嘗卧病絶糧,亦處之泰然。"

《明史》卷一百四十一《方孝孺傳》:“長從宋濂學,濂門下知名士皆出其下。先輩胡翰、蘇伯衡亦自謂弗如。孝孺顧末視文藝,恒以明王道、致太平爲己任。嘗卧病,絶糧,家人以告,笑曰:‘古人三旬九食,貧豈獨我哉!’”

廖道南《殿閣詞林記》卷六:“洪武八年,克勤嘗絓誤,繫京獄,孝孺實從,數言於朝,請代父死。既而謫戍江浦,又上疏乞身代役,皆不報。”

《明史》卷二百八十一《方克勤傳》:“八年入朝,太祖嘉其績,賜宴,遣還郡。尋爲屬吏程貢所誣,謫役江浦,復以空印事連,逮死。”

《明史》卷一百四十一《方孝孺傳》:“父克勤坐‘空印’事誅,扶喪歸葬,哀動行路。”按,所謂“空印”,《中外歷史年表》云:“元時,官府於文書有先署印而後書者,謂之‘空印’,洪武建元以來,相沿未改。”(翦伯贊主編,中華書局 1982 年版,第 545 頁)“空印案”乃發生於洪武九年,朱元璋嚴懲地方計吏預持空白官印賬册至户部結算錢穀的重大案件,誅殺數百名相關地方官員。

洪武十三年(1380),以祖母之命,婉拒宋濂納爲甥以承門之意。

按,方孝孺是年九月歸寧海省親,濂欲以孝孺爲甥,以承其門,繼其學。孝孺徵祖母之意,祖母不許。十一月,宋濂以子璲、長孫慎坐胡惟庸黨誅,宋濂坐誣。十二月,濂被械至京師,徙茂州。將辭京師,貽方孝孺書,勉以道學,爲君子儒。

過庭訓《本朝分省人物考》卷五十四:“會父坐空印事,草疏將詣闕伸理,而父没,扶喪歸葬。濂尋徙蜀,孝孺欲往省,不可,以文籲天願輸壽以延之。濂嘗欲甥之,而不果。”

洪武十五年(1382),爲吴沉、揭樞薦,太祖召見。

廖道南《殿閣詞林記》卷六:"洪武壬戌,上用學士吴沉、揭樞壽薦,詔徵至京,入見,陳説多稱旨。上問樞曰:'孝孺孰與汝?'對曰:'十倍於臣。'錫之宴,几稍欹,必正而後坐。上使人覘之,喜其舉動端整,謂皇太子曰:'此莊士也,當老其才,以輔汝。'試《靈芝甘露論》。上每面試舉子,輒親定高下注選。至孝孺,獨不注,曰:'异人也,吾不能用,留爲子孫光輔太平足矣。'皇太子素重其才,召賜食東宫,待以賓友。"

過庭訓《本朝分省人物考》卷五十四"方孝孺"條亦有類似記載。

陳建《皇明通紀法傳全録》卷七:"十二月,吴沉薦方孝孺學行。上召入見,喜其舉動端雅,曰:'此莊士,當老其才用之。'遣還鄉,尋以仇家得罪,詞連孝孺,籍其家,械送闕下,上見其名,特開釋。"

《明史·方孝孺傳》:"洪武十五年,以吴沉、揭樞薦,召見。太祖喜其舉止端整,謂皇太子曰:'此莊士,當老其才。'禮遣還。"

洪武十六年至二十三年(1383—1390),閉門著述授徒。

按,不被用於朱元璋後,方孝孺於洪武十八年在緱城作《四憂箴》《君學》《石鏡精舍記》等著,洪武二十年因仇家牽連,被械至京城,因朱元璋之器重而被釋。洪武二十一年,在緱城修家譜。洪武二十三年,繼續在緱城課徒。是年完成《武王戒書注》《宋史要言》等著作。

廖道南《殿閣詞林記》卷六:"孝孺既歸,益杜門纂述不出。會仇家得罪,詞連孝孺,有司例簿録家貲,械赴闕下,太祖立命釋之。"

過庭訓《本朝分省人物考》卷五十四:"孝孺奉祖母挈妻子家屬數口還鄉,鄉人感嘆,以爲盛德。已而家益貧窘,無以爲資,孝孺處之泰然,不以爲意。嘗卧病絶糧,家人告乏,則曰:‘聞古人有三旬九食者,窮豈獨我哉?吾猶勝之矣。’授徒石鏡精舍,若將終身。”

《明史》卷一百四十一《方孝孺傳》:“後爲仇家所連,逮至京。太祖見其名,釋之。”

洪武二十五年(1392),再辟,任漢中教授。

廖道南《殿閣詞林記》卷六:“二十五年,復辟至,上方重賞罰,以其志存教化,謂左右曰:‘今非用孝孺時。’乃除漢中教授,詔許水陸給舟車。明年閏四月,携妻子抵任。山郡荒僻,水土暴惡,病瘻痿者十之五,士人鮮少,雖五經亦無全者。孝孺安之,嗜疏糲若飫萬鍾者。每昧爽,升席爲諸生講解文義,至暮,嘵嘵無惰容,由是山南人皆知向學。二十七年春,蜀獻王聞其賢,以賓禮召見,每有所陳論,輒虚懷聽納,恒曰:‘方先生,古之賢者也。’”

陳建《皇明通紀法傳全録》卷十:“以方孝孺爲漢中教授,詔許水陸給舟車赴任。至官,日與諸生講習聖學,蜀獻王聞其賢,命世子受學,名其讀書之廬曰正學。”

過庭訓《本朝分省人物考》卷五十四:“二十五年復辟至,上方重賞罰,以其志存教化,謂左右曰:‘今非用孝孺時。’乃除漢中教授,詔許水陸給舟車。明年閏四月,携妻抵任。山郡荒僻,水土暴惡,病瘻痿者十之五,士人鮮少,雖五經亦無全者。孝孺安之,嗜疏糲若飫萬鍾者。每昧爽,升席爲諸生講解文義,至暮,嘵嘵無惰容,由是山南人皆知向學。二十七年春,蜀獻王聞其賢,以賔禮召見,每有所陳論,輒虚懷聽納,恒曰:‘方先生,古之賢者也。’”

《明史》本傳:“二十五年,又以薦召至。太祖曰:‘今非用孝孺時。’除漢中教授,日與諸生講學不倦。蜀獻王聞其賢,聘爲世子師。每見,陳説道德。王尊以殊禮,名其讀書之廬曰‘正學’。”

洪武二十六年(1393),徵入應天府。

廖道南《殿閣詞林記》卷六:"皇太孫聞其名,癸酉丙子,徵入典試應天府。"

洪武三十一年(1398)七月,爲翰林侍講。

按,洪武三十一年閏五月初十,朱元璋駕崩,遺詔傳位皇太孫,並遺命方孝孺立即進京。閏五月十六日,朱允炆祭告天地,登基即位。六月,方孝孺奉召進京,爲翰林侍講,值文淵閣,日侍新皇左右備顧問,備受重視。

陳建《皇明通紀法傳全録》卷十一:"七月,召漢中府學教授方孝孺爲翰林博士,尋升侍講,直文淵閣,從太祖先命也。按,昔廷臣薦孝孺,徵至,太祖見之,曰:"此莊士也,當老其才以輔汝。"故有是命。"

建文元年(1399),任文淵閣學士,卓然爲一世儒宗。

廖道南《殿閣詞林記》卷六:"二十一年閏五月,太祖大漸,遺令必先召孝孺。建文帝立,馳驛召還,將用爲執政,天下莫不以王佐責望旦夕成功。而用事者忌之,乃止遷翰林博士。再遷侍講,直文淵閣,日侍左右,備顧問,德望素隆,一時倚重。尋定官制,改侍讀學士爲文學博士,以孝孺爲之。是時,館中徵集四方名士修《太祖實録》及《類要》,後而《永樂大典》諸書,皆命孺總裁官,諸儒於所長各互有得失,至孝孺則卓然爲一世儒宗,朝廷大制作皆出其手。"

陳建《皇明通紀法傳全録》卷十二:"詔開史館,纂修太祖高皇帝實録。以禮部侍郎兼翰林學士董倫爲總裁,侍讀學士高遜志、侍講方孝孺副之。""七月,用方孝孺等議,更定品官階勛。仿《周禮》卿大夫士之制,復命翰林詞臣參訂損益洪武禮制而頒行之。八月……更定殿閣學士及東宫官僚、翰林院官制,不可悉紀。改侍讀學士爲文淵博士,即以方孝孺爲之。"

過庭訓《本朝分省人物考》卷五十四:“三十一年閏五月,太祖大漸,遺令必先召孝孺。建文帝立,馳驛召還,將用爲執政,天下莫不以王佐屬望,用事者忌之,乃止。遷翰林博士,再遷侍講文淵閣,日侍左右,備顧問,德望素隆,一時倚重。尋定官制,改侍讀學士爲文學博士,以孝孺爲之。是時館中徵集四方名士修《太祖實録》及《類要》《大典》諸書,皆命孺總裁官。諸儒於所長各互有得失,至孝孺則卓爲一世儒宗。朝廷大制作皆出其手。”

《明史》本傳:“及惠帝即位,召爲翰林侍講。明年,遷侍講學士,國家大政事輒咨之。帝好讀書,每有疑,即召使講解。臨朝奏事,臣僚面議可否,或命孝孺就扆前批答。時修《太祖實録》及《類要》諸書,孝孺皆爲總裁。更定官制,孝孺改文學博士。”

建文三年(1401),靖難之役起。明年,建文自焚,孝孺被執。

陳建《皇明通紀法傳全録》卷十二:“(六月癸亥)是日燕王揭榜,討左班文職奸臣計二十九人。太常寺卿黄子澄,兵部尚書齊泰,禮部尚書陳迪,文學博士方孝孺,副都御史練子寧,禮部侍郎黄觀,大理少卿胡閏,寺丞鄒瑾,户部尚書王純,侍郎郭任、盧迥,刑部尚書侯泰、暴昭,工部尚書鄭賜,侍郎黄福,吏部尚書張統,侍郎毛泰亨,給事中陳繼之,御史董鏞、曾鳳韶、王度、高翔、魏公冕、謝昇,前御史尹昌隆,宗人府經歷宋徵、卓敬修、王叔英,户部主事巨敬。”

過庭訓《本朝分省人物考》卷五十四:“靖難兵至京,駐金川門外,宫中悉自焚。三十五年六月十四日。孝孺聞之,持斬衰服,晝夜號哭。太宗即位,欲詔天下,問左右誰可草詔者,廷臣以孝孺對。上遣人召之數次,不至。上乃使擁之入見,孝孺既至,見上,益悲慟,聲徹殿陛間,左右禁之莫能止。上親降榻慰諭之曰:‘我家事耳,先生何良苦?’又曰:‘先生爲我作詔。’命左右給以紙筆。孝孺大批數字訖,擲筆於地,曰:‘死即死耳,詔不可草。’上大怒,繫之獄。”

《明史》本傳:"燕兵起,廷議討之,詔檄皆出其手。"建文三年,燕兵掠大名。王聞齊、黄已竄,上書請罷盛庸、吴傑、平安兵。孝孺建議曰:'燕兵久頓大名,天暑雨,當不戰自疲。急令遼東諸將入山海關攻永平;真定諸將渡盧溝擣北平,彼必歸救。我以大兵躡其後,可成擒也。……'帝以爲然。命孝孺草詔,遣大理寺少卿薛嵓馳報燕,盡赦燕罪,使罷兵歸藩。……明年五月,燕兵至江北,帝下詔徵四方兵。孝孺曰:'事急矣。遣人許以割地,稽延數日,東南募兵漸集。北軍不長舟楫,决戰江上,勝負未可知也。'帝遣慶成郡主往燕軍,陳其説。燕王不聽。帝命諸將集舟師江上,而陳瑄以戰艦降燕,燕兵遂渡江。時六月乙卯也。帝憂懼,或勸帝他幸,圖興復。孝孺力請守京城以待援兵,即事不濟,當死社稷。乙丑,金川門啓,燕兵入,帝自焚。是日,孝孺被執下獄。"

建文四年(1402),方孝孺殉國,天下讀書種子爲絶。

廖道南《殿閣詞林記》卷六:"靖難兵至京,駐金川門外,宫中悉自焚。三十五年六月十四日,孝孺聞之,持斬衰服,晝夜號哭。太宗即位,欲詔天下,問左右誰可草詔者,廷臣以孝孺對。上遣人召之數次,皆不至。上乃使擁之入見,孝孺既至,見上,益悲慟,聲徹殿陛間,左右禁之莫能止。上親降榻慰諭之曰:'我家事耳,先生何良苦?'又曰:'先生爲我作詔。'命左右給以紙筆。孝孺大批數字訖,擲筆於地,曰:'死即死耳,詔不可草。'上大怒,磔之,夷其族。孝孺臨終作絶命辭一章,詞略曰:'天降亂離兮孰知其由?奸臣得計兮謀國用猶。忠臣發憤兮血泪交流,以此殉君兮抑又何求?嗚呼哀哉兮庶不我尤!'識與不識,哀之如親戚。年四十六。復有旨,收其妻鄭氏,使者至其門,已經死。門人王稌輩收孝孺遺骸殯之聚寶山。宗族坐死者八百四十七人。"

陳建《皇明通紀法傳全録》卷十三:"下方孝孺獄,既而族誅之。

先是上發北平，僧道衍送之郊，跪而密啓曰：‘臣有所托。’上曰：‘何爲？’道衍因囑曰：‘南有方孝孺者，素有學行，武成之日，必不降附，請勿殺之，殺之則天下好學者絶矣。’上首肯之。及靖難，師駐金川門，官中自焚，孝孺即持斬衰服，晝夜號哭，至是爲鎮撫伍雲等執以獻。孝孺不屈，乃繫獄，遣人諭旨，終不從。”

過庭訓《本朝分省人物考》卷五十四：“初，上南下時，姚廣孝曰：‘殿下至京，須全方孝孺，若殺此人，天下讀書種子絶矣。’在獄時，先收捕其族黨，每捕至，輒下之獄以怵之，而孝孺終不屈，於是命磔之，夷其族。”

《明史》本傳：“先是，成祖發北平，姚廣孝以孝孺爲托，曰：‘城下之日，彼必不降，幸勿殺之。殺孝孺，天下讀書種子絶矣。’成祖頷之。至是欲使草詔。召至，悲慟聲徹殿陛。成祖降榻勞曰：‘先生毋自苦，予欲法周公輔成王耳。’孝孺曰：‘成王安在？’成祖曰：‘彼自焚死。’孝孺曰：‘何不立成王之子？’成祖曰：‘國賴長君。’孝孺曰：‘何不立成王之弟？’成祖曰：‘此朕家事。’顧左右授筆札，曰：‘詔天下，非先生草不可。’孝孺投筆於地，且哭且罵曰：‘死即死耳，詔不可草。’成祖怒，命磔諸市。孝孺慨然就死。”

按，方孝孺殉國，人云成祖以此夷其十族，而《明史》本傳即深表懷疑，其言曰：“仁宗即位，諭禮部：‘建文諸臣，已蒙顯戮。家屬籍在官者，悉宥爲民，還其田土。其外親戍邊者，留一人戍所，餘放還。’萬曆十三年三月，釋坐孝孺謫戍者後裔，浙江、江西、福建、四川、廣東凡千三百餘人。而孝孺絶無後，惟克勤弟克家有子曰孝復。洪武二十五年嘗上書闕下，請減信國公湯和所加寧海賦，謫戍慶遠衛，以軍籍獲免。孝復子琬，後亦得釋爲民。世宗時，松江人俞斌自稱孝孺後，一時士大夫信之，爲纂《歸宗録》。既而方氏察其僞，言於官，乃已。神宗初，有詔褒録建文忠臣，建表忠祠於南京，首徐輝祖,次孝孺云。孝孺之死,宗族親友前後坐誅者數百人。其門下士有以身殉者,盧原質、鄭公智、林嘉猷,皆寧海人。”

主張文道合一,認爲文爲道末,道明氣昌。

方孝孺《遜志齋集》卷十一《與舒君書》:“蓋文與道相表裏,不可勉而爲。道者氣之君,氣者文之師也。道明則氣昌,氣昌則辭達。文者,辭達而已矣。然辭豈易達哉?《六經》,孔孟道明而辭達者也。”

《遜志齋集》卷十四《送牟元亮趙士賢歸省序》:“文所以明道也。文不足以明道,猶不文也。三代以上斯道明,故其文簡;三代以降道晦而不章,人各以意求之,故其文繁。……今之君子何由而復古之文乎?古之文也質,今之文惟恐其不華也;古之文也正,今之文惟恐其不阿也;古之人所學者道,今之人以道爲不必知也。當今之世,非豪杰之才,惡能救之乎?”

《遜志齋集》卷十一《與趙伯欽三首》:“僕嘗怪近代道術不明,士居位則以法律爲治,爲學則以文辭爲業,聖賢宏經要典擯棄而不講,百餘年間,風俗污壞,上瞟下乖,至於顛危而不救者,豈無自也哉?私誠恨之,不自知其不肖,亦欲有所發明損益,以表著於世。而習俗卑下,學者牿於舊聞,不復知有學術,竊竊詡詡,苟且自恕,或有志而才不足有爲,或才高而沉溺不返。”

文以人重,有《遜志齋集》傳世。

廖道南《殿閣詞林記》卷六:“廖道南曰:‘予聞諸黄泰泉云,孝孺得家庭之教,於書靡不通究。常慨然以古聖賢自期,以經綸天下爲己任。弱冠作《深慮》等論十九篇,謂化民必自正家始。又作《宗儀》十八篇,《雜誡》三十八章,識者已知其運用、指設不凡矣。在宋濂門爲高第子,從濂後,每私居,念及或見其手迹,或對客談及濂事，輒涕泣。既官漢中，其家不能存，言於蜀王，嘗撫恤之。墓在夔，每舟次夔，必往祭墓下，慟哭移時乃去。在建文時，羽儀斯文，隱然爲當世重。以蜀王嘗賜號'正學齋'，世號正學先生。所著有《遜志齋集》三十八卷，《大易枝辭》《周禮考次》《武王戒書注》《帝王基命録》《文統》《宋史要言》諸書，皆未傳。孝孺文章似宋蘇軾，雄邁奔放，溯龍門狂流倒峽而氣不可遏，發爲論著，醲粹都鬱，雖博極群書，而根據六經，憲章孔孟，宋程、朱以前無有也。濂嘗推之謂：'歐陽少師、蘇長公姑置勿論，自余諸子與之角逐文藝之場，未知孰爲後先。'其後李賢亦稱：'孝孺師景濂，議論波瀾類東坡之才，而忠義之氣，凛然不可犯，景濂不能及。'世以爲知言。嗚呼！忠義在宇宙，文章在金石，孝孺雖死猶生矣！"

陳建《皇明通紀法傳全録》卷十四："先是禁收藏方孝孺詩文，令刑部出榜曉諭天下，都行燒毁，敢有收藏，有照依奸惡罪之。時樸屨以詿誤，與序班楊善同坐事。樸與善言家有孝孺文集，善即借觀，密以奏聞，上怒逮樸，戮於市，而復善官。"

過庭訓《本朝分省人物考》卷五十四："孝孺嘗謂道無事不在列，爲《二十八箴》。又作《雜誡》三十八章，謂化民自正家始。作《宗儀》九篇，謂治先德化而後政刑。作《深慮》十八篇。又以篡臣、女主、夷狄雖有天下，不可爲正統，作《釋統》三篇，並《周禮考次》《大易枝辭》《帝王基命録》，皆發先哲所未發，四方夷裔得其一字，寶若拱璧。當時皆諱而不傳，至洪熙初，仁廟嘗謂群臣曰：'若孝孺，真正忠臣，宜從寬恤。'方氏遺族始得赦還，留都與其鄉，因特建祠以祀孝孺，而諸遺集始行於世。"

黄宗羲《明儒學案》卷四十三："先生直以聖賢自任，一切世俗之事，皆不關懷。朋友以文辭相問者，必告之以道，謂文不足爲也。入道之路，莫切於公私義利之辨，念慮之興，當静以察之。捨此不治,是猶縱盜於家,其餘無可爲力矣。其言周子之主静,主於仁義、中正,則未有不静,非强制其本心如木石然,而不能應物也,故聖人未嘗不動。謂聖功始於小學,作《幼儀》二十首;謂化民必自正家始,作《宗儀》九篇;謂王治尚德而緩刑,作《深慮論》十篇;謂道體事而無不在,列《雜誡》以自警。持守之嚴,剛大之氣,與紫陽真相伯仲,固爲有明之學祖也。”

《明史》本傳:“孝孺工文章,醇深雄邁。每一篇出,海内争相傳誦。永樂中,藏孝孺文者罪至死。門人王稌潛録爲《侯城集》,故後得行於世。”

倪元璐《倪文貞公集》卷七《方正學先生文集序》:“我明三百年,莫不以方正學先生之忠爲出三閭、信國之上,顧未有能言先生之文爲是,《離騷》《正氣歌》之所不及者,是未能知先生者也。孟子曰:‘我善養吾浩然之氣。’當先生遭遜國之難,九死不悔,蹈刃如飴,非所謂養浩然之氣者耶?顧其生平論文,亦曰:‘道明氣昌,則文自盛。’今試取先生之文讀之,嚴茂高典則亦遷、固;華雋周贍則亦枚、馬;幽仄翔舉則亦仝、賀;充朗流逸則亦曾、歐。然惟本乎理、充乎氣,而言之長短與聲之高下赴焉。其質熊熊然,其源汩汩然,色正芒寒,令人望而知敬,則先生之所以爲忠,即先生之所以爲文,是謂集文大成,文不在兹乎?”

《四庫全書總目》卷一百七十《遜志齋集》提要:“《遜志齋集》二十四卷,内府藏本。明方孝孺撰。孝孺有《雜誡》已著録。……孝孺學術醇正,而文章乃縱横豪放,頗出入於東坡、龍川之間,蓋孝孺之志在於駕軼漢唐,鋭復三代,故其毅然自命之氣,發揚蹈厲,時露於筆墨之間。……然聖人之道,與時偕行。周去唐虞僅千年,《周禮》一書已不全用唐虞之法。明去周幾三千年,勢移事變,不知凡幾,而乃與惠帝講求六官改制定禮,即使燕兵不起,其所設施,亦未必能致太平。正不必執講學家門户之見,曲爲之諱。惟是燕王篡立之初,齊黄諸人爲所切齒,即委蛇求活,亦勢不能存。若孝孺,則深欲藉其聲名,俾草詔以欺天下。使稍稍遷就,未必不接迹三楊,而致命成仁,遂湛十族而不悔。語其氣節,可謂貫金石、動天地矣。文以人重,則斯集固懸諸日月不可磨滅之書也。"

參考文獻:

1. 方孝孺《遜志齋集》,《四部叢刊初編》景明本,上海書店1989年版。

2. 方孝孺著、徐光大點校《方孝孺集》,浙江古籍出版社2013年版。

3. 張廷玉等《明史》,中華書局1974年版。

4. 過庭訓《本朝分省人物考》,明天啓刻本。

5. 陳建《皇明通紀法傳全録》,明崇禎九年刻本。

6. 廖道南《殿閣詞林記》,《文淵閣四庫全書》本,上海古籍出版社1987年版。

7. 黄宗羲著、沈芝盈點校《明儒學案》,中華書局1985年版。

(邱江寧)

陳仲完傳

陳仲完,名完,又名伯宣,以字行,號簡齋,長樂(今屬福建福州)人。元至正十九年(1359)生。

楊榮《文敏集》卷二十一《故儒林郎左春坊左贊善兼翰林編修陳先生墓誌銘》(以下稱《陳先生墓誌銘》):"先生諱完,仲完其字也。以其恬憺簡約,自號曰簡齋……先生生元至正己亥十月十有八日,享年六十有四。"

郭柏蒼《全閩明詩傳》卷四《洪武朝四·陳仲完》:"陳仲完,又名伯宣,又名完,仲進族弟。卒年六十四。"按,陳伯康,字仲進(一曰仲晉)。長樂江田人。性耿介,尚氣節。洪武中,以明經授宜陽縣丞,攝治孟津。三載考最,調韓城,後擢知江山縣。卒於南京。祀鄉賢。著有《南雅集》六卷。弟仲完,子登、全,從子洵仁。

按,何喬遠《閩書》作"仲莞"。李駒《(民國)長樂縣志》卷二十三稱"陳仲完,江田人"。江田爲仲完所居之邑。

其先光州固始人,後因避難入閩。高祖諱叔友,曾祖諱世榮,有善政。祖諱宗舉,考諱天雄,皆弗仕。母張氏。

楊榮《陳先生墓誌銘》:"其先,光州固始人。五代時,因避梁難入閩,居玉融南陽之新豐,至諱泰者,析居長樂之江田。再世有諱龜圖者,登宋進士第,歷國子監丞、朝散大夫、信州府知府。又傳十一世，諱叔友者，爲宋興化軍主學，先生之高祖也。曾祖諱世榮，任福清知縣，有善政。祖諱宗舉，考諱天雄，皆隱居弗仕，而樂善好施，輕財重義，人多德之。母張氏，有賢行。”

仲完妻林氏，次李氏、胡氏。

楊榮《陳先生墓誌銘》：“配林氏，元玉融書院山長某之孫，次李氏、胡氏。”

洪武六年(1373)，選充邑庠生，從吴、葉二先生受學。

楊榮《陳先生墓誌銘》：“年十五，以民秀選充邑庠生，從吴彦信、葉希武二先生受學。”

洪武十七年(1384)甲子舉人。是年，丁外艱，弗及會試。

楊榮《陳先生墓誌銘》：“洪武甲子，與從子湜、洵皆薦於鄉，鄉人有‘一門三舉子’之謡。”按，陳洵，字思允，改名洵仁，長樂人。洪武十八年進士，授中書舍人，擢刑科給事中，英果廉介，不隨時俯仰。詩學精深，有《黄門集》。文章、政事，望重一時。《全閩明詩傳》卷四《洪武朝四》、《閩書》卷七十七《英舊志·縉紳》、《長樂縣志》卷二十五《文苑》有傳。陳湜，洵仁弟。

何喬遠《閩書》卷七十七《英舊志·皇朝科第》：“洪武十七年甲子舉人，陳仲筦。”

李駒《(民國)長樂縣志》卷十四“鄉科”：“明洪武十七年甲子黄維清榜，陳仲完。”

明弘治本《長樂縣志》卷四“舉人”：“十七年甲子陳仲完字仲全。”

楊榮《陳先生墓誌銘》：“是年，丁外艱，弗及會試。”

按，何喬遠《閩書》、黄仲昭《八閩通志》皆稱“仲完，洪武乙丑進士”，《(萬曆)福州府志》、王應山《閩大記》、徐氏《晉安風雅》、李清馥《閩中理學淵源考》等皆因之。據楊榮撰仲完墓誌,鄉舉後丁外艱,未第進士。洪武乙丑《進士題名録》無仲完名。

洪武十九年(1386),服闋,用薦分教延平郡學,復改直隸寧國。

楊榮《陳先生墓誌銘》:"洪武甲子……是年,丁外艱,弗及會試。服闋,用薦分教延平郡學,復改直隸寧國。"

按,《明史》卷六十《禮志・服紀》:"太祖曰:'三年之喪,天下通喪。觀願服三年,視願服期年者倍,豈非天理人情之所安乎?'乃立爲定制。子爲父母,庶子爲其母,皆斬衰三年。"古代禮俗,官員遭父母喪應棄官居家守喪,稱"丁憂",服滿再行補職。

永樂元年(1403),與楊榮初識於京師。

楊榮《陳先生墓誌銘》:"始予游郡庠,聞長樂陳先生仲完以文學行誼著於鄉,心甚慕之,而以未識爲恨。暨予由科第入翰林之四載,爲永樂初元,遂得胥會於京師,睹其儀表,聆其論議,迹其操存踐履之誠,於是益敬而愛之。而信昔之所聞者爲弗虚也。"按,皇帝登極改元,元年稱"初元"。永樂初元,即爲永樂元年。

又按,楊榮,初名子榮,字勉仁,謚號文敏,建安(今福建建甌)人。建文庚辰進士,授翰林院編修。靖難後,入直内閣,更今名。累官工部尚書、謹身殿大學士,加少師。卒贈太師,謚文敏。有《雲山小稿》《静軒》《退思》等集。王應山《閩大記》卷十七《名臣列傳》有傳。

永樂二年(1404)用修撰王褒薦,召試擢第一人,徵爲翰林院編修。

李駒《(民國)長樂縣志》卷二十三《名臣列傳》:"永樂初,用修撰王褒薦,徵爲翰林院編修。三年,詔簡東宫官,擢左春坊贊善。

奉命修《永樂大典》。"

楊榮《陳先生墓誌銘》:"既而先生用薦擢翰林編修,明年,升左春坊左贊善,仍兼編修。"

按,"三年,詔簡東宫官,擢左春坊贊善","明年,升左春坊左贊善",由此推之,陳仲完於永樂三年擢左春坊贊善,永樂二年爲翰林院編修。

何喬遠《閩書》卷七十五《英舊志·縉紳·王褒》:"永樂中,與修高廟實録,升翰林修撰,修《永樂大典》,爲總裁官……褒性孝友剛直,好汲引士類,同郡陳仲完、高廷禮、王恭皆因褒以進。"按,永樂二年(1404),高棅用王褒薦,入翰林爲待詔,預修《大典》。又《明通鑑》卷十五:"又簡中外官及四方宿老有文學者充纂修,選國子監及郡縣生員能書者繕寫,開館於文淵閣。"

永樂三年(1405)擢左春坊左贊善,仍兼編修。侍皇孫講讀,歷官二十年不遷。

李駒《(民國)長樂縣志》卷二十三《名臣列傳》:"三年,詔簡東宫官,擢左春坊贊善。奉命修《永樂大典》。"

焦竑《國朝獻徵録》卷十九《儒林郎左春坊左贊善兼翰林編修陳先生完墓誌銘》(以下稱《陳先生完墓誌銘》):"奉命授皇孫經,多所輔益,歷官二十年不遷,夷然自是。皇太子曾言,春坊如仲完不易得。"

徐景熹《(乾隆)福州府志》卷五十三:"尋升左春坊左贊善,侍皇孫講讀……仲完居贊善二十年不徙官,楊士奇爲傳惜之。"

永樂十五年(1417),隨侍成祖前往北京。

楊榮《陳先生墓誌銘》:"十五年春三月,隨侍來北京。"

按,《御批歷代通鑒輯覽》卷一百二《成祖皇帝》:"永樂十五年春三月,帝北巡,命皇太子監國。"《明史》卷七《成祖本紀》:"十五年春,三月壬子,北巡,發京師。皇太子監國……夏四月癸未,西宫成,五月丙戌,至北京。”

永樂十六年(1418),還鄉,率宗人建祠堂以奉先。

楊榮《陳先生墓誌銘》:“嘗以事還鄉,率宗人建祠堂以奉先。”

南陽陳氏祠堂碑刻:“明永樂十六年建,歷代重修。前後三進,第三進爲主廳。”

按,聚星堂亦爲陳仲完建。《長樂縣志》卷七《名勝志》:“聚星堂在十九都,明編修陳仲完創。時一門三舉子,一族三翰林,取‘五星聚奎’之意,故名。”按,“三舉子”爲陳仲完、陳洵、陳湜。“三翰林”爲陳仲完、陳登、陳全。

永樂十八年(1420),夏五月,復還南京。

楊榮《陳先生墓誌銘》:“永樂初元……十八年夏五月,復還南京。”

秋,應天鄉試副總裁。

楊榮《陳先生墓誌銘》:“是秋,大比承命,主京闈文衡去取。惟公士論悦服。”

郭柏蒼《全閩明詩傳》卷三引《柳湄詩傳》:“陳仲完,永樂十八年應天鄉試副總裁,與高棅、王恭、唐泰、王褒、王偁先後授京職,故與諸子時有贈答。”

冬,復至北京。

楊榮《陳先生墓誌銘》:“永樂初元……十八年夏五月,復還南京……比冬,復至北京。”

按,《御批歷代通鑒輯覽》卷一百二《成祖皇帝》:“永樂十八年,冬十一月,召皇太孫從皇太子至北京,時將遷都,故有是命。”《明史》卷七《成祖本紀》:“十八年冬十一月戊辰,以遷都北京詔天下……十二月己未,皇太子及皇太孫至北京。癸亥,北京郊廟宫殿成。"《明史》卷三十七《夏原吉傳》:"十八年,北京宫室成,使原吉南召太子、太孫。"

卒於永樂二十年(1422),年六十四。

楊榮《陳先生墓誌銘》:"二十年十二月初九日,以疾卒於北京之寓舍。"

郭柏蒼《全閩明詩傳》卷四《洪武朝四·陳仲完》:"陳仲完,卒年六十四。"

李駒《(民國)長樂縣志》卷二十三《名臣列傳》:"及仁宗即位,仲完前一年卒。"按,仁宗即位爲永樂二十二年(1424)八月,次年改元"洪熙"。仲完先一年卒,即爲永樂二十一年。今據楊榮《陳先生墓誌銘》定其卒年。

永樂二十一年(1423),其子泠來京,扶櫬歸里,祀鄉賢祠。

楊榮《陳先生墓誌銘》:"二十年十二月初九日,以疾卒於北京之寓舍……明年春,泠始聞訃,匍匐而來,將奉喪歸葬其鄉大溪山之原,以登所述行實來謁予銘,義不可辭,按狀。"

徐景熹《(乾隆)福州府志》卷二十三《冢墓》:"陳贊善仲完墓在十九都大溪山,大學士楊榮銘其墓。"

與陳全、陳登合稱"陳氏三翰林"。

王應山《閩大記》卷三十一《明賢列傳》:"陳仲完以薦擢翰林院編修,後加春坊贊善,侍皇孫講讀……同時,名全者,以進士第二官翰林編修;名登者,薦授中書舍人兼翰林侍書。人稱'陳氏三翰林'云。"

與林鴻、王偁、唐泰、王褒、鄭定、高廷禮、王恭、周玄、黄玄稱洪永十才子。

郭柏蒼《全閩明詩傳》卷三《林鴻傳》:"林鴻與陳仲完、王偁、唐泰、王褒、鄭定、高廷禮、王恭、周玄、黄玄稱洪永十才子。"

按,《四庫全書總目提要》卷一百八十九《閩中十子詩》提要:"閩中十才子者:一曰福清林鴻……一曰長樂陳亮……一曰長樂高廷禮……一曰閩縣王恭……一曰閩縣唐泰……一曰閩縣鄭定……一曰永福王偁……一曰閩縣王褒……一曰閩縣周元……一曰侯官黄玄……皆明初人。"無仲完名。

爲學躬行踐履,爲文不事藻繪,而詞義粲然。

楊榮《陳先生墓誌銘》:"其爲學以窮理爲務,實踐爲要,而不屑屑章句……凡有求詩文者,皆弗拒,輒舉筆成之,雖若不經意,而詞理俱造,人鮮能及。"

李駒《(民國)長樂縣志》卷二十《簡齋陳公挽詩序》:"其爲學本於躬行踐履之實,坦夷直諒,無所矯飾;爲文章不事藻繪,而詞義粲然。"

爲人雍容誠確,行事據理揆義,爲篤厚君子。

李駒《(民國)長樂縣志》卷二十《簡齋陳公挽詩序》:"與人交,一皆誠確,而始終弗變。其爲人長身欲立,望之偉然,平生喜怒未嘗形於顔面,終其身不聞叱咤之聲。故卒之日,識與不識,皆知其爲篤厚君子也。"

王應山《閩大記》卷三十一《名賢列傳》:"仲完持身恭慎,平居言若不出口,至討論古今,據理是非,毅不可奪。嘗奉詔汰官僚,某當汰,某當留,人服其公。"

楊榮《陳先生墓誌銘》:"蓋先生崇道敦德,樂善好義之志,愈老而愈篤。人無戚疏賢愚貴賤,皆稱其爲有德君子……至而殯殮……一時斯文,莫不臨哭吊祭,唏噓太息,以爲無復有斯人矣。非先生之德之誠,曷克致是哉!……先生自幼務學,孝友謙恭……

其爲人雍容和緩，簡默凝重，而表裏一致……其教人循循有序，不厭不倦，而多所造就。其接人禮意兼盡，而無忤於物……而尤諄諄訓誡子姓，以務學力善，無忝祖宗姻戚，鄉族莫不倚賴焉。"

焦竑《陳先生完墓誌銘》："爲人温厚質實，與物無競，平居寡言……至於論事，是非可否，據理揆義，無所回撓。嘗有詔汰在京諸司冗官，皇太子令兩房長官書賢者留之，庸者汰之。時鄒緝爲左坊長，執筆畏縮不敢下，遽起稱疾不出。次當仲完長坊事，即提筆書某當留，某當汰，衆者服其明決，被汰者亦自愧服。"

李駒《（民國）長樂縣志》卷二十曾殿撰棨作《簡齋陳公挽詩序》："今左春坊左贊善兼翰林編修長樂陳公仲完，以疾卒於北京之官舍，一時交游士大夫皆臨哭之，且復相與賦詩以寄其哀挽之意焉……嗚呼，惜哉！公之歷官行事，載於銘誌，兹弗復詳，第序士大夫所以作詩之意，以答泠之請。嗟夫！後之誦此詩以懷思於公者，抑安知其不爲之慨然遐想而興嘆乎？予知公之遺德可不泯矣，故序。"

有《簡齋迂稿》十卷。

楊榮《陳先生墓誌銘》："有《迂稿》若干卷，藏於家。"

黄仲昭《八閩通志》卷六十二《名臣》："有《簡齋迂稿》藏於家。"

清陳聲駿輯明陳氏家族詩集《江田詩系》（稿本）録《簡齋集》一卷。

有三子三孫。從子陳登，甥婿陳良。

楊榮《陳先生墓誌銘》："至而殯殮之事，一皆以命其從子中書舍人登與泠。而復得甥婿文選主事陳良……子男一，即泠。女二，長適林禔，次適林銈。孫男一，曰緒，女二。"

按，陳登，字思孝，長樂人，伯康之子。洪武三十年，以儒士授羅田丞，後調蘭溪、浮梁，皆有治績。永樂二年，詔吏部簡士之能書者儲翰林,楊士奇薦長樂登以浮梁縣丞入選翰林。陳登於浮梁丞任上,以善篆籀薦入翰林,預修國史,授中書舍人。既入中書,凡國家有大制作篆籀之文,皆出登手。有《石田吟稿》四卷。《閩書》卷七十七《英舊志·縉紳》、《長樂縣志》卷二十五《文苑傳》皆有傳。楊士奇撰有《陳思孝墓銘》(《東里文集》卷十九)。

參考文獻:

1. 張廷玉等《明史》,中華書局 1974 年版。

2. 徐景熹修、魯曾煜等纂《(乾隆)福州府志》,清乾隆十九年刊本。

3. 焦竑《國朝獻徵録》,臺灣學生書局 1984 年版。

4. 清高宗批、傅恒等奉敕撰《御批歷代通鑒輯覽》,《文淵閣四庫全書》本,上海古籍出版社 1987 年版。

5. 郭柏蒼、楊浚録《全閩明詩傳》,遼寧大學出版社 1990 年版。

6. 何喬遠《閩書》,福建人民出版社 1994 年版。

7. 李駒等纂、孟昭涵修《(民國)長樂縣志》,中國地方志集成:福建府縣志輯,上海書店出版社 2000 年版。

8. 王應山《閩大記》,中國社會科學院出版社 2005 年版。

9. 黄仲昭《八閩通志》,福建人民出版社 2006 年版。

10. 楊榮《文敏集》,《文淵閣四庫全書》本,上海古籍出版社 1987 年版。

(夏爽)

王紳傳

王紳，字仲縉，浙江義烏人，元至正二十年(1360)生。

王汝玉《國子博士王仲縉墓表》(程敏政《皇明文衡》卷九十二、焦竑《國朝獻徵録》卷七十三)、方孝孺《祭王博士》(《遜志齋集》卷二十)、鄭曉《國子博士王紳傳》(《吾學編》卷五十八)、過庭訓《王紳》(《本朝分省人物考》卷五十二)、黄佐《王紳》(《南雍志》卷二十三、《革除遺事》卷五)、屠叔方《王紳》(屠叔方《建文朝野彙編》卷一)、焦竑《國子博士王公》(焦竑《熙朝名臣實録》卷七)、姜清《姜氏秘史》、《明史》卷二百八十九皆載其事迹。

按，王汝玉《國子博士王仲縉墓表》載"(王禕)使雲南，仗節死，時仲縉甫十三歲"，"仲縉不幸卒焉，實洪武庚辰十二月丙午也，享年四十有一"，考王禕卒於洪武六年(1373)，此年王紳十三歲；又洪武時期並無庚辰年，庚辰年在建文二年(1400)，而鄭曉《國子博士王紳傳》云"建文二年卒，年四十有一"，則王紳當生於元至正二十年(1360)。

聰敏過人，落筆爲文，沛然不可禦。鞠於伯氏，縈縈憂患中而傑然負奇志，視世務瑣瑣，無足動其中。

王汝玉《國子博士王仲縉墓表》："聰敏過人，落筆爲文，沛然不可禦。鞠於伯氏綬，事母夫人何氏，盡孝，及卒，哀毁逾禮。未幾，綬亦没,仲縉獨綜理生産作業,煢煢憂患中,而傑然負奇志,視世務瑣瑣,無足動其中。”

鄭曉《國子博士王紳傳》:“幼鞠於兄綬,最恭順。痛父死義,尤孝事母。母卒,哀毁。未幾,兄綬亦卒,營葬煢苦,卓負奇志。”

按,方孝孺《遜志齋集》卷七《王氏兄弟字説》:“翰林待制烏傷王先生,有二子曰綬,曰紳,次第加冠於首,各請字於金華太史公,公字綬曰孟緼,紳曰仲縉。”

洪武二十五年(1392),蜀王聞其名,馳書幣聘致,待以客禮,致聘爲師。

王汝玉《國子博士王仲縉墓表》:“蜀王尊賢下士,聞之,馳書幣聘致,待以客禮。”

黄佐《南雍志》卷二十三:“洪武二十五年,蜀獻王聞其賢,馳書騁幣致之,待以客禮,俾教授蜀郡。”

洪武二十九年(1396),痛父親王禕死節蠻徼,遺骼未返丘隴,遂走雲南求父遺骸,不得,述《滇南慟哭記》。

王汝玉《國子博士王仲縉墓表》:“仲縉痛先待制死節蠻徼,遺骼未返丘隴,白其情事。王悼憫之,給道里費以行至雲南,訪求不獲,遂即死所奠祭,仰天號慟幾絶,過者爲之泣下沾襟。述《滇陽慟哭記》以著志。既還,王慰勞備至,蜀人無貴賤,咸知敬愛。”

黄佐《南雍志》卷二十三“紳痛父遺骼未返丘壟,白其情事,王憫之,給道里費以行。至雲南,訪求不獲,遂即死所奠祭。仰天號慟幾絶,過者爲之泣下沾襟。述《滇南慟哭記》以著其志,雲南布政使張紞尤重之,作《吊王翰林》文以紓其情。既還,王慰勞備至,蜀人無貴賤,咸知敬愛。”

王紳《繼志齋集》卷七《滇南慟哭記》:“先公以洪武五年正月奉

使雲南，招諭元梁王。六月抵其境，六年遇害。至二十五年，不肖孤紳竊禄西川，屢請於蜀王殿下。二十八年冬得旨，十二月朔日戒行。次年二月二十三日到滇，次日參見岷府，退謁藩閫文武大臣及土人士友，並以情事爲告，聞者閔之，競爲咨訪。”“……紳至滇，有年即來告，且爲書招鉉。十一日，鉉至，口述遺事亦悉，又舉先公題其竹軒三絶句，遂導至兀兒朵東門外之百步，指群冢千百而言曰：大略記在此處。而群冢盡遭發掘，無遺者。紳見其年少，不敢盡信，又見頗能記憶，亦不敢不信，遂於其處仰天大慟。次日於群冢旁擇曠地，仍設次爲位，迎神主陳祭。祭畢，復奉歸寺之元。次越十日，奉神主而回。嗚呼哀哉！紳之初志，鋭欲訪求遺殖，歸葬先隴，以襄大事。不幸歲久事殊，以至此極，雖粉身碎骨，亦不足以贖其辜，他日尚何面目見先公於九原者哉？擗踴之餘，因忍死備記於簡，以志不忘終天之恨，且使後世子孫有以知其荼毒。嗚呼痛哉！”

建文元年(1399)四月，有以仲縉名行薦者，徵諸天官。七月，授國子博士，諸生方翕然向慕。

王汝玉《國子博士王仲縉墓表》：“有以仲縉名行薦者，徵諸天官，授國子博士，諸生方翕然向慕。”

鄭曉《國子博士王紳傳》：“建文元年四月，紳上言父死節狀，且曰：‘陛下方隆孝治而明詔，又有旌表節義之條，正微臣得展情事之時，先臣志節獲伸之日也。’下翰林定議，降制曰：‘朕纂承洪業，大賚四方，文武之臣勛庸勞烈，著於天下者，咸思褒封，寵錫以崇德報功，况於守節秉義之臣？’命書愍贈，曷可忘哉。……特贈翰林院學士、奉議大夫，謚文節。開國以來文臣有謚者，實自禕始。”

焦竑《熙朝名臣實録》卷二《義烏王忠文先生》：“建文元年四月，紳上言父死節狀。下翰林議，贈公翰林院學士、奉議大夫，謚文節。正統六年，又贈公翰林學士，謚忠文。”

屠叔方《建文朝野彙編》卷一:"時用給事中徐誠、御史黄凱薦召紳爲國子博士,入詞垣,編摩高皇帝實録,與方孝孺同事。尊孝孺爲百代儒宗,勸之著書以淑來世,孝孺不答,紳亦悟,自是益向道德,略文藝。"

姜清《姜氏秘史》:"建文即位,召爲國子博士,遂入詞垣,編修《太祖實録》。與候城方孝孺交游,嘗尊孝孺爲百代儒宗,勸之著書以淑來世,孝孺不以爲然。紳自是益向道德,而略文藝。"

黄光昇《昭代典則》卷七"子紳走雲南求父遺骸不得,述《滇南慟哭記》,後贈翰林院學士奉議大夫,謚文節,開國以來文臣有謚,自禕始。"

建文二年(1400)卒,有《繼志齋集》三十卷藏於家。

王汝玉《國子博士王仲縉墓表》:"諸生方翕然向慕,而仲縉不幸卒焉,實洪武庚辰十二月丙午也,享年四十有一。明年三月壬申,子稌奉柩歸葬象鼻岡之原。娶丁氏、曹氏,生四子,長穆,次即稌,次稔,次推。仲縉平生無他嗜好,惟喜爲文章,有《繼志齋集》三十卷藏於家。"

《四庫全書總目》卷一百七十《繼志齋集》提要:"《繼志齋集》十二卷、附録一卷,兩淮鹽政采進本。明王紳撰。紳字仲縉,義烏人,待制禕之仲子,《明史》附見禕傳,稱禕死時,紳年十三,事母兄盡孝友,長博學,受業於宋濂。濂器之曰:'吾友不亡矣。'蜀獻王聘紳,待以客禮。紳啓王,往雲南求父遺骸,不獲,述《滇南痛哭記》以歸。建文帝時,用薦召爲國子博士,預修《太祖實録》,獻《大明鐃歌鼓吹曲》十二章,卒於官。王泌《東朝記》以爲成祖召入翰林,編摩《太祖實録》者,誤也。其集冠以《鐃歌十二首》即建文初所獻,次爲賦二篇,次爲古今體詩及諸雜文,末爲附録一卷。"

《四庫全書・繼志齋集提要》:"其集殘缺失次,僅存九卷。而

第一卷所載鐃歌，即已全佚，其他斷簡缺文，不一而足。”

丁立中《八千卷樓書目》卷十六：“《繼志齋集》十二卷，附録一卷，明王紳撰。明刊二卷本，附《王忠文集》後。”

不爲瑣事縈懷，交游甚廣。

王紳在地方與方孝孺、俞恂及方孝孺門人弟子、鄭氏族人等交游甚洽；在廟堂與姚廣孝、鄒瑾等唱酬甚多。

與方孝孺交情尤洽，爲兒女親家，方孝孺之女配與王紳之子王稌，二人往來答和甚多，情感尤深。按，方孝孺《遜志齋集》卷二十《祭王博士》：“嗟嗟仲縉子之去我而死，一何速邪？憶初見子於烏傷山中，妙年白皙，宛如處子。操筆吐辭，浩然源泉之初發，燁若桃李之方葩。當時碩儒巨公，莫不稱美愛惜，謂翰林君之有子，而嘆其持節萬里，未返乎荒遐。後十餘年，名聞四達，賢王遣使聘致於藩國，因得睹岷峨之奇峭，淩江漢之洶涌。……是時年逾三十，毅然有志於古道，而入覲王門。出教郡學，雄文美譽，旁流溢乎邛巴。”

王紳對方孝孺則尤其敬慕，《繼志齋集》卷七《正學齋記》：“漢中府教授、天台方公希直，備純明之資，負正大之學，慨然有志於聖賢者也。蜀王殿下素加禮敬，間嘗聘置左右，以諏咨正道。公見必以仁義道德之言陳於前，王方大肆力於緝熙之學，日以誠意正心、躬修體驗爲務。與公論辨，若律吕之諧，肯綮之中，無不吻合。”

《繼志齋集》卷二《夏夜同劉仲美讀正學方先生文》：“良宵塵事寂，好月升前楹。庭卉薦芳細，松風入懷清。故人百里來，一見雙眼明。呼童具雞黍，濁醪聊對傾。山南文章伯，雄論神鬼驚。一自鈞天奏，屏縮嘈唽鳴。挑燈謾披閲，口誦兼手謄。煩襟頓蠲滌，鄙悋無由生。信知斯文妙，能起薄俗情。酒酣共忻賞，疑義釋春冰。”

《繼志齋集》卷二《送正學方先生》：“交久情自篤，道同誼彌深。豈曰足可取，偶契賢哲心。樗樸産深谷，莫爲斤斧尋。誤蒙匠石晲,價比南州金。鈞天絶遺響,竽籟競哇淫。孰識爨下質,乃是稀世音。物理固則然,天命良足諶。握手岐路側,慨然發長吟。"

與俞恂。王、俞二家乃世交,王紳與俞恂情感頗深,乃俞恂妻弟。俞恂與方孝孺等同學於宋濂之門,後爲金華訓導,著有《尚志齋稿》十卷。按,俞恂,字子嚴,金華義烏人。方孝孺《遜志齋集》卷九《上胡先生二首》云:"王翰林之子曰紳,有妻之侄曰俞恂,皆好學,能從事。"

宋濂《芝園續集》卷五《跋胡方柳黄四公遺墨後》:"初齋諱良玉,懷璞其字,衢州常山縣教諭,今翰林待制禕之父也。初齋乃梅溪之甥,金華俞恂又初齋之外孫,其簡牘流傳,蓋有所自云。恂來學經於濂,以濂常及灑掃柳黄二公之門,裝褫成卷,俾題其後,義不敢辭。"

秦瀛《小峴山人集》文集卷六《書方希古先生手稿墨迹後》:"金華俞子嚴與方希古先生同學於宋潛溪。潛溪名子嚴之齋曰'尚志',而先生爲之記,子嚴歸,先生送之溪梁之上,贈之以文,文中所稱太史公者即潛溪也。"

又按,據王紳《繼志齋集》卷三《十一月二十夜夢子嚴外兄己卯歲》詩,俞恂可能卒於建文己卯(元年,1399)。詩云:"自慚孤陋資,落落素少偶。緬懷骨肉親,惟此知心友。髫童藉師資,相期同白首。論情漆在膠,談道杵投臼。死生成契闊,意氣竟誰負。今夕復何夕,重把平生手。悲喜形笑談,涕泗被唇口。始欣情思真,稍悟永訣久。蕉鹿既莫憑,壑舟去難守。招魂覓巫陽,孤月在鍾阜。"而王紳與俞恂情感亦極深厚,王紳《繼志齋集》卷九《寄俞子嚴外兄書》:"紳自幼與吾兄相處者三十年,其於姻聯之密,情契之深,道義之篤,不知古人寧復有此也。故平居越,旬月不見,則中心缺然。今忽相去萬餘里,而會晤無期。回想向時,恍若夢寐,悠悠眷戀,此心當何如哉?因念自少雖負繼述之志,然質性庸愚,弗克自立。每藉吾兄夾持磨琢之功，竟獲厠身逢掖之流，謬膺師表之任，而爲士友所推許者，吾兄之力居多也。感恩抱念，愈不自勝。”

俞恂學於宋濂，爲宋濂所深賞。宋濂《芝園續集》卷九《俞氏宗譜序》云：“俗之不美，有志者鮮也。今世之士，論法道不古，若則以無位爲解，及既得位，卒不能有所爲，豈特無位之罪哉？先王經天下之法深遠矣，大者信非無位之所能行。至於族師閭胥之事，獨不可推行於州里之間乎？州里之間，苟未暇爲，獨不可行於同姓之親乎？爲士者，布海内而無救於俗，由是知今之士多無志也。……學於吾者衆矣，吾未嘗不語以其故。金華俞生恂其可語者乎？俞生之先以書詩世其家，擢科第者先後相望。生之父大有，尤好學，譜其同姓之親，以聯其族。生繼成之，益修其遺文甚完。譜固睦族之本也，然無法以行之，安能久而無懷乎？欲其久而無懷，捨吾言不可也。吾是以有言焉。嗚呼，恂苟能行之，孰謂有志者之果鮮哉！”

黄虞稷《千頃堂書目》卷十七著録云：“俞恂《尚志齋稿》十卷。字子嚴，慶子，本郡訓導。”

與鄭楷。王紳《繼志齋集》卷二有《懷鄭叔度二首》等作，《懷鄭叔度二首》其一曰：“人生水上萍，往來無定根。會合既難常，有懷嘗苦辛。高人美風裁，毓質孝義門。温温富文學，籍籍佳弟昆。摛辭擷春葩，抗志凌秋旻。憶忝籍湜好，切磋義彌惇。夜踏麟溪月，曉卧蘿山雲。年來事分携，欲見邈無因。長風蕩天末，流水行遠津。吴蜀隔萬里，矯首嗟離群。”

與鄭公智。按，李衛修、沈翼機纂《（雍正）浙江通志》載：“（鄭公智）字叔貞，寧海人，力學嗜古，工文辭。方孝孺薦之蜀獻王。……靖難後坐方黨論死。”王紳有《送鄭叔貞從駕巡邊三首》《送鄭叔貞序》《簡鄭叔貞四十二韵》《簡鄭叔貞》等作。王紳《繼志齋集》卷五《送鄭叔貞序》寫道：“洪武丁巳，先師太史宋公致政，家居於蘿山。紳始弱冠,以契家子獲執汛掃役於公門。公不鄙,汲引而誨之。每賓客散後,列弟子坐松濤室下,歷數古今作者,必曰:'吾於交友所見,惟爾父一人,而門人輩,獨希直而已。希直即今侍講正學方先生也。紳時騃稚,未知所云,而識者知公之言爲至論。後二年,公卒於蜀,先生東歸天台,旋出教授漢中。今天子即位,首召入翰林,而名益著聞天下。是時登先生之門者雖甚衆,有若鄭君叔貞者,先生里中子也。資稟清粹,力學好古。爲文辭如春空層雲,變態百出,如秋江長濤,渺漫無窮。非其才氣之贍,固不至此。然叔貞雖不事表襮,而其聲譽已藹乎縉紳間。'"

與林升。李衛修、沈翼機纂《(雍正)浙江通志》卷一百六十五載:"林嘉猷,名升,以字行。寧海人。始師事同邑王琦,琦坐累徙雲南,姻族無一人顧恤者,嘉猷徒步千里追送,涕泣與别,人高其義。後復行六千里至漢中求方孝孺而師焉。方氏之門嗜學之士,至者無虛席,而孝孺獨以得嘉猷及鄭叔貞爲善,勖之使進乎聖賢之道,曰:'匡我者,二子也。'"王紳有《和嘉猷林先生韵》《升仙橋别林嘉猷二首》《和林嘉猷韵》等作。其《繼志齋集》卷一《升仙橋别林嘉猷二首》之二云:"身度升仙橋,言送凌雲客。駿馬簇游龍,華車集芳陌。長揖臨路岐,相看情脉脉。憶昔題柱人,才華富籌策。風雲相際會,聲名隨烜赫。顯揚丈夫事,尚恨所志窄。慨想有深情,非子吾誰白。"

王紳與同僚的往來唱和也頗頻密,如與姚廣孝,有《陪衍聖公宴集用鄭助教韵》;與御史陸廣平,有《柏臺餘思爲陸廣平御史作》;與御史羅以道,有《送羅以道御史歸省》;與檢討陳子魯,有《送陳檢討子魯歸省》;與侍書朱思平,有《送朱思平侍書歸省》;與主事陸伯瞻,有《送陸伯瞻主事使朝鮮》等。

爲王褘之仲子,宋濂之門人,深得婺學之傳,取經史百氏言,窮其浩博,會其旨歸,曲而暢之,觸而引之,縱橫磅礴,出入上下,務探

擷其精英乃已。

王汝玉《國子博士王仲縉墓表》:“暇日益取經史百氏言,窮其浩博,會其旨歸。曲而暢之,觸而引之,縱横磅礴,出入上下,務探擷其精美乃已。潛溪先生一見即器之,曰:‘吾友王待制,其有後乎?’一時俊杰,多自服不逮。”

鄭曉《吾學編》卷五十八:“博讀經史百家言,發諸論難,縱横磅礴,沉思鋭氣,俯視朋流。宋濂一見,奇紳曰:‘華川有子’。”

方孝孺《遜志齋集》卷八《文會疏》:“伏以道術之分九流,儒者實禮樂之宗主。浙水之東七郡,金華乃文獻之淵林。在天纏爲婺女之墟,於壙籍資賢人之聚。自宋南渡有吕東萊,繼以何、王、金、許,真知實踐,而承正學之傳。復生胡、柳、黄、吴,偉論雄辭,以鳴當代之盛,遂使山海之域,居然鄒魯之風,天實啓之。世有作者,惟我朝創業垂統之初載,得華川、潛溪之兩公。或以誠篤博大鎮朝廷,或以忠節剛方聞夷夏,修九十三年之《元史》,爲百千億載之成書。雖盛衰榮辱,所遇難齊,而道德文章,俱垂不朽,繼其後者,夫豈易哉?恭惟仲縉先生,推其學,則潛溪之門人,論其家則華川之愛子。耳濡目染於斯道,斯文之懿,不出於户庭而得之。心解力行於厥父厥師之傳,能紹其箕裘之業矣。是以名播萬里,來睹王國之光,經授諸生,聿佐郡庠之教。”

按,查繼佐《罪惟録·列傳》卷十二上:“世子稌,字叔豐,受業孝孺之門,孝孺妻以女。及孝孺死難,稌周旋其間。又與廖鏞、鄭珣等至聚寶門,外求遺體,歸葬不淂,卒坐逮繫。文皇念稌祖死國,特宥免之。辭疾還金華,讀書青岩之下,從游者日衆。稌與童景庸書有云:‘痛念遜志名迹,日就湮没,欲執事與令兄商榷,搜輯其學行幽潛、生平始末,爲家傳、行狀以傳。同志遂輯方氏遺文爲《侯城集》。性至孝,初,紳痛父没,每食必斥兼味。稌一遵遺志,子孫相承,閱百年不變。郡邑交重之禮,爲鄉賓分獻先聖廟。'"

作文力贊方孝孺之説,主張文以載道,以聖賢之道爲依歸。

王紳《繼志齋集》卷五《遜志齋稿序》:"聖賢任道之心雖一,而行道之勢則不同。伊尹、周公得志而見於功業,孔子、孟子不得時而托於空言。其事雖殊,要其歸則一也。後之學者,不察其心,而離爲二端。專功業者則詆立言者爲空文,務立言者則謂必藉是以明道。傳襲之久而弊愈甚。嗚呼,世有不惑於衆人,而致力行之功者,其殆有志於聖賢者歟?天台方君正學,負精純之資,修端潔之行,考其學術,皆非流俗所可及,其言功業,則以伊周爲準;語道德,則以孔孟爲宗,會其通而不泥於一志乎。大而不局於小,實有志於聖賢者也。嗟乎,聖賢之不作久矣!斯道之微,若晨星之在太空,光彩不耀者數千百年。至宋諸大儒出,始續其不傳之緒而繼之,然後學者有所宗師。今去宋又二三百年矣,斯道之晦亦久矣。天之閔斯民而望後人者亦甚矣。方君以出類之才如此,其意必有在矣,而君又烏可自不力也!紳不敏,幸忝同門之列,於君之志切有與聞焉,故特著其説於文稿之首。"

作詩主張主乎理而發乎情性者,孕山川清淑之氣以資性靈,流麗平實。

《繼志齋集》卷五《盤石書舍詩序》:"自昔名賢君子,所以道成德就者,必鍾夫山川之氣以生,又必有藏修養晦之所而造其業。蓋不清淑以孕秀,則無以資其性之靈;不有其所,則無以凝其性之定,此理之自然也。惟蜀之山川,奇峻甲天下。故往往産名賢、出巨公,爲天下後世之所景慕。若漢之揚子雲、司馬長卿,宋之張敬夫、二范、三蘇、魏了翁,則其人也。自予游蜀者凡三載,每遇佳勝之境,必徘徊顧盼,挹其景而想其人,切意夫氣運之流於穹壤者無窮,期而清淑之鍾於人者，又豈獨嗇於今哉？”

同卷《劉大有詩集序》：“夫詩者，主乎理而發乎情性者也。天下之理無窮，而人之情性不一，爲能不失於理而得乎情性之正，斯足以言詩矣。何必鉤奇衒怪，如牛鬼蛇神之不可以狀詰；屈曲聱牙，若殷彝周卣之不可以意求者，乃謂之詩哉？嘗聞嚴滄浪論詩體者五十有六，有以世代爲一體者，有以年歲爲一體者，有以地里爲一體者，有以一人爲一體者，何其屑屑之多體哉？殊不知造化之理無窮，而文章亦爲之無窮，譬之聲音笑貌，人人不能皆同，獨言語可以强同乎哉？是故淵明天性冲曠而得於渾然，東野厄於困窮而得於寒苦，政自各類其人。夫何世之談論者，往往欲□□體，或謂體備諸家，是猶刻舟而求劍，俯地而捉影，愈勞而愈遠矣。抑不知諸家之體，其能外《三百篇》而出於六義者乎？苟其不然，曷亦宗《三百篇》、本六義而出入於諸家之爲愈？……”

同卷《玉壺詩集序》：“世稱司馬子長好游，故其文有奇氣。夫游烏足以資乎文哉？良以山川清淑之氣，經之於目即會之於心，會之於心即形之於言，所以言必瓌偉而雄麗也。蓋人之質性厚矣，問學富矣，其得諸内者至矣，必藉夫游覽之勝以資其外，然後吾之氣内外交養者有其素。於是縱横上下、大小、長短、輕重、疾徐，惟吾之所欲言矣，豈特如其所欲哉？”

同卷《楊宗彝詩集序》：“……愛其音韵沉雄，體裁嚴正，流麗而不至於放，平實而不失於俚，殆有古作者之風焉。故自其平生、出處、歷履、感遇、悲喜，一發於詩，以寓其志，且請予序其端。嗚呼，夫詩豈易言哉？自《三百篇》而下，歷漢、魏、晉、宋以來至於唐，於五代，於宋元作者，不可以數計，而以之名家者，百不一二焉，何則？蓋工於辭者，每戾於理；而得於理者，必嗇於辭。况又因之以世運之隆污，氣習之衰盛，格制之變易，而態故百出，無復古人之遺意矣。此世之談詩者，各拘於所溺之偏,人或詰之,則必指古人以自誣,且曰:'吾學某者也。'嗚呼!是猶學射於逢蒙,而用其故鏃,習醫於扁鵲,而竊其遺方,所謂得其末而遺其本。若此者,是可以言詩乎哉?予患乎此者久矣。今觀宗彝之作,固足以一洗盲瞽之病。"

爲文演迤豐蔚,爲詩有陶、韋風致,在洪武、建文之際,卓然自爲一家。

《繼志齋集》卷首鄒輯《繼志齋集原序》:"及與仲縉交,始得其文而讀之,爲之嘆息,以爲非今世之人所能及之也。已而仲縉復自出其所爲《繼志齋集》,見其豐茂典則,有追古作者之風,蓋能世其家之文者也。因竊嘆夫世之爲文章者,其才每不足,而其氣又有所不充,以故不能以幾於古之人。使能養其才而充其氣,博於取而深於積,則文雖不蘄於古,而自不能不至於古矣。今夫江河之渾浩流轉,而蛟龍魚鱉百怪之所聚;山岳之崇高深厚,而虎豹犀象百獸之所駭愕者,以其積之厚而蓄之富也。昔者君之先待制公,與太史宋公皆學問博洽,才氣超越。觀其於六藝百家之書,諸史百子之言,網羅搜索,無所遺漏。而又本之以詩書之要,故其發爲文章,馳騁變化,縱驟放軼,傑然追踪先秦兩漢之間,而不可以涯涘窮也。君既以世家之學,而又嘗游於宋太史之門,所聞者深而所積者富,言論意氣,逸發橫出,宜其有非人所能及者,則其才氣之所至不既深矣乎?嗚呼,可謂能不愧於待制公矣!"

《繼志齋集》卷首王達《繼志齋集序》:"先生酷嗜於古、《選》,一字一句必煅煉而後出,故其所作,往往高出倫輩,流麗圓轉,陶鑄乎韋、柳之間,晚唐諸子蓋不數也。然余奔走湖海三十年矣,能詩者非一人,知詩者則概乎其未見也。若仲縉者所謂知詩者歟?"

《四庫全書總目》卷一百七十《繼志齋集》提要:"紳,名父之子,又師承有自。其文演迤豐蔚,不失家法,詩亦有陶、韋風致,無元季纖穠之習，在洪武、建文之時，卓然自爲一家，不但行誼之高也。名其齋曰繼志，可謂無忝所生矣。”

《四庫全書·繼志齋集提要》：“特以其爲名父之子，又師承有自。其文演迤豐蔚，不失家法。詩亦有陶、韋風致，無元季纖穠之習。在洪武、建文之間，尚可卓然成家。雖一鱗片甲，要非凡格，不以其缺佚棄之也。”

參考文獻：

1. 王紳《繼志齋集》，《文淵閣四庫全書》本，上海古籍出版社 1987 年版。

2. 黄佐《南雍志》，民國景明嘉靖二十三年刻增修本。

3. 鄭曉《吾學編》，明隆慶元年鄭履淳刻本。

4. 黄光昇《昭代典則》，明萬曆二十八年周曰校萬卷樓刻本。

5. 屠叔方《建文朝野彙編》，明萬曆刻本。

6. 焦竑《熙朝名臣實録》，明末刻本。

7. 姜清《姜氏秘史》，清鈔本。

8. 查繼佐《罪惟録》，《四部叢刊三編》影印吴興劉氏嘉業堂藏手稿本，上海書店 1985 年版。

9. 方孝孺《遜志齋集》，《四部叢刊初編》本，上海書店 1989 年版。

10. 程敏政《皇明文衡》，《四部叢刊初編》本，上海書店 1989 年版。

(邱江寧)

王叔英傳

王叔英，字元采，一作原采，號静學。少孤，從母姓陳，後復姓王。黄岩亭嶺(今温嶺市太平街道太平小河头村)人。約生於元至正二十年(1360)。

焦竑《國朝獻徵録》卷二十一黄綰《静學王公元采傳》:“先生姓王氏，諱元采，字叔英，號静學，黄岩人也。少孤，因母嫁陳氏故，或稱陳元采，實王氏也。居亭嶺，今屬太平縣。”

黄佐《革除遺事》卷四《王叔英傳》:“王叔英，字原采，台州黄岩人。”

按，何宗武《重鎸王静學公文集序》:“嗣閲《太平縣志》，明成化中始割樂清、黄岩、玉環之交錯地爲太平縣。光復後三年，縣名同名，悉改稱温嶺。此公原籍黄岩，今籍温嶺。”

又，陶元藻《全浙詩話》卷二十八:“静學王公叔英，初冒陳姓，《遜志齋集》有《與陳元采》兩書，又詩曰‘立言温粹懷陳采’，皆公也。其復姓當自令漢陽後。”王叔英洪武二十六年《送鄭生序》末署王某，其任漢陽令則在洪武三十年，故陶元藻之説有誤。

又，《静學文集》有《壽潘氏太夫人詩序》一文:“伯尚之所存者惟母，而余之所存者惟父。”與史載“少孤從母姓”抵牾。光緒《黄岩縣志》卷三十九:“文集《壽潘安人序》云:‘余之所存者惟父’似與本傳稱‘少孤從母育陳氏者’不合。蓋先生集由後人搜集，或他人作攙入之致有抵牾耳。"

又,王叔英生年不詳。周瑛《重修修撰王公墓記》、宋端儀《立齋閑録》、許相卿《革朝志》與《太平縣志》均稱"原采死時年未四十"。王叔英卒於壬午年(1402),姑標爲元至正二十年(1360)前後。

洪武十五年(1382)七月之望,與葉夷仲、張廷璧、林公輔、方孝孺四君子登臨海巾山。

方孝孺《遜志齋集》卷十五《巾山草堂記》:"壬戌七月之望,予偕葉君夷仲、張君廷璧、林君公輔、陳君元采,夜登絶頂,飲酒望月,縱談千古,竟夕不眠。予謂葉君曰:'昔蘇子瞻夜登黄樓觀,王定國諸公登桓山,吹笛飲酒,乘月而歸,以爲太白死三百年無此樂矣。斯樂也,又子瞻死三百年後所無也。'諸君皆大笑。追計其時忽十五年,今存者獨予與張陳耳。"

《臨海縣志》卷十五張廷璧《登巾山看月》題注:"同方正學先生,暨林公輔、葉夷仲、陳元采。"

同年冬,與楊大中、方孝孺、林公輔、葉夷仲同被徵至京,叔英固辭還鄉。

張廷玉《明史》卷一百四十三本傳:"洪武中,與楊大中、葉見泰、方孝孺、林右並徵至。叔英固辭歸。"

方孝孺《遜志齋集》卷二十三《舟中呈同召葉夷仲、林公輔、楊大中、陳元采》:"本乏適時用,誤爲當世知。進身愧蹇拙,退處乃其宜。何意承寵光,使車忽來兹。靡靡逾南國,秩秩錫多儀。嚴程不可稽,王命自有期。親愛俱在眼,弗獲顧我私。聖猷同山岳,微忠劣毫絲。黽勉諒何補,徒興千載思。"

洪武十八年(1385)冬,游天台,結識賈嵩,爲作《會文集序》。

《静學文集》卷一有《會文集序》:"天台賈君,某公之裔孫也。壯歲嘗馳騖乎功名之場,華焰乎時矣。今既老且病,無所用於世,猶愛與當時名士大夫游,有文詞之好。嘗養病於石橋山中,自號'石橋病叟'。又多游華頂峰,與高僧逸人爲方外友,復號'華頂山人'。其居在邑地之東,蘭田之上,素稱蘭田賈氏,名其臺曰'忠敬之堂'。堂之兩廡爲閑居七所,所各有名,其自號與其堂廡所以命名之意。大夫士多爲文若詩,以述其志。又其所居景物可咏者,其目有八,謂之'蘭田八咏'。所得詩文若干篇,君取之日廣,作者日富,遂以其類分爲五卷,總題曰《會文集》。余去冬游天台,始與賈君相識,因出其所集詩文示余,且屬爲之序。"

《(民國)台州府志》卷一百六:"賈嵩,字伯嵩,天台人。世家子,好禮知學,沉毅有謀……累官至樞密院副使。"

洪武十九年(1386),結交求孟直,爲作《瑞菊軒詩序》。

王叔英《静學文集》卷一《瑞菊軒詩序》云:"余今歲始獲交孟直,孟直之所以致此,余固未足以知之。然考之於其鄉之士友,皆以爲言孟直之尊人以上世多善人,而孟直又能承其祖父之德。""求君字孟直,素以高醫聞州里。洪武十七年,朝廷命有司選舉精通醫術之士爲醫學官,天台以孟直應選……孟直至京,果承恩旨,得授其縣之醫學訓科。"

《(民國)台州府志》卷一百二十五:"求孟直,佚其名,天台人。受醫學於其婦翁胡克銘,以術聞州里,專以濟人爲務,貧者不受。"

洪武二十年(1387)春,賢名籍甚,辟仙居訓導。

《明史》本傳:"洪武二十年,以薦爲仙居訓導。"

王叔英《静學文集》卷一《送鄭生序》:"洪武丁卯春,余始領訓經事於仙居邑庠。"

張夏《雒閩源流録》卷二:"因與正學友善相切劘,賢名籍甚,既而應辟爲仙居訓導。"

洪武二十二年(1389),改德安府學教授。

黄佐《革除遺事》卷四《王叔英傳》:"丁丑,改德安府學。"

張夏《雒閩源流録》卷二:"久之,改德安府學考滿,擢知漢陽縣。"

王叔英《静學文集》卷一《丹丘舊隱圖序》:"余與先生俱爲天台人,今年春亦來佐教德安郡學。"《送洪仲蕃序》:"某獨念與先生同邑,年雖頗後於先生,然自托交以來,蓋二十餘歲矣。先生來武昌之七年,而某亦來佐教德安。"

洪武二十八年(1395)六月,游永康,友朋酬唱,作《涵清軒詩序》《養志齋記》等。

王叔英《静學文集》卷一《送陳克彬歸臨江序》:"今年,余來金華之永康。"《涵清軒詩序》:"永康錢仲道氏,家居桐谷之上,有溪流在其居室之西,潔清可愛。仲道于是作軒其傍,爲燕居讀書之所。吾友林先生既爲之記,而士友之知仲道者,多爲詩歌以美之。余游永康,而仲道持其所得詩若干篇見示,因求爲之序。"《養志齋記》:"余今年游永康,既聞彭君之尊人某以公正信義服其鄉人,而又聞彭君嘗能奮不顧死,脱其尊人於危難之中,其父子皆可謂賢於人矣。故於彭君請記其齋也,是以樂爲之記云。"

洪武三十年(1397),遷漢陽知縣,多惠政,有古賢之遺愛。嘗遇旱,虔禱不效,遂絶食,天大雨,復祈晴。

《明史》本傳:"遷漢陽知縣,多惠政。歲旱,絶食以禱,立應。"

過庭訓《本朝分省人物考》卷五十四:"嘗遇旱,虔禱不效,遂絶食。天大雨,復祈晴,遂霽。"

張夏《雒閩源流録》卷二:"考滿,擢知漢陽縣,著惠政。遇旱禱雨,與神約三日不雨,至四日則自減一食,五日減二食,至六日不雨,當絶食飲水,以俟神之顯戮,不忍見斯民飢死而己獨生。是夕即大雨,連三日不止。慮其爲潦也,復禱晴,於神如前誓,是夕果開霽,邑人大悦。"

《(嘉靖)漢陽府志》卷六《宦迹志》:"時值歲旱,齋沐遍詣神祠,懇禱甘雨,隨降。又恐其或過爲灾傷,禱於神,即霽。憂民之誠如此,有古賢之遺愛,民至今懷其德。有禱雨文,並祈晴、謝神文載《藝文志》。"

按,《(乾隆)漢陽縣志》卷十七:"令漢陽,值歲旱,齋沐懇禱甘雨,遂降後,雨不止,復禱於神即霽,著有《漢陽禱神文》二篇。"應爲訛誤。漢陽禱神文應有《禱雨文》《祈晴文》《謝神文》三篇,《四部叢刊》本《静學文集》未收録,今可見嘉慶甲子本《王静學先生文集》與宣統二年嘉業堂所刊刻《静學集》。

建文元年(1399)二月,聞方孝孺欲效古行井田,貽書勸阻。

《明史》本傳:"建文初,孝孺欲行井田。叔英貽書曰:'……有行於古不可行於今者,井田封建之類是也。可行者行,則人之從之也易,而民樂其利。難行而行,則從之也難,而民受其患。'時井田雖不行,然孝孺卒用《周官》更易制度,無濟實事,爲燕王藉口。論者服叔英之識,而惜孝孺不能用其言也。"

《(光緒)黄岩縣志》卷二十八:"《明史》載其《貽方孝孺書》,深言井田不可行,其通達政體,遠在孝孺之上。"

焦竑《國朝獻徵録》卷二十一黄綰《静學王公元采傳》:"初在漢陽時,聞正學先生被召,貽書曰:'子房於高帝,察可行而言,故高帝用之一時，受其利。雖親如樊、吕，信如陵、勃，任如蕭何，不得間焉，此子房能用其才也。賈生於文帝不察而易言，且言之太過，故絳、灌之屬得以短之，此賈生不能用其才也。'皆規風正學，甚至識者以先生所見大逾於人矣。"

建文元年(1399)，升翰林修撰。上《資治八策》，援證古今，鑒鑿可行。

凌迪知《萬姓統譜》卷四十五："高廟上賓之，明年，召爲翰林修撰，上《資治八策》，識者咸以爲經濟遠器，在史館同修高廟實録。"

《明史》本傳："建文時，召爲翰林修撰。上《資治八策》，曰務問學、謹好惡、辨邪正、納諫諍、審才否、慎刑罰、明利害、定法制，皆援證古今，可見之行事。又曰：'太祖除奸剔穢，抑强鋤梗，如醫去病，如農去草。去病急或傷體膚，去草嚴或傷禾稼。病去則宜調燮其血氣，草去則宜培養其根苗。'帝嘉納之。"

黄綰《静學王公元采傳》："革除初，以薦爲翰林修撰。與正學方公先後被召，或曰正學薦之也。嘗上《資治八策》……皆當時急務。"

張夏《雒閩源流録》卷二："上《資治八策》，曰務學問、謹好惡、辯邪正、納諫諍、審材否、慎刑賞、明利害、定法制，而卒論創守相成，寬猛迭濟之宜，識者器之。"

屠叔方《建文朝野彙編》卷七："召爲翰林修撰，上《資治八策》……皆援古證今，鑒鑿可行。……識者知爲經濟遠器……後孝孺於法制多所損益泥古難行者，果如叔英所慮。"

建文四年(1402)，靖難之役起，奉詔募兵廣德。聞京城失守，大慟。會齊泰來奔，與其共圖後舉。

《明史》本傳："燕兵至淮，奉詔募兵。行至廣德，京城不守。會齊泰來奔,叔英謂泰貳心,欲執之。泰告以故,乃相持慟哭,共圖後舉。”

陳建《皇明通紀法傳全録》卷十三:“禮部侍中黄觀往安慶,修撰王叔英往廣德,都御史練子寧往杭州,募兵入援京師。三人奉詔皆奮不顧家,然事勢不可支矣。齊泰奔廣德州,黄子澄奔蘇州逃難,且促徵兵。時王叔英在廣德募兵,無應者。”

黄佐《革除遺事》卷四《王叔英傳》:“靖難師起,叔英奉命募兵廣德。未幾,文皇帝渡江,郡人皆散走。兵部尚書齊泰來奔,叔英以泰爲二,令州人執之。親至,泰告之故,乃釋泰,圖再舉。”

知事不可爲,書絶命詞,自縊殉國。妻金氏並二女俱殉。弟、妹連坐,幼子逃匿,隱姓埋名。

《明史》本傳:“知事不可爲,沐浴更衣冠,書絶命詞,藏衣裾間,自經於玄妙觀銀杏樹下。天台道士盛希年葬之城西五里……燕王稱帝,陳瑛簿録其家。妻金氏自經死,二女下錦衣獄,赴井死。”

黄綰《静學王公元采傳》:“夜起,沐浴冠帶,經於庭之柏。月明犬吠,隸人啓户視之,先生死矣。道士遂以其棺斂之爲葬於横山……邏捕其家,妻金氏死於獄,二女死於井,殉先生云。”

黄佐《王叔英傳》:“然知事不可爲,乃沐浴具衣冠,書絶命詞,曰:‘人生穹壤間,忠孝貴克全。嗟予侍君父,自省多過愆。有志未及竟,奇疾忽見纏。肥甘空在案,對之不能咽。意者造化神,有命歸九泉。嘗聞夷與齊,餓死首陽巔。周粟豈不佳,所見良獨偏。高踪遠難繼,偶爾無足傳。千秋史臣筆,慎勿稱希賢。’又書於案曰:‘生既久矣,愧無補於當時;死亦徒然,庶無慚於後世。’遂自縊而死,時年未四十。將死時,以書抵祠山道士盛希年,曰:‘可葬我祠山之麓。’希年卒收葬之。蓋希年亦台州人,故托以後事。尋有詔治奸黨,其妻繫獄死,二女俱赴井死。”

黄綰《静學王公元采傳》:“弟元默變姓名匿於京城商旅中,會鄉有金寬者識之,告太宗,捕而斬之,銼其屍,今其後亦不聞有顯者。”

《(光緒)黄岩縣志》卷三十九:“王静學被難時,弟諸生元默變姓名匿市賈,爲金寬所告,捕斬於市。寬本王氏家人,元默既戮,盡據有其資。今山下金有大墳即寬葬處。静學少養外家陳氏,冒其姓,令漢陽後,始復姓。王妹即爲陳婦,捕録時妹亦死。其甥泰成盧龍,臨解,别族人詩曰:‘楚猿亡林木禍,城門灾池魚火。我甥何辜,我舅何負?’從義死,真君子聞者悲之。今陳氏世世不與山下金爲婚,以先生故也。”

黄綰《静學王公元采傳》:“初先生有幼子,名某。謫戍大同,因璣語知,文貞以百金與鄉人孟范訪得之,又以金若干遺揚州教諭某人,使教誨之,久而學不成,返諸。文貞又益金若干再使教之,卒無成。文貞曰‘奈何’,抱之痛哭。乃復與金若干遣之,遂不知所終。”

《(乾隆)漢陽縣志》卷二十一:“初叔英靖難死節,止一幼子逃匿故友胡定庵家,遂蒙姓胡。正統初,弛方、黄黨禁,其四世孫乃復姓王,居漢之九真山。”

按,周瑛於成化十年(1474)重修王公墓,作《修撰王公墓記》:“因念其行義之篤,且悲其無後,而爲修治其墓,拜述其事以告後人。”周瑛有此訛誤,蓋因其後人隱姓埋名之故也。

身後備極哀榮。

鄭曉《吾學編》卷五十六:“正統中,楊士奇題其墓曰:‘嗚呼,翰林修撰王原采之墓。’士奇,本叔英薦起也。成化中,州守莆田周瑛封植,表識其墓。嘉靖中,編修安福鄒守益謫州判官,立祠祀之。太平知縣曾才漢又建忠節祠祀。叔英妻及二女有貞烈祠,在黄淡岙上。”

鄧元錫《皇明書》卷三十一:“成化中州守周瑛爲封植,表其墓,嘉靖中編修鄒守益立祠祀焉。”

計六奇《明季南略》卷五《建文朝死難諸臣謚》:“修撰王叔英謚文忠。”

王頌蔚《明史考證攟逸》卷六:“乾隆四十一年,賜謚諸臣王艮、廖升、龔泰、周是修、黄觀、王叔英、黄鉞、曾鳳詔、高巍通謚忠節。”

其爲人忠孝,好獎拔善類,最著者如薦楊士奇事。士奇微時,叔英一見器之,歸朝,表薦士奇,由是召用。

黄綰《静學王公元采傳》:“余聞諸父老云,楊文貞公布衣時,主塾漢陽村落中。先生行部過之,聞讀書聲,曰:‘兵革之後,久不聞此矣。’异之,入視焉。文貞避去,見案上詩文一編,文貞作也。爲題曰:‘此公輔器也,何避爲?’邀致薦之。嘗讀文貞他文,有曰:‘予素與先生相知,審理之除,實其所薦。’又文貞與人手簡曰:‘昨得王大尹文字,讀之,説理甚精,且有法度,愈讀益有味。羈旅中何幸遇也?’王尹者,先生也。又《東里小傳》曰:‘文貞少游湖湘,漢陽府學聘爲訓導,不就。則父老所傳及文與簡所云,蓋漢陽時事。府學之聘,亦先生薦之耳。至入朝,又薦之。又聞云,鄉人張璣者,嘗游先生之門。正統間,歲貢入太學。文貞詢其後,鄉吏以璣見公,待之甚厚,後爲定涿二州同知。……嗚呼!先生不負國,文貞亦不負先生矣。’”

許相卿《革朝志》卷三:“叔英居家,以孝稱。既仕,好獎拔善類。楊士奇微時,薄游湖湘間,叔英一見器之,歸朝,表薦士奇。由是召用。”

楊士奇《東里續集》卷四十六《祭王原采文》:“維正統六年,歲在辛酉,九月甲午朔,越十有六日,己酉,廬陵楊士奇敬遣清酌庶羞,致祭於故翰林修撰静學先生王公原采之墓。於乎!先生之學,聖賢是師。先生之行,綱常允持。先生之心,金石其貞。先生之志,霜雪其明。浩然歸全,乘雲翩翩。我懷先生,崇山長川。桐川之藏,既固且深。遥致觴奠,神乎其歆。”

項篤壽《今獻備遺》卷六:“楊士奇,名寓,以字行,江西泰和人也。少孤好學,郡縣交舉,皆不就。革除間,翰林修撰王叔英薦之,徵入翰林,任編纂,授齊府審理副。”

張夏《雒閩源流録》卷二:“正統中,士奇題碣曰‘翰林修撰王公原采之墓’。而祭以文,略曰……又追稱之曰:‘先生學醇行正,子道臣道,終其身無一毫之苟,忠孝二字,蓋足以當之。’成化間,莆田周瑛守廣德;嘉靖初,安福鄒守益謫州判,皆修其墓。崇禎末,補謚文忠。”

好與才俊往來,論議唱酬,立言温粹,尤與方孝孺以道義相切靡。與張廷璧、方孝孺齊名,合稱“台州三學”。

陶元藻《全浙詩話》卷二十八:“古學(張廷璧)博極群書,工草隸、詩文,與黄岩王静學、寧海方正學共相友善,時稱‘台州三學’。”張廷璧,名穀,以字行,號古學,工草書,善詩文。洪武中舉賢良方正,授仙居訓導,方正學論其詩“刻陗新秀,調信奇矣。欲其知所趨向,由大路而不失馳驅之正焉”,所著有《張古學文集》。

方孝孺《遜志齋集》卷十一《答胡懷秀才》:“往年在浙東,獲交才俊間,其最善者眉山蘇太史平仲,臨海葉刑部夷仲,浦陽鄭楷叔度,天台林右左民,趙象伯欽、陳叔英元采、王倚修德。日夕相與周旋,論議倡酬往復,沉潛乎天人之奥,博觀乎興廢之理。追琢乎行業,而浸灌乎文章,意氣孚洽無所覬慕。體不待粱肉而肥,心不待絲竹而暢。”

《明史》本傳:“叔英與孝孺友善,以道義相切劘。”

方孝孺《遜志齋集》卷九《答陳元采書》:“嗟乎!天下之愛僕者,孰有甚於足下者乎!”《遜志齋集》卷十一《與趙伯欽三首》序云:“僕近得陳元采書,頗有一二語見教,殊喜之不忘,足下有所見,須以教我僕感之深亦不敢隱也。”同卷《答張廷壁》:“近得陳元采書,殊有箴教之益,切中吾病,爲之喜而忘食。”嘗作“立言温粹懷陳采”之句。

王叔英《静學文集》卷後徐孚《書静學王先生文集後》:“先生洪武中與同郡方公孝孺、林公佑以文行著名。林公嘗叙先生之文,而先没,方亦繼先生謝世。”

有《静學文集》若干卷,今傳。

黄綰《静學王公元采傳》:“先生所著,有《静學集》傳於世。”

徐孚《書静學王先生文集後》:“……先生洪武中與同郡方公孝孺、林公佑以文行著名。林公嘗叙先生之文,而先没,方亦繼先生謝世,今其文章有刊刻流布者矣。先生之文,東里楊少師存日欲加纂集,求無完稿,深悼惜之。今寶慶太守謝君世修甫,慨生也後,而不及拜先生以承其教。幸得先生文,將以私錢募工刻之,爲序於後,以廣其傳,使後來景先生之行者,可因文而考先生之心。爰以書來告,且俾相其事。嗚呼!林公序先生之文詳矣,死而成仁之義,孚恐歲月易,將有不知其詳者。敬以幼聞父兄之言,書達謝君,附之卷尾,使後讀先生之文者,庶因而得先生之本心云。成化邑人徐孚敬書。”

黄虞稷《千頃堂書目》卷十八:“王叔英《静學齋稿》二卷。”

《明史》卷六十九本傳:“王叔英《静學集》二卷。”

按,王叔英之詩文遭禁毁,流失很多,其同時代的楊士奇都無法找到一個完整的本子。成化八年(1472)謝世修首刻《静學文集》,僅存序、記二體共三十篇。明萬曆,清康熙、嘉慶、宣統各朝不斷增補,最後成三卷。

丁立中《八千卷樓書目》卷十六:“《静學文集》三卷。”

丁丙《善本書室藏書志》卷三十五:“王静學先生文集,三卷,寫本,明王叔英撰。叔英名原宋,以字行,黄岩人……《四庫》著録止一卷，凡三十篇，僅序、記二體。按，是集初刻於成化壬辰，邑人謝省爲後序，徐孚爲跋。謝氏《赤城新志》云，《静學集》有版刻，即指此本。再刻於萬曆丙子，知太平縣事翁仲益爲序，益以漢陽求雨文三篇及黄綰所爲傳。三刻於康熙乙酉，太平参將郭鎮刊爲序。四刻於嘉慶甲子，邑人項調陽爲序，補《利害策》一首，又附吊謁詩七首。今復據《赤城論諫録》補《資治策》八首並序一首，釐爲三卷，而附序、跋、傳記等十六首，吊謁詩七首，爲首、末二卷。於静學之文，亦庶幾備云。又聞胡心耘有舊鈔本六卷，附録一卷。心耕名珽，仁和人，居蘇州，亂後不知書在人間否。”

孫能傳《内閣藏書目録》卷三：“王静學先生文集二册，全。”

以文爲儒者末事，認爲作則須本於聖賢之法言，但亦須見多識廣，感發而起。

《静學文集》卷一《會文集序》：“文章固儒者末事，然其所論非聖賢之法言不敢道，足以使讀者感發而興起。”

《静學文集》卷一《送章輝遠之永州序》：“昔蘇子由稱太史公行天下，周覽四海名山大川，與燕趙間豪杰交游，故其文疏蕩，頗有奇氣。人或病之，以爲世之行天下者，其足迹之所及，固有多於太史公者矣。其身之所接，亦有賢於燕趙豪杰者矣。然而鮮有能變其氣質而發爲文章者，遂以子由之言爲浮夸之説。予嘗驗之，尋常出入於鄉里之間，遇污渠穢壤與夫凶人俗子，則胸中爲之愠悶，湮鬱而不舒，時登高丘、臨清壑，及見可與言論之人，則心目爲之開朗，意氣爲之激揚。然後信子由之言爲不妄，而知彼游天下而無增益者，特世之庸人耳！故嘗竊自嘆，以謂使得周游四方以覽觀天下之形勝，而博交當世之豪杰。其有以舒發吾之心目意氣者，必有以大异於今日。然以身有所寓，而願莫之遂，故循循至今年，及强仕而尚未有以多於其庸衆人。是以每遇朋友之有遠行者，必爲心馳神往,且望其行之有得。庶幾返而會合之際,有以相發,亦得以償其所願之一二焉。”

其文具有原本,知時達勢,既嚴重於聖賢之道,又通和於作文之術。

黄宗羲《明文海》卷二百三十四林右《静學齋文集序》:“陳君原采之文,其嚴重也,如大儒之執禮,周旋必中矩度;其和通也,如巧夫呈技,斂散反復、機括轉移之間,初非在己者。求之於世,如原采者無幾人?原采嘗言:‘趙孟之貴,非吾所願;陶朱之富,非吾所慕。使吾文如古聖賢,是吾心也。’其氣節庚庚,不爲勢家所屈。疾風破屋,斂衾而坐,誦猶不止。原采豈無心哉?蓋天所以與吾者甚重,而吾不得不自重也。然所以自重者,非恃吾所有以驕慢人世,乃所以重乎天也。昔傅欽之欲見陳後山,知後山之貧,懷金往見,一談之頃,金竟不敢出。甚矣,欽之知人,後山之能自處其身也!故公誦後山之文不衰,原采其後山乎?何陳氏之多賢也。於乎!世習日下,士不以文章自重,皆挾之以爲取富貴之資而已爾。得如原采者而友之,豈非吾之願哉?故叙其文以見其可重者,在此而不在彼也。”

黄綰《静學王公元采傳》:“其文章有原本,知時達勢,用世傳也。論曰:先生與正學先生,生當興運,懷經綸之志。然卒皆不究厥志,殉義以死,悲夫!嘗聞太孫聰明好古,篤信儒術,志欲以周官致治,竟失天下遁死,果天命然乎?抑人事也?余於是益感君臣相遇之難,又信祖法之未可以輕議也。讀先生《貽正學書》,爲之至復流涕者久之。嗚呼,識慮遠哉!”

文風嚴正,規撫昌黎,簡樸有度,非漫無裁制者比。

黄綰《王静學先生傳》:“其文章有原本,知時達勢,爲用世之儒也。”

林台《静學文集原序》:"王君原采之文,其嚴重也。如大儒之執禮,周旋必中矩度。其通和也,若巧夫之呈技,斂散反復、機括轉移之間,有非在己者,求之於世,能如原采者無幾人。"

方孝孺《遜志齋集》卷十一《與趙伯欽》:"公輔氣高而才敏,於人鮮推讓,視人行行然有不滿之色,前與僕書,獨稱足下陳元采之文。"

《四庫全書總目》卷一百七十《静學文集》提要:"今觀是集,大抵皆規撫昌黎,稍失之拘,而簡樸有度,非漫無裁制者比。"

參考文獻:

1. 王叔英《静學文集》,民國七年嘉業堂叢書本。

2. 張廷玉等《明史》,中華書局 1974 年版。

3. 鄭曉《吾學編》,明隆慶元年鄭履淳刻本。

4. 項篤壽《今獻備遺》,明萬曆十一年秀水項氏萬卷堂刻本。

5. 屠叔方《建文朝野彙編》,明萬曆二十六年刻本。

6. 鄧元錫《皇明書》,明萬曆三十四年刻本。

7. 焦竑《國朝獻徵録》,明萬曆四十四年徐象橒曼山館刻本。

8. 許相卿《革朝志》,明刻本。

9.《(康熙)臨海縣志》,康熙二十二年刊本。

10. 張夏《雒閩源流録》,清康熙二十一年黄昌衢彝叙堂刻本。

11. 丁丙《善本書室藏書志》,清光緒二十七年錢塘丁氏刻本。

12. 王頌蔚《明史考證攟逸》,民國十年吴兴劉氏嘉業堂叢書本。

13. 楊士奇《東里集》,明嘉靖二十九年黄如珪刻本。

14. 陶元藻《全浙詩話》,嘉慶元年怡雲閣刻本。

15. 黄宗羲《明文海》,清涵芬樓鈔本。

16. 方孝孺《遜志齋集》,《四部叢刊初編》本,上海書店1989年版。

(邱江寧　張婷)

胡儼傳

胡儼，字若思，號頤庵，南昌人。生於元至正二十一年(1361)。

胡儼，《續書史會要》、《名山藏》卷五十九、《本朝分省人物考》卷五十七、《熙朝名臣實録》卷十、《國朝獻徵録》卷十二、《續藏書》卷十、《罪惟録・列傳》卷二十四、《石匱書》卷八十六、《明史》卷一百四十七等有傳。

胡儼家世、籍貫，若《本朝分省人物考》卷五十七、《熙朝名臣實録》卷十、《續藏書》卷十作"南昌縣人"，《續書史會要》、《名山藏》卷五十九、《國朝獻徵録》卷十二及《明史》卷一百四十七等，述之甚略，作"南昌人"。《名臣琬琰録》卷二十四所録楊溥《太子賓客國子祭酒兼翰林侍講致仕胡先生墓碑》(以下稱《胡先生墓碑》)，則作"(儼)世居臨江之新淦，元末徙南昌"。陳田《明詩紀事》乙籤卷四亦作"新淦人，僑寓南昌"。

按，楊溥《胡先生墓碑》乃據胡儼之子胡暕、胡昭所供"江西參政張君居杰所述《行狀》"而成；又胡儼《頤庵文選》卷上《先伯父虞部府君行述》："公諱璉，字汝器，姓胡氏，世家新淦……業既成，而世難作矣，遂與先生自淦徙家龍興。"又同卷《灌城阡碑》："胡氏之先，系出不一。公之族，近出新淦之城口。自經喪亂，族遠譜逸，不知始所從，莫適其系也。自六世祖十三承事，宋端平間始遷邑城之南，高祖紹久、曾祖禄賜、祖子復、考誠叔，惟世懷德弗耀，委祉後胤。公諱鼎,字重器,自幼恪慎端莊,屹然如老成人。從鄉先生聶則正受《春秋》,業成,值元季兵亂,與先孺人奉二親避亂田野間,竭力致養,未嘗乏絶,以戚其親。親没,雖喪亂中,葬必以禮,不敢苟且,以儉其親。既襄事,時南昌爲龍興,當省治,有兵衛,乃與兄虞部府君徙家焉。"兩相參照,胡儼籍貫當爲新淦,後寓居南昌。新淦,今作"新干",屬江西吉安。

又,胡儼之字號,《胡先生墓碑》、《名山藏》、《明史》本傳等,均作"字若思",而未嘗稱其號。據陶宗儀《續書史會要》,作"字若思,號頤庵",《夢蕉詩話》有"胡頤庵"之謂,其集亦以"頤庵"名,故胡儼當字"若思",别號"頤庵"。

參《胡先生墓碑》及《本朝分省人物考》所載,儼明正統八年(1443)卒,時八十三歲,則當生於元至正二十一年(1361)。

少嗜學,於天文、地理、律曆、醫卜,無不究覽。

楊溥《胡先生墓碑》:"先生天資穎悟,自幼好學,受經於伯父虞部員外郎汝器。及游鄉校,從郡中諸先輩講學,若書、若琴、若詩、若文,皆有傳授。既長,博極群書,至於天文、地理、律曆、醫卜,皆通其説,先輩皆稱許之。"

又《本朝分省人物考》卷五十七:"胡儼,字若思,南昌府南昌縣人。自幼好學,受經於伯父虞部員外郎汝器,自求賢士相師友。熊伯機以古文辭自高,一見儼,亟稱其有所養,以古文法授之。既長,博極群書,至於天文、地理、律曆、醫卜,皆通其説。"

按,據儼《先伯父虞部府君行述》,《胡先生墓碑》所謂"受經於伯父虞部員外郎汝器"者,即胡璉,有文名,"喜爲詩,宋學士景濂尤愛其長句,謂有唐人風格","洪武初,與廬陵劉子高、清江張仲謙,俱以明經薦至京,擢授工部水部主事,兩考升本部員外郎。又三年,轉虞部員外郎","以他事遂左遷通判廣州",《(嘉靖)贛州府志》

卷九、《(萬曆)新修南昌府志》卷十七有傳。

又,"熊伯機"即熊釗,據《(萬曆)新修南昌府志》卷十八、《(雍正)江西通志》卷六十七,熊釗,字伯幾,進賢人。元至正甲申,以《春秋》領鄉薦,授崇仁學官,遷進賢,承制授臨江路知事,遷江西儒學副提舉。洪武初,聘校書會同館。著有《學庸私録》《論孟類編》《春秋啓鑰》《五經纂要》《幾亭文集》《杜甫詩注》諸書。

洪武中,以舉人授華亭教諭,能以師道自任。

《胡先生墓碑》:"以《書經》中洪武丁卯鄉試第二。明年會試,中副榜,授松江華亭教諭。……先生筮仕華亭時尚少,而能以師道自任,勸勉諸生務實學,勵行檢,以變浮靡之習,日親講授,每至夜分,雖隆冬盛暑不廢。華亭長者皆稱重之,謂先生必大用。"

又《本朝分省人物考》卷五十七:"洪武丁卯,舉鄉試第二人。明年,中會試乙榜,授華亭縣教諭。時年尚少,而能以師道自任,勸勉諸生務實學,勵行檢,以變浮靡之習,日親講授,每至夜分,雖隆寒盛暑不廢,父老皆稱重之。"

母憂服除,改長垣,乞便地就養,復改餘干。學官許乞便地,自儼始。

《胡先生墓碑》:"以内艱去。丙子改授長垣縣,上疏乞近便養親,詔許之,改饒之餘干,自是著爲令。"

《本朝分省人物考》:"俄(儼)以内艱去,繼改授長垣縣。上疏乞近便養親,改饒之餘干,自是著爲令。其在餘干,如華亭時,士子樂從之,成效居多。"

《名山藏》卷五十九:"服闋,改長垣,乞便地就養,改餘干。三歷縣學,皆有師法惇行,身先不言,而生徒自化。"

按,《頤庵文選》卷上《灌城阡碑》載,胡儼母徐氏卒於"洪武癸酉六月十五日”,“卒之年,春秋六十也,後八年以子官贈孺人”,又稱“洪熙元年,歲在乙巳正月十一日,復蒙推恩,賁於冥漠,先公加贈朝議大夫贊治少尹國子祭酒兼翰林侍講,先孺人加贈恭人”,據此可知,儼當於洪武癸酉至洪武乙亥間丁母憂,去華亭教諭任。

又,長垣,今屬河南新鄉;餘干,今屬江西上饒。

建文元年(1399),薦授桐城知縣,鑿桐陂水,溉田爲民利。縣有虎傷人,儼齋沐告於神,虎遁去。桐人祀之朱邑祠。

楊溥《胡先生墓碑》:“己卯,以薦升安慶桐城令。”

《本朝分省人物考》卷五十七:“己卯,(儼)以薦升桐鄉令。爲政以愛民爲本,凡可便民者,以身任之,民間積年逋負,悉與奏免。邑中虎爲害,傷民物,乃齋沐告於神,虎遂滅迹。表朱桐鄉墓,俾民奉祀。”

《名山藏》卷五十九:“建文初,薦升桐城令,賦役勾攝,專意便民,鑿桐溪水,引渠溉田。暇日勸課諸生學宫。歲凶,出捕蝗,遇餓夫,命里胥給藥食,全活之。既去,邑人以生配漢朱邑祠。”

按,揆《(道光)續修桐城縣志》,桐城,古有桐鄉之稱,唐至德二載(757)取桐鄉之義,更名爲桐城。

又朱邑祠,據李賢《明一統志》卷十四:“在桐城縣治西,祀漢大司農朱邑。邑病且死,屬其子曰:‘我故爲桐鄉吏,其民愛我,必葬我桐鄉,後世子孫奉我不如桐鄉民。’及死,其子如命,葬於桐鄉。民果爲立祠,歲時祭之。”

四年(1403),副都御史練子寧薦於朝,曰:“儼學足達天人,智足資帷幄。”比召至,燕師已渡江。

《本朝分省人物考》卷五十七:“壬午,軍旅方殷,廣求以集事,御史府左副都御史練安薦於朝,稱儼學足以達天人之際,智足以資帷幄之籌。於是,召至京師,未及任用,而文皇帝已渡江矣。"

《熙朝名臣實録》卷十:"四年,兵事棘,御史大夫練安薦儼學足達天人之際,智足資帷幄之籌,下吏部召儼,比至京,靖難兵渡江矣。"

按,"四年"即建文壬午四年。"燕師"即"靖難之師","建文元年七月癸酉,燕王朱棣舉兵反,稱其師曰靖難。累戰至四年六月乙丑,都城陷,帝遁去,棣入即帝位,盡反建文朝政,並年號而去之(箋證者按,即廢除建文年號,將建文四年改爲洪武三十五年),謂其時曰革除"(孟森《明史講義》,中華書局2009年版)。

又,練子寧,名安,以字行,練信子,新淦縣人。洪武二十八年進士,官至御史大夫,靖難死節。有詩文集《練中丞集》(《金川玉屑集》)六卷行於世。《本朝分省人物考》卷六十二、《名山藏》卷八十二、《熙朝名臣實録》卷五、《吾學編·建文遜國臣》卷三、《明史》卷一百四十一等有傳。

成祖即位,曰:"儼知天文,其令欽天監試。"既試,奏儼實通象緯、氣候之學。尋又以解縉薦,授翰林檢討,與縉等俱直文淵閣,遷侍講,進左庶子。父喪,起復。

楊溥《胡先生墓碑》:"壬午,太宗皇帝入正大統,聞先生名,召試之,稱旨,特授翰林檢討,尋升侍讀,直内閣。……入翰林,時朝廷選任儒者,若江右解大紳、胡光大、楊士奇、金幼孜,永嘉黄宗豫,福建楊勉仁,一時共事者七人,先生在。衆人遇有顧問,必從容審度而後對,未嘗以才智先人,時論多之。"

《熙朝名臣實録》卷十《太子賓客胡公》:"文皇即位,擇翰林官,吏部更薦儼,上曰:'儼曉天文,宜令欽天監試,送翰林供事。'解縉又薦儼,遂授翰林檢討,與縉等七人同直内閣,尋升侍讀。"

按,陳田《明詩紀事》乙籤卷四"胡儼"謂:"賓客於永樂壬午遷侍讀,甲申遷諭德,見楊文定所著《墓碑》。史(《明史》本傳)稱直文淵閣,遷侍講,進左庶子,與碑不合,偶未檢耳。”今檢《本朝分省人物考》卷五十七,作“(壬午)翰林缺人,吏部以儼名上,爲翰林供事,升檢討,尋升侍讀,命同解縉等七人直内閣,備顧問”。《名山藏》卷五十九亦作“成祖即位,與解縉等七人,被選入直,授翰林簡討,尋升侍讀”,均無“進左庶子”之謂,與《胡先生墓碑》相應。

又據《胡先生墓碑》,儼“永樂甲申,升左春坊左諭德”,永樂甲申即永樂二年(1404),而郭正域《皇明典禮志》卷十四“永樂二年”條,則作“胡廣右庶子,胡儼左諭德,皆仍兼侍讀翰林院侍講”,左庶子爲正五品官銜,左諭德則爲從五品官銜,位列左庶子之後,相對左庶子言,實貶而非遷。綜而觀之,蓋一如陳田所言,《明史》當一時失察,而犯張冠李戴之失。

又按《灌城阡碑》,儼父卒於“永樂六年戊子九月十日”,古代有丁憂之制,史臣“起復”之謂,當指《本朝分省人物考》卷五十七所稱儼“七年,召赴行在,八年二月,上命以祭酒兼侍講”事。

儼在閣,承顧問,嘗不欲先人,然少戇。

陳鶴《明紀》卷八:“胡儼在閣,承顧問,嘗不欲先人,然少戇。”李贄《續藏書》卷十:“儼持論少戇,諸同事人,頗不能容。”

按,類似之説,亦見傅維鱗《明書》卷一百十八《胡儼傳》。

永樂二年(1404)九月,拜國子監祭酒,遂不預機務。時用法嚴峻,國子生托事告歸者,坐戍邊。儼至,即奏除之。

《胡先生墓碑》:“是年九月,拜國子祭酒。……時國子生有以故告歸者,皆坐戍邊,先生爲言其情有可矜,乃得免。”

《本朝分省人物考》卷五十七《胡儼傳》:“其年九月,由内閣出拜國子祭酒,以身率諸生奉守學規,以圖成效。一時人才翕然從化,爲文皇帝所禮重。時國子生有以故告歸者,皆坐戍,儼言其情有可矜者,得免。”

《明紀》卷八:“(永樂二年)是月,拜國子監祭酒,不預機務。時用法嚴峻,國子生托事告歸者,坐戍邊。儼既任事,即奏除之。”

七年(1409),成祖幸北京,召儼赴行在。明年北征,命以祭酒兼侍講,掌翰林院事,輔皇太孫,留守北京。

《胡先生墓碑》:“庚寅,上北征,命以祭酒兼侍講,掌翰林院事,輔導皇太孫,監國。”

《明紀》卷九:“(永樂八年)二月辛丑,以北征詔天下。……丁未,帝發北京,夏原吉總行在九卿事。胡儼兼侍講,掌翰林院事,輔皇長孫瞻基,留守北京,每日於奉天門左,視事軍機及王府要務,啓皇太子處分,仍奏聞行在。”

按,北征,即明成祖朱棣永樂八年春,親率五十萬大軍征討本雅失里汗事。又,皇太孫,即明宣宗朱瞻基,明仁宗朱高熾長子,立年號爲宣德,丙午(1426)至乙卯(1435)在位。

十九年(1421),改北京國子監祭酒。當是時,海内混一,垂五十年。帝方内興禮樂,外懷要荒,公卿大夫,彬彬多文學之士。儼館閣宿儒,朝廷大著作多出其手,重修《太祖實録》《永樂大典》《天下圖志》,皆充總裁官。居國學二十餘年,以身率教,動有師法。

《本朝分省人物考》卷五十七:“十九年,定鼎北京,改北監。”

《胡先生墓碑》:“爲祭酒,以身率諸生奉守學規,以圖成效,一時人才,翕然從化,朝之公卿大夫咸推敬之。……先生雖掌國學,朝廷有大制作,若纂修《太祖皇帝實録》及《永樂大典》《天下圖志》諸書,皆爲總裁,未嘗去館閣。”

焦竑《熙朝名臣實録》卷十:“儼雖出内閣,不復預機務,然朝廷大制作,凡修《太祖實録》《永樂大典》《天下圖志》,皆推總裁。”

按,明成祖朱棣於永樂十八年九月下詔遷都北京。十九年正月,於北京御奉天殿,朝百官,大祭南郊。以别於南京國子監,故稱北京國子監。又"居國學二十餘年",儼自永樂二年(1404)爲國子監祭酒,至洪熙元年(1424),先後凡二十一年,故謂。

洪熙改元(1425),以疾乞休,仁宗賜敕獎勞,進太子賓客,仍兼祭酒致仕,復其子孫。

胡儼《頤庵文選》卷上《城南别墅雜咏詩序》:"洪熙元年,春二月,儼以老疾拜休致之命。三月辭歸,逾月而抵家。又逾月,伏承獻陵賓天,雖復北上,心期同軌之會。"

《胡先生墓碑》:"洪熙春,以疾辭,加授太子賓客,致仕。"

《名山藏》卷五十九:"洪熙元年,以疾乞休,賜敕曰:'卿以文學事我太宗皇帝,首居翰林,繼升論德輔朕春宫,未幾升掌監學。先皇帝尊寵儒者,與儒者遘遇聖明,皆至盛矣。卿居太學,不數載,復召入翰林,職史事,效勞實多,繄朕嗣位,篤念舊人,卿以疾不見者數月。昨命侍皇太子講讀,乃聞衰疾日臻,用是惻然,特進卿爲太子賓客,仍兼祭酒,致仕還鄉。已敕户部,免卿子孫雜泛差役,令侍卿終身,卿其端志坦懷,以恤鄉里,優游桑梓,以樂餘年,副朕始終禮待之意。'"

宣宗即位,以禮部侍郎召,辭歸。家居二十年,方岳重臣咸待以師禮。儼與言,未嘗及私。自處淡泊,歲時衣食纔給。

焦竑《國朝獻徵録》卷七十三《國子監祭酒兼侍講胡儼傳》:"宣德初,召至京,欲留用之。儼復以疾辭歸。居家,以師道自重,方岳重臣,率多出其門,見者必執子弟禮。"

《胡先生墓碑》:"先生閑居廿餘年,日與學者講求性理之學,親藩禮遇之,方岳重臣咸待以師禮,而師生未嘗一言及私。自處甚澹薄，歲時僅足衣食。嘗表許遜，葺丹廟，請春秋致祭，修白鹿書院，此其處退閑之有道也。"

初爲湖廣考官，得楊溥文，大异之，題其上曰："必能爲董子之正言，而不效公孫弘之私曲。"世以爲知人。

焦竑《熙朝名臣實録》卷十《太子賓客胡公》："嘗典湖廣鄉試，取楊溥居首，批其所刻文曰：'他日立玉階方寸地，必能爲董子之正言，而不效公孫弘之私曲。'後楊溥歷内閣少保，卒爲時名臣。"

按，楊溥嘗爲胡儼撰《墓碑銘》，其中有云："門生楊溥爲之銘曰：繄古有君子，觀光於朝。爲國之賓，及老而歸。儀式後學，師道聿尊。是爲鄉先生，殁而祭於社。噫，先生其人也。"

又楊溥，湖廣石首（今湖北石首）人，建文二年進士。永樂末年，以翰林學士入歷少保，禮部尚書，武英殿大學士。正統十一年卒。贈太師，謚文定。《名山藏》卷五十九、《熙朝名臣實録》卷十、《續藏書》卷十、《殿閣詞林記》卷一、《明史》卷一百四十八等有傳。

正統八年(1443)八月卒，年八十三。

《胡先生墓碑》："正統八年八月廿七日，太子賓客國子祭酒兼翰林侍講致仕胡公頤庵先生卒。訃聞詔遣，官諭祭命，有司營葬，制得立碑，其子暕、昭，奉江西參政張君居傑所述行狀，走京師請文。余與先生有斯文之誼，不可辭。"

《本朝分省人物考》卷五十七："正統癸亥卒，年八十三，訃聞詔遣官諭祭，命有司營葬。"

儼平生非僅以文字翰墨爲勛績，其詩頗近江西一派，詞旨高邁，寄托深遠，與三楊之和平安雅者，氣象稍殊。文章則得法於熊釗，釗學於虞集，相承有自，故其氣格高老，律度謹嚴，卓然爲明初一家。

胡儼之行歷和宦績,《胡先生墓碑》及各家傳記述之甚詳,可參閲。儼之文學,亦多見時賢後學評騭,若《胡先生墓碑》:“其爲文,以理爲主,不尚辭藻。”

朱彝尊《静志居詩話》卷六:“長陵靖難之後,簡詞臣入贊機務者七人,逾年,而解大紳、胡若思出,續入者王行儉、楊宏濟,久而王亦出,以是相業,盛稱三楊。論世者謂解、胡、王三公,才品學術在二楊之右,使其不出發於事業,必更有可觀者。然揆之以時,度之以勢,有所不能也。賓客學文於鄉先生熊釗伯幾,伯幾學於虞集伯生,故其文有源本,詩亦近西江派。”

《四庫全書總目》卷一百七十《頤庵文選》提要:“其詩頗近江西一派,詞旨高邁,寄托深遠,與三楊之和平安雅者,氣象稍殊。文章則得法於熊釗,釗學於虞集,授受淵源,相承有自,故其氣格高老,律度謹嚴,可以追踪作者,卓然爲明初之一家。”

又,按儼之著述,《胡先生墓碑》著録“《頤庵詩文》若干卷”,《國史經籍志》卷五著録“《頤庵集》三十卷”,《八千卷樓書目》卷十六著録“《頤庵文選》二卷,明胡儼撰鈔本”,《千頃堂書目》卷十八著録“《頤庵集》三十卷;又《頤庵文集》十二卷,吴國倫選”,《續文獻通考》卷一百九十一著録“《頤庵文選》二卷”,《萬卷堂書目》卷四著録“《頤庵集》二卷”,《傳是樓書目》著録“《胡祭酒文集》六卷,又《詩集》八卷二本;又一部十四卷五本;《胡頤庵集》十二卷,又《金川世業集》三卷三本”。又《明史·藝文志》著録“《頤庵集》本三十卷”,並謂“此集詩文止一卷,乃後人選本,非其全帙,然嘗鼎一臠,亦足以知其概矣”。考其著述主要有:

《胡氏雜説》,陶宗儀編,陶珽重輯,順治三年刻本。

《胡氏雜説》一卷,順治三年宛委山堂刻本。

《頤庵文選》二卷,明宣德刻本。

《頤庵文選》二卷,清鈔本。

《頤庵文選》二卷(爲詩文合集,凡上下二卷),清文淵閣四庫全書本。

《頤庵集》十二卷,清康熙二十六年崇本堂刻本。

《胡祭酒頤庵集》十二卷(存八卷:卷一,卷六至卷十二),明萬曆元年贛州府學刻本。

《胡祭酒集》十四卷(存八卷:卷七至卷十四),底本據明隆慶四年李遷刻本。

參考文獻:

1. 胡儼《頤庵文選》,明宣德刻本。
2. 張廷玉《明史》,中華書局 1974 年版。
3. 徐紘輯《名臣琬琰録》,明嘉靖刻本。
4. 過庭訓《本朝分省人物考》,明天啓刻本。
5. 程敏政《明文衡》,明嘉靖間刻本。
6. 楊士奇《東里集》,上海古籍出版社 1998 年版。
7. 黄虞稷《千頃堂書目》,上海古籍出版社 2001 年版。

(温世亮)

王紱傳

王紱，字孟端，號友石生，又號九龍山人。無錫人。生於元至正二十二年(1362)五月。

胡廣《胡文穆公文集》卷十四《中書舍人王孟端墓表》："孟端諱紱，字孟端，以字行。毗陵之無錫人。……生故元至正壬寅五月日。"

王紱《王舍人詩集》附録章昞如《故中書舍人孟端王公行狀》："公諱紱，字孟端，世居常州無錫縣某里……公生於壬寅五月。"

幼穎悟，十歲屬詩。洪武十一年(1378)充縣弟子員，與錢仲益、吕志學、浦長源輩倡酬賡和。

王洪《毅齋集》卷七《王孟端小傳》："孟端諱紱，常之無錫人。自少志氣高逸，讀書工古歌詩。"

章昞如《故中書舍人孟端王公行狀》："公生而貌岐嶷，性敏慧，甫髫齔，矩度若老成人，出言中節，恂恂有禮。十歲能屬詩。……充縣庠弟子員，尋以事免歸。"

王進《友石先生詩集序》："無錫王君孟端，自幼負瑰偉之材，游學邑庠。時鄉之先進，若四輔官周士平、侍讀學士王達善、長史錢仲益、教諭吕志學、引禮舍人浦長源輩，皆以詩著名於時。孟端窮經之暇，每相過從倡酬賡和，甚爲諸公所稱許。"

尋以事累，謫朔州。

章昞如《故中書舍人孟端王公行狀》："洪武戊午，徵天下罷閑弟子員，登其能者仍授以官，公亦與焉。未幾，以事累，謫戍山西朔州。"

胡廣《中書舍人王孟端墓表》："孟端幼穎敏，稍長好學，入鄉校爲弟子員。治經，習舉子業。既數奇，連遭困頓，即棄去，放迹於江湖間。越太行，上巴蜀，歷名勝，探古迹，以蓄其奇氣，縱情於詩酒，交結名士，所游皆公卿貴人，無不相敬愛。"

按，王紱被貶原因無考，洪武十三年（1380）胡惟庸案發，株連萬餘人，王紱或因此事遭謫。

王紱《王舍人詩集》卷一《夢兩兒》："兩兒别來久，累夜夢何頻。得非我念兒，無乃兒憶親？夢中宛如昔，田廬荒且貧。猶能具雞黍，爲父招比鄰。覺來尚征途，渺然萬里身。歸期固難必，歸夢諒非真。願言各努力，進善光前人。忠君我自勉，孝悌兒當勤。"當是征途念親之作。

以養子代之，歸鄉里。與韓奕隱居九龍山，自號九龍山人。

章昞如《故中書舍人孟端王公行狀》："公雖在戎旅間，布衣韋帶，意氣自若，内無摇奪之心，外無沮餒之色，不自知其爲謫戍也。主守者知其賢，亦加優禮。無何，籍其養子以代之，既而歸鄉里，隱居教授，孜孜訓誨子弟。"

王洪《王孟端小傳》："歸江南，隱居九龍山中，咏左太冲詩曰：'何必絲與竹，山水有清音。'若將有終焉之志。自號曰九龍山人。"

朱謀垔《續書史會要》："王紱字孟端，常之無錫人。……游江淮，浮黄河，逾太行，出雁門，往來晉、代間，周覽形勝，徘徊吊古。久之，歸隱九龍山，自號九龍山人。"

王紱《王舍人詩集》卷四《初歸》:"征衣漠漠帶風沙,暫得歸來重可嗟。在客每憂難作客,到家誰信却無家。解裝羞貰鄰翁酒,借榻多分野衲茶。堪笑此身淪落久,夢中猶自謫天涯。"

《王舍人詩集》卷二《題青山白雲圖》:"我曾九龍山下住,結廬正在雲深處。日日看山還看雲,長教剪却當檐樹。無端一别猿鶴群,馬蹄南北徒紛紜。塵途底事拂衣晚,回頭愧負山中雲。"又卷三《韓蒙庵先生同留夏雪洲館中,韓以詩留别,遂次其韵韓》:"閑身江海上,世事每嫌聽。吟稿逢人論,扁舟到處停。雪銷新水緑,雲盡遠峰青。何事思歸早,潮生未滿汀。"

永樂元年(1403),以善書薦供文淵閣。

胡廣《中書舍人王孟端墓表》:"聖天子即位之初,詔求善書者侍從之,臣首以孟端爲薦。命習書中秘,集天下能書者十餘人,日臨法帖,必求至古人乃已。已皆稱旨。"

章昞如《故中書舍人孟端王公行狀》:"永樂初,聖天子務隆養賢之道,詔求天下文章之士洎善書者各二十八人,登文淵閣,以被選一時。執政大臣首以薦公,繼至者彬彬焉。"

永樂二年(1404)九月,周王朱橚獻騶虞於朝,館臣多有頌詩。時臺閣體盛行,王紱亦有歌功頌德之作。

《王舍人詩集》卷二《騶虞歌》:"景星輝,閶闔開。五雲燦,騶虞來。嗟哉騶虞,豈偶然而來哉!大化賦其德,大塊成其材。猊首虎軀雄見魁,玄文郁郁素質白,爛然雲漢同昭回。其動也不疾而速,其静也不猛而威。不肯食生物、履生草,虎鹿百獸日與相追隨。……皇心謙抑不自聖,拒而弗有尤謙撝。頌聲洋洋盈八垓,微臣作歌愧菲才。仰祝吾皇聖壽億萬歲,德業廣大功巍巍,德業廣大功巍巍。"

又卷五《甲申元日偶成》："屠蘇暖就與誰傾，幼子客邊聊慰情。絶勝年時逢此日，看人兒女拜新正。"亦是同年所作。

永樂十年(1412)，除中書舍人。兩度扈從之北京。

胡廣《中書舍人王孟端墓表》："永樂十年，皆除爲中書舍人，凡制敕機密，悉委書之。"

章昞如《故中書舍人孟端王公行狀》："十年三月甲子，拜中書舍人。明年，大駕巡狩北京，命所司遴選英髦之士，以備扈從。時公在選列，合同行者十有二人，簪纓黼黻，前後相望，賡歌宴賞，悉皆俊乂，進退起居，光賁隆極。噫，可謂榮矣。"

《王舍人詩集》卷四《扈從出京》："二月陽和駕北巡，兩京佳氣藹晴旻。寰瀛共仰乾坤大，草木均沾雨露春。仗簇五雲常捧日，兵嚴萬騎不驚塵。菲材自愧渾無賴，載筆叨榮列從臣。"《二月九日瞻望大駕渡江作》："風送龍舟正落潮，山形盤踞鬱岧嶢。帝圖久已超三代，王氣何曾數六朝。檣櫓中流江路迴，旌旗夾岸海天遥。只今萬國歌游豫，不獨康衢稚子謡。"《到北京》："纔别南京又北京，客途渾是月餘程。舟車不覺經行遠，冠佩重叨扈從榮。廣陌遍嘶初到馬，上林時聽舊啼鶯。解裝且醉都門酒，自慶餘生際盛明。"《友石先生詩集》卷二《平胡歌》當亦是扈從時所作。

扈從群臣唱和《北京八咏》，王紱亦與焉，並繪有《北京八景圖》。胡廣《胡文穆公文集》卷十二《北京八景圖詩序》："地志載，《明昌遺事》有燕京八景，前代士大夫間嘗賦咏，往往見於簡策。聖天子龍飛於兹，肇建北京。爲萬方會同之都，車駕凡再巡狩，文學之臣，多列扈從。翰林侍講兼左春坊左中允鄒緝仲熙獨曰：'昔之八景，偏居一隅，猶且見於歌咏，吾輩幸生太平之世，當大一統文明之運，爲聖天子侍從之臣，以所業而從游於此，縱觀神京，鬱葱佳麗，山川草木，衣被雲漢，昭回之光，昔之與今，又豈可同觀哉？烏可無賦,以播於歌頌?'衆咸曰然。遂命曰《北京八景》,間更其題數字,仲熙作詩爲倡,於是繼賦者,國子祭酒兼翰林侍講胡儼若思,右春坊右庶子兼翰林侍講楊榮勉仁,右春坊右諭德兼翰林侍講金善幼孜,翰林侍講曾棨子啓、林環崇壁,翰林修撰兼右春坊右贊善梁潛用之,翰林修撰王洪希範、王英時彦、王直行儉,中書舍人王紱孟端、許翰鳴鶴,暨廣凡十有三人,得詩百十二首。……"

《王舍人詩集》卷四《北京八咏》,分别是《居庸叠翠》《玉泉垂虹》《瓊島春雲》《太液晴波》《薊門烟樹》《西山霽雪》《盧溝曉月》《金臺夕照》,録其前兩首:"峰巒叠叠樹冥冥,黛翠浮光向日横。高聳青霄臨北極,遥連紫塞到東瀛。路通絶域來番使,天設重關壯帝京。四海車書今混一,好磨崖石頌皇明。""樹杪潺湲落翠微,分明一道玉虹垂。天潢低映廣寒殿,地脉潛通太液池。遥望直從雲盡處,近聽渾似雨來時。煮茶不讓中泠水,陸羽多應未及知。"

阮元《石渠隨筆》卷五:"王紱《北京八景圖卷》,胡儼、金幼孜、曾棨、林環、梁潛、王洪、王英等皆各有七律題咏,引首有胡廣《北京八景圖詩序》。"該圖現存於北京故宫博物院。

永樂十四年(1416)二月,以病卒於官舍,享年五十五歲。

章昞如《故中書舍人孟端王公行狀》:"今年春,以病卒於官舍,實二月初六日也。嗚呼,痛哉!其在病革,朋友咸相視而泣,顧謂公曰:'子脱有不幸,當以身後事囑我。'公曰:'余生平無愧,俱無可言者。但忠君之事未盡,實天地間罪人也,復何言爲。'語畢而絶。公生於壬寅五月某日,享年五十有五。"

王洪《王孟端小傳》:"丙申春正月,卧病北京寓舍,朋友日問致醫藥。疾革,語所知者曰:'生死如夜旦,所貴此心不昧耳。'奄然而逝,年五十有五。君子惜之。"

爲人高介絶俗,不苟於世。

《明史》卷二百八十六本傳載:"有投金幣購片楮者,輒拂袖起,或閉門不納,雖豪貴人勿顧也。有諫之者,紱曰:'丈夫宜審所處,輕者如此,重者將何以哉?'在京師,月下聞吹簫聲,乘興寫《石竹圖》,明旦訪其人贈之,則估客也。客以紅氍毹饋,請再寫一枝爲配。紱索前畫裂之,還其饋。一日退朝,黔國公沐晟從後呼其字,紱不應。同列語之曰:'此黔國公也。'紱曰:'我非不聞之,是必與我索畫耳。'晟走及之,果以畫請。紱頷之而已。逾數年,晟復以書來,紱始爲作畫,既而曰:'我畫直遺黔公不可。黔公客平仲微者,我友也,以友故與之,俟黔公與求則可耳。'其高介絶俗如此。"

陳頎《閑中今古》卷下:"中書舍人王孟端紱,無錫人。善寫竹,筆意瀟灑,動有書法,論者謂其當代獨步。太常卿玉峰夏㫤仲昭亦能寫,雖極其形似,而識者不甚予之。孟端與先祖友善,每至蘇,必主吾家。暇日極意揮灑,不厭其多。非其人則不屑予也。南濠有沈姓者,以宋箋一幅介朱永年求寫。孟端揭其紙於壁,卧其旁視之,將經營意匠而爲之。沈適遣饋禮至,孟端是大怒,擲其物於地,以足蹂之,顧謂永年曰:'將謂其爲清士,乃俗子也!'返其紙,不與寫。"

善繪事。尤工山水竹石,風韵蕭灑,妙絶一時。

王進《友石先生詩集序》:"尤善於繪事,長江遠山,叢篁怪石,隨意所適,無不妙絶。字書深得鍾、王筆意。雖兼衆長,然當揮灑吟咏之際,援毫立就,未嘗見其凝滯也。"

過庭訓《本朝分省人物考》卷二十七:"尤工畫山水竹石,每酒酣對賓客,著黄冠服,意氣傲然,伸紙攘袂,揮筆灑灑,奇怪跌宕,不可名狀。畫已,徐吟五字詩,蕭然有風人之致。"

朱彝尊《静志居詩話》卷六:"錫山自倪元鎮後,孟端山水竹石,瀟灑出塵,筆踪可繼。”

《明史》本傳:“於書法動以古人自期。畫不苟作,游覽之頃,酒酣握筆,長廊素壁,淋漓揮灑。”

李日華《六研齋二筆》卷一:“王紱孟端,元季國初又毗陵人,想與倪元鎮必相薰炙者。故繪事規隨,不失尺寸。余有其贈李士文《林亭秋色》一幀,實與倪《慧山圖》不相上下。余嘗泛舟荆溪顧渚間,其山大都低巒起伏,勢盡處必帶迢遰之沙,其水湖汊紆盤,互入處必穿重林之麓,淺秀凄迷,是其本趣。是以倪、王二君,動筆便如取之篋中,正其家常供具也。”

王世貞《弇州四部稿》卷一百三十八《題王孟端竹》:“孟端竹爲國朝第一手,有石室居士、梅花道人遺意,而清標高格,又似過之。”

朱謀垔《續書史會要》:“永樂中以能書薦入翰林,擢中書舍人。嘗以沐上恩拔,慨然曰:‘書必如古人,方可名世傳後,報稱萬一。’尤工山水竹石。”

論詩主情思,詩學大曆諸才子。其詩清雅,不計工拙,自合矩度。

《王舍人詩集》卷四有論詩詩三首。《釣詩鈎》:“好句如璜得者難,江天佳趣浩漫漫。長吟對酒初投餌,小立支筇勝把竿。興逐白鷗揮彩筆,思牽華藻出層瀾。只今湖海多風雅,不獨名高七里灘。”《鍛詩爐》:“物情爲炭趣爲銅,始信經營意匠工。光焰騰衝天上下,詞鋒淬就劍雌雄。推敲句法從精煉,陶冶心雲入混融。雅頌百篇存古制,定將槖籥鼓淳風。”《貯詩囊》:“吴奴背上日隨行,小李當時早得名。檃括尋常風月趣,包容今古咏歌情。珍珠粲粲光華滿,文錦輝輝彩色明。累牘聯篇藏已久,未逢删采向誰傾。”可窺其詩學思想。

朱彝尊《明詩綜》卷十九載諸家評論云:“胡光大云:‘孟端律詩學大曆諸才子,時有警句。’章昞如云:‘孟端不羈之才,所作古詩類韋、柳，律詩類晚唐。'曾子啓云：'孟端觸景撫事，即形之於詩。隨其興之所至，情之所發，初不計其工拙，而自合矩度。'王汝嘉云：'孟端幼負瑰偉之才，游學邑庠時，鄉之先進若四輔官周士平、侍讀學士王達善、長史錢仲益、教諭吕志學、引禮舍人浦長源輩，皆以詩著名於時。過從賡和，甚爲諸公稱許。集中長篇短章，舂容爾雅，無斧鑿痕，而理趣兼至。'李時遠云：'舍人詩清新典麗，想見其人。'繆天自云：'舍人詩格疏爽，有松石間意。'"

都穆《南濠詩話》："王孟端舍人作詩清麗，嘗有人作客京師，乃别娶婦，孟端作詩寄之云：'新花枝勝舊花枝，從此無心念别離。可信秦淮今夜月，有人相對數歸期。'其人得詩感泣，不日遂歸。"

《四庫全書總目》卷一百七十《王舍人詩集》提要："其詩雖結體稍弱，而清雅有餘，蓋其神思本清，故雖長篇短什，隨意孺染，不盡計其工拙，而擺落塵氛自然合度。"

周亮工《因樹屋書影》卷十："王紱……詩畫雙美，近見其詩集百餘篇，聲律不在高、楊、張、徐之亞。"

有《友石山人詩集》傳世。

《友石山人詩集》五卷，今存明弘治元年榮華刻本，爲其子王默所編，前有曾棨、王進所作詩序，後有王洪、章昞如、胡廣所作小傳、行狀、墓表。亦題作《友石山房稿》《王舍人詩集》，均五卷。

按，《錫山先哲叢刊》收録王紱《書畫傳習録》，作者學界尚有争議，俟考。

參考文獻：

1. 王紱《友石先生詩集》五卷，明弘治元年榮華刻本。
2. 王紱《王舍人詩集》五卷，《錫山先哲叢刊》本。

3. 王紱《王舍人詩集》五卷,《文淵閣四庫全書》本,上海古籍出版社 1987 年版。

4. 張廷玉等撰《明史》,中華書局 1974 年版。

5. 胡廣《胡文穆公文集》,《四庫全書存目叢書》本,齊魯書社 1996 年版。

6. 王洪《毅齋集》,《明別集叢刊》第一輯,黄山書社 2014 年版。

7. 俞劍華《王紱》,上海人民美術出版社 1961 年版。

8. [美]高居翰《江岸送別:明代初期與中期繪畫》,生活·讀書·新知三聯書店 2009 年版。

9. 李可心《王紱生平及繪畫藝術研究》,天津美術學院 2020 年學位論文。

(湯志波)

王褒傳

王褒，字中美，號養静，侯官(今福建福州市鼓樓區)人。元至正二十三年(1363)生。其先爲浙江義烏人，祖英、父潛，皆不仕。

王褒《養静公詩集》(明萬曆間王應鍾編刻本)卷首楊士奇《明漢府紀善前翰林院修撰王公墓誌銘》(以下稱楊士奇《王公墓誌銘》)："王氏其先家婺之義烏，至諱達者，官於閩，遂家閩之籌岐。又至益祥、益祺，舉進士，益祥累官江東提刑，又徙家會城，實中美之世祖也。曾祖文清，祖英，俱隱德不耀。考諱潛，以中美貴，贈翰林院修撰。妣卓氏、林氏、生母倪氏，俱安人。……初字必興，乃更其字爲中美云。"

黎淳《黎文僖公集》卷十二《處士王敷若墓誌銘》："閩處士王君敷若，今刑部山西司郎中佐從父也。初佐父立早卒，佐年甫十歲，敷若念其孤，教育成就，致有今日。……按狀，君諱宣，字敷若，别號介庵，族行第四十六。其先義烏人，叔宋時有諱達者始徙閩，居籌岐，沿達而下凡九世，有諱益祥偕弟義祺同舉進士，益祥歷官朝請大夫、江東提刑，致政歸，復自籌岐徙郡治衣錦坊居焉。於後宦學世顯，至諱英者始隱不出，即君曾祖也。祖潛，益高尚，生二子，長褒，入國朝歷官翰林修撰；次誾，守舊業，實君之父云。……蚤年與立同攻舉子業，既而得足疾，嘆曰：'吾不堪用世矣。'遂棄去。……治家教子，嚴而有方，其視佐猶己子，成童，遣就鄉塾，莫歸必課所業,由是佐深加焠礪,名著士林,既而登景泰辛未進士甲科。……其生永樂乙酉二月十日,卒景泰丙子十一月十一日,壽五十有四。配陳氏,宦族女,有賢行。……以卒之年某月某日,葬懷安縣太平里銅盤山先塋。"

徐𤊹《晉安風雅》(明萬曆間刻本)卷首《詩人爵里詳節》"王褒"條云:"字中美,侯官人。……卒年五十四。"

按,錢謙益《列朝詩集》乙集卷三《王紀善褒》:"永樂丙申卒於官。見高棅《挽詩》序。"則王褒卒於永樂十四年丙申(1416),卒年五十四,推其生年爲1363年,即元至正二十三年。

陳道監修《(弘治)八閩通志》卷十三:"侯官縣……衣錦坊,舊通潮巷口。初以陸蘊並弟藻知鄉郡,名棣錦。后王益祥致江東提刑政,居其内,改今名。"又卷六十二《王褒傳》:"王褒,字中美。閩縣人。"

梁克家撰《淳熙三山志》(文淵閣《四庫全書》本)卷三十:"淳熙十一年甲辰衛涇榜。……王益祥,字謙叔,長樂人。"

黄虞稷《千頃堂書目》(上海古籍出版社2001年版)卷十九:"王佐《梅軒集》一卷。字彦弼,侯官人。褒從孫,廣東參政。"

魯曾煜纂《(乾隆)福州府志》卷二十一:"侯官縣……養静齋。在城西,王修撰褒别業。褒《自題養静齋》詩:'處喧寧自寂,蔽物罔不遷。惟應仁者心,養之常晏然。況此闤闠紛,居閑地成偏。所紛既非我,庶以全吾天。壁上無弦琴,床頭無聲咏。默對一卷書,希賢復希聖。……吾亦愛吾廬,居然安所適。'"

何喬遠《閩書》卷七十五《王褒傳》:"王褒……子肇,見韋布。玄孫應鍾。"

張弘道、張凝道同輯《皇明三元考》卷十:"嘉靖二十年辛丑科大魁,中式三百名。……庶吉士三十二人。……王應鍾,侯官。"

按，王褒的籍貫問題頗爲複雜，不同文獻記載歧异，如陳道監修《(弘治)八閩通志》卷六十二《王褒傳》、喻政主修《(萬曆)福州府志》卷五十四《王褒傳》、焦竑編《國朝獻徵録》卷二十一《修撰王褒傳》、王兆雲輯《皇明詞林人物考》卷二《王中美傳》、錢謙益編《列朝詩集》乙集卷三《王紀善褒》、陳田《明詩紀事》甲籤卷十"王褒"條等皆云其爲閩縣人。而何喬遠《閩書》卷七十五將王褒列入侯官縣，《明史》卷二百八十六《林鴻傳》云"侯官王褒"。清代李清馥《閩中理學淵源考》(鳳凰出版社 2011 年版)卷四十四《王氏家世學派》沿《閩書》説法，稱侯官人。清代鄭祖庚纂修《閩縣鄉土志》"王褒"條云："字中美。"下注："舊志作'閩縣人'，《明史》作'侯官人'，未知孰是。"郭柏蒼《全閩明詩傳》卷五則云："褒，由侯官中式，以專集署三山，故誤閩縣。袁表選《十才子詩》，遂沿其誤。"(見郭丹紅《郭柏蒼〈全閩明詩傳〉研究》，福建師範大學 2011 年學位論文)

根據上面所列有關王褒及其家族成員的資料可知，王褒先世有王達者從浙江義烏徙居福建長樂(籌岐)，至南宋王益祥(淳熙十一年進士)從長樂遷居侯官(即郡治衣錦坊)，褒之父祖輩皆居於此，其弟王誾、侄子王宣、侄孫王佐亦居此。王褒玄孫王應鍾的籍貫仍爲侯官。此外，侯官還有王褒的故居養静齋。則王褒籍貫當以侯官爲是。

褒早負穎敏之資、卓越之才，少有詩名。選入國子監，洪武二十六年癸酉(1393)，以國子生領應天鄉薦，官瑞州府學教授，改長沙府教授。洪武二十八年，有武昌之行。

王褒《三山王養静先生集》卷首蔡朔《王養静先生文集序》："若養静王先生，福之三山人。諱褒，蚤負穎敏之資、超卓之才，自太學出官於筠，調教於長沙，得以優游問學、咀嚼英華，馳騁於文詞翰墨之場者素矣！每膺禮聘，主典江西鄉試。"

喻政主修《(萬曆)福州府志》卷五十四《王褒傳》:"洪武中,以國子生領應天府鄉薦,授瑞州府教授,改長沙。"又卷四十八"洪武二十六年癸酉林賜榜"之府學中舉者包括王褒,名下注:"字中美,以貢應天中式,翰林修撰。見《名臣傳》。"

焦竑編《國朝獻徵録》卷二十一《修撰王褒傳》:"博極群書,少有詩名。洪武中,貢入成均,頃之,擢舉應天。歷瑞州、長沙兩郡博士。"

陳田《明詩紀事》甲籤卷十"王褒"條:"褒,字中美,閩縣人。洪武癸酉舉人,歷瑞州、長沙教官。"

王褒《三山王養静先生集》卷六有詩《洪武乙亥十二月,余教長沙,時有武昌之行。風雨雞鳴,擁衾不寐,藹鄉閭之思,遂因故人高漫士所寄山水小畫,書以寄念云》。

按,洪武乙亥年爲洪武二十八年(1395),此時王褒已任長沙府學教授,十二月因公前往武昌。高漫士,即高棅,又名廷禮,字彦恢,别號漫士,福建長樂人。永樂初以布衣徵爲翰林待詔,遷典籍。時人稱其詩、書、畫爲"三絶"。論詩主唐音,承林鴻詩學觀念,編有《唐詩品彙》。與林鴻被後人稱爲明代閩中詩文的開創者。何喬遠《閩書》卷七十七有傳。

洪武三十一年(1398),建文帝即位,次年改元建文,褒進京祝賀。尋遷永豐知縣,任内改革徭役,抗救蝗灾,興學校,育人才,吏民便之。

王褒《三山王養静先生集》卷一《謁馬當山祠》序云:"洪武三十一年後五月,聖天子登極,逾年改元,中外大小臣庶禮賀京師,褒職當往。"按,建文帝於洪武三十一年農曆閏五月登基,次年改元建文。

喻政主修《(萬曆)福州府志》卷五十四《王褒傳》:"轉永豐知

縣，首均徭役。蝗爲灾，禱於神，數日，境内蝗皆死。政暇，輒之學官課諸生，親爲講解，多所造就。”

陳道監修《（弘治）八閩通志》卷六十二《王褒傳》：“遷永豐知縣，首革徭役不均之弊。蝗嘗爲灾，褒禱於城隍，數日，境内蝗皆死。政暇，輒庾學，課諸生所業，親爲講解。”

夏顯煜修《（康熙）廣永豐縣志》（清康熙間刻本）卷十八上《王褒傳》：“王褒……洪武間由舉人教授長沙，以建言稱旨，擢知永豐事。德政文章爲吏民愛慕。考績，擢翰林院修撰。”

洪武三十五年（1402）六月，明成祖即帝位。次年，褒以永豐縣令入京朝賀。因胡廣舉薦，以縣令召入朝廷，纂修《太祖實録》，六月，書成，擢翰林修撰。又與修《永樂大典》，爲副總裁官。因《元夕觀燈應制》一詩受到成祖賞識，擢漢府紀善。

王褒《三山王養静先生集》卷九《覺軒記》：“洪武三十五年夏六月，今聖天子入正大統，綏萬邦，禮召天下文武諸司，毋論崇卑，各以其官之長，度地遠近，届期啓行，畢賀於朝。予以永豐令，叨長也，職當行以期。”

又卷五《元夕觀燈應制》：“魚鑰春開虎豹關，五雲星斗近天顔。絳河月濕金盤露，火樹香分玉笋班。鳷鵲漏傳花外觀，蓬萊仗列海中山。萬方樂事同元夕，恩賜千官十日閑。”

楊士奇《王公墓誌銘》：“永樂丙申五月五日，漢府紀善王褒中美卒。……永樂癸未，朝京師。奉詔預修《高廟實録》，史成，遂升翰林院修撰。……又修《永樂大典》，爲副總裁。在翰林六年……改漢府紀善。”按，永樂丙申爲永樂十四年。永樂癸未，即永樂元年。

喻政主修《（萬曆）福州府志》卷五十四《王褒傳》：“永樂中，朝京師，用胡文穆薦，與修《高廟實録》，擢翰林院修撰。又命修《大典》，爲總裁官。改漢府紀善，卒。褒博學强記，以文名。永樂御極,海内無事,好詞翰,每遇禎祥或令節,命從臣賦詩,帝親第高下,時元夕張燈,褒應制稱旨,同輩榮之。”按,胡文穆,即胡廣。

何喬遠《閩書》卷七十五《王褒傳》:“永樂中,與修《高廟實録》,升翰林修撰;修《永樂大典》,爲總裁官。成祖每禎祥、令節,輒命從臣賦詩,親第高下,褒元夕應制,成祖品爲第一,改漢府紀善。”

《明實録》之《明太宗實録》卷二十:“永樂元年六月丁未朔……辛酉,監修國史、太子太師、曹國公李景隆等,總裁官、翰林侍讀學士解縉等上表進《太祖高皇帝實録》。……丙寅,以《實録》成,升纂修官、吏部郎中徐旭爲國子祭酒,太常博士錢仲益、知縣楊觀、梁潛、王褒爲翰林修撰。”

永樂十四年丙申(1416)五月卒於官,享年五十四。

錢謙益編《列朝詩集》乙集卷三《王紀善褒》:“永樂丙申卒於官。見高棅《挽詩》序。”

高棅《高漫士木天清氣集》卷九《王紀善挽詩並叙》:“柔兆涒灘之歲仲夏五月,鄉友紀善王君中美以疾没於長安官舍……閲三月,其孤肇奔喪來京,將奉櫬歸閩。”按,《爾雅·釋天》:“(太歲)在丙曰柔兆……在申曰涒灘。”柔兆涒灘之歲即丙申歲,則王褒卒於丙申年,即永樂十四年。

徐𤊹《晉安風雅》卷首《詩人爵里詳節》“王褒”條云:“字中美……卒年五十四。”

褒在永樂朝有應制之佳作,如《元夕觀燈應制》。又永樂四年(1406)七月,明成祖發兵勘安南亂,亂平,置安南爲府縣制,褒作《平安南頌》。

袁表、馬熒選輯《閩中十子詩》之王褒《王翰林詩集》卷上《平安南頌》序云:“皇帝嗣大歷服,爲華夷主,四海内外,罔不臣妾。號令昭著,政理和洽。旋乾轉坤,雲行雨施。品物生成,億兆雍穆。至化允若,嘉瑞畢臻……昔安南陳日煃,當太祖登極之始,恭德化,率先納貢贄。詔循舊章,俾王國世臣。近賊臣黎季犛,擅其政柄,糾合黨類,弑其君,寇其國,並其子姓無遺。放兵内侵,僭號改元,無所忌畏。……罪惡滿盈,神人共憤。廷臣交章,請討其罪。乃永樂四年七月戊子朔,詔以成國公臣能充征夷將軍,率師八十萬往討之。癸卯,乘輿送之江滸,德音敦至,戒以不殺。十二月,我師渡富良江,再擣其東西二都,洞堡部落,望風送款,安南悉平。"

《明實録》之《明太宗實録》卷五十六:"永樂四年秋七月戊子朔,享太廟,上還御奉天殿,遣使祭告岳鎮海瀆之神,曰:安南城臣黎季犛及子蒼,屢殺國主,殲夷其宗,篡奪其國,改易姓名,僭稱位號,暴徵横斂,淫刑酷法,一方嗷嗷,無所控訴。又縱兵劫掠,侵奪鄰封,累諭弗悛,而騁詐逆命,肆其凶毒。今命將出師,救民伐罪。以是月十六日兵行,特用致告,惟神相之。"

在南京亦與同僚交往酬唱。

永樂間,高棅回鄉,褒有致王恭書信請高氏代爲轉達,後王恭賦詩答之。永樂六年,《永樂大典》成,部分纂修者放歸,十二月,時任翰林院修撰的王褒與王恭、高棅、陳仲完等人餞送同郡榮歸者鄭銘等,王恭咏五首,褒繼之。

《閩中十子詩》之王恭《王典籍詩集》卷三《高待詔自京回必遜王修撰寄聲相問賦詩答之》一詩,王修撰即王褒,則王褒曾有書信詢問王恭居閩事宜。

按,高棅《木天清氣集》有《倚韵奉寄和陳滄州留别之作》,其云:"曩歲癸未秋,余以虚名被徵赴京師。明年入翰林,又明年,丁内艱,歸田里。"據此可知高棅於永樂元年(1403)應徵入京,兩年後,即永樂三年其母去世,遂歸閩中守制。

《閩中十子詩》之《高待詔詩集》卷一《送四彦歸閩州詩並序》云:“永樂六年冬十二月,《大典》書成,擇日表進,與纂修者三十人,咸蒙賞賚,而恩榮遣歸者三之二。吾閩儒士鄭銘、陳茀,泮生陳循、林彬,皆在遣中。戒行有日,凡鄉友之在禁林者,聞而出餞,且惜其去。……乃相與酌酒言别,發爲歌咏,以壯其行。典籍王公安中首歌五闋,修撰王公中美、春坊贊善陳公仲完相繼倚和。”

按,四彦者,鄭銘、陳循、陳茀、林彬。鄭銘,長樂人,與修《大典》。陳循,長樂人,曾以泮生入翰林院。陳茀,長樂人,宜州知州,與修《大典》,書成,恩榮遣歸。林彬,長樂人,與修《大典》,書成,恩榮遣歸,宣德中貢士,任和州學正。《閩書》卷七十七有傳。

又按,王安中,即王恭,字安中。明永樂二年,王恭以儒士薦爲翰林待詔,敕修《永樂大典》。永樂五年,《永樂大典》成,王恭試詩高第,授翰林典籍。善詩文,名重一時。陳仲完,諱完,以字行,號簡齋,仲進弟,福建長樂人。洪武十七年(1384)舉人,授延平府訓導。永樂初,用修撰王褒薦,徵爲翰林院編修。二年,詔簡東宫官,擢左春坊贊善,奉命修《永樂大典》。

褒性孝友剛直,與人交,久而能敬,喜汲引後進,同郡陳仲完、高棅、王恭皆因其薦而進。

喻政主修《(萬曆)福州府志》卷五十四《王褒傳》:“褒性孝友剛直,與人交,久而能敬。好引人於善,前後所薦士甚衆,同郡若春坊陳仲完、待詔高廷禮、典籍王恭,皆因褒以進。”

鄭祖庚纂修《閩縣鄉土志》“王褒”條:“好汲引,不當帝意,他日仍復薦之。同郡陳仲完、高廷禮、王恭皆因以進。”

林直《壯懷堂詩初稿》(《續修四庫全書》本)卷十《閩中十子咏·王紀善褒》:“中美實剛直,奄有循吏風。法庭日多暇,講習臨黌宫。論交出至性,賦詩愜宸衷。愧彼漢國賓,疇似全其終。”

王氏家族乃閩中理學世家，其後嗣出處皆能有立，李清馥《閩中理學淵源考》卷四十四專立“王氏家世學派”。

張廷玉等撰《明史》卷二百八十六《林鴻傳》：“王褒，字中美，鴻之兄子婿也。”按，林鴻，字子羽，福清人。洪武初以薦授將樂訓導，歷禮部員外郎。善作詩。爲明初“閩中十才子”之首。

鄭祖庚纂修《閩縣鄉土志》“王褒”條：“子肇，字開若。工詩文書畫。永樂中，屢徵不起。著有《蒙齋集》。五世孫應時，官雲南按察使；應鍾，嘉靖時御史，屢論宦官，忤嚴嵩，罷歸。提學宋儀望爲建道山書院。”

何喬遠《閩書》卷七十五《王褒傳》附《王應鍾傳》：“應鍾，字懋復。嘉靖中選庶吉士，授監察御史，巡鹽長蘆。……應鍾居官以嚴見憚，鄉黨則謙恭樂易，引掖後進若不及。年九十卒。”

徐𤊹《晉安風雅》卷首《詩人爵里詳節》“王應鍾”條：“字懋復，候官人。肇之玄孫。”

又“王應時”條：“字懋行，侯官人。肇之玄孫。嘉靖二十九年會試第五人。”

又“王佐”條：“字彦弼，侯官人。景泰二年進士。……有《梅軒集》。”

又“王杲”條：“字文旭，侯官人。佐之孫。”

又“王應山”條：“字茂宣，侯官人。杲之子。”

按，據前文揭示，王佐乃王褒弟王閭之孫，則王應山即王閭五世孫。

陳田《明詩紀事》己籤卷十“王應時”條：“應時，字懋行，侯官人。嘉靖庚戌進士，歷官雲南按察使。”

李清馥《閩中理學淵源考》卷四十四“王氏家世學派”云：“按，中美先生以文章氣誼一時推重，而立朝汲引士類，懿德可風。其後嗣出處皆能有立,懋復諸公尤講明正學,能振續學派於頽瀾之餘,爲三山先正師表,抑又尚已。”又《王開若先生肇》云:“王肇,字開若,侯官人。父褒,少業於陳郊,學詩林鴻,學書王偁,學畫高棅。永樂、宣德間以文學屢徵不起。所著有《蒙齋集》。”其後有《王懋宣先生應山》,王應山是王褒弟王間的五世孫,王褒五世侄孫,非其直系後代。

同卷《參政王懋復先生應鍾》:“王應鍾,字懋復,侯官人。嘉靖二十年進士,授庶吉士,改浙江道監察御史,巡鹽長蘆。……轉山東參政,竟爲嵩所中,罷歸。”

褒爲詩文根據理義,和平温厚,有臺閣之風。工詩,與林鴻、高棅、王偁、王恭等合稱“閩中十子”。與王洪、王偁、王恭合稱“詞林四王”。

蔡朔《王養静先生文集序》:“今先生之文,祖六經,述諸子,積中發外,根據理義,不襲陳腐語,其言和平温厚,宛有臺閣之風而無山林之氣,是蓋深於文者,宜爲録出,以與四方學者觀覽。”

錢謙益《列朝詩集》乙集卷二《王侍講洪》:“當時詞林稱四王,皆有才名,希範與閩人王偁、王恭、王褒也。”

錢謙益《列朝詩集》乙集卷三《王紀善褒》:“中美與孟揚、安中齊名,其詩殊乏才情,不堪鼎足,或其佳者不傳耳。”

張廷玉等撰《明史》卷二百八十六《林鴻傳》:“閩中善詩者稱十才子,鴻爲之冠。十才子者,閩鄭定、侯官王褒、唐泰、長樂高棅、王恭、陳亮、永福王偁,及鴻弟子周玄、黄玄,時人目爲‘二玄’者也。”

永瑢等《四庫全書總目》(中華書局 1965 年版)卷一百八十九《閩中十子詩》提要:“閩中十子者:一曰福清林鴻,有《膳部集》;一曰長樂陳亮,有《儲玉齋集》;一曰長樂高廷禮,有《木天清氣集》《嘯臺集》;一曰閩縣王恭,有《白雲樵唱》《風臺清嘯》《草澤狂歌》諸集;

一曰閩縣唐泰,詩軼不傳,散見《善鳴集》中;一曰閩縣鄭定,有《澹齋集》;一曰永福王偁,有《虚舟集》;一曰閩縣王褒,有《養静集》;一曰閩縣周玄,有《實秋集》;一曰侯官黄玄,其集名不傳。皆明初人。"

撰有《養静齋集》。現存《三山王養静先生集》十卷,明成化十年謝光刻本。《養静公詩集》五卷、《文集》五卷,首一卷,明王應鍾編,明萬曆間王氏刻本。

何喬遠《閩書》卷七十五《王褒傳》:"有《養静齋集》行世。"

《中國古籍總目》著録王褒文集,有《養静公詩集》五卷、《文集》五卷,首一卷,明王褒撰,明王應鍾編。明萬曆間王氏刻本,現藏於日本國立公文書館。《三山王養静先生集》十卷,明王褒撰,明成化十年謝光刻本,《續修四庫全書》集部據國家圖書館藏該版本影印。

參考文獻:

1. 袁表、馬熒選輯《閩中十子詩》,明萬曆八年刻本。

2. 王褒《三山王養静先生集》,《續修四庫全書》,上海古籍出版社 2002 年版。

3. 張廷玉等撰《明史》,中華書局 1974 年版。

4. 鄭祖庚纂修《閩縣鄉土志》,《中國方志叢書》,成文出版社有限公司 1974 年版。

5. 張弘道、張凝道同輯《皇明三元考》,《明代傳記叢刊》,明文書局 1991 年版。

6. 陳道監修《(弘治)八閩通志》,《四庫全書存目叢書》,齊魯書社 1996 年版。

7. 何喬遠撰《閩書》,《四庫全書存目叢書》,齊魯書社

1996 年版。

8. 焦竑編《國朝獻徵録》,《四庫全書存目叢書》,齊魯書社 1996 年版。

9. 魯曾煜纂《(乾隆)福州府志》,《中國地方志集成》之《福建府縣志輯》,上海書店出版社 2000 年版。

10. 喻政主修《(萬曆)福州府志》,海風出版社 2001 年版。

11. 王兆雲輯《皇明詞林人物考》,《續修四庫全書》史部,上海古籍出版社 2002 年版。

12. 陳田輯撰《明詩紀事》,上海古籍出版社 1993 年版。

13. 高棅《木天清氣集》,《四庫全書存目叢書》,齊魯書社 1997 年版。

14. 黎淳《黎文僖公集》,《續修四庫全書》,上海古籍出版社 2002 年版。

15. 錢謙益編集,許逸民、林淑敏點校《列朝詩集》,中華書局 2007 年版。

(張明强　廖肇禄　黄新晨)

程通傳

程通，字彦亨，號貞白，徽州績溪（今安徽省績溪縣）人。生於元至正二十四年（1364）。

《明史》卷一百四十三有傳。徐開任《明名臣言行録》卷十四、張芹《備遺録》、張衮《革朝遺忠録》卷上、黄佐《革除遺事》卷一、鄭曉《建文遜國臣記》卷五、朱國禎《皇明遜國臣傳》卷四、錢士升《皇明表忠紀》卷四、許相卿《革朝志》卷三、張朝瑞《忠節録》卷三、查繼佐《罪惟録·列傳》卷十二上、傅維鱗《明書》卷一百三、汪舜民《（弘治）徽州府志》卷九、屠叔方《建文朝野彙編》卷十五、凌迪知《萬姓統譜》卷五十三、何喬遠《名山藏》卷八十二臣林外記、陳仁錫《皇明世法録》卷九十一、陳田《明詩紀事》乙籤卷五等皆有傳。另程敏政撰有《長史程公傳》、程定《遼府左長史彦亨公行狀》。

通生於元至正二十四年（1364）。程敏政《篁墩文集》卷四十九《長史程公傳》云："二十二，以貢入太學，時洪武乙丑也。"洪武乙丑年，即洪武十八年（1385），以此逆推，可得通之生年。

其號以書齋名命之。程通《貞白遺稿》卷四《貞白齋銘》："予築舍於郭之西，以爲藏修之所，乃堅其材，乃素其飾，名曰貞白齋，因以自號，乃作《貞白齋銘》，因以自儆云。銘曰：'惟金乃堅，惟其堅，斯其不磷；惟玉乃潔，惟其潔，斯罔受涅。君子處世，惟貞惟白，斯其耿耿，乃介乃烈，惟忠惟孝，斯爲立身之大防。至貞至白，孰逾忠孝之惟臧。予處而家,乃愛乃敬,苟莅於國,惟節惟藎,苟曰惟細行之,徒貞徒白,豈君子之所以廣大以立畛。'”

其籍貫,徐開任《明名臣言行録》卷十四云“績溪人”,黄佐《革除遺事》卷一云“徽州績溪人”,陳仁錫《皇明世法録》卷九十一云“南直績溪人”。按,績溪乃徽州府屬縣,據《明史》卷四十《地理志一》云:“終明之世,爲直隸者二:曰京師,曰南京。”後者稱爲南直隸,徽州府屬其轄區。

其先自歙篁墩遷績溪。祖平,父寔。

程通《貞白遺稿》卷二《程氏世譜序》:“余家世程氏,古伯符後也。初,伯符始受封於廣平,有三异之瑞,因得國於程,故爲廣平上程氏。越四十四世孫元譚,東晉元帝時,渡江爲新安太守,遂家於歙之篁墩,程氏子孫蕃衍,棋布四境。又三十四世孫旭,唐光化間爲金鄉縣尹,徙居績溪,又爲績溪程氏,乃吾宗之始祖也。又有爲歙之槐塘程氏者,有爲樂平之三松程氏者,有爲婺源之龍頭山程氏者,有爲黟之南山程氏者,有爲休陽之後仁里程氏者,有爲旌川之程氏者,枝分派别,族屬不載,此特其概耳。然要其歸,則南宗北族,同出一本,苟非譜牒,奚以徵哉?”

《貞白遺稿》卷四《重修唐金鄉尹程公墓碑》:“我程氏受姓於周伯符,得國於程,遂以程爲姓。我新安之有程氏者,自晉元譚守新安,遂家焉。新安之程,自元譚公始,至唐有諱藥者爲尹於金鄉縣,過績溪,游石鏡,眷仁里山川之勝,遂於光化庚申之歲徙居績溪之仁里。績溪之程,自藥公始。仁里十九世孫諱念五者,乃遷邑之中正坊。邑中正坊之程自念五公始,洪武庚午,不肖通叨以《尚書》獲領鄉薦,乃至仁里省藥公之墓。”

按,《篁程堂草稿譜圖》:“元譚,仕東晉,大興三年新定東陽、信安,六郡底定,假節行新安太守,綏輯流民,疏通畎澮,教民孝悌,舉造俊於朝,歙民大悦。永昌九年,代還。百姓遮道請留,卒不得發。詔褒嘉之。俄而,壽終。帝聞之驚悼,賜子孫田宅於新安歙之篁墩,爲新安程氏始遷祖。”

祖平,字德正。朱國禎《皇明遜國臣傳》卷四《紀善程公》附傳曰:“平字德正,幼失父母,性温厚恭恕,言貌恂恂,素與友人張德良友善。洪武初,德良坐鹽價事,罹法凡百餘人,波及平,御史廉得其情,喻曰:‘灑於衆,則汝免矣。’起謝曰:‘家世業儒,非義不敢爲,不幸爲人所誣,而又誣人,是欺天也,天可欺乎?’御史嘆异之,尋謫延安。”

《貞白遺稿》卷四《祭先祖文》:“吾祖生未髫齓,而二親見背,孤苦伶仃,靡所怙恃。及長,出贅汪門,惟外氏是依,賴内助得人,同心協力,以至成家。不幸中年又遭喪亂,携妻挈子,奔走逃難山谷間關,百羅資業爲之一空。幸遇聖朝龍興,削平禍亂,生民獲安田里,時逃難解散,鄉黨宗族、兄弟妻子不能相保者十居七八,而吾祖獲無恙,豈非所存者厚,而天地祖宗或默相之歟?又不幸中之幸也。後還故址,結廬力農,將爲終老計,豈期命與時乖,爲朋友之誼遭無辜之譴,謫居陝右二十餘年,父北子南,萬里相望,吾父不勝懷思,五年凡兩往省,曚冒霜露,涉艱歷苦,遂至髮爲之白,目爲之昏,祖母啖素長齋,哀號旦暮,卒至抱恨以死而不復會,又何其不幸歟?”

父寔,字以誠,剛直尚義。《紀善程公》附傳曰:“寔字以誠,剛直尚義,兄以忠洪武庚申用人材舉,知潮之程鄉縣,有治迹。其子泰將省父程鄉,稚不任行,以誠與俱,中道聞以忠得罪被逮,且瘴作,偕行者訹,泰反走,以誠大駡曰:‘汝父坐事,正當捨身赴救,棄之而歸,獨何心乎?’遂徒步直前。既至,而冒瘴亡,聞者悲之。通,其長子也。”

少有至性,動必遵禮,嗜學不倦,鄉先生奇之。年十四,補縣學生。

程敏政《長史程公傳》:“少有至性,又得家庭之教,動必遵禮,嗜學不倦,鄉先生奇之,年十四補縣學生。”

按,通補縣學生在洪武十年(1377)。

通初學時,與唐孟實等同門朝夕游於潛心齋。《貞白遺稿》卷三《潛心齋記》:“吾里有韜晦之士曰唐孟實氏,沉静而淵默,内顧而操存,夙有志於自勵,翼翼焉而知所持,兢兢焉而不敢肆。竭精殫思,固無所慕於外也;旁搜博覽,殆有所藴於中也。因額其讀書之齋曰潛心,而涵泳省察,偃仰棲遲,身在是而心亦罔不在是,是自幼及壯,壯而就老,若將終身焉,未嘗有能探其心而記之者。憶予初學與之同門朝夕從事於斯,收其放心,恒會是齋,資其麗澤之益。”

受業於柴存誠之門。《貞白遺稿》卷二《柴氏慈母訓子記後序》:“吾師存誠先生,三衢人也,奉皇命司教於績邑。時予在弟子列,執經侍側,先生授受之際、評論之頃,每舉日用常行之道從容以語之,諄諄然修身進德之方,懇懇焉天理民彝之至,使人歡欣鼓舞,聽受不厭,真有以得於心而不容自已者。”

洪武十八年(1385)貢入太學。明年,父亡,廬墓三年後復入太學。

程敏政《長史程公傳》:“二十二,以貢入太學,時洪武乙丑也。丙寅,聞以誠喪,免歸,徒步過嶺,迎柩還葬,葬已,廬墓下三年,哀慟毁形,妻子至,不相識。戊辰,復上太學。”

《貞白遺稿》卷二《程氏淵源録跋》:“自洪武戊辰秋,服闋,赴京師。”按,“丙寅”即洪武十九年(1386),通父卒於此年。“戊辰”即洪武二十一年(1388)。

在太學,與方孝孺、黄觀、練子寧等人相友善。《貞白遺稿》卷八程伯祥《長史公年譜》:“公游南雍時,與方公孝孺、黄公觀、練公子寧、卓公敬、周公是修、陳公彦回諸君子相友善。”

二十三年(1390),上《陳情乞祖還鄉表》,乞除其祖戍籍。

《明史》卷一百四十三本傳:“嘗上書太祖,乞除其祖戍籍。詞甚哀,竟獲請。”

《長史程公傳》:“時平已老,公上書,言:‘臣壯而無父,祖猶父也,臣祖老而無子,孫猶子也,更相爲命。今邊徼戍卒如林,顧豈少臣祖者?’辭極懇切。書奏,高皇帝憐之而持其章不下,私命兵部驛召其祖,既至,乃並召公東西立玉階下,顧公曰:‘汝識此人否?’祖孫相持,哽噎不能仰視。高皇帝嘆曰:‘孝哉若人!’命兵部除其籍,驛送平還鄉。”

按,集内卷一《陳情乞祖還鄉表》:“第念臣父已殁,止有祖平,見今年七十有四。洪武初,坐法流陝西,遠隔四千里,相别二十春,音問不通,安否何似,煢煢隻影,白首疇依。其餓也,誰爲之食?寒也,誰爲之衣?疾病也,誰爲之奉湯藥?雖有微臣,無由顧盼,停餐忘寐,徒有所思。臣欲養父,父已不逮,臣祖幸存,雖欲致菽水之養又不可得。興言及此,實切臣心。載惟皇上孝治天下,澤被黔黎,疲癃殘疾者得生,鰥寡孤獨者得養,况臣祖尫羸孤苦,尤爲可憐。且臣無父而有祖,祖即父也,祖無子而有孫,孫猶子也,豈有父子骨肉坐視其苦,恬然無憂,烏在其爲孝乎?……臣是以敢布微忱,冒干聖聽,願乞臣祖回還,以終餘年,使臣出則事君,入則養祖,上不負君師教養之恩,下得全臣子忠孝之道。倘蒙矜愍允臣所言,不勝犬馬怖懼之至。臣通誠惶誠恐,稽首頓首謹言。洪武二十三年正月十五日,國子監監生臣程通謹陳伏候。”

秋,以《尚書》舉應天鄉試,所對稱旨,擢爲第一,授遼王府紀善。

程敏政《長史程公傳》:“庚午秋,公以《尚書》舉應天府鄉試,時遣諸王將兵行邊,以封建策諸貢士於廷,公所對稱旨,親擢第一,授遼王府紀善。"

程伯祥《長史公年譜》:"又明年庚午,當大比士,公由太學領南畿鄉薦。時遣諸王將兵行邊,御試封建時務策諸貢士,公對以'宗藩之臣權勿假之太重如漢七國,亦勿制之太輕如唐末',造策對稱旨,擢至第一,除遼府紀善。"

按,庚午年,即洪武二十三年(1390)。

集内卷一有《封建策》文兩篇,其一曰:"臣愚以爲本支之臣,固不可假之太重,亦不可制之太輕。太重則驕矜而不遜,必有非望之想,漢之七國是已;太輕則懦弱而難立,必無振復之幾,唐宋之末造是已。"遼王乃朱植,係明太祖朱元璋第十五子。《明史》卷一百十七《諸王傳二·太祖諸子二》:"遼簡王植,太祖第十五子,洪武十一年封衛王,二十五年改封遼,明年就藩廣寧州。"

洪武二十四年(1391),從王閲武臨清。尋從之國遼西。以母喪歸,諸友賦詩贈别。服闋,復任。

程敏政《長史程公傳》:"辛未,從王閲武臨清。壬申,從之國遼西,時王府未建,以祖喪免歸,復廬墓三年,服闋,復任。"

按,"辛未",即洪武二十四年。"壬申"即洪武二十五年。

通從王閲武在春三月。《貞白遺稿》卷五《春三月奉使臨清》:"三月正當初一日,驅馳王事上臨清。馬蹄踪迹追風去,錦服聯翩照日明。花不知名隨路發,鳥如相識向人鳴。行行西出榆林外,纔過長亭又幾程。"

程敏政《長史程公傳》言"時王府未建,以祖喪免歸,復廬墓三年"有誤。據《貞白遺稿》卷四《祭先祖文》:"第恨愚孫游宦遼海,遠在數千里外,不能致升斗之禄爲朝夕奉,深以爲歉,奈何天命難忱,一旦寢疾以終。時燕薊不寧,路途隔絶,音問莫通,竟不得奔訃以盡子孫之道。嗚呼痛哉！越明年庚辰歲，孫侍王駕跨海來濠梁，尋以考績朝京師，與大兄相會於旅邸，而訃音始聞，則已逾年矣。彼時即欲告歸，適值王事靡盬而未得命，遂因循至今，甫能得請挈家以歸，則再期矣。”“越明年庚辰歲”，即建文二年(1400)，知通之祖父卒於建文元年。通得訃音在第二年，因燕王叛亂無法歸家奔喪。不過，通居遼府時，曾因母喪歸家。集中卷十録有韓恕、項以清、吴鼎、朱恢、毛鏞、童正蒙、王用才、蕭文英、曹鑒、方儀、石屋山人等人《凌河送别程彦亨詩》。其中，項詩云：“贊襄藩國四年餘，禄養高堂一旦違。”曹詩云：“正好廑王事，還家奉母喪。令人多感慨，倚杖獨彷徨。羨子孝能盡，爲臣忠肯忘。男兒有如此，何往不輝光？”又云：“程君南赴爲親喪，時值初冬梅正芳。蹤踴弗勝哀老母，欷歔難忍别親王。”

《貞白遺稿》卷五《次項公見示雪中詩韻五首》(之三)：“大凌河上喜初逢，洪武壬申十月冬。”知項、程二人訂交於洪武二十五年(1392)，由前面“贊襄藩國四年餘”“時值初冬梅正芳”，可推通歸里奔喪時間在洪武二十九年初冬時節。其服闋復任當在建文元年。

建文二年(1400)，從王泛海歸京師，上書《防禦北兵封事疏》數千言，論戰備之策。逾年，進左長史。

《明史》本傳：“燕師起，從王泛海歸京師，上封事數千言，防禦備策，進左長史。”

《明通鑑》卷十四：“靖難師之初起也，遼王植畏其逼，自泛海歸京師，王府紀善績溪程通從焉。入朝，上封事數千言，陳禦備策，進左長史。”

按，《長史程公傳》：“庚辰，從王渡海南還。辛巳，進左長史。”“庚辰”即建文二年，“辛巳”即建文三年。

《貞白遺稿》中有《上防禦北兵封事》，僅有題而無文。遼王渡海南還至京原因，《貞白遺稿》卷八程定《遼府左長史彦亨公行狀》：

“適文皇帝靖難,師興,潜使人通遼府,公拒之。遂上防禦北兵封事數千言,備兵入援。及谷王漏師遁還,齊公泰慮遼寧二府爲變,召還京師,寧王與靖難師合,惟公請遼王奉朝命,以其兵至京師,語見《齊公傳》。”

程伯祥《長史公年譜》:“公從王渡海南還,蓋庚辰歲也。辛巳,銓司考最,進公左長史,贈父以誠如公官,母汪氏爲宜人,皆特恩也。”

燕王即位,通從王徙荆州。紀綱譖其封事,詔械詣京,瘐死。時爲永樂元年(1403)。

朱國禎《皇明遜國臣傳》卷四:“辛巳,進左長史。明年十月,王徙國荆州,從行。悉心輔導,王敬禮之,國事皆以咨焉。”

《貞白遺稿》卷三《春暉堂記》:“余爲遼府長史,從王徙封來荆南。”按,通從王徙荆州之時已是洪武三十五年十月。

《明太宗實録》卷十二下:“(洪武三十五年九月)己丑,敕遼王植曰:‘皇考太祖高皇帝封建諸王,藩屏宗社,傳序萬年,與國同久。建文中,信任奸回,以殘骨肉,朕於其時迫於危禍,不得已而起兵,賴天地祖宗之靈,剋平内難。建文之隕,自絶於天。朕爲諸王臣民推戴,以君主天下,方欲與諸弟聚處,同天倫之樂,而賢弟以遼地荒遠,經涉海洋,饋運爲難,固請改國荆州,且以廣寧重鎮,就留三護衛於彼,以益邊防,欲於荆州别給一衛備使令,言之再三,却而復至,謙約之誠,溢於言表。去衆就寡,厭遠懷邇,手足之情,何忍違抑。今勉從所請,建國荆州,而仍舊封號。軍衛已令兵部改撥,用稱吾弟之意。特報知之。’”

通之死,與得罪紀綱有關。傅維鱗《明書》卷一百三:“先是在遼衛士紀綱者,山東黜生也,狡猾善詗事,通每召而笞戒之。及太宗即位,綱得見,留爲錦衣指揮使,被寵,乘間言通前有封事,械通詣京,瘐死,家人發戍邊。"程伯祥《長史公年譜》:"府有憸人紀綱者,梗法恣横,公箠斥之不少讓。……文皇帝御極之元年,紀綱入賀,留侍扈從,乃銜故隙,譖公封事,遂有詔械公詣京師,死之,且夷其二子,而簿録其家。"按,通卒於永樂元年(1403)。

通博綜經史,善詩文。居遼府時,於寅賓堂,會聚文士。王嘗賦詩賜書。

《貞白遺稿》卷三《寅賓堂記》:"太祖高皇帝即位之二十有四年,封諸王,俾開國於邊,若星列棋布,嚴屏翰、奮武衛、安民生,實皇明子孫萬世帝王之業,甚盛舉也。維時吾王受命全遼,當東南一面之重,東臨高麗,西距榆關,南濱大海,北控朔漠萬餘里,比他封爲甚鉅。洪武戊寅夏,之國廣寧,以王宫未就,違三舍許,勒兵屯營於大凌河西滸。周圍四里,强樹以排栅,固以壕塹,連壘列壁如士卒,數吾王所居堂殿宫宇不過十數間,其諸府僚廨宇一切皆衡茅,僅可容膝蓋以寓居。行營例從苟簡,至於官府廳事亦鮮有焉。越六年秋七月朔,過蒙恩寵,謂臣等紀善乃清慎之職,不可無藏修之所,又不宜與他衆混淆,况所司詞翰,類多章奏機密重事,乃不宜泄慢,特命於東直房後築别室三間,繚以周垣,明窗素壁,高明爽塏,弗隘弗陋。旬日室成,凡合用架閣、鎖鑰、几案之類,皆充備無缺,尚慮蔑以文飾,爰命丹青圖四愛小景以爲文房美觀。自開府以來,凡百草創,未有若是之盛者。復親筆大書,榜之曰寅賓堂,蓋取《虞書》'寅賓出日'之義。又爲製七言詩律四韵以張美之,其書老而健,其詩偉而工,譬之龍躍虎卧,鸞翔鳳翥,與夫冠冕珮玉、風檣陣馬猶不足以喻其妙,又豈尋常庸碌所能模效仿佛萬一耶?復命儒臣以次賡和,仍爲記焉。……既以言於君,復書於寅賓堂之壁以爲記,復和之以詩曰:'堂豁軒窗面面東,曉迎晴旭與賓同。親題華扁恩何厚,光賁斯文道愈崇。不有聲名如董子,更無詞賦敵揚雄。區區祇賴同寅力,日近清光拜下風。'"

卷七遼王朱植《賜寅賓堂詩序》:"洪武二十九年,歲在丙子,中秋之前三日,吾游於程紀善之寅賓堂勸士也。於是,群彦時至,逢掖雲集,此地有藝苑文房,明窗净几,又有東壁圖書,西筵經史,作而爲官樣文章,大方家數,雖非璧水泮林之比,至於賡歌詩賦,良可以作興世教、陶冶性情。是時也,水天一色,風月雙清,貴三才有一德之咸,富萬卷無异端之習,所以注目游心,騁士君子素位之懷,信可樂矣。"

卷七朱植《寅賓堂詩四首》(今存三首)其一:"斯堂新構府門東,炯炯文星聚會同。導我以仁藩輔重,永王之國爵名崇。壁懸四愛清而古,座列群英老且雄。積得詩書小天下,遼西從此播儒風。"其二:"是水朝宗必向東,萬方文軌總雷同。英華筆底世難敵,豪氣胸中天比崇。此日存心希聖哲,平生秉志薄驍雄。儒臣濟濟非云少,惟汝承家繼祖風。"其三:"書齋南構五雲東,政教流行遠近同。禮樂三千心浹洽,檻楹四八面穹崇。操觚騷客言談古,執筆文臣氣勢雄。參透聖賢瀟灑處,一襟霽月與光風。"

卷八王友行《寅賓堂跋》:"洪武丙子秋,灝氣肅清,天宇夷曠,殿下親幸先生是堂,而從官咸集,吾王忘其封建之貴,優賜禮遇臣下,披誠露悃,商確討論,相得之情,歡如魚水。然後載賡載歌,從容啓沃,雖曰游心吟事,而諄諄然寓規戒相成之道,殊非嘲詠之空言也。"

論文爲貫道之器,道體文用。爲詩文主於理,醇樸有法,辭氣超越。有集百餘卷,悉毁於官,後人輯有《貞白遺稿》《顯忠録》。

《貞白遺稿》卷二《峴泉集序》:"嘗謂有其道者必有其文也。山川花木,地之文也;禮樂制度,人之文也。蓋道爲體,文爲用,儒先謂文章爲貫道之器,不其然乎?"

程敏政《長史程公傳》:"爲詩文不求异而主於理,然辭氣超越,專工者反不能及。”

《四庫全書總目》卷一百七十《貞白遺稿》提要:“《貞白遺稿》十卷附《顯忠録》二卷,浙江孫仰曾家藏本,明程通撰。通字彦亨,貞白其齋名也……事迹具《明史》本傳。所著述凡百餘卷,悉毁於官。後十年,其弟赴荆州,遼王以所圖通像及遺稿授之。嘉靖中,黨禁漸弛,其從孫長等乃搜訪佚篇,裒爲六卷,附以遼王並同時諸人贈言及行狀、小傳等篇,别爲四卷。天啓中,其裔孫樞及子應階又集前後建祠請謚之文,爲《顯忠録》二卷,附綴於末,即此本也。初,通以祖平久戍,陳情乞賜還鄉,人稱其孝。及建文中,遭逢國難,上防禦封事,而卒以是死,人稱其忠。今陳情之表具在,而封事獨有題無文。蓋嘉靖中刻集時,猶有所諱而不敢存也。封建二策,乃其受知於太祖者,持議頗正。其他詩文,亦俱醇樸有法。雖所存無多,而大節凛然,有不僅以詞章論者,固宜與方、練諸集並傳不朽矣。”

《貞白遺稿》卷十程長《叙貞白遺稿後序》:“公之奏議詞章幾百十卷,悉遇革除,而竟爲雲飛鳥散,每令人扼腕而痛恨。於是偕從侄伯祥輩旁搜博訪得若干首,裒而輯之,並所家藏彙成一帙,分爲六卷,題曰《貞白先生遺稿》,而卷末則以藩王寵翰、英賢贈言附焉,於戲休兹,良不偶矣。録成將見,琳琳琅琅,輝映簡編,而公之手澤復昭於世,寧不猶碎結緑而含輝、殘懸藜而耀色也乎哉?”

卷十胡松《貞白遺稿原序》:“吾邑長史貞白先生,忠孝天植,問學淵深。昔在建文,若方公孝孺、周公是脩、黄公觀、卓公敬,先生偕之游,慮無不意氣相期。凡有著作,輒相酬賞,則先生之爲先生,固自有在,而詩若文,特其一斑耳。原集百有餘卷,當文皇帝靖難兵南下,先生躬冒忌諱,遂逮詔獄,夷其二子,而簿録其家,以故卷帙悉毁於官。即先生之死難,諱而不稱者,亦奪於國威也。迨永樂末年,詔釋諸死難家屬,而厥弟彦迪走謁荆藩,乃王雅重先生,因出所藏遺稿與其畫像,授之以歸,最後從孫長公郡丞伯祥公訪諸戚里,獲其贈言並其題咏,裒而集之,廑數卷,蓋雖逸者什九、存者什一,而手澤在焉。至是,子姓重加編次,屬序於予,以付剞劂而永其傳。予夙昔慕先生之爲人,乃今獲披遺稿,恍挹前芳,大都先生因心爲言,不假雕刻。是故叩閽陳情,脱祖戎伍而眷渥高皇,則琅琅乎李令伯之遐標也;策對封建,詳懇剴切而匡輔宗社,則纚纚乎賈太傅之遺響也;疏上北防,忠憤激烈而委身殉國,則凛凛乎胡樞密之卓軌也。其它雄篇偉制,雅調鴻詞,則又駕軼歐、蘇,躪步甫、白,殆浩乎河瀆之潤濊,而燦乎日星之炳耀者也。藉非天佑忠孝,復振斯文。惡能俾公之遺言緒論重光後祺哉?至若藩王睿翰與諸賢華章悉附於集,一以彰君臣魚水之歡,一以昭寮寀金蘭之契,庶千百年後知有先生並知有賢王英哲,不亦曠世相感也乎?”

卷八歐嵩《倡和集序》:“倡和集者,乃前遼王左長史程通彦亨先生之所作也。先生職居王相,任股肱輔導之責,不爲不重;當分茅胙土之佐,不爲不大,而政聲之美、功業之著,固有在焉。其於公暇之際,或作爲文章,或發爲聲詩,一以詠寮寀宦况之情,一以鳴國家太平之盛,偉矣傑矣!非胸中藴經天緯地之文、五色琅玕之秀者不能發而爲此作也。賡唱迭和,長篇短什,使人誦之慕之,一唱三嘆,不忍釋手,不啻如珠璣錦綉之光輝也。”

卷九馮靖《獲長史公詩卷感賦》:“我羡奇哉程長史,學問精深有源委。工夫博約極玄微,度量誰能窺涯涘。輝輝文彩貫虹霓,出輔賢王有經濟。府東構館號寅賓,會聚昂昂縉紳士。於斯暇日談古今,何异唐賢登瀛意。賢王重道禮儒臣,勸士幸游館中地。不惟優寵賜詩文,又爲卷端書大字。天章寶篆燦雲霞,官様文章駭人世。長篇短詠滿華箋,盡是英賢吐經緯。宦游南北卷長隨,一旦歸來俄失志。星霜久歷嘆難尋,萬里南歸有其弟。詩文譜牒卷咸修,斯卷得之鄉友處。如歸趙璧喜無涯,復徵名筆昭其懿。我今展誦爲長歌。深愧才難發幽趣。家聲忠壯慶源長,奕葉簪纓前後繼。新安十室九爲程,俯仰宗先有先霽。還君此卷甚珍藏,世世相承傳厥裔。"

參考文獻:

1. 程敏政《篁墩程先生文集》卷四十九,明正德二年刻本。

2. 程通《貞白遺稿》,清嘉慶十一年徽州程邦瑞謙德堂刻本。

3. 朱國禎《皇明遜國臣傳》,明崇禎刻本。

4. 傅維鱗《明書》,清康熙三十四年刻本。

5.《明太宗實録》,"中央研究院"歷史語言研究所校印 1962 年版。

6. 張廷玉等撰《明史》,中華書局 1974 年版。

7. 夏燮撰,沈仲九標點《明通鑑》,中華書局 2014 年版。

8. 無名氏《篁程堂草稿譜圖》,中國國家圖書館藏程六吉堂蘭軒鈔本。

(汪孔豐)

陳誠傳

陳誠,字子魯,又名樸齋,號竹山。江西吉安府吉水縣(今屬江西)同水鄉人。元至正二十五年(1365)六月生。先世臨川人,後遷居吉水。祖仕可,父同,字玉章,皆不仕。

楊富學、曾采堂《陳誠史料的新發現》(《新疆歷史研究》1987年第1期):“陳誠,字子魯,又名樸齋,號竹山。”又云:“公生元至正乙巳年六月十七日吉時。”

陳誠《陳竹山文集·外篇》卷二曾棨《逸老堂記》:“吉水陳君子魯……於是自釋褐授官,迨今三紀,歷事四朝,而年已六十四矣。……宣德三年歲在戊申春正月初吉,左春坊大學士、翰林侍讀學士兼修國史同郡曾棨書。”按,明宣宗宣德三年(1428)陳誠六十四歲,上推其生年爲元至正二十五年。

陳誠《陳竹山文集·外篇》卷二方孝孺《陳子魯字説》:“廬陵陳氏之彦曰誠,字子魯。端方雅重,好學有文章,以諸生試於有司而達於大庭,對制策,名列高等。既列官於朝矣,其容止儀度,儼乎可望而畏也,其言行取與,確乎不可狎而厭也。間請擴其字之義,予告之曰:爲陳子之字者,其知道之士乎!夫聖人之道,可學而至也,然非資之近者不能學也。……洪武二十八年歲在乙亥夏四月,天台方孝孺撰。”

陳誠《陳竹山文集·外篇》之《遺編》之《前後遺贈雜録》載練安

《明處士贈從仕郎翰林檢討陳公墓表》(以下簡稱練安《明處士陳公墓表》):"翰林檢討廬陵陳誠既葬其父處士君於先塋之十有三年,以其同年友四川僉憲臨川胡誠之狀來請曰……予竊悲其言而嘉其意,乃采其説而叙之曰:君諱同,字玉章。其先世爲臨川人,五世祖諱某,仕宋官至吉州吉水縣主簿,因家焉,今爲廬陵人也。曾祖諱予成,祖諱季文,考諱仕可,三世皆不仕。……洪武二十一年冬十一月丙戌以疾卒於家,享年五十一。是月庚寅,葬於其邑同水鄉馬頭泉先塋之次。娶羅氏,有婦德。……嘉議大夫、吏部左侍郎、署御史府左副都御史事清江練安撰。"

誠端方雅重,喜讀書,同里咸器重之。嘗受業於梁寅、周寬等人。

練安《明處士陳公墓表》:"君幼而端重,里父老咸器之,而君之先人亦每以自喜……時石門梁先生孟敬以經學教授於其鄉,四方從學者嘗數百人。君乃奉書幣,遣其子誠從先生游,學成,命入府學爲弟子員,而諸子之髫齒以上者,亦皆擇師而教之。"

陳誠《陳竹山文集·外篇》卷二梁寅《贈陳茂才子魯序》:"子魯言繼今以往,來春將受業於予。夫既堅其志矣,則將如玉之磨而瑩焉,圭璋琥琮薦之廟堂,珩璜琚瑀施之雜佩,其爲成器也,詎非稀世之寶耶!洪武甲子秋蒙陽梁寅序。"按,梁寅,字孟敬,江西臨江府新喻人。

陳誠《陳竹山文集·外篇》卷二周寬《送陳德容省親序》:"予乃爲言以贈之曰:子之嚴親,郡庠弟子員也,從予授《禮經》,領鄉薦,登進士第,歷官行人。……永樂七年己丑秋重九前一日,致仕教授周寬序。"

洪武二十四年(1391),入吉安府學,爲生員,從易庵問學。洪武二十六年,參加江西鄉試,以《禮記》中第十二名。次年,參加禮

部會試,中第八十六名,殿試三甲第六十三名,賜同進士出身。授行人司行人,特命翰林院講習禮儀。

陳誠《陳竹山文集·内篇》卷二《歷官事迹》(以下簡稱陳誠《歷官事迹》):"大明洪武二十四年歲次辛未四月初三日,吉安府學舉充生員,游藝齋。洪武二十六年,應癸酉江西鄉試,以《禮記經》中十二名。洪武二十七年甲戌科禮部會試,中八十六名。三月初一日,殿試,中六十三名,賜同進士出身。初四日,賜恩榮宴。初六日,赴國子監,行釋菜禮,於大學立石題名。初九日,除行人司行人,正八品,特命翰林院講習禮儀。五月初九日,爲考究經書事往北平布政司徵聘老儒赴京。十月初四日,爲月蝕事往西川布政司公幹回京。洪武二十八年三月十七日,爲迎接事往西川布政司傳旨回京。六月十二日爲書籍事往浙江、福建布政司給散回京。九月初五日,爲秋糧事往山東開讀詔書。十月初五日,往鳳陽祭祀信國公。"

楊富學、曾采堂《陳誠史料的新發現》:"初任迪功、行人司行人,正八品。"

陳誠《陳竹山文集·外篇》卷二易庵《贈陳貢士上春官序》:"江西文獻甲天下,士以經術貢者盛於他布政司,而吾廬陵尤盛於他郡。於是洪武癸酉科,郡庠生與貢者四人,而以《禮記》裒然爲前列者,陳誠子魯也。子魯嘗得禮學於臨江孟敬梁先生,其充弟子員於郡庠,又嘗以所業質於予。予喜其學之有宗,謂其必將有得於有司也。今年秋,予校文湖廣,子魯亦以其藝角於棘闈,比予歸自湖廣,則江西之甲《禮經》者,子魯也。子魯之學宜有得於有司,有司之得子魯,其誠選之公而舉之當也。子魯又將以其藝上春官。……是歲良月初吉,七十九翁易庵父序。"

洪武二十九年(1396)三月,赴撒馬畏兀兒地區招撫諸番。十月十九日,與吕讓同赴安南。三十年四月,還京,升翰林院檢討,入翰林院管事。

陳誠《歷官事迹》:“洪武二十九年三月二十四日,往外夷撒馬畏兀兒地面招撫韃靼,赴京。十月十九日,爲思明府奏安南國侵占地方事,差往安南公幹,與安南王有往復書辯論地方及却所贈金銀幣帛。洪武三十年四月,還京。奏進辯論地方書七道,欽蒙賞賜羅衣一套、夏布十匹。六月初三日,升除翰林院檢討職事,從七品,入翰林院管事。洪武三十一年閏五月初十日亥時,不幸太祖高皇帝賓天,喪禮皆翰林典故行事,例賞紵絲表裏鈔錠。”

陳誠《陳竹山文集・内篇》卷一收録《與安南辨明丘温地界書》,並附載安南國王陳日焜的復書,兩人書信往還,反復辯論。

楊富學、曾采堂《陳誠史料的新發現》:“二任從仕郎、翰林院檢討,正七品。”

《明實録》之《明太祖實録》卷二百四十五:“洪武二十九年三月戊午朔……壬午,遣行人陳誠立撒里畏兀兒爲安定衛指揮使司。”

又卷二百四十八:“(洪武二十九年)十二月乙酉朔,遣行人陳誠、吕讓使安南。”

萬斯同《明史》卷一百八十二《陳誠傳》(以下簡稱萬斯同《陳誠傳》):“洪武中舉進士,以行人使沙里畏兀兒,立安定、曲先、阿端五衛,又使塔灘里招諭夷人,尋偕同官吕讓使安南,令還所侵思明地,却其賮,還,擢翰林檢討。”

建文二年(1400)八月,給假歸家省親,方孝孺、解縉等寫序餞行。建文三年,赴塔灘里招撫土著番人。同年十一月,升任廣東左參議。

陳誠《歷官事迹》:“洪武三十三年,領受誥命一道,贈父玉章從仕郎、翰林檢討,母羅氏封太孺人,妻郭氏皆有封贈。八月初一日,給假回家省親焚黄。九月初五日到家豎造,至洪武三十四年二月十三日到京,復任翰林院管事。五月初九日,又往迤北塔灘里地面招撫夷人,當賜銀十兩、鈔十錠、衣服一套。十月十六日回京。十一月十二日,升除廣東等處承宣布政使司左參議,尋蒙推恩,贈父玉章中順大夫、廣東等處承宣布政使司左參議,母羅氏封太恭人。十二月十二日之任,順便到家。洪武三十五年歲壬午二月十三日,到廣東任所管事,七月初間,江西鄉民作亂,殺害大家,焚燒屋宇,本家與人無怨,幸新舊二居獲存,事定始歸誠於任所。以太宗皇帝登位,改元永樂,朝賀赴京,順道過家,鄉閭擾擾,即日起程。”按,洪武三十三年即建文二年。

陳誠《陳竹山文集·外篇》卷二方孝孺《送翰林檢討陳君子魯歸省廬陵序》末署“建文二年庚辰歲八月十三日天台方孝孺書”。

同卷載解縉《送子魯陳翰林還江西序》末署“建文二年庚辰八月解縉書”。

又載吴勤《贈翰林陳檢討子魯官滿歸省序》末署“建文二年庚辰八月中秋前二日同郡吴勤書”。

又王達《送翰林簡討陳子魯省親詩叙》末署“建文二年八月吉日錫麓王達叙”。按,建文二年,陳誠已在翰林院供職七年,請假歸家省親,僚友同鄉爲之餞行者,有方孝孺、解縉、吴勤等。

永樂元年(1403),誠滯留京城,因廣東三司官問題,得罪,謫居北京興州種田,冬,改至良鄉縣屯戍。三年,命其回北京,十一月,授吏部驗封清吏司主事。次年四月,赴文淵閣預修《永樂大典》。十年,升吏部驗封清吏司員外郎。

陳誠《歷官事迹》:“永樂元年正月,留京。先爲内官下番,回至廣東,遭風破船,三司官不曾封艁,獲罪。正月廿五日,謫居北京興州種田。彼時往來上下,盤纏頗艱,家中收拾不及,只得將撥補出仕水田若干出賣,顧人應役及供送盤纏北京屯所用度。元年冬至良鄉地面,屯戍二年,居此頗涉艱辛。永樂三年乙酉秋九月,欽蒙取回赴京。冬十一月十六日,除授吏部驗封清吏司主事。永樂四年夏四月,赴内府文淵閣修《永樂大典》,節次賞鈔五十錠、西洋布四匹。永樂九年十月,書完,奏進,共該一萬九百五十本,送赴文淵閣收,復回吏部管事。永樂十年十月十二日,升除吏部驗封清吏司員外郎,從五品散官奉訓大夫。"

楊富學、曾采堂《陳誠史料的新發現》:"四任升承德郎、吏部驗封清吏司主事,正六品,兼赴内府文淵閣纂修《永樂大典》。"又云:"五任升奉訓大夫、吏部驗封清吏司員外郎,從五品。"

永樂十一年(1413)秋,受命與户部主事李暹等送哈烈等國使臣還國。十三年冬,回至北京,奏進《西域記》一本、《獅子賦》一本、《行程記》一本、西馬七匹。十二月,進吏部驗封司郎中。

陳誠《歷官事迹》:"永樂十一年二月十五日,扈從太宗皇帝駕幸北京。八月初一日,差往西域撒馬兒罕、哈烈等國公幹,蒙賞織金紵絲衣服一套、鈔五十錠。一去三載,永樂十三年冬,回至北京。實經由西域諸國一十六處,皆西番畏兀兒、回回、韃靼各色人氏。約經行之路二萬餘里,有三百程。回朝之日,奏進《西域記》一本、《獅子賦》一本、《行程記》一本、西馬七匹,蒙賞織金紵絲衣服一套。十二月初十日,升除吏部驗封司郎中,正五品散官奉議大夫。又賜錢鈔四萬七千貫、紵絲二表裏。"

萬斯同《陳誠傳》:"永樂十一年,哈烈入貢,詔誠偕中官李達、户部主事李暹等送其使臣還,遂頒賜西域諸國。誠等於是遍歷哈烈、撒馬兒罕、俺都淮、八答商、迭里迷、沙鹿海牙、達失干、卜花兒、塞藍、渴石、養夷、別失八里、火州、柳城、土魯番、鹽澤、哈密,凡十七國,諭以天子神聖、中國廣大,所以招懷之意。其君長欣然咸欲自達於天子,於是各遣使者,隨誠等入朝貢文豹、名馬、珍寶之屬。誠所過,輒圖其山川城郭,志其風俗物産,爲《西域記》以獻,天子大悦,所以褒賚甚渥,擢誠郎中,餘進秩有差。”

陳誠《陳竹山文集·外篇》卷一胡廣《送陳員外使西域序》:“乃永樂十一年秋,上遣中使勞來之,擇庭臣之能者以佐其行,衆推吏部驗封員外郎陳誠子魯才可當之。……永樂十一年秋八月既望,翰林學士兼左春坊大學士、奉政大夫胡廣序。”

陳誠《陳竹山文集·外篇》卷一周孟簡《送陳員外使西域序並詩》:“今年秋,皇上欲遣儒臣中能文武長才者遠使西域,左右大臣咸以子魯薦,命下之日,子魯躩然喜動顏色,告諸寮友曰:‘士生明時,得委身於朝。苟可效涓埃之忱,雖冒寒暑、歷艱險,固當鞠躬瘁力,無所遜避,况西域雖遠,在吾聖天子聲教所暨之方乎?’……永樂十一年秋八月廿九日,翰林編修、文林郎同邑周孟簡書。”

按,臺灣新文豐出版公司1989年出版的《叢書集成續編》第244册收録署名陳誠、李暹的《西域番國志》《西域行程記》,這兩種書皆據《國立北平圖書館善本叢書第一集》影印明鈔本影印。陳誠《歷官事迹》所言《西域記》《行程記》即《西域番國志》《西域行程記》。

永樂十四年(1416),受命出使西域諸國,十六年四月回北京,五月,除廣東布政司右參議,同年十月又使西域,十八年十一月回北京,十二月,升廣東布政司右參政。

陳誠《歷官事迹》:“永樂十四年,仍往西域等國公幹,再賜紵絲衣服一套、鈔五百錠。永樂十六年四月十一日,回至北京,又進馬十五匹,賜鈔五萬五千貫。五月十一,升除廣東布政司右參議,從四品散官朝列大夫，俸仍在吏部關支，再賜紵絲衣服二套、紵絲三表裏、鈔五十錠。聞母羅氏太恭人於戊戌年三月十九日喪，賜站夫鋪馬回家安葬。八月初五日底家，廿七日祔葬羅氏恭人於先塋之次。通行甃砌祖墳，事畢。十月二日起程，仍往西域諸番國公幹。永樂十八年庚子歲十一月初一日，又回北京，進馬三十五匹。十二月初十，升除廣東布政司右參政，從三品散官亞中大夫。仍給馬、錢鈔十萬二千貫，賞紵絲三表裏，復擬西域之行。聽候間，永樂十九年辛丑歲正月十五，北京宫殿新完，始御正殿，四月八日夜，火灾，延燒奉天、華蓋、謹身三殿。十一日，大赦天下，停止四夷差使，蒙恩旨記名放回原籍，聽候取用。六月離北京，由南京搬移家小。九月十八到家，因見所居屋宇未曾完結，乃命匠燒造磚瓦。永樂二十年壬寅歲，甃砌粉飾各項完結。十一月初四，不幸妻賀氏病故，附葬新淦虎灣祖塋之右。用銀一十六兩，作一大冢。永樂二十一年癸卯歲正月初九，行在吏部差人材楊昱馳驛起取至急，十一即行，二月初一到北京，復命之後，一向聽候一年。十二月間，再娶劉氏，癸酉生，汴梁開封府祥符縣人。"

《明實録》之《明太宗實録》卷一百十："（永樂十六年）五月庚戌朔……庚申，升行在吏部郎中陳誠爲廣東布政司右參議，嘉其奉使哈烈之勞也。"

楊富學、曾采堂《陳誠史料的新發現》："七任朝列大夫、廣東等處承宣布政使司右參議，正四品。"又云："八任亞中大夫、廣東等處承宣布政使司右參政，從三品。"

陳誠《陳竹山文集・外篇》卷一鄒緝《送陳郎中重使西域序》："永樂十一年秋九月，詔遣使往報之，而吾陳君子魯以吏部員外郎實被命在行，自酒泉、玉門，道敦煌，西涉流沙，逾高昌，度塞藍城、阿木河，凡經十六國，萬七千餘里，逾年而後至。其王既禮遇甚厚，即以其善馬、獅子及諸珍奇等物隨使者貢謝於京師。嗚呼！此豈非聖朝威德遠被、治化洋溢之所致也哉！皇上念惟遠人薦來，懷之不可以不加厚也，詔復遣前使者往綏賚之焉。子魯於是進秩郎中，復治裝以往。……永樂十四年丙申歲正月八日，翰林侍講、承德郎兼左春坊左中允鄒緝序。”

永樂二十二年(1424)五月出京前往西域，行至甘肅，聞詔停止差遣，回京。洪熙元年(1425)，放回原籍，候用。宣德八年(1433)，撰《歷官事迹》以示子孫。

陳誠《歷官事迹》:“永樂二十二年甲辰歲四月初四日，又往西域諸番公幹。賜盤纏鈔五千一百貫。五月出京，行至陝西甘肅，將出塞間，九月初十日，聞太宗文皇帝賓天，遺詔仁宗皇帝即位，復詔赦天下，停止四夷差使，取回。十一月終，到京。洪熙元年乙巳歲二月初十日，吏部尚書蹇義題奏，仍行記名，放回原籍，聽候取用。誠仰荷聖恩，三使异域，皆幸不辱君命，無負厥職。今蒙賜歸田里，居休林下，將歷官略節事迹逐一開記，以示後之子孫，俾知《詩》曰‘夙夜匪懈，以事一人’，又曰‘無念爾祖，聿修厥德’，尚其識之云爾。大明宣德八年歲在癸丑五月朔日，賜進士第、亞中大夫、廣東等處承宣布政使司右參政陳誠書。”

天順二年(1458)卒，享年九十三。母羅氏，妻賀氏，繼妻劉氏。

《明實録》之《明英宗實録》卷二百三十三:“(景泰四年九月)辛未，光禄寺少卿陳誠奏，臣本山東靖海衛軍籍，見今缺役，止臣一身，無人可代，乞恩開豁。從之。”

《明英宗實録》卷二百七十四:“天順元年正月……庚寅……光禄少卿陳誠爲通政司右通政，仍管光禄寺少卿事。”

《明英宗實録》卷二百九十四:“天順二年八月丙辰朔……乙

丑……管光禄寺事、右通政陳誠卒,遣官致祭。”

按,以上三條所述皆山東靖海衛(今山東榮成市)陳誠,與吉水陳誠非一人。楊學富、曾采堂《陳誠史料的新發現》和王繼光《陳誠及其西城使記研究》(中華書局 2014 年版)誤將兩陳誠混爲一人。楊巴金《陳誠家世考析》(《井岡山報》2018 年 7 月 6 日第 8 版)予以辨正,可信。

楊富學、曾采堂《陳誠史料的新發現》:“壽九十三。公生元至正乙巳年六月十七日吉時,卒於天順戊寅年九月十七日吉時。”按,天順戊寅即天順二年。

撰有《陳竹山文集》四卷、《西域番國志》一卷、《西域行程記》一卷等,皆爲重要的西域交流史料。《陳竹山文集》内篇卷二《西域往回紀行詩》九十二首兼具文獻和文學價值,在同類題材中頗爲突出。

陳誠《歷官事迹》:“永樂十三年冬,回至北京。……回朝之日,奏進《西域記》一本、《獅子賦》一本、《行程記》一本、西馬七匹。”《國立北平圖書館善本叢書第一集》影印明抄本《西域番國志》《西域行程記》,卷首皆署名“行在吏部驗封清吏司員外郎臣陳誠、苑馬寺清河監副李暹”,兩書爲陳、李合撰。《歷官事迹》所言《西域記》《行程記》即《西域番國志》《西域行程記》。

參考文獻:

1. 陳誠《陳竹山文集》,《四庫全書存目叢書》本,齊魯書社 1997 年版。

2.《明實録》,臺灣“中央研究院”歷史語言研究所 1962 年校印本。

3. 萬斯同《明史》,《續修四庫全書》本,上海古籍出版社 2002 年版。

4. 陳誠、李暹《西域番國志》《西域行程記》,《叢書集成續編》本,上海書店出版社 1994 年版。

5. 楊富學、曾采堂《陳誠史料的新發現》,《新疆歷史研究》1987 年第 1 期。

(張明强)

梁潛傳

梁潛，初姓鍾，後復梁姓，字用之，號泊庵。明江西吉安府泰和(今江西泰和縣)人。元至正二十六年(1366)生。其先世居長沙，五代時徙居泰和。祖彦卿，號心易。父蘭，字庭秀，又字不移，布衣終身，母陳氏。

楊士奇《東里集》之《東里續集》卷三十九《梁先生墓誌銘》："永樂八年七月二十又六日，西昌梁先生卒。……先生諱蘭，字庭秀，别字不移。梁之先，唐長壽中由長沙徙西昌，八世祖蕃，字均崇，仕宋爲權知鳳翔府，與其弟同知黄州、充史館編修官均杰，皆有名於時。曾祖昭伯，祖才可，父彦卿，號心易，母楊氏，元新喻州判升雲之子，生三子，先生其仲也。……長子潛，歷宰四會、陽江、陽春三邑，入爲翰林修撰，兼右春坊右贊善，次子混，歷訓導瑞州府學，教諭溧陽縣學。……卒年六十有八。……爲文簡而婉，詩馳騁魏晉，而冲淡自然有陶靖節之趣。……初，心易公出後鍾氏，故先生嘗從鍾姓，既而梁氏之後絶，潛始以先生命請於朝，復梁姓云。娶陳氏，有令德。二子即潛、混，孫男五、女六，曾孫男二。先生没時，潛以扈從北京，混官溧陽，皆不在側。是年冬，始克奔喪歸，將卜，明年某月某日葬於邑南某鄉某原，先事以狀屬士奇爲銘，士奇於先生有世好，且少嘗從受詩法，義不敢辭不銘。"

冉棠總修《(乾隆)泰和縣志》卷十九《梁潛傳》云："梁潛，榜姓鍾,字用之,藺子。”

楊士奇《東里文集》卷十七《梁用之墓碣銘》:“永樂十五年,車駕巡狩北京……事連贊善梁潛、司諫周冕……兩人者皆未釋。有毀冕者數言其佻薄放恣不可用,遂並潛皆死非命,十六年九月十七日也。……梁氏其先家長沙,唐有進士曰震,徙荆南。又七世曰勝用,仕南唐爲徵事郎,徙今泰和。又十世贈知吉州曰逢吉,三子皆仕宋,伯君崇累官起居舍人、兵部員外郎、直史館,知鳳翔府,仲君杰累官同知黄州府,入爲翰林院編修官。君崇五世孫蕃景,宋三年進士,太常博士,知宣州,改撫州,生才可,才可生彦卿,彦卿生不移,娶陳氏,元潮州儒學教授以道之孫,生男子二人,長即潛,次混。潛,字用之……用之死時年五十有三。”

按,楊士奇《梁用之墓碣銘》載中華書局 1998 年版《東里文集》,其中“三子”之“三”和“宋三年進士”之“宋”,《四庫全書存目叢書》集部第 28 册影印明刻本《東里文集》分别作“二”和“定”。景定乃南宋理宗年號,“景”字屬下句,以明刻本爲是。

王直《抑庵文集》卷六《梁先生文集序》:“先生名潛,字用之,泊庵其號也。”

自幼聰敏好學,志向卓越,嘗從王佑習《詩經》,從陳仲述學古文。明太祖洪武二十九年(1396)舉鄉試。

楊士奇《梁用之墓碣銘》:“潛,字用之。自幼好學警敏,嶷然有巨人志。嘗受經於鄉先生王子啓及舅氏陳仲述,入則浸漬不移先生之教,父子兄弟討論切礲無虚日,故所得率出其同輩。用之甫弱冠,其文章論議已馳騁頡頏諸先輩。洪武丙子選鄉試。”

王直《梁先生文集序》:“先生於泰和爲儒家,代以文學顯,至先生尤俊邁不群,嘗從先叔祖僉憲公子啓受《詩經》,而其伯舅陳公仲述亦以古文有盛名,先生皆獲承教。凡經史百氏之書無不究,而於左氏《傳》、司馬《史記》、班固《漢書》，每注意焉。性命道德之奧，文章著述之妙，多其所自得，而充之以奇氣、發之以逸才，沛然莫之能禦，遂以文名縉紳間。同游雖多，獨與少師楊公士奇最相好，有麗澤之益。”

楊士奇《東里文集》卷二十二《王先生傳》：“王先生名佑，字子啓，晚號啓翁。……梁潛嘗從受經，欲作傳，未及而卒。”

萬斯同《明史》卷二百一《梁潛傳》：“梁潛，字用之，泰和人。洪武二十九年舉鄉試。”

洪武三十年(1397)，授四川保寧府蒼溪縣學訓導，三十一年，請假歸省，旋因薦除廣東肇慶府四會縣知縣，建文二年(1400)改陽江知縣，後調陽春知縣。皆有惠政。

楊士奇《梁用之墓碣銘》：“洪武丙子選鄉試，明年授四川蒼溪縣學訓導，蒼溪僻遠，過使客終歲無幾人，而山水可適。其學者前此未嘗遇明師，用之樂得其地，旦暮坐講席，開諭辨析，必盡其説，諸生皆忻忻有向進意。稍暇，獨行清流茂樹間，吟咏自得。又明年，用薦除廣東四會知縣，授承事郎，推誠愛民，剗宿弊，崇寬政，臨之以平易，導之以禮讓，致勤撫字。稍暇，輒就學舍，親授業諸生。歲餘，民咸悦服而争訟息，學校興，流徙來歸以累千計。縣有瀧橋河，世傳吏有廉平之政即河水清，自用之至，訖其去，河水澄潔可鑒。又明年改陽江，又改陽春，治之一如所以治四會者。而陽春猺獠環處，稍不得所欲，即獸怒跳蹶不可制。用之待之如子而不拘於法，亦皆盡誠事縣令如父，敬恭命令唯恐不及。所歷之處，將去，人皆遮道留之，不得，至有流涕者。”

楊士奇《東里文集》卷三《送鍾用之還蒼溪序》：“吾友鍾潛用之，以鄉貢進士授保寧府蒼溪縣學訓導，明年謁告歸省，逾月復行……於是衆皆知用之能躬夫孝之大者，其不窮於下位也必矣，相率爲詩送其行,而余爲序云。”

張以誠修《(民國)陽江縣志》卷二十二《職官表》載明代建文朝有梁潛,云:“福建泰和人,有傳。按,本傳云‘丙子鄉貢’,洪武之二十九年也。明年授四川訓導,又明年除四會知縣,即洪武三十一年在四會,歲餘。又明年改陽江,則當在建文二年矣。”

按,《(民國)陽江縣志》所載梁潛爲“福建泰和人”,當爲“江西泰和人”。

張廷玉等撰《明史》卷一百五十二《梁潛傳》:“授四川蒼溪訓導,以薦除知四會縣,改陽江、陽春,皆以廉平稱。”

明成祖永樂元年(1403),潛以縣令召入朝廷,纂修《太祖實録》,六月,書成,擢翰林修撰。

楊士奇《梁用之墓碣銘》:“永樂元年,召修《太祖皇帝實録》,書成,升翰林修撰,授承務郎,賜白金五十兩,織金衣一襲,文幣四表裏。”

王直《梁先生文集序》:“永樂初,修《高廟實録》,先生徵自縣令,與執筆其間,據事直書,精切詳雅,書成,授官翰林。”

《明實録》之《明太宗實録》卷二十:“永樂元年六月丁未朔……辛酉,監修國史、太子太師、曹國公李景隆等,總裁官、翰林侍讀學士解縉等上表進《太祖高皇帝實録》。……丙寅,以《實録》成,升纂修官、吏部郎中徐旭爲國子祭酒,太常博士錢仲益、知縣楊覲、梁潛、王褒爲翰林修撰。”

永樂五年(1407)十一月,以翰林修撰兼右春坊右贊善。時修《永樂大典》,鄭賜爲總裁。永樂六年,鄭氏卒,潛爲總裁代之。其後多扈從明成祖往來南北兩京間。

楊士奇《梁用之墓碣銘》:“五年,命以本官兼右春坊右贊善,進儒林郎。時修《永樂大典》，召至四方儒學老成，充纂修及繕寫之士幾三千人。人衆事叚，特命太子少師姚廣孝、禮部尚書鄭賜總之。已而賜卒，命禮部翰林院就本院推舉才學服衆者代賜，遂舉用之，用之方公明决，莅事有程，而惰慢放肆者有不樂之，相與誣其過於上，召問具對云云，上曰'梁潛言是'，遂抵造誣者罪。於時以文事裨益皇太子，尤爲所重。上幸北京，驛召赴行在。八年南還，十一年復扈從北京。"

《明太宗實録》卷五十四："永樂五年十一月辛亥朔……修撰梁潛兼右春坊右贊善。"

張廷玉等《明史》本傳："代鄭賜總裁《永樂大典》，帝幸北京，屢驛召赴行在。"

永樂十三年(1415)二月，明成祖命潛爲北京會試考官，並賜宴於禮部。

楊士奇《梁用之墓碣銘》："十三年考禮部會試。"

《明太宗實録》卷九十五："(永樂十三年)二月己巳朔。……甲戌，行在禮部會試天下舉人，奏請考試官。上命翰林院修撰梁潛、王洪考試，賜宴於禮部。"

談遷《國榷》卷十六："(永樂十三年)二月己巳朔。……甲戌，翰林修撰梁潛、王洪主行在禮闈。"

永樂十四年(1416)三月，由翰林院修撰兼右春坊右贊善升爲翰林院侍讀，仍兼右春坊右贊善。

《明太宗實録》卷一百："(永樂十四年)三月癸巳朔。……辛亥，升翰林院修撰兼右春坊右贊善梁潛爲本院侍讀，仍兼右贊善。編修陳全爲侍講。"

談遷《國榷》卷十六："永樂十四年……三月……辛亥，翰林修撰兼右春坊右贊善梁潛爲侍讀,兼如故。"

永樂十五年(1417),皇太子監國,翰林院留楊士奇輔佐太子,以潛爲之副。八月,與陳全同任應天府鄉試主考官。

楊士奇《梁用之墓碣銘》:"十四年南還,明年復北狩,將發,親擇侍從監國之臣,時翰林獨留學士楊士奇,特詔尚書夏原吉、吕震、方賓舉一人副之,遂以命用之。其在皇太子前累累進善言,皆見嘉納而寵以賜賚。是年,考應天府鄉試,蓋明年及於禍矣。"

《明太宗實録》卷一百七:"永樂十五年八月甲申朔。……辛卯,應天府鄉試,啓請考試官。皇太子命翰林院侍讀兼右春坊右贊善梁潛、侍講陳全考試。賜宴於本府。"

談遷《國榷》卷十六:"永樂十五年……八月……辛卯,右春坊右贊善梁潛、侍講陳全主試應天。"

永樂十六年(1418),皇太子監國,因有人告發皇太子赦歸陳千户事,潛未諫止,被逮下獄,押至北京,仍繫獄。九月與周冕同被殺,終年五十三歲。

楊士奇《梁用之墓碣銘》:"永樂十五年,車駕巡狩北京,仁宗皇帝在春宫監國南京,凡南方庶務,惟文武除拜、四夷朝獻、邊警調發,上請行在。若祭祀賞罰一切之務,有司具成式,啓聞施行,事竟,則所司具本末奏達而已。上既有疾,兩京距隔數千里,支庶萌异志者,内結嬖倖,飾詐爲間,一二讒人助於外,於是禁近之臣侍監國者,惴惴苟活朝暮間。賴上明聖,終保全無事,小人之計不能行,然其意不已也。會南京有陳千户者,擅取民財,事覺,令旨謫交阯,數日,念其軍功貸之,召還。有言於上曰:'上所謫罪人,皇太子曲宥之矣。'遂殺陳千户,事連贊善梁潛、司諫周冕。既逮至,上親問之,潛等具實對。上顧翰林學士楊榮等曰:'事固無預潛。'他日又諭禮部尚書吕震曰:‘事亦豈得由潛。’然猶未悉陳千户非出上命謫之也,兩人者皆未釋。有毁冕者,數言其佻薄放恣不可用,遂並潛皆死非命,十六年九月十七日也。……用之死時年五十有三。”

《明太宗實録》:“永樂十六年秋七月己酉朔。……甲戌,翰林院侍讀兼右春坊右贊善梁潛以輔導有闕逮下獄。潛初以文學簡侍,皇太子監國,南京有陳千户者,害民取財,皇太子謫交阯立功,後念其舊軍功,宥之。或言陳千户不當宥,潛及司諫周冕預聞之而不諫止,遂逮下獄。後冕在獄不謹,遂並潛皆死。”

談遷《國榷》卷十六:“永樂十六年……七月……甲戌,翰林侍讀兼右春坊右贊善梁潛、司諫周冕以輔導有闕逮下獄。時南北相去遠,僉人附漢王高煦讒構百端,千户陳某虐民取財,皇太子謫交阯,尋宥之。或言不宜宥,罪及潛、冕,遂殺陳,逮潛、冕。上知潛無它,會有言冕佻達,並殺潛。”

萬斯同《明史》卷九《宣宗本紀》:“十二年北征還,以帝使迎駕緩且書奏失辭,悉徵宫僚黄淮等下獄。久之,高煦罪狀大著,成祖怒而徙之樂安,始稍悟帝無他。而高燧復與黄儼等譖帝擅赦罪人,宫僚梁潛、周冕等復坐死。”

萬斯同《明史》卷二百一《梁潛傳》:“十五年,復幸北京,親擇侍從監國之臣,翰林獨留楊士奇,以潛副之。時兩京隔絶,漢王高煦謀奪嫡,讒構萬方,有陳千户者,擅取民財,事覺,令旨謫交阯,數日後,念其有軍功貸之,召還。有言於成祖曰:‘上所謫罪人,皇太子曲宥之矣。’遂誅陳千户,事連潛及司諫周冕,逮至行在,成祖親詰之,潛等具以實對,成祖謂楊榮、吕震曰:‘事豈得由潛。’然卒無人爲言。陳千户本以令旨謫者,潛與冕俱繫獄,或毁冕佻薄恣縱,遂並潛誅死。”

沈德符《萬曆野獲編》卷四“楊東里議趙王”條:“宣宗之討高煦

也,回師欲襲趙,時楊榮極贊成之,賴楊士奇力諫而止,人稱其功至今不衰。然士奇之誌贊善梁潛墓也,云:‘永樂十五年,車駕狩北京,上有疾,兩京隔數千里,支庶萌异志者,内結權倖,飾詐爲間,一二讒人助於外。會有陳千户,事連梁潛,遂死非命,十六年九月十七也。’所謂萌异志者,蓋指趙王高燧,權倖者,内臣黄儼、江保也。既謂趙有异志,何以力保其不反?且知梁潛之冤矣,何以自文皇崩後,又相三朝,二十餘年,不一爲潛白見冤狀,使得昭雪於泉下耶?方仁宗監國時,潛又與士奇同爲侍臣之副,殆不可曉。”

按,梁潛之死,與漢王朱高煦和趙王朱高燧争奪儲位有關。潛爲皇太子的輔佐謀臣,被漢王和趙王視爲威脅。朱高煦於永樂十五年就藩山東樂安州,仍積極謀劃奪嫡,此時,漢王和趙王都有可能參與其中。萬斯同《明史》之《宣宗本紀》明言是趙王幕後指使,但其《明史》之《梁潛傳》又云是漢王所爲,談遷《國榷》亦謂漢王所爲,而《萬曆野獲編》又以爲是趙王。記載多歧,録此備考。

夏燮《明通鑑》卷十七:“秋七月……甲戌,下梁潛、周冕於獄,以輔導皇太子有闕也。潛等至行在,上親詰之。具以實對,上謂楊榮、吕震曰:‘事豈得由潛。’然卒無人爲白者,遂與冕俱論繫。未幾,有言冕放恣者,上怒,遂並潛誅之。潛妻楊氏痛潛非命,不食死。【考异】《明史·本紀》繫之是月己巳,今據《實録》日分,《紀事本末》繫之五月,蓋是時成祖在北京,諸書皆據逮冕等之月日,而《實録》則據其至北京下獄之月日也,今分書之。至冕等被誅,又在七月之後,並據《潛傳》牽連記之。”

潛妻楊氏,痛潛死於非命,絶食而卒。子四:果、棨、楫、榆。果,字叔蒙,永樂十五年江西鄉薦,歷官邵武府經歷、侯官知縣。棨,字叔車,正統元年(1436)進士,官至浙江左布政使。楫,字叔濟,官至太平知縣。

楊士奇《梁用之墓碣銘》:"娶楊氏。子男四:果、棨、楫、楡,皆知務學。果、棨皆舉鄉貢,未升。二女,長嫁袁俊,次嫁進士劉準。孫男幾,某某,皆秀朗可望。造物者殆以是報之歟。"

張廷玉等《明史》本傳:"潛妻楊氏,痛潛非命,不食死。子棨,由進士爲刑部主事,善辨冤獄,用薦擢廣西副使,進布政使。將士多殺良民報功,棨諭其帥,生致難民一人准功一級,全活無算。田州土官岑鑑兄弟相讎,棨爲解之,却其厚饋。撫服梗化女土官,民夷服其信義。終浙江布政使。"

陳循《芳洲文集》(明萬曆間刻本)卷四《送邵武府經歷梁叔蒙詩序》:"二十年前,叔蒙與同産弟叔車並舉永樂丁酉江西鄉薦,叔蒙爲第四人,蓋《春秋》之魁也。是時叔蒙□泊庵先生爲翰林侍讀兼春坊贊善,叔本之爲納□教諭,從叔挹之已舉進士,一門仕者衆矣。……叔蒙之擢邵武經歷,縉紳交游之士皆賦詩以贈行,而謂予宜序以引之。"

陳道、黄仲昭纂修《(弘治)八閩通志》(明弘治刻本)卷三十一《秩官》:"候官縣(知縣)……梁叔蒙,正統間任。"

范邦甸等撰《天一閣書目》卷四之三"泊庵集十六卷"條:"明梁潛撰。男果識云:'先君登洪武丙子科,不肖果年十一侍祖畦樂公理家務,迨永樂丁酉,果與弟棨録名秋闈。戊戌而先君歿,遺所作稿多散失,僅集所存者,逾正統丁卯又二十九年,而果年六十二矣。感念與二弟荷聖明恩命,果歷官侯官知縣,棨歷官浙江左布政使,楫歷官太平知縣,惟弟楡守邱隴,每執卷,痛泣不能讀。'"

《明實録》之《明英宗實録》卷三百三十一:"天順五年八月戊辰朔……丁丑……浙江左布政使梁棨卒。棨,字叔車,江西泰和縣人。故春坊贊善潛之子。正統丙辰進士,授刑部主事,能辨冤獄,他司不能辨者,上官悉以委之。有銜冤幽禁二十五年者,以棨辯,得出。正統丙寅,薦升廣西按察副使,進廣西左布政使,尋升浙江左布政使。天順庚辰,朝覲官受旌异者十人,棨與焉,有襲衣寶鏹之賜,宴於禮部。明年,秩滿,乞致仕,不聽,還任,越兩月而卒。棨和厚平易,未嘗以辭氣加人,鄉黨宗族皆有恩惠,其操守淡素,始終如一日云。"

冉棠總修《(乾隆)泰和縣志》卷十九《梁楫傳》:"楫,字叔濟,歷官太平知縣,晚年家居,著述甚富。"

潜性耿介,長於《詩》《易》。爲文清雋,出入《莊》《騷》,其跌宕磅礴之氣,有韓愈、蘇軾之風,詩歌高處有晉宋風格,在永樂朝最號杰出。

楊士奇《梁用之墓碣銘》:"嗚呼! 用之闓爽弘毅,耿介自執,其智足以燭幾,其德足以及物,其才足以興理,其自任之重不肯下古人。凡士君子哀而惜之,夫豈以私用之也哉! 用之之學,通諸經,尤長於《詩》《易》,自十五六已用意周、程、朱、張之書,壯而益探其微。爲文章馳騁司馬子長、韓退之、蘇子瞻,亦間出《莊》《騷》爲奇,務去陳言出新意。古詩高處逼晉宋。所著有史論若干篇,碑傳、記序、銘頌、贊述若干篇,五七言古近體詩若干篇,皆可傳後。與人交,藹然有相輔之義,人有過,面誚之,不爲依阿取容,及其能改,歡好如初焉。"

王直《梁先生文集序》:"蓋先生之文温厚和平,而豪壯迭宕之勢寓焉。如江河之流,汪洋衍迤,一與風遇,則波瀾勃興,魚龍百怪,出没隱見,可喜可愕,真當代之杰作。"

永瑢等《四庫全書總目》卷一百七十《泊庵集》提要:"潜文格清雋,而兼有縱横浩瀚之氣,在明初可自成一隊。故鄭瑗《井觀瑣言》稱其'豐贍委曲,亦當代一作家'。"

陳田輯撰《明詩紀事》乙籤卷七"梁潜"條:"田按,用之五言,

《選》體爲多,近體有唐人格律而時參宋派,永樂詩家最爲杰出。詩集鮮傳,錢牧齋、朱竹垞皆未見,故所録寥寥。余所獲《泊庵詩鈔》,乃用之曾孫廉嘉靖中刻於辰州者。用之《灤水瓊芽詩序》云:'前代揭學士稱灤水瓊芽,蓋芍藥芽也,以代茶最勝,惜在北京時不及采而嘗之。'詩云:'每憶京臺事事佳,還聞灤水産瓊芽。玉膚簇簇輕含雪,紅甲重重淺映霞。陽羨初嘗須並美,騫林新賜可同夸。儻教采掇封題去,自是春泉煎雪花。'騫林,武當茶也,明初入貢品。今豐臺芍藥盈畦彌隴,園丁捆載入市,士大夫家供瓶盂者在在皆是。儻掇芽而烹之,爲芍藥增一故實,亦爲我輩添一韵事也。"

著有《泊庵先生詩鈔》一卷,《泊庵文集》十六卷。清乾隆年間修《四庫全書》,收録其《泊庵集》十六卷。

《中國古籍總目·集部》(中華書局2012年版)第2册載有關梁潛著述,有《泊庵先生詩鈔》一卷,清刻泰和三梁文集本;《泊庵文集》十六卷,明正統九年刻本。

參考文獻:

1.《泊庵集》,《文淵閣四庫全書》本,上海古籍出版社1987年版。

2.《明實録》,臺灣"中央研究院"歷史語言研究所1962年校印本。

3. 張廷玉等撰《明史》,中華書局1974年版。

4. 談遷《國榷》,古籍出版社1958年版。

5. 沈德符《萬曆野獲編》,中華書局1959年版。

6. 夏燮《明通鑑》,岳麓書社1999年版。

7. 萬斯同《明史》,《續修四庫全書》本,上海古籍出版社

2002年版。

8. 冉棠總修《(乾隆)泰和縣志》,乾隆十八年刻本。

9. 張以誠修《(民國)陽江縣志》,《中國方志叢書》本,成文出版社有限公司1974年版。

10. 楊士奇《東里集》之《東里續集》,《景印文淵閣四庫全書》本,臺灣商務印書館1986年版。

11. 王直《抑庵文集》,《景印文淵閣四庫全書》本,臺灣商務印書館1986年版。

12. 楊士奇《東里文集》,中華書局1998年版。

13. 陳田輯撰《明詩紀事》,上海古籍出版社1993年版。

14. 范邦甸等撰《天一閣書目》,上海古籍出版社2010年版。

(張明强)

楊士奇傳

楊士奇，名寓，以字行，泰和（今屬江西）人。生於元至正二十五年（1365）。

楊士奇，王直《抑庵文集》卷十一、過庭訓《本朝分省人物考》卷六十四、何喬遠《名山藏》卷五十九、廖道南《殿閣詞林記》卷一、唐鶴徵《皇明輔世編》卷一、《續藏書》卷十、張廷玉等《明史》卷一百四十八均有傳。另楊士琦《東里集·東里續集》卷三十九有《東里老人自志》，程敏政《明文衡》卷七十七録楊溥《故光禄大夫柱國少師兵部尚書兼華蓋殿大學士贈特進光禄大夫左柱國太師謚文貞楊公神道碑》（以下稱《楊公神道碑》）等，俱載其事迹。

按，士奇之籍貫、家世，楊士奇《東里集·東里續集》卷三十九《東里老人自志》云："東里在邑東清溪之上，吾高曾以來居之。楊氏宋盛際，自吉水徙泰和，號儒宦家蓋四百年矣。稱東里者，重所自云。高祖考復圭，元贈富州尹騎都尉、弘農郡伯，妣黄氏，贈弘農郡君。曾祖考景行，延祐初科進士，累官翰林待制、朝列大夫，妣嚴氏，弘農郡君，繼高氏。祖考公榮，妣胡氏。考子將，妣陳氏，國朝累贈三代，考皆至光禄大夫、柱國少師、兵部尚書兼華蓋大學士，妣皆夫人。"

王直《抑庵文集》卷十一《少師泰和楊公傳》云："其先華陰人，南唐虞部府君輅，始居廬陵。再世徙吉水，後至允素，乃徙居泰和。曾祖景行，仕元累官以翰林待制致仕，有傳在史。祖公榮，父子將，皆不仕,而以文學、行誼重於時。”據此,知士奇乃南唐舊族之後,籍貫泰和。泰和,今屬江西吉安。

又士奇之字號,楊士奇《東里老人自志》云:“名寓,字士奇,後以字徵。”楊溥《楊公神道碑》云:“公西昌儒宦家子,諱遇,字士奇,别號東里。”《本朝分省人物考》《名山藏》等亦作“名遇”,蓋誤。又據《名山藏》卷五十九,士奇游湖、湘,嘗“變名立可”。

早孤,隨母適羅氏,已而復宗。貧甚。少力學,授徒自給。弱冠,多游湖、湘間,館江夏最久。

楊士奇《東里老人自志》:“一歲而孤,陳夫人鞠之教之。”

楊溥《楊公神道碑》:“公一歲喪父,鞠成於母夫人陳氏。自幼端重异群兒。受業於鄉儒海桑先生。海桑,母夫人世父也。見其敦敏,甚器重之。公自知學,手不釋卷。十二三通舉子業,鄉人請爲子弟師。……及弱冠,出游章貢。章貢守,儒者,嘉重之。俾攝琴江教事,琴江令亦儒者,深賢之。……游江湘,所至人敬慕,欲薦之,輒辭不就,遂有聲江湖。”

王直《少師泰和楊公傳》:“公早孤,母夫人陳氏教育之。甫六七歲,告以世德之詳,公即感奮力學。雖甚貧,親執勞事,然未嘗廢卷。時喪亂雖平,而苦無書。《四書》《五經》皆抄以讀。海桑陳先生,夫人世父也,甚愛公,早夜訓勵,使必由道。年十五,褎然爲人師,學行日益有聞,縉紳君子禮重焉。郡縣交舉爲學官,皆不就。”

何喬遠《名山藏》卷五十九:“士奇生而孤,從其母改適羅性。……家益貧,力學自奮,遇有古書,雖殘編脱帙,無不携取。十五授徒里中,逾年從游甚衆。弱冠游章貢,章守重之,請攝琴江教事。琴江令邵子鏡,一見相好。子鏡爲人廉介而稍谿刻,士奇常有規正,頃之遭誣。亡入武昌,變名立可,客江夏間。”

按,“隨母適羅氏”之謂,除《明史》卷一百四十八本傳稱“早孤,隨母適羅氏”,《名山藏》稱“士奇生而孤,從其母改適羅性”,《東里老人自志》《楊公神道碑》《少師泰和楊公傳》均未言及,《東里文集》卷十二《羅先生傳》則有“士奇少孤,五歲,先生取而教育之,有父道焉。明年,官德安,又挈以行。又三年,先生有陝西之役,屢遣書督其學”之謂,亦未言明。蓋有避古代婦女“從一而終”之嫌。焦竑《國朝獻徵録》卷十二陳賞《東里先生小傳》云:“先生歲而孤,舅奪母志,遂從適羅公子理。”另據《羅先生傳》,羅先生名性,字子理,以字行,泰和人。少孤力學,受《易》於韋乾,博記精思,言行端謹。洪武四年(1371)中鄉貢進士,授德安府同知,爲政以寬恕爲本。

建文初,集諸儒修太祖實録。士奇已用薦徵授教授,當行,王叔英復以史才薦,遂召入翰林,充編纂官。尋命吏部考第史館諸儒,尚書張紞得士奇策,奏第一,授吴王府審理副,仍供館職。

楊溥《楊公神道碑》:“會朝臣以名儒薦徵,入翰林編纂,一時儒者稱公。博洽試於吏部考,其文爲首,遂有聲於朝。授王府審理副復,召入翰林編纂。”

何喬遠《名山藏》卷五十九:“建文初,以博學徵入翰林編修,纂高帝實録。吏部被旨考第第一,奏除吴府審理副,編纂如舊。”

王直《少師泰和楊公傳》:“久之,朝廷以博學徵入翰林,任編纂,共事者皆天下宿儒,獨推公精博。未幾,命吏部考第其文,授以官,又以公爲第一,授親王府審理,然猶執筆在翰林。”

唐鶴徵《皇明輔世編》卷一《楊文貞士奇》:“建文初,王叔英見而奇之曰:‘此王佐才也。’薦於朝,徵授教職,時年三十六,未任。會修高皇帝實録,留翰林充編纂官。方孝孺亟稱之,奏爲副總裁。仍命吏部考第史館諸儒,尚書張紞奏士奇第一,除吴府審理副。明日復召入翰林。”

過庭訓《本朝分省人物考》卷一百三:“建文初年,旁求四方隱逸,鱗集闕下,悉委紞臨試之。紞識鑒精朗,振抑拔淹,量才授任,各適其宜,大著時譽。會修太祖實録,被旨試翰林之與編纂者,考第高下。時楊士奇以教官徵入,紞讀其試策,獨喜曰:'明達時務,材堪大任,不但文詞之工也。'以爲第一。奏授王府審理。士奇由是著名。"

按,王叔英,字原采,號静學,浙江黄岩人,士奇素交。建文帝時,以學行召爲翰林院撰修,靖難之役中以身殉國。《本朝分省人物考》卷五十四、《名山藏》卷八十二、黄佐《革除遺事》卷二、張廷玉《明史》卷一百四十三等有傳。又張紞,字昭季,陝西富平人。歷官東宫侍正、通政司左參議、通政使、布政司左參政。《本朝分省人物考》卷一百三、《名山藏》卷六十一、《革除遺事》卷四、《明史》卷一百五十一等有傳。

成祖即位,改編修。已,簡入内閣,典機務,數月進侍講。

楊士奇《東里集·東里續集》卷四十四《御書閣頌》前序云:"臣士奇自布衣被召。太宗皇帝入繼大統,首擢翰林編修。初建内閣於奉天門内,簡任翰林之臣七人,其中所職代言,屬時更新。凡制詔、命令、誡敕之文日夥,而禮典庶政之議及事之關機密者咸屬焉。車駕屢臨幸,賜七人,恒早朝退即趨閣治職事,莫乃出。七人者,士奇與焉。越三月,進侍講。"

按,成祖即明太宗朱棣,1402年至1424年在位,年號永樂。傳詳見《明史·成祖本紀》。據《成祖本紀》,成祖於建文四年六月即位後,即於此年八月壬子設立文淵閣(即内閣),初"侍讀解縉、黄淮入直","尋命侍讀胡廣,修撰楊榮,編修楊士奇,檢討金幼孜、胡儼入直,並預機務"。

永樂二年(1404)選宫僚,以士奇爲左中允。五年進左諭德。

楊士奇《御書閣頌》序云:"又明年,册仁宗皇帝爲皇太子,簡内閣六人兼春坊官,士奇與,兼左坊中允兩職之務,敬修惟謹。又明年,升諭德,仍兼侍講。”

《名山藏》卷五十九:“三年升左諭德,兼侍講如故。”

按,《御書閣頌》前後“又明年”,分别指永樂二年、永樂三年。今據《太宗文皇帝實録》卷七十三“永樂五年十一月一日”條:“翰林院侍講兼左春坊左諭德”,可知《御書閣頌》及《名山藏》將楊士奇升左諭德爲永樂三年,或誤。

士奇奉職甚謹,私居不言公事,雖至親厚不得聞。在帝前,舉止恭慎,善應對,言事輒中。人有小過,嘗爲掩覆之。

焦竑《國朝獻徵録》卷十二陳賞《東里先生小傳》:“先生奉職甚謹,私居未言公事,所治職事,雖至親厚不得聞,而亦無敢以請者。”

楊士奇《東里老人自志》:“歷事四聖,皆居清密。越自授官,所覬行道,心存體國,志在濟人。惟理無窮盡而學殖未充,事有甚難而智慮弗逮,故秩愈進而憂愈重,寵愈厚而畏愈切,進慕陳善,退勤省躬,而施以公,而守以約,始終一意,夙夜不忘。”

王直《太師泰和楊公傳》:“公久在朝廷,處宥密之地,言動以理,不苟爲异同,亦不惑於利害,惟以忠誠結主知。……公處心公正,論事必當大體,常扶君子而抑小人,群臣有罹譖毁而非辜者,必盡誠爲之伸解,有恣貪邪不悛者,必正言其不可用。三朝史事皆公總裁,是是非非悉徵諸實,每語同列曰:天下萬世之事,當以天下萬世之心處之,如有一毫出於私意,不論厚薄,皆當獲罪神明。所舉賢才列於中外者五十餘人,皆能正己恤民,蓋公取人必先德行而後才能,無問識與不識,博詢於衆而信乃舉,以此不得於公者,怨誹忿興不恤也。直道而行,不爲阿徇。”

何喬遠《名山藏》卷五十九:“士奇爲人秉謙執虚,薄利篤義,歷事四朝四十餘年,論事持大體不苛。薦進人才,博詢廣訪,先德後能,無所私庇。有大政大疑,衆論紛紜,徐出一言,莫不快愜。”

永樂六年(1408),成祖北巡,命與蹇義、黄淮留輔太子。太子喜文辭,贊善王汝玉以詩法進。士奇曰:“殿下當留意六經,暇則觀兩漢詔令。詩小技,不足爲也。”太子稱善。

楊士奇《御書閣頌》序:“永樂七年,車駕將巡北京,命皇太子監國,簡留文臣四人輔導。其兩人出内閣,士奇與焉。”

王直《少師泰和楊公傳》:“六年冬,以巡狩北京,詔天下,命公視草。……明年,車駕巡狩北京,皇太子監國,上命蹇義、金忠、黄淮與公職輔道。……春坊贊善王汝玉,每以詩法進皇太子,以問公,公曰:‘詩以言志,明良喜起之歌,南薰之詩,可見舜之志。漢高祖《大風歌》、唐太宗“雪耻酬百王,除凶報千古”之作,所尚者霸力,非王道。漢武“秋風”之詞,志氣已衰。若隋煬帝、陳後主,皆淫靡不足道。殿下明經講道之暇,娱意文事,兩漢詔令最可觀,’非但文辭高古,亦可以裨益治道。詩非所急也。皇太子曰:儒者亦作詩否?公曰:‘儒者固皆作詩,然儒之品有高下,有道德之儒,有經濟之儒。專意詞章,君子謂之俗儒,人主尤當辨於此。’”

按,士奇輔太子監國,揆之《御書閣頌有序》《少師泰和楊公傳》,《明史》楊士奇本傳作“(永樂)六年”當誤。

又,蹇義,四川巴縣(今重慶市巴南區)人,字宜之,官至吏部尚書,《本朝分省人物考》卷一百八、《名山藏》卷五十九等有傳。黄淮,字宗豫,浙江永嘉人,洪武末進士,官至榮禄大夫少保户部尚書兼武英殿大學士、知制誥、國史總裁,《名山藏》卷五十九、《明史》卷一百四十七有傳。

王汝玉,名璲,以字行,江蘇蘇州人,洪武末以薦授,官至左春坊贊善,《國朝獻徵録》卷十九、《明史》卷一百五十二有傳。

初,成祖起兵時,漢王數力戰有功,成祖許以事成立爲太子。既而不得立,怨望。成祖又憐趙王年少,寵异之。兩王因合而間太子,成祖頗心動。九年(1411)還南京,召士奇問監國狀,以孝敬愛人對。

范景文《昭代武功編》卷一《親征》:"高煦初封漢王,文皇帝第二子也。多智譎,頗材武自負。靖難師起,常從征有功。成祖戰白溝時,爲南師所扼,戰苦久,所佩矢,三服射皆盡,劍鋒折不可用。高煦適轉鬥至,上撫之曰:'吾疲甚,汝往督戰。世子久疾,事成當以汝爲東宫,吾兒勉之。'高煦力戰破南師,暨上登極,仁宗正位儲宫,高煦封漢王,不能無望。"

鄭曉《吾學編·同姓諸王傳》卷三:"趙王高燧,成祖第三子。永樂元年,封彰德。洪熙元年,就國王負靖難功,密與漢庶人謀奪嫡,時時譖東宫,傷其官寮,繫獄,多死者。"

王直《少師泰和楊公傳》:"九年,上還南京。一日退朝,召公問曰:'爾輔東宫久,其所行果何如?'公以孝敬對,上使言其實。對曰:'凡有事宗廟,祭物祭器皆親閲,去年將時享頭風作,醫言當汗。'殿下曰:'汗即不敢莅祭。'左右請遣人代,斥之曰:'上以命我,我又可遣人代乎?'遂親祭,祭畢汗遍體,勿藥,病自愈。每進御用物,皆躬閲封識,遣行不輕信下人。車駕北征,殿下不敢寧居恒,日中昃始食,駕還而後能安。上曰:'此子道當然?'公曰:'古聖賢亦皆盡其當然者,且殿下天資高,或有過未嘗不知,知之未嘗不速改。又其存心以愛人爲本,將來必不負陛下付托之重。'上悦。"

永樂十一年(1413),正旦日食。禮部尚書吕震請勿罷朝賀,侍郎儀智持不可,士奇亦引宋仁宗事力言之,遂罷賀。

王直《少師泰和楊公傳》:"十二年,正旦日食,先數日。上問禮部及翰林諸臣:'正旦日食,百官行賀,禮乎?'尚書吕震曰:'日食與朝賀不同時,當賀。'侍郎儀智曰:'終然同日,宜免賀。'公對曰:'日食,天變之大者。宋仁宗時元正日食,富弼請罷宴徹樂,宰相吕夷簡不從。弼曰:萬一契丹行之,爲中國羞。後有人自契丹來言:其國是日罷宴。仁宗深悔。今誠宜免賀。'上曰:'君子愛人以德,士奇與智言是也。'遂免賀及宴。"

按,"正旦日食"事,《明史》楊士奇本傳作"(永樂)十一年",《少師泰和楊公傳》則作"(永樂)十二年"。揆之《本朝分省人物考》卷六十四及《殿閣詞林記》卷一,均作十二年,故《明史》之謂,或誤。

又吕震,字克聲,陝西臨潼人,由舉人洪武二十六年除僉事,明敏有爲聲譽大振,官至禮部尚書加太子少師。儀智,山東高密人,教官,永樂初以右通政兼,終禮部左侍郎。

明年,成祖北征,士奇仍輔太子居守。漢王譖太子益急。成祖還,以迎駕緩,盡徵東宫官黄淮等下獄。士奇後至,宥之。行在諸臣交章劾士奇不當獨宥,遂下錦衣衛獄。尋釋之。

涂山《明政統宗》卷八"永樂十二年":"閏九月,逮東宫官黄淮、楊士奇、楊溥下錦衣衛獄,尋釋。"

雷禮《皇明大政記》卷七:"士奇先是上以皇太子所遣使迎車駕緩,且奏書失辭,曰:'此輔導之不職。'遂逮淮等。是日,淮先至,諸司交奏其罪,遂下獄。後二日,楊士奇及司經局正字金問至,上曰:'士奇姑宥之,朕未嘗識金問,何以得侍東宫?'命法司鞫之。已而召士奇至前問東宫事。士奇叩首言'殿下孝敬誠至,凡所稽遲皆臣等之罪',上悦而罷下是。行在部院諸司交奏士奇不宜獨宥,乃下錦衣獄,未幾特宥復職,遂徵楊溥、芮善相繼下獄,皆以金問辭連之也。"

十四年(1416),成祖還京師,微聞漢王奪嫡謀及諸不軌狀,以問蹇義,義不對;乃問士奇,以實對。居數日,成祖盡得漢王事,削

兩護衛，處之樂安。

王直《少師泰和楊公傳》："十四年，上在北京聞高煦有异志，還京師欲發其事。疑未決，獨召公問曰：'昨問蹇義漢府事，對曰：不知。若朕未有知，爾輩慮有離間，不敢言。今孝陵上命東宫皇太孫及諸皇孫陪謁，問翰林諸臣拜位當。朕既知矣，爾言之何害？'公對曰：'臣與義事東宫外人無敢與臣等言者，但漢王始封國雲南，不肯行，改青州又不行，今知將徙都北京，惟欲留守南京，天下皆疑其心。惟陛下善處之，使早有定所，全父子之恩，爲永世之利。'上默然，起還宫。後數日，悉得其反狀及所爲戰具，大怒褫其冠帶縶之西華門内，東宫力救解乃免。遂命削其兩護衛，處之樂安州。曰：'此去北京甚邇，即其作禍，可朝發而夕擒也。'"

明年(1417)進士奇翰林學士，兼故官。十九年(1421)改左春坊大學士，仍兼學士。明年復坐輔導有闕，下錦衣衛獄，旬日而釋。

過庭訓《本朝分省人物考》卷一百三："十五年，皇太子命士奇纂《周易本義要旨》爲一編。既進，皇太子悦，賜名《周易直旨》。逾年輯成，又名曰《周易大義》。本年，升翰林院學士，仍兼諭德。"

沈國元《皇明從信録》卷十五"壬寅永樂二十年"："（九月）下尚書吕震、蹇義及學士楊士奇於錦衣衛獄。以鴻臚寺序班，言震之婿户部主事張鶴朝參失儀皇太子，以震故曲宥之，而義在側不言故也。士奇亦以輔導有闕並下獄，已而皆釋之。"

仁宗即位，擢禮部侍郎兼華蓋殿大學士，能以讜言進上。

《明史》卷一百四十八本傳：帝御便殿，蹇義、夏原吉奏事未退。帝望見士奇，謂二人曰："新華蓋學士來，必有讜言，試共聽之。"士奇入言："恩詔減歲供甫下二日，惜薪司傳旨徵棗八十萬斤，與前詔戾。"帝立命減其半。服制二十七日期滿，吕震請即吉。士奇不可，震厲聲叱之。蹇義兼取二説進。明日,帝素冠麻衣絰而視朝。廷臣惟士奇及英國公張輔服如之。朝罷,帝謂左右曰:“梓宫在殯,易服豈臣子所忍言? 士奇執是也。”進少保,與同官楊榮、金幼孜並賜“繩愆糾繆”銀章,得密封言事。尋進少傅。

王直《少師泰和楊公傳》:“上初即位,有詔減冗費,而惜薪司,準常例賦北京山東棗八十萬斤,爲香炭之用。公入奏曰:‘詔下甫二日而即有此,雖云歲用,得無過多。’上曰:‘數日事叢脞,此蓋急遽中答之不暇,致審耳。’即命減其半。九月癸未,禮部尚書吕震言於上曰:‘今喪服已逾二十七日,請如太祖仿漢制易吉服。’上時未有答。震退,遍語群臣,明旦釋從吉。公謂震曰:‘今未可比,此例蓋洪武中有遺詔,且仁孝皇后崩,太宗皇帝縗服後仍服素衣、冠絰帶者數月。今上於皇考可遽即吉乎?’震厲聲曰:‘朝廷事,爾每執异。’尚書蹇義兼取二説。明旦,君臣皆素衣冠,黑角帶,遂以聞上,亦未答。明旦,上素冠麻衣麻絰出視朝,文臣惟學士,武臣惟英國公如上所服。罷朝,上諭左右大臣曰:‘吕震昨奏當易服。朕聽臣下易之,梓宫在殯,吾豈忍易。士奇所執是也。’公自左春坊大學士進禮部侍郎兼華蓋殿大學士,尋升少保翰林。以公等所授誥草進呈,上取筆親增二語曰:勿謂崇高而難入,勿以有所從違而或怠。顧謂公等曰:‘此朕實心,卿其勉之。’公對曰:‘聖德能容,臣等敢不勉。昔富弼有言,願不以同异爲喜怒,不以喜怒爲用捨,成湯改過不吝所以爲聖人。願陛下常以古人爲法。’升少傅階榮禄大夫。”

按,夏原吉,字維喆,湖南湘陰人,官至户部尚書,贈太師。

建言朝政,仁宗深許之,命兼兵部尚書,並食三禄,士奇辭尚書禄。

《明史》卷一百四十八本傳:“時藩司守令來朝,尚書李慶建議發軍伍餘馬給有司,歲課其駒。士奇曰:‘朝廷選賢授官,乃使牧馬，是貴畜而賤士也，何以示天下後世。'帝許中旨罷之，已而寂然。士奇復力言，又不報。有頃，帝御思善門，召士奇，謂曰：'朕向者豈真忘之。聞吕震、李慶輩皆不喜卿，朕念卿孤立，恐爲所傷，不欲因卿言罷耳，今有辭矣。'手出陜西按察使陳智言養馬不便疏，使草敕行之。士奇頓首謝。群臣習朝正旦儀，吕震請用樂，士奇與黄淮疏止。未報。士奇復奏，待庭中至夜漏十刻。報可。越日，帝召謂曰：'震每事誤朕，非卿等言，悔無及。'命兼兵部尚書，並食三禄，士奇辭尚書禄。"

按，李慶，字德孚，順義人，官至兵部尚書，加太子太保。

王直《少師泰和楊公傳》："洪熙元年正月，命公兼兵部尚書。公辭曰：'臣爲少傅大學士已逾涯分，尚書一職更不敢當。'上厲色曰：'黄淮、楊榮、金幼孜皆三職，卿獨二職，人將謂何？卿勿辭。'公請辭俸，上曰：'卿於朕勤勞二十年，故酬以是禄，何用辭？'公曰：'尚書月俸六十石，可養壯士六十人，臣受二俸已過分，安敢復加？'尚書蹇義言：'宜聽辭學士俸。'公言：'辭禄當辭厚，何用取虚名。'上曰：'朕成卿志。'乃聽辭。顧義曰：'廉介之風，士奇有焉。'於是黄淮亦辭户部尚書俸。"

仁宗監國時，憾御史舒仲成，欲罪之，士奇以詔書不信之由上疏，仁宗即罷弗治。或有言大理卿虞謙言事不密，仁宗怒，降一官，士奇爲白其罔，得復秩。又大理少卿弋謙以言事得罪。士奇亦白其罔，仁宗立進謙副都御史，而下敕引過。

王直《少師泰和楊公傳》："上監國時，御史舒仲成嘗以事忤旨，後已升爲湖廣按察副使矣。及即位，尚書蹇義因以他事奏仲成，即命都察院逮治之。公上疏曰：'向來小人得罪者多，陛下即位皆宥之。今追理仲成，即詔書不信。漢景帝爲太子召，衛綰不赴，即位進用綰前史韙之。'上喜，即罷治仲成，賜公米及鈔幣。……大理少卿弋謙數言事過於矯激,尚書吕震、吴中,都御史劉觀,侍郎吴廷用等,交奏其賣直沽名,上頗厭之。公進曰:‘謙雖昧於大體,蓋亦感恩圖報耳。古人有言:主聖則臣直。惟陛下容之。’上以衆言猶不懌,因免謙。朝而使視事如故。公又進言曰:‘陛下有詔,求言言不當者不之罪。今謙因言取咎,朝臣皆以言爲戒,且四方朝覲之臣咸在,豈能盡知謙過失。若傳之於遠人,將謂朝廷不能容直言。’上惕然曰:‘朕非惡謙言事,其言自有過實者,卿可以朕心諭衆人。’公曰:‘此非臣言所能諭,當以璽書開諭可也。’上遂命公書敕引過,而待謙如初。”

按,舒仲成,官至御史,籍貫生平未詳。虞謙,字伯益,江蘇金壇人,官至大理寺卿。弋謙,山西代縣人,永樂九年進士,歷官監察御史、大理寺少卿、副都御史、交阯右布政使等。

時有上書頌太平者,仁宗以示諸大臣,皆以爲然。士奇獨曰:“陛下雖澤被天下,然流徙尚未歸,瘡痍尚未復,民尚艱食。更休息數年,庶幾太平可期。”仁宗深以爲然。

王直《少師泰和楊公傳》:“四月人有上書頌太平者,上以示公及蹇義、夏原吉、楊榮,義等曰:‘陛下即位,所行皆仁政,百姓無科斂徭役,可謂治世矣。’”公對曰:“陛下恩澤已敷,但流徙尚有未歸,瘡痍尚有未復,遠近猶有艱食之人,須再休息二三年,庶幾人皆得所。”上笑曰:“朕與卿輩相與出自誠心。去年各與繩愆糾繆圖書,切望匡輔,惟士奇曾上五章,朕皆從所言。卿三人未有一言,豈朝政果無闕,生民果皆安乎?卿輩吾所倚任,事有未當皆須直言,勿有所隱。……上念公匡輔之力,賜公璽書,其略曰:‘朕膺監國之命,而卿侍左右,同心合德,徇國忘身,屢歷艱虞,曾不易志。及朕嗣位以來,嘉謨嘉猷,入告於内,期予於治,以惠黎元,正固無二,簡在朕心。兹以己意,創製“楊貞一印”一枚賜卿,用藏於家,傳之後世,惟卿子孫由是知卿克致顯榮,不易維艱,思保守之,惟朕子孫亦由是知卿弼朕之功,以保全爾子孫,與國咸休,永世無斁。'"

尋修太宗實録,與黄淮、金幼孜、楊溥俱充總裁官。

楊溥《楊公神道碑》:"朝廷修三朝實録,公爲總裁,筆削有公論。"

按,三朝實録即明太宗實録、明仁宗實録、明宣宗實録,楊士奇均參與並未總裁官。

未幾,仁宗不豫,召士奇與蹇義、黄淮、楊榮至思善門,命士奇書敕召太子於南京。

陳建《皇明通紀法傳全録》卷十六:"是月十一日,上不豫,召蹇義、楊士奇、黄淮、楊榮至思善門,命士奇書敕遣中官海壽馳召皇太子於南京。次日,上疾大漸,遺詔天下,傳位皇太子,遂崩,壽四十八。"

按,事發於明仁宗洪熙元年五月,公元紀年爲1425年。

宣宗即位,修仁宗實録,仍充總裁。

《明史》卷一百四十八本傳:"宣德元年,漢王高煦反。帝親征,平之。師還,次獻縣之單家橋,侍郎陳山迎謁,言漢、趙二王實同心,請乘勢襲彰德執趙王。榮力贊决。士奇曰:'事當有實,天地鬼神可欺乎?'榮厲聲曰:'汝欲撓大計耶! 今逆黨言趙實與謀,何謂無辭?'士奇曰:'太宗皇帝三子,今上惟兩叔父。有罪者不可赦,其無罪者宜厚待之,疑則防之,使無虞而已。何遽加兵,傷皇祖在天意乎?'時惟楊溥與士奇合。將入諫,榮先入,士奇繼之,閽者不納。尋召義、原吉入,二人以士奇言白帝。帝初無罪趙意。移兵事得寢。比還京,帝思士奇言,謂曰:'今議者多言趙王事,奈何?'士奇曰:'趙最親陛下,當保全之,毋惑群言。'帝曰:'吾欲封群臣章示王,令自處何如?'士奇曰:'善,更得一璽書幸甚。'於是發使奉書至趙,趙王得書大喜,泣曰:'吾生矣。'即上表謝,且獻護衛,言者始息。帝待趙王日益親,而薄陳山。謂士奇曰:'趙王所以全,卿力也。'賜金幣。"

王直《少師泰和楊公傳》:"宣德元年,高煦反。車駕親征,罪人既得,師還。尚書陳山來迎見上,請乘勢移師彰德襲執趙王,則朝廷永無憂矣。上疑之,以問楊榮,榮力贊其决。又語蹇義、夏原吉二人,依違其間。榮遂傳旨,令公草敕,詰趙王。公曰:'事當有實,天地鬼神,其可欺哉?今當以何爲詞。'榮曰:'令逆黨言實與趙謀即是矣,何患無詞。'公曰:'如此能服人心否乎?往見蹇夏,反復言不可狀。'蹇夏曰:'即如公言,當若何?'公曰:'朝廷重尊屬厚待之,有疑則嚴防之,當必無虞,而於國體正矣。'二人曰:'上今特信榮言,不係吾輩可否也?'公復見榮,曰:'太宗皇帝惟三子,今上惟二叔,其有罪者不可恕,無罪者當加厚,庶幾仰慰皇祖之靈。'榮意未解,曰:'汝不草敕,則吾當以聞時。'惟楊溥與公意合,溥曰:'吾二人俱請入見,明其大義。'榮先趨入,公二人繼之,門者不内。俄復召蹇、夏,蹇夏以公言白之。上不懌,而止車駕還京師。意大悟,不復論彰德事。然言者猶喋喋,上皆不聽,特召公曰:'論趙王者日益多,當如何公對?'曰:'今日宗室,惟趙於陛下爲最親,當思保全之,豈可惑群言。'上曰:'吾亦思之,皇考於趙最友愛,且吾惟此一叔,奈何不愛?今思所以保全之道,欲封群言,示之俾自處。'公曰:'更得一璽書諭之尤好。'遂遣廣平侯袁容、都御史劉觀持敕書往諭,且示以衆言。趙王得書,喜曰:'吾生矣。'即獻護衛上表謝恩,而言者頓息。上待趙王日親厚,而薄陳山,竟疏斥之。既久,召公諭曰:'吾待趙叔,不失親親之禮,爾有力焉。'賜公白金文綺楮幣。"

士奇與楊榮應召，議棄交阯，罷兵，歲省軍興巨萬。

王直《少師泰和楊公傳》："二年十月，黎利遣人進前安南陳王嫡孫暠表，乞立爲陳氏後，詞甚懇切，上亦厭兵，欲從之。大臣有言，此黎利之譎，當益發兵誅之；或以爲與之無名，徒示弱於天下。上召公與楊榮謀之，榮曰：'永樂中，費數萬人命得此，至今勞者未息，困者未蘇，因其請而與之便。'公曰：'榮言當從，初求立陳氏後者，太宗皇帝之心。求之未得，乃郡縣其地。十數年來，兵民困於交阯極矣。此皆祖宗之赤子體祖宗之初心，保祖宗之赤子，正陛下盛德，何謂無名？漢棄珠厓，前史以爲美，何謂示弱？臣侍仁宗皇帝久，聖心每憾此事，有意外之慮。願陛下勿疑。'上意遂决。"

按，本事亦見於《本朝分省人物考》卷六十四、《殿閣詞林記》卷一等。

宣德五年(1430)二月，宣宗以四方屢水旱，召士奇議下詔寬恤。當是時，宣宗勵精圖治，士奇等同心輔佐，海内清平。宣宗乃仿古君臣豫游事，每歲首賜百官旬休。車駕亦時幸西苑萬歲山，諸學士皆從，賦詩賡和，從容問民間疾苦。

《明史》卷一百四十八本傳："士奇因請並蠲逋賦薪芻錢，减官田額，理冤滯，汰工役，以廣德意。民大悦。逾二年，帝謂士奇曰：'恤民詔下已久，今更有可恤者乎？'士奇曰：'前詔减官田租，户部征如故。'帝怫然曰：'今首行之，廢格者論如法。'士奇復請撫逃民，察墨吏，舉文學武勇之士，令極刑家子孫皆得仕進。又請廷臣三品以上及二司官，各舉所知，備方面郡守選。皆報可。當是時，帝勵精圖治，士奇等同心輔佐，海内號爲治平。帝乃仿古君臣豫游事，每歲首賜百官旬休。車駕亦時幸西苑萬歲山，諸學士皆從，賦詩賡和，從容問民間疾苦。有所論奏，帝皆虚懷聽納。"

王直《少師泰和楊公傳》:“五年二月,上以四方屢有水旱,欲下寬恤之令,獨召公議之。……公曰:‘百姓積欠薪芻及采買諸物,官府但知督責而民不能輸,官糧額重,民困無聊多有委棄逃徙者,當量與減除。部符坐徵,買辦諸物,不問其地有無,一概促辦,民費價十倍,不能完,唯當於産有處取之,無者勿强也。年來刑獄不清,旱潦恐由於此,宜戒飭法司,敦用平恕,務求實情。四方工匠丁男,皆徵集京師,役於公者無幾,受私役者十六七。身既勞困而妻孥莫顧,未免怨嘆,當命官察治。丁多者免其半,單力者皆免,老病無丁者除其籍,其本非匠誣引爲匠者察實除之。今軍民苦漕運,而倉庾無關防,奸盗相繼,恬不畏法,宜命風憲官巡察。’上稱善,命即書敕,明旦行之,民大感悦。”

春,宣宗奉皇太后謁陵,召英國公張輔、尚書蹇義及士奇、榮、幼孜、溥朝太后於行殿。太后慰勞之。

《明史》卷一百四十八本傳:五年春,帝奉皇太后謁陵。帝又語士奇曰:“太后爲朕言,先帝在青宫,惟卿不憚觸忤,先帝能從,以不敗事。又誨朕,當受直言。”士奇對曰:“此皇太后盛德之言,願陛下念之。”尋敕鴻臚寺,士奇老有疾,趨朝或後,毋論奏。帝嘗微行夜幸士奇宅,士奇倉皇出迎,頓首曰:“陛下奈何以社稷宗廟之身自輕?”帝曰:“朕欲與卿一言,故來耳。”後數日,獲二盗,有异謀。帝召士奇告之故,且曰:“今而後,知卿之愛朕也。”

廖道南《殿閣詞林記》卷一:“五年二月,上御南齋宫,命士奇草寬恤詔,多所裨益。三月清明,上奉皇太后謁陵,士奇扈從。上曰:‘母后爲朕言,先帝在青宫,惟卿言不避忤意,先帝能從,以不敗事。又謂朕當受直言。’士奇對曰:‘此皇太后盛德之言也,願陛下念之。’”

《本朝分省人物考》卷六十四:“六年七月,日既夕,上微行至士奇宅,傳呼范太監來,士奇叩首曰:'陛下奈何以宗廟社稷之身自輕至此? 擾擾塵埃,誰識至尊,若變起,倉卒何以備之? 且天子尊居九重,恩澤未洽幽隱,萬一有冤夫怨婦窺伺竊發,誠不可不慮也。'後果獲盜,如士奇言。上嘆曰:'愛朕莫若卿,朕自今不復微行矣。'"

士奇爲人寬厚,在内閣與榮、溥等同心輔佐,相得甚歡。

《明史》卷一百四十八本傳:"帝之初即位也,内閣臣七人。陳山、張瑛以東宫舊恩入,不稱,出爲他官。黄淮以疾致仕,金幼孜卒。閣中惟士奇、榮、溥三人。榮疏闓果毅,遇事敢爲。數從成祖北征,能知邊將賢否,厄塞險易遠近,敵情順逆。然頗通饋遺,邊將歲時致良馬。帝頗知之,以問士奇。士奇力言:'榮曉暢邊務,臣等不及,不宜以小眚介意。'帝笑曰:'榮嘗短卿及原吉,卿乃爲之地耶?'士奇曰:'願陛下以曲容臣者容榮。'帝意乃解。其後,語稍稍聞,榮以此愧士奇,相得甚歡。帝亦益親厚之,先後所賜珍果牢醴金綺衣幣書器無算。"

陳建《皇明通紀集要》卷十六"己酉宣德四年":"十月,調大學士張瑛、南京禮部尚書陳山專教内豎,俱罷内閣之任。先是,二人俱以從龍舊臣擢服,皆不厭人望,上亦察之。一日,上御左順門,遥望見陳山,因問楊士奇,曰:'汝試言,山何如人?'對曰:'君父有問,不敢不盡,誠以對。山雖侍陛下久,然寡學多欲,而昧於大體,非君子也。'上曰:'然! 前趙王事,幾爲所誤,朕已甚薄之。近聞渠於諸司,日有於求不厭。内閣政本之地,豈可令斯人溷也。'數日,並瑛俱罷内閣之任。"

項篤壽《今獻備遺》卷六:"榮闓疏果毅,遇事當爲奮前不疑,議刑辟片言立决,務歸寬恕。勤職事,盛寒暑及小疾未嘗少怠,於四夷邊徼事及邊將勇怯,靡不通。"

焦竑《熙朝名臣實録》卷十:"上立文華殿,召公屏左右,言:'張瑛嘗言榮畜馬甚富,今察之皆邊將饋榮者。'士奇對曰:'榮屢從文皇北征,興兵馬,以故得接諸將。今内閣臣知邊將才否,阨塞險易遠近,及虜情順逆,唯榮耳。臣等皆遠不及。'上笑曰:'朕初即位,榮數短卿而非義、原吉,卿顧爲榮地邪!'士奇頓首曰:'願陛下以曲容臣者容榮。'"

按,本事亦見《皇明史竊》卷六十六《三楊列傳》。又據《胡(儼)先生墓碑》,建文四年(1402)設内閣,入直者解縉、胡廣、胡儼、楊士奇、黄淮、金幼孜、楊榮,凡七人。

宣德十年(1435),宣宗崩,英宗即位,方九齡,軍國大政關白太皇太后。太后推心任士奇、榮、溥三人,有事遣中使詣閣諮議,然後裁决。

《明史》卷一百四十八本傳:"太后推心任士奇、榮、溥三人,有事遣中使詣閣諮議,然後裁决。三人者,亦自信,侃侃行意。士奇首請練士卒,嚴邊防,設南京參贊機務大臣,分遣文武鎮撫江西、湖廣、河南、山東,罷偵事校尉。又請以次蠲租税,慎刑獄,嚴核百司。皆允行。正統之初,朝政清明,士奇等之力也。三年,宣宗實録成,進少師。四年乞致仕,不允。敕歸省墓,未幾,還。"

何喬遠《名山藏》卷五十九:"英宗初,張太后同上聽政,士奇與楊榮、楊溥並見委任。休養生民,嚴核百司,公卿藩臬,號稱得人,論者謂其才量俱優,王魏之儔也。"

《少師泰和楊公傳》:"今上即位之初,公惓惓以天下爲心,率其同列,首言當整肅軍政,飭邊防,以奠安内外。南京根本之地,雖有襄城伯李隆守備,其老成忠直,如尚書黄福宜令參贊軍務,有事同議而後行,庶幾無闕。湖廣、河南、山東、江西,去年旱灾,人民艱食,慮有嘯聚爲非者,宜委文武大臣各一人往鎮之,事定而歸。……官員冗濫，宜從吏部及内外風憲官考察，近詔寬恤軍民，内外諸司，當體朝廷之意，凡事務從簡省，宜令條奏事，有應省者取自。上裁詔，皆如公等言。”

楊溥《楊公神道碑》："正統初，升少師階光禄大夫。……今上嗣位，公以老成弼亮治化啓沃聖學，力所可爲者，身任之，恒恐不及，常以高年辭，弗許。上憫其情，命還鄉展墓。公以三孤之重還鄉里，謙抑自處如昔。在鄉里時甫數旬，即來京。”

是時，中官王振有寵於英宗，漸預外庭事，導英宗以嚴御下，大臣往往下獄。振亦乘間摭拾三楊之短，并興師征麓川。又明年，太皇太后崩，振勢益盛。廷臣惴恐，士奇亦弗能制。

王直《少師泰和楊公傳》："王振竊權，楊榮已歿，士奇與溥，默默無所，明君子以爲難退晚節。"

羅虞臣《羅司勛集》文集卷六《中官傳》："睿皇時則王振。方振未貴，楊榮、楊溥、楊士奇同時秉政，然議懷私便，内互猜忌，遂迭請告展省。振乃乘間摭拾三楊之短。會僉事廖謨杖死驛丞，有司奏逮治，榮、溥曰：'謨罪當死。'士奇曰：'宜論謨因公律。'士奇與謨同鄉，故解之，争久不决。振間言於上，曰：'三楊皆私，坐死過重。因公過輕，宜對品降調。'帝韙之，因信任振。從此奏白，多裁决於振矣。居亡，何振又發楊榮受宗室賄，請覆案之。榮竟以憂憤死。"

尹守衡《皇明史竊》卷六十六《三楊列傳》："英宗初，皇太后秉政，寵遇無替。正統三年，與西楊並進少師。閹振日伺三楊短行，間皇太后。五年榮歸省墓，振乘榮去，誣榮受宗室賄，榮聞憤懣，還京卒於道。"

黄光昇《昭代典則》卷十五："按，李賢曰：'麓川初叛，適王振操柄，欲逞其忿。楊士奇等議，謂遠夷不足較，且爲耕守計。振不從，與兵部謀，王驥阿振意，遂興兵。驥督東南，兵十五萬，給餉者倍之,窮其巢穴。而思任發不可得,焚寨而還殺,無辜十數萬,且以爲功,封靖遠伯,以次升者萬餘。未幾,寇勢復盛,驥再往起兵如前,東南騷擾,軍民疲弊,殆不可言,復窮其所。"

士奇既耄,子稷傲横,嘗侵暴殺人。言官交章劾稷,朝議不即加法。復有人發稷横虐數十事,遂下之理。英宗恐傷士奇意,降詔慰勉。正統九年(1444)三月卒,年八十。贈太師,謚文貞。

王直《少師泰和楊公傳》:"子稷居鄉,豪横多不法事,士奇不省。正統七年,其縣民入奏,所連引幾千人。士奇自陳無狀,上執稷下錦衣獄,坐逮者三百餘輩。都察院、六科、十三道連章劾士奇。上曰:'士奇日夕左右焉,知稷居鄉所爲?'命守官如故。士奇憂恨卧第,久之。居二年,賜書曰:'卿事我祖宗,嘉謀嘉猷,實惟簡在,暨朕嗣統,沃贊尤多。比者疾違數月,未有勿藥之喜,朕不忘夙夜。'書曰:'天壽平格,知卿未艾也。惟卿子不服家訓,干於國紀,朕用祖宗法拘繫之,卿尚勉圖康復,副朕注望。'其年士奇卒,稷亦死獄中。"

《楊公神道碑》:"又六年,遘疾,上命明醫療之,久不愈,賜璽書寬慰。及賜寶鈔光禄酒饌以資養之,竟不起。時年八十。上深惜之,輟視朝一日,遣禮部尚書胡公諭祭,贈特進光禄大夫左柱國太師,謚文貞。"

初,正統初,士奇言瓦剌漸强,將爲邊患,而邊軍缺馬,恐不能禦,請於附近太僕寺關領,西番貢馬亦悉給之。士奇歿未幾,也先果入寇,有土木之難,識者思其言。

王直《少師泰和楊公傳》:"緣邊將士所以警備非常,其無馬者,宜令於行太僕寺、苑馬寺、關用西番諸處,貢馬有可充邊用者,亦聽留。"

按，土木堡之變，事發明正統十四年(1449)。士奇與瓦剌土木事，亦可參閲夏燮《明通鑑》卷二十三："洪宣三朝，君明臣直，以此侃侃得自行其意。晚值上冲齡踐阼，王振專權，太皇太后雖委之以政，卒不能制。以及於土木之難，論者少之。初士奇言衛喇特漸强，將爲邊患，而邊軍缺馬，恐不能禦，請於附近太僕寺、關領西番貢馬亦悉給之。士奇没，未幾，額森入寇，識者猶思其言。"

又雅善知人，好推轂寒士，所薦達有初未識面者。而于謙、周忱、况鍾之屬，皆用士奇薦，居官至一二十年，廉能冠天下，爲世名臣云。

龍文彬《明會要》卷三《舉賢》："士奇雅善知人，好推轂寒士，所薦達有初未識面者。于謙、周忱、况鍾之屬，皆用士奇薦居，官至一二十年，廉能冠天下。"

次子檟，以蔭補尚寶丞。成化中，進太常少卿，掌司事。

王直《少師泰和楊公傳》："召其次子檟爲尚寶司丞。檟少豪放，後折節向學，能詩賦談論。仕終太常寺少卿。"

按，士奇三子，長稷，次檟、秫。

與楊榮、楊溥合稱"三楊"，號"西楊"。於"三楊"中，最以文學著稱。歷事建文、永樂、洪熙、宣德、正統五朝，對"臺閣體"形成，影響甚鉅。

永瑢等《四庫全書總目》卷一百七十《東里集》提要："明初三楊並稱，而士奇文章特優，制誥碑版，多出其手。仁宗雅好歐陽修文，士奇文亦平正紆餘，得其仿佛，故鄭瑗《井觀瑣言》稱其文典則，無浮泛之病；雜録叙事，極平穩，不費力。後來館閣著作沿爲流派，遂爲七子之口實。"

錢謙益《列朝詩集》乙集卷一《楊少師士奇》:“國初相業稱三楊,公爲之首。其詩文號‘臺閣體’。今所傳《東里詩集》,大都詞氣安閑,首尾停穩,不尚藻辭,不矜麗句,太平宰相之風度,可以想見,以詞章取之則末矣。”

按,士奇一生著述宏富,劉伯涵、朱海點校《東里文集》“前言”述之甚詳,可參閱。

參考文獻:

1. 楊士奇《東里集》,明嘉靖二十九年黄如珪刻本。

2. 楊士奇著,劉伯涵、朱海點校《東里文集》,中華書局1998年版。

3. 廖道南《殿閣詞林記》,明嘉靖間刻本。

4. 過庭訓《本朝分省人物考》,明天啓刻本。

5. 陳建《皇明通紀法傳全録》,明崇禎九年刻本。

6. 尹守衡《皇明史竊》,明崇禎刻本。

7. 何喬遠《名山藏》,福建人民出版社2010年版。

8. 范景文《昭代武功編》,《續修四庫全書》本,上海古籍出版社2002年版。

9. 焦竑《國朝獻徵録》,廣陵書社2013年版。

10. 程敏政《明文衡》,嘉靖六年刻本。

11. 王直《西昌抑庵集》,《明別集叢刊》本,黄山書社2013年版。

(温世亮)

黄淮傳

黄淮，字宗豫，號介庵，温州永嘉（今浙江省温州市）人。生於元至正二十七年（1367）。

《明史》卷一百四十七有傳。另廖道南《殿閣詞林記》卷一、項篤壽《今獻備遺》卷七、雷禮《國朝列卿紀》卷十九、鄧元錫《皇明書》卷十五、尹守衡《明史竊》卷四十一、雷禮《内閣行實》卷一、過庭訓《明分省人物考》卷五十六、鄧球《皇明泳化類編》人物卷五十、查繼佐《罪惟録·列傳》卷二十、傅維鱗《明書》卷一百八十、徐乾學《明史》卷二十四、王鴻緒《明史稿》卷一百三十七、錢謙益《列朝詩集小傳》乙集、陳田《明詩紀事》乙籤卷四等亦有傳。焦竑《國朝獻徵録》卷十二陳敬宗撰《榮禄大夫少保户部尚書兼武英殿大學士謚文簡黄公淮墓誌銘》（以下稱《墓誌銘》）等均記載其事迹。

其生年，陳敬宗《墓誌銘》載其“壽八十有三，以正統十四年六月三日終於正寢”，以此上推，淮生於元至正二十七年（1367）。

其字號、籍貫，陳敬宗《墓誌銘》云：“公諱淮，字崇豫，别號介庵，温之永嘉人。”雷禮《内閣行實》卷一：“字宗豫，浙江温州府永嘉縣人。”《明史》卷一百四十七本傳亦曰“字宗豫”。

按，《墓誌銘》中“字崇豫”，誤。

自幼抱鉅人志，年十二，鄉學師命賦《荷花詩》。十六歲，補邑庠弟子員。

見陳敬宗《墓誌銘》、雷禮《内閣行實》等。

黄淮《黄淮集・省愆集》卷上有《閔志賦》:"緊髫年之向茂兮,即有志於聞道。"

鄧球《皇明泳化類編》(明隆慶刻本)人物卷五十亦:"年十二,鄉人命賦荷花,出奇語。十四游邑庠,作《挑燈杖》詩,人咸异之。"

黄淮《黄淮集・黄文簡公介庵集》卷十《静庵徐先生墓表》:"淮童丱時,受業於先生之門。……時淮年纔十六,亦叨選入邑庠弟子員。"按,淮入邑庠時間應爲十六歲,"鄉學師"恐爲徐垕。

黄淮《静庵徐先生墓表》:"先生諱垕,字宗實,以字行,姓徐氏,其先東海郯人……天資穎悟,勤敏好學。……洪武末,薦登仕版。初任蘇州府通判,用薦升兵部右侍郎,兩持使節,罷而復起,轉尚寶司丞。"

在邑庠,淮與劉朝紳、徐叔鉉交相善。《黄淮集・黄文簡公介庵集》卷三《劉編脩文集後序》:"余童丱時,與靖安教諭徐君叔鉉暨朝紳相繼入邑庠,爲弟子員,年均而志同,氣合而情篤,朝夕聚處,未嘗違離。批經閲史,交相問難,必求至當。每一文之成,轉相傳誦,是是非非,具道其實,切磋琢磨之益,固不少矣。"

洪武三十年(1397),中二甲進士,授中書舍人。

《明史》本傳:"淮舉洪武末進士,授中書舍人。"

雷禮《内閣行實》(明萬曆刻本)卷一:"洪武丁丑舉二甲進士,授中書舍人。"

《黄淮集・黄文簡公介庵集》卷十四有《會試策問二首》,其一:"問:經以載道,删述由於聖人,而垂教於萬世者也……"其二:"問:爲國在於足用,足用在於轉輸。任得其人,則法守有常,而國用恒舒矣……"

建文四年(1402),燕兵渡江,同百官歸順。

見傳維麟《明書》卷一百八十。

夏燮《明通鑑》卷十三:"(建文四年六月丙寅,)時文臣叩馬首迎附,知名者:吏部侍郎蹇義,户部侍郎夏原吉,侍中劉儁,侍郎古樸、劉季篪,大理寺少卿薛岩,侍講王景,修撰胡廣、李貫,編修吴溥、楊榮、楊溥,侍書黄淮、芮善,待詔解縉,給事中胡濙、金幼孜,兵部郎中方賓,刑部員外宋禮,國子助教王達、鄒緝,吴府審理副楊士奇等。"

成祖即位(1403),召對稱旨,命與解縉常立御榻左,備顧問,論議密務。入直文淵閣,擢翰林院編修,轉侍讀。與解縉等奉敕撰《古今列女傳》。

見傳維麟《明書》卷一百八十。

王直《西昌王抑庵集》卷三十七《少師泰和楊公傳》:"太宗皇帝即位,遂擢爲編修。時方開内閣於東角門内,命解縉、黄淮、胡廣、胡儼、楊榮、金幼孜及公七人處其中,典機密。"

夏燮《明通鑑》卷十三:"八月壬子(初一),命侍讀謝縉、編修黄淮入直文淵閣,並預機務。縉首迎附,召對稱旨,命與淮常立御榻左,備顧問,或至夜分,上就寢,猶賜坐榻前,語以機密重務。内閣預機務自此始。"

《古今列女傳》(南京國子監刻本)卷首朱棣《古今列女傳御製序》:"朕自少時伏睹皇考修身齊家,皇妣輔治同德,訓飭整齊,委曲詳盡,古人之遺意復見於今日。皇妣每聽女史讀書至《列女傳》,謂'宜加討論,删定爲書,永作世範'。請於皇考,命儒臣考正有緒。未就,皇妣違榮,皇考每嘆息悲傷,其意竟未及成書。永樂元年六月,朕既上册寶……纂成實録,宫壼復申皇妣之意,朕不敢違,乃命儒臣編次古今后妃、諸侯大夫士庶妻之事,分爲三卷,頒之六宫,行之天下,俾爲師氏知所以教而閨門知所以學,庶修身者不至以家自累,而内外有以相成。全體經綸之功,大復虞周之盛,以知天地之化,衍《關雎》《麟趾》之風。朕於是書實有望焉,永樂元年九月朔旦序。”

《四庫全書總目》卷五十八《古今列女傳》提要:“先是,明洪武中,孝慈高皇后每聽女史讀書,至《列女傳》,謂宜加討論,因請太祖命儒臣考訂,未就。永樂元年,成祖既追上高皇后尊謚册寶,仁孝皇后因復以此書爲言,遂命縉及黄淮、胡廣、胡儼、楊榮、金幼孜、楊士奇、王洪、蔣驥、沈度等同加編輯。書成上進,帝自製序文,刊印頒行。上卷皆歷代后妃,中卷諸侯大夫妻,下卷士庶人妻。時仁孝皇后又作《貞烈事實》,以闡幽顯微,頗留意於風教。故諸臣編輯是書,稍爲經意,不似《五經四書大全》之潦草。所録事迹,起自有虞,迄於元明。漢以前多本之劉向書,後代則略取各史《列女傳》,而以明初人附益之。去取頗見審慎,蓋在明代官書之中猶爲善本。此本爲秀水項元汴家所藏,猶明内府初刊之版。黄虞稷《千頃堂書目》稱此書成於永樂元年十二月。今考成祖御製《序》,實題‘九月朔旦’,知虞稷未見原書,僅據傳聞著録矣。”

永樂二年(1404),命同解縉考試天下士,得曾棨等四百七十二人。

事見廖道南《殿閣詞林記》卷一《武英殿大學士黄淮》。

《黄淮集·黄文簡公介庵集》卷三《會試録後序》:“永樂二年,時當大比,就試之士沐維新之化,率皆奮勵激昂,期以自效。有司拔其尤者四百七十二人。”

王世貞《弇山堂别集》(中華書局1985年版)卷八十一:“永樂二年甲申會試,命侍讀學士解縉、侍讀黄淮爲考試官,取禮樂制度爲問，欲以求博洽之士。”

談遷《國榷》（浙江古籍出版社 2012 年版）卷九：“永樂二年三月壬寅朔，策貢士楊相等四百七十二人於奉天殿，賜曾棨、周述、周孟簡等進士及第，出身有差。”

四年（1406）八月朔，承旨賦《白象詩》，一時立就，拔爲第二。

《黄淮集·黄文簡公介庵集》卷一《白象詩》序：“永樂四年八月朔，承旨集翰林儒臣及脩書秀才千餘人於奉天門丹墀内同賦，各給筆札，一時立就。擢右庶子胡廣爲第一，淮爲第二，有羅紗之賜。”詩云：“聖皇繼統臨萬國，禮樂修明洽文德。三辰順軌風雨時，民物熙熙躋壽域。薰蒸洋溢和氣充，休祥沓至昭神功。靈龜玉秀出圻甸，騶虞獻自周王封。惟兹白象應可匹，燦燦瑶光孕奇質。……白象於今樂靈囿，行看彩鳳鳴梧桐。小臣叨備詞林職，愧乏長才紀成績。載歌忝效封人祝，永作皇家萬年曆。”

焦竑《玉堂叢語》（顧思點校，中華書局 1981 年版）卷之三《寵遇》：“永樂四年八月，集翰林儒臣及脩書秀才十數人於丹墀内，同賦《白象詩》。擢右庶子胡廣爲第一，王涯爲第二，餘賞賚有差。”

黄景昉《國史唯疑》（國家圖書館藏清鈔本）卷二：“永樂四年，集儒臣及脩書秀才數十人於丹墀内，同賦《白象詩》。”

按，賦詩人數“十數人”“數十人”皆誤，第二名“王涯”亦誤。

另，其他應制賦詩者，有胡廣《胡文穆公文集》卷四《應制賦白象歌》、金實《覺非齋文集》（明成化元年唐瑜刻本）卷八《白象詩一十韵應制作》、楊士奇《東里文集》卷二十四《白象賦應制》、楊榮《楊文敏公集》卷一《白象歌》、王洪《毅齋集》卷一《瑞象賦》等。

五年（1407），解縉黜，淮進右春坊大學士，兼侍讀，進講東宫。復敕兼輔導皇太孫。

事見《明史》本傳、《殿閣詞林記》卷一《武英殿大學士黄淮》。

陳敬宗《墓誌銘》:"上欲立東宫,密預問公,公曰:'立嫡以長,萬世王法。'上意遂决。三月,册立皇太子,命公爲左春坊左庶子,兼侍讀,賜袍笏,寵眷日隆。丁亥,升右春坊大學士,仍兼侍讀,進講東宫,啓沃良多,復敕兼輔導皇太孫。"

按,據《明史》本傳,淮在永樂六年與胡廣、金幼孜、楊榮、楊士奇同輔導太孫。

七年(1509),成祖北巡,命淮與蹇義、金忠、楊士奇輔皇太子監國,賦詩送别扈從臣僚。

事見《明史》本傳。

梁潛《泊庵先生文集》卷七《扈蹕集序》:"永樂七年二月,皇上巡幸北京。於時翰林侍講曾君子棨與二三近臣,以文學得預扈從。"

《黄淮集·黄文簡公介庵集》卷一《送翰林諸公扈從北京分得月字韵》:"聖皇承大統,海宇久寧謐。光華焕文章,德澤被民物。……民瘼重諮詢,時巡憲前哲。先期戒有司,玉音布綸綍。簡閲扈從臣,左右皆俊傑。彼美瀛洲仙,才華更超越。宏辭錦綉張,雅操冰玉潔。眷遇極寵榮,論議多剴切。豈惟璉瑚器,俱抱經濟術。幸兹際嘉會,承命諒無忽。奮迅天池鯤,九萬纔一擊。春風玉堂署,開筵餞離别。……"

九年(1411)冬十月,奉命重修《明太祖實録》。

《明太宗實録》卷一百二十"永樂九年冬十月乙巳(十七日)":"命重修《太祖高皇帝實録》。上即位之初,命曹國公李景隆等監修,而景隆等心術不正,又成於急促,未極精詳。上巡幸至北京之初,命翰林學士胡廣等重修。至是,命太子少師姚廣孝、户部尚書夏原吉爲監修官,翰林院學士兼左春坊大學士胡廣、國子祭酒兼翰林院侍講胡儼、右春坊大學士兼翰林院侍讀黄淮、右春坊右庶子兼翰林院侍講楊榮爲總裁官,左春坊左諭德兼翰林院侍講楊士奇、金幼孜等爲纂修官,皆賜敕勉勵。”

按,據謝貴安《明實録研究》(上海古籍出版社 2013 年版),《太祖實録》分建文初修、朱棣再修、朱棣三修三次。此爲《實録》第三次編修。

十二年(1414),遭漢王高煦誣陷,逮詔獄凡十年,日賦詩自遣,有《省愆集》《自省録》諸作。

事見《明史》本傳。

《殿閣詞林記》卷一《武英殿大學士黄淮》:“十二年,高煦隨侍北征,潜蓄异志,譖淮尤力,值進表行在稍滯,上怒,逮繫詔獄,凡十年。淮在狴犴,惟賦詩引咎,名曰《省愆集》,又即人情物變寓之於情,名曰《自省録》。”

《明史》楊溥、楊士奇本傳亦有記載。

黄淮《省愆集序》:“惟我太宗文皇帝莅阼之初,誕興文治,規致太平,慎簡儒臣,設内閣以處之,俾職論思,典内外制,參預機要,而臣淮猥以末學忝與列焉。永樂己丑,車駕巡狩北京,今上皇帝居春宫監國,臣淮偕二三輔臣承朝命,俾侍左右。癸巳再巡狩,亦如之。受命兢惕,不遑夙夜,誓竭駑鈍,圖惟報稱。然而質素愚戇,以故處事乖方,有不副上意旨者。明年秋,逮詣北京,自分當被顯辟,乃復蒙恩矜恤,但寘之獄,俾自省過,一何幸也! 在獄逾十年,懲艾之餘,他無所事,凡觸於目而感於心者,一皆形於詩。甲辰秋,伏遇今上皇帝即位,覃恩肆赦,臣淮獲全喘息,復從諸大夫後。退食之暇,紬繹腹稿,得詩賦辭曲合若干篇,彙次成帙,名之曰《省愆集》,志不忘也。”

《黄淮集·省愆集》卷上《自訟二首甲午秋初入獄賦》亦云:"地位天光近,君恩海水深。竟無經濟略,空負聖明心。中歲時同棄,南冠雪漸侵。沉思時引咎,深愧玷儒林。""寡識蠡窺海,疲才蹇曳輪。臨深惟恐懼,撫己益酸辛。聖治乾坤大,仁恩雨露春。自新如有路,指日聽絲綸。"

仁宗嗣位(1424),遷通政使兼武英殿大學士,仍典機要。明年,加少保户部尚書,仍兼大學士職階,榮禄大夫。

事見《明史》本傳、《殿閣詞林記》卷一等。

《明仁宗實録》卷一下"永樂二十二年八月乙未":"升文淵閣大學士兼翰林院學士楊榮爲太常寺卿,金幼孜爲户部右侍郎,俱仍兼前職。左春坊大學士楊士奇爲禮部左侍郎兼華蓋大學士。升前右春坊大學士兼翰林院侍讀黄淮爲通政使司通政使兼武英殿大學士。榮、幼孜、士奇、淮,俱掌内制,不預所升職務。"

《明仁宗實録》卷六上"洪熙元年正月丙子":"升通政使兼武英殿大學士黄淮爲少保户部尚書,仍兼武英殿大學士。"

宣德元年(1426),奉敕編修《明太宗實録》《明仁宗實録》。

《明仁宗實録》卷十"洪熙元年五月癸酉(初四)":"敕行在禮部、行在翰林院修太宗體天弘道高明廣運聖武神功純仁至孝文皇帝實録,敕曰:'恭惟皇考太宗文皇帝以元聖大德,順天應人,君臨萬邦,爲臣民之主者二十有三年……仰惟實録未有成書,卿等咸逮事先朝,職典斯事,往集賢俊,博稽簡書,協恭纂修,務盡精懇,用宣昭我皇考盛德大業,華覆被於無窮。其以太師英國公張輔、少師兼吏部尚書蹇義、少保兼太子少傅户部尚書夏原吉爲監修,少傅兵部尚書兼華蓋殿大學士楊士奇、少保户部尚書兼武英殿大學士黄淮、太子少傅工部尚書兼謹身殿大學士楊榮、太子少保禮部尚書兼武英殿大學士金幼孜、太常寺卿兼翰林院學士楊溥爲總裁。所有合行事宜,條列以聞。'"

《明宣宗實録》卷五"洪熙元年閏七月乙巳"條:"纂修《仁宗昭皇帝實録》……爾禮部悉恭依修皇祖《太宗文皇帝實録》事例,通行中外,輯采事實,送翰林院編纂《實録》。其以太師英國公張輔、太子太保成山侯王通、少師兼吏部尚書蹇義、少保兼太子少傅户部尚書夏原吉爲監修;少傅兵部尚書兼華蓋殿大學士楊士奇、少保户部尚書兼武英殿大學士黄淮、太子少傅工部尚書兼謹身殿大學士楊榮、太子少保禮部尚書兼武英殿大學士金幼孜、太常寺卿兼翰林院學士楊溥爲總裁。"

按,謝貴安《明實録研究》第四章第二節《〈太宗實録〉〈仁宗實録〉的並行修纂》云,《太宗實録》纂修一月後,仁宗駕崩。宣宗即位,不得不將《太宗實録》《仁宗實録》一并修纂,纂修人員保持不變。

宣德二年(1427)八月,以病乞養歸里,同官卿大夫賦詩相送。

《明宣宗實録》卷三十"宣德二年八月甲子"條:"少保、户部尚書兼武英殿大學士黄淮以疾求退,上疏曰……上覽奏惻然,顧謂少傅楊士奇、太子少傅楊榮、太子少保金幼孜曰:'淮與卿等同事皇祖、皇考,今三十年,勤勞多矣。而其疾若此,固留之,則情有不可,宜令暫還家養疾。若稍平復,即當復來。卿等以朕意諭之。'遂遣中官賜鈔萬貫。"

按,當時相送者作品有楊榮《送少保黄先生還永嘉詩》、潘文奎《送少保黄公賜告還歸序》、余學夔《送黄少保淮謝病歸永嘉》、楊溥《送黄宗豫》、楊士奇《送少保黄公歸永嘉詩序》、王英《送少保黄先生還永嘉詩》、王直《送少保黄先生還永嘉詩》、黄振宗《送少保黄先生還永嘉詩》、金幼孜《送少保黄先生還永嘉詩》、王紱《送大學士黄静庵先生歸永嘉》等。

黄淮於是年冬,已歸居鄉里。《黄淮集·黄文簡公介庵集》卷十二《存齋處士蔡君玄丌墓誌銘》云:“宣德丁未冬,余移疾退伏田里。”

七年(1432),赴闕謝恩,俯留累月,承賜游西苑等勝景,賦詩紀之。

《黄淮集·黄文簡公介庵集》卷十四《御製恩賜詩贊》序:“宣德壬子冬,臣淮謹以謝恩詣闕,錫宴内閣,俯留累月。賜游西苑,憫臣疲弱,許乘肩輿,循太液池,遍覽勝麗,宴於萬歲山麓,至榮至幸,誠出非常。陛辭之次,重蒙親灑宸翰,製爲詩歌,獎諭隆厚。焕乎若杲日之照臨,鬱乎若卿雲之垂蔭。副以織金紗衣,俾之被服,以爲鄉邦之光。”

卷十四《賜游西苑詩》序:“臣淮謹以謝恩詣闕,首蒙賜宴内閣,禮成奉辭,過承寵眷,賜留月餘,光禄時頒廪餼。四月二十六日,欽奉敕旨,命太監臣誠導臣游覽西苑,仍命成國公臣勇等十有四人偕往。又蒙特恩,憫臣疲弱,許乘肩輿,勇等乘馬,徑至白玉橋。捨輿馬,徒步先詣南圓殿,是爲皇上祗奉皇太后之所。伏見聖誠純孝,亘古莫倫,臣等拜稽感悦,讙呼萬歲。……遂循翠嶺盤桓而上,歷仁賀、介福、延和諸殿,金露、玉虹、方壺、瀛洲四亭,直造廣寒,置身於層霄之上。周覽圻甸,獲睹太平繁華之盛。於是下宴山趾緑陰之中,酒頒法醖,果饌皆出天厨之珍。竊臣淮一介儒生,叨逢隆遇,兹者復蒙寵以非常之恩,天高地厚,莫罄名言。自愧才庸質懦,不能補報涓埃,輒效《康衢》之謡,撰述近體五章,祝聖壽於萬萬年。”

黄佐《翰林記》(清南海伍氏《嶺南遺書》刊本)卷十六《賜游觀》:“八年四月二十六日,上以時清氣和,特命勛舊輔導文學之臣游西苑。翰林惟少傅楊士奇、楊榮,少詹事王英、王直,侍讀學士李時勉、錢習禮。時少保黄淮來自退休,與焉。自成國公朱勇而下,凡十五人。敕中官導自西安門入,聽乘輿馬,及太液池而步,遂得同覽奇勝。"

按,《黄淮集·黄文簡公介庵集》卷十四有《宣德壬子入覲,賜留屢月,扈從幸南海子,閲海東青,應制賦五言排律一首》《賜游北京西湖觀荷花仍游西山新寺進律詩三首》《賜游太液池觀荷進律詩二首》等詩。

九年(1434)春,再度入京覲見。五月,偕金問、黄養正等人游洞陽宫,賦詩唱和。

《黄淮集·黄文簡公介庵集》卷十五《游洞陽宫倡和詩序》:"宣德九年春,淮以慶賀天壽聖節詣闕,荷蒙恩眷,賜留累月,館於翰林朝房。日入侍朝,退處一室。佔畢之餘,他無所事,亦無所往。鄉之同姓禮部祠祭郎中養正過而謂曰:'城東北隅有觀曰洞陽,地遠而深僻。雖與閭閻連壤而市囂不接於耳,主觀事至靈邵以正,文而有禮,盍往游焉?'余聞之躍然而喜,若弩之發機、水之决防,興不可遏。於是以端陽前一日,拉取翰林脩撰金公耻庵、桂坊庶子沈君簡庵、秀才張助、郭縉携琴而往,愚子采亦從行。約行六七里許,抵洞陽之三門。以正率羽士出迎……日當午,以正設酒饌勸客,觴酌數行,酒酣,耻庵、簡庵即席賦詩,余和之,養正亦和。而耻庵、簡庵復交和焉。未及寫,日西夕矣,遂乘輿策馬以歸。又明日,以正率其徒姚可弘謁余及在席諸友,求録所作,以爲後會張本。"

按,金問,字公疏,别號耻庵,吴縣(今江蘇蘇州)人;沈粲,字民望,自號簡庵,華亭(今上海松江)人;黄采,字以載,號大羅山人,黄淮仲子。郭縉,郭文通嗣子,宫廷畫家。張助,不可考。

按,黄淮撰《游洞陽觀和詩四首》,其中《和金脩撰韵》二首、《和沈庶子韵》二首。

英宗即位(1435),入京覲見。五月歸里,楊士奇以詞相送。

事見《明史》本傳。楊士奇〔水龍吟〕《壽黄學士》(《全明詞補編》,周明初、葉曄補編,浙江大學出版社2007年版)序:"去歲五月四日,曾作〔水龍吟〕詞爲壽,適是日館中却客不及獻。念此別重會未期,輒寫奉呈,就當折柳也。"詞有"内閣當年,七人同事,四人今在,一人千里外。還留鼎足,歡相對,須拚醉"之句。

按,内閣七人,指黄淮、解縉、楊士奇、胡廣、金幼孜、楊榮、胡儼。"四人今在"指黄淮、楊士奇、楊榮、胡儼。

黄淮《黄淮集·黄文簡公介庵集》卷十四《次韵》有序云:"淮啓行之日,適逢初度。荷蒙少傅公楊東里尊先生舉去歲所成〔水龍吟〕一闋,録示就當折柳。感佩之情重於山嶽,依韵綴緝,聊申鄙懷,語不成章,伏祈改教。"詞云:"雪花漸覺盈頭,自慚荏苒稀年届。椿萱日遠,情深悲痛,何心歡會?去歲兹辰,曾孤臺眷,新詞還在。朵雲來望外,温然恍與,芝眉對,心先醉。　　堪羡英資清介,看一片、丹心無改。受知列聖,持鈞秉軸,何慚何愧。社稷匡扶,陰陽燮理,甘霖霑灑。願先生壽過,彭籛八百,作皇家瑞。"

按,楊思堯、楊汝敬編《太師楊文貞公年譜》記載,楊士奇於建文三年入京,修書翰林院,殆有可能此時與淮相識,交情甚深。

《黄淮集·黄文簡公介庵集》卷十三《祭少師東里楊公文》:"然而公之於我也,道義交情,終始無違,苟不托之於觚翰,曷以致夫感仰之私?淮自筮仕以來,五十年於兹升沉,榮辱與時推移。厥初承乏,職兼兩制,僚友之中,公尤我知。情之相孚,堅如膠漆;事之可否,信若蓍龜。逮夫鑾輿北狩,青宫監國,慎簡宫僚以勵翼,惟我與公而相依。异體同心,合轍並趨。獻可替否,一出於正。竭謀殫慮,靡憚勞劬。晉錫便蕃,光昭倫輩。百責所萃,曾莫敢支。夫何人事之錯迕,豈料灾禍之薦罹?公方入對明廷,旋復釋還故職;我則拘幽圜土，一滯十稔有奇。常承憫惻之念，屢餽藥食之資。詷我音耗，撫我痴兒，綢繆懇悃，久而不衰。忽沾湛恩之汪濊，聿起涸轍之枯魚。復聯裾而接佩，同振迅於亨衢。何予孽之未殄，遽攖患而遄歸。莫致寸忱之報，空馳尺素之書。俄聞凶問，欻然遠至，使予拊肩躑躅，北望而呼號，沾衣被面，灑涕泪之漣洏。嗚呼哀哉！”楊士奇卒後，淮亦有《贈少傅子將楊先生挽章》(《黄文簡公介庵集》卷十四)。

正統十四年(1449)六月卒，年八十三，謚文簡，贈太保。

見陳敬宗《墓誌銘》。

項篤壽《今獻備遺》(明萬曆年間刻本)卷七：“正統十四年卒，年八十三，謚文簡。”

淮入主臺閣數十年，論詩主性情，氣、才、學兼具，關乎世教；倡言文爲載道之器。

《黄淮集·黄文簡公介庵集》卷十五《清華集序》：“詩原夫本心之正，而充之以氣，資之以學，濟之以才，斯可謂之能賦者矣。蓋氣昌則辭達而不萎薾，學贍則事核而不虚浮，才敏則措辭命意無所留礙，奮迅激昂，開闔變化，舉不出乎規矩之外，庶足以發吾心之所藴，播之當時，垂諸後世，而爲輿論之同歸也。”

《黄淮集·黄文簡公介庵集》卷十五《遁世遺音序》：“《詩》關乎世教，其來尚矣。孔子删定《三百篇》，以及太師所采，上自宗廟朝廷之雅頌，下至里巷之歌謡，所以扶起植綱常，淑正人心，裨益理道，其致一也。去古既遠，風俗日漓，《詩》之爲教，愈趨愈下，甚至以之爲談笑諧謔、流連光景之具，間有傑然而出，力以追復古道爲事，雖音節時有不同，其於世教無所戾者，篇什所傳，歷歷可考也。”又，同卷《安分齋集序》：“夫文爲載道之器，道即誠而已，文而不誠，則與道相戾,奚取哉?”

著述甚豐,有《省愆集》《介庵集》《歸田稿》等。與楊士奇編《歷代名臣奏議》,采摭賅備,亦古今奏議之淵海也。

《四庫全書總目》卷一百七十五《黄介庵集》提要:“《黄介庵集》十一卷(浙江汪啓淑家藏本),明黄淮撰。淮有《省愆集》已著録。案《千頃堂書目》載淮所著有《介庵集》《歸田稿》均不著卷數。此本總名《介庵集》,而分《退直》《入覲》《歸田》三稿,疑黄虞稷未見此本,但據傳聞加載入也。據目録,本十二卷,今第七卷已佚,故以十一卷著録焉。”

《温州經籍志》卷二十五:“案,《黄文簡介庵集》,世間流傳絶少。焦氏《國史經籍志》五、《明史·藝文志》四所著録者,並止《省愆》一集。朱錫鬯、黄俞邰,廣搜明代别集,而《明詩綜》十七及《千頃堂書目》十八所紀《文簡集》,並以《介庵集》《歸田稿》並列,知亦未見其書。同治辛未,余以應試入都,假得翰林院所儲明刻小字本,驗其册面印記,即乾隆三十八年浙江巡撫三寶所進汪啓淑家藏本也。既迻録其副,復精勘一過。乃知明刻本十五卷缺第四至十四卷。進本經書賈移易竄改,以十四卷爲第四卷,十五卷爲第五卷,十三卷爲第六卷。又撤去前後叙跋及所缺四卷之目,以泯其迹。故《四庫提要》遂以十一卷著録,而以爲僅缺第十一卷。幸其每卷魚尾下所記卷第,及目録葉數,尚未盡改,重爲排比,尚可見明槧本舊式也。印本每卷首行題‘黄文簡公介庵集’,其刊刻當在文簡卒後。叙跋既亡,今亦無從考核。卷一至卷三爲《退直稿》,皆永樂間在都所作;卷八至十三爲《歸田稿》,皆宣德六年以疾乞休以後所作;卷十四至十五爲《入覲稿》,則宣德壬子文簡父性卒賜葬,詣闕謝時所作。《明史》本傳載:時值燈時,賜游西苑,詔乘肩輿登萬歲山,比辭歸,餞之太液池。此集卷十四有《賜游西苑詩序》,記其事甚詳。又有《賜游太液池》《觀荷詩》二首,即辭歸賜餞時所作,足與本傳互證。至永樂十二年,文簡以漢王高煦譖,繫獄十年。其間所作詩詞,則别爲《省愆集》,故不入此三稿。其所缺四卷,目録亡失,其仍爲《退直稿》,抑已爲《歸田稿》,未能臆定也。文簡詩文,和平雅正,不愧王元美所謂'臺閣體'者。惟取材稍隘,故其文數首以後,詞旨每多重複。較之《東里》諸集,蓋稍亞焉。"

《黄群集》卷六《〈介庵集〉跋》:"余少即聞遠祖文簡公著有《介庵》《省愆》諸集及《自省録》諸書,博訪久之,而未有得。……前聞瑞安玉海樓有影鈔《介庵集》,清翰林院本,又有《省愆集》明槧本,因假鈔得之。而《自省録》仍付闕如。《介庵集》分十五卷,内缺四卷,與《四庫存目》卷數不符。《温州經籍志》既已辨之,竊意介庵初刊,不并《歸田稿》在内,陳敬宗《文簡墓誌》《介庵集》《歸田稿》並舉,是其切證。然自永樂甲辰八月復官以後,宣德丁未八月致仕以前,所著之稿,固應統在《介庵集》中,迨後人并入《歸田》《入覲》兩稿,而佚其中四卷。未審此四卷中,皆係甲辰、丁未間諸作,抑或并《省愆》《自省》諸著在内,均無可考。今《省愆》仍别爲集,而集中所缺卷數如仍照原編,卷三以後徑接卷八,驟閲者不無駭然,故今改編卷八爲卷四,其卷九至十五以次改作卷五至十一,而附注其原卷數於每卷之下,以存其舊,亦兩得也。是書孫仲容先生已精勘一過,展轉傳鈔,魯魚亥豕仍復不少,群托先生從孫縯萬取原影本重校之,群復自加審正,並於文簡同時鄉人及朝列往來名字爵里有可考見者,略加注記,以資省覽。今編三輯,遂付印行,所有注記亦附不删,以雖多挂漏而尚足供參考也。……民國二十年六月,黄群記。"

《(光緒)永嘉縣志》(光緒八年刻本)卷三十《藝文志六》:"《省愆詞》一卷,明黄淮撰。案,《省愆詞》,陳敬宗《黄文簡墓誌》未載,而明刊《省愆集》末附詞二十四闋。高氏《百川書志》所載,疑即由集内析出著録,非真有單行刊本也。然《明志》及黄《目》並相沿著録。今姑存之,用備考核。”

趙尊岳《惜陰堂彙刻明詞》亦云:“《省愆詞》一卷,明刊集本,則附詞二十四闋。蓋詞集固嘗以合行者矣。仁和丁氏舊藏《省愆集》,後歸盋山書藏,余飭胥録詞,僅得十闋,恐有脱落,惜無從得他本爲補足也。”

《四庫全書總目》卷五十五《歷代名臣奏議》提要云:“《歷代名臣奏議》三百五十卷,兩淮鹽政采進本,明永樂十四年黄淮、楊士奇等奉敕編。自商、周以迄宋、元,分六十四門。名目未免太繁,區分往往失當。又如文王、周公、太公、孔子、管仲、晏嬰、鮑叔、慶鄭、宫之奇、師曠、麥丘邑人諸言,皆一時答問之語,悉目之爲奏議,則《尚書》颺言,何一不可采入,亦殊踳駁失倫。然自漢以後,收羅大備。凡歷代典制沿革之由、政治得失之故,實可與《通鑒》、‘三通’互相考證。當時書成,刊印僅數百本,頒諸學宫,而藏版禁中,世頗希有。崇禎間,太倉張溥始刻一節録之本。其《序》自言生長三十年,未嘗一見其書。最後乃得太原藏本,爲删節重刊,卷目均依其舊。所不同者此本有《慎刑》一門,張本無之。張本有《漕運》一門,此本無之。不知爲溥所改移,爲傳本互异。然溥所去取,頗乏鑒裁,至唐、宋以後之文盡遭割裂,幾於續鳧斷鶴,全失其真。此本爲永樂時頒行原書,猶稱完善。雖義例蕪雜,而采摭賅備,固亦古今奏議之淵海也。”

據《明通鑑》卷十六云:“(永樂十四年)初,上在北京,以璽書諭皇太子,命翰林儒臣編輯《歷代名臣奏議》。壬申(十五日),書成,上之。上諭侍臣曰:‘致治之道,千古一揆。君能納善言,臣能盡忠無隱,天下何患不治!’遂命刊布,賜皇太子、皇太孫及諸大臣。”

鄭曉《今言》(明嘉靖四十五刻本)卷二:"《歷代名臣奏議》,成祖敕纂之書也。永樂丙申十二月成,進覽刊布。先是,上以璽書諭太子,令翰林儒臣采古名臣,如張良對漢高、鄧禹對光武、諸葛孔明對昭烈,董、賈、劉向、谷永、陸贄奏疏之類彙録,以便觀覽云。今此書無序,亦無監纂、編纂官職名。是時西楊在南京佐太子監國,正危疑之際也。"

李希聖《雁影齋題跋》(上海古籍出版社 2019 年版)卷一:"《歷代名臣奏議》三百五十卷,明永樂本。書成於永樂丙申十二月,刷印僅數百本,頒諸學宫,而藏板禁中,故傳本極少。以張天如之博覽,自言生長三十年未嘗一見,最後乃得太原藏本。是此書在明末已稀如星鳳,况今日乎? 今通行本即張天如删節重刊之本也。此係足本,惟當時乃奉敕編撰之書,故古今奏議幾於搜采無遺,何以卷首無序,亦無監纂、編纂官職名,殊不可解。考鄭端簡曉《今言》,知是時西楊士奇在南京佐太子監國,正危疑之際。蓋此書本以璽書諭太子,令翰林儒臣編撰故也。"

按,此書編纂時間不詳,淮於永樂十二年(1414)入獄,或在入獄之前已參編。

其詩得性情之正,文章舂容安雅,亦與三楊體格略同。

黄淮《省愆集序》:"然而篇什所載,或追想平昔見聞,以鋪張朝廷盛美;或懷恩戀闕,以致願報之私;或顧望咨嗟,以興庭闈之念。至於逢時遇景,遣興怡神,一皆出於至情,蓋亦不可廢也。"

楊榮《楊文敏公集》卷十一《省愆集序》:"君子之於詩,貴適性情之正而已。蓋人生穹壤間,喜愉憂鬱,安佚困窮,其事非一也。凡有感於其中,往往於詩焉發之。苟非出於性情之正,其得謂之善於詩者哉? 觀予友少保、户部尚書兼武英殿大學士黄公宗豫《省愆集》之作,其殆所謂吟咏性情而得其正者歟?"

《四庫全書總目》卷一百七十《省衍集》提要:"《省愆集》二卷,江西巡撫采進本,明黄淮撰。……其文章春容安雅,亦與三楊體格略同。此集乃其繫獄時所作,故以"省愆"爲名。當患難幽憂之日,而和平温厚,無所怨尤,可謂不失風人之旨,故特存之,以見其著作之梗概。"

王世貞《藝苑卮言》卷五:"文章之最達者,則無過宋文憲濂、楊文貞士奇、李文正東陽、王文成守仁。……楊尚法,源出歐陽公,以簡淡和易爲主,而令充拓之功,至今貴之,曰'臺閣體'。……胡光大、楊勉仁、金幼孜、黄宗豫、曾子啓、王行儉諸公,皆廬陵之羽翼。"

參考文獻:

1. 黄淮著,湯志波、王子怡點校《黄淮集》,浙江古籍出版社 2023 年版。

2. 廖道南《殿閣詞林記》,明嘉靖刻本。

3. 傅維鱗《明書》,清康熙三十四年刻本。

4.《明實録》,"中央研究院"歷史語言研究所 1962 年校印本。

5. 張廷玉等撰《明史》,中華書局 1974 年版。

6. 夏燮撰、沈仲九標點《明通鑑》,中華書局 2014 年版。

7. 焦竑《國朝獻徵録》,上海書店出版社 2022 年版。

8. 楊榮《楊文敏公集》,明正德十年刻本。

9. 王直《西昌王抑庵集》,清同治六年王啓鑠重刻本。

10. 梁潛《泊庵先生文集》,清刻泰和三梁文集同治修補本。

11. 黄群撰、盧禮陽輯《黄群集》,上海社會科學院出版社

2003年版。

12. 王世貞著、羅仲鼎校注《藝苑卮言校注》，齊魯書社1992年版。

13. 孫贻讓撰、潘猛補校補《温州經籍志》，中華書局2011年版。

14. 謝貴安《明實録研究》，上海古籍出版社2013年版。

（汪孔豐）

金幼孜傳

金幼孜，名善，以字行，新淦（今江西省新干縣）人。生於元至正二十八年（1368）。

金幼孜，《本朝分省人物考》卷六十二、《名山藏》卷五十八、《國朝獻徵録》卷十二、李贄《續藏書》卷十、廖道南《殿閣詞林記》卷一、查繼佐《罪惟録·列傳》卷二十、張廷玉《明史》卷一百四十七等有傳。

按，金幼孜之字號，楊士奇《東里文集》卷二十《太子少保禮部尚書兼武英殿大學士贈榮禄大夫少保謚文靖金公墓誌銘》（以下稱《金公墓誌銘》）："公諱善，字幼孜，以字行。"據查繼佐《罪惟録·列傳》卷二十"金幼孜，原名善，退庵"，退庵當爲其號。

又，幼孜籍里、家世，楊士奇《東里續集》卷四十三《雪崖先生傳》："雪崖先生，臨江新淦人，姓金氏，諱固，字守正，雪崖其號也。家世業儒。四歲，母口授五言詩輒能成誦。稍長出就外傅，日誦數百言，緣文求義，通其大要。習聲律、課詩，援筆立就，未嘗經意，而語皆不凡。……長子幼孜……"

又楊榮《文敏集》卷十七《故資善大夫太子少保禮部尚書兼武英殿大學士贈榮禄大夫少保謚文靖金公神道碑銘》（以下稱《金公神道碑銘》）："世居臨江新淦之厚聚，宋時有諱清者遷洪坑，至十五祖諱某者，復自洪坑徙培山，遂家焉。曾祖德明、祖仲卿皆以儒傳家。父諱守正，學問該博，洪武初，辟爲郡學訓導，嚴毅剛方，人稱爲雪崖先生。”

又新淦，亦稱新干、新贛，明清時屬臨江府，今屬江西吉安市。

建文二年(1402)進士，授户科給事中。

楊士奇《金公墓誌銘》：“中進士乙科，授户科給事中。”尹守衡《皇明史竊》卷四十一：“金幼孜，名善，新淦人也。建文二年，以進士乙科授户科給事中。”

成祖即位，改翰林檢討，與解縉等同直文淵閣，遷侍講。時翰林坊局臣講書東宫，皆先具經義，閣臣閱正，呈帝覽，乃進講。解縉《書》，楊士奇《易》，胡廣《詩》，幼孜《春秋》，因進《春秋要旨》三卷。

楊士奇《金公墓誌銘》：“太宗皇帝初臨御，注意文學士，改翰林檢討。居無幾，簡翰林之臣七人處之内閣，付以密務，而兩制悉歸焉。七人者，廬陵解大紳、胡光大，永嘉黄宗豫，南昌胡若思，建安楊勉仁，公與士奇也。數月，皆升官，公爲侍講，授承德郎。仁宗皇帝在東宫時，翰林春坊司經局之臣，日講經史，公專説春秋，敷析簡明，睿旨稱善，遂命纂十二公事作《春秋要旨》三卷以進。”

按，金幼孜精諳《春秋》之學，楊士奇《金公墓誌銘》謂：“公自幼嗜學問，内承家訓之篤，長從前進士聶鉉先生受《春秋經》，得其微旨。”另據《本朝分省人物考》卷六十二本傳：“永樂二年，皇太子立，日講經史，幼孜纂集春秋十二公事，名曰《春秋要旨》。”據此，幼孜進《春秋要旨》乃永樂二年(1404)事。

永樂五年(1407)，遷右諭德兼侍講，因諭吏部，直内閣諸臣胡廣、金幼孜等考滿，勿改他任。

楊士奇《金公墓誌銘》：“永樂五年，升右春坊右諭德，仍兼侍講，授奉訓大夫。”

雷禮《皇明大政紀》卷六"丁亥永樂五年":"(十一月辛亥)升直文淵閣胡廣爲翰林學士兼左春坊大學士,黄淮爲右春坊大學士兼翰林院侍讀,楊榮爲右庶子,楊士奇、金幼孜爲左右諭德俱兼翰林侍講,仍令吏部繼今考滿,勿改外任。"

按,本事亦見《殿閣詞林記》卷九《親擢》:"(永樂)五年二月,淮進右春坊大學士仍兼侍讀,尋進學士仍兼右春坊大學士,士奇進左春坊左諭德,幼孜進右春坊右諭德,俱奉訓大夫仍兼侍講。"

七年(1409),從幸北京。明年北征,幼孜與廣、榮扈行,駕駐清水源,有泉涌出。幼孜獻銘,榮獻詩,皆勞以上尊。成祖重幼孜文學,所過山川要害,輒命記之,幼孜據鞍起草立就,頗獲帝心。

《明史》卷一百四十七本傳:"使自瓦剌來,帝召幼孜等傍輿行,言敵中事,親倚甚。嘗與廣、榮及侍郎金純失道陷谷中。暮夜,幼孜墜馬,廣、純去不顧。榮爲結鞍行,行又輒墜,榮乘以己騎,明日始達行在所。是夜,帝遣使十餘輩迹榮、幼孜,不獲。比至,帝喜動顏色。自後北征皆從,所撰有北征前、後二《録》。"

楊士奇《金公墓誌銘》:"七年,車駕巡狩北京,公與光大、勉仁同扈從。八年,扈從北征,冬還南京,升奉直大夫。"

金幼孜《北征録》:"永樂八年二月初十日,上親征北虜。是日,師出北京,駕出德勝門,幼孜與光大胡公由安定門出。兵甲之雄,車馬之盛,旌旗之衆,耀於川陸,風清日和,埃塵不興,鐃鼓之聲,訇震山谷。晚次清河,行李載車上,途間車行甚艱,不能相及,乃令從者回取隨身行李、炒糒,車及餘物俱不能將。十一日早發清河,途間雪融泥深,馬行甚滑,晚次沙河,勉仁始至……(三月)十六日五鼓,發凌霄峰,駕發由東路,幼孜三人向西路行三十里,天明隨駕不及,幼孜與光大由哨馬路迷入槖駝山谷中。……予馬鞍壞不堪,而前騎皆去,惟勉仁相去稍近,乃呼之少待。勉仁視予鞍已破裂不可騎，乃急追寧陽侯索馬鞍，則其去已遠。勉仁遂回，以己馬讓予，自騎予散馬。光大聞之，亦勒馬復回，相與盤旋於山頂上，不知路所向。更過兩山，遂與光大相失，勉仁乃要予携數騎下山麓，東南有間道可行。時月色昏闇，野燒漫山，悲風蕭瑟……十七日早，由山間望東南行逾數十里，雪益大，隱隱聞銅角聲，隔山谷間又過一山，見隊五前進，即鞍馬行五六里，往問之，曰左掖軍馬，言駕起往前五十里駐營，遂同行。遇都指揮孫霖，與借馬鞍，霖推從者所乘與勉仁騎。午至錦水磧，見上，上喜曰：'汝等何來遲？'三人答以迷道。上問迷道之故，遂備言之。上大笑曰：'爾等皆疲倦，且休息。'出遇方尚書，曰：'昨日上在途屢召不是，謂必迷道，凡遣傳令者三十輩來相尋，今早又遣十餘人，適又問爾三人來未。'幼孜自惟以一介書生，荷蒙聖上眷顧，頃刻不忘，天地之德將何以爲報？……（四月初二日）駐蹕清水源，進《神應泉銘》。……二十六日早發紫霞峰，晚至玄雲谷，使臣舒百自瓦剌回。上召幼孜三人隨駕同行，聽其言瓦剌事，夜命寫敕，無卓[桌]，以氈覆地，伏而書之，書畢已四鼓矣。"楊榮《文敏集》卷一《神應泉詩序》對此亦有記述。

按，楊士奇《東里文集》卷七《北征録》序："《北征集》者，今太子少保禮部尚書兼武英殿大學士臨江金公之作也。公侍太宗皇帝，凡四出師征幕北，此蓋永樂八年第一出師也。"

又永瑢等《四庫全書總目》卷五十二著録《北征録》一卷、《後北征録》一卷，並謂："明金幼孜撰。……幼孜在永樂中參預機務，因北征阿嚕台時扈從出塞，紀所歷山川古迹及行營之所見聞，以成《前録》。本傳稱成祖重幼孜文學，所過山川要害，輒命記之，幼孜據鞍起草立就。又稱所撰有北征前、後二《録》，即此本也。《前録》自永樂八年二月至七月，《後録》自永樂十二年三月至八月，並按日記載。其往返大綱，均與史傳相合。其瑣語雜事，則史所不録者也。"

十二年(1414),命與廣、榮等纂《五經》《四書》《性理大全》,遷翰林學士。

楊士奇《金公墓誌銘》:"十二年,復從北征,升翰林學士,仍兼諭德。修《五經》《四書》《性理大全》,爲總裁官,授奉議大夫。"楊榮《金公神道碑銘》:"甲午,從征西虜。既還,命儒臣纂修《五經》《四書》及《性理大全書》,學士胡公與公及余實總其事。書成,重沐恩賚。丙申,升翰林學士仍兼諭德、階奉議大夫。"

按,是年幼孜復從北征事,除上亦見於《北征録》:"永樂十二年三月十七日庚寅,上躬帥大師往征瓦剌胡寇答里巴、馬哈木、太平杷、秃孛羅等,馬步官軍五十餘萬。予與學士胡公光大、庶子楊公勉仁偕扈從。"又據楊榮《金公神道碑銘》,幼孜遷翰林學士當在永樂十四年(1416)。

十八年(1420),與榮並進文淵閣大學士。

楊士奇《金公墓誌銘》:"十八年升文淵閣大學士,仍兼翰林學士。"楊榮《文靖金公神道碑銘》:"庚子,升文淵閣大學士,仍兼翰林學士。"

按,事亦見録於陳建《皇明通紀法傳全録》卷十六,謂:"庚子永樂十八年正月,以楊榮、金幼孜並爲文淵閣大學士,仍兼翰林院學士。"

二十二年(1424),從北征,中道兵疲,成祖以問群臣。莫敢對,惟幼孜言不宜深入,不聽。後還軍,至榆木川,成祖崩,秘不發喪。榮訃京師,幼孜護梓宫歸。

楊士奇《金公墓誌銘》:"二十二年,復從征北。既旋師,中道宫車晏駕,初喪至斂,皆勉仁與公據禮行之。既而,勉仁先馳歸報,道中之儀皆咨公而行。……扈從北征時,道中士卒有憊者,太宗皇帝知之,以問群臣,群臣未有對,公直對宜遂班師。"

楊榮《金公神道碑銘》:“壬寅扈從北征,軍行乏食,偵知賊營尚遠,公與余密疏軍中利病言之,遂詔頒師。……甲辰,復從北征,師還駐榆木川,太宗晏駕,凡沐浴含斂及道路措置之儀,公與余實與焉。”

過庭訓《本朝分省人物考》卷六十二《金幼孜》:“二十二年,扈從北征,次開平,上召至幄中,諭曰:‘朕夢神人語上帝好生者三,是何祥也?豈天宥兹寇乎?’幼孜請班師,上曰:‘卿言正合朕意。’即命草詔回鑾。次長樂鎮,幼孜侍,上曰:‘漢高祖過柏人,慮迫於人。今朕至長樂,思與天下同樂何時,而庶幾也?’榮等對曰:‘聖志如此,天必助順也。’”

按,於北征中道幼孜言勸請班師事,亦見《宣德實録》。然清人潘檉章持异議,其《國史考异》卷六謂:“《宣德實録》金幼孜本傳云扈從北征,道中兵疲,上以問群臣,皆莫敢對,幼孜獨請還師,雖忤旨不悔。又稱幼孜論事必正,則班師之早,文靖實有功焉。按遣使諭虜在五月甲申,班師之計已决於此,不然大舉親討,安肯未見敵而還,而久淹沙漠,兵疲餉匱,猝有鼎成之變,將爲殘孽所乘,中外恇擾,可爲寒心。然則文靖獨請還師,尤係安危大計,而文敏所爲《北征記》,直以振旅之速歸之。宸斷,國史因之,恐非事實。墓誌謂二十二年從北征,中道軍餉不繼,上聞之,命公與金公總計其數,遂如公言,遣使諭虜,釋其不臣之罪,下令班師。此似文貞緣飾之詞。使文敏果有是言,《北征記》不當自没其善,而幼孜本傳,何以云群臣莫敢對也?讀者審之。”蓋潘氏未曾細讀楊榮《金公神道碑》,故作此論。又“帝崩,秘不發喪”事,亦見録《明政統宗》卷八、《續文獻通考》卷一百三十二等。

仁宗即位,拜户部右侍郎兼文淵閣大學士。尋加太子少保兼武英殿大學士。是年十月命幼孜、榮、士奇會録罪囚於承天門外。詔法司,録重囚必會三學士,委寄益隆。

《明史》本傳:“帝御西角門,閱廷臣制誥,顧三學士曰:‘汝三人及蹇、夏二尚書,皆先帝舊臣,朕方倚以自輔。嘗見前代人主惡聞直言,雖素所親信,亦畏威順旨,緘默取容。賢良之臣,言不見聽,退而杜口。朕與卿等當深用爲戒。’因取五人誥詞,親增二語云:‘勿謂崇高而難入,勿以有所從違而或怠。’幼孜等頓首稱謝。”

楊士奇《金公墓誌銘》:“仁廟嗣位,進户部右侍郎,仍兼文淵閣大學士、翰林學士。逾月,升太子少保兼武英殿大學士,專典内制,賜大臣五人銀圖書,其文曰‘繩愆糾繆’,蓋以匡直勉之,公其一也。……以法司論死罪多冤抑,命自今臨决,必會大學士三人同審,而公預焉。”

楊榮《金公神道碑銘》:“仁宗皇帝嗣位,深加寵眷,進户部右侍郎,仍兼前二職。今上正位東宫,拜資善大夫太子少保兼武英殿大學士,禮遇益厚,凡法司論决重刑,必命楊公與余及公同審録,其中伸雪蓋多。時賜大臣五人銀圖,書其文曰‘繩愆糾繆’,以爲政務或有闕失,許用此密疏以聞,公亦與焉,當時榮之。”

陳建《皇明通紀法傳全録》卷十六:“上御西角門閱廷臣誥辭,顧謂楊士奇、楊榮、金幼孜曰:‘三人及蹇、夏二尚書,皆先帝親任舊臣,朕方倚以自輔,凡朕所行,卿等共知,其有未善者當盡言之。朕觀前代人主,有一履帝位輒自尊大,惡聞直言,左右之人雖素所親信,亦畏威順旨,緘默取容。或賢良之臣,不肯默默,言之一再而不見聽,退而絶口以圖自全,致令人主因循肆志,卒致覆敗。朕與卿等當深以爲戒,君臣一體,終始協心,庶幾可以共圖安久。’因取古人誥辭,親筆增二語,云‘勿謂崇高而難入,勿以有所從違而或怠’,曰:‘此實朕心,卿等勉之。’”

按,據《皇明通紀法傳全録》,仁宗“御西角門閱廷臣制誥”乃永樂二十二年(1424)十一月事,時永樂皇帝朱棣已駕崩。

洪熙元年(1425),進禮部尚書兼大學士、學士如故,並給三俸。尋乞歸省母。是年,母卒。

楊士奇《金公墓誌銘》:"洪熙改元,命兼禮部尚書,三俸並支。大臣兼三俸者,惟勉仁與公兩人。賜誥命授資善大夫,贈其祖仲卿及父皆太子少保武英殿大學士,祖母周、母陳皆夫人,進封母羅太夫人,贈故妻劉、封繼室屠皆夫人。……詔百官有親違離三年以上者,聽給告歸省,公首奏歸省母,蓋前此百司職務填委,無敢言私,至是公首奉詔,賜賚甚厚。是歲,丁太夫人憂。"

楊士奇《東里文集》卷六《送禮部尚書兼大學士金公歸省詩序》:"洪熙初元,歲事肇新,春陽布和,萬匯咸𢡟,天子御明,堂敷仁澤,覃被天下,軫念臣工,久勤職務,未遑於私,有詔:親在者,歸省否,亦歸展桑梓,咸有錫賚視其秩而等差焉。於是,太子少保禮部尚書兼武英殿大學士臨江金公幼孜,其太夫人春秋八十,首奉命以行,詞林諸君子相率賦詩,歌咏聖天子之大德及太夫人之盛福以爲公贈,而謂士奇爲之序。"

按,金幼孜"丁母憂"事,《金公墓誌銘》、《昭代典則》卷十四、《皇明大政紀》卷九、《國朝典彙》卷三十二、《吾學編》等作洪熙元年(1425)或宣德元年(1426),《明史》金幼孜本傳則作宣德元年(1426)。

宣宗立,詔起復,修兩朝實録,充總裁官。

楊士奇《文靖金公墓誌銘》:"上嗣位,詔修兩朝實録,起公爲總裁官。"

徐學聚《國朝典彙》卷四十七:"宣德元年正月,大學士金幼孜憂去尋起,復修兩朝實録總裁。"

按,"兩朝實録"即《太宗文皇帝實録》《仁宗昭皇帝實録》,均於宣德五年告竣。

宣德二年(1427),持節寧夏,册慶府郡王妃。所過詢兵民疾苦,還奏之,宣宗嘉納焉。

楊士奇《金公墓誌銘》:“明年,奉命持節之寧夏,册封安化、真寧二王妃。歷河南、關東西之境,吊覽周、秦、漢、唐以來遺墟故址,悉見賦咏。所過兵民休戚,既還具言於上。實録成,賜金織襲衣、文綺、白金、鞍馬。是歲,扈從巡邊,至宣府而還。”

楊榮《金公神道碑銘》:“皇上嗣位,公丁内艱,特詔起,復命爲總裁官纂修兩朝實録。己酉,命持節往寧夏,册封安化、真寧二王妃。所過閲兵民休戚,還奏,上嘉納之。庚戌,兩朝實録成,賜鞍馬、白金、文綺、金織襲衣,錫宴於中府。冬扈從巡邊,至宣府而還。”

按,於金幼孜“持節寧夏”事,《金公墓誌銘》之“明年”,乃承“上嗣位”(宣德元年)而言,即宣德二年;《金公神道碑銘》之“己酉”則爲宣德四年(1427),蓋誤。

從巡邊,度雞鳴山。宣宗曰:“唐太宗恃其英武征遼,嘗過此山。”幼孜對曰:“太宗尋悔此役,故建憫忠閣。”宣宗曰:“此山崩於元順帝時,爲元亡徵。”對曰:“順帝亡國之主,雖山不崩,國亦必亡。”

金幼孜《北征録》:“(永樂八年二月十六日)午次雞鳴山,相傳以爲唐太宗征高麗至此,登山,雞鳴,由是得名。上指示幼孜三人曰:‘此即雞鳴山,昔順帝北遁,其山忽崩,有聲如雷,其崩處,汝等明日過時見之。’”

按,金幼孜“太宗尋悔此役,故建憫忠閣”“順帝亡國之主,雖山不崩,國亦必亡”云云,《北征録》未見録,而見諸《本朝分省人物考》《熙朝名臣實録》《殿閣詞林記》《皇明史竊》《國朝列卿記》《明史》

等，或繫年於宣德五年，或未予明示，與《北征録》實相扞格，是否爲史家附會之辭，不得而知。

宣德六年(1431)十二月，卒。年六十四。贈少保，謚文靖。

楊士奇《文靖金公墓誌銘》："是歲(宣德五年)，扈從巡邊，至宣府而還。歲餘得疾，上遣太醫院官視療，數月竟不起，春秋六十有四。"

楊榮《文靖金公神道碑銘》："明年(宣德五年)秋疾作，上命醫診視，賜藥物。至冬疾劇，少傅楊公與余往問公，言：'死無足惜，但愧無余以報朝廷，益生民。'家人有請祈恩於子者，公曰：'此君子所耻言。'及再有問，竟不答。卒之日，實宣德辛亥十二月丁未也，享年六十有四。"

按，幼孜卒於明宣德辛亥，即宣德六年(1431)，享壽六十四，故其當生於元至正二十八年(1368)。

幼孜簡易静默，寬裕有容。眷遇雖隆，而自處益謙。名其晏居之室曰"退庵"。疾革時，家人囑請身後恩，不聽，曰："此君子所耻也。"

楊士奇《金公墓誌銘》："公爲人簡易沉默，温裕有容，居家敦孝友之行，既仕，事上以誠，持論必正。……凡於公務，致勤不倦，處同寮能讓，於人泛愛無忤。其學該博，文章和平寬厚，類其德性，四方求者無虚日，靡不酬應，得其一篇一咏者，皆寶重之。書兼工真行。嘗考會試者一，讀廷試卷者四。不伐善，不鶩名，初升學士，寵賚日加，即以盛滿爲戒，名其燕處之居曰'退庵'。疾革，士奇與勉仁問之有何言，公言：'受國重恩，上無所益朝廷，下無所益生民，何言?'傍或啓之請身後之澤者，公正色曰：'君子所耻。'訖終清明，未嘗片語涉亂。既卒，自公侯六卿暨諸司之長，皆哭吊奠祭，士無賢愚，皆有喪善人之嘆。"

楊榮《金公神道碑銘》："公孝友謙恭，沉實和易，樂善泛愛，出乎天性。其學問淹貫,文章豐暢,爲人所愛重。凡三扈從,往來兩京,五從北征沙漠,執筆從事於行陣之間,乘危涉險,未嘗以勞勩爲言。其在朝廷,動作進止皆有常度,論思獻納多所禆益。是以歷事累朝,薦膺寵任,眷遇雖隆,而自處益謙,名其燕休之所曰'退庵',可謂得大臣之體矣。是宜樹碑墓道以垂不朽。"

享譽文壇,詩文雖多應制之作,亦具氣象。

按,幼孜亦享文譽,詩文各具特點,除上條引外,若《四庫全書總目》卷一百七十評《金文靖集》云:"其文章邊幅稍狹,不及士奇諸人之博大,而雍容雅步,頗亦肩隨。蓋其時明運方興,故廊廟賡揚,具有氣象,操觚者亦不知也。"

陳田《明詩紀事》乙籤卷四引胡儼《頤庵文選》中《金諭德北征詩集序》語稱之,謂:"金諭德北征詩,詞雄句杰,遠揚天聲,如金鐘大鏞,震乎寥廓之外。"

於幼孜著述,黄虞稷《千頃堂書目》著録《春秋直指》三十卷、《春秋要旨》三卷、《金文靖公集》十卷、《外集》一卷、《北征集》一卷;丁仁《八千卷樓書目》著録《北征録》一卷、《後北征録》一卷、《金文靖集》十卷;《明史・藝文志》則著録《春秋直指》三十卷,《春秋要旨》三卷,北征前、後《録》各一卷、《金幼孜集》十二卷。考今詩文集主要有:

《金文靖集》十卷,影印文淵閣《四庫全書》本。

《金文靖公集》十卷、《外集》一卷,明成化四年金昭伯刻弘治六年盧淵重修本。

《北征録》二卷,明嘉靖十二年刻明良集本,《續修四庫全書》據此影印。

《北征録》一卷、《後録》一卷,清鈔本。

《新刊金文靖公前北征録》一卷、《後北征録》一卷,明弘治十七年劉氏安正堂刻本。

《金文靖公前北征録》一卷,明刻本。

《初從北征録》一卷、詩一卷、《二從北征録》一卷、三從《北征録》一卷、清鈔本。

《前北征録》一卷,明嘉靖二十九年至三十年袁氏嘉趣堂刻《金聲玉振集》本。

參考文獻:

1.《金文靖公集》,明成化四年金昭伯刻弘治六年盧淵重修本。

2. 金幼孜《北征録》,明嘉靖十二年刻明良集本。

3. 廖道南《殿閣詞林記》,明嘉靖間刻本。

4. 過庭訓《本朝分省人物考》,明天啓刻本。

5. 陳建《皇明通紀法傳全録》,明崇禎九年刻本。

6. 張廷玉等《明史》,中華書局 1974 年版。

7. 徐學聚《國朝典彙》,書目文獻出版社 1996 年版。

8. 鄭曉《吾學編》,《四庫禁毀書叢刊》本,北京出版社 1997—1999 年版。

9. 楊榮《文敏集》,明正德十年刻本。

10. 尹守衡《皇明史竊》,《續修四庫全書》本,上海古籍出版社 2002 年版。

11. 楊士奇《東里集》,明嘉靖二十九年黄如珪刻本。

12. 黄虞稷《千頃堂書目》,上海古籍出版社 2001 年版。

(温世亮)

解縉傳

解縉，字大紳，吉水（今屬江西）人。生於洪武二年（1369）。祖子元，爲元安福州判官。兵亂，守義死。父開，太祖嘗召見論元事。

解縉傳見《本朝分省人物考》卷六十三、廖道南《殿閣詞林記》卷三、唐鶴徵《皇明輔世編》卷一、焦竑《國朝獻徵録》卷十二、項篤壽《今獻備遺》卷七、《明史》卷一百四十七、楊士奇《前朝列大夫交阯布政司右參議解公墓碣銘》等。

按，解縉之里籍、家世，字號，楊士奇《東里文集》卷十七《前朝列大夫交阯布政司右參議解公墓碣銘》（以下稱《解公墓碣銘》）謂："解氏姬姓，其先居雁門。唐同州刺史琬之孫隱爲蘄州司户參軍，始家廬陵之同水鄉。參軍六世孫盛遷吉水邑中，世有科第。至諱夢斗，宋太學上舍生。諱應辰，元高安縣學教諭。生諱子元，舉進士，授安福州判官，兵亂守節死。生開先，號筠澗，娶高氏，進士若鳳之子，公之父母也。"又謂："公諱縉，字大紳。"

又何喬遠《名山藏》卷五十八《臣林記・解縉》："解縉，字大紳，一字縉紳，吉水人。其先雁門人，唐同州刺史琬之後。宋有名元者，封太原王，他多顯仕。元有名觀者，著《宋書》千卷，元人召之修史，請崇宋黜金。祖子元爲安福州判官，元亂起義兵，死之。父開，與其弟閫有名於時，吉人稱爲二解。解開字間先，治五經，皆有師。其學以主敬爲本，爲人慷慨英偉，知交遍天下。每對衆談吐，賢愚皆爲悚息。高帝召見,待以前朝遺老,與極論元事,甚善其對。開每與縉家書,上必使縉送覽,縉宴見時,問開安否起居之詳。"

縉生而英悟奇絶。五歲誦書,七歲賦詩,十歲日記數千言,十九舉江西鄉試第一。洪武二十一年(1388)進士,授中書庶吉士。

楊士奇《解公墓碣銘》:"自幼穎悟絶人。五歲,父教之書,應口成誦。七歲,賦詩有老成語。十歲,口誦數千言,終身不忘。十三,盡讀四書諸經,貫穿其義理,老長不能難也,而文思溢發。十八舉江西鄉試,中第一。洪武廿一年會試禮部,中第七,廷試讀卷者以所對策論過高,抑置第三甲。時兄綸及女弟之夫黄金華同登第。太祖高皇帝喜其一家三人出仕,授綸禮部祠祭主事,公與金華皆中書庶吉士。"

按,《名山藏》云:"縉幼有神童之稱,年十九舉鄉試第一。明年,與兄綸、若妹婿黄金華同時登第。太祖以爲盛門,每對群臣,榮而誦之,使諸王、貴人往視,授縉中書舍人,金華庶吉士,而綸爲監察御史,是爲洪武二十一年。"查繼佐《罪惟録・列傳》卷十八:"吉水解縉,年十七,洪武丁卯解元。"張弘道《明三元考》卷一:"解元中式:施顯應天、解縉江西、吴謙河南,少年進士解縉年十八。"與《解公墓碣銘》相較,多見出入。

其一,"舉鄉試第一",或年十七,或年十八,或年十九。據《解公墓碣銘》:"其卒以永樂十三年正月十三日,春秋四十有七。"故解縉當生於洪武二年(1369)。又解縉乃洪武二十年(1387)江西鄉試解元,以此推算,此年縉當爲十九齡,"十七""十八"之謂,均誤。其二,進士登第授官,或"中書庶吉士",或"中書舍人"。參黄景昉《國史唯疑》卷一:"翰林院承敕監六科,近侍衙門,舊各有觀政進士,即庶吉士亦然。如解縉爲中書庶吉士,楊靖爲吏科庶吉士,於子仁爲參軍府庶吉士,其證也。"又陳建《皇明通紀集要》卷八:"(縉)是年

(洪武二十年)進士,上親選授爲吉士,讀中秘書,日侍左右,特被寵眷。"《名山藏》蓋誤。

年雖少,巍然有碩大之望。每自誦曰:"處其心常在熙春麗日之間,則天下無可惡之人。"

解縉《文毅集》卷首任享泰《文毅集序》:"(縉)年甚少,巍然有碩大之望。又嘗自誦曰:'處其心常在熙春麗日之間,則天下無可惡之人。'咸以爲名言。"

太祖幸大庖西,諭公試舉今施政所宜。上《封事》萬言,皆切政教大體。因言佛老諸經、《説苑》及《韵府》之非,願命儒臣集唐虞周孔之言,勒成一書以備覽觀。删《禮經》作《樂書》,以惠萬世。又獻《太平十策》,太祖覽之,喜,數稱公奇才。

楊士奇《解公墓碣銘》:"公與金華皆中書庶吉士,日侍(帝)左右,甚見愛重,閑暇數召兩人論議,考其所學。一日諭公曰:'爾試舉今施政所宜,直述以聞。'退即具奏。……既奏,上嘉其識正。"《名山藏》卷五十八:"已復陳《太平十策》,上手持入,顧其言頗迂。上數稱縉奇才。"

解縉《解文毅公集》卷一《大庖西封事》:"臣伏奉聖旨:'朕今命爾,義則君臣,恩猶父子,當知無不言。'古云:'爾有嘉猷嘉謨,則入告。爾后于内,爾乃順之于外,曰:斯謨斯猷,惟我后之德。'嗚呼!人臣咸若時惟良顯哉!……臣見陛下好觀《説苑》《韵府》雜書與所謂《道德》《心經》者,臣竊謂甚非所宜也。《説苑》出於劉向,向之學不純,溺於誕妄,所取不經,且多戰國縱横之論,壞人心術,莫此爲甚。《韵府》出元之陰氏,鄙猥細儒,學孤識陋,蠅集一時兔園寒士,抄緝穢蕪,略無可采。陛下若喜其便於檢閲,則願集一二志士儒英,臣請得執筆而隨其後,上溯唐、虞、夏、商、周、孔之奥,下及關閩、濂洛之傳，根實精明，隨事類别，以備勸戒，删其無益，焚其謬妄，勒成一經，上接經史，豈非太平制作之一端也與！今又六經殘缺，而《禮記》出於漢儒，踳駁尤甚，宜及時删改，日御經筵，訪求審樂之儒，大備百王之典，作《樂書》一經以惠萬世。”

按，《太平十策》亦見録《解文毅公集》卷一，其首言："臣聞有堯舜三代之君，而法堯舜三代之治，則超越唐宋，而太平千萬世者，理道之必然也。欽惟皇帝陛下德侔天地，誠堯舜三代之君，而今之治尚未及唐宋，此臣所以日夜有望於陛下也。况臣蒙陛下之恩至重至厚，刻骨銘心，思所補報，是以思當今之急務、王政之大端，不過十事而已：一曰參井田均田之法，二曰兼封建郡縣之制，三曰正官名，四曰興禮樂，五曰審輔導之官，六曰新學校之政，七曰省繁冗，八曰薄税斂，九曰務農，十曰講武。謹條陳以獻，名曰《太平十策》。惟陛下憫其愚忠，少加采覽焉。”

兵部尚書沈溍忌公年少得上意，乞改公御史，使遠太祖。

楊士奇《解公墓碣銘》："公素與兵部尚書沈溍不合，溍奏公入部堂索皂隸，語嬉慢非禮。上慮公優閑怠逸，即除江西道監察御史，蓋以繁劇玉成之也。"

《本朝分省人物考》卷六十三："縉素與兵部尚書沈溍不合。二十三年，溍奏縉入部堂，與胥隸嬉慢非體。上慮縉優閑怠逸，即除江西道監察御史，蓋以繁劇玉成之也。"

按，沈溍，錢塘（今浙江杭州）人，字尚賢，洪武十八年（1385）乙丑科進士，官至兵部尚書。

又嘗爲王國用草諫書，雪韓國公李善長冤，極言其功，懇惻爲言，願戒來者，爲詹徽所嫉。

《解文毅公集》卷一《代王國用論韓國公冤事狀》："臣聞君親無

將春秋誅,意臣子事嫌於不軌,固天下之所共誅,幽冥之所同憤者也!然於事嫌不軌之中,辨析幾微之際,此禍機之所不測,骨肉之所難言者,惟明主能察焉。竊見太師李善長與陛下同一心,出萬死,以得天下,爲勛臣第一,生封公,死封王,男尚公主,親戚皆被寵榮,此人臣之分極矣,志願亦已足矣,天下之富貴無以復加矣。若謂其自圖不軌尚未可知,而今謂其欲佐胡惟庸者,揆之事理,大謬不然矣!……若夫天象告變,大臣當灾,則殺人以應天象,夫豈上天之所欲哉?不幸已失刑,而臣懇惻爲明之,猶願陛下作戒於將來也。天下孰不曰:'功如李善長,今尚如此。'臣恐四方之解體也,且臣至疏賤,非不知言出而禍必隨之。然耻立於聖明之朝,而無諫諍之士。始者側聽私室,引耳朝端,意謂群臣豈無忠智,左右近侍必有爲陛下言者,公卿大臣必有爲陛下言者,臺諫御史必有爲陛下言者,而事冤未已,群臣杜口,究無一人爲陛下言者,臣所以忘其疏賤,冀陛下感悟,臣甘就鼎鑊,無所復恨矣。"

《解文毅公集》卷十五《寄具川董倫書》:"又嘗爲王國用草諫書,言韓國公事,爲詹徽所嫉,欲中以危法。"

按,詹徽,字資善,婺源縣(今江西婺源)人,詹同子,官至太子少保、左都御史兼吏部尚書。

又爲夏長文作劾都御史袁泰疏,泰切齒恨公。公又時時敢直言,竟坐深文,得罪且不測。太祖召縉父,諭携子歸里,須益進其學。又諭縉益盡心古人,後十年來朝將大用。歸家八年,太祖崩弃喪,有劾其非詔旨,謫河州衛吏。

《解文毅公集》卷十五《寄具川董倫書》:"又爲文劾袁泰,泰銜恨至深,見嘗切齒。但以不爲屈膝之故,竟致排誣。累迹深文之語,皆非律令所該。伏蒙聖恩,數對便殿,申之以慰諭,重之以鐍錫,許以十年著述,冠帶來廷。《元史》舛誤,承命改修,及踵成《宋書》，删定《經禮》凡例，皆以留中。奉親之暇，杜門纂述，漸有次序。薦將八載，賓天之訃，忽聞痛切之誠欲絶。向非先帝之明，縉亦無有今日。是以母喪在殯，未遑安厝，家君以九十之年，倚門望思，皆不暇戀，冀一瞻山陵，隕泪九土。何圖詿誤，蒙恩遠行。揚粤之人，不堪寒苦，復多疾病，俯仰奔趨，與吏卒爲伍，低徊服事，誠不堪忍。晝夜涕泣，恒懼有不測之憂進，進不能盡忠於國，退不得盡孝於親，不忠不孝，負平生學問之心，抱萬古不窮之痛，爲天下笑，爲先生長者之羞。是以數鳴哀感，冀皇天后土之鑒臨，得還京師，復見天顔，少陳情悃，或遂南歸，父子相見即走也，更生之日，臨書不勝愷切，願望之至。"

楊士奇《解公墓碣銘》："時都御史泰怙勢，家人横恣，諸道御史欲糾之，無敢執筆爲章者，公揮筆立就，歷舉其過。章上，雖曲宥泰，而一時多其直。上又慮公少涵養，將爲衆所傾，召其父至，諭曰：'才之生甚難，而大器者晚成。其以而子歸，益進其學。'又諭公曰：'朕於爾義則君臣，恩同父子。其歸益盡心於古人，後十年來朝，朕大用爾。'遂侍父歸。公天分高，又感上大恩，歸益自勵，而造詣深矣。數歲，高皇帝上賓，公趨赴臨，權臣忌公者，謂赴臨非詔旨，遂謫河州。"

按，縉劾袁泰文，即《論袁泰奸黠狀》，亦見載《解文毅公集》卷一。袁泰，萬全（今屬山西）人，洪武四年（1371）進士，官至右副都御史。

建文初，召入爲翰林待詔。靖難後，成祖召公及黄淮備顧問，遂詔入内閣辦事。尋復召胡廣、楊士奇、金幼孜、胡儼、楊榮，升公侍讀，進侍讀學士，七人並直文淵閣。内閣預機務，自公始。

陳建《皇明通紀法傳全録》卷十二《建文皇帝紀》"乙卯建文元年"："六月，召解縉爲翰林待詔。"

雷禮《國朝列卿紀》卷九"黄淮":"文皇履極,以萬幾叢脞,日御奉天門左室,裁決庶務,特命解縉、黄淮立御榻之左,以備顧問。已而開内閣,命解縉、黄淮入典機密,又選廣與楊士奇、胡儼、楊榮、金幼孜與之同事。"

楊士奇《解公墓碣銘》:"太宗皇帝入嗣大位,首索公,既見,置諸左右,深信任之。時朝廷詔敕與凡大制作,咸出公手,每預密議,寵賚加厚,升侍讀,數月升侍讀學士、奉訓大夫。"

《明史》本傳:"成祖入京師,擢侍讀,命與黄淮、楊士奇、胡廣、金幼孜、楊榮、胡儼並直文淵閣,預機務。内閣預機務自此始。尋進侍讀學士。"

時儲位未定,召公密議,事遂定,册立世子爲皇太子,封高煦漢王。漢王由是怨公。拜翰林學士兼右春坊大學士。用兵交阯,公諫其不宜。又謂不宜過寵漢府。成祖怒,出公廣西參議,改交阯。

楊士奇《解公墓碣銘》:"上初與武臣丘福等二三人議建儲,文臣惟金忠預,皆靖難時股肱也。武臣咸請立皇第二子高煦,謂其有扈從功。上不聽,福等叩首請不已,終不聽,遂召公預議,事定,然未發。明年,册仁宗皇帝爲皇太子,封高煦爲漢王,進公翰林學士,兼右春坊大學士、奉議大夫。又明年,福等所初議頗泄於外,高煦素不樂公,言於上曰:'藩府之舊無泄者,其縉泄之。'遂出公爲廣西布政司右參議,授朝列大夫。又以李至剛言公怨望,改交阯。"

《皇明通紀集要》卷十四:"丁亥永樂五年正月,出翰林學士解縉爲廣西布政司參議。"

同書"乙未永樂十三年"附:"文皇初甚愛解縉之才。文皇欲征交阯。縉謂自古羈縻之使,通正朔時賓貢而已,若得其地,不可以爲郡縣。不聽。仁宗居東宫,時文皇不甚喜而寵漢府,縉謂不宜過寵,致起覬覦。文皇遂怒,謂離間骨肉。縉由此二諫得罪。治宣廟,漢府果反,交阯亦叛,悉如縉言。”

按,李至剛,名鋼,號敬齋,以字行,松江華亭(今屬上海)人,官至禮部尚書兼左春坊大學士。

永樂八年(1410),上北征,公入奏事,未得見上,見東宫而歸。漢王乘隙譖之,遂徵下獄。永樂十三年(1415),死獄中,年四十七。

楊士奇《解公墓碣銘》:“八年,入奏事,時車駕已出征北虜,至京師,見仁宗而歸。車駕還,高煦言:‘解縉瞰上遠出,覲儲君徑歸,無人臣禮。’遂徵下獄。後三年,以病死獄中。素所交游,出資斂之,外兄高建春歸其柩,葬之高氏。……其卒以永樂十三年正月十三日,春秋四十有七。”

按,八年指永樂八年。又據《皇明通紀集要》卷十四,縉下獄事,當爲永樂九年六月。又,解縉卒於永樂十三年(1415),享壽四十七,故前論其生於明洪武二年(1369)無疑也。

公爲相,喜引拔士類。不畏强御。同官有失,率引爲己過。文皇嘗與公論群臣蹇義而下十人,命各疏於下。公以實對,後驗之,十不失一焉。

楊士奇《解公墓碣銘》:“(公)敦孝友,重義輕利,遇人憂患疾苦,輒隱於心,苟可用力,盡意爲之。篤於故舊及名賢世家之後,喜引拔士類,或誚其泛愛者終不爲變。襟宇闊略,不屑意細故,而表裏洞達,絶崖岸,雖野夫稚子,皆樂親之。求文與書者日輻凑,率與之,無厭倦意。或言有不當與者,笑曰:‘雨露豈擇地而施哉?且人孰不可與進者?’不畏强御,承運庫官張興恃寵而横,嘗笞擊人於左順門下,公過之,叱興曰:‘御座在此,敢爾違犯禮法乎?’興雖忿公,然不敢應一語,遽俯首斂退。同官治職事,或有失誤,公在上前,率引爲己過。明知人,太宗嘗與論群臣,御筆書蹇義等十人名,命各疏於下。十人者皆上所信任政事之臣,亦多與公善,而具以實對。於義曰:‘其資厚重,而中無定見。’於夏原吉曰:‘有德有量,而不遠小人。’於劉雋曰:‘雖有才幹,不知顧義。’於鄭賜曰:‘可爲君子,頗短於才。’於李至剛曰:‘誕而附勢,雖才不端。’於黄福曰:‘秉心易直,確有執守。’於陳瑛曰:‘刻於用法,好惡頗端。’於宋禮曰:‘戇直而苛,人怨不恤。’於陳洽曰:‘疏通警敏,亦不失正。’於方賓曰:‘簿書之才,駔儈之心。’既,奏上以授仁宗,曰:‘李至剛,朕洞燭之矣,餘徐驗之。’仁宗因問公建文所用諸人,對曰:‘此皆洪武中人才,往事不足論已。’遂問尹昌隆、王汝玉,對曰:‘昌隆君子,而量不宏。汝玉文翰不易得,所惜者市心耳。’後十餘年,仁宗出其所奏十人者示士奇,且諭之曰:‘人率謂縉狂士,縉非狂士,向所論,皆定見也。’”

仁宗時,官其從子禎期中書舍人。

楊士奇《解公墓碣銘》:“公死後,家徙遷,仁宗皇帝臨御,特赦還,而官其從子禎期爲中書舍人。”

按,據倪濤《六藝之一録》卷三百六十二:“解禎期,縉之從子也。以善書選天下第一,仁宗召爲中書舍人。”參《解文毅公集》卷四《西行示侄禎期還家》及《解公墓碣銘》“子男二,禎應卒於徙所,次禎亮”,當是。

解縉應制《題虎顧衆彪圖》曰:“虎爲百獸尊,誰敢觸其怒。惟有父子情,一步一回顧。”文皇見詩,大有所感,即命所親信夏原吉迎太子於南京。

陳建《皇明通紀法傳全録》卷十四:“仁廟爲皇長子監國南京最久,高煦百計中傷之,數得罪,危甚左右,皆斥譴。上忽一日出《虎顧諸彪圖》,命縉題識,縉題曰:‘虎爲百獸君,誰敢融其怒。惟有父子情，一步一回顧。’上覽，愀然動念，即日命使者迎皇長子於南京，進縉爲學士。”

按，於《題虎顧衆彪圖》多見异説。錢謙益《列朝詩集》將其納入汪廣洋名下，而汪廣洋《鳳池吟稿》卷十又實録此詩，題名爲《畫虎》。朱彝尊《明詩綜》則以爲乃楊維楨之作。考解縉《解文毅公集》，其卷五亦載此詩，並題名爲《奉敕題虎顧彪圖》，詩前小序云："時仁廟未正位東宫，讒言朋興，因作此諷諫。"夏燮《明通鑑》卷十四就此考辨，謂："據《明史·金忠傳》，建儲之議始於金忠，成於解縉，而縉之中讒實始於此。郎瑛《七修稿》載縉《題虎顧衆彪圖》，上感其意，立召太子。是縉之歸心，太子又在前也。朱竹垞《明詩綜》以此爲楊廉夫作而傅會之。按縉與廉夫相去不過數十年，安知非編詩之竄入者？且郎氏所記本彭文憲公《畜德録》。今按其四語，與唐肅之《賦海東青》同一規諷體，故并入之，不必核其真僞也。"

公負奇才，名籍甚，修《高皇帝實録》《永樂大典》，皆爲總裁，考會試者一，讀廷試卷者二。公之文，雄勁奇古，新意迭出，叙事高處逼司馬子長、韓退之。詩豪宕豐贍似李、杜。書小楷精絶，行草皆佳。

楊士奇《解公墓碣銘》："公仕前後不十歲，爲庶吉士，再歲御史，未滿歲爲學士，四歲兩贊外藩，皆席未暖。初修《高皇帝實録》及《永樂大典》，皆爲總裁，考會試者一，讀廷試卷者二，聲名在天下籍甚。……公之文，雄勁奇古，新意叠出，序事高處逼司馬子長、韓退之，詩豪宕豐贍似李、杜。其教學者恒曰：‘寧爲有瑕玉，勿作無瑕石。’書小楷精絶，行草皆佳。"

郎瑛《七修類稿》卷二十四辯證類"表字不同"："國朝大學士解縉，江右人也。詩文字書，迥出一時，有李白風才。"

王圻《續文獻通考》卷一百八十八六《書考》："解學士縉，字大紳,吉水人,翰墨奔放,狂草名一時,然縱蕩無法,楊用修目爲鎮宅符,正書頗精妍。”

又按,縉之著述,據《千頃堂書目》,曾總裁《永樂大典》《古今列女傳》,著有《春雨齋集》十卷、《似羅隱集》二卷、《學士集》二十卷、《學士奏議》一卷等。縉之詩文别集,通行本有《欽定四庫全書》本《文毅集》十六卷,《四庫全書》據之影印。於此集,《四庫全書總目》卷一百七十《文毅集》提要謂:“縉所著有《白雲稿》《東山集》《太平奏疏》等書,殁後多散佚。天順初,金城黄諫始輯其遺文爲三十卷,後亦漸湮。嘉靖中,同邑羅洪先復與縉從孫相輯成十卷,《千頃堂書目》又載有《似羅隱集》一卷、《學士集》二十卷,今並未見。此本十六卷,則康熙戊戌其十世孫悦所補輯也。”今考其著述,主要有:

《文毅集》十六卷,清文淵閣《四庫全書》本。

《解學士全集》十二卷、附《年譜》二卷,明三吴晏氏刻本,北京大學圖書館藏。

《解學士文毅公全集》十卷,清康熙五十七年刻本,内蒙古大學圖書館藏。

《解學士文集》十卷,明嘉靖四十一年(1562)刻本,北京大學圖書館藏。

《解文毅公集》十六卷,清乾隆三十二年吉水解氏敦仁堂刻本,上海圖書館藏。

參考文獻:

1. 解縉《解文毅公集》,清乾隆三十二年吉水解氏敦仁堂刻本。

2. 解縉《解文毅公集》,《景印文淵閣四庫全書》本,臺灣商務印書館1986年版。

3. 過庭訓《本朝分省人物考》,明天啓刻本。

4. 陳建《皇明通紀法傳全録》,明崇禎九年刻本。

5. 張廷玉等《明史》,中華書局1974年版。

6. 何喬遠《名山藏》,福建人民出版社2010年版。

7. 楊士奇《東里文集》,中華書局1998年版。

8. 黄虞稷《千頃堂書目》,上海古籍出版社2001年版。

（温世亮）

王偁傳

王偁，字孟揚，號密齋，永福（今屬廣西）人。洪武三年（1370）生。

事迹見其《虚舟集》（文淵閣《四庫全書》本）之《自述誄》。《明史》卷二百八十六有傳。《明詩紀事》《國朝獻徵録》亦有傳。

按其《自述誄》云："先府君某……元運改玉，度時不可爲，浮海去之。道閩，閩父老遮留，退居永福山中，爲黄冠服者十年。朝廷聘之，耻爲二姓臣，遂自引决。嗚呼，是時偁方生六齡。"《八閩通志》卷六十二、《明史》卷二百八十六、《（正德）福州府志》卷二十八、焦竑《國朝獻徵録》卷二十二皆作"九齡"，考偁父王翰於洪武十一年（1378）二月自刎身亡。按《明史》，王偁應爲洪武三年生，《四庫全書》記載誤。

《（民國）永泰縣志》卷三墓石云："明翰林檢討經筵進講國史大總裁左春坊王密齋公墓道。"又見《閩中十子詩·王典籍詩集》卷二有《寄題靈武王孟揚南湖草堂》一詩，詩云："湖南小山誰結茆，潮陽使君歸避敲。五馬行春何處在，空梁落月多神交。後人此地還廬墓，日望寒松歎風樹。損庵晝坐想音容，密齋夜起悲霜露。阿翁曾與石為鄰，今見盤陀若大賓。阿翁當年與山好，仰止今朝思古人。澄湖積雨秋波净，菱葉荷花落天鏡。出户唯將鷗鳥親，罷琴也逐漁樵興。君家事業何可當，兄弟聯翩如鳳凰。新製文章行滿篋，舊藏袍笏尚堆床。溪藤歙硯相輝煥,金薤琳琅映華翰。秘閣圖書出晉唐,故家彝鼎超秦漢。我昔登龍候使君,滿堂賓客正論文。南陽醉墨今何在,太史清詩久不聞。前朝冠蓋多如雨,誰共使君同日語。地下逢人不愧心,人間有淚空傳古。三十年來別永陽,白頭無復更登堂。心隨輞口欒家瀨,夢落盤中李氏莊。看君豈是悠悠者,昨日橋門動聲價。合浦初還照乘珠,流沙遠致空群馬。到家又結草堂期,曾對山靈發誓辭。名遂古來應税駕,南湖誰假北山移。"

明代閩縣鄭關亦有《寄王孟揚》詩歌,詩云:"憐君失路歎多歧,歸去龍山掩舊扉。鑿石旋開行藥圃,采荷新製釣魚衣。衡門草發知春换,野徑鶯啼見客稀。林下想應多寂寞,秋風蕭颯入庭闈。"

明《(正德)福州府志》卷二十八人物志云:"鄭關,字公啟,閩縣人。負長材,有志節,不為迂儒之學,師事林子羽,號石室山人,有《石室遺音》。"與偁皆私淑于林鴻。

偁又號虛舟,王紱《王舍人詩集》(文淵閣《四庫全書》本)卷三《送王檢討使朝鮮》詩云:"秉節赴朝鮮,銜恩玉殿前。封圻寧有間,雨露自無偏。驛騎經遼地,雲帆拂海天。遠人迎拜處,應識使君賢。"題下注云:"偁,字孟揚,號虛舟,有集,解學士縉作序。"

父王翰,元末爲潮州路總管,明初殉節。其母於少時,手疏偁父之迹並古今豪杰大略教之。年稍長,隨父友吴海學,繼從名士董江、陳從範游。

王偁《自述誄》:"先府君某,當搶攘,以材用薦者調民職廬州路治中,歷江南福建行省郎中,至階朝列大夫、潮州路總管,當時稱廉吏第一人……太夫人守節自誓,艱難備嘗。手疏先君之迹與古今豪杰大略教之。……閩先生聞過齋吴公,學行醇偉,爲士林望。與先君交誼相與也。先君没時,屬偁夫子教之。第未弱冠,夫子没,倀倀罔依歸。賴外王父遺圖書、手澤多,杜門自研涠。少多病,負第者三年,莫臻其至。弱冠入庠序,與陳君從範游。"

《(正德)福州府志》卷二十八云:"初,吴海與翰爲莫逆交,故憫偁孤而撫教之,偁弱冠與海高弟董江、陳從範游,學愈進。"

《(正德)福州府志》卷二十九人物志載:"吴海,字朝宗,閩縣人。生元季,知事不可爲,遂隱不仕。……尤重交游之義,如王翰之死節,海維持其家而教其孤焉。為文嚴整雅奥,一歸諸理。有《聞過齋集》行於世。門人王偁序之曰:"先生以剛明仁勇之資,充誠正修齊之學,惟其藴於中也弘,故其善於外也茂。"

焦竑《國朝獻徵録》卷二十二云:"閩吴海者,翰執友也。義撫偁教之。"《八閩通志》有吴海本傳。

王偁《虚舟集》有悼念陳從範的五言律詩《過董江臺懷從範》。詩云:"陳君才八斗,何謝建安人。不折月中桂,誰憐泉下身。高臺枕流水,故業委荒蓁。忽聽山陽笛,淒清滿四鄰。"

洪武二十三年(1390),上京應禮部會試。不利,入京師國子監。游太學,以養母歸。母歿,守廬墓六年。守喪之時,嘗與林誌論學。

焦竑《國朝獻徵録》卷二十二:"洪武二十三年,偁以經義舉於鄉。明年試禮部不第,例就祭酒授業。因而求鄒魯之遺風,與海内賢豪上下其説。居數年,遂疏乞歸終養,翩翩然有冥鴻之思焉。"

唐泰《善鳴集》有《送王秀才偁入春官》一詩,考此詩作於王偁上京應試之時。《(正德)福州府志》卷二十八人物志載:"唐泰字亨仲,閩縣人。洪武癸酉舉人,甲戌進士,授行人,歷浙江按察司僉事,陜西按察司副使。善聲詩,與黄濟輩號'閩南十才子',有《善鳴集》。"

王偁《自述誄》:"會試禮部,不利,例入國子,處縉雲朱先生館下。日求齊魯士與談,訪其遺風,及四方之賢者而私淑之。上表陳情,乞終養,高帝憫之。南歸越震澤,徘徊吴會間,不敢留。趨侍湯藥膝下,始冀收其實。而從範已物故,閩故老亦凋剥殆盡,四睇眦落,無可與語。晚得晉昌林誌,相與論學。假以模範,抗顔爲多。暇則窮幽極深,徜徉物表,趣豁如也。未幾,太夫人捐館舍。嗚呼!居喪不敢渝禮,既合先君塋,廬墓下者六年。"

《明史》本傳:"洪武中,領鄉薦,入國學,陳情養母。母殁,廬墓六年。"

永樂元年(1403),以才學薦授翰林院檢討,進講經筵。修《永樂大典》,任副總裁。是時,與錢塘王洪善。

王偁《自述誄》:"永樂初元,以推轂者至京師,待命黄閣。因自陳願處學校,勵人材,不允。授從事郎史,官翰林檢討,進講經筵,以文字供職。時錢塘王洪擅詞垣,與同官,一見過相推重。敕修《大典》,萃内外儒臣及四方韋布士,毋慮數千人,濫竽總裁之列。"

王恭有詩《寄翰林王孟揚兼促皆山樵記》一首,有句云:"釣艫橋上惜分簪,别後聞君入禁林。"按王偁入禁林時間看,此詩當作於永樂初年。

王汝玉《虚舟集序》:"且得屢預國家大事,入侍講筵,身親禮文之盛。"

焦竑《國朝獻徵録》卷二十二:"文皇帝即位,有司薦起。偁既至都下,即自陳願處校職,以勵人才,不許。授翰林檢討,進講經筵。已而,敕修《永樂大典》,偁爲總裁官。"

《明史》本傳:"永樂初,用薦授翰林檢討,與修《大典》。學博才雄,最爲解縉所重。自負無輩行,獨推讓同官王洪。王洪者,字希範,錢塘人。八歲能文,十八成進士,授吏科給事中,改翰林檢討,偕偁等與修《大典》。"

王偁《虚舟集》卷四有《閣下贈同官王洪》詩兩首。

永樂五年(1407),因事下獄,獄中帶鐐仍修《大典》。

宋端儀《立齋閑録》卷一云:"翰林檢討閩中王偁與修《永樂大典》。五年,有旨,戴頭巾修書。既而以目疾不能到館。侍郎劉季篪奏請得旨,帶鐐仍修書。初偁當修《大典》,諸儒群集。一日,有及凡例未當者。偁曰:'譬之欲構層樓華屋,乃計工於箍桶,都料不有誤耶?'論者謂其禍於此。"此中暗含下獄因由。

葉盛《水東日記》卷十一亦載:"戲言辯口輕爲評泊,亦足以取怨得罪於人。嘗聞修《永樂大典》時,諸儒群集,一日有及凡例未當者,王偁孟揚曰:'譬之欲構層樓華屋,乃計工於箍桶,都料得不有誤耶?'"

永樂六年(1408),奉使親藩長沙。

按《明史·諸王傳》、王汝玉《虚舟集序》、王偁《土母跋》、高棅《高待招詩集》卷一《送四彦歸閩州詩》,考永樂六年五月王偁已出獄,并且親藩長沙。

王偁《虚舟集》卷三有《發龍江和同官王洪之作時使節之長沙》,卷五有《泛舟漢江示同使何禮部韻》《登小姑山和何禮部韵》,卷四有《岳陽送同官王洪中書舍人吴均入蜀》等詩。

永樂七年(1409),大將軍張輔出征交阯,辟爲幕府。永樂八年,還都仍守舊官。

王偁《自述誄》:"大將軍英公覆征交阯,辟居幕下。於是泛洞庭,浮沅湘,歷九疑,吊蒼梧,徼兵南海。既而窮象桂,道五管,觀師於日南、九真之交,時有贊勷。大將軍待以爲揖客,歸,仍守其舊官。"按,《明史·張輔傳》,考張輔第一次出征交阯在永樂三年,永樂五年平安南,六年夏班師回朝,進封英國公。六年冬,安南復叛。七年春,張輔爲征虜將軍,復征交阯。王偁當於永樂七年春辟爲幕府,出參軍事。八年正月,朱棣命沐晟留討餘賊,召張輔回京。是年,王偁先與解縉會合,取道廣州,游歷山川,爾後回京。

王偁《虚舟集》卷三有《交阯贈節鎮黄司空》,又有《交州病中喜林伯正大參歸》一詩。詩曰:"補衮美周甫,分岳諮堯牧。晤言懷古人,於兹緬芳躅。圭璋信偉器,麟鳳豈凡族。天南一星明,萬里忻共矚。揭來炎海濱,莫拓古輿服。懷柔心爲勤,撫馭令尤肅。政淳回澆漓,仁遠起頹伏。鯨濤安中流,鳥語變華俗。頓令天地春,浩蕩被陰谷。伊余慕光華,幸此近膏沃。衆中睹節鉞,丰采朗如玉。天狼晝已墮,神珠夜當復。願言歌德音,吉頌愧清穆。"又有《交州病中喜林伯正大參歸》一詩,詩云:"孤館抱餘瘵,殊方積沉憂。況兹風雨交,薄暮來颼颼。中夜夢九還,上國魂獨游。豈無同心人,曠望阻林丘。驅馳王事勤,未得休戈矛。旦坐念暌違,此會良悠悠。忽聞擁前髦,載見回輕輈。欣遂懷如開,晤言疾徐瘳。須臾笳鼓悲,耿耿星漢流。餘情寄長劍,激烈何能休。"

焦竑《國朝獻徵録》卷二十二載:"《大典》成,英國公張輔奉命征交阯,表偁爲護行交阯。平輒復叛,以故移官交阯。"

永樂九年(1411)春,告病還鄉。重築南湖草堂,並與同郡文人相與唱和。

據王汝玉《虚舟集序》序文,語頗激越奮發,略無危苦之詞。文中又有永樂辛卯(1411)字樣,可知王偁、王璲是年春尚在京師供職。

《(民國)永泰縣志》卷三記"東龍泉寺"云:"在官烈,有温泉龍井,大旱不涸。唐百丈禪師説法於此。元王用文隱居處。明永樂辛卯用文子偁鼎建。"考王用文即王翰,永樂辛卯年即永樂九年,是年春後,王偁罷歸故里。

王偁《虚舟集》卷五有《新築草堂成有述》。按,草堂即南湖草堂,始築於王偁洪武中試進士不第歸居永福時,所謂"廬墓下者六年”,蓋即指南湖草堂下居住了六年。王偁《虚舟集》卷二有詩《草堂成題以見志》五首可證。集後同時有《新築草堂成有述》,可知王偁待罪歸居後重修過南湖草堂。草堂新成,王恭有《寄題靈武王孟揚南湖草堂》和詩相贈。

《(民國)永泰縣志》卷八有《明王偁題王寧立屯赤岸册子》一文,記王寧督屯於永福左岸之磨笄山,並述王偁與同郡林、吴、陳、邵諸人相與唱和、賦詩贈答之事。

永樂十二年(1414)因解縉事下獄,獄中作《自述誄》,嘗有詩投胡廣求援。永樂十三年(1415),瘐死。

按王偁《自述誄》:“日者以支干推定人禍福生死,謂吾年日皆庚,迪於丙,歲在閼逢,麗於鶉火,其弗延矣。”按上述所記,此年當爲甲午年,即《自述誄》作於永樂十二年。徐熥《晉安風雅·姓氏》謂王偁卒年五十八,即宣宗宣德二年丁未(1427),不知何據。徐𤊹《紅雨樓題跋》跋周玄《宜秋集》云王偁卒於永樂十三年乙未,考此説合理,故取之。

焦竑《國朝獻徵録》卷二十二云:“參議解縉者,偁故游也。坐言事,下獄。或斥偁爲黨,遂同逮繫。”朱彝尊《静志居詩話》卷三:“命參英國公張輔軍事,坐黨下獄死。”《福建通志·文苑傳》也記載了王偁因解縉而牽連下獄的經過。綜上可知,王偁下獄乃與解縉有關。查《明史》卷一百四十七《解縉傳》,解縉因介入皇室争端,並於皇帝北征的情況下私自覲見東宫,因而被處死。解縉、王偁、胡廣三人關係密切,但出於自身考慮,胡廣未出手援救王偁。

偁尚氣節,雅志當世,吐論英邁,能揚人之善,不能匿人之過。尤工詩,有唐人風。偁詩本於李白,意矯矯然不可羈也。與林鴻、王恭等合稱“閩中十才子”。文章翰墨書法,亦卓絶於世。有《虚舟

集》傳世。

解縉《虛舟集序》言:"孟揚之爲人,眼空四海,壁立千仞,視餘子瑣瑣者,不啻卧之地下。以是名雖日彰,謗亦隨之。余每擬薦以自代,不果。且孟揚視功名泊如,每有抗浮雲之志,期在息機,與物無競,故其集以《虛舟》名,亦可見其志焉。余第其人品,當在蘇長公之列,文之奇偉浩瀚亦相類……孟揚在翰林越三年,不欲示其長於人。然一遇知己,與論古今成敗,人物賢否,政事得失,治道升降,則目如曙光,辨如懸河,真若超千古而立於獨者。"

《明史》卷一百四十七《解縉傳》言王偁云:"任事直前,表裏洞達……好臧否,無顧忌。"

黄仲昭《八閩通志》卷六十二人物:"偁氣節高勁,議論英發,文章雄偉宏博,詩有唐人風,書法亦妙絶一時。學士解縉嘗稱其人品當在蘇長公之列,文亦相類,至於詩則凌轢漢唐,使眉山見之,未必不避竈而煬也。"

朱彝尊《静志居詩話》卷六云:"耐軒與大紳、孟敭、汝玉、希範號'東南五才子'。"考王達號耐軒,解縉號大紳,王汝玉名璲,以字行,王洪字希範。

錢謙益《列朝詩集小傳》乙集"王侍講洪"條云:"當時詞林稱'四王',皆有才名,希範與閩人王偁、王恭、王褒也。"

朱彝尊《曝書亭集》卷六十三:"閩中善詩者數十才子……十才子者,閩鄭定,候官王褒、唐泰,長樂高棅、王恭、陳亮,永福王偁及鴻弟子周玄、黄玄,時人目爲'二玄'者也。"

焦竑《國朝獻徵録》卷二十二載:"偁尚氣節,雅志當世,吐論英邁,能揚人之善,不能匿人之過,竟以此死。悲夫! 偁之詩本於李白,意矯矯然不可羈也,號曰《虛舟集》。"

葉溥、張孟敬《(正德)福州府志》卷二十八人物志云:"王偁,字孟揚。……詩文與楷、行、草書皆絶妙。”

參考文獻:

1. 王偁《虚舟集》,《景印文淵閣四庫全書》第1237册,臺灣商務印書館1986年版。

2. 袁表、馬熒選輯《閩中十子詩》,《景印文淵閣四庫全書》第1372册,臺灣商務印書館1986年版。

3. 袁表、馬熒選輯,苗健青點校《閩中十子詩》,福建人民出版社2005年版。

4. 焦竑著《國朝獻徵録》,影印《中國史學叢書》,臺灣學生書局1965年版。

5. 張廷玉等撰《明史》,中華書局1974年版。

6. 郝玉麟等撰《福建通志》,《景印文淵閣四庫全書》第530册,臺灣商務印書館1986年版。

7. 金章、董秉清修《(民國)永泰縣志》,《中國地方志集成・福建府縣志輯・19》,上海書店出版社2000年版。

8. 葉溥、張孟敬纂修明《(正德)福州府志》,海風出版社2001年版。

9. 錢謙益《列朝詩集》,上海古籍出版社1983年版。

10. 朱彝尊著、黄君坦校點《静志居詩話》,人民出版社1990年版。

11. 陳田輯著《明詩紀事》,上海古籍出版社1995年版。

12. 喻政主修《(萬曆)福州府志》,海風出版社2001年版。

(廖肇禄)

楊榮傳

楊榮，初名子榮，字勉仁，建安（今福建建甌）人，初名子榮。洪武四年（1371）生。

王直《抑庵文集》卷十一《少師建安楊公傳》（以下稱《楊公傳》）："公姓楊氏，初名子榮，字勉仁，太祖皇帝更名榮，遂以聞於天下。漢太尉震之後，唐末有仕於閩者，因家浦城，三遷遂爲建安望族。祖達卿，父士美，皆不仕，而皆爲善人長者，以公貴，累贈至榮禄大夫少傅，工部尚書兼謹身殿大學士。"

又按，楊榮《文敏集》卷末附録江鏞《少師工部尚書兼謹身殿大學士贈特進光禄大夫左柱國太師謚文敏楊公行實》（以下稱《楊公行實》）："公名榮，字仁勉，姓楊氏。先世家關右，系出漢太尉震。唐末有仕於閩者，始居浦城。其後子孫復遷崇安建陽，轉徙建安，今爲建安人，衣冠相承，爲郡望族。考士美，妣劉氏。洪武辛亥十二月戊子，公生焉。先夕，士美夢一道士，眉髮蒼然，扣門假宿，翊旦生公，因名曰道應。祖達卿，聞公啼聲，竊自喜曰：'是子必榮顯吾家。'爲更名子榮。"據此，"道應"或爲榮之初名，而更名"榮"之時間則與《楊公傳》有出入。又，洪武辛亥，即洪武四年（1371）。

建文二年（1400）進士。授編修。

江鏞《楊公行實》："歲己卯，福建鄉試中第一。明年，禮部會試中第三,入對大廷,中第二甲第三,賜進士出身,除翰林編修。"

焦竑《皇明人物要考》卷二:"謹身殿大學士文敏公楊榮,建安人,建文二年舉進士,爲翰林編修。"

成祖初入京,榮迎謁馬首,曰:"殿下先謁陵乎?先即位乎?"成祖遽趣駕謁陵。自是遂受知。

陳建《皇明通紀法傳全録》卷十三:"文皇入城金川門,蹇義、夏原吉皆赴迎戴。楊榮亦見馬首,曰:'翰林編修,臣楊榮。'曰:'何如?'曰:'臣請殿下,今始入城,當先謁陵乎?先入廟乎?'王啞然曰:'固當先謁陵。'遽從之,曰:'非若言,幾誤乃事矣。'"

按,是年爲建文四年(1402),事亦見載黄光昇《昭代典則》卷十二。江鋏《楊公行實》、楊士奇《東里集・東里續集》卷三十六《故少師工部尚書兼謹身殿大學士贈特進光禄大夫左柱國太師謚文敏楊公墓誌銘》(以下稱《楊公墓誌銘》)、楊榮《文敏集》卷末附録楊溥《少師工部尚書兼謹身殿大學士贈特進光禄大夫左柱國太師謚文敏楊公神道碑銘》(以下稱《楊公神道碑銘》),均未見録。

成祖即位,簡入文淵閣,爲更名榮。同值七人,榮最少,治事稱旨。進修撰,復進侍講。

過庭訓《本朝分省人物考》卷七十二《楊榮》:"文帝履極,更其名榮。簡入内閣,初入閣之臣七人,惟榮齒最少,最警悟。一日晚,寧夏報被圍,上急召解縉等七人,皆已出,惟榮赴命。上不懌,示以奏曰:'爾後進,寧解此?今當遣何處兵往救?'榮曰:'不須救,臣嘗奉使至彼,其城堅且人皆習戰,今發已十餘日,虜必退。但敕守臣固守,及鄰近諸城堡堤備可矣,不必遣兵,重爲煩擾也。'夜半虜圍解,報至。詰旦,上詔榮,以報書示之,諭曰:'何料敵之審也?'"

按,簡翰林七人入文淵閣乃建文四年(1402)八月事,前此六月成祖朱棣已入正大統,陳建《皇明通紀集要》卷十二“(建文四年)八月”條謂:“始開内閣於東閣門内,以待詔解縉爲侍講,中書舍人黄淮爲編修,直文淵閣。諭以委任,腹心至意,專典機密,雖學士王景不得與焉。尋復以胡靖爲侍講,楊榮爲修撰,楊士奇爲編修,金幼孜、胡儼爲檢討,七人並直文淵閣。”

江西盜起,遣使撫諭,而令都督韓觀將兵繼其後。賊就撫奏至,帝欲賜敕勞觀。榮曰:“計發奏時,觀尚未至,不得論功。”帝益重之,再遷至侍講。

楊士奇《楊公墓誌銘》:“太宗皇帝入正大統,更其名榮。初建内閣,簡翰林之臣七人其中,專典密務。七人者解縉、胡廣、王[黄]淮、胡儼、金幼孜、公及士奇也。公齒最少,最警敏。一日晚,上出右順門,召内閣諸臣,獨公一人在,出江西三司奏章示之,言:‘吉安鄉民之嘯聚者,已悉復業。’蓋朝廷初有聞,即遣行人許子謨賫敕撫諭。子謨行將一月,又遣都督韓觀率兵繼之。如撫諭不下,即加兵。及是奏至,上諭公曰:‘觀不至不下,其降敕褒觀。’公讀奏,訖對曰:‘計發奏之日,觀尚在中道,未足褒。’從之,自是益重公。時四方之事方殷,七人者旦夕侍左右,承顧問受旨,退治職務且兼稽古纂述之事,不虚寸晷。上時步至閣中,親閲其勞,且視其所治,咸稱旨。時公尤勤勵,遂皆進官,公進修撰。數月,復進侍講。明年,改元永樂。秋,公請告歸省。又明年春,七人皆賜二品、金織衣,且勞之曰:‘天下事,咸朕與若等同計,非若六卿之分理也。’無幾,簡翰林之臣十數人兼春坊官任輔導,公兼右春坊諭德,授奉訓大夫,日分直,進講經史。”

永樂五年(1407),命往甘肅經畫軍務,所過覽山川形勢,察軍民,閲城堡。還奏武英殿,帝大悦。值盛暑,親剖瓜啖之。尋進右

庶子,兼職如故。

楊士奇《楊公墓誌銘》:"五年,奉命往甘肅,同總兵議邊務,察視守備,還奏稱旨。"

江銕《楊公行實》:"丁亥夏五月庚申,奉命往甘肅規畫軍務。所過覽山川形勢,察軍民休戚,閱城堡虛實。秋七月甲寅,回京奏對武英殿,太宗皇帝大悦。時盛暑,命取瓜,親剖賜公,且遣中官賜以羊,敕命休息。……冬十一月辛亥朔,遷奉議大夫右庶子,仍兼侍讀。"

永樂六年(1408),以父喪給傳歸。既葬,起復視事。明年,母喪乞歸。帝以北行期迫不許,命同胡廣、金幼孜扈從。甘肅何福言脱脱不花等請降,命榮往甘肅與福經畫,還,陳便宜十事,帝嘉納之。

江銕《楊公行實》:"(戊子)四月丙午,父喪。六月庚辰,聞訃告歸。……冬十月甲午,母喪。乙丑春正月,公聞訃,當去職。時車駕將幸北京,特留扈從,賜綿、狐裘、鞍馬。三月至北京賜宴,公辭以母憂,弗與,特命中官以珍饌送至家。嘗命從游萬歲山,亦辭,弗與,特召之行,復蒙賜賚。秋七月,甘肅總兵官都督何福言韃靼托克托布合王等各率部來歸,命公往甘肅與福經畫。還奏,稱旨,賜以米鈔。九月,復命持節詣亦集,乃封何福爲寧遠侯。俾經寧夏,與寧陽伯陳懋規畫邊務。……十一月,還京復命,及陳邊境便宜十事,太宗皇帝嘉納之,賜以襲衣、鈔幣。"

按,母喪乞歸未許事,楊榮《文敏集》卷十六《先妣行實》亦見及。又,明成祖朱棣於永樂七年(1409)車駕發北京,扈從者有胡廣、楊榮、金幼孜、夏原吉等人,陳建《皇明通紀法傳全録》卷十五"己丑永樂七年"條載其事,謂:"二月,車駕發京師,巡幸北京。命皇太子監國……命學士胡廣、侍讀楊榮、金幼孜及户部尚書夏原吉等扈從。"又,據畢沅《續資治通鑑》卷二百十二,托克托布合舊作脱脱不花，蒙古可汗。傅恒《通鑑輯覽》卷一百三則稱“托克托布哈舊作托都不花”。前後之异，實因音譯故。

永樂八年(1410)從出塞，次臚朐河。選勇士三百人爲衛，不以隸諸將，令榮領之。師旋，餉不繼。榮請盡以供御之餘給軍，而令軍中有餘者得相貸，入塞，官爲倍償。軍賴以濟。

江銕《楊公行實》:“庚寅二月丙午，從征朔漠，賜衣被、鞍馬。……五月丁卯，車駕至驢駒河，賜名飲馬河。至是稍迫賊境，駐蹕河。上親選勇士三百人專令衛護，不以隸諸將，特命公掌之。迨寇平班師，軍士乏食，公力言之。即日召乏糧者赴中軍，以御膳所儲糧炒散與之。且下令，軍中凡糧炒多者，許借貸，回京倍酬其直。由是，獲全者衆。”

按，永樂八年扈從征北，“餉不繼。榮請盡以供御之餘給軍”事，《楊公墓誌銘》未見録；考金幼孜《北征録》，亦未見及。故繫於此。

明年，乞奔母喪，命中官護行。還，詢閩中民情及歲豐歉，榮具以對。尋命侍諸皇孫讀書文華殿。

楊士奇《楊公墓誌銘》:“九年春，奏奔母喪，遣中使護送。既還，皇太子命公侍諸皇孫學，且命公曰:‘嚴則有成。’公盡心不怠。”

江銕《楊公行實》:“辛卯春正月甲申，乞奔母喪，賜白金、鈔幣，遣中官宋成送至家。……六月癸丑還京師，太宗皇帝召問閩中民情暨歲豐儉，公條對詳實。……九月，皇太子命侍諸皇孫，讀書文華殿，且諭諸皇孫曰:‘此皇祖近臣，汝輩當禮敬。’公講授有程度，諸皇孫多所進益。皇太子召公奬諭切至，且曰:‘他日學成，即汝訓迪之功也。’”

十年(1412)，甘肅守臣宋琥言，叛寇老的罕逃居赤斤蒙古，且爲邊患。乃復遣榮至陜西，會豐城侯李彬議進兵方略。榮還奏言:

“隆冬非用兵時,且有罪不過數人,兵未可出。”帝從其言,叛者亦降。

楊士奇《楊公墓誌銘》:“十年二月,賜誥命,並追贈父母、妻。冬,甘肅守帥西寧侯宋琥奏叛寇婁達衮逃居齊勤蒙古衛,將爲邊患。時豐城侯李彬鎮陜西,遂敕彬率師剿之,且命公往與彬計度。十二月還,奏:‘餉道險阻,今冱寒,人疲馬瘠,不可行,且小醜不足以煩王師。’遂敕彬旋師。無幾,叛者復歸。”

十一年(1413),復與廣、幼孜從北巡。又明年,征瓦剌,太孫侍行。帝命榮以間陳説經史,兼領尚寶事。凡宣詔出令,及旗志符驗,必得榮奏乃發。帝嘗召榮計兵食,榮從容奏對。

楊士奇《楊公墓誌銘》:“十一年春,從守北京。十二年三月,從征衛拉特。時皇長孫侍行,上命胡、金及公三人。凡行營有暇,即與講析理義,開其聰明。尚寶司官闕,命公兼之。既還,敕翰林,修《性理》《五經》《四書大全》,公三人皆爲總裁。十四年,升翰林學士,仍兼庶子,扈從南歸。十五年春,復扈從巡北京。”

江銕《楊公行實》:“甲午三月庚寅,征衛喇特。時皇太孫侍行,以尚寶司乏人,命公兼掌其事,凡出號令與宣傳之事,敕旨旗牌,不得公奏允不敢發。乙卯,太宗皇帝謂公曰:‘朕長孫聰明英鋭,勇智過人,今令從行,俾知用兵之法,且使躬歷行陣,知將士勞苦。然文事武備不可偏廢,營中稍閑,爾等即以經史説,庶知古今成敗得失之迹,可以鑒戒也。公每遇駐營,伺間進講,皇太孫甚嘉重之。’夏四月丁未,駐蹕興和,以尚寶司乏人,命公兼掌其事,凡出號令與宣傳之事,敕旨旗牌,不得公奏允不敢發。乙卯,師次大石鎮,晚涼,太宗皇帝坐御幄中,召問足食、足兵之策。公對:‘宜擇將帥、力屯田。將得人則軍士勿擾,軍士既安則耕不違時,何患兵食之不足哉?’太宗皇帝是其言。”

十四年(1414),與金幼孜俱進翰林學士,仍兼庶子,從還京師。明年,復從北征。

楊士奇《楊公墓誌銘》:“十四年,升翰林學士,仍兼庶子,扈從南歸。十五年春,復扈從巡北京。”

按,榮與金幼孜俱進翰林學士事,陳建《皇明通紀法傳全録》卷十五“丙申永樂十四年”條亦載,謂:“四月,以胡廣爲文淵閣大學士,楊榮、金幼孜俱爲翰林學士,并兼春坊原職。”

又按,榮與金幼孜俱進翰林學士事,陳建《皇明通紀法傳全録》卷十五“丙申永樂十四年”條亦載,謂:“四月,以胡廣爲文淵閣大學士,楊榮、金幼孜俱爲翰林學士,并兼春坊原職。”

十六年(1418),胡廣卒,命榮掌翰林院事,益見親任。諸大臣多忌榮,欲疏之,共舉爲祭酒。帝曰:“吾固知其可,第求代榮者。”諸大臣乃不敢言。

楊士奇《楊公墓誌銘》:“十六年夏,進高廟《實録》,賜宴賚。胡公没,公掌翰林院事,益見親密。一時廷臣狎恩多縱忌,公抗直發其私。適太學闕祭酒,衆共舉公,實欲疏之,上不聽。”

江鉠《楊公行實》:“丁巳,學士胡公歿,公掌翰林院事。太宗皇帝注意益隆,而公在衆中,詞色嚴厲,諸大臣往往忌妒,陰欲疏之。屬北京國子監乏師,因薦公可爲祭酒。太宗皇帝曰:‘吾固知其可,汝但求可以代之者。’於是,群意銷沮。”

按,胡廣,字光大,吉水(今屬江西)人,洪武三年以文學選爲御史,官至文淵閣大學士,永樂十六年(1418)卒,謚文穆。《明史》卷一百四十七有傳。

十八年(1420),進文淵閣大學士,兼學士如故。明年定都北京。會三殿災,榮麾衛士出圖籍制誥,舁東華門外。帝褒之。榮與幼孜陳便宜十事。報可。

江鎮《楊公行實》:"(己亥)十二月己丑,進言十事,皆指斥五府、六部、三法司積弊。太宗皇帝覽而嘉之,密諭公曰:'實切時病,但汝爲心腹之臣,若進此言,恐群臣益相猜疑,不若使慎密御史言之。'於是,得監察御史鄧真畀入奏。衆皆股栗,免冠請罪。詔諸司,即日悛改怙終者不赦,凡所改多益國利民之事。……(庚子)閏正月丙子,升文淵閣大學士,兼翰林院學士,階奉政大夫。……辛丑正月,北京宫殿成,初御朝賀,……夏四月庚子夜,奉天、華蓋、謹身三殿災,火勢猛烈。而奉天門東廡切近秘閣,公奮身直入,麾衛士三百人將御書圖籍並積歲制敕文書,舁致東華門河次。明日,太宗皇帝詔諭之曰:'昨夜火發,在目前者幾人,卿能收拾圖籍,不避艱危,可謂歲寒松柏也。'"

按,榮進文淵閣大學士,楊士奇《楊公墓誌銘》作"永樂十七年"。考陳建《皇明通紀集要》卷十五、黄光昇《昭代典則》卷十三、雷禮《皇明大政紀》卷八等,均作"永樂十八年",同時進文淵閣大學士者金幼孜,《楊公墓誌銘》當誤。又,"榮與幼孜陳便宜十事",《明紀》作"永樂十九年",與《楊公行實》所謂"己亥(永樂十七年)"异。而《楊公墓誌銘》、《明史》本傳則未明確紀年,然據各自之行文,前者當指永樂十七年或前,而後者則當指永樂十九年或後。

二十年(1422),復從出塞,參决軍事,賚予優渥。師還,賜宴,受上賞。已,復下詔征阿魯台。或請調建文時江西所集民兵。明年,從出塞,軍務悉委榮,晝夜見無時。帝時稱"楊學士"。又明年,復從北征。

《明史》本傳:"帝凡五出塞,士卒饑凍,饋運不繼,死亡十二三。大軍抵答蘭納木兒河,不見敵。帝問群臣當復進否,群臣唯唯,惟榮、幼孜從容言宜班師。帝許之。"

江銕《楊公行實》:"壬寅三月戊寅(按,此指永樂二十年),從征沙漠,賜米鈔鞍馬。每軍中命公侯大臣議機務,密令公參決,無不稱旨。特召公於御幄中,與公侯大臣坐飲,凡有賜賚,公與之俱,其特賜公者,公侯或不與俱,而諸扈從文臣亦皆弗與。……閏十二月甲子,詔復西征,方以士馬糧餉爲艱。有以建文間江西垜集民兵與饋運丁夫十餘萬可徵用爲言,太宗皇帝以其奏示公。公對曰:'此兵夫,昔有詔令復業,今復徵之,是失信也。'太宗皇帝笑語公曰:'卿言正合朕意。'遂寢其奏。癸卯秋七月戊戌(按,即永樂二十一年),扈從西征,賜羊酒帳房等物。八月庚申,師萬全,一應軍務,悉命公掌之。自晝至夜,或三接五接,宣召每以'楊學士'稱之而不名。……甲辰三月(按,即永樂二十二年),復從征北敵。五月甲申,公言軍士勞苦,宜遣使諭彼,並釋其不順之罪,且請班師。太宗皇帝曰:'卿言深合朕意。'遂敕中官伯勒格及所獲諜者往彼中,諭其部落來歸。遂班師。"

按,二十二年北征事,亦詳見楊榮《北征記》。但未詳及楊榮、金幼孜於"從容言宜班師"事。然楊榮《文敏集》卷十七《金公墓誌銘》則言及"請班師"事,《金幼孜傳》箋證中已作考析,可參讀。

還次榆木川,成祖崩。榮與幼孜入御幄議喪事,一切之禮皆出二人。

楊榮《北征記》:"次榆木川,上大漸,召英國公張輔受遺命:'傳位皇太子。'且云:'喪服禮儀,一遵太祖皇帝遺制。'辛卯上崩,内臣馬雲、孟驥等以六師在遠外,秘不發喪。密召大學士楊榮、金幼孜入議喪事。遂一遵古禮,含斂畢,載以龍輿,所至朝夕,上食如常儀。壬辰靈輿次雙筆峰,大學士楊榮、少監海壽奉遺命,馳訃皇太子。”

江鋐《楊公行實》:“辛卯次榆木川,太宗皇帝不預,召公等受遺命:‘傳位皇太子。’遂崩。衆倉促莫知所措,公一遵古禮,斂含如度。謂太監馬雲等曰:‘六師去軍尚遠,不宜發喪,所至宜上食如常儀。’衆是之。復條畫軍中事,益嚴號令,人皆莫測。時議者有欲假他事作敕,用寶馳報者,公曰:‘先帝在,稱敕,今而稱敕是詐也,罪孰當之?’壬辰次雙筆峰,奉遺命,馳訃皇太子。八月甲申至北京,致大行皇帝遺命,退而復以軍中所宜施行者陳之,皇太子嘉嘆,賜以白金、鈔幣,召吏部尚書蹇義,曰:‘卿,其識之,他日吾將大用焉。’翊旦,復承命同蹇義等議即位事宜。”

楊士奇《楊公墓誌銘》:“師次榆林川,上不豫。既上賓,凡沐浴、襲奠飯、含棺斂,一切之禮悉出二公,衆遂推公先馳歸報。既至,同尚書蹇公等議喪禮,遂議即位禮。”

仁宗即位,進太常卿,餘官如故。尋進太子少傅、謹身殿大學士。既而有言榮當大行時,所行喪禮及處分軍事狀。仁宗賜敕褒勞,賚予甚厚。進工部尚書,食三禄。

楊士奇《楊公墓誌銘》:“仁宗皇帝嗣位,進公太常寺卿,授嘉議大夫,仍兼兩職學士。逾月,進太子少傅,授資善大夫,兼謹身殿大學士。山陵事殷,太監孟繼極言公盡心喪事。上嘉嘆,即升公工部尚書,仍兼前二職,賜敕褒,諭三俸俱支,尚書一俸,全給米。”

王直《抑庵文集》卷十一《楊公傳》:“仁宗即位禮儀,詔敕公與二三大臣計議,條奏行之,賜公白金二百、兩鈔二萬貫、彩幣二十表裏,升嘉議大夫、太常卿,仍兼前二職。尋升資善大夫、太子少傅兼謹身殿大學士,賜銀印一,文曰‘繩愆糾繆’。且諭公曰:‘朕於政務有缺,則用此印密疏以聞,至於再三,慎勿憚煩。’公奉命唯謹。又慮法司濫刑，凡重罪者，命公與諸大臣同審録獄以不冤。上嘗閲翰林所作楊士奇及公等誥辭，謂曰：'朕以卿自輔，卿等知有未善皆當盡言。'親御翰墨，增二語云：'勿謂崇高而難入，勿以有所從違而或怠。'曰：'此朕實心。'公拜曰：'陛下聖德之至，臣豈敢不勉?'既而，有言太宗升遐時，事多公爲主之。上嘉嘆，降敕獎，諭加賜白金、彩幣等物，特升工部尚書，前官如故，三俸俱支。公辭尚書，不允。"

按，據龍文彬《明會要》卷一，仁宗皇帝朱高熾於永樂二十二年(1424)即位，改元洪熙，洪熙元年(1425)五月即崩，在位不足一年。又，榮辭俸禄事詳見《楊公行實》。於楊士奇辭俸禄事，可參王直《抑庵集》卷十一《少師泰和楊公傳》，《楊士奇傳》箋證亦有詳析，此從略。

宣德元年(1426)，漢王高煦反。宣宗召榮等定計，從之。師還，以决策功，受上賞。

江鋏《楊公行實》："(宣德元年)八月辛未，漢王叛。公勸上親征。旬月間，事平，還京蒙賜鞍馬、白金、鈔幣，及樂安州男婦五十餘人。丁未二月戊寅，賜範銀圖書五，文曰：'方直剛正，忠孝流芳，關西後裔，建安楊榮。楊氏勉仁。'且面致訓戒，以表眷待之隆。"

楊士奇《楊公墓誌銘》："宣宗皇帝嗣位，修仁廟《實録》，仍預總裁。高煦反，在廷多懷二心。惟文臣三四人勸上親征，公其首也。遂扈從討平之。師還，特授騂蕃之賜。"

按，漢王朱高煦，成祖朱棣第二子，《明史》卷一百十八有傳。

三年(1428)，從宣宗巡邊，至遵化。聞兀良哈將寇邊，宣宗留扈行諸文臣於大營，獨命榮從，自將輕騎出喜峰口，破敵而還。五年，進少傅，辭大學士禄。九年，復從巡邊，至洗馬林而還。

楊士奇《楊公墓誌銘》："是年八月，車駕巡邊，至遵化，聞敵逼塞下。以道狹,師難並進,上率鐵騎數千先馳擊之,文臣獨公從。既還,升少傅,進榮禄大夫,仍兼尚書大學士,三俸俱支,辭大學士俸。……後兩扈從巡邊,皆至洗馬林而還。”

按,尹守衡《皇明史竊》卷六十六亦載録,謂:“宣德三年,兀良哈犯塞,從征。至寬河,榮跨鐵騎,扈上出擊。還,加少傅。九年,從巡邊,至洗馬林。是時,西比多事,運籌應卒,内閣顧獨推榮,士奇等諸人不及。”

又,據陳建《皇明通紀法傳全録》卷九:“兀良哈,古(蒙古)山戎也。歷代爲渾莫奚契丹之種。”卷十八:“(甲寅宣德九年)九月,車駕巡邊,至洗馬林而還。”

英宗即位,委寄如故。正統三年(1438),與士奇俱進少師。五年(1440),乞歸展墓,命中官護行。還至武林驛而卒,年七十。贈太師,謚文敏,授世襲都指揮使。

楊士奇《楊公墓誌銘》:“皇上(按,此指明英宗朱祁鎮)嗣位,公與同官三人,協志合力,以效裨益,賜賚特厚。修宣廟《實録》,皆爲總裁。書成,進公光禄大夫柱國少師兼尚書大學士如故,賜玉帶。時上日勤聖學,命公同知經筵事。五年,謁告省墓,賜敕褒諭,加厚賚給傳,遣中官護送。既還京,道薨,春秋七十。”

按,榮進少師、謚文敏事亦見陳建《皇明通紀法傳全録》卷十九,其謂:“戊午正統三年春,宣宗皇帝《實録》成,大學士楊士奇、楊榮俱進少師,楊溥進少保。……(庚申正統五年)七月,少師大學士楊榮卒於杭州,贈太師,謚文敏。”又,榮卒於明正統五年(1440),享壽七十,故其當生於明洪武四年(1371)。

榮處國家大事,不愧唐姚崇,而不拘小節,亦頗類之。

《明史》卷一百四十八《楊榮傳》:“榮歷事四朝,謀而能斷。永樂末，浙、閩山賊起，議發兵。帝時在塞外，奏至，以示榮。榮曰：‘愚民苦有司，不得已相聚自保。兵出，將益聚不可解。遣使招撫，當不煩兵。’從之，盜果息。安南之棄，諸大臣多謂不可，獨榮與士奇力言不宜以荒服疲中國。其老成持重類如此。論事激發，不能容人過。然遇人觸帝怒致不測，往往以微言導帝意，輒得解。夏原吉、李時勉之不死，都御史劉觀之免戍邊，皆賴其力。嘗語人曰：‘事君有體，進諫有方，以悻直取禍，吾不爲也。’故其恩遇亦始終無間。重修《太祖實録》及太宗、仁、宣三朝《實録》，皆爲總裁官。先後賜賚，不可勝計。性喜賓客，雖貴盛無稍崖岸，士多歸心焉。或謂榮處國家大事，不愧唐姚崇，而不拘小節，亦頗類之。”

楊士奇《楊公墓誌銘》：“尚書夏原吉以兵饟不給坐繫，吕震言其柔奸；侍讀李時勉嘗論事，亦有言其賣直者，皆激上怒。公悉委曲爲之辨解。……馬騏激變，交阯黎利聚衆抗王師。總帥孱弱不支，輒與利和，且爲利請立陳氏後，遂以師還奏至。上以示文武大臣，皆勸發兵擊利。上不聽，竟偃兵息民，公預力焉。……公仕於朝四十年，皆居清密，考鄉試者一，讀廷試卷九。爲人闓疏果毅，遇事當爲，奮前不疑。於論古人，必欲出新見，不肯苟同，議辟率歸寬恕。勤職事，盛寒暑及小疾，未嘗少息。於四裔及邊徼事及邊將勇怯智愚，靡不通知，故忖量事勢，率豫中内。篤孝友睦婣之行，家故豐裕，且有厚禄，能濟窮恤患，無間疏戚。喜賓客，善交際，雖貴盛，無厓岸、貴賤、小大，皆歸心焉。”

鄭曉《吾學編·名臣記》卷六《太師楊文敏公》：“（永樂）二十二年，從北征，中道乏軍輿，公請令軍中相假貸，入塞官償，亟班師。浙江守臣言浙東麗水與閩政和山寇掠劫，請兩都司合兵進剿。公曰：‘不可。愚民苦有司，不得已相聚。剿則毒民益聚，不可解，願下敕遣一介撫諭，不足煩兵。’上從之。”

趙維寰《雪廬焚餘稿·焚餘續草》卷二《議諫法》:“楊文敏公榮言:‘人臣事君有體,進諫有方。譬如,上讀《千文》“天地玄黄”,將玄黄讀作玄紅,爾時雖心知紅字已差,未可遽言差也,安知上意不以嘗我?又安知玄黄不可爲玄紅?遽言之無益,當俟其至再至三,或有詢問,始可應曰:“臣幼讀《千文》,見書本是‘天地玄黄’,未知是否?”如是,始爲能諫。’蓋文敏之論諫法如此,余竊以爲不然。”

按,榮以建文二年(1400)進士及第,授翰林院編修,實際仕歷建文、永樂、洪熙、宣德、正統凡五朝,《明史》本傳作四朝,不確。又,重修《明太祖高皇帝實録》及修《明太宗文皇帝實録》《明仁宗昭皇帝實録》《明宣宗昭皇帝實録》,均預且爲總裁,於此可參《楊公行實》《楊公墓誌銘》《皇明通紀法傳全録》等史籍。

榮享文譽,一生著述宏富,影響深遠。

楊士奇《楊公墓誌銘》稱“所著文章有《默庵集》《雲山小稿》《静軒稿》《退思集》《北征記》《訓子編》,藏於家”;黄虞稷《千頃堂書目》則著録《北征記》一卷、《兩京類稿》三十卷、《玉堂遺稿》十二卷、《文敏公》十五卷附録一卷。

於其人及其詩文,《四庫全書總目》卷一百七十《楊文敏集》提要評曰:“榮當明全盛之日,歷事四朝,恩禮始終無間,儒生遭遇可謂至榮,故發爲文章,具有富貴福澤之氣。應制諸作,渢渢雅音,其他詩文,亦皆雍容平易,肖其爲人。雖無深湛幽渺之思、縱横馳驟之才足以震耀一世,而逶迤有度,醇實無疵,臺閣之文所由,與山林枯槁者异也。與楊士奇同主一代之文柄,亦有由矣。柄國既久,晚進者遞相摹擬,城中高髻,四方一尺,餘波所衍,漸流爲膚廓冗長,千篇一律。物窮則變,於是何、李崛起,倡爲復古之論。而士奇、榮等遂爲藝林之口實。平心而論,凡文章之力足以轉移一世者,其始也,必能自成一家;其久也,亦無不生弊。微獨東里一派,即前後七子,亦孰不皆然。不可以前人之盛並回護後來之衰,亦不可以後來之衰並掩没前人之盛也。亦何容以末流放失,遽病士奇與榮哉?”

朱彝尊《明詩綜》卷十七:“東楊詩頗温麗,上擬西楊不及,下視南楊有餘。”

考其詩文集版本,主要有:

《楊文敏公集》二十五卷附録一卷,明正德十年刻本,上海圖書館、國家圖書館等藏。

《楊文敏集》二十五卷,清文淵閣《四庫全書》本。

《北征記》一卷,明刻《歷代小史》本,中國社會科學院文學研究所等藏。

《北征記》一卷,明嘉靖二十三年陸楫儼山書院雲山書院刻《古今説海》本,上海圖書館藏。

《北征記》一卷,明嘉靖十二年刻《明良集六種》本,上海圖書館藏。

《北征記》一卷,明末刻《廣百川學海》一百三十種本,上海圖書館藏。

《北征記》一卷,明萬曆四十五年陳于廷刻《紀録彙編》本,上海圖書館藏。

《北征記》一卷,清道光元年邵氏酉山堂刻《古今説海》本,國家圖書館藏。

《北征記》一卷,清順治三年李際期宛委山堂刻《説郛續》本,上海圖書館藏。

《北征記》一卷,清光緒九年懺華盦重刻本,河南大學圖書館藏。

《北征記》一卷,清宣統元年北京集成圖書公司鉛印本,河南大學圖書館藏。

《北征記》一卷,民國二十七年上海涵芬樓影印本,北京大學圖書館藏。

參考文獻:

1. 楊榮《文敏集》,明正德十年刻本。

2. 楊榮《北征記》,《續修四庫全書》本,上海古籍出版社2002年版。

3. 過庭訓《本朝分省人物考》,明天啓刻本。

4. 陳建《皇明通紀法傳全録》,明崇禎九年刻本。

5. 尹守衡《皇明史竊》,明崇禎刻本。

6. 張廷玉等《明史》,中華書局1974年版。

7. 黄光昇《昭代典則》,《續修四庫全書》本,上海古籍出版社2002年版。

8. 雷禮《皇明大政紀》,《續修四庫全書》本,上海古籍出版社2002年版。

9. 楊士奇《東里集》,明嘉靖二十九年黄如珪刻本。

10. 王直《抑庵文集》,《景印文淵閣四庫全書》本,臺灣商務印書館1986年版。

11. 黄虞稷《千頃堂書目》,上海古籍出版社2001年版。

(温世亮)

曾棨傳

曾棨，字子啓，永豐人。生於明洪武五年(1372)。

曾棨，過庭訓《本朝分省人物考》卷六十三、何喬遠《名山藏》卷六十二、廖道南《殿閣詞林記》卷六、傅維鱗《明書》卷一百四十六、萬斯同《明史》卷二百一等有傳。

於曾棨字號、籍里、家世，楊榮《文敏集》卷二十一《詹事府少詹事兼翰林院侍讀學士贈嘉議大夫禮部左侍郎曾公墓誌銘》(以下稱《曾公墓誌銘》)："公諱棨，字子啓，吉之永豐人。其先世出自武城。西漢末，郕國十四代孫諱據者，避王莽之亂，率族人南遷，散居南豐、廬陵諸郡。至宋兵部侍郎江西湖廣安撫使贈武城伯諱晞顔者，公之高祖也。元翰林直學士諱德裕者，公之伯祖也。翰林編修知制誥諱巽申者，公之祖也。考諱叔本，妣張氏。"

楊士奇《東里文集》卷十四《詹事府少詹事兼翰林侍讀學士贈嘉議大夫禮部左侍郎曾公墓碑銘》(以下稱《曾公墓碑銘》)："曾氏世家吉之永豐，其高祖晞顔，宋兵部侍郎，江西、湖南安撫使，元贈武城伯，妣蕭氏。曾祖巽申，元應奉翰林文字同知制誥兼國史院編修官，與其兄翰林直學士德裕，皆有盛名於時，妣胡氏。祖如琺，集賢院司直，妣周氏。考叔本，洪熙初以子啓貴，贈奉議大夫左春坊大學士兼翰林侍讀學士，而贈其妣張氏宜人，其配鍾氏封宜人。子男三，秬務學力文，有志繼述，甫冠而卒，薦紳惜之；次積；次種。女五,鍾公鉉、劉敦會、周秀夫、胡顯勉、高欽夫其婿也。”

按,揆明豐坊《書訣》,曾棨號西墅。永豐,縣名,今屬江西吉安。

生而穎异,貌魁偉,博聞强記,工於文詞。

楊榮《曾公墓誌銘》:“公幼穎敏端重,言笑不易。五歲盡識象戲字,七歲從學伯父兩皋,十五以其所學訓族人子弟,十七出教新淦胡氏塾,已有名。時儒者鄒仲熙、鄒幼亨輩,皆忘年與之交。二十充邑庠生,教諭戴正心文學老成,尤重公,既作詩勵之,復爲龍說,期其大用。……爲文章,才思滂沛,頃刻千百言,不待思索。”

楊士奇《曾公墓碑銘》:“上時召試,子啓迅筆千百言立就,不費思索而理致文采皆到,其苦心思索者有不能及。”

永樂二年(1404),殿試第一,授翰林修撰。

楊榮《曾公墓誌銘》:“永樂元年,中江西鄉試。明年,禮部會試中選者四百七十人,公在第八,廷試遂中第一,賜進士及第。太宗皇帝奇其才,親批所對策,褒美之,賜冠帶朝服,授翰林修撰、承務郎。”

《明太宗文皇帝實録》卷二十九“永樂二年三月四日”:“乙巳,上御奉天殿,閲舉人對策,擢曾棨爲第一,賜棨等四百七十二人進士及第。”同卷“永樂二年三月八日”:“己酉,吏部奏授進士曾棨等官,命第一甲曾棨爲翰林院修撰。”

顧鼎臣《明狀元圖考》卷一:“永樂二年甲申,廷對之士,楊相等四百七十二人,遵洪武乙丑例也,擢曾棨第一。”

尋詔解縉選進士二十八人進學文淵閣,棨爲之首。

楊士奇《曾公墓碑銘》:“太宗皇帝御天下,慨然欲作新人才,興起斯文。而龍飛第一科進士中,簡明秀通敏者二十八人就文淵閣,盡出中秘書，俾進所業，朝暮大官供膳，月給内帑鈔爲膏火費，蓋期之於古人，曾君子啓，其首也。”

楊榮《曾公墓誌銘》：“未幾，詔選進士二十八人，俾進學文淵閣，公爲之首。”

按，據陳建《明通紀集要》卷十三，云詔解縉等選二十八人進文淵閣，乃永樂三年(1405)事，實選二十九人，謂：“(永樂)三年，命學士解縉等選新進士才識英敏者俾就文淵閣，進其學。於是，縉等選修撰曾棨等凡二十八人，以應二十八宿。時庶吉士周忱自陳年少，願進學。上喜曰：‘此有志之士也。’命增忱爲二十九人。”

又據何喬遠《名山藏》卷六十二《臣林記》，其二十九人者，即：曾棨、周述、周孟簡、楊相、劉子欽、彭汝器、王英、王直、余鼎、章敞、王訓、柴廣敬、王道、熊直、陳敬宗、沈升、洪順、章樸、余學夔、羅汝敬、盧翰、湯流、段民、倪維哲、袁添禄、吴紳、楊勉、李時勉、周忱。

成祖嘗親試《天馬海青歌》，棨振筆立就，詞義兼美，嘆賞之。又嘗舉群書隱僻事問棨，棨輒條對無遺誤，由是見褒寵。

楊榮《曾公墓誌銘》：“上嘗召問典故，公奏對如響。每應制詩文，皆立就，由是深沐寵眷。……嘗與諸才俊賦《天馬海青歌》於上前，公獨先成，詞氣豪宕，太宗深加嘆賞。”

《明狀元圖考》卷一：“(上)命撰《天馬海青歌》，揮筆立就，詞氣豪宕，賜冠帶朝服馬瑙帶，深沐眷寵。”

楊士奇《曾公墓碑銘》：“上屢舉群書隱僻事，以驗所學，靡不悉對，以是深見獎重，遂名聞天下。”

廖道南《殿閣詞林記》卷六：“曾棨，字子啓，江西永豐人。永樂甲申進士第一，授修撰。軀儀膚碩，文學敏贍，太宗奇其才，命解縉選二十八人爲庶起士進文淵閣，棨爲之冠。上嘗召問，棨應對如響。命撰《天馬海青歌》，揮筆立就，詞氣豪宕。”

按，試《天馬海青歌》事，亦載《國朝列卿記》《皇明從信録》《明政統宗》《明史》《明史通鑑》等典章史籍，楊士奇《曾公墓碑銘》則未及。另，撲之棨《刻曾先生西墅集》《巢睫集》，惜均未見存録，其事之真僞，尚難定論，姑繫於此。

數侍燕，間應制賦詩，賜賚重疊。博覽群籍，問學敏捷，凡館閣奏對、扈從吟詠，無不稱上旨。有薦文士者，成祖必問才學視棨何如，或命就棨辨論，以觀其能否，然後用之。

楊士奇《曾公墓碑銘》："數侍燕，間應制賦詩，並荷褒嘉。後有薦文士於上者，必問得如曾棨否，卒之考其能，未有庶幾跂及者。"

吴期炤《刻曾西墅先生文集序》："惟我文皇帝登極之年，西墅曾公以文學應制，魁於南州。明年，舉進士第一，拜官翰林。公博覽群籍，神采天授，藻思淪然，凡館閣奏對以至扈從吟詠，無一不稱上旨。"

按，據楊士奇《曾公墓碑銘》，曾棨曾於永樂七年、永樂十一年兩度扈從巡北京。其集所載侍燕應制詩亦多，《刻曾先生西墅集》卷四專録扈從律詩，其中若《戊子正月十二日大祀南郊扈從分獻》《正月十四日扈從幸鍾山觀靈谷寺塔影，因命讀朝鮮國陪臣所和聖製塔影詩，並賜觀臣啓和韵之作》《丁酉五月朔駕至北京御西内新殿朝賀》《冬日扈從還南京，隨駕出麗正門馬上作》等，即爲扈從或北巡應制之作。

修《永樂大典》，棨爲副總裁，書成，遷侍講。内艱起復，扈從。

楊榮《曾公墓誌銘》："纂修《永樂大典》，命爲副總裁，授儒林郎。五年，升侍講，授承直郎。丁内艱，大駕巡狩北京，起復扈從。"

楊士奇《曾公墓碑銘》："明年，修《永樂大典》，爲副總裁。五年，升侍講，授承直郎。七年，扈從巡北京。"

按,《曾公墓碑銘》"明年"云云,乃承"君名棨,時以第一甲第一人授翰林修撰、授承務郎,遂晝夜焠礪,文與學俱進"而謂;又,棨殿試第一甲,乃永樂二年(1404)事,故"明年"即永樂三年(1405),時文皇重修《永樂大典》。又,據陳建《明通紀集要》卷十三,《永樂大典》乃成書於永樂五年(1407)。於此年,《明書》、《明史》本傳均作棨"遷侍讀",與《曾公墓誌銘》《曾公墓碑銘》异,談遷《國榷》卷十四則作"修撰曾棨、林環進侍講"。

邑人坐奸黨事,詞連棨,家人戰慄,多亡匿,成祖惜棨才,竟原之家人。失火延燒禁垣,亦釋不問。尋進侍讀學士。

楊榮《曾公墓誌銘》:"同邑有坐奸黨事逮公者,人以爲危,太宗特原之,謂曰:'朕惜爾才也。'公所居西長安門外,家人不戒,火延及禁垣,上亦以公故置不問。……升承德郎,滿升侍讀學士。"

廖道南《殿閣詞林記》卷六:"同邑有坐建文間黨繫者,人咸爲棨爲危。又所居西長安門失火,延及禁垣,上皆以棨故不問。秩滿,進侍讀學士。"

按,據楊士奇《曾公墓碑銘》,曾棨遷侍讀學士乃永樂十六年(1418)事,謂:"十六年,考禮部會試,升侍讀學士,授奉訓大夫。"

修《天下郡邑志》,復爲副總裁。

楊士奇《曾公墓碑銘》:"修《天下郡志》,爲副總裁。二十二年,考禮部會試。"

按,修《天下郡邑志》乃永樂十五年(1417)事,陳建《皇明通紀法傳全録》卷十五:"(永樂十五年)六月,詔纂修《天下郡縣志書》,命尚書夏原吉、學士楊榮、金幼孜總之,後未及成書而罷。"

此外,曾棨預修《天下郡邑志》且爲副總裁事,又見《明名臣琬琰録》《本朝分省人物考》《明史》等。

仁宗立,除左春坊大學士,仍兼侍讀學士。

楊榮《曾公墓誌銘》:"仁宗皇帝嗣位,皇上正位儲宫,升右春坊大學士,仍兼侍讀學士,授奉議大夫,賜誥命,贈其父爲奉議大夫、左春坊大學士兼翰林侍讀學士,母爲宜人。"

楊士奇《曾公墓碑銘》:"仁宗皇帝嗣位,升左春坊大學士,仍兼翰林侍讀學士,日以經史進講文華殿。"

按,仁宗皇帝嗣位大統,乃永樂二十二年(1424)八月事,時朱棣崩。又,是年棨升遷之官位,《曾公墓誌銘》與《曾公墓碑銘》相左,一爲"右春坊大學士",一則爲"左春坊大學士",《殿閣詞林記》本傳從前者,《明書》、《明史》本傳則從後者。考《昭代典則》卷十三、《翰林記》卷十二、《明政統宗》卷九、《國朝典彙》卷五十八及《國榷》卷十八等,則均記永樂二十二年十月仁宗皇帝進"曾棨、王英爲左右春坊大學士",而《曾公墓誌銘》所稱"右春坊大學士",與其後所謂"贈其父爲奉議大夫、左春坊大學士兼翰林侍讀學士"亦不相符。綜而言之,仁宗皇帝立,棨當除左春坊大學士,《曾公墓誌銘》所云,或爲繕録刊刻之誤。

宣宗立,進少詹事。預修三朝《實録》,棨凡再扈北巡,三典會試。

楊榮《曾公墓誌銘》:"與修太祖高皇帝《實録》,書成,重沐賜賚。……宣德改元,與修兩朝《實録》,書成賜金織襲衣、白金文綺,進詹事府少詹事,賜寶帶。日直文淵閣,歲時,屢拜御酒珍饌、白金鈔幣之賜,恩意隆洽。"

按,據《昭代典則》卷十二、十三,曾棨預三朝實録當分别爲永樂九年(1411)十月、洪熙元年(1425)五月及洪熙元年(1425)閏七月。又據《曾公墓碑銘》,棨於永樂七年、永樂十一年兩度扈從巡北京。又,《明政統宗》詳録棨預三典會試事,其卷八載:"(戊戌永樂十六年)二月,命行在翰林院侍讀曾棨、侍講王英爲會試考官,取中董璘等二百五十人。""(甲辰永樂二十二年)二月,會試天下舉人,命侍讀曾棨、侍講余鼎爲會試考官,取中葉恩等一百五十人。"卷九:"(丁未宣德二年)二月,會試天下舉人,命楊溥、曾棨爲考官,取中趙鼎等一百名。"

性樂易,善推獎士類。飲酒至一石不醉。天子知其好飲,每出内醖賜之,竟以飲得疾。

楊士奇《曾公墓碑銘》:"其天性孝友慈厚,喜獎拔士類。交際有始終之義,急人之急,無論識與不識。平生以及物爲心,使之臨民,必有所濟。惜其仕三十年,恒以文學在侍近,所及者未廣也。"

楊榮《曾公墓誌銘》:"公姿貌魁偉,襟度夷曠,孝友忠實,出乎天性,而才氣志行尤超卓不群。兩京鄉試、禮部會試,屢典文衡,去取率公平。素獎勵後進,以爲己務。宗姻鄉黨有急難,靡不用情。善飲酒,與賓朋觴咏,談笑傾倒,意豁如也。"

按,曾棨能飲,亦成文壇佳話,若馮時化《酒史》卷上載:"曾棨,國朝人,永樂時狀元,其飲量亦大户也。嘗有虜使至,善飲,有司推能伴者,纔得一武弁。恐不勝,上令庭臣自薦,棨請往,上喜。三人默飲終日,初不可計,虜使已醉,武弁亦潦倒,棨爽然復命。帝嘆曰:'無論文字,此酒量豈不爲大明狀元乎?'賜以内醖甚厚。"

宣德七年(1432),卒於官,年六十一,贈禮部左侍郎,謚襄敏。

楊士奇《曾公墓碑銘》:"素有痰疾,一日,侍朝疾作,遽引退。上遥見之,敕免常朝。宣德六年冬,疾大作,命太醫視療。明年正月廿一日卒。訃聞,上爲悼惜,贈嘉議大夫、禮部左侍郎,遣侍郎章敞賜祭,命有司營葬,給舟還其喪。朝臣自公侯尚書以下,皆臨奠。春秋六十有一。嗚呼!人才之難成也。一代之文人如子啓,何可多得,而今已矣。蓋悼惜之無間言云。”

楊榮《曾公墓誌銘》:“公生洪武壬子八月戊戌,享年六十有一。既卒,公侯六卿以下皆往哭奠,而士林君子咸共悼惜,以爲斯人不可復得矣。”

沈國元《皇明從信録》卷十七:“壬子宣德七年正月朔,日食,免朝賀。少詹曾棨卒,贈禮侍,謚襄敏。”

按,棨卒於明宣德七年(1432),享壽六十有一,故其當生於生於明洪武五年(1372)。

爲文如源泉,一瀉千里,他人不足,己獨有餘。館閣中,自解、胡後,諸大制作,多出其手。詩詞雄放清麗,出入盛唐諸家。工筆札,其草書最有名。

楊士奇《曾公墓碑銘》:“子啓爲文章,如源泉混厚,沛然奔放,一瀉千里;又如園林得春,群芳奮發,組綉爛然,可玩可悦。賦咏之體,必律唐人,興之所至,筆不停揮,狀寫之工,極其天趣。他人不足,己嘗有餘。四方求者無間,貴賤日集庭下,靡不酬應。一時文人所作碑碣、記序、表贊、傳銘、詩賦,流布遠邇,蓋未有如子啓之富者。工書法,草書雄放,有晉人風致,自解大紳、胡光大後,獨步當世。”

楊榮《曾公墓誌銘》:“爲文章,才思滂沛,頃刻千百言,不待思索。工書而草書尤精,得晉人風致,四方慕而求之者足相躡其門。”

王直《抑庵文後集》卷八:“公之質端厚凝重,其存心也仁,其處友也周,其待物也寬,而惠其學於書,無所不讀。至其爲文,則思發如涌泉,大篇短章,各極其趣。詩詞尤雄放清麗,出入盛唐諸大家。精於草書,筆勢縱逸,若秋隼奮揚,天驥决驟,不可追躡,四方之人愛之若拱璧。則今之有慕於公而不可得者,其誰不悼嘆?”

陳田《明詩紀事》引《國雅》語謂:“曾少詹該博逸蕩,其才長於七言古,遂切直健捷爲工,頗以繁靡爲累,故永、成間多效其體。先輩於肅愍楊文貞諸公互相宗尚,亦一時藝林風氣使然也。其《行路難》《燉煌》二作,頗不失唐家聲。”

按,解、胡即指解縉、胡廣。於曾棨文學,褒貶不一,贊者亦夥,若胡應麟《詩藪》續編一:“宣廟好文,海内和豫,雖大手希聞,而名流錯出,若曾子啓、劉孟熙、張静之、李昌祺及閩中諸王輩,皆浸潤明風,解脱元習。”朱彝尊《静志居詩話》卷六:“子啓下筆不休,不事推敲,偶合繩墨。五言如……七言如……均不失唐人風格。”

亦不乏批評之聲,若王世貞《明詩評》論其詩云:“曾子棨如封節度募兵東征,鮮華雜沓,精騎殊少。”《四庫全書總目》卷一百七十五《西墅集》提要評云:“棨文章捷敏,信筆千百言立就。……然集中一題百首,往往才氣用事,而按切肌理,不耐推敲,是亦速成之過也。此本乃萬曆中永豐知縣德清吴期炤所選録,雖頗爲簡汰,而菁華終鮮。”

棨之著述,《千頃堂書目》著録《西墅集集》十卷、《巢睫集》五卷,今存,但均非足本。通行本有:《刻曾西墅先生集》十卷,詩文兼收,明萬曆十九年吴期炤刻本,收入《四庫全書存目叢書》;《巢睫集》五卷,明成化七年長清張氏刊本,僅録其詩,收入《北京圖書館古籍珍本叢刊》。今井岡山大學顧寶林教授據曾棨所存詩文集,整理點校有《曾棨集》(江西教育出版社 2019 年版)。

參考文獻:

1. 曾棨《巢睫集》,《北京圖書館古籍珍本叢刊》本,書目文獻出版社 1987 年版。

2. 曾棨《刻曾西墅先生集》,《四庫全書存目叢書》本,齊魯書社 1996 年版。

3. 顧寶林點校《曾棨集》,江西教育出版社 2019 年版。

4. 廖道南《殿閣詞林記》,明嘉靖間刻本。

5. 陳建《皇明通紀法傳全録》,明崇禎九年刻本。

6. 顧鼎臣《明狀元圖考》,漢陽葉氏平安館藏本。

7. 張廷玉等《明史》,中華書局 1974 年版。

8. 萬斯同《明史》,《續修四庫全書》本,上海古籍出版社 2002 年版。

9. 何喬遠《名山藏》,福建人民出版社 2010 年版。

10. 楊榮《楊文敏公集》,明正德十年刻本。

11. 楊士奇《東里文集》,中華書局 1998 年版。

12. 陳田輯著《明詩紀事》,上海古籍出版社 1993 年版。

13. 黄虞稷《千頃堂書目》,上海古籍出版社 2001 年版。

(温世亮)

楊溥傳

楊溥,字宏濟,湖廣石首(今屬湖北)人,號澹庵。洪武五年(1372)生。

張廷玉等《明史》卷一百四十八有傳。錢謙益《列朝詩集》乙集卷一、陳田《明詩紀事》乙籤卷三,所載溥生年、字號等相同。

焦竑《國朝獻徵録》卷十二録陳循《少保禮部尚書兼武英殿大學士贈太師謚文定楊公墓誌銘》(以下稱《楊公墓誌銘》):"按狀,楊氏之先系出弘農,後有諱英者,仕宋爲茶陵學正,其子佑,公曾祖也,始居荆之蒙城,繼遷石首,故今爲石首人。祖諱國禎,父諱文憲,皆有德隱。曾祖、祖父皆以公貴,曾祖贈光禄大夫、柱國、少保、禮部尚書兼武英殿大學士,祖父累贈如之。曾祖妣贈夫人,祖妣既妣詹氏累贈亦如故。公諱溥,字弘濟,號澹庵。……其生洪武五年。"

溥自幼端重。稍長,補邑庠弟子員,從教諭陳直方受學,於經傳務求義理所在,專而篤。鄉先輩沈宗海見而奇之,稱其有王佐之才。

陳循《楊公墓誌銘》:"自幼端重,知識异常。兒所親有李姓者,爲吏因事坐逮,以所束脩鬻常以助費。詹夫人酬直得之以遺公,既而聞縣主吏利此緣欲以緩李罪,得之,公即以歸李,不責所酬直。詹夫人喜曰:'兒能此,不凡矣!'稍長,補邑庠弟子員,從教諭陳直方受學。

於經傳務求義理之所在,專而篤,故所得久而能固,鄉先輩沈宗海教諭見而奇之,稱有王佐之才,而直方亦曰:'溥,公輔器也!'"

夙禀醇質,刻志苦學。建文元年(1399),舉湖廣鄉試第一。大儒胡儼掌文衡,批其所刊文云:"初學當退避三舍,老夫亦讓一頭地。"復以名臣矚望之。

雷禮《國朝列卿紀》卷十:"楊溥,字宏濟,湖廣荆州府石首縣人。夙禀醇質,刻志苦學。革除,己卯舉湖廣鄉試第一。胡儼典文衡,批其所刊文曰:'初學當退避三舍,老夫亦讓一頭地。'又曰:'他日立玉階方寸地,必能爲董子之正言,而不效公孫弘之阿曲。'"李贄《續藏書》卷十内閣輔臣《太師楊文定公》:"建文己卯,舉湖廣鄉試第一。胡儼以桐城令與典文衡,拔其文,既而中。"

焦竑《國朝獻徵録》卷十二録彭韶《榮禄大夫少保禮部尚書兼武英殿大學士贈太師謚文定楊公溥傳》(以下稱《楊公溥傳》):"初鄉試,爲首選。胡儼典文衡,批其所刊文曰:'初學當退避三舍,老夫亦讓一頭地。'又曰:'他日立玉階方寸地,必能爲董子之正言,而不效公孫之阿曲。'人以儼爲知人。後儼爲祭酒,公已在禁垣,位望益高,終身執門生禮。儼亦不讓,人兩高之。"

建文二年(1400),登進士第,授翰林編修。永樂初,任太子洗馬,侍奉太子朱高熾,嘗采編漢文帝事類以上太子,勸以寬仁之道,太子大悦。

李贄《續藏書》卷十内閣輔臣《太師楊文定公》:"既而中庚辰二甲進士,授翰林院編修。永樂二年,仁宗正位東宫,升司經局洗馬。一日,東宫嘆張釋之之賢。溥對曰:'釋之誠賢,然非漢文帝寬仁,無由得行其志。臣以爲釋之在漢廷,誠不易得。如文帝者三代而下,尤不易得也。'退而采文帝事編類以獻。"

何喬遠《名山藏》卷五十九《臣林記》:“舉建文二年進士,授翰林編修。永樂初,侍太子東宫,升司經局洗馬,兼編修。太子觀漢史,嘆張釋之之賢,溥對:‘釋之誠賢,然非漢主亦不得行其志。’因采編漢文帝事類上太子,太子大悦。”

永樂十二年(1414),因譖下錦衣衛獄。繫獄十年,家人供食數絶。獄中旦夕與死爲鄰,愈勵志讀書不輟。五經、諸子之書讀之數回,不以患難縈懷。

過庭訓《本朝分省人物考》卷七十九:“十二年七月,車駕北征,東宫遣使奉迎稽緩,漢王高煦譖之,上怒曰:‘此輔導者之咎也!’黄淮先至,下之獄。楊士奇、金問繼至。上曰:‘楊士奇,姑宥之。朕不識金問何人乃爾,得侍東宫!’命法司鞫之,詞連溥及芮善、王愷,遂俱逮繫淹禁十年,家人供食數絶。”又鄧元錫《皇明書》卷十五:“會東宫爲漢、趙二王所危,構宫僚大臣下詔獄,相繼死。溥及學士淮一繫十年,家人供食數絶。”

楊溥《楊文定公詩集》卷二《感懷》:“嗟我年少日,淺學不自知。況爲官府逼,呈朴來京師。父老送我行,駐立江之湄。翹首望行舟,含泪難爲辭。老母不出門,雙手挽我衣。長哭拊我語,兒去何時歸? 宦途歷夷險,悲喜常相依。今餘四十載,每憶别親時。劬勞不可報,音容邈難追。顧我日亦邁,黑髮盡成絲。褒封有恩命,顯揚何能爲。廪禄有餘裕,口體徒自怡。歲時備尊俎,亦以展孝思。何如及奉養,淡泊勝甘肥。江流日東逝,陽烏忽西馳。先隴遥在望,終身抱沉悲。”

彭韶《楊公溥傳》:“又上命叵測,日與死爲鄰。公勵志讀書不輟,同難者止之曰:‘勢已如此,讀書何爲?’曰:‘朝聞道,夕死可也。’五經、諸子讀之數回,不以貧窶患難介於中。”

李賢《古穰雜録》:“先生在獄中十餘年,家人供食數絶糧。又上命莫測,與死爲鄰。愈勵志讀書不輟。同難止之曰:'勢已如此,讀書何爲?'曰:'朝聞道,夕死可也。'五經、諸子讀之數回。已而得釋。晚年遭遇,爲閣老大儒,朝廷大制作多出其手,實有賴於獄中之功。"

永樂二十二年(1424)八月,仁宗即位,釋出獄,擢翰林學士。次年,仁宗建弘文閣,命溥掌閣事,旋即升任太常寺卿,深受主知。

《明史》本傳:"仁宗即位,釋出獄,擢翰林學士。嘗密疏言事,帝褒答之,賜鈔幣。已,念溥由己故久困,尤憐之。明年,建弘文閣於思善門左,選諸臣有學行者侍值。士奇薦侍講王進、儒士陳繼,蹇義薦學録楊敬、訓導何澄。詔官繼博士,敬編修,澄給事中,日值閣中。命溥掌閣事,親授閣印,曰:'朕用卿左右,非止學問,欲廣知民事,爲治道輔,有所建白,封識以進。'尋進太常卿,兼職如故。"

雷禮《國朝列卿紀》卷十:"仁宗登極,釋溥,擢翰林院學士,入閣典機務。本年,升太常寺卿,仍兼學士。洪熙元年正月己卯,建弘文閣於思善門之左,命溥掌閣事。選侍講王璡、侍直改博士陳繼、學録楊敬爲編修,訓導何澄爲給事中,俱輪班奏對。上親握閣印授溥曰:'朕用卿等於左右,非止幫助學問,亦欲廣知民事,爲理道助。卿等有所建白,即用封識以進。'十一月丙申,溥密疏言事,上褒答曰:'覽卿所奏,爲國家計,誠合朕心。但望始終如一,知無不言,贊朕致治,以承天休。感卿忠懇,特用酬報賜寶鈔彩幣,卿其領之!'"

洪熙元年(1425)六月,宣宗嗣位,明年,改元宣德。復還内閣,預修兩朝實録,任總裁官。居四年,以母喪去,詔奪情起復。宣德五年,修實録成。九年,遷禮部尚書,學士值内閣如故,爲宣宗愈加倚重。

焦竑《熙朝名臣實録》卷十《太師楊文定公》:"宣宗嗣位,復還内閣,預修兩朝實録,爲總裁官。三年,扈上出喜峰口征虜。四年秋，以母喪去位。詔奪情，起復。復入弘文閣。”

《明史》本傳：“宣宗即位，弘文閣罷，召溥入内閣，與楊士奇等共典機務。居四年，以母喪去。起復。九年，遷禮部尚書，學士值内閣如故。”

雷禮《國朝列卿紀》卷十：“宣宗嗣位，復還内閣，預修兩朝實録，爲總裁官。……（宣德四年）秋，以母喪去任，詔奪情，起復居宥密以便咨訪，如弘文故事，不與機務。十月，上幸文淵閣。諭溥曰：‘朕聞有道之君，願治之主，崇禮儒臣，講求治道，卿等職專秘閣，朕躬至此，冀有所聞。稍暇，當復至。卿等必有所陳論也。’遂製詩一章賜之。五年正月，實録成，賜溥白金十鎰，羅衣一襲，彩幣十二端。六年十二月，上御文華殿。溥同楊士奇、楊榮入侍。……九年，秩滿，陟禮部尚書，兼學士。”

宣德十年（1435），英宗立，命溥復入閣，與楊士奇、楊榮同知經筵，倚任尤重。

過庭訓《本朝分省人物考》卷七十九：“十年，英宗繼統。命溥復入閣，與楊士奇、楊榮同知經筵。”

何喬遠《名山藏》卷五十九《臣林記》：“英宗即位，命復入閣。是時，昭皇后臨朝。一日御便殿，昭皇后北坐，上西面，傍立。後召溥與士奇、榮及英國公輔、禮部尚書濙面諭曰：‘卿等老成，嗣君冲幼，并力同心，共安宗社。’復召溥前曰：‘先帝每念卿忠，屢形愁嘆。不謂今日復得見卿！’溥伏地泣，昭皇后亦泣，左右皆悲愴。後還顧上曰：‘此五臣者，三朝簡任，俾輔後人，皇帝萬幾，宜與共計。’又一日，太監王振議事東閣下，諸公未言，振先可否其間。溥憤懣歸舍，三日不出。太后聞而鞭振，押赴謝罪，其敬重之如此。”今按，與王振争者，《瑣綴録》《塵談録》作楊士奇。

嚴遂成《明史雜咏》卷二《楊文定溥》：“二相東西並一時，逡巡南郡廿年遲。宫中對泣才蘇軾,獄底窮經注趙岐。璫禍將萌無獨斷,閣權在握或旁移。壽星幸遇寬仁主,記侍東宫贊釋之。”

時王振未横,天下清平,朝無失政,天下翕然稱“三楊”。以居第目士奇曰“西楊”,榮曰“東楊”。溥嘗自署郡望曰“南郡”,因號爲“南楊”。

《明史》卷一百四十八本傳:“溥後士奇、榮二十餘年入閣,至是乃與士奇、榮並。六年歸省墓,尋還。是時王振尚未横,天下清平,朝無失政,中外臣民翕然稱‘三楊’。以居第目士奇曰‘西楊’,榮曰‘東楊’,而溥嘗自署郡望曰‘南郡’,因號爲‘南楊’。”

鄭曉《吾學編·名臣記》卷六:“時稱三楊學士。文貞爲西楊,文敏爲東楊,公爲南楊。正統五年,東楊卒。又明年,昭聖皇后崩。又明年,西楊卒。十一年,公卒。十四年,遂有土木之禍。又云西楊玉質金相,通達國體。東楊揮斤游刃,遇事立斷。南楊安貞履節,調羹釀醴。參合成名,並稱賢相。余聞之先人曰:‘文貞輔導監國,危心慮患,卒能保其身,以濟其主。文敏經略北塞,金湯萬里,有武績焉。文定中更險難,比入内閣,遲二楊者二十三年。復還弘文,再入内閣,昭皇后臨朝,與民休息,四海晏然,皆其力也。’”

彭時《楊文定公詩集序》:“在宣德中,入侍禁庭,備顧問者十載,名德浸浸乎彰聞。迨正統初,遂與泰和楊文貞、建安楊文敏二公同居内閣,協心匡輔,並列三孤之位。一時功名事業煊赫盛大。屹然爲朝廷之表儀,縉紳之冠冕,天下人望咸歸重焉。”

正統二年(1437)春,與館閣諸老集於東楊之第,爲杏園雅集,各賦一詩。謝環爲作《杏園雅集圖》。

楊士奇《東里集·東里續集》卷十六:“正統丁巳三月之朔,當休暇。南郡楊公及余八人相與游於建安楊公之杏園,而永嘉謝君庭循來會。園有林木泉石之勝,時卉競芳,香氣芬茀。建安公喜嘉客之集也。凡所以資娱樂者悉具,客亦欣然。”

張鑒《冬青館集乙集》卷四《明錦衣千户謝庭循畫〈杏園雅集圖〉記》:“《杏園雅集圖》者,明楊東里等所作。於時爲正統二年乙巳,當明世極盛之會,而諸君子事業多有可觀。……文定曰南楊,以自署郡望是南郡,遂號爲南。名溥,字宏濟,石首人。建文二年進士,授編修。洪熙元年七月,以太常卿兼學士,同治内閣事。宣德九年八月,晉禮部尚書,仍兼學士。圖中朱衣服綉右顧、鬚多而白、娑娑然出老態者是也,是年六十六歲。”

楊溥《楊文定公詩集》卷二《杏園雅集》詩曰:“太和暢群芳,斯文屬清暇。况復名園中,樂事夐幽雅。達觀不遐遺,同仁仰神化。願此陽春暉,遍照覆盆下。”

李東陽《懷麓堂集》卷七十三《書杏園雅集圖卷後》:“《杏園雅集圖》一卷,乃正統初館閣諸老西楊公而下九人,會於東楊公之第,各賦一詩,二公爲前後序。圖則謝庭循所作也。”

正統三年(1438),《宣宗實録》修成,加少保、禮部尚書,兼武英殿大學士。

過庭訓《本朝分省人物考》卷七十九:“正統三年,總裁宣廟實録成,加少保禮部尚書,兼武英殿大學士。”

溥質直廉静,無城府,性恭謹。諸大臣論事争可否,或至違言,溥平心處之,諸大臣皆嘆服。時謂“士奇有學行,榮有才識,溥有雅操,皆人所不及”云。

《明史》卷一百四十八本傳:“溥質直廉静,無城府,性恭謹,每入朝,循墻而走。諸大臣論事争可否,或至違言,溥平心處之,諸大臣皆嘆服。時謂士奇有學行,榮有才識,溥有雅操,皆人所不及云。”

鄭曉《吾學編·名臣記》卷六:"公夙禀淳實,操性直剛。不尚機警,每崇忠厚,至議政决,疑與諸大臣争可否,或有躁心浮氣,公能捨己從人,略無繫吝。"

李紹文《皇明世説新語》卷一:"楊文定謙謹小心,吏卒亦不敢慢。嘗曰:'士君子一言一行,幽明無愧,然後無黷於父母生身之恩。'"

又,葉盛《水東日記》云:"楊文定公最善王檢討振(按,非宦官王振)、張修撰益,相見輒出所作,就二人評,有所改易,即樂從。公亦善改人文字。泰和陳學士當筆撰祭文,公欲有所易,陳忿然不平,見於言色,公即已之。"

何喬遠《名山藏》卷五十九《臣林記》:"溥爲相,急於薦賢,觀人以其所忽。瑞昌令劉仁宅者與高安令入覲,二人皆溥邑子。溥使僕省候,僕還,曰:'高安令,楚楚稱官也;瑞昌令,藁席布被,瓦盆煤突,窮人耳。'溥即薦仁宅爲御史。天台范理爲江陵令,溥當閣,時其子從石首來,備述所過,州縣殷勤,獨理不爲禮。溥即薦爲德安太守。理被薦時,始仕江陵八月耳。其後累被溥薦至布政使。或勸往謝,理竟不謝。溥卒,理祭而哭之哀。"

徐紘《明名臣琬琰續録》卷一:"公《自贊小像》云:'資可以爲學,而理或有未明;時可以行道,而力有不至。緬懷古人,夙夜惟厲,而莫及焉。嗚呼,老矣!'又《自贊待漏像》云:'以一介書生,居三公之貳,峨峨其冠,瑲瑲其佩。日近清光,談仁道義。將爲德爲民,以爲志乎?抑碌碌庸庸,以保富貴乎?聖賢之道,匪知之艱,而行之不易也。尚思時之所,遭身之所,自以報萬一,庶幾於君親無愧也。'"

正統十一年(1446)秋,卒於官,年七十五。贈太師,謚文定。

《明英宗睿皇帝實録》卷一百四十三:"正統十一年秋七月庚辰(十四日)……少保、禮部尚書兼武英殿大學士楊溥卒。……溥在内閣，與士奇、榮，皆楊姓，時號‘三楊’。三人者各有所長，士奇有學行，榮有才識，溥有雅操，天下引領望焉。溥尤謙恭小心，趨朝循墻而走，儒之淳謹者也。”

陳循《楊公墓誌銘》：“又五年，爲正統十一年，以衰老辭典機務，不允。是年七月十四日，終於位。先三日，疾，詔遣中宫以醫來視……令醫日報康否。訃聞，上深嗟悼，賜棺斂賻祭，輟視朝一日。贈特進光禄大夫、左柱國，太師，謚文定。命有司歸其柩營葬於鄉。”

倪謙《倪文僖集》卷三十《祭楊文定公文溥》：“惟公學行端邃，忠誠自然。聖王之佐，命世之賢。早占鄉闈，繼登甲第。豹蔚彪炳，鸞停鵠峙。編摩翰苑，彤管是操。屢承顧問，深沐寵褒。擢正詞垣，黼黻絲綸。功在社稷，澤被生民。掌帝之制，聖心攸注。尋遷太常，用旌殊遇。學士再升，武英之殿。尚書禮部，益隆宸眷。帷幄論道，孤階特承。長庚爛若，公輔以升。一柱擎天，獨公壽考。天實慭遺，以殿諸老。總裁國史，名聞四朝。經筵啓沃，位冠百僚。玉帶緋衣，童顔鶴髮。長養人材，務勤簡拔。凡百君子，望公無涯。胡不萬年，重我國家。館舍忽捐，千古永訣。孰宣皇猷，疇補衮缺。天子震悼，恤贈倍常。辱在侍從，寧不盡傷。輸誠以辭，公其歆止。舉奠臨棺，賓泪曷已。”

《明史》卷一百四十八本傳：“比榮、士奇相繼卒，在閣者馬愉、高穀、曹鼐皆後進，望輕。溥孤立，王振益用事。十一年七月，溥卒，年七十五，贈太師，謚文定。官其孫壽尚寶司丞。後三年，振遂導英宗北征，陷土木，幾至大亂，時人追思此三人者在，當不至此。而後起者争暴其短，以爲依違中旨，釀成賊奄之禍，亦過刻之端也。”

時三楊以文學潤太平，二楊既殁，溥巋然獨存，年益久而望益重，大制作多出其手。

彭時《楊文定公詩集序》：“當是時，以文學顯用者，有三楊公焉……二楊公没,公巋然獨存,年益久而望益重。”

李賢《古穰雜録》:“晚年遭遇,爲閣老大儒,朝廷大制作多出其手。”

楊溥《楊文定公詩集》卷二《宣德丙午扈駕巡邊途中感興》十首其一:“膏車度重關,重關路漫漫。兩厢既充軔,四牡何盤桓。翹首望前軌,迢迢不可攀。任重難爲力,臨歧發長嘆。”其四:“策馬登崇岡,一覽洞八荒。山川限南北,華夷有定疆。猗與商周盛,以德爲保障。秦隋勤遠略,禍亂起蕭墻。”

錢謙益《列朝詩集》乙集卷一:“公中更險難,復還弘文,再入内閣,遲二楊者二十三年。識者謂《丙午扈駕》一章,勞臣之苦心,亦少概見云。”

錢基博《中國文學史》第五編《明文》:“太祖之世,運當開國,多峭健雄博之文。成祖而後,太平日久,爲臺閣凝容之作。作者遞興,皆冲融演迤,不矜才氣,而泰和楊士奇名寓(以字行)、建安楊榮字勉仁、石首楊溥字弘濟並世當國,歷相仁宗、宣宗、英宗三朝,黼黻承平,中外翕然稱三楊。”

所爲文章,辭惟達意而主於理,言必有補於世,論必有合於道。莊重老成,誠臺閣之氣象。

李賢《古穰集》卷八《楊文定公文集序》:“及觀其所爲文章,則辭惟達意而主於理,言必有補於世,而不爲無用之言,論必有合於道,而不爲無定之論。嚴重老成,有臺閣之氣象焉。然則公之志伸於事業,學著於文章,方之古人,豈多讓哉?……嗚呼!公之文章,以事業而見重於世,必矣!”

錢基博《中國文學史》第五編《明文》取其所作《承恩堂記》,論曰:“取材結體,摹浩範頌,有意矜練,又是一格。而與士奇、榮之汗漫演迤者不同。雖出以平實雅淡,而矜持少變化,光焰不長;然何、李之前軌也。"

三楊位業並稱,南楊詩名獨不振,蓋生平不以文學稱也。其爲詩,多和平雅正之言,温厚疏暢,不以工巧爲能,洵臺閣之風。

張岱《石匱論贊》:"溥似司馬君實、陸宣公,而文采不及。又有言文貞之雅差近名,文定之敦差近實,文敏之練差近術。其然豈其然哉!"

朱彝尊《静志居詩話》卷六《楊溥》:"三楊位業並稱,南楊詩名獨不振。"

安盤《頤山詩話》:"石首楊文定公好題竹贈人,亦其性然也。今見於集者凡三十六絶,然無甚佳者,詩之難如此哉!"可知其拙於詩思。

錢基博《中國文學史》第五編《明文》:"楊溥以弘識雅操,驂駕三楊,而刻意遒古,力摹昌黎;而不以文名,其集亦不傳。"

今按,"三楊"本政治概念。錢基博撰《中國文學史》云"中外翕然稱三楊",游國恩《中國文學史》,章培恒、駱玉明《中國文學史》皆從之。然就文學而言,楊士奇、楊榮皆主持文壇。楊溥之文思才情,實亞於東楊、西楊,史有明證。如李贄《續藏書》卷十内閣輔臣《太師楊文定公》引《瑣綴録》云:"宣廟最好詞章,選南楊與陳芳洲日直南宫應制。南楊思遲,陳思敏。一日,命御製《壽星贊》。陳援筆贊云:'渺南極兮一星,燦祥光兮八紘。兆皇家兮永齡,我懷思兮治平。賴忠貞兮弼成,宜壽域兮同升。'南楊以指圈'壽域'二字,欲易而未就,時中官促進甚急,曰:'先生有則改,無則罷。'遂取去,以賜内閣。中官請問西楊曰:'"壽域"二字何如?'西楊應曰:'八荒開壽域。'中官還告南楊曰:'八荒開壽域,此詩何如?'南楊曰:'好詩!'中官曰:'先生指"壽域"未爲好也。'南楊默然。正統間,朝鐘一日不受杵,命内閣述祠鐘文。南楊入室中,翻舊稿不得,太監候久,促陳曰:‘先生何不作?’陳乃白南楊曰:‘舊無此稿,先生第口占,我寫。’南楊起一語,陳遂續成之。後奉命御製國子監碑文,題曰‘重建太學之碑’。時西楊寢疾不能出,密旨封令西楊另製一通,題曰‘大明新建廟學之碑’,南楊執用其題,西楊言:‘凡言重建者,既作之後,又作是也。廟學前元所建,非國朝事。且廟與學是二,若只書太學,而不書廟,於禮未安。’廷議雖韙西楊之言,然已刻石,無及矣。”

彭時《楊文定公詩集序》:“士大夫有得其詩文者,莫不藏弆以爲榮。公亦樂於應人之求,肆筆成章,皆和平雅正之言。其視務工巧以悦人者遠矣,何也?蓋資禀之异,涵養之深,所處者高位,所際者盛時,心和而志樂,氣充而才贍,宜其發於言者。温厚疏暢而不雕刻,平易正大而不險怪,雍雍乎足以鳴國家之盛,豈偶然哉!……嗚呼!公之功業,固不待詩以顯,而其詩有不可不傳者,蓋公心志學術之所存也。誠使後學即此而觀得其所存之實,有所感慕,興起嗣聲,續於方來,豈不益爲湖廣山川之重哉!”

楊溥《東里詩集序》:“詩之所本,肇於經尚矣。古人所采,無擇於里巷歌謡,後世所録,皆出於一時能言之士,而世之所重,有攸在焉。得非采於里巷者,本乎真情;出於能言之士者,求之工巧乎?况其體制音響不能不隨時而降,得非囿於習尚者乎?囿於習尚愈趨而愈下,求之工巧或失其性情……”

黄佐《翰林記》卷二十録楊溥《館閣題咏》:“太宗朝,内閣七人者在館閣相與倡和,有直閣即事諸詩。……楊溥《直弘文閣》詩曰:‘千載絲綸屬翰林,西清瑣闥晝沉沉。地嚴徒有交游念,恩篤難忘犬馬心。玉漏聲高三殿近,彤庭日轉八磚陰。幾回欲寫封章進,只恐迂疏論未深。’時長史金寔召入西掖,纂述以備顧問,和溥韵曰:‘自昔聲華藹禁林,幾年出處嘆浮沉。漢文未許馮唐老,鮑叔應知管仲心。賜食每當瓊署曉，退朝長傍落花陰。眼中親舊無多在，白髮相看意轉深。'餘各見所著集，今不能廣采也。”又《公署題咏》："公署題咏，多不可考。惟正統中，公署落成時，本院諸同官有志喜詩歌。學士楊溥詩曰：'都邑群工和會日，朝家三殿慶成時。經營翰苑勞宸慮，珍重斯文職論思。畫棟雲飛翔鳳閣，玉河冰出濯龍池。精勤喜有賢中貴，冰雪情懷檜柏姿。'”

詩集亦流傳鮮見，王士禛《居易録》謂友人令石首，屬訪楊文定遺集，所得寥寥。今存明人舊鈔本。

陳田《明詩紀事》乙籤卷三："世稱西楊文學、東楊政事、南楊雅操。犴獄十年，養晦愈明。漢庶人反，南楊《從征》詩云：'檥槍耀齊分，龍御勤六師。出門馳馬去，不暇告妻兒。親友送我行，欲語難爲辭。死生豈不恤，國事身以之。'可謂社稷臣矣。《文定集》世所罕見，余從真定梁氏購得，甄録較他集爲多。”

丁宿章《湖北詩徵傳略》卷三十五："《明史・藝文志》載公有詩文集共十六卷，爲公薨後三十年憲使項公刊行，有彭時序。《居易録》云友人令石首屬訪楊文定遺集，僅得其五世孫所録文五首、詩九首而已。項公所刻原書，此時已無存矣，况又逾二百餘年後乎？”

羅振玉《雪堂類稿戊・長物簿録》第三《楊文定公詩集》(明鈔本)云："顧士奇、榮集，皆著録《四庫》，溥集獨缺，焦竑《國史經籍志》載溥集十二卷，《明史・藝文志》則作文集十二卷、詩四卷，黄虞稷《千頃堂書目》同，金壇《文瑞樓書目》又作文四十卷、詩六卷，卷帙多寡不合。王士禛《居易録》謂友人令石首，屬訪楊文定遺集，僅得其五世孫所録文五首、詩九首，其集流傳之鮮可知。明清以來，公私簿録無慮數十種，見著録者，僅前舉數家耳。此本出明人舊鈔，前有成化五年彭時序，謂公歿三十餘年，姑蘇項君璁來爲湖廣憲使，以公是邦之望，乃取其詩，刻梓以傳，凡四五言古、五七言律、五七言絶各一卷,分體編次,總爲卷七,中缺五言絶一卷,殆偶脱佚。世稱西楊文學、東楊政事、南楊雅操,當時不以詞藻名,今觀集中諸作,雅贍春容,渢渢盛世之音,與東里、文敏兩集,如驂之靳。朱彝尊《明詩綜》僅録其《楊思敬東郭草堂雅集》五古一首,陳田《明詩紀事》稱嘗得真定梁氏藏本,故甄采較廣,以校此本,所録皆在焉;惟《贈楊憲使文昭致使》七絶一首,陳氏録作《送索庵給諫還里》,素庵疑是文昭之字,然給諫、憲使非一官,當有誤也。"

參考文獻:

1. 楊溥《楊文定公詩集》,《續修四庫全書》影印明鈔本,上海古籍出版社 2002 年版。

2. 雷禮《國朝列卿紀》,明萬曆年徐鑒刻本。

3. 張廷玉等《明史》,中華書局 1974 年版。

4. 焦竑《國朝獻徵録》,臺灣明文書局 1991 年版。

5. 過庭訓《本朝分省人物考》,《續修四庫全書》本,上海古籍出版社 2002 年版。

6. 何喬遠《名山藏》,《續修四庫全書》本,上海古籍出版社 2002 年版。

7. 陳田輯撰《明詩紀事》,上海古籍出版社 1993 年版。

8. 錢基博《中國文學史》,上海古籍出版社 2011 年版。

(馬騰飛)

李時勉傳

李時勉，名懋，以字行，安福（今屬江西）人。生於明洪武七年（1374）。

時勉之字號、籍貫及家世，李時勉《古廉文集》附録彭琉《朝列大夫翰林學士國子祭酒兼修國史知經筵官致仕謚忠文安成李懋時勉行狀》（以下稱《李懋時勉行狀》）有詳述：“先生諱懋，字時勉，號古廉，姓李氏。其先系出南唐烈祖第五子景逷之後，景逷累封江王，嘗爲虔州節度使，簡易節儉，號稱賢王。王之子曰瀚，宋平江南，瀚匿迹虔、吉間。吉守李邕聞其賢，求見之，不出，乃辟其子光爲閻嶺鐵務官，俾以禄養，遂家安成東門。光三子、十一孫，孫兩爲府尹，一爲縣尉。自是，子孫益蕃衍，擢高科、登仕籍者，比比其人。有諱疏林，行正一翁，贅居梅林劉氏，遂家梅林。梅林之李，自正一翁始，諱本，字源芳，先生曾祖也；諱煒，字文明，先生祖也，皆有隱德。考諱夢觀，字思誠，端厚坦亮，洪熙元年以先生貴，贈翰林侍讀承德郎，宣德八年加贈侍讀學士奉直大夫，妣涑坑周氏，繼社背王氏，俱贈爲安人，加贈爲宜人。五子：長時杰，號恒心，性耿介，穎悟過人；次時春，早卒；時魁、時彦，其第五，即先生也。”

按，時勉之籍貫、家世，亦見楊士奇《東里集·東里續集》卷十二《安成李氏族譜序》、《古廉文集》卷十二所録王直《故祭酒李先生墓表》（以下稱《李先生墓表》）、吴節《古廉李先生改遷謚葬墓碑銘》（以下稱《李先生墓碑銘》)等,可參讀。安城,安福舊稱,今屬江西吉安。

成童時,冬寒,以衾裹足納桶中,誦讀不已。

彭琉《李懋時勉行狀》:"五歲,屹如成童,投静室勤學。鄰兒有牽引戲狎者,輒辭去。七歲,《孝經》、小學、四書皆已成誦。十二三,詩詞歌賦語皆驚人。十四五,言動不苟,即以聖賢自勵。嘗曰:'顔子不貳過、不遷怒,曾子日三省其身,予所願學者,二子也。'十六,入縣庠,大肆力於群書,攻習舉業之外,益究道德性命之學。寒不能置爐炭,擁重衾實木桶,置足其中,達旦不寐,其刻苦類如此。訓導城門持真尹先生、理安胡先生皆篤行儒者,一見先生,奇之,嘗曰:'李時勉用心理學,豈詞章之儒可比。'"

永樂二年(1404)中進士。選庶吉士,進學文淵閣,與修《太祖實録》。授刑部主事,復與重修《實録》。書成,改翰林侍讀。

彭琉《李懋時勉行狀》:"己卯十月,釋服。永樂癸未,中江西鄉試。明年甲申,中會試,賜同進士出身。時太宗皇帝御天下,慨然作新人材,興起斯文,於進士中簡明秀通敏者二十八人改翰林庶吉士,俾就文淵閣讀書,免常朝,光禄供膳司,禮監給紙筆,内庫給鈔,爲膏火之費,蓋期之於伊傅、周召、韓柳、歐蘇諸賢,而先生與焉。先生益自焠礪磨濯,造詣精深,同列亦多推讓之。明年,預修《永樂大典》。丙戌三月丁丑,王宜人卒於京,先生與兄恒心奉柩歸葬,居喪如禮。七年春,起復。是年,車駕幸北京,仁宗皇帝居東宫,監國,召入直房修書。尋徵赴行在,賜路費鈔六十錠,至則命錦衣衛撥官房,預修《太祖高皇帝實録》。十年壬辰,授刑部湖廣清吏司主事。……十一年,授承直郎。十二年,詔重修《太祖高皇帝實録》,先生仍預焉。冬十二月,進承德郎。十六年,《實録》成,賜鈔襲衣、文綺,改翰林侍讀。"

按，甲申即永樂二年。又"選庶吉士，進學文淵閣"事亦見陳建《皇明通紀集要》卷十三、何喬遠《名山藏》卷六十二《臣林記》等，可參《曾棨傳》箋證，此略。

性剛鯁，慨然以天下爲己任。十九年(1421)，條上時務十五事。成祖決計都北京，而時勉言營建之非，忤帝意。已，觀其他說，多中時病。抵之地，復取視者再，卒多施行。尋被讒下獄，歲餘得釋。

彭琉《李懋時勉行狀》："(永樂)十九年夏四月庚子，奉天、文華、謹身三殿灾，太宗皇帝降敕求言，先生備陳十五事：一曰停止功作，二曰罷四夷朝貢，三曰沙汰冗官，四曰賑恤饑荒，五曰慎選舉，六曰嚴考核，七曰清理獄囚，八曰罪黜贓官，九曰散處韃官，十曰罷遣僧道，十一曰買辦作弊，十二曰(中闕)軍夫，十三曰矜免侍親充軍生(中闕)，十五曰優恤軍士。所言多中時病，有旨下所司行之。未幾，爲飛言所中，下獄。二十一年七月，邊人内侵，太宗皇帝念前所言散處韃官諸事，慮患深遠，特宥之，仍舊職，扈從北征。先生出關墜馬折左股，舁歸京療，凡三月餘，跛不良行。"

陳建《皇明通紀法傳全録》卷十六："(永樂十九年四月)翰林侍讀李時勉陳言十五事，曰：'停止功作，罷四夷朝貢，沙汰冗官，賑濟饑荒，清理刑獄，罪黜贓官，罷遣僧道，優恤軍士，及慎選舉、嚴考核等事，皆切時病。上允其十四事而行之。"

雷禮《皇明大政紀》卷八："(辛丑永樂十九年五月)上爲飛言，欲罪侍讀李時勉十餘人，大學士楊榮力救，免之。"

按，"時勉言營建之非""忤帝意"下獄事，《李懋時勉行狀》《李先生墓表》《李先生墓碑銘》均未見詳言，而《古廉文集》附録時勉門人尹恕《古廉李先生小傳》(以下稱《李先生小傳》)則以文獻漶漫致仁宗元年前事闕如，無從考稽。然檢《皇明通紀法傳全録》卷十六，載"殺主事蕭儀。時言者多云建都北京非便，而蕭儀言猶峻，上怒殺之。時六科十三道上言亦云朝廷不當輕去金陵,建都於燕,故有此變"事,蓋時勉當在其列。又,張廷玉《通鑒綱目三編》卷七將時勉下獄事,繫年於永樂十九年十一月。

洪熙元年(1425),復上疏言事。仁宗怒甚,命武士撲以金瓜,曳出幾死。明日,改交阯道御史,命日慮一囚,言一事。章三上,乃下錦衣衛獄,有千户療以海外血蝎,得不死。

彭琉《李懋時勉行狀》:"洪熙元年三月,仁宗皇帝頒賜誥命,封贈父如先生官,妣及妻劉氏皆爲安人。先生既受敕,感激思圖報,稱因覩時政日漸違節,賞罰予奪,恩讎太過,鮮愜中外之望,仍備陳其事若干,條析爲二本,其一歷言朝政得失利害,其一專於責難陳善。具言此本,乞留中,勿使外知。前本宜付所司衆議行之,二本既進,即焚其稿。仁宗皇帝見所言峻直,怒甚,中官從而擠之。次早臨朝,震怒,命將軍以所執金瓜撲之,瓜及體者十七八,脅肋已斷其二,意其必死矣,命曳出,及視之,神色不動,猶能言。時侍講羅汝敬,亦嘗言事,上罷朝,諭吏部曰:'李時勉、羅汝敬俱有才幹,在翰林院,閑了其。'改爲監察御史,李時勉交阯道,羅汝敬雲南道,俱令掌道。每日問囚一起,言事一章。凡三日,先生三上章言事,遂下錦衣衛獄,施以嚴刑。先是折脅内向不相着,及用梃棍而斷肋,忽自接,人謂先生忠誠感動天地,若有鬼神陰相之也。"

按,時勉下錦衣衛,千户"療以海外血蝎"事,陳建《皇明通紀法傳全録》卷十七詳述其經過:"按:時勉言動舉止,皆以聖賢爲師,自處鄭重。偶以元宵玩游燈市,市中男女雜沓,簪履骈集。會時勉左右從地上拾得金釵一股,珠貝篏飾,備極巧麗,蓋千户侯李姓妻所遺也。勉以金錢易之,欲俟其主來尋,乃揭示門榜曰:'有遺釵者,但以所存一股來驗,即畀之。'已而千户妻使人來比釵,儼然肖,即還,謝以金,固却不受。已而,千户自他所幸,妻告之故,交嘆其賢。

適有夷方血竭一塊，能續骨肉重創，有起死之功，千户饋之，時勉曰：'吾守嚴一介，豈敢濫取，但此物能活死者，留以施人，亦一陰德也。'乃受而藏焉。未幾，仁廟撲以金瓜，折筋骨，聲琳琳，且下鎮撫獄，衆皆謂勉必死。會莅獄者，即前遣釵之夫李千户也，見而痛之，問以血竭尚存否？勉使家人取至，持以敷創，其痛立止，不旬日，痊癒。"

宣帝即位已逾年，或言時勉得罪先帝狀。帝震怒，命使者："縛以來，朕親鞫，必殺之。"然時勉耿直敢諫之風不改。

《明史》卷一百六十三《李時勉傳》："宣帝即位已逾年，或言時勉得罪先帝狀。帝震怒……遥見罵曰：'爾小臣敢觸先帝！疏何語？趣言之。'時勉叩頭曰：'臣言諒闇中不宜近妃嬪，皇太子不宜遠左右。'帝聞言，色稍霽。徐數至六事止。帝令盡陳之。對曰：'臣惶懼不能悉記。'帝意益解，曰：'是第難言耳，草安在？'對曰：'焚之矣。'帝乃太息，稱時勉忠，立赦之，復官侍讀。比王指揮詣獄還，則時勉已襲冠帶立階前矣。"

彭琉《李懋時勉行狀》："宣德改元，冬十月宣宗皇帝幸萬歲山，謂左右曰：'李時勉所言爲社稷計，忠臣也。'立召至前，備問激怒先帝之由。先生奏對懇切，感動聖衷，特憐而宥之，仍爲侍讀。預修太宗皇帝、仁宗皇帝兩朝《實録》。"

尹昶《李先生小傳》："宣宗皇帝嗣承大統，先生在獄，惟吟咏情性自適。是年秋，有燕入於先生幕，聲喧不已，時同獄者以爲先生喜。其夕就寢，忽夢渡橋橋斷，下有一覆舟，從舟背而渡，有水崖不得上，傍有一朱衣人扶上之，云：'明日橋成，可無事矣。'覺乃夢中爾。天明，果宣至文華殿内見上，推詢建言之由。先生復以忠鯁之言對，遂命收獄，輒取回，再問其由，辭語如昔。復呼至前，欲備詢之，先生誦向前所言，至第六事，少止，上曰：'事尚有，何以不言？'

先生曰:'天威嚴重,臣不能記其詳矣。'上微哂曰:'是第難言耳,汝之諫稿在否?'先生對曰:'稿已焚矣。臣讀聖賢書,忠孝是先,敢不直對。'上以其言始終不變,可任以事,宥之,命以次日早大班謝恩,仍授翰林侍讀,宣德元年冬十一月也。"

按,事亦見《皇明通紀法傳全録》卷十七,謂:"以李時勉爲行在翰林侍讀。上怒時勉言藨觸仁考,怒令於獄縛時勉來面鞫,必殺時勉。尋又令王指揮縛時勉,即斬西市。王指揮出端西旁門,時勉爲先令縛,來者已縛入端東旁門,門中相左。王指揮至獄,知已縛入,亟走還,欲縛送西市,時勉已得上面鞫。上憐時勉忠臣能直言,立脱桎梏,復其官矣。"

宣德五年(1430),修《成祖實録》成,遷侍讀學士。帝幸史館,撒金錢賜諸學士,皆俯取,時勉獨正立。帝乃出餘錢賜之。

彭琉《李懋時勉行狀》:"五年庚戌五月,升侍讀學士。一日駕幸史館,撒金錢賜儒臣,拾者争趨前,先生獨退立不進,宣宗皇帝獨呼前拾,故得金錢尤多。無何,駕幸文淵閣,命内臣舉金杯次第賜諸學士飲,至先生,獨名呼之曰:'李時勉,卿非朕,安得飲此酒?'先生叩首謝曰:'臣蒙陛下再造之恩,不勝感戴。'自是,傅、保而下,始知聖意寵眷先生日隆。"

按,黄佐《翰林記》卷十三《修實録》,時勉預修太宗、仁宗兩朝《實録》,書均成於宣德五年(1430)。又《翰林記》卷十三《修書升賞》:"有差太宗、仁宗兩朝《實録》,吏部據行在翰林院備開修史官員人等姓名,具題請旨。奉聖旨:曾棨、王英、王直,都升少詹事,支正四品俸仍兼原兼職事;周述,升庶子,支正五品俸仍兼原兼職事;李時勉、錢習禮,都升侍讀學士。"

英宗正統三年(1438),以《宣宗實録》成,進學士,掌院事兼經筵官。六年代貝泰爲祭酒。十一年,乞致仕,不允。

彭琉《李懋時勉行狀》:"正統元年丙寅,兼經筵講官。三年戊午二月,給授勛階、協正庶尹。四月,《實録》成,升學士。六月,給假還鄉祭祖,東里先生不忍捨,以序送之。又嘗爲李氏族譜序及贊,則東里重愛先生,大略可見。……丙寅,先生屢以老疾,乞致仕,諸生伏闕請留,上以太學師資之地,方倚老成,不許其去。"

吴節《李先生墓碑銘》:"乙卯,英宗皇帝嗣大寶,詔修宣廟《實録》。秋,主京闈鄉試。丙寅,進經筵講官,廷試爲讀卷官。戊午,《實録》成,升本院學士。是年夏,先生以諸子融敬早卒,二配劉氏俱亡,給假還鄉祭祖,改葬諸兄於善地。事畢,還京。六年,升國子祭酒。……丙寅,復以中子源剛繼卒,惟幼子艮侍,諸孫皆幼稚,具本乞休致,不許。"

雷禮《國朝列卿紀》卷一百五十九《國子監祭酒年表》:"貝泰,浙江金華人,鄉貢,宣德二年任祭酒,正統六年坐贜致仕。李時勉,江西安福人,進士,正統六年,任祭酒。"

按,正統丙寅即正統十一年(1449)。於時勉"乞致仕,不允",《明史》本傳作"八年"。揆之《國榷》卷二十六,亦作"正統十一年五月",《明史》蓋誤。

時勉請改建國學,英宗命王振往視,時勉待振無加禮。振銜之,廉其短,無所得。

《明史》卷一百六十五本傳:"初,時勉請改建國學。帝命王振往視,時勉待振無加禮。振銜之,廉其短,無所得。時勉嘗芟彝倫堂樹旁枝,振遂言時勉擅伐官樹入家。取中旨,與司業趙琬、掌饌金鑒並枷國子監前。官校至,時勉方坐東堂閲課士卷,徐呼諸生品第高下,顧僚屬定甲乙,揭榜乃行。方盛暑,枷三日不解。監生李貴等千餘人詣闕乞貸。有石大用者,上章願以身代。諸生圜集朝門,呼聲徹殿庭。振聞諸生不平,恐激變。及通政司奏大用章,振内慚。助教李繼請解於會昌侯孫忠。忠,皇太后父也。忠生日,太后使人賜忠家。忠附奏太后,太后爲言之帝。帝初不知也,立釋之。繼不拘檢柙,時勉嘗規切之。繼不能盡用,然心感時勉言,至是竟得其助。"

陳建《皇明通紀法傳全録》卷十九:"(甲子正統九年)五月,枷國子祭酒李時勉於監前,繼而釋之。先是,議改建太學,上命王振往視,時勉不爲禮。振頜之,令人廉其事,無所得。彝倫堂前有大樹,時勉嫌其一面陰翳,妨諸生班列,稍令伐去旁枝。振遂聲聞以爲擅伐官樹入私家用,傳旨枷於監前。諸生皆伏闕請,不從。"補箋云:"按聖旨,以百斤枷枷時勉,肆諸成均間。時爲三械,與司業趙琬、掌饌金鑒同枷,時勉之枷特重,竅極隘,不可飲食,自謂必薨。而助教李繼爲人浮薄,時勉每厭之。至是,繼力自效。繼家富,素結諸權貴,與某伯李者爲兄弟。因李識會昌伯孫,孫乃太后舅也,李爲求接於孫。孫適生辰,家啓宴,太后令内竪持禮慶賀。孫因附奏:'臣今歲生辰,殊不樂。每比年,每得公卿爲賀,國子李先生不過一幅絹帕,然辱此君子臨幸爲榮。今諸公皆集,獨李先生爲朝廷桁楊之禁,臣席無此爲重,故不樂爾,奏上。'太后即邀上,言之曰:'祭酒尊貴之臣,奈何施以囊頭,是甚綱紀?'上言不知,太后曰:'不知,作甚皇帝?'上遣問之,乃知振所爲也。即飛詔放時勉,令往賀孫舅云,乃得釋。是時,又有監生石大用者,上章乞以身代,號哭奔走闕下,請赦時勉者數千人,涕泣者塞途,商賈罷市。"

按,孫忠,字主敬,山東鄒平人,以宣宗三年女封皇后封會昌伯,子孫世襲,繼宗爲其長嗣,傳見《明史》卷三百。據此,《皇明通紀法傳全録》所言會昌伯當爲孫繼宗,與《明史》异。檢雷禮《皇明大政紀》卷十一,亦作孫繼宗,謂:“賴會昌伯孫繼宗言於太后,太后邀上言之,乃知振所爲也。即飛詔赦之。”

大用,豐潤人,樸魯,初不爲六館所知,及是名動京師。明年中鄉試,官至户部主事。時勉遭振誣,獨抗疏以救。

程敏政《明文衡》卷四十四陳敬宗《贈太學生石大用詩序》:“太學生石大用,薊州豐順縣人。自邑庠登太學有年,處六館諸生間,恂恂謹飭,惟强力植志務學,不少自衒,故自祭酒、司業以下,皆不甚知其爲人。正統甲子夏,祭酒李先生坐困首木於太學,三日不解,炎暑蒸鬱,先生耄昏不能勝。大用蹙然號於衆曰:‘師猶父也,父師罹難而弟子奚忍坐視。’大用察衆志不與己合,乃退去,閉户疏奏,懇請自代。先生亟遣人止之,弗聽。同輩亦沮之,大用奮然作色,言:‘朋友急難,詩歌鶺鴒,况師乎?’亦弗聽。竟挾所奏,走謁銀臺,銀臺難之,且懼之以法,大用曰:‘生以義,死亦以義,何懼之有?’銀臺知其不可抑遏,遂以其請聞於上,蒙並釋之。於是,在廷文武縉紳,莫不嘆息曰:‘此前代之所僅有,而近世之所絶無者也。’争欲求識其面。”

按,石大用,傳見穆彰阿《(嘉慶)大清一統志》卷四十六:“石大用,豐潤人。正統八年,貢入成均。時祭酒李時勉觸太監王振,誣以他事,俾倚重枝太學門,將斃。大用昌言約六館諸生救之,無一應者。乃獨抗疏論之,帝並釋焉。時人競高其義,無不知有石生者。是秋,膺鄉薦,仕至户部主事。祀鄉賢。”

九年(1444),帝視學。時勉進講《尚書》,辭旨清朗。帝悦,賜予有加。連疏乞致仕,不允。十二年春,乃得請。朝臣及國子生餞都門外者幾三千人,或遠送至登舟,候舟發乃去。

彭琉《李懋時勉行狀》:“九年甲子三月朔,上親釋奠先師孔子禮成,視學賜坐。先生講二帝三王治天下大經大法甚悉。末,復陳諷勸之言,音吐洪暢,天顏悦豫,一時文武臣僚肅然聳聽,莫不欣喜。明日奉表謝恩,賜紵絲衣一襲、羅衣一襲,又賜宴於廷,斯文際遇之隆,未有盛於此也。……丙寅,先生屢以老疾,乞致仕,諸生伏闕請留,上以太學師資之地,方倚老成,不許其去。丁卯,先生年七十有四,病益深,上章乞骸骨。上覽其言,甚懇切,遂許之。詔兵部具舟陛,辭之日賜鈔一千貫,命光禄具酒饌餞之。及行,達官顯人多出崇文門外,以叙别。太學師生以彩幣製旗帳各爲文詞,諸生親厚者又命工繪《恩榮歸老圖》,取其事爲十題,求諸名公識以爲贈,以頌先生之德。翰林舊知,亦各爲文爲詩。教坊諸樂工,椎大鼓,雜以金石絲竹之音,喧然前導,送者凡三千餘人,遠近觀者塞路一時,行旅不得往來,商賈爲之廢業,莫不嘖嘖焉稱羡,以爲榮至,有爲泣下者。諸生又以先生平日廉潔自守,行李蕭然,乃集白金數百兩爲贐,先生悉却之。今太師吏部尚書王公直,爲十題,稱先生漢之疏廣、唐之楊巨源,不能過也。其餘若禮部尚書胡公濙,工部尚書高公穀,左都御史陳公鎰,禮部尚書王公英,國子祭酒蕭公鎡,侍講陳公詢、徐公珵,修撰劉公儼,檢討錢公溥,司業趙公琬,南京祭酒陳公敬宗,皆有文爲贈。”

按,於“英宗視學事”,尹昶《李先生小傳》作“(正統)八年春”,吴節《李先生墓碑銘》則作“(正統)甲子春”,即正統九年(1444),互見扞格。檢陳建《皇明通紀集要》卷十八謂:“甲子正統九年正月,新建太學成,上臨幸,祗謁先聖,行釋莫禮。”又“連疏乞致仕,不允”,見前敘,此不贅述。據此,《李先生小傳》蓋誤。

英宗北狩,時勉日夜悲慟。遣其孫驥詣闕上書,請選將練兵,親君子,遠小人,褒表忠節,迎還車駕,復仇雪耻。景泰元年

(1450),得旨褒答,而時勉卒矣,年七十七。謚文毅。

彭琉《李懋時勉行狀》:"先生雖處林野,而其心未嘗不在朝廷。景泰元年三月,嘗建議四事:一曰奬忠節,二曰修武備,三曰加恩賞,四曰通和好。具本遣長孫騏達於朝。騏既行三日,先生在别墅病作,四月十二日謝世,享年七十有七。"

吴節《李先生墓碑銘》:"景泰紀元,聞敵人犯邊,王師不利,奮然曰:'禁中無頗牧安攘,孰任耶?'特遣其孫騏詣闕,言軍旅事數件,因憤憤成疾,遂不復瘳,殁於别墅。時四月十二日也,享年七十有七。有司以聞,詔加悼惜,遣官致祭,葬本里楓鋪之原。巡撫西江都憲韓雍,言先生清德正學,推重時輩,忠言正論,可方古人,宜加封謚。章凡再上,詔賜謚文毅。"

按,時勉卒於明景泰元年(1450),享壽七十七,故其當生於明洪武七年(1374)。

成化五年,以其孫顒請,改謚忠文,贈禮部侍郎。

鮑應鰲《明臣謚考》卷上:"李時勉,祭酒,贈禮部侍郎。初謚文毅,成化年,改謚忠文,江西安福縣人。"

雷禮《皇明大政紀》卷十四:"(己丑成化五年四月)贈國子祭酒李時勉爲禮部左侍郎,謚忠文。時勉先謚文毅,至是,其孫顒奏時勉歷仕四朝,曾效勤勞,請如吏部侍郎曹鼐例改謚加贈。上曰:'時勉在先朝,直言敢諫,毅不足以盡之,改謚曰忠文。'"

時勉爲祭酒六年,列格、致、誠、正四號,訓勵甚切。崇廉耻,抑奔競,别賢否,示勸懲。諸生貧不能婚葬者,節省餐錢爲贍給。督令讀書,燈火達旦,吟誦聲不絶,人才盛於昔時。

尹昶《李先生小傳》云:"先生至太學,冠帶縉紳之士,迎迓道左者相屬,文武衆寮、父老戎卒相率詣橋門而拜者無虚時。監規久弛,先生爲嚴立教條,因才設科,壯而可仕者教以吏事。如今官府論判之類,幼而可進者教以舉子業,日考課程,夜則令宿學舍。雖隆冬盛寒,先生俯就講解經史,每至通宵。於是,諸生各有所造就。當時作人之盛,如商輅、姚夔、彭時、岳正、萬安諸彦,俱廷試魁天下,其餘或中進士高第,或任御史黄門部屬二司,守令者皆先生教導之力致然也。先生處置細務,綽有條理。病者如徐瑄輩得以有醫,死者如劉顯輩得以有歸,未娶者如鄭韶輩得以有室,以至助教陳除被盗復監,見先生,先生給之。凡此之費,皆先生捐俸資爲之。由是,諸生觀感亦樂爲之助焉,以故諸生事先生如子事父。"

始,太祖以宋訥爲祭酒,最有名。其後寧化張顯宗申明學規,人比之訥。而胡儼當成祖之世,尤稱人師。然以直節重望爲士類所依歸者,莫如時勉。

陳建《皇明通紀法傳全録》卷七:"(庚申洪武十三年十二月)以宋訥爲國子祭酒。訥元進士也,入明由翰林學士陸祭酒。横襟講學,聞者如得所歸。科目所得人材,率三天下之一。"

過庭訓《本朝分省人物考》卷九十五"韓克忠"條:"自祭酒宋訥後,學政多隳。忠與祭酒張顯宗創製立法,興廢補壞,編立監規,參酌時宜,永爲遵守,學政自此振。"

程敏政《明文衡》卷八十二楊溥《太子賓客國子祭酒兼翰林侍講致仕胡先生墓碑》:"爲祭酒,以身率諸生奉守學規,以圖成效,一時人才,翕然從化,朝之公卿大夫咸推敬之。"

英國公張輔暨諸侯伯奏,願偕詣國子監聽講。英宗命以三月三日往。時勉升師席,諸生以次立,講《五經》各一章。畢事,設酒饌,諸生歌《鹿鳴》之詩,賓主雍雍,盡暮散去,人稱爲太平盛事。

雷禮《皇明大政紀》卷十一:"(丙寅正統十一年)三月三日,太師英國公張輔偕侯伯二十餘人赴國子監聽講。初輔等早朝畢，奏曰：'臣等皆武夫，不諳經典，願賜假詣國子監聽講。上許之，命以是月三日往。祭酒李時勉命諸生講《五經》各一章，講畢設宴，諸侯伯皆列坐，惟輔與時勉抗禮，命諸生歌《鹿鳴》之詩，薄暮始散。"

時勉學問奧博，詞翰兼美。平生所著文稿甚多，奈歲久散失，存者無幾，賴門人戴難編録成卷若干篇存於世。爲文平易通達，詩乃清婉可味。

彭琉《李懋時勉行狀》："先生學問奧博，詞翰兼美，有得其片言隻字者，寶重之如拱璧。故平生文稿，多爲好事者持去，所存於家者殆十一二耳。"

《四庫全書總目》卷一百七十《古廉集》提要："時勉學術剛正……其在國學，以道義砥礪諸生，人才蔚起，與南京祭酒陳敬宗，號'南陳北李'，而時勉尤爲人望所歸。明以來司成均者，莫能先也。至其爲文，則平易通達，不露圭角，多藹然仁義之言，豈非以躬行實踐所養者醇，故與講學之家驕心盛氣、以大言劫伏者异歟！"

陳田《明詩紀事》乙籤卷九：時勉詩乃"清婉可味"。

朱彝尊《明詩綜》卷十八上："忠文古之遺直，不以詩名，而《扶風》數篇，雖未遠擬《秋胡》，要非拙手可辦。……楷法遒勁，乃知書亦能品也。"

按，於時勉詩文著述，《千頃堂書目》《明史》載録"《古廉文集》十一卷""又詩集一卷"，以文淵閣《四庫全書》本《古廉文集》十二卷最爲常見。今考其著述主要有：

《古廉李先生詩集》十一卷，明景泰七年姚堂刻本，中國國家圖書館、南京圖書館、湖南省圖書館等藏。

《古廉文集》十一卷，附録一卷，清文淵閣《四庫全書》本。

《謚忠文古廉文集》六卷,清金氏文瑞樓鈔本,中國國家圖書館藏。

《謚忠文古廉文集》十二卷,明李氏世忠堂刻本,中國科學院圖書館藏。

《謚忠文古廉文集》十卷,影成化本舊鈔本,北京大學圖書館藏。

參考文獻:

1. 李時勉《古廉文集》,明成化間刻本。

2. 過庭訓《本朝分省人物考》,明天啓刻本。

3. 陳建《皇明通紀法傳全録》,明崇禎九年刻本。

4. 張廷玉等《明史》,中華書局 1974 年版。

5. 雷禮《皇明大政紀》,《續修四庫全書》本,上海古籍出版社 2002 年版。

6. 楊士奇《東里集》,明嘉靖二十九年黄如珪刻本。

7. 黄虞稷《千頃堂書目》,上海古籍出版社 2001 年版。

(温世亮)

曹端傳

曹端,字正夫,號月川,河南澠池(今河南省澠池縣)人。洪武九年(1376)生。

《明史》卷二百八十二有傳。何喬遠《名山藏》卷八十四《儒林記》、凌迪知《萬姓統譜》卷三十二、沈國元《皇明從信録》卷十七、尹守衡《明史竊》卷七十二、張萱《西園聞見録》卷七、查繼佐《罪惟録·列傳》卷十、傅維鱗《明書》卷一百十一、沈佳《明儒言行録》卷二、王士俊《(雍正)河南通志》卷六十一、《山西通志》卷九十、熊賜履《學統》卷四十二上附統、張夏《雒閩源流録》卷三、黄佐《山西霍州儒學學正曹公端傳》等俱載其事迹。另有張信民纂、張璟裁定《曹月川先生年譜》一卷(見《曹端集》附録二,以下簡稱《年譜》)。

《年譜》:"洪武九年丙辰春正月十三日午時生。"按公曆計,生於1376年2月3日。

端之名,張夏《雒閩源流録》卷三載:"先生自少特异於人,與群兒游,必拱立,不妄戲謔言笑,知愛敬,飲食必讓父母兄長,出入先後必候長者,父母器之,曰:'儼然老成端人。'因名曰端。"

按,薛瑄《拙巢記》中稱曹端爲"曹均":"廣文曹均正夫,世家河南之澠池。"端似另名均,不知何據,姑且存疑。

端之號,尹守衡《明史竊》卷七十二云:"端幼喜觀《太極圖》,自作《川月交映圖》擬太極,因號月川子,故學者常稱月川先生。"

張信民《年譜》:"(宣德六年)先生得《太極圖》之精旨,故爲《川月交輝圖》喻其妙,其圖天上一月、川中九月,蓋取月映川水之意爾。其詩曰:'天上一輪映萬川,萬川各有月團圓。有時川竭爲平地,依舊一輪月在天。'起句喻統體之太極,承句喻各具之太極,轉句喻萬感之俱寂,合句喻一理之常存。畫圖於頒書閣下,日吟咏其間,其洞徹斯道之妙如此。"

端又稱廉静先生。尹守衡《明史竊》卷七十二:"張方岳行部,端出迎,不拜,張臨之暴甚,已廉其學行,執端手曰:'吾今乃知曹正夫也。'大書'廉静'二字旌之,人遂稱廉静先生。"按,張方岳,生平事迹不詳。

端又稱曹靖修,"靖修"乃其謚號也。陳建《皇明通紀法傳全録》曰:"本朝武功首劉誠意,理學肇曹靖修。"

其先本姓楊氏,居山西曲沃。父敬祖,始居澠池,信佛,爲善於鄉。

張夏《雒閩淵源録》卷三:"其先本姓楊氏,居山西曲沃閻村。五世祖嗣,以父命出繼舅家曹氏。又四傳至敬祖,始居澠池屈陀里,娶邵氏,以洪武丙辰春正月感修竹之祥而生。"

張信民《年譜》載《家譜》:"其先山西平陽曲沃閻村人,本姓楊氏。五世祖諱嗣,以父命繼舅氏,後因姓曹。嗣生慶,徙垣曲葛伯寨。慶生仲和,徙永寧杜寺溝。仲和生伯達,伯達生敬祖,始徙澠池之窟陀里。敬祖,先生之父也,娶邵氏,先舉二子,至是感修竹之祥,於十有三日午刻而生先生。"按,曹敬祖,九歲失怙恃,雅信佛事。

尹守衡《明史竊》卷七十二:"父呼群兒語曰:'吾九歲失怙恃,零丁孤苦。又值元末兵戈擾攘,救死不贍,奚暇詩書聖賢之道,冥冥如夜行爾,爲我讀書,歸言於我,我願行之。'諸子拜對曰:'端也可。'乃命端學。"

何喬遠《名山藏》卷八十四："父好善，信佛。"

黄宗羲《明儒學案》卷四十四《學正曹月川先生端》："父敬祖爲善於鄉，而勤行佛、老之善以爲善。先生朝夕以聖賢崇正闢邪之論諷於左右，父亦感悟樂聞。"

端自幼穎异，篤志好學，構室勤苦齋，以陳經籍。

張信民《年譜》："（五歲）先生從父游學宫，見有觀《河圖》《洛書》者，問曰：'此星子黑白不同，如何？'其人异之，謂曰：'分陰陽也，白是陽，黑是陰。'顧謂其父曰：'童子可教。'歸，畫圖於地，問父曰：'與書上相似麽？'父甚奇之。"

《明史》本傳云："五歲見《河圖》《洛書》。"《雒閩淵源録》卷三、《明賢蒙正録》卷上皆云："（端）七歲從父游學宫。"按，《四庫全書》本《曹月川集》中《年譜》云"三歲從父游學宫"似不合乎情理，疑誤。"五歲""七歲"皆有可能，姑且存疑。

尹守衡《明史竊》卷七十二："十歲通《孝經》《語》《孟》《學》《庸》諸書，十一讀《尚書》，十二讀《詩》，十三讀《禮記》，十四讀《周易》，十五讀《春秋》，十六盡讀《通鑒綱目》《周禮》《儀禮》、諸子百家書。"

張信民《年譜》："（十六歲）嘗曰：'六經、四書，天下萬世言行之繩墨也，不可不使之先入其心。'至是，又取諸書盡讀之，上自三代，下及近世諸儒文集，無不遍觀盡識。""（十七歲）構室以陳經籍，書其户曰：'勤勤勤勤，不勤難爲人上人；苦苦苦苦，不苦如何通今古。'父命扁曰'勤苦齋'。"

洪武二十六年（1393），年十八，補諸生。師事宜陽馬子才、太原彭宗古，遠有端緒。明年，夫人陳氏于歸。

張夏《雒閩淵源録》卷三："年十八，爲邑弟子員。明年，娶陳氏。"《明儒學案》卷四十四《學正曹月川先生端》："年十七，讀五經皆遍,師事宜陽馬子才、太原彭宗古,遠有端緒。”

按,馬子才、彭宗古二人,生平事迹不詳。

張信民《年譜》:“澠池陳公直見先生勤學不倦,曰:‘世有好學如是者乎?’以其女妻之。夫人字順夫,賢而有德,洪武辛酉十一月二十日生,奉祖宗、事舅姑能以古人爲師,先生甚敬禮之,蓋悦其婦道、母儀皆可法云。”

二十歲,讀謝應芳《辨惑編》而好之,並輯成《性理文集》。至是,志意堅定,始卓然以斯道爲己任。

見《明史》本傳。《明儒學案》卷四十四《學正曹月川先生端》亦云:“初,先生得元人謝應芳《辨惑編》,心悦而好之,故於輪回、禍福、巫覡、風水、時日世俗通行之説,毅然不爲所動。”《年譜》載曹端《辨惑編序》曰:“余二十歲得是書,如獲重璧,日夜誦習,力行不怠,雖寢疾出外,未嘗釋手。蓋喜其明聖道、闢邪説,粹然一出於正者也。”

張信民《年譜》云:“(二十歲,)先生見《胡仲子文集》,取其精要若干篇,命曰《性理文集》,曰:‘作文必如是方善。不然,雖工無益。’嘗曰:‘孔門游、夏稱文學,亦何嘗秉筆爲詞章也?且如“觀乎天文,以察時變;觀乎人文,以化成天下”,此豈詞章之文也?故吕與叔有詩曰:“學如元凱方成癖,文似相如殆類俳。獨立孔門無一事,只輸顔子得心齋。”端亦偶成,曰:“作文不必巧,載道則爲寶。不載道之文,臧文棁上藻。”言無味,而意有在焉。’”“(二十一歲,)先生至是志意堅定,内不溺於章句文辭之習,外不惑於异端邪説之謬,卓然以斯道爲己任。”

二十六歲,攝澠儒學事,罣誤下獄。次年,上書請毁淫祠。永樂四年(1406),編成《家規輯略》。

張信民《年譜》:“時部使者照刷文卷,以前官卷案不如式,罣誤下獄，先生處之泰然，作詩自遣，有云：‘仰天心無愧，俯地意不慚。’未幾而白。”“（二十七歲）時澠淫祠過多，先生上書請毁之。邑令楊某者從其言，即令先生躬詣四鄉，監毁百餘所，爲設里社、里穀壇，使民祈報焉。惟存夏禹、雷公二廟而已。”

查繼佐《罪惟録·列傳》卷十：“俗信淫祠，端初受攝澠池儒學事，遂上書悉毁之。”

《家規輯略》成於永樂四年（1406）。端《家規輯略序》云：“自今觀之，江南第一家義門鄭氏，合千餘口而一家，歷千餘歲而一日，以其賢祖宗立法之嚴，賢子孫守法之謹而致然也。其法一百六十有八則，端悉録而寶之，今姑擇其切要者九十有四則，因其類聚群分，定爲一十四篇，名曰《家規輯略》，敬奉嚴君，祈令子孫習讀而世世守行之。”孫奇逢《箋家規序》：“故文靖有《家規輯略》一編，自《祠堂》至《治蠶》，爲目十四，共二百六十四則，或删定前人舊本，或獨以己意新增，總之尊從先世之念，無處不格，而啓佑後人之思，無微不入。”

永樂六年（1408），爲《夜行燭》一書，以告其父。同年八月，舉鄉試第二。

張信民《年譜》：“（三十三歲）春三月，《夜行燭》成。先生此書，蓋取夜行以燭之義，以告其父者。書凡十有五篇，首陳善惡禍福之由，繼以保身正家之要。其間，明禮却俗，闡道闢邪，訓子孫，友兄弟，睦宗族，和鄰里，嘉言善行，無所不備，其所以閑先聖之道，破愚俗之見，正人心以息邪説者，誠大有所關也。書成，命曰《夜行燭》，父嘉納而力行之。”

黄宗羲《明儒學案》卷四十四《學正曹月川先生端》：“先生條其人倫日用之事可見之施行者，爲《夜行燭》一書，言人處流俗中，如夜行，視此則燭引之於前矣。”

傅維鱗《明書》卷一百十一:"父雅慕佛家流,端日以聖賢之道幾諫之,父心回向。因作《夜行燭》以進。其言曰:'佛氏以空爲性,非天命之性,人受之中,老氏以虚爲道,非率性之道,人由之路。'言皆粹然,合於道理。"

端《夜行燭序》云:"於是取聖經賢傳之格言,扶正抑邪之確論,朝夕諷誦左右,又將《文公家禮》及《鄭氏家規》勸而行之。既而家嚴喜曰:'昔我愚冥,如夜行。然自端開明之後,雖未到高明遠見地步,然常若有明燭照引於前者。'端因述前言往行之經告於家嚴者,纂集成書,命名曰《夜行燭》,藏之篋笥,以備觀覽而已。"

《曹端集》附録六張璟《重修曹靖修先生夜行燭序》:"世之人日蔽於紛紜日用,動爲不著不察,君子比之爲冥行也,又比之爲夬爲眇。憂世覺人者,每欲舉斯世而錫之履,使之視焉,此月川先生《夜行燭》之所作也。先生此書,雖以《明孝》至《息邪》目分十五,要其大旨,不過使人認授於天者爲性,而性以外無加,性以内無損,非本於天者,則二氏之弊矣。"

《曹端集》附録六孫奇逢《箋夜行燭》:"《夜行燭》一編,自《明孝保身》至《明道息邪》,目共十五,言有數萬,詳哉!於聖人之道,按理指事,振聾發蒙,無人不在其燭照之中。而其旨歸,更有獨注。"

《曹端集》附録六李汝華《夜行燭序》:"夫人心虚靈,道斯涵焉,《六經》垂訓,道斯昭焉。炳若日星,曷嘗不明?自异説熾,而人心蠱,正學晦,譬之夜行,非燭何以照其迷而導之歸路?此曹月川先生《夜行燭》所由著也。……而是書之作,不騖高遠,惟求切近,匪古弗則,匪經弗由。纖而居食言動,巨而綱常倫紀,罔不簡心,而尤拳拳於繼述之孝、踐修之實、善惡邪正之幾。即其言,愚夫可知究其至。"

《四庫全書總目》卷九十五《夜行燭》提要:"明初理學,以端爲冠,而其父崇事佛老,端因采經傳格言切於日用者,輯爲此書,名《夜行燭》,以進其父。其書分類編輯,爲目十有五,大抵取淺顯易解之語。"

張夏《雒閩淵源録》卷三:"永樂戊子,舉鄉試第二。"按,"戊子",即永樂六年(1408)。

張信民《年譜》:"翰林博士馬巨江、訓導李君恭所取也,名在第二,爲《詩經》魁。"

永樂七年(1409),登乙榜第一,授山西霍州學正。與白雲先生同升講席。修明聖學,士人服從其教,郡人皆化之。

白雲先生即李德。張信民《年譜》:"霍人李德,字紹賢,白雲其號也。先庠師乏員,請爲賓師。聞先生除,謂諸生曰:'聞新博士年少才高,我當早退。'即日辭去。先生至,命諸生請,同升講席,相與答問論辯,久而愈敬。白雲語諸生曰:'學不厭,教不倦,不遷怒,不貳過,不挾長,不挾貴,曹先生之盛德也。其知古今之宜,達事變之節,尊所聞,行所知,區區莫能及之,倡明道學,繼往開來,必先生也。古人云:"經師易得,人師難逢。"今得人師矣,可不自勉!'由是諸生竦動,四方聞風,來學者雲擁川至,文風大振晉陽間矣!"

孫奇逢《中州人物考》卷一《曹靖修端》:"爲霍州學正十餘年,士子皆服從其教,郡人亦皆熏陶而化。"

永樂十六年(1418)遭艱歸,澠池、霍州諸生多就墓次受學。

見《明史》本傳。張信民《年譜》:"永樂十有六年戊戌,先生年四十三歲。春正月,母邵氏卒,奔喪澠池。既窆,廬於墓所。冬十有一月,先生父亦卒。"

張夏《雒閩淵源録》卷三:"戊戌,以内外艱去。"

守喪期間,游藝、戴振分别於永樂十七年、十八年來學。游藝,

“字文博,丁酉鄉貢士,春闈不第,就墓次而稟學焉”(見《年譜》)。戴振,“字文舉,澠庠生,稟學墓次中”(見《年譜》)。

服闋,赴京師,補蒲州儒學學正。

張信民《年譜》:“(永樂十九年)先生内外艱即除,赴吏部,試以《包茅三杰》《諸葛孔明有儒者氣象》等題,甚嘉奬之,出示,同事者爲矜式。”

查繼佐《罪惟録·列傳》卷十:“内外艱,一守《文公家禮》,廬墓四年。”

張夏《雒閩淵源録》卷三:“壬寅,補蒲州學正。”按,壬寅,即永樂二十年(1422)。自永樂十六年至十九年,恰好四年。《明史》本傳云“既葬,廬墓六年”,有誤。

洪熙元年(1425),考績吏部,霍、蒲兩邑諸生各上章争之,復補霍州學正。明年,編成《四書詳説》。

見《年譜》。張夏《雒閩淵源録》卷三:“洪熙乙巳春,吏部考績,霍、蒲二州學者上章争留之,復補霍州學正。”洪熙乙巳,即洪熙元年(1425)。

《年譜》云:“(《四書詳説》)凡三十六卷,永樂初注解已成,今序之,其略云:‘永樂中,端正霍學,爲諸生説《四書》,一尊朱子成説,先舉一章大旨,而後分經以布其注,衍義以詳其説。然其間朱子以爲易曉而不盡釋者,初學之士或難之,端用父師先正成説之精當者補之,將以盡詳約而便初學焉。時秦解元輩遂好録而傳誦之。暨端終制,起調蒲州學,蒲中士大夫又已傳之矣。端見而驚且懼,竊欲仿許魯齋先生故事,收而火之,不可得矣,乃取一二册校之,脱誤不勝枚舉。至洪熙改元,霍州奏保復任,得諸生所藏之説,比之外傳差少脱誤,遂從而正之,越月方畢。’”

嗣後，三典陝西鄉試。其間，與門人郭巨成、謝琚於滻、灞談詩。

張夏《雒閩源流録》卷三："宣德丙午典陝西試，己酉、壬子連典陝西。"丙午，宣德元年(1426)；己酉，宣德四年(1429)；壬子，宣德七年(1432)。

張信民《年譜》："西安太守郭巨成暨謝琚相從於滻、灞之間，談詩馬上，郭曰：'古人云："吟成五字句，用破一片心。"'琚曰：'古人云："吟成五字句，心從天外歸。"'先生應曰："可惜一片心，用在五字上。"蓋恐學者溺於詩文，不務義理，故發此。須臾曰："古人，文人自是文人，詩人自是詩人，儒者自是儒者。今人欲兼之，是以不能工也。賢輩文無求奇，詩無求巧，以奇巧而爲詩文，則必穿鑿、謬妄而不得其實者多矣，不若平實簡淡爲可尚也。"

《通書述解》《太極圖説述解》《存疑録》《西銘述解》《儒家宗統譜》《性理論》《孝經述解》亦相繼成。

《通書述解》成於宣德二年(1427)。張信民《年譜》云："門人請解之，既成，四方學者争先傳誦。其篇中論孔、顔之樂，有云：'周子每令程子尋仲尼、顔子樂處所樂何事，欲學者深思而實體之，不可，但以言語解會而已。今端竊謂孔、顔之樂者仁也，非是樂這仁，仁中自有其樂耳。且孔子"安仁而樂在其中"，顔子"不違仁而不改其樂"。安仁者，天然自有之仁；而樂在其中者，天然自有之樂也。不違仁者，守之之仁；而不改其樂者，守之之樂也。語曰："仁者不憂。"不憂，非樂而何？周、程、朱子不直説破，欲學者自得之。'"

《曹端集》附録六孫奇逢《通書述解序》："近得靖修先生《太極圖》《通書》《西銘述解》，洞徹微密，直窺道之本源，豈尋常學人敢望至？《夜行燭》《家規》《語録》《録粹》《年譜》諸種，皆修身明倫保家正俗之要，其進修之醇不於其言而於其行，可謂體備用達之學，固應序列予《宗傳録》中。”

《太極圖説述解》成於宣德三年。《曹端集》卷一《太極圖説述解序》:“太極,理之别名耳。天道之立,實理所爲。理學之源,實天所出。……太極者,象數未形而其理已具之稱,形器已具而其理無眹之目。是生兩儀,則太極固太極。兩儀生四象,則兩儀爲太極。四象生八卦,則四象爲太極。推而至於六十四卦,生之者皆太極焉。然則羲《易》未有文字而爲文字之祖,不言理學而爲理學之宗。噫! 自木鐸聲消,儒者所傳周經、孔傳之文,而羲圖無傳,遂爲异流竊之而用於他術焉。至宋邵康節,始克收舊物而新其説,以闡其微。及朱子出,而爲《易》圖説啓蒙之書,則羲《易》有傳矣。不惟羲《易》千載之一明,而實世道人心之萬幸也。伊川程子,康節之同游,傳《易》而弗之及,果偶未之見耶,抑不信邵之傳耶? 若夫濂溪周子,二程師也,其於羲圖,想亦偶未之見焉,然而心會太極體用之全,妙太極動静之機,雖不踐羲迹,而直入羲室矣。於是手《太極圖》而口其説,以示二程,則又爲理學之一初焉。……端成童業農,弱而學儒,漸脱流俗,放异端,然尚縻於科舉之學者二十餘年,自强而後,因故所學而潛心玩理,幾十年之間僅有一發之見,而竊患爲成書病者,如前所云,乃敢於講授之際,大書周説而分布朱解,倘朱解之中有未易曉者,輒以所聞釋之,名曰《述解》,用便初學者之講貫而已,非敢瀆高明之觀聽也。”

《存疑録》成於宣德三年秋七月。《年譜》載曹端《存疑録序》:“《存疑録》,録先知先覺之微辭奥義而存之,以釋疑焉而已矣。……性即理也,理之别名,曰太極,曰太乙,曰至誠,曰至善,曰大德,曰大中,隨意取名不同而道則一而已。六經、四書之後,闡明開示,至當歸一之論,惟濂、洛、關、建大儒,真得孔、孟宗旨,傳帝王之心法,發天地之精藴。端竊尊之信之,而老拙於記則日忘,所能者多而懼得罪於聖門焉。雖老且病,敢倦於勤?是以於講授之餘,信手録其説之萬一。首太極,以闡造化之源。次陰陽,以明造化之流。而後列其成象成形、有涯有涘、或動或静、在幽在明、之久之暫、之所以然與其所當然之故,及夫道統之傳,异端之辨,以實造化之理、之氣、之無窮,則吾道一以貫之無遺焉。故萬物之靈而曰人者,後天地生,而知天地之始;先天地没,而知天地之終。然而在所録者,不能無重複;不在所録者,又豈無精要者?蓋無夫子删述之筆,故爾兹尚冀有夫道而成人之美者爲之節文焉。"

《西銘述解》成於宣德四年。《年譜》云:"因門人之請而成。《序》略云:'大意明理一而分殊,文公注之,明且備矣。然初學者或未得其説,端爲分經布注以解之。"

《儒家宗統譜》成於宣德五年。《年譜》載曹端《儒家宗統譜序》:"《儒家宗統譜》,是儒家之真源正派也。蓋真源乃天地人之所自出,正派乃皇帝王之所相承,所以參天地而立人極者焉。然其大目,則曰三綱、曰五常,而其大要,則曰一中而已。三皇儒而皇,五帝儒而帝,三王儒而王,皋、夔、稷、契、伊、傅、周、召儒而相,孔子儒而師,然則孔門一帝王之教耳,帝王一天地之道耳,儒家者所以相天地、宗帝王、師聖賢,心公天下萬世之心也,道公天下萬世之道也。朱子謂'釋氏出於自私之厭,老子出於自私之巧',夫彼豈可與此同年而語哉?端固愚陋,恍然於源之真、派之正,似有見焉,於圖而譜之,用以存疑,然不敢自私,將俾願爲儒家之精到者一覽而知真源正派之所在,則亦庶乎迷津之一指云耳。"

《性理論》成於宣德六年。《年譜》云:"山西藩府委先生同沈侍御校郡邑士,半歲成忘勢交,凡經史疑難、性理奥旨、陰陽所以交代、天地所以高深、日月星辰所以照耀、雷風雨露所以興作、山川所以流峙、草木所以生長,問答至忘寢食,侍御無不嘉納。其於性理奥處,必欲先生立論明之。集成,侍御題其首曰《性理論》。"

《孝經述解》成於宣德七年。《年譜》云:"先生取唐玄宗、許魯齋二解述其精當者,分經布注解之,其未瑩者,釋以己意,名曰《孝經述解》。"

《四庫全書總目》卷九十二:"《太極圖説述解》一卷,《通書述解》一卷,《西銘述解》一卷(河南巡撫采進本),明曹端撰。……蓋明代醇儒,以端及胡居仁、薛瑄爲最,而端又開二人之先。是編箋釋三書,皆抒所心得,大旨以朱子爲歸,而《太極圖》末附載《辨戾》一條,乃以朱子所論太極陰陽,《語録》與注解互异,而考定其説。蓋注解出朱子之手,而《語録》則門人之所記,不能無訛。端得於朱子者深,故能辨别微茫,不肯雷同附和,所由與依草附木者异也。前有端自序,作於宣德戊申,惟論《太極圖説》及以詩、贊、《辨戾》附末之意,而不及《西銘》。卷末有正德辛未黎堯卿《跋》,始兼《西銘》言之。《通書》前後,又有孫奇逢《序》及《跋》,《跋》但言《通書》,而《序》則言澠池令張燝合刻三書。蓋堯卿始以《太極圖説》《西銘》合編,燝又增以《通書》也。據端本傳,其書本名《釋文》,所注《孝經》,乃名《述解》。此本亦題曰《述解》,不知何人所改刊。版頗拙惡,排纂亦無體例,每句皆以正文與注連書,字畫大小相等。但以方匡界正文每句之首尾以爲識别,殊混淆難讀。今離而析之,使注與正文别行,以便省覽焉。"

宣德九年(1434),卒於官,年五十九。有二子,曰琇,曰璟,亦廬端墓,卒亦葬墓側,後改葬澠池。

見《明史》本傳。傅維鱗《明書》卷一百十一:"宣德甲寅,卒於霍。卒之日,人爲之罷市巷哭,學者稱爲月川先生。"

《雒閩源流録》卷三:"甲寅夏六月丁丑,卒於霍。先是州大夫入問疾,先生曰:'諸大夫能寬一分則民受一分之賜,吾無遺憾矣。'

諸生入問疾，先生曰：‘賢輩尊所聞行所知，吾無遺患矣。’召諸子語之，曰：‘吾平生不喜佛老，不悦齋醮，惡其害道亂正也。我死，爾曹當以我葬考妣之禮葬我，毋我污也。’至是，正衣冠而卒，年五十九，葬霍城東。子，琇、璟，廬於墓側。其後，天順間學士黄諫遷之澠池故里。”按，《明史》言其二子“瑜、琛”，有誤。

黄佐《山西霍州儒學學正曹公端傳》：“正統中，河南僉事姑蘇張敬、澠池知縣胡復立特祠。”

端篤學博覽，專意性理，其學務躬行實踐，而以静存爲要，力闢釋老及淫祠俗術。論者推爲明初理學之冠。

《明史》本傳：“初，伊、洛諸儒，自明道、伊川後，劉絢、李籲輩身及二程之門，至河南許衡、洛陽姚樞講道蘇門，北方之學者翕然宗之。洎明興三十餘載，而端起崤、澠間，倡明絶學，論者推爲明初理學之冠。”

黄宗羲《明儒學案》卷一《師説》：“先生之學，不由師傳，特從古册中翻出古人公案，深有悟於造化之理，而以‘月川’體其傳，反而求之吾心，即心是極，即心之動静是陰陽，即心之日用酬酢是五行變合，而一以事心爲入道之路，故其見雖徹而不玄，學愈精而不雜，雖謂先生爲今之濂溪可也。……按先生門人彭大司馬澤嘗稱：‘我朝一代文明之盛，經濟之學，莫盛於劉誠意、宋學士；至道統之傳，則斷自澠池曹先生始。’”

著述宏富，多有散失，現存《曹月川先生遺書》。端詩皆《擊壤集》派，殊不入格，文亦質直樸素，不以章句爲工。然人品醇正，學問篤實，直抒所見，皆根理要，固未可繩以音律，求以藻采。

《曹端集》附録二蒲坂謝琚《諸儒評論》云：“以其著述言之，歲在乙亥，《性理文集》成。丙戌，《家規輯略》成。丁亥，《男女訓戒詞》成。戊子,《夜行燭》書成。辛丑,《周易乾坤二卦解義》成。丁未,《通書述解》書成,《童子箴》成。戊申,《存疑録》書成,《太極圖説述解》書成,《氣化》《形化》《死生》《輪回》詩成,《太極圖説贊》及《辨戾》文成。己酉,《西銘述解》書、《儒家宗統譜》成。辛亥,《性理論》文字成。壬子,《孝經述解》成。乙卯,《行實碑記》成,《拙巢鳴》文集成。丙辰,《月川文集》成,此則其有本者然也。"

黄虞稷《千頃堂書目》卷三:"《孝經述解》一卷""《四書詳説》";卷十一:"《太極圖説述解》一卷,又《西銘述解》一卷,又《通書述解》一卷,又《理學要鑒》二卷,又《性理論》一卷,又《夜行燭》一卷,又《儒家宗統譜》,又《存疑録》,又《月川語録》一卷""《家規輯略》十四卷"。《續通志》卷一百六十《藝文略》:"《太極圖説述解》一卷""《通書述解》二卷""《西銘述解》一卷""《月川語録》一卷""《夜行燭》無卷數";卷一百六十二《藝文略》:"《曹月川集》一卷。"按,《周易乾坤二卦解義》《理學要鑒》今未見。

《曹端集》附録六楊國楨《曹月川先生遺書序》:"先生所著,有《四書詳説》《太極圖》《通書》《西銘釋文》《孝經述解》《性理文集》《儒家宗統譜》《家規輯》《存疑録》《夜行燭》諸書,兵燹後皆散佚。我朝定鼎之初,澠池令張君多方購輯,僅得先生《太極圖》《西銘述解》一卷、《通書述解》二卷、《夜行燭》一卷、《家規輯略》一卷,附以趙邦清、孟雲浦所輯《語録》一卷、《録粹》一卷、張抱初《年譜》二卷,彙而梓之,蓋存什一於灰燼之餘。"

《四庫全書總目》卷九十五:"《月川語録》一卷(河南巡撫采進本),明曹端撰。端講學之書有《理學要覽》一卷,《性理論》一卷,又有《儒家宗統譜》《存疑録》,亡其卷數,並載《千頃堂書目》,今皆未見。是編乃真寧趙邦清輯其講學之語爲一卷,非端之全書,亦非端所自著,不足以盡其底蘊。然《千頃堂書目》載《月川語録》作一卷,則所見亦即此本矣。”

《四庫全書總目》卷一百七十:“《曹月川集》一卷(江蘇巡撫采進本),明曹端撰。端有《太極圖説述解》,已著録。明初理學,以端與薛瑄爲最醇。瑄詩文集、《讀書録》等,皆傳於世,而端之遺書散佚幾盡,其集亦不復存。此本爲國朝儀封張伯行裒輯而成,首以《夜行燭》,次《家規輯略》,次《語録》,次《録粹》,次《序》七篇,次詩十五首。《夜行燭》《家規》二序不冠本書,而别載於後詩之中,間以《太極圖贊》一篇,皆非體例,蓋編次者誤也。末附諸儒評語及張信民所纂《年譜》。端詩皆《擊壤集》派,殊不入格;文亦質直樸素,不以章句爲工。然人品既已醇正,學問又復篤實。直抒所見,皆根理要,固未可繩以音律,求以藻采。况殘編斷帙,掇拾於放失之餘,固宜以其人存之矣。”

參考文獻:

1. 曹端著、王秉倫點校《曹端集》,中華書局 2003 年版。

2. 尹守衡《明史竊》,明崇禎間刻本。

3. 張夏《雒閩源流録》,清康熙二十一年刻本。

4. 傅維鱗《明書》,清康熙三十四年刻本。

5. 孫奇逢《中州人物考》,清道光二十四年刻本。

6. 嵇璜等修《續通志》,國家圖書館藏清鈔本。

7. 張廷玉等撰《明史》,中華書局 1974 年版。

8. 黄宗羲著、沈芝盈點校《明儒學案》,中華書局 2008 年版。

9. 黄虞稷撰,瞿鳳起、潘景鄭整理《千頃堂書目》,上海古籍出版社 1990 年版。

(汪孔豐)

章敞傳

章敞，字尚文，號質庵，會稽（今浙江紹興）人。生於洪武九年（1376）。

楊榮《楊文敏公集》卷二十四《故嘉議大夫禮部左侍郎章君墓銘》（以下稱《章君墓銘》）："君諱敞，字尚文，别號質庵，世居越之會稽……君生洪武丙辰十一月十有四日，歿正統丁巳（1437）十二月四日。"

楊士奇《東里集·東里續集》卷二十八《禮部左侍郎章公墓碑銘》（以下稱《章公墓碑銘》）："公諱敞，字尚文，質庵其號。"

章氏自浦城遷至會稽，爲越地名族。自宋迄明，舉進士者三人，故其里被譽爲三桂里，有三桂堂，鄉人美之。

楊榮《楊文敏公集》卷十《三桂堂記》："禮部侍郎章君尚文作堂於會稽山之陰，其鄉士大夫相與名之曰三桂之堂。堂之前植桂固多矣，而以三云者何？……章氏由宋迄今，舉進士者凡三人，故有取於是也。尚文世家於越，高大父諱斌，宋景定之間鄉舉第一人，值末運，仕弗大顯。傳三世，俱以隱德重鄉邦。大父暨父以尚文貴，皆贈嘉議大夫禮部右侍郎。尚文登永樂甲申進士第……子瑾……正統紀元遂擢進士高科。"

章敞《明永樂甲申會魁禮部左侍郎會稽質庵章公詩文集不分

卷附録一卷》(以下稱《章公詩文集》)卷首楊溥《禮部左侍郎質庵章先生傳》:“遠祖岩,兵部尚書,守泉州廉州刺史。及還浦城,太傅仔鈞取練氏,有全城功,後彦武自浦城還會稽,子孫遂爲會稽人。高祖斌,宋景定甲子博學宏詞科,鄉舉第一人。曾祖復賜、祖君采、父昇,世有隱德。”此傳文與徐竑《明名臣琬琰録》卷二十二所録《章尚文傳》文字有不同,此段文字徐本無。

章敞《章公詩文集》卷首金寔《三桂堂賦有序》:“三桂堂者,今春官二卿章公之世居也。章氏代濟文獻於越,自公之高祖至公及公之子,五世而三擢危科,邑大夫表其里曰三桂。公因用以其石其堂,蓋不忘世澤,示訓於子孫也。堂在越之山陰,且盡得會稽山水之勝。”

章敞《章公詩文集》卷首王直《三桂堂詩序》:“三桂堂詩若干首,士大夫爲禮部侍郎章君作也。章君居越之會稽,高祖斌,宋景定中鄉舉第一人;至君復以《詩經》與予同登永樂甲申進士第;宣德初,北京行部鄉試,君次子瑾又以《詩經》中其科,縣令丞表厥里曰三桂坊,鄉人老長皆以爲榮,於是又以三桂名其堂,士大夫聞而歌咏之,章君不能止也。既成卷矣,乃以屬予序。”

章敞《章公詩文集》卷首陳循《三桂堂銘有序》:“會稽山陰有名家章氏焉。宋理宗景定間,斌舉於鄉爲第一人;其後中禮部會試者,國朝永樂二年敞第四人;正統元年瑾第七人。敞,魯孫瑾之父也。自斌至瑾,五世而三人者名顯科目,鄉邑因扁其里曰三桂里,其堂曰三桂堂。”

敞自幼穎异好學,長爲郡庠生,師友咸愛重。以讀書攻文爲事,不計服食之有無。永樂元年(1403),以《詩經》魁鄉試,明年登進士。選入翰林,爲庶吉士,復選入曾棨以下二十八人之數,績學中秘。恩寵隆洽,爲學者所羨。

楊榮《章君墓銘》:"君自幼穎敏嗜學,爲父母鍾愛。暨長,爲郡庠生,師友咸器重之。永樂癸未,領鄉書首薦,明年登進士第。選入翰林,爲庶吉士,偕狀元曾棨等二十八人績學中秘。"

楊士奇《章公墓碑銘》:"自幼穎敏嗜學,稍長,駸駸有立志,父母及鄉閭長老皆遠大期之,文學日有進。永樂祭未群試於鄉,擢《詩經》魁。明年登進士第,選爲翰林庶吉士,與曾棨等二十八人同奉詔進學文淵閣,恩寵隆洽,爲四方學者所歆艷,文學愈益進。"

章敞《章公詩文集》卷首楊溥《禮部左侍郎質庵章先生傳》(以下稱《章先生傳》):"先生穎敏有智略,初補郡庠弟子員,日以讀書攻文辭爲事,服食之需不計其有無。壬午,以《詩經》魁鄉試。永樂甲申魁會試,選庶吉士,入翰林,同狀元曾棨而下二十九人績學文淵閣。"

婁性《皇明政要》卷十二:"永樂三年正月壬子。先是太宗命翰林學士兼右春坊大學士解縉等於新進士中選材質英敏者,俾就文淵閣進其學,至是縉等選修撰曾棨,編修周述、周孟簡,庶吉士楊相、劉子欽、彭汝器、王英、王直、余鼎、章敞、王訓、柴廣敬、王道、熊直、陳敬宗、沈昇、洪順、章樸、余學夔、羅汝敬、盧翰、湯流、李時勉、段民、倪維哲、袁添禄、吾紳、楊勉二十八人入見……時庶吉士周忱自陳年少願進學,太宗喜曰:'有志之士也',命增忱爲二十九人。"

與修《永樂大典》及《四書五經性理大全》,書成,賞賚甚重。

楊榮《章君墓銘》:"與修《永樂大典》……癸巳,命同諸儒纂輯《五經四書》及《性理大全》,書成,重膺賜賚。"

楊士奇《章公墓碑銘》:"與修《永樂大典》……復召至北京,入翰林,修《四書五經性理大全書》,遂留行在刑部。"

章敞《章公詩文集》卷首楊溥《禮部左侍郎質庵章先生傳》:"預修《永樂大典》。"

章敞《章公詩文集》卷首諸大綬《明通議大夫禮部左侍郎質庵

章先生文集序》:"纂修《大典》及《五經四書》《性理》諸書大全。"

永樂十年(1412),任江西刑部主事。究心獄事,夙夜式勤,訖無冤滯。

楊榮《章君墓銘》:"壬辰冬,授刑部主事……時近京西山有盗,肆劫掠,逮捕數百人,鞠之,多不服。君察其冤,惟拘其辭色异者一人,餘悉遣出,期翌日復至。同官争其不可,君卒遣之。明旦至如約,後勘驗其人,皆非盗,而一人辭色异者即盗也。衆始服其明。復有商夜宿都城外千户何氏肆,入掠其財,商疑何,欲訴之。何不克自白,乃訴於官而自經死。太宗皇帝聞其故,命司捕者三日不得盗抵死。司捕者乃妄執何鄰近二十餘家,别取楮幣如商之數,而以盗加之。君察其誣,辯理之,皆得釋。"

楊士奇《章公墓碑銘》:"壬辰擢刑部江西清吏司主事,授承直郎,究心獄事,夙夜式勤。雖時繫囚繁,理决無滯,推情處律,必協於中……遂留行在刑部。西山有劫盗,詔捕之急,捕者掩執行路數百人以聞,上命刑部尚書覆訊,如實,悉斬以徇。尚書以付公訊,公悉辯其枉,惟一人實盗,以聞,遂誅盗而盡釋枉者。都城外,迫莫,商人數輩投止道傍何千户舍,夜有盗劫商人。商人疑有所爲,將聞於官,何不能明,即自經死。事聞,詔五城兵馬捕盗,如三日不獲盗,兵馬坐縱盗罪。既三日不獲,兵馬懼,遂搜索何鄰比廿餘家,得鈔數萬緡,即執鄰爲盗,送詣刑部。公驗鈔悉非遠來者,且無他物,以詰兵馬。兵馬具實對,廿餘家悉得釋。"

楊溥《章先生傳》:"授刑部江西司主事。先生究心理斷,訖無冤滯……時山西有盗掠人財,詔有司亟捕之,逮至數百人。先生適當其事,上官督之甚急,先生曰:'殺人重事,豈宜率宜?'遍鞠之,皆有辭,一人辭色獨异。先生收其辭色异者,餘悉疏之,俾明日復來,明日亦如之,衆皆如約。勘其爲盗者,果一人。衆始爲先生危,終乃深服之。有何千户者,商數輩莫宿其家,被劫。商疑何,何訴之官,恐不能自明,乃縊死。事聞,詔捕者三日弗獲抵死。既三日不獲,則拘鄰佑者二十餘家,别楮幣證其爲盗。先生詰之曰:'商遠來而楮幣約皆新,何也?'捕盗者不能隱,遂首伏,二十餘家皆得釋。"

十四年(1416)轉員外郎、奉訓大夫,尋遷郎中。十六年父適安先生卒,丁外艱。起復,改行在吏部考功郎中,嚴考課之法,無阿比之私,進退百官,公道廣布。洪熙改元(1425),賜誥命,授奉議大夫,推恩父母。得歸鄉省親,賜道里費,僚屬送行。

楊榮《章君墓銘》:"丙辰,轉員外郎,階奉議[訓]大夫,尋遷郎中。丁外艱,起復,改吏部考功。洪熙初,賜誥命,階奉議大夫。"

楊士奇《章公墓碑銘》:"升本司員外郎,授奉訓大夫,遂升郎中,授奉議大夫。無幾,丁外艱。服闋,改吏部考功郎中。考核公明,小人不便,造謗蔑之,屹不變。洪熙中賜誥命,追贈其考爲考功郎中,封其母太宜人。"

楊溥《章先生傳》:"未幾,升本部員外郎,授奉訓大夫,復升本部郎中。丁外艱。歸。起復行在吏部考功郎中。洪熙改元,賜誥命,授奉議大夫,推恩父母。"

章敞《章公詩文集》卷首王英《翠微樓記》:"會稽章適安先生構樓於所居之後,以四面皆湖山,名之曰翠微之樓。先生既終於壽考,而先生之子天官卿尚文氏屬予爲之記,且曰:'此先大夫遺志也。子可無言乎?'尚文嘗與予同官翰林,迎先生就養於京師,因得詢其所謂翠微之勝……永樂十六年春正月望日甲申進士吏部尚書泉坡王英書。"

章敞《章公詩文集》卷首劉真《送吏部考功郎中章公尚文歸省序》:"尚文之先親適安先生永樂中恒以其子爲翰林庶吉士、與二十八人之選、入文淵閣纂修《大典》及《四書五經性理大全》等書迎致南京就養，且得見其子拜秋官主事、升員外郎郎中，歸凡數年，卒……太宗皇帝謂其問學洽博，撰爲考功郎中。在職嚴考課之法，無阿比之私，是以公道開布而倖門杜塞，百官群吏未嘗敢有非之者，寔亦難能也耶。仁宗皇帝嗣位，詔在朝文臣更事有年者，咸錫以綸誥，馳恩父母，且俾之得以歸省爲榮焉。於是尚文之父欽贈之曰奉議大夫吏部考功清吏司郎中，母楊氏封太宜人。今皇帝大統，尚文以歸省燎黄爲請，皇上允其志願，復賜楮幣二千緡爲道里費。尚文感恩竦荷，拜辭以行。其僚采以予與既同爲官又同鄉同道，而同進者又知公爲最深，來求爲贈言。”

章敞《章公詩文集》卷首余可才《送吏部考功郎中章公尚文歸省序》：“遂拜考功郎中，其居是職也，嚴考課之法，明黜陟之典，品題多士，進退百官，務合至公，久愜輿論……去年春，承恩渥，給誥名，褒揚寵异，以及先代父贈奉政大夫，母封爲太宜人。今年冬，援省親之例，得請於朝，所錫府庫財爲道里費，榮幸奚加？凡金陵交游寮采咸設祖帳，餞别都門外，屬予言以華其行。”

丁母憂。服除，轉驗封郎中。宣德五年（1430）升行在禮部右侍郎，進階嘉議大夫，加封父母及祖父母如制。

楊榮《章君墓銘》：“丁内艱，服除，調驗封。宣德庚戌，擢行在禮部右侍郎，進階嘉議大夫。”

楊士奇《章公墓碑銘》：“無幾，丁内艱。歲餘起復，改驗封郎中，遂升禮部右侍郎，授嘉議大夫。”

楊溥《章先生傳》：“丁母夫人憂。服除，轉驗封郎中，尋升行在禮部右侍郎，進階嘉議大夫，加封父母及祖父母如制。”

宣德六年（1431）奉詔往使安南，命黎利權署國事。黎利誘以聲色，正色絶之。及還，賂以金珠珍物，堅却不受。及利死，朝廷命

其子麟權署國事。復往諭之,却金如初,至今安南有却金亭。所經途驛風物人事,多以詩紀之。

鄭曉《吾學編·大政記》卷四:"(辛亥宣德六年)六月,遣行在禮部右侍郎章敞諭黎利權署安南國事。"卷五:"(甲寅宣德九年冬十月)侍郎章敞諭黎麟權署安南國事。"

楊榮《章君墓銘》:"奉詔往安南,命黎利權署國事。既宣詔,利遣人白相見禮,君語之曰:'吾奉詔命至,爾蓋小國一酋長,能盡禮於使者,即所以敬朝廷,何用白爲?'利聞,即趨拜坐於下,令所親給侍左右數爲巧媚辭,欲眩以聲色。君正色待之,終不爲動。及還,饋贐珍异一無所受。利曰:'假此以將誠爾,何拒之甚?'君曰:'吾奉命令爾,撫輯一隅,以廣皇上一視同仁之恩,豈用賂至耶?'利乃以所饋物付貢使致之,且戒關吏俟使者出即閉關。君忖知之,及關,親閱所貢方物,餘悉付關吏。及利死,君復奉命令利子麟權署國事,關吏見曰:'此天命前却金者。'比還,却所贐如初。麟不敢更進,蓋知君不可以利動也。"

楊士奇《章公墓碑銘》:"安南耆老奉請命黎利權署國事,上從之,特命公及通政徐琦賫詔命利且撫綏其國人。兩人皆諳大體,熟故事,雍容有度。既至,宣揚德意,舉國忻戴,而敬禮有加。將行,且厚致饋,金珠香繒累百計,悉却之。利等跪請再三,曰:'小人事大之常禮也,非假此無以將下誠,願不爲黷。'曰:'吾輩奉天子命來用輯寧若等,惟事上如事天,保下如保赤子,永終不渝可也。貨賄將誠,末矣。'竟却之,一毫無所取。利遣使人奉表及方物隨公等詣闕謝,且密附所饋物,令奏以納公等而不令公等知也。行將出竟[境],其從有泄之者,公兩人索其裝得之,嘆曰:'若聽其所爲,即吾輩外却而内欲也。'遂取封識,授其邊吏,俾歸利。……黎利死,朝廷以公奉使不忝,再命賫詔命利之子麟署國事。及境,其邊吏識公者舞抃拜曰：'天朝子育下邦，不受金大人賫詔復至矣。'奔走豫告。麟凡所以迎奉禮益恭，其歸而秋毫無受如初至。"

章敞《章公詩文集》卷首諸大綬《明通議大夫禮部左侍郎質庵章先生文集序》："會遣使安南，擇老成重望素鎮蠻夷者以仕，凡兩屬先生，諸所饋獻金幣悉麾却之，至今安南有却金亭。蓋使要荒絶域，知天朝之大，中國之賢，世世效順而不敢携貳其心。《詩》曰：'既見君子，爲龍爲光。'此非朝廷之柱石、社稷之英華，以身繫當代重輕者哉？先生往矣。"

楊溥《章先生傳》："奉詔往安南命酋首黎利權署國事，先生宣威德折服利，郊迎，拜使者堂下。利令所親給事左右數進甘言，誘以聲色，先生堅却不受。及利死，朝廷以其子麟權署國事，復命先生往諭之。關吏曰：'此天使前却金者再來矣。'以還，麟所贐皆却之，不敢更進。"

李紹文《皇明世説新語》卷三："禮侍章敞使安南，黎利賂以金珠异物，堅却不受。利死，朝廷以其子麟權署國事，復命公往諭，關吏曰：'此天使即前却金者再來矣。'"

章敞《章公詩文集》之《宣德辛亥使安南次灤河》："曉承恩命捧丹書，南去炎荒萬里途。已愧疏庸蒙寵擢，可堪衰老事馳驅。心摧桂嶺秋風後，夢落娥江夜雨餘。喜有皇恩同覆載，謳歌到處起來蘇。"《出坡壘關謝饋送》："炎風吹雨下南荒，朔雪飄寒上帝鄉。誰謂南交多寶物，使回只帶舊醫方。"《宣德甲寅再使安南慶徐通正良玉壽》："官船載酒樂聲喧，盡説蘭臺起壽筵。籬菊乍開三兩日，蟠桃已熟幾千年。杯傾竹葉歌謳轉，帽厭金花舞袖翩。天意故隨人意遠，壽星光與月華連。"《安南道中不博地名即事》："南交風物异吾唐，十月終旬始見霜。髮剪鬅鬆寧有髻，衣穿單袂總無裳。山嵐爲瘴雲全黑，野草經霜色漸黄。何處騎牛千里守，相迎先勸吃檳榔。"

英宗嗣位,平陽王復封晉王,因索前獲罪時所有田土及護衛官軍房舍,有司莫能處分,詔敞往理之。至則勘其田土,悉歸王府,房舍驗所有軍士給之,餘悉以居民,王悦從之。還奏,上嘉之。

楊榮《章君墓銘》:"聖天子嗣位之初,平陽王復封晉王,即以故護衛官軍田廬爲請。君受命往理之,至則較其軍數量,以田廬歸之,餘給於民。王不悦,君啓曰:'國中先三衛,今止一千户,所以三衛田廬而歸一所之人,得無過乎?且朝廷以藩屏望殿下,國内軍民宜均愛之,庶副皇上至公之意。'王悟曰:'使方面諸官早有此言,吾亦豈敢上煩朝廷哉?'還奏,上嘉之。"

楊士奇《章公墓碑銘》:"前之嗣封晉王者以罪廢,已革其護衛,衛之廬舍土田護衛軍先以徙戍邊,惟存一千,嗣王得旨,索有司悉歸廬舍土田,有司奏言:'予民已久,若悉歸之,當奪三萬餘家之居佃,且今惟一千軍,無用悉歸。'上命公往審度處置,公至,言於嗣王曰:'今陛下臨御,惟恐或有一人失所,殿下以至親受藩屏之托,必同此心。若殉千軍之欲,而失三萬餘民之心,臣知殿下必不爲。'王意解,語公曰:'吾惟侍郎之從。'公遂計劃而分之,於是一千軍咸獲足給,三萬餘民家不覺有損,皆悦。"

楊溥《章先生傳》:"平陽王復封晉,而恭王時所有田土及護衛官軍房舍,有司莫能處分,王以爲言,詔遣尚文往理之。至則勘其田土,悉歸王府,房舍驗其所有軍士給之,餘悉以居民。王樂從之。"

遷左侍郎,與尚書胡濙協謀國事,同德共濟。敞嚴肅剛毅,思慮精審,防範周密,遇弊事,必言於胡公商計革之。

楊榮《章君墓銘》:"未幾,遷左侍郎。君之莅政,思慮精神,防範周密。以國家統理天下既久,典禮品式有因革輕重之殊,事或隨時損益,有先後矛盾之异,而吏胥亦稍緣此爲奸。於是白尚書胡公，取國初至今凡所行條格籍記之，付四司，使得參酌而行。以是事獲適宜，奸弊頓革……太醫院每舉醫者，人往往假以復怨，及徵至，多弗諳醫。君察知之，遂偕尚書奏革其弊。比歲，僧道數給度牒，輒以千計，君與尚書請依洪武例三歲一給，凡僧道出家及舉爲僧道官者止於所居封内，不容越籍冒濫。四夷貢使日給廩餼，庖人每侵剋之。君聞之曰：'小人爲口腹計，而使朝廷薄懷柔遠人之禮，可不禁乎？'即令所司具日給之數付通事者，或給不如數，乃從而督治之。自是遠人以爲朝廷待之加厚也。"

楊士奇《章公墓碑銘》："轉左侍郎。公在禮部，尚書胡公政尚寬大，公以嚴肅佐之，同德協志，相與共濟。公於吏欺雖小不恕，遇弊事必言於胡公商計革之，程督庶務，恒盡心焉，曰：'吾爲佐其道，應爾也。'"

楊溥《章先生傳》："復遷左侍郎，與胡尚書濙協謀。國家典禮前後損益不同，吏無所據，或緣奸，乃取國初以來所行條格籍記之，於是司屬遂有所持循。太醫院醫士妄舉鄉人爲醫，以復私怨，時爲積弊，奏革之。僧道請度牒者歲以千計，奸僞日滋，請遵洪武中例，循舊額三歲一給，其有舉任僧道官者不許越州郡，由是奸僞者漸息。會同館四夷朝貢者日給廩餼，往爲監臨侵剋，乃嚴爲關防，以副優柔之意。"

俞汝楫《禮部志稿》卷五五："敞在禮部時，尚書胡濙政尚寬大，敞以嚴肅佐之，於吏欺雖小不恕，遇事不肯媕阿依隨，士林多服其剛毅云。"

張廷玉《明史》卷一百五十八："尚書胡濙寬大，敞佐以嚴肅。"

敞爲人性質端厚，明敏疏達，敬老禮賢，交友以義。賙恤朋友，尤克盡心，不以患難死生爲重輕。臨事井然有序。平居簡静，好植花卉，閑則焚香閱簡，臨古法書而已。

楊榮《章君墓銘》:"敞爲人性質端厚,接人待物意氣豁然,賙貧濟難,尤克盡心。"

楊士奇《章公墓碑銘》:"爲人明敏疏達,遇事能果,不肯婞婀依隨。敬老禮賢,交友以義,其友有過能面直之,或困於憂患,極力援之,雖數無厭。所居好植花卉,閑暇焚香閲簡册,臨古法書而已。"

楊溥《章先生傳》:"先生爲人尚誼氣,賙恤朋友,曲盡其道,不以患難死生爲輕重。平居簡静,遇朋友談笑戲謔,襟度豁如,然絶口不道政事,及臨事井然有條。"

問學優裕,爲文簡潔,著有《質庵稿》四十卷,藏於家。

楊榮《章君墓銘》:"君問學優裕,爲文簡暢,所著有《質庵稿》,藏於家。"

楊溥《章先生傳》:"爲文簡潔,所著有《質庵稿》四十卷,藏於家。"

《章公詩文集》卷首諸大綬《明通議大夫禮部左侍郎質庵章先生文集序》:"余聞有鄉先達禮部左侍郎質庵章先生登永樂甲申會魁,歷洪熙、宣德、正統四聖之朝,文章政事表建明時,赫赫爲學士大夫所仰,思見其人,考其行事,無從也。比五世孫江右理問元綸,小兒萬里之丈人也,應覲來京,間出先生詩稿請爲序其首云:夫國家之興,必有魁人碩士,抱才而負猷者,奮庸而起。其在史館,則敷張神翰,潤色洪謨,以文章耀聖世之精華。其在臺閣,則羽翊廟廊,贊襄密勿,以政事理天下之太平。若仍佩綸音,持使節,賦政遐方也,則又數專對之才,大撫綏之猷,於以尊中國,鎮四夷,揚聲靈於要荒之表。蓋雲蒸而風生,龍吟而虎嘯,勢固然也。若質庵先生其人歟!先生生應昌期,萃東越山川之秀,星華鳳彩,班情馬思,翹然首舉……所著《質庵稿》四十卷,乃嗣禮部侍郎素庵瑾、都御史畏庵璠刻於家,夷擾散失。兹乃魯孫襄藩左長史海崖季懼先德之或湮也，搜訪一二，命男江右理問元綸手録校正，冀得全集續梓也。”

《章公詩文集》卷首陳用賓《重刻質庵章先生文集序》：“以文論，世稱洪永之際，士質如元氣之在渾蒙，其文厚重淵弘，沉鬱邃深，絶無浮靡佻淺之態。今以先生文閲之，又其杰然者邪？先生集凡四十卷，兹摘十之二三，而韵句盈帙矣。”

朱彝尊《静志居詩話》卷六：“其詩不費雕鎪，間合矩度。”

永瑢《四庫全書總目》一百七十五《質庵文集》提要：“《質庵文集》，無卷數。浙江汪啓淑家藏本……其集本四十卷，其子瑾等所編，因倭亂散失。兹編所存不及十之二三，乃其裔孫元綸所搜輯也。凡賦四篇，詩百餘首，文僅三篇，二篇爲記，一篇爲叙，又一篇並不標題，皆錯雜於詩中，殊無倫次。又《明詩綜》載敞《長安雪夜歸興》絶句，集中無之，則舛漏亦殊不少。末附録祝壽詩一卷，亦非古法也。”

現存《質庵稿》爲清鈔本，不分卷，題《明永樂甲申會魁禮部左侍郎會稽質庵章公詩文集不分卷附録一卷》，藏浙江圖書館，《四庫全書存目叢書》與《明别集叢刊》第一輯均據以影印。

據學者搜尋，章敞集尚存以下版本：一，《章質庵先生集》四卷，明末曉園刻本，藏上海圖書館；二，《章質庵先生集》四卷，清鈔本，藏浙江圖書館（參見徐永明《明前期詩作者及其别集考録》，復旦大學 2004 年博士後出站報告）。另，除《明詩綜》所録《長安雪夜歸興》不見於本集外，筆者還發現金鉷《（雍正）廣西通志》卷一百二十三録《潯州晚眺》一首（亦見汪森《粤西詩文載·詩載》卷十五），汪霦《佩文齋咏物詩選》卷三百三十五録《稱心寺看竹》一首。

正統二年(1437)十二月，卒於位，壽六十二。原配葉氏，先卒，繼趙氏，俱至淑人。子男五，瑾，正統元年進士，官禮部侍郎；璠，正統十二年制科進士，官都御史；瑄，景泰五年(1454)進士，官太僕少

卿。女一,適錢康。孫男一,恩。孫女四。

楊士奇《章公墓碑銘》:"正統二年十二月初四日,行在禮部左侍郎章公卒於位……一日夙興,朝参道中風疾驟作,輿歸,是夕卒,享年六十有二。元配葉氏,先卒,再贈至淑人。繼室趙氏,封淑人。子男五:璨、瑾,正統元年進士;璠,璵,瑛。女一,嫁錢康。孫男一,恩。女四。"

楊榮《章君墓銘》:"歿正統丁巳十二月四日,享年六十有二……配葉氏,先卒,累贈至淑人。繼趙氏,封淑人。子男五人:長璨;次瑾,葉出也。瑾,丙辰進士。璠、璵、瑛,趙出也。女一人,適錢康。孫男一,曰恩。孫女四。"

楊溥《章先生傳》:"壽六十二歲。諸子:瑾,正統丙辰進士,後官至禮部侍郎;璠,正統丁卯制科進士,後官至都御史;瑄,景泰甲戌進士,後官太僕寺少卿。克世其家云。"

關於章敞五子之名,楊溥傳文中提及中進士之瑾、璠、瑄當無誤,三子均見於章敞集卷首前列子孫之有功名者,亦均見於《(康熙)會稽郡志》,而楊士奇墓碑與楊榮墓銘所記無諠而有璵、瑛,或瑄爲璵、瑛二子之改名歟? 俟再考。

訃聞,遣官諭祭,有司治其葬。國子祭酒李時勉爲撰行狀、祭文,大學士楊榮、楊士奇分撰志銘、碑銘,大學士楊溥傳之。

李時勉《謚忠文古廉文集》卷九《祭章侍郎文》:"人之有生,孰不有死。死而不朽,斯以爲美。……公之爲政,可謂曰能。餘三十載,福禄宜增。宜享壽考,以永厥世。云胡一疾,溘焉傾逝。某等同朝入出,亦既相和。忽聞訃音,能不傷悲。惟肴既馨,惟酒既旨。奠以告哀,靈其鑒只。"李撰行狀不見於本集,俟再考。

楊榮《章君墓銘》:"訃聞,遣官諭祭,命有司治喪葬……瑾將奉柩葬其鄉稷山之原,乃匍匐泣拜請銘。予素知君存心行己,居官臨政,皆有足稱者,故不辭而銘之。"

楊士奇《章公墓碑銘》:"訃聞,賜祭,命有司具舟還其喪,且營葬事,自公卿以下皆致祭,將以明年某月日葬。先事其孤瑾奉翰林侍讀學生李君時勉所述事狀,求書墓上之碑。"

楊溥《章先生傳》:"先生際明時,爲顯官,處順安常,克諧所事,蔚然有聲稱。《書》曰:'時人斯其,惟皇之極。'有以哉!榮禄大夫少保禮部尚書兼武英殿大學士石首楊溥頓首拜撰。"

參考文獻:

1. 章敞《明永樂甲申會魁禮部左侍郎會稽質庵章公詩文集不分卷附録一卷》,《四庫全書存目叢書》本,齊魯書社 1995 年版。

2. 徐竑《明名臣琬琰録》,《文淵閣四庫全書》本,上海古籍出版社 1987 年版。

3. 張廷玉等《百衲本明史》,國家圖書館出版社 2014 年版。

4. 楊士奇《東里集》,《文淵閣四庫全書》補配《文津閣四庫全書》本。

5. 楊榮《楊文敏公集》,《明別集叢刊》本,黄山書社 2013 年版。

6. 徐永明《明前期詩作者及其别集考録》,復旦大學 2004 年博士後出站報告。

(崔小敬)

陳敬宗傳

陳敬宗，字光世，別號澹庵、澹然居士，晚又號休樂老人，浙江慈溪人。洪武十年(1377)生。

焦竑《國朝獻徵録》卷七十四黄佐《朝議大夫南京國子監祭酒贈禮部右侍郎謚文定陳公敬宗傳》，黄佐《南雍志》卷十九，徐咸《皇明名臣言行録》前集卷五，鄭曉《吾學編·名臣記》卷十三《祭酒陳公》，雷禮《國朝列卿紀》卷一百六十，何喬遠《名山藏》卷六十二《臣林記》，過庭訓《本朝分省人物考》卷四十七，徐象梅《兩浙名賢録》卷三十九，焦竑《熙朝名臣實録》卷十九，焦竑《皇明人物要考》卷四，《皇明史稿》卷六十一，查繼佐《罪惟録·列傳》卷十五上，張廷玉等《明史》卷一百六十三《陳敬宗傳》，傅維鱗《明書》卷一百二十一，沈佳《明儒言行録》續編卷一，談遷《國榷》卷三十二，湯斌《擬明史稿》卷十二，萬斯同《明史》卷二百十五，熊賜履《學統》卷四十二上附，嚴遂成《明史雜咏》卷二，張岱《石匱書》卷八十八，張夏《雒閩源流録》卷三等，俱載其事迹。

按，黄潤玉《南山黄先生家傳集》卷四十七《朝請大夫贊治少尹國子監祭酒陳公壙志》(以下稱《陳公壙志》)："公諱敬宗，字光世，別號澹庵。"一般史籍均謂敬宗字光世，《四庫全書總目》亦因之。然魏驥《魏文靖公摘稿》卷七《朝請大夫贊治少尹南京國子監祭酒致仕陳公墓誌銘》(以下稱《陳公墓誌銘》)謂"公名敬宗，字光祖，別號澹庵”,有學者據此指《四庫全書總目》爲誤(詳見賈中華《〈四庫全書總目提要〉指誤十三則》,《圖書館建設》2014 年第 11 期)。然據黄氏壙志與其他文獻,可知敬宗實字光世,字光祖一説似僅此一見,應爲偶誤。

魏驥《陳公墓誌銘》:“天順三年五月二十日朝請大夫贊治尹國子祭酒致仕四明陳公年八十又三,卒於正寢……景泰庚午,以年七十乞致仕……更其號曰休樂老人。”天順三年爲 1459 年,則敬宗當生於洪武十年(1377)。

黄潤玉《陳公壙志》:“七十,力請致仕而歸,更號休樂老人。”

過庭訓《本朝分省人物考》卷四十七:“陳敬宗,字光世,浙江寧波府慈溪縣人。”

黄佐《南雍志》卷十九:“别號澹然居士,至是又號休樂老人云。”

生於慈溪大族陳氏。父棁,字孟藻,爲德興縣令,時譽爲賢令。母伊氏。敬宗禀性清淬,幼從陳德陽讀書,過目不忘。弱冠入邑庠,博覽群經,長於《詩》。

王直《西昌王抑庵集》卷三十九《陳德興哀辭》:“嗚呼,予於陳德興之亡而嘆賢令之難得也……公之仲子敬宗以公墓誌示予,予慕公之賢而哀其不及高壽以卒,不得大施其所藴,且又嘆爲令之能如公者少也,故爲辭以哀之。公字孟藻,寧波慈溪人。以考績赴吏部,吏部最其課,將復職而病卒,卒時年五十一。”

黄潤玉《陳公壙志》:“謹按狀,陳姓,慈溪大族也……曾祖諱希,祖諱德莊,世業儒,弗仕。父諱棁,德興知縣,贈承德郎翰林侍講,加贈朝大夫國子祭酒。母尹[伊]氏,封太安人,加封太恭人。公生禀清粹,幼從陳邳州德陽先生讀書,一過目輒不忘。弱冠游邑庠,博究經書,子史歷律,而尤長於毛氏《詩》。”

魏驥《陳公墓誌銘》:“自幼襲家庭父兄詩禮之訓,甫冠,入邑庠爲弟子員薦,以《詩經》膺薦,中鄉闈……曾祖希,曾祖德莊,皆樂恬静,爲鄉聞人。父棁,德興知縣,累贈朝議大夫國子祭酒。妣伊氏,累贈太恭人。”

永樂二年(1404)中進士,爲庶吉士。成祖朱棣令再加精選,得狀元曾棨等二十八人以應列宿之數,令讀書文淵閣中,敬宗與焉。自此愈加奮發,德譽日隆。

黄潤玉《陳公壙志》:“甲申科進士第。時永樂初政,大振斯文。□建命學士解縉考選進士六十人預修《永樂大典》,内拔穎達如公者,自狀元曾棨而下二十八人以應二十八宿,俾盡讀文淵閣秘書,務爲文追踪班、馬、韓、柳。惟公才高氣弘,文思川涌,遇慶賀節令祥瑞,應制詩文,常居優等,詞翰日進,德譽日隆。”

魏驥《陳公墓誌銘》:“恭惟太宗文皇帝臨御之初急於得賢,以永樂初科所取之士四百餘人之中拔其尤者,曾棨等二十八人俾入翰林,盡啓中秘書畀讀之,以期其文行不至於古之人之地不止,若公亦其一也……上春官,對大廷,遂登進士第,爲庶吉士。以復膺簡拔,感上策勵之重,自入翰林,不懈於用,力致學之進,若水涌山出,聲名歘起。”

婁性《皇明政要》卷十二:“永樂三年正月壬子。先是太宗命翰林學士兼右春坊大學士解縉等於新進士中選材質英敏者,俾就文淵閣進其學,至是縉等選修撰曾棨,編修周述、周孟簡,庶吉士楊相、劉子欽、彭汝器、王英、王直、余鼎、章敞、王訓、柴廣敬、王道、熊直、陳敬宗、沈昇、洪順、章樸、余學夔、羅汝敬、盧翰、湯流、李時勉、段民、倪維哲、袁添禄、吾紳、楊勉二十八人入見。太宗諭勉之曰:‘……當立志遠大,不可安於小成。爲學必造道德之微,必具何用之全,爲文必並驅班、馬、韓、歐之間……文淵閣古今載籍所萃,爾各食其禄,日就閣中,恣爾玩索,備實得於己,庶國家將來皆得爾用……'遂命司禮監月給筆墨紙,光禄給朝暮膳,禮部月給膏燭鈔人三錠,工部擇近第宅居之。"

黄佐《南雍志》卷十九:"少勵志問學,取永樂甲申進士。館閣鉅公知其俊才,選入翰林,爲庶吉士。時與選者七十餘人,再加精選,得狀元曾棨等二十八人以應列宿之數,讀中秘書文淵閣中,敬宗與焉。文皇帝自教之,令内府給以書籍筆札,工部布几席,擇近居與處,以便宣召,禮部人給夜誦膏費,光禄供饌醞茗果,食罷許出游息,仍免朝謁,自是益得以沉潛經史百氏之言。上時至閣試之,勖其文行,期與韓歐並驅後先,敬宗愈加磨礱奮發。"

張廷玉《明史》卷一百六十三:"永樂二年進士,選庶吉士,進學文淵閣。"

與修《永樂大典》,考正訛謬。書成,授刑部主事。修《太宗文皇帝實録》《仁宗皇帝實録》《宣宗皇帝實録》,纂修《四書五經性理大全》,修《北京志乘》。歷官刑部主事、翰林侍講、南京國子監司業,終於祭酒。歷仕五朝,皆清要之職。

黄潤玉《陳公壙志》:"由是歷官刑部主事、翰林侍講、南京國子監司業,終於祭酒。凡禄仕五朝,幾五十年,皆清要之職。時被命預修高廟、仁廟、宣廟三朝《實録》,纂修《性理五經大全》,修《北京志乘》,傳取秘書。兩預郊祀分獻官,主考丁未會試貢士,又歲攝國學春秋釋奠先聖正獻官,皆尊榮之事。"

魏驥《陳公墓誌銘》:"預修《永樂大典》,修《太宗文皇帝實録》,事竣,宴於禮部,兼文綺寶鈔之賜,選爲刑部主事。未幾,召修《性理五經四書大全》,改翰林侍講。修《北京志書》。"

張廷玉等《明史》卷一百六十三本傳:"與修《永樂大典》,書成,授刑部主事。又與修《五經四書大全》,再修《太祖實録》,授翰林侍講……宣德元年,起修兩朝《實録》,明年轉南京國子監司業。帝諭之曰:'侍講,清華之選;司業,師儒之席。位雖不崇,任則重矣。'九年秩滿,遷祭酒。"

丁母憂。宣德改元,起復,升南京國子司業,整飭學規,有抑奔競、汰冗員等六事之奏,嚴教條,革諸弊,勵諸生。

魏驥《陳公壙志》:"宣德改元,驛召奪情,修《仁宗皇帝實録》,爲會試同考官,升南京國子司業。奉敕獎諭,詣闕謝恩。志在整飭學規,有沮抑奔竞、沙汰冗員等六事入奏,皆拜俞允。回即嚴立教條,痛革諸弊,日勵諸生,刊落枝葉,培植根本,致六館之士,從其化者翕然。……九載,升祭酒。"

黄潤玉《陳公壙志》:"其盡言申明舊制、整飭監規、抑奔競、沙汰冗員六事,詳切著名,頒爲定制,莫非經義之規。凡奉敕獎諭學政,兩拜侍講祭酒散官,又推恩封贈誥敕必置亭鐫碑。天章昭回,一惟褒嘉之語。"

九年秩滿,遷祭酒。每至京,大學士楊榮,楊士奇、楊溥等相與觴詠酬贈。

黄佐《南雍志》卷十九:"宣德改元,起復,修兩朝《實録》,未及成,轉南京國子司業。精察積弊,首疏三事上之。九年秩滿,升祭酒。"

陳建《皇明通紀法傳全録》卷十九:"(庚申正統五年)以陳敬宗爲南京國子監祭酒。"按,庚申正統五年,即1440年。

黄佐《南雍志》卷三:"正統三年春三月,祭酒陳敬宗考績至行在,遂復職……五月辛亥,賜祭酒陳敬宗誥命曰:'朝廷設太學,聚天下之賢才而教育之,以爲致治之具,其學官之長曰祭酒,古大司成職也,所以爲諸生之師資,非道究乎先聖,德加於多士,曷克稱哉？國子祭酒陳敬宗曩在翰林，職修行立，先帝簡拔以副國子，厥有成績，遂進其官。既歷歲年，勤誠不懈，朕用進爾階爲朝議大夫，賜之誥命，以示褒榮。朕方勵志興學，以成俊造，廣教化，以復先王之盛。而圖任舊人，往懋乃績，以觀厥成。汝往，欽哉。”

楊溥《楊文定公詩集》卷五《和陳祭酒元日見懷》：“百辟趨朝曙色開，奎光耿耿接三台。老成久處甄陶地，家國應多俊乂才。共仰九重頒鳳曆，欣逢萬國囿春臺。斯文幸際千年運，好詠南山獻壽杯。”

楊榮《楊文敏公集》卷十一《送陳司業詩序》：“宣德六年秋九月，國子司業陳敬宗光世以考績來北京，上俾之復職。凡與光世厚者皆作詩送之，而以序屬予……會國子監缺司業，而難其選，遂以光世往焉。或謂光世誠賢於人，然既侍講久矣，其名實烝然有聞於上下，今去爲司業，無乃左乎？光世聞之，蹴然曰：‘司業，天下學者之所取法也，誠宜德望優重者爲之，顧乃命宗，將夙夜勉焉以圖稱，尤恐弗及，而何左之敢云？’即莅職，日進諸生講聖人之道，而正己以率之，諸生大化服，而光世之譽益大顯。”

楊士奇《東里續集》卷九《送陳司業詩序》：“宣德二年秋七月，吏部言：南京國子監官闕。上命翰林侍講陳敬宗往任司業，於是京師士大夫皆爲太學得人喜。”

《東里續集》卷十《送陳祭酒復職還南京序》：“吾友陳君光世，文學卓然，而靖恭端直，灑落疏暢，處人有誠也。官翰林逾二十年，升教南京國子又十年矣。自其改官而南，凡翰林素交，或相聚討論觴詠，未嘗不思光世，蓋光世亦同此心也。今年春以考績來朝，退而見其翰林故人，相握手慰藉，喜色津津溢眉目……大學生楊榮分韻得君字……學士王直分韻得酒字……”

據上文楊榮、楊士奇文，似均與敬宗交情深厚，二人集中亦均有與敬宗酬贈詩。陳全之《蓬窗日録》卷八更謂:"'請詢陳司業,幾月出南都?河上交冰未?江南下雪無?道途多跋涉,塵土著些須。下馬須煎滌,呼兒送一壺。'此詩楊閣老士奇知陳司成敬宗自南京考滿來京將至,先令其子迎於道,分贈黄封一壺而侑此詩。一時傳者爲頷聯有相臣體,更於交誼之隆藹然見於詞表,可以爲後人法,又以見前輩之風致云。"

然據敬宗《澹然先生文集》卷首之《澹然居士自贊》:"兩入翰林,預修三朝國史,雖乏適固之良才,豈效公孫之曲學?於是楊建安嫉餘之蹇蹇而與蹇,西川怏餘之斥逐,尚畏朝廷議其不公,乃調南京國子司業,蓋陽尊而陰擠之也……九年而升祭酒。又九年入覲,上疏乞老,又爲楊石首所阻……自古大賢君子阨於權臣,屢遭斥逐,流離轉徙,以至死於貶所者何限,况區區之微眇者哉!嗟夫,權臣之勢其可畏也夫,其可懼也夫!"其中"楊建安"即楊榮(東楊),"西川"即楊士奇(西楊),"楊石首"即楊溥(南楊),時謂"三楊"。姑不論敬宗之任南京是否受"三楊"排擠,然三人皆敬宗所謂"阨"於"大賢君子"之"權臣"則無疑。黄景昉《國史唯疑》卷二亦謂"李時勉、陳敬宗卒淹國學,西楊與有責焉。聞敬宗頗直,指西楊過",然亦"疑在魏徵、褚遂良之間"。要之,敬宗與"三楊"關係非詩文表現之親厚可知也。

爲祭酒幾二十年,力以師道自任,立教條,革陋習,六館士子千餘人每升堂講習,設饌會食,整肅如朝廷。然遇諸生多嚴而少恩,人或怨之。

黄潤玉《陳公壙志》:"惟在國學之日居多,所以詳究學制,嚴立教條,痛革宿弊,俾六館之士務明體用之學,以底於成。師嚴道尊,有光前遺後,誠可謂百世法。"

黄佐《南雍志》卷十九:"當會食,諸生稍有失儀,即待罪不輕容也……久居太學,力以師道自任,不少厭倦。嚴立教條,痛革舊習,日勵諸生進學成德,有違犯者扣除坐堂月日,悉爲虚曠豫示而堅守之,以是畏憚不敢放肆,成均肅若朝廷焉。”

張廷玉等《明史》卷一百六十三本傳:“正統三年,上書言:舊制諸生以在監久近送諸司歷事,比來有因事予告者,遷延累歲,至撥送之期始赴,實長奸惰,請以肄業多寡爲次第。又近有願就雜職之例,士風卑陋,誠非細故,請加禁止。從之……力以師道自任,立教條,革陋習,六館士千餘人,每升堂聽講,設饌會食,整肅如朝廷,稍失容,即令待罪堂下。僚屬憚其嚴,誣以他事,訟之法司。周忱與敬宗善,曰:‘何具疏自理?’爲屬草,辭稍遷就。敬宗驚曰:‘得無誑君耶?’不果上,事亦竟白。”

孫繼宗《英宗睿皇帝實録》卷三百三:“其學規肅整,請謁不行,諸生進退步履,無敢違者。每會饌有失儀者,即自請罪。登顯要來見者,猶執諸生禮。然性頗殘忍,於諸生少恩云。”

陳建《皇明通紀法傳全録》卷十九:“瞽宗之政,肅於朝廷,以是得名,亦以是得怨,故二十餘年不調。”

李賢《古穰集》卷三十:“然待諸生少恩,病者必以爲詐,務出而驗之,因而亡者亦不恤也。以故諸生一登仕途,必遠之,遇諸途若不識也。徒悵恨,而莫能自省。”

查繼佐《罪惟録·列傳》卷十五:“顧遇諸生少恩,以病告者,虞其詐,出驗之,因而故者亦不知恤也。以故門下一登仕途,不復念,遇諸道似不識也,殊少授受至情,想杏壇無此律例。”

初,袁忠徹善相,謂敬宗與李時勉後當功名相埒,後二人果分爲南北祭酒,終明世,稱賢祭酒者必曰“南陳北李”。

黄潤玉《陳公壙志》:“予聞公修《大典》日,偕時勉李公、行儉時彦兩王公詣太常袁柳莊先生,先生坐二王公於東席,曰:‘宦達如一。'坐公與李公於西席,曰:'宦達如一。'厥後二王公俱至吏部尚書,公與李公並歸老祭酒。"

黄佐《南雍志》卷十九:"時北監祭酒李時勉約束諸生,身教亦嚴,世稱'南陳北李'。"

張廷玉等《明史》卷一百六十三本傳:"初,敬宗與李時勉同在翰林,袁忠徹嘗相之,曳二人並列曰:'二公他日功名相埒。'敬宗儀觀魁梧,時勉貌稍寢。二人同時爲兩京祭酒,時勉平恕得士,敬宗方嚴。終明世,稱賢祭酒者曰'南陳北李'。"

羅惇衍《集義軒咏史詩鈔》卷五十二《陳敬宗》:"爲佩伊川寫四箴,中人敢望敝車臨?規繩罔懈先生面,粉黛難摇正士心。泮化鴟鴞師範肅,獄司犴狴法官任。方嚴平恕誰軒輊,絳帳同時寤寐欽。"

考績至京時,中貴王振欲致之門下,令周忱爲言,敬宗峻却。振又求爲書《程子四箴》,備禮幣,敬宗走筆書之,竟返其幣,終不往見,士大夫高之。

陳建《皇明通紀法傳全録》卷十九:"(癸卯正統八年)南京國子監祭酒陳敬宗九載考績至京,王振素慕敬宗名,欲致之門下。適南直隸巡撫周忱時亦在京,謁振。振以忱與敬宗同年,微露其意。忱詣敬宗達之,敬宗曰:'某忝爲人師表,而求謁中貴,他日無以見諸生。'忱乃謂振曰:'陳祭酒書法極高,以求書爲名,稱之以禮幣,彼將謁謝矣。'振然之。乃遣綵段羊酒求書《程子四箴》,敬宗爲走筆書之,而返其禮幣,竟不往見。故爲祭酒十八年竟不遷轉,於是士大夫益高其風節云。"

張廷玉等《明史》卷一百六十三本傳:"滿考入京師,王振欲見之,令忱道意。敬宗曰:'吾爲諸生師表,而私謁中貴,何以對諸生?'振知不可屈,乃貽之文錦羊酒,求書《程子四箴》,冀其來謝。敬宗書訖,署名而已,返其幣,終不往見。"

爲祭酒十八年不調，吏部尚書王直欲薦爲司寇，以不欲易英才議論之樂而拒之，王公嘆服。

焦竑《玉堂叢語》卷五引《客座新聞》："祭酒陳公久不遷，泰和王公直時爲天官，從容語公曰：'老先生久居司成，將以司寇相轉，何如？'陳起揖曰：'某托公爲知己，豈有與天下英才終日講道論學，而顧以桎梏之徒見辱，何哉？'王公頓服，卒寢之。前輩風節嚴嚴如此。"

《明史》卷一百六十三本傳："王直爲吏部尚書，從容謂曰：'先生官司成久，將薦公爲司寇。'敬宗曰：'公知我者。今與天下英才終日議論，顧不樂耶？'"

篤於孝友，正統六年（1441）奉旨還鄉祭掃，恩寵優渥。將行，諸公以詩送之，王直爲序。

黄佐《南雍志》卷三陳敬宗《重游東郭草堂詩有序》："正統辛酉夏五月三日，敬宗欽蒙聖恩，賜歸故里祭掃。既陛辭，大宗伯泰和王公、武城王公、翰林學士李公陳公、太僕少卿沈公、禮部郎中養正黄公，皆餞送於鴻臚卿楊公東郭草亭，各具酒殽，而楊公復別設盛饌於亭後之雅集軒……是誠斯文之希遇，盛時之良會也，乃遂劇飲過量，盡歡而別。"

王直《抑庵文後集》卷二十《送陳祭酒詩序》："公初任祭酒滿三年，即謁告歸祀其親，上不許。今年復申前請，許焉。惟公之所以惓惓者，蓋深感上之仕而篤念其親，不能以須臾忘也。然自予輩觀之，其亦以身爲教哉！……陳公將行，凡所重者作詩送之，而予爲之序。讀是卷者，孝敬之心可以油然而生矣。"

黄潤玉《陳公壙志》："至錫賚慶賀誥文、進呈《實録》、賀登新殿、歸省焚黄、諸内鑼章服綺幣，及時宴禮部，又獨承恩數之隆，公之履歷榮寵之如此……公平生居官廉慎,居家孝友。禄不及養德清公,而伊恭人在堂,公充盡心以樂其心。伯兄毅庵處士諱如祖,爲人方正,教宗族子弟,嚴而有禮,公事之如事父。季弟順任撫州郡學訓導,屢遺書戒飾而師道克盡,公愛之如愛己。至推誠姻族,各得其歡,公之篤於倫理又如此。"

魏驥《陳公墓誌銘》:"奉誥命封贈父母妻室,仍賜歸,行焚黄禮,後賜寶鈔六百錠爲祭奠道里費,存没有光,實出异數。"

黄佐《南雍志》卷三:"(正統六年)五月戊戌,敬宗奉命祭掃,歸於慈溪……秋八月壬辰祭酒陳敬宗還任。"

敬宗儀望魁偉,美鬚髯,步履有定則,處世有操執,介正剛潔。善飲酒,數斗而不亂。

魏驥《陳公墓誌銘》:"長身玉立,丰姿灑灑然,望之猶神仙中人……至若操執猶玉壺秋水,撓之不濁,澄之則清,愈徹其底也。"

黄潤玉《陳公壙志》:"詳載尚書公所爲狀,且謂公儀表玉立,廣額修鬚,風度瀟灑,望之如神仙中人。在翰林,執史筆,言論侃侃,不苟阿附,處事確然有見,不爲群議動,堅持之摻,始終不渝。故上而朝廷,下而賢士大夫皆重其望,允爲一代儒宗。誠確論也。"

黄佐《南雍志》卷十九:"爲人美鬚髯,容儀端整,步履有定則,望之者起敬……敬宗每對客善飲。襄城伯李隆雅重斯文,或延賓,罷必留敬宗再飲,主至酩酊,猶自儼然,若未嘗飲者,人皆服其量。一夕飲過劇,兀坐喧顡中。人或伺之,見其拳握惟謹。其矜嚴好禮此類也。平生剛正介潔,勢利紛如一無所累,評者謂其撓之不亂,澄之愈清。官太學二十餘年,諸生位有至卿貳者,而敬宗獨久不調,意豁如也。"

《明史》卷一百六十三本傳:"性喜飲酒,至數斗不亂。襄城伯李隆守備南京,每留飲,聲伎滿左右,竟日舉杯,未嘗一盼,其嚴重如此。"

景泰元年(1450),致仕歸家,更號爲休樂老人,優游晚景,不輕出入,有被接者無不感發。

黄潤玉《陳公壙志》:"七十,力請致仕而歸,更號休樂老人。優游晚景,物我兩忘,惟杜門教子孫而已。"

魏驥《陳公墓誌銘》:"景泰庚午以年七十乞致仕,章凡再上,始得請。既歸,閉門却掃,優游家居者十年,更其號曰休樂老人。"

黄佐《南雍志》卷十九:"景泰元年,引年致仕,德望文章名聞天下,退而家居,不輕出入,有被接見者雍容談論,莫不感發興起。"

《明史》卷一百六十三本傳:"(正統)十二年冬乞休,不允。景泰元年九月與尚書魏驥同引年致仕,家居不輕出。有被其容接者,莫不興起。"

善爲賦頌應制,衆推爲工。爲文出入經史,以學爲主,以氣爲輔,動中繩墨。詩典質和平,有盛世之風。工書法,有晉人風度。有《澹庵集》傳世。

魏驥《陳公墓誌銘》:"公爲文章出經入史,上於應制,下及酬答,四方之求,不費搆思,下筆如流,比迹大家,且工書法,有晉人風度……著述有《澹庵集》行於世。"

黄佐《南雍志》卷十九:"嘗獻《北京賦》《平胡頌》《爲善陰騭頌》。己亥正月,卿雲見,甘露降,獻《聖德瑞應頌》。其年十一月甘露再降於孝陵松柏,復爲頌以獻。他如龍馬、麒麟、獅子、騶虞諸福之祥畢集,亦皆獻賦以揄揚之。每元夕觀燈賜宴,偕儒臣應制賦詩,上獨稱善。"

黄景昉《國史唯疑》卷二:"先是詞臣多應制賦鰲山詩,推侍講陳敬宗律最工,恰如唐體。"

陳田《明詩紀事》乙籤卷九:"陳子龍《明詩選》:'文定詩典質和

平,盛世之風。'田按:'……向推其應制諸作,余謂五字詩尤冲淡,有韋柳遺意。'"

朱彝尊《静志居詩話》卷六:"詩特雍容温粹,洵稱盛世之音。"

陳敬宗《澹然先生文集六卷》卷首潘汝楨《重刻澹然文集序》:"隻字片語,總根理要,關世教,而從實敷華,其華自腴。"

陳敬宗《澹然先生文集六卷》卷首陳子龍《後序》:"今公之文具在,其應制諸作,詩則贍藻温厚,頌不忘規,有曲終雅奏之風;文則敦重舂容,文質並茂,出言有章,即未知與相如、孟堅何如,而以視沈宋、燕許,斯無愧矣。"

豐坊《書訣》:"書師虞、趙、宋克。小楷。"

黄潤玉《陳公壙志》:"公所著《澹庵集》若干卷,邑宰西蜀賈公爲之鐫簡行世。"

魏驥《魏文靖公摘稿》卷五《陳祭酒文集序》:"公於文章愈得專力其間,躋其閫奥,有非偶然者也。於是朝廷有大著述,公必是預,至四方有求文者亦必多之公焉。蓋公之文以學爲主,以氣爲輔,動中繩墨,與道不相背馳。即其奥渺而觀,譬之江河奔騰蕩潏,或揚或激,波瀾彌布,浩浩漫漫,有源有委,能使人可驚而可喜,誠一代之至文也……兹公休老於家,其邑令重慶賈公奭,名進士也……得公平日所著之詩之文之稿,重之猶拱璧,不忍其不傳,釐爲若干卷,題曰《陳祭酒文集》。將鋟梓以行於世,不遠數百里屬予序其端。予念與公同朝有年,知公頗深,且辱賢令惓惓之請,不敢以不知言辭,姑序其概如右。"此《陳祭酒文集》當即《澹庵集》。據《四明志》,賈奭中景泰五年(1454)進士第,授慈溪知縣,此天順本當爲《澹庵集》最早刻本。

永瑢《四庫全書總目》卷一百七十五《澹然集》提要:"《澹然集》五卷,兩江總督采進本。明陳敬宗撰……事迹具《明史》本傳。敬宗與李時勉同舉進士，同時爲南北祭酒……惟文章質樸太甚，又遜於時勉耳。所著詩文集《明史・藝文志》作十八卷，此本乃萬曆四十四年慈溪知縣吴門陳其柱所編，僅詩三卷文二卷，亦非完本也。”除文淵閣四庫本外，尚有《四庫存目叢書》集部第 29 册所收《澹然先生文集六卷》本，爲萬曆三十五年(1607)慈溪知縣皖城潘汝楨重刻賈奭天順本。

豁達於生死之事，自營壽藏於花嶼湖東，作詩十八首，魏驥和之。

嵇曾筠《(雍正)浙江通志》卷二百三十七：“明祭酒陳敬宗墓，《(嘉靖)寧波府志》：‘在花嶼湖東。’”

魏驥《魏文靖公摘稿》卷九有《和陳祭酒壽藏十八咏》，分别爲《壽藏吉卜》《壽庵佳景》《花嶼春雲》《藕池凉雨》《龍潭顯應》《馬嶺獻秀》《山寺晚鐘》《塔庵晨罄》《松林看鶴》《柳岸聞鶯》《叠巘前屏》《三峰後障》《原隴春麥》《湖田秋稼》《緑筠連林》《翠柏擁蓋》《澗泉繞砌》《石笋當頭》。

天順三年(1459)五月，卒於家，壽八十三。凡二娶，初桂氏，繼蔣氏，俱封恭人。側室劉氏。子男七，女三。孫男十四，曾孫五，孫女、曾孫女若干。

黄潤玉《陳公壙志》：“初，公娶桂氏，先卒，繼蔣氏，封恭人，側室劉氏。子男七：場，蚤世；培，國子學正；坊，庠邑生；垣、堃，長樂縣學教諭；墠、周，皆世儒業。女三：湖廣副使桂怡，邑人裘平、趙增，皆子婿也。孫男十四人，女□人。曾孫五人。”

魏驥《陳公墓誌銘》：“配桂氏，先卒，繼配蔣氏，俱封恭人。側室劉氏。子男七：場早卒；培，國子學正；坊，邑庠生；垣、堃，長樂縣學教諭；墠、周皆業儒。女三：一適桂怡明，湖廣按察司副使；一適裘平;一適趙增;皆名家子。孫男十四,女若干。曾孫男若干,女若干。"其中"桂怡明"之"明"字衍。除黄誌外,《(光緒)湖南通志》卷一百十四亦有"桂怡,慈溪進士,湖廣副使"可證。

南京工部尚書王來撰行狀,黄潤玉撰壙志,魏驥撰墓銘並有詩哭之。嘉靖間因玄孫志學陳乞,贈禮部侍郎,謚文定,縣有陳文定公祠。

黄潤玉《陳公壙志》:"天順三年夏五月庚戌,國子監祭酒陳公卒。冬十二月十三日,葬公於某鄉某原。先期諸孤周捧尚書王公元之所狀公行示其請志於壙……壽躋八十有三,病暑,呼子孫條示後事,安寢而終。"

魏驥《陳公墓誌銘》:"天順三年五月二十日,朝請大夫贊治尹國子祭酒致仕四明陳公年八十又三,卒於正寢。將以是年十二月十二日葬於邑之某山之原。先期其子國子學正培以主喪不敢離於殯側,遣其弟埊持南京工部尚書兼大理卿前都察院右都御史王公某狀徵予銘其墓。噫,予與公老友也,可忘情哉?不敢以不文辭,乃按狀序而銘之。"黄誌、魏銘中所謂"尚書王公"即王來,據焦竑《國朝獻徵録》卷五二:"南京工部尚書兼大理寺卿王來,字原之,浙江慈溪縣人……天順初致仕,成化改元,詔進一階。"與敬宗爲同鄉,時亦致仕居家。

魏驥《魏文靖公摘稿》卷九《哭陳祭酒》:"文星昨夜殞南陲,一代儒宗更有誰。禮義率人殊蹇諤,文章名世總瑰奇。每懷閲卷同春院,尤憶休官共玉墀。老泪懸河無處灑,不知何日舉靈輀。"

張廷玉等《明史》卷一百六十三本傳:"天順三年五月卒,年八十三。後贈禮部侍郎,謚文定。"

王圻《續文獻通考》卷一百五十一:"南祭酒贈禮部侍郎陳敬宗字光世,浙江慈溪人,嘉靖年以玄孫志學陳乞,追謚文定。"

朱國禎《涌幢小品》卷三："陳敬宗至嘉靖乙巳始加贈禮部侍郎，謚文定。誥云：'學優而正，行直而堅。經事歷五朝，抗權貴而彌勁；司成淹六考，植模範以稱尊。誠一代之儒宗，篤行之君子。'"按，嘉靖乙巳爲嘉靖二十四年(1514)。

穆彰阿《(嘉靖)大清一統志》卷二百九十二："陳文定祠，在慈溪縣西南，祀明祭酒陳敬宗。"

參考文獻：

1. 陳敬宗《澹然先生集六卷》，《四庫全書存目叢書》本，齊魯書社 1995 年版。

2. 過庭訓《本朝分省人物考》，《續修四庫叢書》本，上海古籍出版社 2002 年版。

3. 黄佐《南雍志》，《四庫存目叢書》本，齊魯書社 1995 年版。

4. 張廷玉等《百衲本明史》，國家圖書館出版社 2014 年版。

5. 魏驥《魏文靖公摘稿》，明弘治十一年洪鐘刻本。

6. 魏驥《魏文靖公摘稿》，明藍格抄本。

7. 楊士奇《東里集》，《文淵閣四庫全書》本，上海古籍出版社 1987 年版。

(崔小敬)

林誌傳

林誌，字尚默，自號蔀齋，又號見一居士，福建福州府閩縣(今福建省閩侯縣)人。明太祖洪武十一年(1378)八月四日生。出生之夕，其母夢僧人寶誌入其家，因名爲“誌”。曾祖清，祖顓，父興，皆不仕。

楊榮《楊文敏公集》卷二十一《故奉訓大夫右春坊右諭德兼翰林侍讀林君墓誌銘》(以下稱《林君墓誌銘》)：“君諱誌，字尚默。晉黄門侍郎穎之後，穎從晉元帝渡江，居建康，其子禄由散騎常侍出爲閩之晉安太守，子孫因家焉。是後，有仕爲宋御醫院使諱古松者，君之五世祖也。曾祖諱清，祖諱顓，父諱興，皆隱德弗耀。母游氏，宋監察御史廣平公之後。嘗夜夢梁僧寶誌入室而生君，因以名焉。……後從學於王偁孟揚，極好辨論，因字之曰‘尚默’。……自號蔀齋，又號見一居士。”

林誌《續刻蔀齋公文集》卷十三載王鈺《故奉訓大夫右春坊右諭德兼翰林院侍讀林公行狀》(以下稱《林公行狀》)：“公諱誌。……遂爲閩縣人。宋理宗時，有諱古松者，公之五世祖也。曾祖諱清，博學能詩，號醉吟中人。祖諱顓，善數學。父諱興，年十三刲股起父疾，以孝聞於鄉。俱韜德弗仕。母游氏……生公之夕，夢梁僧寶誌入室，因以名焉。時洪武戊午八月四日也。”

楊士奇《東里文集》卷十六《故奉訓大夫右春坊右諭德兼翰林

侍讀林君墓表》(以下稱《林君墓表》):“君姓林氏,林,殷三仁之後。晉黄門侍郎穎之子散騎常侍禄山爲晉安太守,卒於官,子孫留居侯官,遂世爲侯官人。……從學王孟揚,孟揚奇之,爲盡底裏。時數數出論辨,見鋒芒,以折其老長,孟揚曰‘此非所以求益也’,爲字之曰‘尚默’。即痛自克治,群居一語一笑不敢妄,終其身不變。而沉潛於學,涵浸渟蓄,久而益富。”

按,禄山之“山”,林誌《續刻蔀齋公文集》卷十三載楊士奇《林君墓表》作“出”,是。“子孫留居侯官,遂世爲侯官人”,林誌《續刻蔀齋公文集》卷十三載楊士奇《林君墓表》作“子孫留居於閩,遂世爲閩縣人”,是。

林誌《續刻蔀齋公文集》卷十三載楊溥《林誌傳》:“林諭德尚默者,閩人也。將誕之夕,父夢梁僧寶誌過其家,因以‘誌’名。”

何喬遠《閩書》卷七十三《林誌傳》:“林誌,其生也,父夢寶誌入室,遂以爲名。”

按,林誌出生前夕是其母游氏還是其父夢到寶誌入其家,有不同記載。王鈺《林公行狀》、楊榮《林君墓誌銘》、楊士奇《林君墓表》等叙述做夢之事皆緊接其母之後,當爲其母之夢。而楊溥《林誌傳》則謂其父之夢。王鈺、楊榮與林誌關係密切,其母之夢的可能性大。

蔣一葵《堯山堂外紀》卷八十一:“林誌祖清,避元不仕,變易姓名,匿居山寺。會府公檢册寺中,見清,詰問,且曰:‘能詩乎?’曰:‘頗能。’即以册號八音命爲詩,應聲曰:‘金紫何曾一挂懷,石田茅屋自天開。絲竿釣月江頭住,竹杖桃雲嶺上來。匏實曉收栽藥圃,土花春長讀書臺。革除一點浮雲慮,木筆題詩酒數杯。’府公驚羡,遂與爲友。政暇輒携酒過飲,倡和移日。一日,忽論海濱人物,因曰:‘若林清者,雄才碩德,惜未見其人。’林不覺有感,府公曰:‘公殆林清耶?'林曰:'若清者,公安得見之? 此吾所以有感也。'相與盡醉而罷。明日,林竟去之,府公再往訪,多方物色,終不見矣。"

誌生有异禀,五歲,母游氏口授經傳,一二過輒成誦。十歲,入小學。洪武二十四年(1391),年十四,從永福王偁學。十八,入郡庠爲弟子員。勤於攻讀,博通經史,旁及子史百家,尤工舉子業。郡先達陳子美、周玄、林敏折行輩與交。

王鈺《林公行狀》:"公姿禀絶人,五歲,游宜人口授古文、史傳,一過輒成誦。十歲,入小學。十四從翰林檢討密齋王公偁游,讀書日記數千百言而猶嚴立課程,晝夜寒暑不懈。父母恐其過勞也,閉膏油不與,公輒暗誦舊習,屢至達旦。十八,入郡庠爲弟子員。問學益力,由是博通經史,下至莊、列、荀、楊、韓、柳之言,天文、醫藥、星命、卜筮、神仙、方技之書,莫不究極原委,而尤研窮《四書》及《書》《易》二經之旨。密齋大奇之,因相與講説磨礱,益學古,爲文牢籠百氏、力去陳言,雖片紙數行,嚴密高古,不作近代軟語。鄉先正若古田文學陳公子美、禮部員外郎周公又玄、處士林公漢孟皆折輩行交公,藩臬重臣及郡大夫月朔望詣學,未嘗以諸生遇之。"

楊榮《林君墓誌銘》:"幼穎悟,其母嘗口授經傳,即朗然成誦,在髫齔時已喜爲文辭。後從學於王偁孟揚。……將弱冠,選入郡庠,益自勤勵,於經史子集,旁及天文、地理、星命、醫卜之書,無不研究,而尤工舉業。"

林誌《續刻蔀齋公文集》卷十三載楊士奇《林君墓表》:"諱誌,尚默,字也。尚默生有异禀,四五歲,其母口授書一二過,輒能記誦不忘。十歲,日記千數百言,十四五,下筆爲文章,不倍義理。遂從學王孟揚,孟揚奇之,樂爲盡底裏。"

陳道監修《(弘治)八閩通志》卷六十二《王偁傳》:"王偁,字孟揚。永福人。翰之子也。翰死於義,時偁生甫九年,翰之交吴海撫而教之。洪武中領鄉薦，爲國子生。陳情乞養母歸，未幾，母卒。居喪，柴骨欒欒，既合葬，廬墓下者六年。永樂初，以薦授翰林院檢討，進講經筵，修《永樂大典》，爲總裁官。張英公征交阯，辟偁以從，多所贊畫，歸京師，卒。偁氣節高勁，議論英發，文章雄偉宏博，詩有唐人風，書法亦妙絶一時。學士解縉嘗稱其'人品當在蘇長公之列，文亦相類。至於詩則凌轢漢唐，使眉山見之，未必不避竈而煬也。'"

永樂九年辛卯(1411)以《易經》取福建鄉試第一，爲解元；十年壬辰(1412)禮部會試第一，爲會元；殿試第一甲第二，爲榜眼。授翰林院編修，階承事郎。

王鈺《林公行狀》："永樂辛卯以《易經》發解，明年會試禮部，皆第一。廷對第一甲第二，賜進士及第，擢翰林院編修，階承事郎。"

楊榮《林君墓誌銘》："永樂辛卯鄉試、壬辰會試皆第一，殿試，賜進士第二人，授翰林編修。"

林誌《續刻蔀齋公文集》卷十三載楊士奇《林君墓表》："永樂辛卯福建鄉試，壬辰禮部會試，皆第一。廷試第一甲第二人，賜進士及第，授翰林院編修、承事郎。"

按，廷試之"試"，原文無，據楊士奇《東里文集》卷十六補。

張弘道、張凝道同輯《皇明三元考》卷二載"永樂九年辛卯科解元"之"林誌"條，下注："閩縣人，字尚默，治《易》，年三十四，壬辰會元、榜眼。"

蔣一葵《堯山堂外紀》卷八十一："林誌高才博學，鄉會試皆第一。比殿試，深以魁選自負。迨傳臚之夕，夢有馬奪其首，既而同邑馬鐸第一，誌次之，甚怏怏不服。一日互争於廷，成祖試以對曰：'朕有一對，對佳者狀元。'曰：'風吹不響鈴兒草。'鐸應聲曰'雨打無聲鼓子花'。帝大稱許。誌逾時竟不能對，遂愧服。蓋鐸幼時夢有以下聯語之者,不知何謂,至是用之,得賜狀元。"

何楝如輯《夢林玄解》卷三十四《牽馬過前》:"明林翰林誌,字尚默,福之閩縣人。鄉試、會試俱中首選,壬辰科,鋭意欲魁天下,先廷試之夕,夢人牽馬一匹過前,寤而自占,曰:'牽馬在前,予禄至矣。'既而傳臚,狀元乃馬鐸,公居第二,蓋馬在前也。"

永樂十一年(1413),明成祖居北京,皇太子在南京監國,誌爲侍從。十二年,參與編纂《歷代名臣奏議》,未成,被召至北京參纂《五經四書性理大全》,負責《易經》編纂。書成,升文林郎。

王鈺《林公行狀》:"侍仁廟監國南京,逾年,預修《古今名臣奏議》,未成。太宗皇帝命儒臣纂修《五經四書性理大全》,驛召公至行在,總修《易經》,義例條畫咸公出也。書成,宴賚優厚,進階文林郎。"

楊士奇《林君墓表》:"癸巳,車駕幸北京。甲午,召赴行在,預編《性理》及《四書五經大全書》,書成,受賜賚,升文林郎。丙申,扈從南還,預編《歷代名臣奏議》。"

永樂十九年(1421),升修撰,階承務郎。二十一年(1423),爲順天鄉試主考官。二十二年九月,升翰林院侍讀,階承直郎,十月,選右春坊右諭德,仍兼翰林院侍讀,階奉訓大夫。

王鈺《林公行狀》:"秩滿升修撰,奉旨爲癸卯京闈考試官。洪熙初,升侍讀,同知制誥。時慎簡春宫臣僚,輪直進講,升右春坊右諭德,仍兼侍讀,階奉訓大夫。"

楊榮《林君墓誌銘》:"嘗纂修《五經四書性理大全》、《古今名臣奏議》、郡邑志書,辨論精確,勤於編述,迥出儕輩。甲辰秋九月升侍讀,尋升右春坊右諭德,仍兼舊職,階奉訓大夫,給二俸。嘗兩爲京闈考試官,去取惟公,士子敬服。"

楊士奇《林君墓表》:“辛丑,召赴北京,升修撰,授承務郎。甲辰,升侍讀,授承直郎。考順天府鄉試,未幾,簡東宫官,擢右春坊右諭德,授奉訓大夫,仍兼侍讀。”

《明實録》之《明太宗實録》卷一百二十六:“(永樂二十一年癸卯八月甲寅)是日,順天府鄉試,啓請考試官。皇太子令翰林院侍講王英、修撰林誌考試,賜宴於本府。”

《明實録》之《明仁宗實録》卷二上:“(永樂二十二年九月)乙亥,升翰林院侍讀王直爲本院侍讀學士,侍講王英爲侍講學士,修撰林誌、檢討錢習禮爲侍讀。”又卷三上:“(永樂二十二年冬十月)上御思善門,選東宫官屬。……林誌爲右春坊右諭德,仍兼翰林院侍讀。”

仁宗洪熙元年(1425),誌預修二聖《實録》。宣宗宣德元年(1426)七月,充任應天府鄉試主考官。宣德二年(1427)三月,患病,五月二十四日卒,享年五十。

王鈺《林公行狀》:“推恩賜誥,贈其先府君如公之秩,母贈宜人,例得焚黄先壠,而公以宫臣扈從南京,未得請。今上嗣大寶,修二聖《實録》,公爲纂修官,復馳傳主考南京鄉試,士論歸之。宣德二年三月,忽遘疾,數易醫弗效,公嘆曰:‘吾攻醫垂二十年,今弗效,吾不起矣。’即請告,還閩養疾,得命,未及行而卒,時五月二十四日也。”

楊士奇《林君墓表》:“洪熙元年,賜誥,贈其父奉訓大夫、右春坊右諭德兼翰林侍讀,其母宜人。封其妻宜人。宣德元年,主應天府鄉試,預修《兩朝實録》,未成,尚默得熱疾,更數醫弗效,數月卒。……其卒以宣德丁未五月二十四日。享年五十。”

《明實録》之《明宣宗實録》卷十九“(宣德元年秋七月)丙午中元節。……命右春坊右諭德林誌、翰林侍講余學夔爲應天府鄉試考官。"又卷二十八:"(宣德二年五月庚子)右春坊右諭德兼翰林侍讀林誌卒。"

宣德二年六月一日,玉鈺爲撰行狀。其後,楊榮爲撰墓誌銘,楊士奇爲撰墓表,曾棨、錢習禮等有挽詩。十一月,宣宗派巡按福建監察御史王寶等諭祭。

楊榮《林君墓誌銘》:"宣德二年五月辛亥,奉訓大夫、右春坊右諭德兼翰林侍讀林君卒於官,交游之士莫不爲之傷慟。臨終之夕,其孤雲瀚適自南京至,幸獲一見,不及有所言而絶,良可哀也。將奉柩歸葬於鄉某山之原,乃匍匐涕泣,以翰林修撰王君鈺所述行狀來乞銘。予與君同鄉又同官,而素相好,弗可以辭。……洪熙改元,蒙恩賜誥,得推恩追贈其父如君之職,母爲宜人。……與修二聖《實録》,方擬告成,歸省丘墓,展焚黄之禮,而乃以是春疾作,自知必不起,遂請於朝,得告,而疾日加劇,第奄奄一息以待其子之至而卒。其生洪武戊午八月四日,至是享年五十。"

林誌《續刻蔀齋公文集》卷十三楊士奇《林君墓表》:"余,其會試時考官,又同官翰林十餘年,蓋悼惜之不已。於是史官王修撰孟堅、陳御史叔剛以雲瀚及孟堅所述事狀來請墓表,遂爲之書,使歸刻焉。"

林誌《續刻蔀齋公文集》卷首收録明仁宗洪熙元年任右春坊右諭德兼翰林院侍讀的誥命一則,落款爲"洪熙元年正月初五日"。又載諭祭文一則,其云:"宣德二年歲次丁未冬十一月丁亥朔越十有三日戊戌,皇帝遣巡按福建監察御史王寶等諭祭於故奉訓大夫、右春坊右諭德兼翰林院侍讀林誌。"

王鈺《林公行狀》末署:"宣德二年六月朔日,賜進士及第、翰林院修撰紹興王鈺謹狀。"

按,此狀作於宣德二年六月一日,林誌卒後不久,應林誌之子林雲瀚和陳叔剛之請而作。

誌妻陳宜人，有淑德。子二人，長雲瀚，官國子監助教。次雲瀣。誌淡泊榮利，與人不苟交。孝事父母，尊敬師長，友愛宗親，取信朋友，而勤於政事，不辭辛勞。

王鈺《林公行狀》："女三，長適建安黄叔敏，東陽知縣黄仲芳之從弟。次適同郡程稔，江西參政禧之子也。一在室。公天性孝友，夙喪父，既長，言及輒悲慟不任，母有疾，湯藥必親調，嘗求醫不效，即發憤攻其術，全活甚衆。母喪未幾而女弟歿，家雖空乏而殮殯葬祭無違禮，從弟喜孩孺時子於他姓，公爲致之歸宗，撫育成人。……公和平樂易，恬於榮利，雖官顯禄厚而淡然如寒士。退食公署，一室蕭然，凝塵滿几，人或難之，而公怡然自適。頗好飲，遇知己則傾倒盡歡，否則，數行即已。家居簡默，不妄接人，人亦寡合者。"

楊榮《林君墓誌銘》："每痛二親不逮禄養，語及必凄愴終日。蓋君治家儉而有禮，待宗黨極厚。族弟喜幼孤無依，養於异姓，取歸撫育，迄於成立。勸子侄讀書，言不輟口，聞有領鄉薦者，輒加慰勉。與鄉人周旋款洽，不事矯飾，鄉人亦多敬愛之。事其師孟揚最謹，孟揚後爲翰林檢討，以事没於京，爲之經畫家事，以反其妻子於閩。處僚友必誠必信，於人無所毁譽。在朝十有五年，入則恭勤趨事，惕然警勵，雖隆冬盛暑不自知其爲勞。退則静坐一室，優游疏散，醉吟自適，淡然若與世事不相干者。……配陳氏，有淑德，封宜人。子男二人，長即雲瀚，次雲瀣。女三人，長適黄淑敏，次適程稔，皆宦族也，其一尚幼。嗚呼！幼學壯行，君子之志也。惟君荷聖朝教育之恩，學既有成，官兼顯職，可謂榮且盛矣！亦可謂得行其所志矣！烏可以無銘。"

按，黄淑敏之"淑"，林誌《續刻蔀齋公文集》卷首楊榮《林君墓誌銘》和楊士奇《林君墓表》皆作"叔"，是。

林誌《續刻蔀齋公文集》卷十三載楊溥曰:“以尚默行之高、學之博、文詞之善,三者足稱其官而收美名。何得其時而不得其年,悲哉!”

林誌《續刻蔀齋公文集》卷首載《國史名臣林誌列傳》末落款“男國子監助教雲瀚謹識”。

誌爲文務去陳言,刻厲雄健,詩有唐人風格。喜獎掖後進,湖廣參政黄澤、浙江按察使林碩、監察御史陳叔剛、胡智等皆出其門。撰有《蔀齋集》《易集説》等。

王鈺《林公行狀》:“爲文章雖出奇變正、態度百出,而必充其氣、深夫理,然後發。如《醫問》《原文》諸雜著,皆鑿鑿可傳。尤善啓迪後進,凡經公指授,若今湖廣參政黄澤,浙江按察使林碩,監察御史陳叔剛、胡智輩,其文行皆有可觀。……所著書有《易集説》若干卷、《蔀齋集》若干卷。”

林誌《續刻蔀齋公文集》卷十三楊士奇《林君墓表》:“爲古文務去陳言,而刻厲切深得樊紹述、歐陽行周之趣。其學出孟揚,與孟揚前後官翰林,文名伯仲間,然孟揚不若尚默之謹静守約也。從尚默學者亦有出躋顯仕,爲閩人,如湖廣參政黄澤、浙江按察使林碩,其表表者。”按,樊紹述、歐陽行周,即唐代樊宗師、歐陽詹。

楊榮《林君墓誌銘》:“所著詩文雄健簡古,多爲人所傳誦。”

陳道監修《(弘治)八閩通志》卷六十二《林誌傳》:“爲文章簡奥,不蹈襲舊説。詩有唐人風。”

陳田《明詩紀事》乙籤卷十:“田按,尚默爲王孟揚弟子,詩沿閩派,時有警音。”

正統八年(1443),林誌子雲瀚編輯其文集《蔀齋先生文集》行世。萬曆間林氏六世侄孫刻有《續刻蔀齋公文集》十五卷,前十二

卷爲林誌詩文作品，後三卷爲附録時人所撰行狀、墓誌銘、墓表、傳、挽詩等。

陳田《明詩紀事》乙籤卷十："有《蔀齋集》十五卷。"

國家圖書館藏林誌《續刻蔀齋公文集》十五卷，卷首載洪熙元年林誌誥命一則，宣德二年諭祭文一則，《國史名臣林誌列傳》一篇，林氏六世侄孫序和王用盛序。王用盛序落款爲："正統八年歲在癸亥六月上澣，後學小生天台王用盛拜序。"文集後三卷皆爲附録，卷十三爲行狀、墓誌銘、墓表、傳，卷十四奠章、哀辭，卷十五挽詩。

《中國古籍總目》著録有《蔀齋先生文集》十二卷，明林誌撰，明范氏天一閣鈔本（存卷五至卷八），上海圖書館藏。

福州有大學士坊，專爲林誌而立。三元坊，成化十年(1474)知府唐珣爲狀元陳郊、會元林誌、解元張伯福立。

魯曾煜纂《(乾隆)福州府志》(清乾隆十九年序刻本)卷四："大學士坊"下注："爲侍讀學士林誌立。以上俱宣政街至南門。"又同卷"三元坊"條下注："成化十年知府唐珣爲狀元陳郊、會元林誌、解元張伯福立。上七坊並在藩維坊内。"

參考文獻：

1. 林誌《續刻蔀齋公文集》，明萬曆間刻本。

2.《明實録》，臺灣"中央研究院"歷史語言研究所 1962 年校印本。

3. 張弘道、張凝道同輯《皇明三元考》，《明代傳記叢刊》本，明文書局 1991 年版。

4. 何喬遠《閩書》,《四庫全書存目叢書》史部,齊魯書社1996年版。

5. 陳道監修《(弘治)八閩通志》,《四庫全書存目叢書》史部,齊魯書社1996年版。

6. 陳田輯撰《明詩紀事》,上海古籍出版社1993年版。

7. 何棟如輯《夢林玄解》,《四庫全書存目叢書》子部,齊魯書社1995年版。

8. 楊士奇《東里文集》,中華書局1998年版。

9. 蔣一葵《堯山堂外紀》,《續修四庫全書》子部,上海古籍出版社2002年版。

10. 楊榮《楊文敏公集》,《明別集叢刊》第1輯第29册,黄山書社2013年版。

(張明强)

王直傳

王直，字行儉，號抑庵，江西泰和人。生於明洪武十二年(1379)。祖子與，元末隱居，教授不應辟舉，洪武初，徵爲説書論事，稱旨，授福建鹽運司副使。父伯貞，官肇慶知府。

王直《抑庵文後集》卷三十三《自撰墓誌》:"王直，字行儉。其先琅琊人，晉太傅導之後。太傅從晉南渡，家金陵。唐有崇文者，爲吉州刺史，因家吉州。孫贇，侍郎，顯於宋，又徙泰和，故今爲泰和王氏，代有顯人。國朝以直忝竊之故，曾祖以道，祖子與，皆由處士顯，父伯貞，由肇慶知府皆累贈少傅兼太子太師吏部尚書，妣皆贈一品夫人。"

《抑庵文後集》卷二十八《先公行述》:"先公諱(闕)字(闕)，姓王氏，晉司徒導之後。其先自金陵徙居泰和，世爲衣冠之族，代有聞人。高祖芳洲府君，妣曾氏夫人。曾祖天隱府君，妣劉氏夫人。祖臣則府君，妣彭氏夫人。考竹亭府君，元季授福建行省照磨，改吉安路治中，俱不受，以經學教授鄉里，妣陳氏夫人，繼李氏夫人。"

李賢《古穰集》卷十二《吏部尚書致仕贈太保謚文端王公神道碑銘》(以下稱《王公神道碑銘》):"公諱直，字行儉，别號抑庵。系出琅琊晉太傅導之後也，導輔東晉，遂家金陵。後數世有崇文者，仕唐爲吉州刺史，因家吉州。又數世孫贇，仕宋爲户部侍郎，徙居泰和，代有顯人。曾祖以道，祖子興，隱居不仕，父伯貞仕國朝爲肇慶知府,俱以公貴,累贈少傅兼太子太師吏部尚書。妣皆贈一品夫人。”

按,湯斌《擬明史稿》卷九王直本傳作“祖子興,元末隱居,教授不應辟舉。洪武初徵爲説書論事,稱旨,授福建鹽運司副使”。又參梁潛《泊庵集》卷十二《王伯貞傳》:“公諱泰,字伯貞,姓王氏,吉之泰和人。其先世蓋多顯者,獨公父祖,數世不仕。父子與,元季授福建行省照磨,改吉安路治中,皆不受。迨國朝,初開端本堂,召至以爲説書,既而授福建鹽運司副使,以老疾乞還鄉里,所居,種竹滿亭,學者尊師之,因號爲竹亭先生。……公之子直,亦以科第入爲同官,故其没也,予既哭之以辭,因又取直所爲公行狀,參次所聞者爲之傳云。”楊士奇《東里文集》卷十八《王竹亭先生墓誌銘》:“明年(按,洪武三年),竹亭先生以説書徵,既至,上書論事,更授福建鹽運副使,以老得辭。”綜上,直之祖當名“子與”,湯斌所言當誤,於明初入仕爲官;直之父名泰,字伯貞,號竹亭。

直少以學自奮,舉永樂二年(1404)進士。改翰林庶吉士,簡内閣,書機密文字,除修撰。

王直《自撰墓誌》:“直早喪母,而父以事去,家貧力薄,獨賴繼祖母李夫人撫育教訓以底成立。永樂初,試於有司,取進士。時太宗皇帝篤意古學,詔選與進士曾棨等二十八人爲翰林庶吉士,俾讀中秘書,師古爲文辭。未幾,選入内閣,凡政務之密,亦使執筆。其間,升翰林修撰。”

李賢《王公神道碑銘》:“公早喪母,而父以事去,賴祖母李夫人撫育。自幼端重,异於常兒。家貧力薄,刻苦讀書。永樂改元,遂領鄉薦。明年,登進士第。時太宗皇帝篤意古學,詔選進士曾棨等二十八人爲翰林庶吉士,俾讀中秘書,冀成遠大之器。公在選中,感激奮志,不數年,文辭追古作者,上以公卓越諸士,召入内閣,凡機密之政，屬執筆焉，尋授翰林修撰。”

按，據陳建《皇明通紀集要》卷十三，詔解縉等選二十八人進文淵閣，乃永樂三年（1405）事，實選二十九人，謂：“（永樂）三年，命學士解縉等選新進士才識英敏者俾就文淵閣，進其學。於是，縉等選修撰曾棨等凡二十八人，以應二十八宿。時庶吉士周忱自陳年少，願進學。上喜曰：‘此有志之士也。’命增忱爲二十九人。”又據何喬遠《名山藏》卷六十二《臣林記》，其二十九人者，即：曾棨、周述、周孟簡、楊相、劉子欽、彭汝器、王英、王直、余鼎、章敞、王訓、柴廣敬、王道、熊直、陳敬宗、沈昇、洪順、章樸、余學夔、羅汝敬、盧翰、湯流、段民、倪維哲、袁添禄、吴紳、楊勉、李時勉、周忱。

成祖幸北平，皇太子監國，黄淮、楊士奇留輔導，直與焉。遂預《太祖高皇帝實録》，未成，以憂去。服闋，仍入翰林，升侍讀。尋遷侍讀。

王直《自撰墓誌》：“車駕巡幸北京，仁宗爲皇太子監國。留務之重，選任尤嚴，時翰林則留黄淮、楊士奇，而直亦與，其末勤慎不懈，幸免於過。及再幸北京，直亦從行。遂與修《太祖高皇帝實録》，書未成，以憂去，服闋，仍入翰林，升侍讀。”

李賢《王公神道碑銘》：“車駕巡幸北京，仁宗爲皇太子監國，留務之重，選任尤嚴，時翰林則留黄淮、楊士奇與公三人輔導。公夙夜勤慎，不懈中外，咸倚重之。及再幸北京，公在扈從。遂與修《太祖實録》，未成，以憂去。服闋，仍入翰林，升侍讀。”

按，明成祖朱棣嘗於永樂七年（1409）、永樂十一年（1413）兩巡北京，直先後留守與扈從，楊士奇《東里集・東里續集》卷十六《恭題仁廟御書後》亦記其事：“永樂七年，太宗皇帝初巡北京，翰林修撰王直留侍，仁宗皇帝監國，與聞密務，甚見奬重。仁廟屢顧大臣論近侍賢而文者曰：‘王直何可多得。’十一年，直當扈從北京，其後監國侍臣,有不能了事者,睿意未嘗不思直。”

又,直預《太祖高皇帝實録》,據陳建《皇明通紀法傳全録》卷十五,當爲永樂九年(1411)十月詔重修《太祖高皇帝實録》事,時胡廣、胡儼、黄淮、楊榮、楊士奇、金幼孜爲總裁,王直《抑庵文集》卷四《胡(儼)先生挽詩序》亦及此事,謂:“及修《太祖高皇帝實録》,直與執筆其間,而先生爲總裁,所以教愛者尤至。”

仁宗即位(1424),進侍讀學士。尋遷右庶子,兼侍讀學士。

王直《自撰墓誌》:“太宗皇帝賓天,仁宗皇帝即位,升侍讀學士。宣宗皇帝爲皇太子,選宫僚,升右春坊右庶子兼翰林侍讀學士,經筵講義及文武群臣誥敕,皆兼任之,又兼記注,凡聖政聖訓之當書者,皆録之以備纂述。”

李賢《王公神道碑》:“仁宗即位,進侍讀學士。宣宗爲皇太子,慎選宫僚,首升公右春坊右庶子,仍兼侍讀學士。”

按,據陳建《皇明通紀法傳全録》卷十六,王直遷右庶子當爲永樂二十二年(1424)十月:“以翰林侍讀學士王直爲右春坊右庶子,仍兼前職及兼記注,於聖政聖訓之當修者,皆録之以備纂述。”湯斌《擬明史稿》卷九王直本傳,則作“洪熙初,遷右庶子,兼侍讀學士”,蓋誤。

宣德中,修兩朝《實録》成,進少詹事。

王直《自撰墓誌》:“仁宗皇帝上賓,宣宗皇帝即位,一時從官皆升進,直仍領舊職。修兩朝《實録》成,賜白金、綵幣、襲衣等物,升詹事府少詹事兼侍讀學士。”

李賢《王公神道碑銘》:“宣宗即位,與修兩朝《實録》,成,進詹事府少詹事,仍兼侍讀學士,有白金、綵幣、襲衣、寶鏹之賚,進階中順大夫。”

按，兩朝《實録》即《明太宗文皇帝實録》《明仁宗昭皇帝實録》，黄佐《翰林記》卷十三《修書升賞》："凡書成，進御，例有升賞酬勞也。……有差太宗、仁宗兩朝《實録》，吏部據行在翰林院備開修史官員人等姓名，具題請旨。奉聖旨：曾棨、王英、王直都升少詹事，支正四品俸，仍兼原兼職事。"又據《翰林記》卷十三《修實録》，兩部《實録》均成書於宣德五年（1430），故直進少詹事在此年或稍後。

正統初，修宣宗《實録》，直爲總裁。書成，進禮部左侍郎兼學士。

王直《自撰墓誌》："宣宗皇帝上升，今皇帝登大寶位，詔修先朝實録，直叨與總裁。書成，賜白金、綵幣、襲衣、鞍馬等物，升禮部左侍郎仍兼學士。"

李賢《王公神道碑銘》："今上嗣位，詔修先朝《實録》，以公總裁，書成，進禮部左侍郎仍兼學士，賞賚如前。"

按，《翰林記》卷十三《修實録》："宣德十年九月庚午，敕修《宣宗皇帝實録》，賜宴禮部。正統三年四月己巳，《實録》成，凡一百一十五卷一百一十六册，《寶訓》凡十二卷十册。"直進禮部左侍郎兼學士當在正統三年（1438）或後。

正統五年（1440），出莅部事。尚書胡濙悉以部政付之，直處之若素習者。八年正月，代郭璡爲吏部尚書。

李賢《王公神道碑銘》："久之，以禮部缺人，命公出莅部事。宗伯胡公大喜，闔部之政悉付之，公處之裕然，若素習者。吏部尚書郭璡去位，詔以公代之命，下士類皆悦，進階資善大夫。"

《明史》卷一百六十九本傳："五年，出莅部事。尚書胡濙悉以部政付之，直處之若素習者。八年正月，代郭璡爲吏部尚書。"

按，尹守衡《皇明史竊》卷四十六王直本傳作"六年，出莅部事，時胡濙爲宗伯,失部印,上以濙且老矣,命直佐之”。鄭曉《吾學編·名臣記》卷十六《太保王文端公》亦作“正統六年,出部佐胡忠安公”。胡濙,字源潔,武進(今屬江蘇常州)人,官至禮部尚書贈太保,謚忠安。郭璡,字時用,初名進,保定府新安縣(今屬河北保定)人,官至吏部尚書。

十一年(1446),户部侍郎奈亨附王振,構郎中趙敏,詞連直及侍郎曹義、趙新,並下獄。三法司廷鞫,論亨斬,直等贖徒。帝宥直、義,奪亨、新俸。

陳鶴《明紀》卷十四:“(十一年八月)户部侍郎奈亨附王振,嘗以事干請吏部不行,怨郎中趙敏,構之,詞連王直及侍郎曹義、趙新。庚申下直等獄。三法司廷鞫,論亨斬,直等贖徒。帝宥直、義,奪亨、新俸,視職如故。”

按,《王公神道碑銘》:“歷再歲,有無賴不得志者,以選撥事嫁禍於公,給舍御史交章論列,乃直公誣,加授資德大夫,正治上卿。”《皇明史竊》卷四十六王直本傳云:“十一年八月,坐選撥過誤,下獄。尋得白釋出,加授資德大夫,正治上卿。”奈亨即以“坐選撥過誤”陷直。

十四年(1449),也先犯邊,車駕親征,直率廷臣伏闕疏留,弗聽,命直留守,加太子太保兼吏部尚書,尋進階榮禄大夫。未幾,有土木之敗。

李賢《王公神道碑銘》:“正統己巳秋,北敵犯邊,車駕欲親征,公獨以爲不可,率廷臣上疏止之。不獲,特命公留守京師,加太子太保兼吏部尚書,尋進階榮禄大夫。”

《明史》卷一百六十九本傳:“帝將親征也先,直率廷臣力諫曰:‘國家備邊最爲謹嚴。謀臣猛將,堅甲利兵,隨處充滿,且耕且守,是以久安。今敵肆猖獗,違天悖理,陛下但宜固封疆,申號令,堅壁清野,蓄鋭以待之,可圖必勝。不必親御六師,遠臨塞下。況秋暑未退,旱氣未回,青草不豐,水泉猶塞,士馬之用未充,兵凶戰危,臣等以爲不可。'帝不從,命直留守,王師覆於土木。"

按,"正統己巳"即"正統十四年(1449)",是年七月,英宗朱祁鎮北狩,慘敗,俘於瓦剌,史稱"土木之變",亦稱"土木堡之變""正統己巳之役"。

也先使使議和,且請還上皇,下禮部議未決。帝詔公卿雜議,直抗言遣使,帝不悦。既罷朝,太監興安出,曰:"公等固欲遣使,孰可行者,有文天祥、富弼其人乎?"衆相顧,莫敢發言,直面發赤,厲聲斥之,言至再辭,色愈厲,安語塞。卒遣使迎復,其功爲多。

尹守衡《皇明史竊》卷四十六王直本傳:"虜使數邀歸上皇,我再三往不報,朝意更緩。久之,虜使再至。上諭廷臣,欲絶虜。直叩頭,言必報使,毋生戎心,致有後悔,與尚書濙請益力,上不懌而退。太監興安匍匐出,呼廷臣曰:'疇堪使者,有文天祥、富弼其人乎?'衆未答,直赤面厲聲曰:'是何言!臣皆王臣,唯上是使,敢弗行乎?'言至再,詞色愈厲,安語塞。景帝卒,用尚書謙言,以李實、楊善先後往。上皇之復,先後奏請,皆直主之,濙佐之。"

按,直抗言遣使事,陳建《皇明通紀法傳全録》卷二十作己巳正統十四年,謂:"(己巳正統十四年十月,)脱脱不花遣使來獻馬議和,朝廷却之。胡濙、王直曰:'脱脱不花、也先君臣素不睦,宜受其獻,以間之。'從其言,使人入見,賜衣服、酒饌、金帛,視常年有加。"而同卷又載"(正統十四年九月)六日,郕王即皇帝位,遥尊上爲太上皇帝,大赦天下,改明年爲景泰元年",故《明史》王直本傳亦將此事繫年爲"景泰元年"。

景泰三年(1452),以易太子,進少傅兼太子太師。直心知不可,又不能强諫,因累章求退居常,不允。

李賢《王公神道碑銘》:"景泰初,進少傅。壬申,兼太子太師,進階光禄大夫,公累疏求退,不允。"

談遷《國榷》卷三十:"壬申景泰三年正月乙未朔,上皇在南宫。丙申,太子太傅禮部尚書胡濙、太子太保吏部尚書王直俱進少傅。"

陳建《皇明通紀法傳全録》卷二十一:"(景泰三年)五月初二,詔立皇子見濟爲皇太子,生母杭氏爲皇后,廢皇后汪氏,居别宫,改封上皇太子、皇太子爲沂王,次子見清爲樂王,見淳爲許王,命廷臣俱兼宫僚。先是,帝欲易太子,恐文武大臣不從,太監王誠、舒良謀,先啖閣下諸學士,各賜金五十兩、銀一百兩。陳循輩惟知感惠,遂以太子爲可易。時廣西思明府知府黄堈庶兄黄玹,以捍禦功累官廣西都指揮使。玹欲奪嫡,陰謀使人殺堈。巡撫廣西、刑部侍郎李棠、總兵都督僉事武毅發玹情,罪致獄當死。玹知帝意欲易儲,無人先發,乃遣人赴京,先賂用事者,然後上疏請易太子。上大喜曰:'萬里外有此忠臣。'亟下禮部會多官議,陳循草詔,已與衆將覆奏署名。王直、于謙相顧有難色,循持筆作半跪,太監興安厲聲曰:'此事不可已,苟直以爲不可者勿署名,毋得首尾持兩端。'給事中李侃對衆灑泣,都給事中林聰、御史朱英陳不可,不聽。奏上,憲廟出,出就沂邸,而見濟立。於是升賞太濫,有'滿朝皆太保,一部兩尚書'之謡。王直得所賜元寶,扣案頓足嘆曰:'此何等大事,乃出一蠻夷耶?吾輩愧死矣!'累疏求退,然侃升詹事府丞,聰升右春坊司,直皆不辭也。"

按,壬申年,即景泰三年(1452)。

景帝疾亟,直、濙等會諸大臣臺諫,請復立沂王爲皇太子,推大學士商輅草疏,未上。而石亨、徐有貞等奪門迎上皇復位。疏草留

姚夔所，嘗出以示郎中陸昶，嘆曰："是疏不及進，天也。"

陳鶴《明紀》卷十六："（八年春正月）丁丑，帝輿疾，宿南郊齋宮，召石亨代行禮。亨受命榻前，見帝病甚，遂與張軏、曹吉祥等謀迎立上皇，以告許彬。彬曰：'此不世功也，彬老矣，無能爲，徐元玉善奇策，盍與圖之。'元玉，有貞字也，亨、軏即夜至其家，有貞聞之，大喜曰：'須令南城知此意。'軏曰：'陰達之矣。'吉祥密白上聖，皇太后許之。胡濙以疾在告，侍郎姚夔强起之，會廷臣欲乞還沂王東宮，王文曰：'安知上意誰屬？'李賢私問蕭鎡，鎡亦曰：'既退，不可再也。'己卯，群臣請建太子，不允。中外誼傳文與中官王誠等謀召取襄世子。辛巳，濙及王直會諸大臣臺諫，再議請復沂王爲皇太子，推商輅草疏。略曰：'陛下宣宗章皇帝之子，當立。'章皇帝子孫聞者感動，以日暮未及上。疏草留姚夔所，後夔出以示郎中陸昶，嘆曰：'是疏不及進，天也。'張軏等復會徐有貞所，有貞升屋覽乾象，亟下曰：'時至矣，勿失時。'方有邊警，有貞令軏詭言備非常，勒兵入大內，石亨掌門鑰，四鼓開長安門納之。既入，復閉以遏外兵，時天色晦冥，亨、軏皆惶惑，謂有貞曰：'事當濟否？'有貞大言：'必濟。'趣之行，既薄南城，門錮，毁墻以入。上皇燈下獨出，問故，有貞等俯伏請登位，乃呼：'進輦兵士惶懼不能舉，有貞帥諸人助挽以行。'忽星月開朗，上皇各問諸人姓名，至東華門，門者弗納。上皇曰：'朕太上皇帝也！'皆反走，上皇乃升奉天殿。有貞等常服謁賀，呼萬歲。百官以帝明當視朝，方待漏闕下，忽聞殿中呼噪聲，皆驚愕，俄諸門畢啓，有貞出號於衆曰：'太上皇帝復位矣。'"

按，事亦見《明史》卷一百六十九王直本傳。王頌蔚《明史考證攟逸》卷十一考《王直傳》載"復立沂王爲皇太子，推大學士商輅草疏未上"事，謂："按：商輅撰姚夔墓誌，紀此事甚詳，疏中有云：'陛下爲宣宗之子，當立宣宗之孫正位東宮。'夔又舉筆添一復字。直、濴等咸稱善。時爲景泰八年正月十六日至十七日,而石亨等變作。”揆之焦竑《國朝獻徵録》卷二十四所録商輅《資德大夫正治上卿太子少保吏部尚書贈榮禄大夫少保謚文敏姚公夔墓誌銘》,確涉此事,然並未及王直名。姑繫於此。

天順元年(1457),直遂乞休。賜璽書、金綺、楮幣,給驛歸。

王直《自撰墓誌》:“以直之駑下,學不足以窮理,文不足以述事,明不足以知人,量不足以容衆,才不足以成務,言不足以决疑辯惑,徒守樸忠懷謹,畏叨侍,近車駕,謁陵寢,飭邊務,兩奉敕書,命居守,屢充殿廷讀卷官,考禮部會試士,簡賢授職,收擇衆才,小大之務,罔不盡心。然老病日加,終無寸益,其得罪多矣。累疏乞身,未蒙矜許。皇上復正大位,其仁如天,特憫而宥之,使得以病退歸。賜敕書一通、白金三十兩、織金綺衣一襲、新鈔三千緡,兵部給驛舟廪食以行。”

李賢《王公神道碑銘》:“天順改元,皇上復位,圖任舊人,公艱於步履,不能朝謁,懇乞休致並辭師、傅二職,詔特許之,賜以璽書,有‘忠清之操,簡於朕懷’之語,復出白金、文綺、寶鏹賜之,給驛舟以歸。”

《明史》卷一百六十九王直本傳:“景帝疾亟,直、濴等會諸大臣臺諫,請復立沂王爲皇太子,推大學士商輅草疏,未上。而石亨、徐有貞等奪門迎上皇復位,殺王文等。疏草留姚夔所,嘗出以示郎中陸昶,嘆曰:‘是疏不及進,天也。’直遂乞休。賜璽書、金綺、楮幣,給驛歸。”

按,上皇英宗朱祁鎮復位正統,改景泰八年(1457)爲天順元年。

歸田後,常乘肩輿行阡陌間,課耕作。子孫迭稱觴爲壽,怡然自樂。

李賢《王公神道碑銘》:"及退休,居家杜門不出,日課諸孫讀書而已。"

尹守衡《皇明史竊》卷四十六本傳:"直歸里,田園繞郭,子孫賢孝。春夏間,佃僕百人,犁田插秧,擊鼓唱歌,直與夫人乘兩肩輿,循觀阡陌。午憩莊所,子孫更迭,稱觴上壽,宴歡竟日,形諸賦咏,里中以爲美談。"

按,子孫迭稱觴爲壽事,後人奉爲文壇佳話,清人羅惇衍即爲《壽觴》詩咏之,載其《集義軒咏史詩鈔》卷五十二,詩云:"莫嘆官輸鳳閣榮,兒孫更迭壽觴盈。下賢每向姚崇讓,奉使何須富弼争。曉殿五書鑾輅返,春闈三典鑒衡精。西王果否東王似,文學同尊秘省名。"

天順六年(1462)卒,年八十四,贈太保,謚文端。

李賢《王公神道碑銘》:"天順六年九月二十三日,以疾終於正寢,享年八十有四。訃聞,上爲之悼惜,特贈太保,謚文端,遣官諭祭於其家,復令有司營葬事。"

按,直卒於明天順六年(1462),壽八十四,故其當生於明洪武十二年(1379)。

直爲人方面修髯,儀觀甚偉。性嚴重,不苟言笑。及與人交,恂恂如也。

李賢《王公神道碑銘》:"公方面修髯,器宇宏偉,望之若神仙中人。天性嚴重,寡言笑,居家儼然,及至接人,和氣可掬。"

在館閣三十年,恭勤不懈,有雅量。及爲吏部,尤留意人才。臨川聶大年,以直不相汲引,爲文誚直。大年死,泣銘其墓,恨不能薦大年也。

李賢《王公神道碑銘》:"士類莫不拭目,海内想其風采。及位冢宰,益加廉慎。時方面官罷廷臣,薦舉專屬吏部,公益留意人才,委任部屬,凡御史出巡歸者,必令報其高下以備拔用。自是,四方多號得人,奔競之風爲之一息。”

尹守衡《皇明史竊》卷四十六本傳:“居冢宰一十六年,躋三孤、秩一品,年乘八袠,雍容廊廟,儀範百僚,德量爲一時景仰。先是文貞當國,方面官聽廷臣薦舉,直奏罷,專歸吏部,於是干請斷絶,奔競稍息。而直愛重人才,聶大年,臨川名士也。直嘗欲作詩索戴文進畫,十年始將去。大年誚之曰:‘公愛文進,十年不忘,使以十年不忘之心待天下之賢,天下豈復有遺才哉?’大年卒,直涕泣銘其墓,恨不能薦大年也。”

王直《抑庵文後集》卷三十三《教諭聶大年墓誌銘》:“予初識大年於金溪王先生所,又得其所作《小瀛洲水竹居》。直觀其詞翰而重其爲人,真可謂奇偉非常之士也。常思振起之,使效用當時,以其學行,必有以名世傳後。及被召來京師,心切爲喜,思與之久處不厭。而大年病,予亦以老疾絶人事往還,心雖相親而迹則疏矣。”

按,王直《抑庵文集》卷六有《湘江雨意圖詩序》一文,叙與戴文進同好之誼,然未及索畫事。

始直與金溪王英俱久留翰林,並官八座,以直居第在東,時稱英爲西王,直爲東王。

李賢《王公神道碑銘》:“在翰林三十餘年,恭勤不怠如一日,與王文安公齊名,時稱二王。又以居第在東,稱東王。”

尹守衡《皇明史竊》卷四十六王直本傳:“王文安英,位望與直相伯仲,時稱江西二王,東王謂直,西王謂英。”

按,王英,字時彦,别號泉坡,金溪人。永樂甲申進士,官至禮部尚書,有《王文公詩文集》十一卷行於世。《明史》卷一百五十二有傳。

直學富才敏，詩文清致，四方求者接踵。所著有《抑庵集》若干卷，行於世。

李賢《王公神道碑銘》："學富才敏，詩文清致，四方求者接踵。屢典春闈文衡，得人最盛。"

永瑢《四庫全書總目》卷一百七十《抑庵集》《後集》提要："（直）詩文典雅純正，有宋元之遺風。自永樂初爲庶吉士，即承命入閣，典司制誥。後在翰林二十餘年，朝廷著作多出其手。當時與王英齊名，有西王、東王之目，而直猶爲老壽，巋然負一代重望。蕭鎡作是集序，稱其文汗漫演迤，若大河長川，沿洄曲折，輸寫萬狀。蓋明自中葉以後，文士始好以矯激取名。直當宣德、正統間，去開國之初未遠，淳樸之習猶未全漓，文章不務勝人，惟求當理，故所作貌似平易，而溫厚和平，實非後來所及。雖不能追古作者，亦可謂尚有典型者矣。"

陳田《明詩紀事》乙籤卷八："東王詩冲融雅飭，可肩隨西楊。"

按，直之詩文著述，《千頃堂書目》作"《抑庵集》六十二卷"，《明史》作"《抑庵集》四十二卷"。今通行本有影印清文淵閣《四庫全書》補配清文津閣《四庫全書》本《抑庵文集》十三卷，影印清文淵閣《四庫全書》本《抑庵文後集》三十七卷。於是集，《四庫全書總目》卷一百七十提要稱："集爲其子檢討稹所編，成化初其次子稙復加校訂，而以原集未録及致仕後所作，别爲後集云。"

子稹，字希稷，翰林院檢討，聞母喪，去官未至家卒。曾孫思，自有傳。

王直《自撰墓誌》："生六男，子存者四人，長稹，爲翰林檢討，以母憂告歸服喪，至揚州，病卒，次秬，次稙，次穆。女二，長適梁相，次適蕭禎，皆其所出。次稠，女一，適袁櫟，邱出也。孫男十，仁、佐、休、褒、佞、俅、修、效、儆、偕。曾孫男七,宜壽、宜久、宜大、宜永、宜盛、宜高、宜堅。子孫之慶,後來書之者,蓋未艾,此不著。”

按,據黄佐《翰林記》卷十七及其《南雍志・職官年表下》,王稹,字希稷,由宣德三年以博士考滿升檢討管事,又以南京檢討兼國子監丞代邢寬署院,景泰六年卒。王思,字宜學,正德六年進士,改庶吉士授編修,張廷玉《明史》有傳。

參考文獻:

1. 王直《西昌抑庵文集》,《明別集叢刊》本,黄山書社 2013 年版。

2. 陳建《皇明通紀法傳全録》,明崇禎九年刻本。

3. 尹守衡《皇明史竊》,明崇禎刻本。

4. 黄佐《翰林記》,清道光十一年至同治二年南海伍氏粤雅堂文字歡娱室刻嶺南遺書本。

5. 張廷玉《明史》,中華書局 1974 年版。

6. 湯斌《擬明史稿》,《四庫未收書輯刊》本,北京出版社 1998 年版。

7. 李賢《古穰集》,明成化十年李璋刻本。

8. 梁潛《泊庵集》,明刻本。

9. 黄虞稷《千頃堂書目》,上海古籍出版社 2001 年版。

(温世亮)

况鍾傳

况鍾，字伯律，號龍岡，别號如愚，江西靖安縣人。洪武十六年(1383)生。

生平見焦竑《國朝獻徵録》卷八十三、張廷玉《明史》卷一百六十一本傳、過庭訓《本朝分省人物考》卷五十七。

况鍾九世孫况廷秀編《况太守集》卷一《太守列傳編年卷上》："本貫江西南昌府靖安縣富仁都龍岡崖口。曾祖懋建，祖淵，父仲謙，贈中議大夫贊治尹。先公名鍾，字伯律，號龍岡。又號如愚……生公於洪武十六年癸亥歲八月。"

又《况太守集》卷首《况太守年譜》："公自始遷祖鼎封水南伯於唐，遂居况坊。再遷祖昇，宋季分居靖安城南。傳二世，生淵，即公祖也。元末，殲於寇。父贈中議大夫。仲謙徙居龍岡崖口，公實産於斯焉。……明太祖洪武十六年癸亥歲八月初六日公生。"

况氏本當地冠族，况鍾祖父况淵，遭元末兵亂，舉家十餘口悉爲所害。况父仲謙，爲黄氏收養，遂自幼從黄姓。

《况太守集》卷一《太守列傳編年卷上》："按，靖邑况氏自始遷祖鼎仕唐，封水南伯。徙居新建西山麓，遂名况坊。傳至昇，宋季遷靖之城南甘家巷。二世至淵，遭元末紅巾寇亂，舉家十餘口悉爲所害。子仲謙，纔六歲，獲免。父友黄勝祖憐其孤幼無依，收養爲兒,遂從黄姓,隨居崖口地。黄無子,基業悉付焉。仲謙事黄,亦克盡孝道,配廖氏。”

《况太守集》卷十五《况氏文獻集跋》:“余先祖世居新建之况坊,迨南宋始遷靖安縣前甘家巷,簪纓相望,累代有焉。不幸值元季兵變,闔室被禍,而先君幼孤,冒姓於黄。凡先世沾書世守之澤,蕩然無復有存矣。余既獲成立,每一念及,中心爲之愴然。”况鍾《示諸子詩》:“吾家詩書胄,况坊名閥閲。奈何遭元季,群盗肆猖獗。闔門殞鋒鏑,惟父脱虎穴。賴彼黄氏澤,鞠養不令絶。”

况鍾幼穎异,喜讀書。七歲喪母。長而淹貫經史,善屬文,工書法。爲人器局莊重,言笑不苟。

《况太守集》卷一《太守列傳編年卷上》:“公自幼岐嶷,資性穎异,喜讀書。七歲失母,哀毁如成人,父甚憐之。長而淹貫經史,其爲文簡要不煩,兼工行楷諸書,器局端凝,言笑不苟,視勢利聲華淡如也。”

又,陳鴻慶《况太守集序》:“公能文章,善書法。”

平步青《霞外攟屑》卷六《玉樹廬芮録》“况太守”條云:“《况太守鍾集》卷首《年譜列傳》皆云,公八歲傳作七,失母廖太恭人。九歲,父續娶羅恭人。三十五歲,丁羅憂,次年,復丁父憂,則太守不得復有後母明矣。而四十六歲冬云繼母何氏卒於籍,次年丁憂解任回籍。羅恭人殁後,太守父不云再續何恭人,且太守父即於次年卒,亦未必於羅恭人亡後,匆遽委禽也,似何以妾攝女君事,否則譜傳皆有漏奪。”

靖安令俞益奇其才,辟爲禮曹椽。吏期滿九載,俞益薦之於禮部尚書吕震。震深器重之,薦其才。永樂十三年(1415),授禮部主事,尋進郎中。

《况太守年譜》永樂四年丙戌："公二十四歲，第二子寰生。公受知邑令俞益爲禮曹椽。"《續餘冬録》云："况伯律初見邑令，甫弱冠。令屬以對云：'一扇千鬚動'，况應聲云：'三梳萬髮齊。'令异之。説者謂梳與蘇同音，已爲三任蘇州之讖矣。"

《况太守集》卷一《太守列傳編年卷上》："永樂四年，仁和俞公益以庶常簡授靖邑令，考核掾吏，殊少小選者。或以公薦召試，奇其才，擢補禮曹。公父呈懇終儒業。益援筆判云：'古來以令史起家，漢室外，如唐之孫伏伽、張玄素皆然，何害焉？'公不得已就之，然早以遠大相期許矣。公幹練通敏，廉介無私，益每事與之諮議，叢相嘉重。""至十二年，吏期已滿九載，循例給由赴部考職。時西安吕公震爲禮部尚書，益與震相友善，瀝陳公之賢能，以書薦達於震。值震從駕北巡，簡屬員隨行，亦難其選，得書引公與語，深器重之。十三年春，特疏薦公才識優長，臣部闕員，懇賜録用。成祖召見，授禮部儀制司主事。"

過庭訓《本朝分省人物考》卷五十七："（况鍾）初以吏員事禮部吕尚書震。尚書薦其才。永樂十三年授禮部主事，二十年升郎中。"

况鍾《况太守集》卷十五《爲部郎時自作像贊》："我形至陋，我德未充。生逢盛世，出遇時雍。勤贊襄於宗伯，鳴珂佩於九重。惟楮與墨，朝夕是從。惟卷與軸，涉獵粗通。將若何無忝虞國之苗裔，亦允續廬江之儒風矣乎！"

李直《察使署蘇州太守龍岡公墓誌》："孑遺之際，奮志詩書。草茅而裕，經綸之志，起家儀曹，尋歷超之，非卓然名杰，其能若是乎？夫儀制所司，朝廷大典禮也，必宏儒始任之，公以新進少年，周旋兩京，明於掌故，而動合章程，爲聖主所眷注，則公之才優學博可知矣。"

秉心方直,處事明敏,舉無遺失。宣德四年(1429),上書陳明祖上之禍,請復況姓,遂以弟鏞承黄姓。

徐咸《皇明名臣言行録》前集卷七:“時仁廟初,政令在京五品以上官舉所知,鍾舉左春坊左中允張宗璉,仁廟召問楊文貞公士奇,曰:‘人皆薦外任下僚者,鍾何乃舉朕宫官?’文貞公對曰:‘臣與王直方欲擬薦宗璉,不意遂爲所先耳。’仁廟大喜曰:‘鍾知宗璉,亦可謂賢矣!’即日擢宗璉大理寺丞,蓋已有嚮用鍾意。”

張洪《太守況公前傳》:“公既受命,刻志於學,秉心方直,律己清嚴,習知理義,處事明敏,前禮部尚書吕公奏補儀制主事,朝廷每有大禮,公必預聞,舉無遺失。升本司郎中,凡册立后妃,帝女下嫁,諸侯來朝,四夷世見,禮儀、聘幣,宴勞、賞賚,損益輕重,皆合時宜。由是得上意,賜與無虚歲。洪熙改元,賜誥爲奉政大夫,職位如故。追封父仲謙散宫,職位同。母、妻皆封宜人。給鈔三千貫,爲五鼎之祭,告於祠堂。既歸,追思父命,以復姓自陳,俞之,仍賜況氏誥命五通,蓋特恩也。”

《況太守集》卷一《太守列傳編年卷上》:“宣德四年,公上書陳明祖禍,請復況姓。先是,公父臨終言,公與弟鏞,當一歸本宗,不忘所自;一仍黄姓,以報其恩。至是疏入,允之。再請給换復姓誥命,亦報允。遂换己及父母妻誥五道,蓋特眷也。”

蕭穆《敬孚類稿》卷二《重刊況太守集序》:“又公本姓況氏,因元季兵變,合家遇害。其父仲謙,時年六歲,爲同里黄勝祖收養。黄氏無子,遂以家業付之公,父遂承黄姓。故公自幼及出仕之年皆爲黄鍾,至宣德四年,公官儀制司郎中,思亡父遺命,以弟鏞承黄姓,乃自上書宣宗,請復況姓,遂爲況鍾,此公之姓前黄、後況之實事也。”

宣德五年(1430),蘇州等九府闕守,擢鍾爲蘇州知府,賜敕以遣之。其地賦役繁重,豪猾爲奸,號稱難治。鍾莅任,即懲奸猾,肅吏治,一府大震,皆奉法。

過庭訓《本朝分省人物考》卷五十七:"宣德五年,知蘇州府,賜敕乘傳之任。"

何喬遠《名山藏》卷六十二《臣林記》:"宣德五年,蘇州、西安、松江、常州、武昌、杭州、吉安、建昌、温州九大郡闕守,吏部以聞宣宗,謂從資格除補人率不稱命。吏部都察院舉屬吏廉能者,擢鍾蘇州知府。"

又,周忱《和少師楊公贈况侯詩》序:"余與伯律同爲豫章人,同仕於朝,俱爲六卿之屬,復同受知於少師東里楊公。宣德庚戌,朝廷以吴中郡守乏才,特降璽書命伯律守蘇,續以余撫民東南諸郡,蓋楊公與大宗伯胡公交薦余二人,故有是命。"

張廷玉等《明史》卷一百六十一本傳:"宣德五年,帝以郡守多不稱職,會蘇州等九府缺,皆雄劇地,命部、院臣舉其屬之廉能者補之。鍾用尚書蹇義、胡濙等薦,擢知蘇州,賜敕以遣之。蘇州賦役繁重,豪猾舞文爲奸利,最號難治。鍾乘傳至府,初視事,群吏環立請判牒。鍾佯不省,左右顧問,惟吏所欲行止。吏大喜,謂太守闇易欺。越三日,召詰之曰:'前某事宜行,若止我;某事宜止,若强我行。若輩舞文久,罪當死。'立捶殺數人,盡斥屬僚之貪虐庸懦者,一府大震,皆奉法。"

焦竑《熙朝名臣實録》卷二十七:"既月餘,命左右具香燭案,呼學官子弟及僚屬畢來。云'有未宣,今宣',中有'僚屬不法,徑自拿問'語,於是諸僚皆惕息恐栗。禮畢,坐堂上,呼里老前曰:'吾聞郡人多武斷,傾害善良,吾不能如閻羅老子自剖别,今以屬若等,其速以善惡户報,善者吾優視之,禮請其賢者與鄉飲,惡者吾且爲百姓殺之！今列二簿俟之矣。'已召諸府胥悉前,大聲言某日某事,汝作如此,擬應竊賄若干,某日某如之。群胥股栗不敢辨。鍾命引出擇有膂力者四人,擲一胥空中,攧殺之,不死。鍾大怒曰:'吾爲百姓殺賊,鼠輩顧不爲我盡力耶！高投之,必死！不死,若鼠輩死矣！'於是立擲殺六人,屍諸衢。乃盡核屬吏,出貪墨者五人,庸懦者十餘人。郡中不寒而慄,謂太守神威,咸畏法不犯。於是掃剔諸宿蠹,置通關勘合簿,防欺詐,痛繩衛卒之爲暴横者,而郡體始尊。"

蘇糧額獨重,民不能堪,鍾乃抗疏言。其間核減税糧,廢除苛捐,興利除害,不遺餘力,民奉之若神。會丁憂,蘇州民衆詣御史乞奪情,遂再遣任。

杜文瀾《古謡諺》卷七十七:"蘇郡糧額獨重,民不能堪,公抗疏言,應蠲除米豆十四萬九千五百餘石。六年三月,繼母何氏訃至,公奏聞回籍丁憂,百姓攀轅莫及,罔知所措。有向撫民侍郎成均乞留者,均以舊憾却之云:'我另保好知府來。'陰嗾民人顧忠等誣告公。尋秋糧應減者,倍加收斂。奸吏舞法,故弊叢生,民益思公弗置,作歌曰:'况太守,民父母。衆懷思,因去後。願復來,養田叟。'又有歌:'郡中齊説使君賢,只剪輕蒲爲作鞭。兵仗不煩森晝戟,歌謡曾唱是青天。'吁嗟之聲,溢於衢巷。於是直隸巡按御史張文昌、蘇州同知楊粟、知縣祖述等,據長洲縣耆民顧榮三萬七千五百八十餘名,告詞奏請,不爲牧民常例,令本官奪情起復,以慰輿情。適湖廣巡按御史周兼奏稱'况知府幹辦勤謹,賦役平均,吏畏民服,今守制去,小民如失父母,乞念大郡得人,朝廷重務。令本官起復,庶得公事易完,小民歡悦。奉聖旨,吏部準他奏。遂檄取公徑回原任'云。"

《况太守集》卷十五《奪情起復到任詩》:"聞訃家居秋始闌,奪情有詔又加鞍。别帷只爲君恩重,撫印重看士庶歡。報國一心何日盡，哭親雙泪幾時乾。作忠移孝綱常重，業業兢兢殫寸丹。"

何喬遠《名山藏》卷六十二《臣林記》："鍾理蘇一年，公正勤能，以威化御俗，民甚便焉。會丁憂，民二千餘詣御史乞奪情，御史以聞，上嘉之，予復任。鍾上言：'近奉詔召民開荒，官田起科視民田，無種者勘豁其租額。今所屬崑山諸縣民死徙從軍除籍者，三萬三千四百餘户。召種官田可起科者二千九百餘頃，互相補截，其間秋糧可除豁者，一十四萬九千五百石有奇。所屬長洲諸縣，舊三十六萬餘户，官民秋糧二百七十七萬九十石有奇，民糧不能當官十之一。國初，令有民糧者出馬四百餘匹，役遞濠梁、桐城諸驛。約三歲一更，今三十餘年矣。出馬家如故，尚莫更者。工部徵蘇浙三梭布八百匹。浙江一大行省，百布耳。而蘇州八居七，徵斂不均，比比而然。詔書所謂民多愁嘆，臣承敕治府，不敢不盡其愚計，乞除豁醒刷，以彰陛下鳲鳩之治。'皆制曰'可'。"

焦竑《國朝獻徵録》卷八十三《蘇州府知府况鍾傳》："勢家侈恣不法，鄉里武斷，咸取杖殺之，而扶惠單弱，置善惡二簿，察民善惡者，籍其名，既施行則著列以示勸懲。婚喪不時者，召諭反復，而峻其校督刑罰，民畏而感，無不從令。"

《明史》本傳："鍾乃蠲煩苛，立條教，事不便民者，立上書言之。清軍御史李立勾軍暴，同知張徽承風指，動以酷刑抑配平人。鍾疏免百六十人，役止終本身者千二百四十人。屬縣逋賦四年，凡七百六十餘萬石。鍾請量折以鈔，爲部議所格，然自是頗蠲減。……當是時，屢詔减蘇、松重賦。鍾與巡撫周忱悉心計畫，奏免七十餘萬石。凡忱所行善政，鍾皆協力成之。所積濟農倉粟歲數十萬石，振荒之外，以代民間雜辦及逋租。其爲政，纖悉周密。嘗置二簿識民善惡，以行勸懲。又置通關勘合簿，防出納奸僞。置綱運簿，防運夫侵盗。置館夫簿，防非理需求。興利除害，不遺餘力。鋤豪强，植良善,民奉之若神。”

唐仲冕《陶山文録》卷七《大覺庵建况公祠記》:“吾聞公之爲政也,立條教,蠲煩苛,免抑配,寬逋賦,除官糧里長之累。減漕米徵布之繁,鋤豪强,植良善,民奉之若神。又以其時崇禮學校,振贍單寒,篤於故舊,故生則民依依不捨,没世而終不可諠也。”

正统五年(1440),九載滿去,郡民赴闕留者數萬,皆呼“况青天”,遂再遣任。時人多有詩贈之,楊士奇贈有“十年不愧趙清獻,七邑重迎張益州”之句。

何喬遠《名山藏》卷六十二《臣林記》:“正統五年,九載滿考,民叩闕乞留八萬餘人,升正三品,仍知蘇州府事。”

馮桂芬《(同治)蘇州府志》卷一百四十六引《懸笥瑣探》:“况鍾治蘇有惠政,九載滿去,郡民赴闕留者八萬餘人。歌曰:‘况青天,朝命宣,宜早還。’又曰:‘况太守,民父母。願復來,養田叟。’遂再遣任。”

葉廷秀《詩譚》卷四《况太守》:“蘇州知府况公鍾所在有惠政,歲滿去,民叩闕乞留者八萬餘人。有儒生爲歌謡曰:‘况太守,民父母。早歸來,惠田叟。’時已有代鍾者,竟易去。楊文貞公贈之以詩,有‘十年不愧趙清獻,七邑重迎張益州’之句。”

楊士奇《伯律太守復任吴中聊寓鄉里之意云》:“還捧天書辭玉陛,雙旌五馬去悠悠。十年不愧趙清獻,七縣重迎張益州。楊柳翠迷湖上寺,杏花紅映水濱樓。到官正及勸農日,郊郭歌謡擁道周。”

《况太守集》卷十五《被旨留任,首輔楊少師贈以詩章,内有“十年不愧趙清獻,七邑重迎張益州”二語,余愧不敢當,作此以志自勵之意》:“萬里蒼生荷相君,微材深沐拂披勤。奬餘當作箴規看,要把憂勞益幾分。”

楊榮《文敏集》卷五《題〈孤峰叠秀圖〉送太守况鍾復任》:“東南

名郡稱姑蘇，土壤深厚山縈紆。雲中黛色接天目，天際江流潴具區。具區之中峙重屋，孤峰高瞰湖波緑。獅岩虎阜相蔽虧，紫翠浮光眩人目。此中佳景真如畫，閭閻盛世涵清化。湖山處處有漁樵，隴畝人人樂耕稼。偉哉太守才且賢，悉心撫字今幾年。鋤奸擊暴植孤弱，詩書比屋聲相傳。有時勸農行屬縣，露冕輕軒游歷遍。村童野老競歡迎，甘雨和風總如願。比來政譽何洋洋，喜看奏最朝明光。聊賦兹圖慰離别，相期事業齊龔黄。”

江西省博物館藏胡儼《况知府復任蘇州贈行倡和詩序》手迹："蘇州府知府况伯律，九載秩滿朝京師。郡邑之民，環千百里間，皆有攀轅卧轍之愛，遂陳借寇之章。伯律之政績著於郡邑，夕聞於朝廷，達之天下遠邇，雖課最進秩加禄，然終從民請，仍復舊任。少師楊公，以鄉里之好，賦詩送之。且擬以趙清獻、張益州，可謂能知人矣。既還，蘇之儒官從而和之。伯律不鄙，謂余同郡故人，乃因吴江訓導伍焕寄示詩卷夕求爲之序。……正統六年冬十一月，前史官國子祭酒兼翰林侍講嘉議大夫太子賓客致仕二同郡胡儼若思序並書”。

周忱《贈况太守》詩曰："受命同承寵追優，江湖歲月嘆悠悠。旬宣愧我行千里，撫字勞君鎮一州。露冕昨聞趨魏闕，朱輪今喜駐江樓。重來要比黄丞相，豈獨芳名繼馬周。"詩前小序曰："予與况太守伯律，同爲豫章人，有桑梓之舊，同仕於朝，俱爲六卿之屬。又同受知於少師東里楊公。宣德庚戌，朝廷以中吴之地官政失平，而民生未遂，特降璽書，命伯律守姑蘇，而以予巡撫東南諸郡，蓋楊公與大宗伯胡公實嘗交薦予二人，故有是命，於今十又三年矣。伯律以九載政成，升秩復來，而予之巡撫尚如其故。因覽少師公送行之作，追念歲月，不能忘懷，謹賡韵以寄意云。正統壬戌三月既望，正議大夫資治尹工部左侍郎雙崖周忱書。"

《況太守集》卷十五《正統四年冬,考滿赴京,七邑耆民餞送者數百里弗絶,作此口占四首,遍貽耆民以志别》:"十年鞍掌撫名邦,如水襟懷對大江。無往及民殊自愧,君恩有負每神傷。""青風兩袖去朝天,不帶江南一寸綿。慚愧士民相餞送,馬前灑酒注如泉。""檢點行囊一擔輕,長安望去又多程。停鞭静憶爲官日,事事堪持天日盟。""父老牽衣話别間,空煩扶杖出重關。相逢知是何年事,珍重無忘稼穡艱"。

性廉儉,内署蕭然,無華靡。教子侄甚嚴,務從雅素。亦多興學禮士之舉,儒生貧寒者多有所給。

《況太守集》卷三《太守列傳編年下》:"廉濟性成,官儀曹時,父另撥田六畝作服官遠行路費。恭人熊氏鬻奩,薄有儲積,置微産,父仍撥與公之子收管,公弗過問。畢蘇州任,其貲産於父所分授及撥付外,無别營置。""公任蘇因革弊故,與巡撫成均有隙。及丁憂歸,均捃摭公任内事,思以陷害公。奏公起程時受糧長某紗羅四匹、畫二軸、花席數條、白米數石。實乃子虚,則其他之苞苴盡絶可知。逮卒而歸葬,舟中惟書籍服用器物而已,别無所有,蘇人咸嘆息之。""素敦儉樸,蘇州佳麗地,公内署蕭然,無鋪設華靡物,每食一肉一蔬,非公燕别無兼味。家人及親舊相對,尊酒數行,青燈夜話而已。""待子侄甚嚴,務從雅素,貽之詩云:'膏腴竟作兒孫累,珠寶還爲妻女瑕。'巡撫周忱嘗隨例爲其子納馬得官,又出粟旌其門,縉紳頗訾之。公冰兢不敢踵其所爲。"

《況太守集》卷十五《示諸子詩》:"我生際承明,幸厠春宫列。雖無經濟才,尚守清白節。汝曹俱長成,經史未明徹。歲月不汝延,努力無暫輟。聖學苟能窮,斯克續前烈。非財不可取,勤儉用無竭。非言不可道,處默無禍孽。臨下必簡嚴,事上務和悦。持心思敬謹,遇事毋滅裂。惟能思古道,方與獸禽别。國家彰憲典,聖言良諄切。書此爲庭訓，各宜踵先哲。”《又勉子侄詩》：“存心立品貴無差，子孝臣忠兩盡嘉。惟有一經堪裕後，任貽多寶總虚花。膏腴竟作兒孫累，珠玉還爲妻女瑕。師儉古箴傳肖者，取之不竭用無涯。”

《况太守集》卷三《太守列傳編年下》：“注意庠序，諸生俞嗣作詩自達於公，稱母苦節而力不能求旌表，公疏請旌之。又有生頗敦學行，年四十，親老，主中饋無人，居鄰府署。公察知之，爲捐俸聘娶焉。史稱公愛士，單户寒儒多見振贍，此類是也。”

祁承㸁《牧津》卷四十治賦《况鍾》：“况鍾在蘇州，興學禮士，儒生貧寒者多有所給。時有鄒亮者，獻詩十二首，鍾獨稱賞，欲薦其才於朝。會有以匿名書數亮過失，潛揭於府治大門外。鍾得書笑曰：‘彼欲沮吾薦，正欲速成亮名耳’。遂奏亮才學可用。召試，授吏刑二部司務，轉監察御史，其勇於爲義類如此。况公之取鄒，定有獨鑒在詩句之外者，不然即瀾翻倒海之詞，亦何能定人品格？難在不爲潛揭者所動。”

正統七年(1442)冬，卒於任，年六十。郡民罷市，如哭私親。蘇郡七縣皆建祠，歲時奉祀。

《况太守年譜》：“正統七年壬戌。公六十歲。十二月卒於任。奉旨贈正議大夫資治卿，賜鈔歸葬，祀名宦祠，許建專祠，春秋官爲致祭。靖邑祀鄉賢祠、專祠，亦官致祭。子孫世續奉祀生。葬神州山。禮部侍郎王直誌其墓。”

《况太守集》卷三《太守列傳編年下》：“（正統）七年夏，公有疾，兩疏乞解任，不允。遠近耆民遍禱祭壇爲公祈祀，至有求以身代死者。十二月卒於官，年六十歲。守郡十有三載云。郡民罷市，如哭私親，七邑紳耆人等俱奔赴哭奠，鄰郡松、常、嘉、湖之民赴吊者，絡繹弗絶。次年春，歸柩之日，傾城出送，白衣冠兩岸夾舟。奠别出蘇之境,其奔程路祭者,略不斷絶。公遺表奏聞,奉旨:‘贈正議大夫資治卿,賜鈔三千貫爲葬費,祀名宦祠,郡城許建專祠肖像以祀,春秋官爲致祭。’七縣皆建祠,歲時奉祀,其各市鎮亦然。皆以生祠改建。至私建主懸像於家以從祀者,比屋無間。靖邑祀鄉賢祠,城内建專祠,亦官致祭,子孫世續奉祀生。葬本邑神州山,禮部左侍郎泰和王直誌其墓。”

錢穀《吴都文粹續集》卷五十一詩詞録杜瓊《况太守鍾挽詩》云:“天産英豪弼聖君,又來吴下福吴民。十年威令能移俗,百道封章不顧身。生受國恩期作相,死當廟食定爲神。蘇臺重見羊公石,未讀遺文泪滿紳。”

清尤侗《西堂詩集》擬明史樂府《况青天》:“况青天,善惡簿。投奸胥,空中仆。我亦吏也除其蠹,蘇州刺史稱獨步。生平不識尤文度,絡絲巷中曾一顧。”

唐仲冕《陶山文録》卷七《大覺庵建况公祠記》:“吴自昔多賢守,自况公出,無論知愚貴賤,至於婦人孺子,莫不稱‘况青天’,雖韋、白之賢,不逮焉。美名溢於江淮,軼事播之弦管,豈非其感人之深,有莫知其然而然者耶?”

鍾起於刀筆,不以文詞見長。然其條教之頒,章疏之達,皆能經事綜物,言簡意賅。

清梁章鉅《楹聯叢話》卷四録其爲况公祠撰聯云:“姓氏譜弦歌,韋白以來成别調;功名起刀筆,蕭曹自古是奇才。”

董國華《况太守集序》:“惟公起家椽吏,致位通顯,少負异才,練習掌故。在部則部治,在郡則郡理。神君慈父,學根心術。龔、黄延史,本不以文詞見長,然其條教之頒,章疏之達,皆能經事綜物,言簡意賅。爲民之誠,溢於楮墨。展誦數四,如接風烈,誠足砭俗規世,裨補政教,千百世下,景繹未艾。豈與夫絺章飾句、御芬扇藻者,争能字句間哉!"

王夢齡《况太守集序》:"今歲夏秋,吴中大水,田廬淹没,城野哀鴻,嗷嗷待哺。假使文襄與公籌建濟農倉尚存,小民何至辛苦墊隘、顛沛流離若此?矧距麥秋尚遠,一日不拯,一日不活。讀公集而愧悚交並,未知凡我寅僚及此邦之賢士大夫,將何以教我也!"

潘奕雋《三松堂集》續集卷三《明况太守治蘇政績集題後》:"親民二千石,兩漢紀循良。勝國名臣罕,遺徽郡志詳。明非恃鈎距,集豈炫詞章。直道今猶昔,青天與誦長。"

其作多散佚,清乾隆間,九世孫况廷秀編爲《况太守集》,廣輯以補刻行世。其言大抵質樸簡勁,不作軟媚語,一如其人。

《况太守集》卷十五况廷秀按語:"公素不以能文稱,然公並非短於文者。官儀曹時,有《同官倡和録》,見於宫詹曾襄敏説,而其稿無存矣。《奪情起復》詩,他集有載之者,然字多訛舛。及《勸農》等詩,今皆得《膏雨集》校正之。張太史損持云:'公守蘇,每當興作,如修浚河道之類,皆有記序,見於碑刻。'今殘缺剥蝕者,多有因手授。《白龍祠記》《别父老》各詩,蘇人所至今傳誦者,大抵質樸簡勁。張洪氏所云'不作軟媚語'者,非特奏疏然也。外有《木楔》等詩流傳,皆言公所作者,非有見於確實,刻本不敢妄登。"

《况太守集》卷二况廷秀按語:"公前後手著之奏疏、教民榜諭,命次男寰彙輯,凡八卷,修撰張洪題曰《忠貞録》,其手訂譜帙、一切詩文,並載《文獻集》外,又有縉紳投贈諸作,公概命存之,名《傳芳集》。但前項奏諭詩文,亦只存其略而已,散佚者居多,廣輯以補刻行世云。"

今按,况鍾詩作以規勸、説教爲主,如《勸農詩》二首,其一云:"嗟我微材愧牧民,車驅有句向農申。人生務本惟耕鑿,世道還醇重蠟豳。粒粒皆從辛苦出,般般無過樸誠遵。邇來弊革應須盡,並戴堯天荷聖仁。”其二云:“田歌四起韵悠揚,阡陌循行勸課忙。父老挈觴隨旆右,兒童驅犢駐車旁。豐穰有光流亡免,游情無民風俗良。早納官租多積穀,防饑防盗樂無荒。”其詩大率類此。

參考文獻:

1. 况廷秀編,吴奈夫、張道貴、丁鳳麟校點《况太守集》,江蘇人民出版社 1983 年版。

2. 况鍾《况太守集》,沈乃文編《明别集叢刊》第 1 輯第 35 册,黄山書社 2013 年版。

3. 張廷玉等《明史》,中華書局 1974 年版。

4. 焦竑《國朝獻徵録》,臺灣明文書局 1991 年版。

5. 徐咸《皇明名臣言行録》,臺灣明文書局 1991 年版。

6. 何喬遠《名山藏》,《四庫禁毀書叢刊》本,北京出版社 1997—1999 年版。

7. 過庭訓《本朝分省人物考》,《續修四庫全書》本,上海古籍出版社 2002 年版。

8. 杜文瀾《古謡諺》,中華書局 1958 年版。

(馬騰飛)

陳循傳

陳循,字德遵,號芳洲。江西吉安府泰和縣(今江西泰和縣)人。明洪武十八年(1385)生。

王翔《芳洲先生年譜》"大明洪武十八年乙丑"條:"公諱循,字德遵,姓陳氏。芳洲,公之號也。是年,公生於二月十六日寅刻,時公先公年方四十,平生樂善好施。術士聞其生子,即以生年月日時推,子平數得二〇二五,爲君臣慶會格,範圍數得〇九二〇,爲月照天門格,五星大要不雜,四餘前導太陽,皆貴命也。特以賀公先公,且曰'此公累世樂善好施之明效也'。"

其先於元初遷居廬陵武岡,後又徙泰和。曾祖父源可,祖父觀定,父彦和,母曾氏,繼母胡氏。循四歲時仲兄德逵卒,五歲生母曾氏卒,十歲父親卒,十一歲繼母胡氏亦卒。少時遭際多艱,而性聰慧,讀書不過三遍即成誦。建文元年(1399),從叔父陳一敬受業。

蕭鎡《尚約文鈔》卷十《前光禄大夫少保户部尚書華蓋殿大學士兼文淵閣大學士陳公墓誌銘》(以下稱《陳公墓誌銘》):"公諱循,字德遵。……陳氏世家泰和之東城。公生洪武乙丑,五歲喪母,十歲喪父,仲兄德逵亦早卒,獨與其兄德遜同居,相友愛尤篤。初入鄉塾時,讀書不三數過輒背誦,老成咸异之。其從父一敬罷官歸,從受業,大有造詣。……曾祖源可,祖觀定,考彦和,俱以公貴,累贈榮禄大夫、少保兼太子太傅、户部尚書、文淵閣大學士,曾祖妣黄氏,祖妣、繼祖妣劉氏,妣曾氏,繼母胡氏。”

王翔《芳洲先生年譜》“戊辰”條云:“是年,公仲兄德逵卒。”按,戊辰即洪武二十一年(1388)。

又“己巳”條云:“是年四月十七日,公之母曾夫人卒。”按,己巳即洪武二十二年。

又“庚午”條云:“是年,公之繼母胡夫人歸,公敬事如生母。”按,庚午即洪武二十三年。

又“壬申”條云:“是年,公之先公爲公聘曾夫人。”按,壬申即洪武二十五年。

又“甲戌”條云:“是年三月十七日,公之先公卒。”按,甲戌即洪武二十七年。

又“乙亥”條云:“是年七月,公之祖母劉夫人卒……十月,公繼母胡夫人亦卒。”按,乙亥即洪武二十八年。

又“己卯”條云:“是年,公之從叔一敬公久罷官,始自江外來歸。……公即往從受業。”按,己卯即建文元年(1399)。

雷禮《國朝列卿紀》卷十《陳循傳》(以下稱《陳循傳》):“陳循,字德遵,江西吉安府泰和縣人。”

楊士奇《東里集》(文淵閣《四庫全書》本)之《東里續集》卷三十一《贈翰林侍講承德郎陳彦和墓表》:“其諱某,其卒以洪武己巳九月二十三日,享年四十。陳氏之先居温州平陽,元初有仕於吉者留家廬陵,再世徙泰和,至彦和甫四世矣。祖元壽,父觀定,母劉,其配曾氏,有孝睦慈惠之行,繼胡氏。子男三:德遜、德逵、循,德逵早卒。女二……孫男四:瓛、璩、玓、玦,女五。”

楊士奇《東里文集》卷四《陳氏族譜序》:“西昌陳氏有二族,其一五代時諱暉者自金陵徙,其一宋季諱雲仲者自廬陵之武岡徙。

自金陵來者子孫爲盛，蓋於今二十世，其居已久，積而發之也多。自武岡來者裁八世，其居未久，積而發之也遲。溯武岡之先，出漢文范先生六世孫逵，仕晉爲長城令，因家吴興。吴興之後有諱洽者仕唐爲秘書郎，徙閩之劍浦，劍浦之後諱貞者稱栖衡處士，又徙温州之平陽。處士十二世至迪功郎崇忠，生涣齡，宋郴州桂陽主簿，入元改吉州路儒學教授，其子浚源家廬陵武岡之陽，遂爲廬陵人。浚源子四人，仲子雲仲贅西昌羅氏，遂爲西昌人。雲仲生文勝，文勝五子，仲子原壽，號碧潭，碧潭生民燾、觀定。民燾生一敬，洪武中舉孝廉，爲荔波及賀縣丞。觀定生彦和，彦和生德遜、德遵。德遵，名循，永樂乙未進士第一人及第，爲翰林修撰。西昌科第，自宋至國朝彬彬乎盛矣，而第一人及第實始於循。發遲而弘者，理之固然也。武岡而上，其譜見於文勝之孫觀瑞所傳，一敬始斷自雲仲以下，著西昌之譜，至是德遜俾德遵以西昌譜求序。"

建文三年(1401)，年十七，入邑庠，爲增廣生員。永樂十二年(1414)，治《書》，舉江西鄉試第一，爲解元。次年二月之京會試，考官同鄉梁潜以避嫌故，置第二名。三月廷試，爲狀元。授翰林院修撰，賜第萬寶坊，與修《五經四書性理大全書》。

蕭鎡《陳公墓誌銘》："永樂乙未，太宗皇帝北京初廷試進士第一人也。……年十七爲邑庠弟子員，文學已出其輩類。部使者行縣，屢試之在高等，聲譽籍然。永樂甲午，中鄉試第一，明年，禮部會試第二，廷試第一。先是嘗有讖云：'龍洲過縣前，泰和出狀元。'至是楊文貞公爲諭德，在南京寄二絶，其一云：'龍洲過縣千年讖，黄甲初登第一名。從此累累題榜首，東城迎喜過西城。'其後六年，城西曾鶴齡舉進士第一，後十八年，真定曹鼐爲泰和典史，亦進士第一。楊公以爲詩讖，而其初則爲公發也。授翰林院修撰，賜第萬寶坊，與修《五經四書性理大全書》。"

王翔《芳洲先生年譜》"辛巳"條云:"是年二月十日,公入邑庠,補增廣生。"按,辛巳即建文三年。

又"乙未"條云:"是年正月二十九日,公至北京,二月會試……榜揭,名在第二。……三月廷試,擢公第一甲第一名,賜進士及第,授行在翰林院修撰、承務郎。賜第於萬寶坊,命修《五經四書性理大全書》。"按,乙未即永樂十三年(1415)。

雷禮《陳循傳》:"十三年乙未,會試當第一,考官梁潛以鄉曲避嫌,改取林文秸,又以秸字罕見,改取洪英,曰此洪武中英才也,而循第二。及廷試,擢第一,授翰林院修撰。太宗時重儒臣,賜第萬寶坊。"

張弘道、張凝道輯《皇明三元考》卷二"永樂十二年甲午科解元"條有"江西陳循",注云:"泰和人……治《書》。"

顧祖訓《明狀元圖考》卷一:"永樂十三年乙未,始詔天下舉人會試於北京,取洪英等三百五十人,廷試,擢陳循第一。按,陳循,字德遵,江西泰和人。甲午首鄉薦,會試擬首,考官梁潛以鄉曲避嫌,置第二,廷試首擢。昔水涌龍洲,讖曰:'龍洲過縣前,泰和出狀元。'適龍洲水溢,循應兆。《狀元録》:循家作醮度孤,有漁翁夜半聞云:'明夜陳狀元家放水燈,我輩去看。'漁翁開蓬,寂無人。次早,果有陳秀才來叫漁船放水燈。漁翁言其事。"

永樂十四年(1416),《全書》成,蒙賜宴,九月隨永樂皇帝至南京。十五年,留南京翰林院任職。十八年,在北京,署掌院事。十九年,與林誌等取南京文淵閣所藏書運至北京。永樂二十一年和二十二年,兩次隨成祖北征。

蕭鎡《陳公墓誌銘》:"明年書成,蒙宴賚。九月,公與扈從還南京。丁酉,駕復幸北京,命東宮監國,諭德楊公士奇職輔導,益以贊善梁公潛,公留翰林。明年,梁公以職務違錯被逮,使者至自行在,人皆惶懼。公與梁居同院,盡力庇其家,梁平日所作詩文,公遣人訪求於市,倍價贖還,今鋟梓以傳者,公所贖也。庚子十一月,車駕赴行在,公署掌院事。辛丑三月,敕南京翰林院,凡文淵閣所貯書籍,自有一部至有百部以上,各取一部以來。公如數取得百櫃,與編修林誌等護行,四月至京,書進,公等悉留京師。會三殿災,詔求直言,公言'過用民力'數事,比他言者切實,顧獨不及於患。甲辰四月,隨大駕北征阿魯台,八月還京。"

按,"車駕赴行在"之"車",陳循《芳洲文集》附録載蕭鎡此文作"東",王翔《芳洲先生年譜》"庚子"條云"東駕啓行赴行在",當以"東"爲是。

王翔《芳洲先生年譜》"丙申"條云:"九月二十日,公預扈從還南京,逾月始至,居翰林院南宅。"按,丙申即永樂十四年。

又"戊戌"條云:"三月,公進授儒林郎。贊善梁潛爲讒憎者搆陷,被逮。使者至自行在,人皆驚懼,雖至親者不敢道經其門。……梁公所作詩文類稿,時多散逸不存,公以其所重者在此,事後使人訪求,藏之於家,以遺其子。"按,戊戌即永樂十六年。

又"辛丑"條云:"八月,公之夫人曾氏自南京還泰和,左春坊大學士楊公士奇爲公兄弟撰《陳氏族譜序》。"

又"癸卯"條云:"七月,公隨大駕北征也先,至十二月還。"按,癸卯即永樂二十一年。

永樂二十二年(1424)八月,明仁宗即位,九月,擢循爲翰林院侍講。宣德三年(1428)被召,與楊溥共事,備顧問。賜第玉河橋西。五年五月,升爲翰林院侍講學士。次年正月,夫人曾氏生子陳瑛,不久曾氏病卒。

蕭鎡《陳公墓誌銘》:"仁廟嗣統,九月升公翰林院侍講。洪熙元年乙巳六月,宣廟嗣位,公得請省祭於鄉。宣德元年丙午,朝廷以修太宗、仁宗皇帝《實録》,遣使驛召公起預其事,戊申,公被召,命入直南城齋宫前之西廊,與太常卿楊公溥共事。……庚戌五月,升翰林院侍講學士。冬,隨大駕巡近邊,旬日乃還。自是大駕出巡,咸扈從焉。辛亥正月,曾夫人生子,未幾而病,三月卒。朝廷憫之,賻賚甚厚,遣官護其喪以歸,且治其壙葬,蓋特恩也。壬子以前所賜宅隘,復賜於其南之城下。"

王翔《芳洲先生年譜》"甲辰"條云:"仁廟嗣統,九月,升公爲翰林院侍講,階承直郎。"按,甲辰即永樂二十二年。

又"戊申"條云:"自是免公常朝,賜宅於玉河橋之西。"按,戊申即宣德三年。

又"庚戌"條云:"是年五月,升公爲翰林院侍講學士,階奉訓大夫。"

又"辛亥"條云:"是年正月二十三日,公之子瑛生,方閲月,曾夫人病,又三月卒。"按,辛亥即宣德六年。

陳循《芳洲文集》卷九《故妻宜人曾氏墓誌銘》:"庚戌……明年春,宜人亦生男,方十月,竟以疾卒,時辛亥十一月十一日也。"

宣德八年(1433),御史張楷獻詩,帝怒,欲治罪,賴循爲之解,不加罪。九年,按察僉事陳祚上書勸皇帝讀《大學衍義》,帝怒,欲置重罪,循爲之疏説,得減罪不死。

王翔《芳洲先生年譜》"癸丑"條云:"有見上好文學之士,乃仿《雅》《頌》作詩獻者,上怒,疑其求進,遣人以詩示公,公曰:'詩誠不工,但有忠愛之意。'遂釋然,不加罪。月餘,乃知爲御史鄞人張楷也。"按,癸丑乃宣德八年。

又"甲寅"條云:"是年,有聞上篤於聖學者,乃自湖湘馳奏,勸讀《大學衍義》,其語類譏誚,遂致上赫然怒,即命逮籍其家。既而令中貴人以問於公,公曰:'《大學衍義》一書,宋儒真德秀述,帝王修己治人之要在是，誠不可不讀者。俗士迂闊且處遠外，不知聖上無書不讀，故有此舉。怒之誠當，但緣於忠愛所發，無他也。’中貴還奏，上意稍解，默然而思久之。比逮籍至，竟緩其法。從善如流若此。公退，因竊嘆曰：‘雷霆之下，萬一不以實對，則其人齏粉矣。’久之，始知其人爲按察僉事姑蘇陳祚也。九月，公隨大駕巡邊，過宣府萬全，至蕁麻林等處而還。”按，甲寅乃宣德九年。

正統元年（1436），兼經筵官，次年六月，繼母卒，歸家守制。五年，服除至北京，以原職任。七年，授翰林院學士，次年，楊士奇卒，四月，入文淵閣用事。十年（1445）十月，升爲户部右侍郎兼翰林院學士。

蕭鎡《陳公墓誌銘》：“正統元年三月，公預受敕兼經筵官，自是日與少傅楊士奇、楊榮，尚書楊溥，學士王直、王英、李時勉、錢習禮，侍讀苗衷，侍講高穀，修撰馬愉、曹鼐日侍講讀於上前，至於改正講章、采選故事以進，則出於二三人手，公預其一。丁巳六月，聞繼母喪，給驛至家。戊午，史館進《實録》，公蒙恩，頒至所賚金幣。庚申，服除，至京，受職如故。壬戌五月，九載滿，考升翰林院學士。甲子三月，少師楊公士奇卒。四月二日，上在經筵，命公入文淵閣用事，既而中貴傳旨，凡處軍國重務、應制等文字及大官給膳悉同士奇，日侍經筵，講説經史故事如故。乙丑十月，升公爲户部侍郎兼翰林院學士。”

王翔《芳洲先生年譜》“丁巳”條云：“六月，聞再繼母之喪，蓋母，公自初生所賴以乳養者。初，公先公得聞術者推云：‘此子好命，但於父母不利。’故以托母，且語之曰：‘汝可用心乳養，倘得成人，當令爲汝身後服三年喪。’後公父母果皆早卒，母遂爲公繼母。”按，丁巳即正統二年（1437）。

又“乙丑”條云：“十月，升公爲户部右侍郎兼翰林院學士，所任事悉如故。”按,乙丑即正統十年。

正統十四年(1449)八月,土木堡事變,明英宗被俘,立英宗子爲皇太子,升户部尚書。景泰元年(1450),受敕同知經筵事,次年,進少保,兼文淵閣大學士,階榮禄大夫,其他任職如故。景泰三年,立景泰帝子爲皇太子,循以少保兼太子太傅。

蕭鎡《陳公墓誌銘》:“己巳……七月,虜寇犯邊,上欲親征,禮部尚書胡濙等率百官請毋親行,雖優詔褒答,而勢不能止,公曰:‘此必輔行者之固也。’嗟嘆久之。八月,駕留虜庭,十七日聞於京。又明日,有言擁立郕王者,公颺言:‘虜寇理屈而情畏天勢,必不敢久留聖駕,今但當立皇太子正位東宫,以郕王輔之,徐圖迎復,豈容有他議耶!’遂奉皇太后旨草詔,二十二日頒行天下。翼日,公以前所議特進户部尚書。旬日之後,景泰立,公不能止。……(景泰元年)九月,公受敕同知經筵事。辛未三月,升公與高穀俱少保,階榮禄大夫,尚書任事如故。壬申,廣西土官都指揮黄竑希恩寵,自廣西馳奏,請上立己子爲皇太子,奏至,不發,遣中貴以竑意覘公等,公曰:‘無易樹子,霸者所禁,堂堂天朝,得無啓天下後世之譏乎?’上怒曰:‘自古父有天下,傳之於子,未聞有譏者。’遂出竑奏示百官,令會議以聞。既以衆議更立,一時遷擢東宫官屬,除他職外文武官任師、保、傅者至二十有三人,公則以少保兼太子太傅,固辭不允。”

《明實録》之《明英宗實録》卷二百十一:“景泰二年十二月乙丑朔……壬辰,升户部尚書兼翰林學士陳循爲少保、户部尚書兼文淵閣大學士。”

《明英宗實録》卷二百六十六:“景泰七年五月己巳朔……丁丑,以纂修《寰宇通志》成,命少保、太子太傅、户部尚書、文淵閣大學士陳循兼華蓋殿大學士。”

王翔《芳洲先生年譜》"辛未"條："遂升公與高穀俱少保，階榮禄大夫，尚書如故，兼大學士，而公則文淵閣任事並如故。公辭，乞仍舊職至再。不允。"按，辛未即景泰二年。

萬斯同《明史》卷二百十六《陳循傳》："景泰二年，……尋進少保兼文淵閣大學士。帝欲易太子，内畏諸閣臣，先期賜循及高穀白金百兩，江淵、王一寧、蕭鎡五十兩以餌之，比下詔議易儲，循等遂不敢争。三年四月，加太子太傅，復賜黄金五十兩，其年秋，偕同官陳時政九事，皆報可。循既見寵任，乃集古帝王行事，名曰《勤政要典》，上之。"

天順元年(1457)，明英宗復辟，循被彈劾，謫戍遼東鐵嶺衛。天順五年十二月，撰太宗文皇帝、仁宗昭皇帝、宣宗章皇帝、今上皇帝《神功聖德頌》四章進呈，又上《陳情疏》，被釋還爲民，在家居住。天順六年(1462)十一月十七日卒於家，享年七十八。

蕭鎡《陳公墓誌銘》："天順元年丁丑正月，景泰不豫，不能躬祀郊廟社稷，十四日，至不能視朝。……明旦，百官奉迎聖駕重登寶位，公等皆歡忭以爲大幸。上退，御文華殿，召公與蕭鎡、商輅，諭以仍舊視事，公等皆頓首謝。又明日，有徐某，平昔因屢求公薦不得致憾，至是，以迎駕功日侍上前，遂恃勢進謗，仍脅六科彈劾公，賴上仁明，宥勿問。翌日，復趣六科十三道再彈，並令法司誣以重罪，竟戍遼東。公東行寓道中及謫居之日，摘取所記前人詩聯成絶句並和，凡千首，以咏所志。分爲十卷，名曰《東行百咏集句》。自丁丑至辛巳，凡更五載。是歲十二月，乃撰太宗文皇帝、仁宗昭皇帝、宣宗章皇帝、今上皇帝《神功聖德頌》，凡四章，各百句，七言近體詩二十首，進呈。奉玉音，送翰林院。既而《陳情疏》進，又奉玉音，陳循歷事朝廷年久，曾效勤勞，因被石亨等挾私誣害，坐罪充軍，今覽其所奏，是非明白，情實可矜，特放回原籍爲民閑住。蓋是時公所上疏僅萬言,備陳所以被誣罔之由,故得恩旨如此。嗚呼!觀公所陳訴而皇上即以之寬釋者,有以見天地之量、日月之明,而公得以辨其是非於既往,豈特一時朝臣耳聞目擊者信之,天下後世之人亦信之也。壬午四月,公自謫所還京,上表謝恩而歸。抵家五閱月,十一月十七日以疾終於正寢,享年七十有八。"

王翔《芳洲先生年譜》"天順元年丁丑"條云:"尋遇中外多官奉迎聖駕重登寶位,朝野忻戴,歡呼萬歲。……又明日,有邪佞之人徐有貞者,平昔爲公屬官,因累求公屈法薦己等事不從恨公,至是,有貞以迎駕功日侍上前,遂恃此勢欺罔進謗毀公,又復脅使六科捏詞彈劾,上賴聖上仁明,即賜原赦。……公竟被謫戍遼東鐵嶺衛。所以然者,無一不出於有貞搆陷也。"

又,"壬午"條云:"十一月十七日,公以疾終於家,享年七十有八。公子珊、瑛以又明年甲申冬奉公歸藏本邑千秋鄉五十七都羅岙塘高祖墳右乙辰山辛戌向之原,遷公夫人曾氏而合葬焉。"按,壬午即天順六年,甲申即天順八年。

妻曾静,次室莫氏,繼室郭妙智。子二:珊、瑛。珊,莫氏所出,瑛,曾氏所出。

陳循《曾氏墓誌銘》:"宜人諱静,字淑静,姓曾氏,泰和邑中令族。……二十一歲歸予,予孤已十三年,爲邑庠生。六年,宜人贊相,曲盡心力。又八年,予始去舉進士北京,爲翰林修撰。明年冬,扈從還京師,寓書歸迎宜人,至則永樂丁酉春也。……庚戌,予遷侍講學士,妻亦應偕宜人。是年冬,生長男,宜人大喜,至躬撫視其母。明年春,宜人亦生男,方十月,竟以疾卒,時辛亥十一月十一日也。其生爲洪武丁卯閏六月二十六日,視其卒,若爲男易之去者,享年四十有五。"

王翔《芳洲先生年譜》"庚戌"條云:"十二月九日,公之子珊生,曾夫人撫視其母子，靡所不至。”按，結合陳循《曾氏墓誌銘》所云，陳珊乃莫氏所産。

陳循《芳洲文集》卷九《故繼室淑人郭氏墓誌銘》：“淑人郭氏，諱妙智，世爲泰和雲亭鄉冠朝里人。……年二十有一歸余，爲繼室。……其生永樂壬辰十二月十四日，卒以正統己巳六月二日，享年三十有八。……所撫二子，長珊，次瑛，所生一女徽貞，尚幼。其長三女之婿，李遇、蕭望、劉詮言也。”

蕭鎡《陳公墓誌銘》：“妻曾氏，繼郭氏，俱累贈一品夫人。側室莫氏。子男二人：堯民、舜民，皆恂恂讀書有立，克世其家。女四人，刑部司務李遇，定州學正蕭望、劉銓、龍彪，其婿也。孫男若干人。”

循爲人勤謹，初入仕宦，能舉賢進善，久之乃與世俯仰，不能多所匡正，又有不法之事。景泰二年(1451)，與鄉人争墓地，進而誣陷御史。景泰七年，因子陳瑛順天鄉試落選而攻訐考官劉儼等，欲置其罪。皆爲世所不齒。

萬斯同《明史》卷二百十六《陳循傳》：“景泰二年循葬妻，與鄉人争墓地，令家奴訐鄉人侵占，欲殺守墓者。巡按御史周鑒訊驗無狀，抵奴罪，循怒，摭鑒事奏之，命御史王豪覆按。豪奏循所言皆妄，循恚甚，復劾豪黨鑒，於是給事中林聰等極論循罪，帝心然聰等言，然以循大臣，卒置不問。初循本以才望顯，及是素譽頓隳焉。……七年，進華蓋殿大學士，兼文淵閣如故，是年秋。循子英及王文子倫順天鄉試被黜，相與誣構考官劉儼等，爲六科給事中張寧等所劾，帝亦終不罪。英宗復位，于謙、王文皆置重典，杖循百，戍鐵嶺衛。循久居政地，刻躁多私，爲士論所薄。”

張寧《方洲集》（文淵閣《四庫全書》本）卷一《鄉試時劾奏少保户部尚書大學士陳循少保吏部尚書大學士王文》：“切照大學士陳

循、王文,職居輔弼,任重經綸,所當正己正人、爲上爲下,而乃以子之故紛章迭奏,煩瀆聰明,祇爲私謀,不恤國體,大臣之道果安在乎? ……且今歲順天府就試者一千八百餘名,而中試者僅一百三十五名,劉儼等藉使考試未精,則其間遺漏者亦未止王倫、陳瑛,設若一概援例求進,拒之則情偏,從之則弊起,是陳循等一舉而壞科目之制矣。仰惟陛下優禮大臣,准令會試,恩已極矣,而循等乃欲將劉儼等問罪以文其奸。"

朱彝尊《静志居詩話》卷二十四"京師謡諺"條云:"景泰癸酉,廬陵羅崇岳,舉順天鄉試第一,以詭籍斥還。後三年大學士陳循子瑛、王文子倫,入試皆不得舉,有旨特賜舉人。時人語曰:'榜有姓名,還是學生;榜無名氏,京闈貢士。'"

廖道南《殿閣詞林記》卷一《華蓋殿大學士陳循》:"廖道南曰:'予觀《瑣綴録》所載陳芳洲事,語多近俚,及觀國史,乃見其城府深刻,羅鉗吉網,靡所不爲,視厥初疏陳諸事、力救張楷、陳祚,若有睽焉。不然,又胡爲乎力詆劉儼、黄諫末流至此極也? 豈孔子所謂患得患失者耶?'贊曰:匪位之患,令名爲艱。匪名之患,令終爲艱。保初節易,保晚節難。於乎德遵,有腼斯顔。"

沈德符《萬曆野獲編》卷十四"奏訐考官"條云:"自來子弟不第,父兄無奏訐考官者。惟景泰丙子順天鄉試,内閣陳循、王文有之。循言子瑛,文言子倫,文字俱優,不爲試官劉儼、王諫所識拔,欲罪之,賴大學士高穀力爲救解,儼等宥罪,瑛、倫俱許會試,次年丁丑正月,睿皇復辟,而王文就誅,陳循遣戍矣。此事古今創見,宜其不旋踵而敗。"

循才思敏捷,詩有清剛之氣。撰有《芳洲文集》十卷、《芳洲文集續編》六卷、《東行百咏集句》十卷。

朱彝尊《静志居詩話》卷六:"裕陵復辟,吴人盛夸徐元玉社稷之功，然‘奪門’二字豈可示天下後世？李文達之言當矣。予嘗見少保《訟冤疏》手稿，具陳元玉之譏，斯亦纂國史者所當知也。少保詩絶意規摹，饒越石清剛之氣。”

《續修四庫全書》集部收録陳循《芳洲文集》十卷、《芳洲文集續編》六卷。

參考文獻：

1. 陳循《芳洲文集》《芳洲文集續編》，《續修四庫全書》本，上海古籍出版社 2002 年版。

2.《明實録》，臺灣“中央研究院”歷史語言研究所 1962 年校印本。

3. 廖道南《殿閣詞林記》，《叢書集成續編》本，上海書店出版社 1994 年版。

4. 雷禮《國朝列卿紀》，《四庫全書存目叢書》本，齊魯書社 1996 年版。

5. 張弘道、張凝道輯《皇明三元考》，《四庫全書存目叢書》本，齊魯書社 1996 年版。

6. 顧祖訓《明狀元圖考》，《故宫珍本叢刊》本，海南出版社 2001 年版。

7. 萬斯同《明史》，《續修四庫全書》史部，上海古籍出版社 2002 年版。

8. 王翔《芳洲先生年譜》，《北京圖書館藏珍本年譜叢刊》本，國家圖書館出版社 1999 年版。

9. 沈德符《萬曆野獲編》，中華書局 1959 年版。

10. 朱彝尊《静志居詩話》，人民文學出版社 1990 年版。

11. 蕭鎡《尚約文鈔》,《四庫全書存目叢書》本,齊魯書社1997年版。

12. 楊士奇《東里文集》,中華書局1998年版。

(張明强)

薛瑄傳

薛瑄，字德温，號敬軒，山西河津人。明洪武二十二年(1389)生。

張廷玉等《明史》卷二百八十二、郭子章《聖門人物志》卷十、黄宗羲《明儒學案》卷一、錢謙益《列朝詩集》乙集卷四、朱彝尊《明詩綜》卷二十一、沈德潛《明詩别裁集》卷三，記載瑄生年、字號等相同。

楊鶴《薛文清公年譜》："先生諱瑄，字德温，姓薛氏，别號敬軒，學者稱爲敬軒先生。世居山西河津南薛里。其先出奚仲，至隋唐間最顯，如'河東三鳳'是也。族大而繁，没而葬於汾陰之南坡者，封樹纍纍焉。祖仁，生直，直生常，常生仲義，通經術，以元末不仕，教授鄉里。仲義生貞，是爲先生父教諭公。洪武甲子舉於鄉。歷官教諭，幾四十年而終。後先生貴，仲義及公皆贈通議大夫、大理卿。祖母齊及齊母皆爲淑人云。太祖高皇帝洪武二十二年己巳八月初十日子時，先生生於北平之元氏。"

何喬遠《名山藏》卷八十四《儒林記》："薛瑄，字德温，世河津人也。生而肌如水晶，洞見五内，母氏欲棄之，祖仲義聞其啼聲，止之曰：'體清聲喤，必异人也！'卜之吉。"

張廷玉等《明史》本傳："薛瑄，字德温，河津人。父貞，洪武初領鄉薦，爲元氏教諭。母齊，夢一紫衣人謁見，已而生瑄。"

性穎敏强記,甫就塾,授之詩書,輒成誦,日記千百言。年十二,父薛貞改任滎陽,瑄侍行,以所作詩賦呈,監司奇之。

閻禹錫《禮部左侍郎兼翰林院學士薛先生行狀》(以下稱《薛先生行狀》):"六七歲,祖教以小學、四書,千百言過目即成誦,不爲兒戲,端坐儼如老成人。姊妹見其坐,皆不敢過其前。"

薛瑄《敬軒文集》卷十二《與楊秀才書》云:"瑄七八歲時,侍先君子左右,聞其稱古之人某爲大儒,今之人某爲偉士,因竊自私記於心曰:'彼亦人耳,人而學人,蓋無不可及之理也。'其時瑄雖有志於是,顧方屬對偶、習聲詩,而尚未知所以爲學也。"

張廷玉等《明史》卷二百八十二本傳:"性穎敏,甫就塾,授之詩書,輒成誦,日記千百言。及貞改任滎陽,瑄侍行,時年十二,以所作詩賦呈監司,監司奇之。"

時高密魏希文、海寧范汝舟等宿儒深於理學,薛貞禮延於家,爲瑄師。日與講習性理諸書,由是盡焚所作詩賦,究心洛閩之學,至忘寢食。

《文清公薛先生文集》卷十三《送李太亨詩序》:"余往歲侍先君子游玉田,玉田多四方賢豪之士,余皆與之交。而親且厚者,則濟南王君素亨、大梁范君汝舟、東萊魏君希文、永嘉徐君藴夫、安陽苑君仲仁,洎今海昌李君太亨而已。諸君子皆年德老成,余獨以稚昧居其間,往來相得歡甚。"

楊鶴《薛文清公年譜》:"先生二十一歲。侍教諭公官玉田。教諭公滎陽任滿,徙玉田。時玉田多賢豪長者,濟南王素亨、大梁范汝舟、東萊魏希文、永嘉徐藴夫、安陽范仲仁、海昌李大亨諸公,皆年德老成。先生禮延之家,講論經書子史,泛及天文、地理、二氏之談。諸老退謂人曰:'此子聰明特异,力行可畏,聖門有人矣。'皆避師席,結爲友,與習宋諸儒性理諸書。久之,先生嘆曰:'此道學正脉也。'盡焚詩賦草,專精性命,至忘寐食。"

父貞改官河南鄢陵,遂補鄢陵諸生。永樂十八年(1420),舉河南鄉試第一,次年成進士,居父喪,悉遵古禮。

閻禹錫《薛先生行狀》:"時父貞任懷慶府河内教諭,病故。先生丁憂回,葬祭一遵家禮。行哀毁,人所不堪,四方遠邇咸來吊。海寧李大亨諸公皆自吴越來吊。人以郭林宗、徐孺子之事稱之。"

過庭訓《本朝分省人物考》卷一百《薛瑄傳》:"永樂己亥,貞改河南鄢陵,時教官考績以科貢多寡爲黜陟,貞大以爲憂。瑄乃補鄢陵諸生,遂中河南庚子鄉試第一。明年辛丑,登進士第,以省親西歸。是歲秋,貞有疾,瑄日夜不離左右,及居喪一遵古禮。"

宣德二年(1427),擢授御史。時三楊當國,欲見之,瑄謝而不往。出監湖廣銀場,以廉潔著。日探《性理》諸書,其學益進。

閻禹錫《薛先生行狀》:"宣德三年,宣廟思振風紀,擢爲廣東道監察御史。三楊當國,令人屢邀先生,欲一識面。先生曰:'某忝糾劾之任,無相識之理。'一日,三楊於班行中尋識之,曰:'薛公見且不可得,况得而屈乎!'稱嘆不已。會差往監湖廣銀場,同列以爲賀。先生舉古詩云:'此鄉多寶玉,慎莫厭清貧。'至則黜貪墨、正風俗,手録《性理大全》一書,潛心讀誦,每至夜分方寢。值冬夜,雪飄盈几,讀誦不輟。或思有所得,即起而燃燭記之。或通宵不眛,味而樂之,有不知手舞而足蹈者,遂積爲《讀書録》。"

張廷玉等《明史》本傳:"宣德中服除,擢授御史。三楊當國,欲見之,謝不往。出監湖廣銀場。日探《性理》諸書,學益進。"

彭時《故禮部左侍郎兼翰林院學士薛公墓誌銘》(以下稱《薛公墓誌銘》):"先是,監銀場者多致富。公獨廉潔著名,政暇,手不釋卷,精思妙契,殆忘寢食。至是,所造益深矣。”

黄宗羲《明儒學案·河東學案》:“宣德初,授監察御史。三楊欲識其面,令人要之。先生辭曰:‘職司彈事,豈敢私謁。’公卿三楊嗟嘆焉。”

正統初,舉爲山東提學僉事。首揭白鹿洞學規,開示學者。延見諸生,親爲講授。才者樂其寬,而不才者憚其嚴,皆呼爲“薛夫子”。

楊鶴《薛文清公年譜》“英宗正統元年丙辰”條:“時有言學政不舉者,詔遴選碩儒。吏部尚書郭璡首薦先生,是月二十八日,除督學僉事。先生欣然曰:‘此吾事也’,作《祗命山東》及留别趙彬、姚克修及院中諸友之什。如山東通津驛有詩:‘六月官船發潞陽,水村烟樹共微茫。天門忽已如天上,只見青山一帶長。’至山東,首以白鹿洞規開示學者。俾致知而力行,居敬以窮理,由經以求道。所至先詢行,而後文詞。親爲剖解,告以爲人、爲己之學。取人隨材器,或行步,或字畫,或講誦,或詩詞,各玉之於成。數者皆無,不得已使儒衣冠謝其祖,乃去之。有一生以貧廢業,屢舉不第,亟求退,學博亦曰:‘宜罷之。’先生曰:‘生祭日治何事?’僉曰:‘擊磬耳。’先生曰:‘磬在八音中最難諧,能和之,亦可用也。’不聽去。後其人果登第。諸生中無少壯賢愚,皆慕先生,稱爲‘道學薛夫子’焉。”

薛瑄《敬軒文集》卷九《留别院中諸友》:“幾年騎馬聽朝雞,憲府追踪愧品題。散木自知非偉器,青雲何幸陟仙梯。已逢盛世無裨補,更接英僚惜解携。便捧天書天上去,五雲回首是三齊。”《留别趙彬》:“知子於今近十年,中間消息兩茫然。寧知京國相逢處,又是都門惜别筵。上苑榴花偏向日,官河楊柳正含烟。臨岐握手無他語,願篤清修繼往賢。”《留别姚克修御史》:“交情方斷昔人金,班馬俄聞載路音。郡邑行看東魯近,衣冠只隔内臺深。朝中鵷侶思同入，海上仙山憶獨臨。壯志擬磨三尺劍，分携寧遣鬢霜侵。”

張廷玉等《明史》本傳：“正統初，還朝，尚書郭璡舉爲山東提學僉事。首揭白鹿洞學規，開示學者。延見諸生，親爲講授。才者樂其寬，而不才者憚其嚴，皆呼爲‘薛夫子’。”

太監王振專政，召瑄爲大理左少卿。公卿見振多趨拜，瑄獨屹立。王振趨揖之，瑄亦無加禮，由是銜恨於瑄。

焦竑《熙朝名臣實録》卷十：“太監王振之專政也，問閣臣曰：‘吾鄉亦有可爲京堂者乎？’即以瑄對，召爲大理少卿。瑄至京，宿朝房，閣臣過詢不值，語其僕曰：‘可語若主，明日詣王太監，若主之擢，是王太監力。’瑄聞之不往。又使人語之，竟不往。諸公知李賢素善瑄，語賢轉致，言振數問之也。賢至朝房道意，瑄曰：‘原德亦爲是言乎？’一日會議，東閣公卿見振皆拜，一人獨立，知其爲瑄也。振連揖之，自是銜瑄矣。”

彭時《薛公墓誌銘》：“時内臣王振權傾中外，或邀公往拜其門。公曰：‘安有受爵於朝，謝恩私門耶？’拒不往。一日遇諸途，公弗爲禮，振不悦。”

會有死獄，瑄及同官辨其冤，王振令御史誣瑄，下獄論死。繫獄待决，瑄讀《易》自如。後得大臣申救，乃罷官還家。居家七年，閉門不出，留心理學，而來學弟子甚衆。

張廷玉等《明史》本傳：“指揮某死，妾有色，振從子山欲納之，指揮妻不肯，妾遂訐妻毒殺夫，下都察院訊，已誣服。瑄及同官辨其冤，三却之。都御史王文承振旨誣瑄，及左右少卿賀祖嗣、顧惟敬等故出人罪。振復諷言官劾瑄等受賄，並下獄。論瑄死，祖嗣等末減有差。繫獄待决，瑄讀《易》自如。子三人，願一子代死，二子充軍，不允。及當行刑，振蒼頭忽泣於爨下。問故，泣益悲曰：‘聞今日薛夫子將刑也!'振大感動,會刑科三覆奏,兵部侍郎王偉亦申捄,乃免。"

李贄《續藏書》卷十《内閣輔臣·侍郎薛文清公》:"會有指揮某死,振侄王山欲娶其妾,其妻不可,妾因誣妻毒殺其夫。都察院問已誣服,瑄爲辯寃,駁還至三。都御史王文大怒。承振風旨,誣瑄出入人罪。振嗾言官,劾瑄得賄,故庇死獄。瑄遂逮繫當死。及至午門會審,瑄呼王文字曰:'若安能問我?若爲御史長,自當回避!'文怒,奏瑄不服問理,詔縛詣市殺之。門人皆奔走哭,而瑄神色自若。會振有老僕,是日大哭厨下。振問何哭,僕對曰:'聞今日薛夫子將刑故也。'振聞而意解。適有兵部侍郎王偉申救,遂傳詔赦免,家居六年。"

閻禹錫《薛先生行狀》:"家居七年,閉門不出,雖鄰里罕得窺其面。江西、陝西諸省弟子來學者百有餘人,先生拳拳誨以從事小學以及大學。由灑掃應對,以至於精義入神,居敬以立其本,由經以求其道,不事語言文字,而必責諸躬行之實。問及科舉之學,則默然不對。終日正衣冠危坐,如對神明。洛陽閻禹錫徒步來學,及别,先生送至里門告之曰:'程門教人,以居敬窮理爲要。'"

景泰元年(1450),景帝嗣位,受薦起大理寺丞。時瓦剌入犯,分守北門,有功,尋出督貴州軍餉。景泰初,懇乞致仕,學士江淵上疏留之。次年,升南京大理寺卿,政聲嘉名播於朝野。

過庭訓《本朝分省人物考》卷一百《薛瑄傳》:"正統己巳,以吏科給事中程信論薦起爲大理寺丞。時虜騎薄都城,瑄分守北門,都帥初疑其迂,及接言論,遂訪策焉。瑄曰:'以天時人事驗之,北虜必宵遁。'既而果然。貴州苗寇猖獗,朝廷命將往征之,瑄督軍餉,事竣而還。景泰初,懇乞致仕,學士江淵上疏留之。明年,升南京大理寺卿。有富豪殘虐人命者,獄久不決。執法者欲貸之,瑄曰:

‘死者何辜，竟抵於法？’明斷之譽，播於民謡。刑部尚書楊寧、都御史張純初以才力相尚，及與瑄同事，嘆曰：‘如薛公，當於古人中求之！’中官金英奉使道出南京，公卿俱餞於江上，瑄獨不往。英至京言於衆曰：‘南京好官惟薛卿耳！’壬申秋召至京，復爲大理寺卿。有草場火，朝廷欲置典守者罪，瑄力辯之獲免。”

徐開任《明名臣言行録》卷二十四：“正統己巳，以吏科程信論薦起爲大理寺丞。景泰初，升南京大理寺卿。中官金英奉使出南京，公卿俱餞江上，公獨不往。英至京言於衆曰：‘南京好官惟薛卿耳！’”

英宗復辟，拜禮部右侍郎兼翰林院學士，入閣預機務。已見石亨、曹吉祥弄權亂政，遂引疾乞歸。

張廷玉等《明史》本傳：“英宗復辟，拜禮部右侍郎兼翰林院學士，入閣預機務。王文、于謙下獄，下群臣議，石亨等將置之極刑，瑄力言於帝。後二日，文、謙死，獲減一等。帝數見瑄，所陳皆關君德事。已見石亨、曹吉祥亂政，疏乞骸骨。帝心重瑄，微嫌其老，乃許之歸。”

過庭訓《本朝分省人物考》卷一百《薛瑄傳》：“英廟復位，素知瑄學行，遷禮部右侍郎兼翰林院學士，召入内閣知制誥。一日，上御便殿，召瑄入語，移時諄諄啓沃，皆有關於聖學君德者。尋命主考會試，事竣，轉左侍郎。居數月，瑄見將臣石亨等竊弄威權，嘆曰：‘君子見幾而作，豈俟終日乎！’遂引疾懇乞致仕，居家八年，四方學者從之甚衆。”

王鴻《薛文清公行實録》卷一：“石亨素敬先生，來視疾，因謂先生曰：‘如即不留，我爲先生啓上請敕書，即家爲塾，以訓子弟，且以資其養。’先生曰：‘昔魯齋去，元世祖賜敕書以教人，先生懸於梁，終身不以示人，及卒發而視之，乃敕書也。某若資其養，曷若不辭官之爲愈也?’亨嘆息而去。未幾,學士徐有貞、李賢、許彬皆下錦衣衛獄。是年六月初六日也,居閣纔五月耳。”

家居八年,閉門不出,四方從學者日衆,惓惓以復性爲教。時李賢當政,每以詩寄之,終不復答。

李賢《通議大夫禮部左侍郎兼翰林院學士直内閣薛公瑄神道碑銘》(以下稱《薛公神道碑銘》):“致仕居家八年,四方學者從之甚衆。公惓惓以復性爲教,嘗曰:‘此程朱吃緊爲人處,歐陽公言性非所先,誤矣!’又曰:‘學者讀書窮理,須實見得然後驗於身,心體而行之,不然無异於買櫝而還珠也。’”

焦竑《玉堂叢語》卷五:“南陽李先生當國,每以詩寄薛文清先生,始終不答。門人問之,曰:‘昔温公退居洛中,吕申公當國,屢以書問起居,温公不答,某亦此意。’”

天順八年(1464)卒。彌留,正衣冠危坐而逝。年七十有六。臨終留詩云:“七十六年無一事,此心始覺性天通。”詔贈禮部尚書,謚“文清”。

楊鶴《薛文清公年譜》:“忽遘疾,彌留,衣冠危坐於正寢,精神不亂,倚然而逝。時風雷大作,有白氣上升,天順甲申六月十五日也。距生洪武己巳八月初十日,享年七十有六。”

薛瑄《敬軒文集》卷五《臨終口號》云:“土床羊褥紙屏風,睡覺東窗日影紅。七十六年無一事,此心惟覺性天通。”

閻禹錫《薛先生行狀》:“一夕,檢閱舊書,及讀書録、文集,捆成束,置於架上,爲詩曰:‘七十六年無一事,此心惟覺性天通。’粘壁間。忽遘疾,彌留,正衣冠危坐而逝。迅雷振屋,白氣上升。天順八年六月十五日也。有司爲之具奏於朝詔,贈禮部尚書,謚文清,遣官葬祭。”

曹于汴《仰節堂集》卷三《題薛文清公像》:“文清先生臨終題詩云:‘七十六年無一事,此心惟覺性天通。’通字未完而絶。先生學問所得在此,生平讀書爲此。尚論先生之學者,以此學先生者,當如此。”

成化元年(1465),監丞李紳首請從祀孔廟。弘治元年(1488),令春秋專祀於鄉。隆慶五年(1571),詔從祀孔廟,稱“先儒薛子”。

李賢《薛公瑄神道碑銘》:“成化元年,監丞李紳首請公從祀孔廟。劉文安公繼請公從祀,言公‘直躬慕古,談道淑徒。進無附麗,退不慕戀,勤學好問,可謂文矣。歸潔其身,可謂清矣’。羅整庵曰:‘《讀書録》有云:“韓魏公、范文正諸公,皆一片忠誠爲國之心,故其事業顯著,而名望孚動於天下。後世之人,以私意小智自持其身,而欲事業名譽比凝前賢,難矣哉!”其言甚當。薛文清蓋有此心,非徒能爲此言而已。’弘治元年,令春秋專祀於鄉。隆慶五年,詔從祀孔子廟庭,稱‘先儒薛子’。”

郭子章《聖門人物志》卷十:“劉文安公嘗請公從祀孔廟,不果。吕祭酒柟作公《祠堂記》曰:‘公之存時,或曰“今夫子”,或曰“真鐵漢”,或曰“好官一人”,或曰“不愧往哲”,或曰“躬行實踐”,或曰“本朝理學一人”,或曰“學已至乎樂地,其不乎者止權貴耳”。及其既歿,或曰“今之真儒當入孔廟”,或曰“明體適用,比元大儒,當入從祀”,或曰“潛心理學,可祀廟庭”,或曰“有功名教,侑食廟庭”,無忝其未祀者,蓋有待耳。’嘉靖二十三年,令專祀於鄉。隆慶六年,從祀孔廟。”

賈三近《皇明兩朝疏抄》卷十七霍韜《薛瑄從祀議》:“薛瑄生當聖賢道學大明之時,實能誦法孔子,雖不如七十二子親炙孔門,原其精神心術,無頃刻不師孔子之教。雖不必如漢儒搜輯遺經,實自童丱至没齒,無頃刻忘聖經之言。雖不如唐儒宋儒疏注闡明遺經,觀其《讀書録》,平易親切,非身心體驗不能及。臣謂薛瑄造詣不及董仲舒,而篤實似之;穎悟弗及韓愈、歐陽修,而篤行過之;粹精淵微弗及程顥,而渾厚似之;出處不改其操,禍患不易其節,貧賤不移其介。身爲世師,言爲世訓,動爲世式,晦而彌彰,抑而彌光,非真誠積累之素不能也。故曰我聖朝從祀之儒,惟薛瑄無愧。"

瑄學一本程、朱,以復性爲宗,倡篤實踐履之學。嘗謂自朱熹以還,斯道已明,無煩著作,直須躬行,故其學更近於朱。

張廷玉等《明史》本傳:"瑄學一本程、朱,其修己教人,以復性爲主,充養邃密,言動咸可法。嘗曰:'自考亭以還,斯道已大明,無煩著作,直須躬行耳。'"

《四庫全書總目》卷五十八《明儒學案》提要:"大抵朱陸分門以後,至明,而朱之傳流爲河東,陸之傳流爲姚江。其餘或出或入,總往來於二派之間。"

今按,薛瑄之學本於宋儒,薛瑄《讀書録》卷九:"使堯、舜、禹、湯、文、武、周、孔、顔、曾、思、孟、周、程、張、朱之道昭然明於萬世,而异端邪説莫能雜者,朱子之功也。余謂朱子之功不在孟子下。""堯、舜之道,非孔子無以明;濂、洛之道,非朱子無以發。""周子、程子、張子之學,非得朱子爲之發明,後世紛紛莫所定論矣。"

又,薛瑄《讀書續録》卷四:"濂洛關閩之書,一日不可不讀;周、程、張、朱之道,一日不可不尊。捨此而他學,則非矣。"《讀書續録》卷五:"聖人之道,四書之理,湮毁千五百年,至程、朱始明。"《讀書續録》卷十二:"自有《大學》書以來,發明致知格物爲窮理之事者,程子而已。繼程子而發明其義者,朱子一人而已。"

唐順之《禮部左侍郎薛瑄從祀奏議》:"至如瑄者,以復性爲究境,以持敬凝静爲工夫,非聖人之道不以志而學,非濂洛關閩之説不以尊而信,雖其於所謂精微之際,未知其何如也。而歷其平生,其背於聖人者亦少矣。謂其爲聖門之羽翼也,復何疑乎?"

李賢《薛公瑄神道碑銘》:"吾道正脉,實由近世周、程、張、朱有以倡明之也,至我太宗文皇帝,乃始表章其言行天下,由是天下士習一歸於正,嗚呼盛哉!然今之君子能忻慕而篤信之,則河東薛公其人也。公之學,踐履篤實之學也,居恒每以聖賢爲師,隨其所寓,一言一動,於理稍有違失,便覺身心不安,凡辭受取予,必揆諸義,一毫不苟。晚年玩心高明,默契其妙,有不言而悟者。其出處大節,光明峻潔,於富貴利達泊如也。接人無大小衆寡,一以誠待之,教之有序,而其言平易簡切,不穿鑿奇僻之説。文必根於理,辭旨條暢。"

然其論道、器,辨理、氣,不爲宋人所囿。

黄宗羲《明儒學案》卷一《河東學案》:"河東之學,悃愊無華,恪守宋人矩矱。"頗有舛誤。今按,道器關係,程、朱力辨形而上下之分。朱熹云理氣道器"决是二物,不可相混",薛瑄則云"道亦器也,器亦道也"。《讀書録》卷一:"人之一身五臟、耳目、口鼻、四肢、百骸,凡有形者,皆形而下之器也。其五臟、耳目、口鼻、四肢、百骸之理,即形而上之道也。推之君臣、父子、夫婦、長幼、朋友,皆形而下之器也、其仁、義、禮、智、信之理,即形而上之道也。以至大而天地萬物,小而一髮一塵,凡可見者,皆形而下之器,其不可見者,皆形而上之道。然器即囿乎道之中,道不離乎器之外,故曰道亦器也,器亦道也。"

又按,朱熹以爲理在氣先,言"未有天地之先,畢竟也只是理"。薛瑄則以爲理氣不可分先後,《讀書録》卷二:"或言'未有天地之先,畢竟先有此理,有此理便有此氣'。竊謂理氣不可分先後,蓋未有天地之先,天地之形雖未成,而所以爲天地之氣,則渾渾乎未嘗間斷止息,而理涵乎氣之中也。及動而生陽,而天始分,則理乘是氣之動,而具於天之中静而生陰,而地始分,則理乘是氣之静,而具於地之中分天分地,而理無不在一動一静,而理無不存。以至化生萬物,萬物生生而變化無窮。理氣二者蓋無須臾之相離也,又安可分孰先孰後哉?"

所著《讀書録》,平易簡切,皆自言其所得。然多重複雜出,未經刪削,蓋惟體驗身心,非欲成書。

薛瑄《讀書録》卷首:"横渠張子云:'心中有所開,即便札記,不思則還塞之矣。'余讀書至心有所開處,隨即録之,蓋以備不思還塞也。"

閻禹錫《薛先生行狀》:"或思有所得,即起而燃燭記之。或通宵不寐,味而樂之,有不知手舞而足蹈者,遂積爲《讀書録》。"

黄宗羲《明儒學案》卷一《河東學案》:"先生以復性爲宗,濂、洛爲鵠,所著《讀書録》,大概爲《太極圖説》《西銘》《正蒙》之義疏,然多重複雜出,未經刪削,蓋惟體驗身心,非欲成書也。"

張廷玉等《明史》本傳:"有《讀書録》二十卷,平易簡切,皆自言其所得,學者宗之。"

《四庫全書總目》卷九十三《讀書録》《續録》提要:"其書皆躬行心得之言,兩《録》之首,皆有自記,言其因張子'心有所開,不思則塞'之語,是以自録隨時所得,以備屢省。其後萬曆中有侯鶴齡者,因所記錯雜,更爲編次,刪去重複,名《讀書全録》,然去取之間,頗失瑄本意。今仍録原書,以存其舊。瑄嘗言:'樂有雅鄭,書亦有之。小學、四書、六經,濂洛關閩諸聖賢之書,雅也,嗜者常少,以其味之淡也。百家小説、淫詞綺語、怪誕不經之書,鄭也,莫不喜談而樂道之,蓋不待教督而好之矣,以其味之甘也。淡則人心平而天理存,甘則人心迷而人欲肆。'觀瑄是《録》,可謂不愧斯言矣。"

今傳《薛文清集》，爲其門人張鼎所編，得詩文一千七百篇。文章雅正，淺近平易，不假雕刻，所謂布帛菽粟之文，切於民生日用而不可缺者。

《四庫全書總目》卷一百七十《薛文清集》提要："是集爲其門人關西張鼎所編。初，瑄集未有刊本，瑄孫刑部員外郎禩，以稿付常州同知謝庭桂，雕版未竟而罷。弘治己酉，監察御史楊亨得其稿於毗陵朱氏，鼎又從亨得之。字句舛訛，多非其舊，因重爲校正，凡三易稿而成書。共得詩文一千七百篇，釐爲二十四卷。鼎自爲序，引朱子贊程子'布帛之文，菽粟之味'二語爲比，殆無愧詞。"

薛瑄《讀書續録》卷四："布帛菽粟之文，民生日用之常，一日不可缺。金膏水碧、空青丹砂之文，雖曰奇寶，飢不可食，寒不可衣，亦何益於人生哉?"

張鼎《薛文清公文集序》："布帛之文，菽粟之味，朱子嘗以是而贊程子矣。布帛可以常衣，菽粟可以常食，聖賢著述立言亦猶是也。捨此，則奇怪隱僻，不經於世。若左氏浮夸、莊周荒唐是已。君子所不與焉。先師敬軒薛先生有見於此，故其著述立言，淺近平易，使人易知，豈奇怪隱僻不經於世者所可擬哉?""晚年造詣高明，踐履篤實，益至純熟。其詩文平易冲淡，渾成不假雕刻，誠所謂布帛菽粟，切於民生日用而不可缺者也。讀者自當得之。"

彭蘊章《歸樸龕叢稿》卷十一《明人詩評・薛德温瑄》："文清學道，不以詩名。春風沂水，鼓瑟希聲。秉軸中朝，文淵秘閣。諷咏零篇，笛中梅落。"

其詩醇雅冲淡，吐言天拔，古體淡遠，有陶韋之風。律體雄闊，絶句富風韵。間涉理語，亦不墮宋明理趣。

王圻《續文獻通考》卷二百六道統考："晚年造詣高明，踐履純熟,教人以言,平易簡切,不爲穿鑿奇僻之説,爲文根理,詩古淡,出於自然。"

《四庫全書總目》卷一百七十《薛文清集》提要:"明代醇儒,瑄爲第一。而其文章雅正,具有典型,絶不以俚詞破格。其詩如《玩一齋》之類,亦間涉理路,而大致冲澹高秀,吐言天拔,往往有陶韋之風。蓋有德有言,瑄足當之。"

王世貞《藝苑卮言》卷八:"講學者動以詞藻爲雕鎪之技,工文者則以拙語爲談笑之資,若鑿枘不相入,無論也。七言最不易工,吾姑舉諸公數聯,如'翼軫衆星朝北極,岷嶓諸嶺導南條''天連巫峽常多雨,江過潯陽始上潮',此薛文清句也……何嘗不極其致。"

陳田《明詩紀事》乙籤卷十二:"文清古體淡遠,律體雄闊,絶句極有風韵,非一時講聲律者所能及。"選其詩十六首,中如《宿山亭》云:"山深郵舍孤,入門晚色静。四顧足喬木,蕭蕭北風勁。向夕起重霏,窗户倏已瞑。然松代秉燭,明暗光靡定。草草具杯酌,何暇梨果飣。乃知山林趣,足發遠游興。天明登前山,清風滿蘿徑。"又《龍陽山行遇雨》:"歲晚山行深,山中水重叠。叢篁夾溪橋,橋斷横槎接。陰雨竟連朝,雲林黯一色。虚風忽泠然,蕭蕭墜黄葉。撫景復何爲,内顧遠游客。"《鞏洛道中》:"嵩高雲氣晚嵯峨,清洛西風咽逝波。水色山光渾似舊,宋家陵墓夕陽多。"皆清遠之作,時見蒼勁。

朱彝尊《静志居詩話》卷六:"文清《讀書録》專以宋儒爲師,其詩有云:'吾意六籍外,尚多古人書。一朝秦焰烈,焚蕩無遺餘。掇拾煨燼者,補綴誠區區。訛闕固已多,盡信寧非愚。獨有群聖心,昭哉難翳如。多謝宋諸老,萬世開迷途。'宜於詩亦宗《擊壤》矣。而集中五言醇雅,有陶孟韋柳之風。予嘗謂宋之晦庵、明之敬軒,其詩皆不墮宋人理趣,未見有礙於講學,又何苦而必師擊壤派也?"

參考文獻：

1. 薛瑄《敬軒文集》,《文淵閣四庫全書》本,上海古籍出版社 1987 年版。

2. 孫玄常、李元慶、周慶義、李安綱點校《薛瑄全集》,山西人民出版社 1990 年版。

3. 孫玄常、李元慶、周慶義、李安綱點校《薛瑄全集》,三晋出版社 2015 年版。

4. 張廷玉等《明史》,中華書局 1974 年版。

5. 何喬遠《名山藏》,《四庫禁毀書叢刊》本,北京出版社 1997—1999 年版。

6. 過庭訓《本朝分省人物考》,《續修四庫全書》本,上海古籍出版社 2002 年版。

7. 焦竑《熙朝名臣實録》,《續修四庫全書》本,上海古籍出版社 2002 年版。

8. 李贄《續藏書》,中華書局 1959 年版。

9. 陳田輯撰《明詩紀事》,上海古籍出版社 1993 年版。

10. 朱彝尊《静志居詩話》,人民文學出版社 2006 年版。

11. 朱彝尊《明詩綜》,中華書局 2007 年版。

12. 錢謙益《列朝詩集小傳》,上海古籍出版社 2008 年版。

13. 黄宗羲《明儒學案》,中華書局 2008 年版。

（馬騰飛）

高穀傳

高穀，字世用，號育齋，揚州興化縣(今屬江蘇泰州)人，明洪武二十四年(1391)生。

李賢《古穰集》卷十二《工部尚書謹身殿大學士兼東閣大學士致仕高公神道碑銘》(以下稱《高公神道碑銘》)："先世居河南之懷慶，有仕宋者從高宗南渡，徙維揚，今爲高郵興化人。曾祖諱明，祖諱椿，父諱焯，俱以公貴，累贈少保兼太子太傅、工部尚書、東閣大學士。曾祖妣劉氏，祖妣王氏，妣黄氏，俱累贈一品夫人。高自上世以儒業相傳，至椿當元末避兵姑蘇，恐廢先業，有子四人，皆令從事詩書。洪武初復歸維揚，始占籍於興化。"

按，高穀先世河南，南宋初始徙於維揚興化。其祖避元末兵禍，遷於姑蘇，洪武初復歸興化。

李賢《高公神道碑銘》："庚辰，忽疾作，以正月十日終於正寢，距生洪武辛未三月十日，享年七十。"按，"洪武辛未"，即洪武二十四年，高穀生於此時。

張廷玉等《明史》卷一百六十九本傳："高穀，字世用，揚州興化縣人。"

《(萬曆)揚州府志》卷二十四："高穀，字世用，興化人，美姿儀，性謹樸。"

《(咸豐)重修興化縣志》卷八："高穀，字世用，一字育齋。"按，

“育齋”乃其號。

自幼秉承家訓，舉止老成。十歲入邑庠，劬力讀書。

李賢《高公神道碑銘》：“公自幼承家訓，舉止如老成人。父奇之，甫十歲，乃遣入邑庠，即能奮力於學。”

湯斌《擬明史稿》卷九：“十歲補諸生。”

永樂八年（1410），年二十，舉於鄉。

李賢《高公神道碑銘》：“弱冠遂領鄉薦。”

永樂十三年（1315）進士，入選翰林院，爲庶吉士。

李賢《高公神道碑銘》：“登永樂乙未進士，選入翰林，爲庶吉士。”

過庭訓《本朝分省人物考》卷三十：“永樂乙未進士，選庶吉士。”按，“乙未”，即永樂十三年。

焦竑《熙朝名臣實録》卷十《太保高文義公》：“永樂十三年進士，改翰林庶吉士。”

永樂十九年（1321），二月，授中書舍人。

《明太宗實録》卷二百三十四“永樂十九年二月”：“擢庶吉士周崇厚、高穀俱爲中書舍人。”

李賢《高公神道碑銘》：“辛丑，授中書舍人。”按，“辛丑”，即明永樂十九年。

《（萬曆）興化縣新志》卷六：“永樂十三年進士，改翰林庶吉士，授中書舍人。”

談遷《國榷》“永樂十九年”：“二月，庶吉士周崇厚、高穀、宋琰……並爲中書舍人。”

永樂二十二年(1324),升左春坊左司直郎。

李賢《高公神道碑銘》:"甲辰,升左春坊左司直郎。"按,"甲辰",即永樂二十二年。關於高穀任此職時間,《(萬曆)揚州府志》載:"二十一年,改春坊司直郎。"時間早了一年,恐誤。

鄧元錫《明書》卷一百十九:"二十二年,改春坊司直郎。"

《(萬曆)興化縣新志》卷六:"二十二年,改春坊司直郎。"

洪熙元年(1425),升翰林侍講。尋丁外艱。

李賢《高公神道碑銘》載:"洪熙改元,受敕階承務郎,未幾,以學行獨優,升翰林侍講。丁外艱,服除,還任。"

過庭訓《本朝分省人物考》卷三十:"未幾以學行獨優,升翰林院侍講。"

《(萬曆)興化縣新志》卷六:"洪熙初爲翰林侍讀。"

宣德九年(1434),主考順天鄉試。

李賢《高公神道碑銘》:"宣德甲寅,主考順天府鄉試,人服其公。"按,"甲寅",即宣德九年。

又按,主考順天府鄉試時間,亦有文獻記載云"宣德十年(乙卯)",如《本朝分省人物考》卷三十:"宣德乙卯主考順天鄉試,人服其公正。"《(萬曆)興化縣新志》卷六:"宣德十年,主順天鄉試。"

正統元年(1436),任經筵侍講官。

李賢《高公神道碑銘》:"正統改元。春,上初御經筵,少傅楊士奇等上言:經筵侍講官,必得學問貫通、言行端正者以供其職。遂薦公與苗衷、馬愉、曹鼐四人專侍講讀,賜三品章服。公每進講,敷衍詳明,聞者嘆服。"

過庭訓《本朝分省人物考》卷三十:"正統改元,英宗初御經筵,少傅楊士奇等上言：經筵講官必得學問貫通、言行端正者以供其職。遂薦穀與苗衷、馬愉、曹鼐四人專侍講讀，賜三品章服。”

《（萬曆）興化縣新志》卷六：“正統元年楊文忠公士奇薦公學術醇正，充經筵講官，賜三品服與修。”

正統三年（1438），預修《宣廟實録》。

李賢《高公神道碑銘》：“戊午，預修《宣宗實録》。成，進侍講學士。”按，“戊午”，即正統三年（1438）。

過庭訓《本朝分省人物考》卷三十：“戊午，預修《宣廟實録》。”

正統五年（1440），升侍講學士。

過庭訓《本朝分省人物考》卷三十：“成，進侍講學士。”按，據李賢《高公神道碑銘》可知《宣廟實録》完成後，升侍講。

《（萬曆）興化縣新志》卷六：“五年，升侍講學士。”

正統九年（1441），主考應天鄉試。

李賢《高公神道碑銘》：“甲子，復主考應天府鄉試，士無間言。”按，“甲子”，即明正統九年。

過庭訓《本朝分省人物考》卷三十：“甲子，主考應天鄉試。”

正統十年（1442），進工部右侍郎兼侍講學士，入内閣，典機務。

李賢《高公神道碑銘》：“乙丑，進工部右侍郎兼侍講學士，入内閣，知制誥。”按，“乙丑”，即明正統十年。

雷禮《國朝列卿紀》卷八：“高穀，直隸興化人，進士。正統十年十月，升工部右侍郎兼侍講學士，入閣。”

《（萬曆）揚州府志》：“十年，入内閣，升工部右侍郎，兼前職。”

《（萬曆）興化縣新志》卷六：“十年，升工部右侍郎。十一年，入内閣仍兼前職。”按，該志載其入内閣時間在正統十一年，有誤。

《明史》卷一百六十九本傳:“正統十年由侍講學士進工部右侍郎,内閣,典機務。”

正統十二年(1447),升通議大夫。

李賢《高公神道碑銘》:“丁卯,進階通議大夫。”按,“丁卯”,即明正統十二年。

過庭訓《本朝分省人物考》卷三十:“丁卯,進階通議大夫。”

正統十三年(1448),爲會試考試官。

王圻《續文獻通考》卷四十六:“(正統)十三年會試,命内閣學士高穀、翰林侍講杜寧爲考試官,取岳正等一百五十人。”

按,正統十三年戊辰科《會試録》一卷,高穀編。

正統十四年(1449),進工部尚書兼翰林學士。

李賢《高公神道碑銘》:“己巳秋,聖駕北征,命公留守。尋進工部尚書兼翰林學士。”按,“己巳”,即正統十四年。

雷禮《國朝列卿紀》卷八:“己巳秋,聖駕北狩,命穀留守。尋進工部尚書兼翰林院學士。”按,雷禮《皇明大政紀》卷十一,於是年“九月”條下載:“進直内閣陳循爲户部尚書,高穀爲工部尚書仍兼學士,商輅、彭時並進侍讀。”

過庭訓《本朝分省人物考》卷三十:“十四年己巳秋,聖駕北狩,命穀留守。尋進工部尚書兼翰林院學士。”

按,《明史》卷一百六十九本傳:“景泰初,進尚書,兼翰林學士,掌閣務如故。”《(萬曆)揚州府志》、《(萬曆)興化縣新志》亦載其進尚書時間在景泰元年。皆有誤。

景泰二年(1451),進少保,仍以尚書兼東閣大學士。

李賢《高公神道碑銘》:“辛未,朝廷以公望重,進少保,仍以尚書兼東閣大學士。”按,“辛未”,即明景泰二年。

過庭訓《本朝分省人物考》卷三十:“辛未,朝廷以穀望重進少保,仍以尚書兼東閣大學士。”

《明史》卷一百六十九本傳:“二年,進少保、東閣大學士。”

景泰三年(1452),加太子太傅,尋進榮禄大夫。

李賢《高公神道碑銘》:“壬申,兼太子太傅,公懇辭不允,尋賜階榮禄大夫。”按,“壬申”,即明景泰三年。

焦竑《熙朝名臣實録》卷十:“二年,進少保東閣大學士。明年,廢東宫爲沂王而立懷獻爲太子,公悲憤不敢争,加公太子太傅。”

景泰七年(1456),《寰宇通志》成,進謹身殿大學士,仍兼東閣。

李賢《高公神道碑銘》:“丙子,《寰宇通志》書成,進謹身殿大學士。”按,“丙子”,即明景泰七年。

《明史》卷一百六十九本傳:“七年,進謹身殿大學士,仍兼東閣。内閣七人,言論多齟齬。穀清直,持議正。”

天順元年(1457)二月,辭官歸里。

李賢《高公神道碑銘》:“天順改元,皇上復位,首召公慰諭而留之,其餘誅斥殆盡。公即上疏辭保、傅二職。時機務填委,公以衰老弗堪,懇乞骸骨。上以公舊人,方隆倚任,然憫其老,且重違公意,特允所請,賜白金、楮幣、織金襲衣,給驛舟送歸其鄉。復賜諭,有曰:‘日與親戚故舊徜徉邱園,展契闊之深懷,道朝廷之盛事。清風高致,足以勵廉而革貪;夙德雅望,足以敷化而導俗。則卿亦永有終譽焉。’士林以爲榮。”

按,關於改元,黄佐《翰林記》卷七載:“國初改元洪武,出自聖祖,睿裁繼世之後,始命翰林儒臣擬奏,擇而用之。太宗即位,始擬用永清,後乃用永樂,自是每朝紀年不復再改。蓋聖祖始謀之善,實前代所未有也。英廟復辟,召内閣高穀、商輅至文華殿,問曰:'今年號宜改否?'穀對曰:'周雖舊邦,其命維新,宜改新元年。'輅曰:'年號多與前代同者,臣等具數年號請上自擇。'上稱善。已而用徐有貞等言,用天順改元,或請去景泰,故號仍紀正統。"

《明英宗實録》卷二百七十五"天順元年二月":"工部尚書謹身殿大學士高穀請致仕,從之。賜之敕曰:'卿以智識文學,執經事朕,恭慎小心,積有歲年。今朕復正大位,圖任經筵舊臣,以緝熙聖學,以寅亮天工,而卿以老疾懇乞休致切,惟功成身退,乃天之道,故特賜允,以遂卿情。復遣敕諭意,並賜白金、楮幣、金織衣,給驛舟以送卿還其家。承之。"

明英宗《敕工部尚書謹身殿大學士兼東閣大學士高穀》:"卿以智識文學,執經事朕,恭慎小心,積有歲年。今朕復正大位,圖任經筵舊臣,以緝熙聖學,以寅亮天工,而卿以老疾懇乞休致,然投老之請,雖未至於引年而懷舊之私,實有切於朕意,惟功成身退,乃天之道,故特賜允,以遂卿情。復遣敕諭意,並賜白金、楮幣、金織襲衣,仍給驛舟,送卿還鄉。卿之歸也,日與親戚故舊徜徉邱園,展契闊之深懷,道朝廷之盛事。清風高致,足以厲廉而革貪;盛德雅望,足以敦化而善俗,則卿亦永有終譽焉。故敕。天順元年二月十三日。"

過庭訓《本朝分省人物考》卷三十:"天順改元英皇復位,首召穀,慰諭而留之,其餘誅斥殆盡。穀即上疏辭保、傅二職,時機務填委,穀亦衰老弗堪,懇乞骸骨上。憫其老特允所請,賜金幣、襲衣,給驛舟以歸。"

《明史》卷一百六十九本傳:"英宗復位,循、文等皆誅竄,穀謝病。英宗謂穀長者,語廷臣曰:'穀在内閣議迎駕及南内事,嘗左右朕。其賜金帛、襲衣,給驛舟以歸。'尋復賜敕獎諭。"

里居，杜門謝客。

《（萬曆）興化縣新志》卷六："公既歸田，杜門不接賓客，人有問及正統、景泰、天順間事者，輒不應。公官至臺鼎，而家業蕭然，敝廬廢田，僅足衣食。身歿未幾，子孫貧窶，其方毅端靖，潔廉無私，卓然有古大臣之風。"

《明史》卷一百六十九本傳："穀既去位，杜門絶賓客。有問景泰、天順間事，輒不應。"

天順四年(1460)正月，卒於鄉。

李賢《高公神道碑銘》："庚辰，忽疾作，以正月十日終於正寢，距生洪武辛未三月十日享年七十。"按，"庚辰"，即明天順四年。

陳建《皇明通紀集要》卷二十一"英宗睿皇帝"："庚辰天順四年正月，致仕工部尚書東閣大學士高穀卒。"

焦竑《熙朝名臣實録》卷十《太保高文義公》："天順初，以老疾乞歸田里，遂卒於家。"

過庭訓《本朝分省人物考》卷三十："越四年庚辰以疾卒，壽七十。"

成化初，贈太保，謚文義。

鄭曉《吾學編》卷八《太保高文義公》："成化初，姚文敏公既請謚，王佐、鄺埜又上言公鯁直不回，端亮有守，始以翰林學士侍英宗經筵，入内閣輔政，孜孜爲國，恪持公論。景泰間力主遣使迎鑾之議，及其還駕，獨建備禮郊迎策。天順初，以老疾乞歸田里，遂卒於家。進退有道，始終不渝，加之贈謚，庶表臣節，得贈太保，謚文義。"

過庭訓《本朝分省人物考》卷三十："贈太保，謚文義，天資簡重，操履清介，視義所在，勇於必爲，雖違衆不恤也。在位論薦，尤號得人。"

《明史》卷一百六十九本傳:“成化初,贈太保,謚文義。”

穀爲人清簡端直,以忠謹稱。

李賢《高公神道碑銘》附録:“升侍講學士,歷官已二十餘年。上任,公宴,猶以新花樣補綴舊錦袍,外人謂高學士錦上添花。仕至太子太傅,始終以清節著。成化間,提學婁侍御至興化,觀其居第卑隘,嘆曰:‘此所以爲高先生也。’”

項篤壽《今獻備遺》卷七:論曰:“黄文簡勤慎詳密,見危能安。高文毅廉靖端方,臨難不懼。迹其保護儲宫十年,瀕死力主迎鑾,以忠謹稱,可謂大臣也已。”

《(萬曆)興化縣新志》卷六:“廖道南曰:‘予讀國史,稱穀爲人高簡廉靖,不比匪人。’”

其妾生一子,其子生年不詳。

焦竑《玉堂叢語》卷八:“高穀夫人悍妒,無出,置一妾,又禁穀不容入寢。偶留陳循,談及此,夫人於屏後聞之,即出詬。循掀案作怒,以一棒撲,夫人仆地,因數之曰:‘汝無子,又不容妾,是欲絶高氏後也?吾當奏聞,置汝於法。’自是妒少衰,高得御妾,生一子峘,友人稱之曰:‘此陳公一怒之力也。’”

能詩文,著有《育齋詩集》《歸田集》《拾遺集》等。

李賢《高公神道碑銘》:“著有《育齋集》八十卷。”

《(嘉靖)淮揚志》卷十二:“《育齋詩集》二十卷,大學士興化高穀撰。”

《(萬曆)興化縣新志》卷九:“題《興化縣邑志初稿》高穀。”

陳田《明詩紀事》卷十一“高穀”條:“有《育齋集》十七卷,《歸田集》三卷,《拾遺集》一卷。”

弘治間其門人卞榮等輯其所著，刊爲《育齋先生詩集》十七卷，《歸田集》三卷，《拾遺》一卷，現存弘治四年（1491）李祓刊本，收詩約一千六百首（參李時人《中國文學家大辭典·明代卷》）。

參考文獻：

1.《育齋先生詩集》十七卷、《歸田集》三卷、《拾遺》一卷，明弘治四年李祓刊本。

2. 焦竑《國朝獻徵録》，明萬曆四十四年徐象樗曼山館刻本。

3. 雷禮《國朝列卿記》，明萬曆徐鑒刻本。

4. 歐陽東鳳修、嚴錡纂《（萬曆）興化縣新志》，明萬曆鈔本。

5. 楊洵、陸君弼等纂修《（萬曆）揚州府志》，明萬曆刻本。

6. 談遷《國榷》，中華書局 1958 年版。

7. 張廷玉等《明史》，中華書局 1974 年版。

8. 過庭訓《本朝分省人物考》，《續修四庫全書》本，上海古籍出版社 2002 年版。

9. 李時人編著《中國文學家大辭典·明代卷》，中華書局 2018 年版。

（王文榮　程水龍）

劉球傳

劉球，字求樂，後更字廷振，號兩溪。明江西吉安府安福縣(今屬江西)人。洪武二十五年(1392)生。劉氏先世家安福縣茨溪，後徙葛溪，故號兩溪。

何喬遠《名山藏》卷六十三《臣林記》之《劉球傳》："劉球，字求樂，更字廷振。安福人也。嘗避難隱居姚江數年，從學者甚衆。"按，安福縣屬河西吉安府。

湯斌《潛庵先生擬明史稿》卷十《劉球傳》："劉球，字求樂。安福人也。"

程敏政《皇明文衡》卷九十八曾鶴齡《同年劉君易字序》："父名友字，古之道也。字弗當於義，弗諧於韻，友之過也。知其過而不與之正，則吾徒之過與向者之友均矣。一日，公退之暇，修撰尹君鳳岐、陳君叔剛、孫君曰恭、主事洪君宗器坐予家閲文字，中有謂禮部主事劉球求樂者，尹君笑曰：'求樂'之'樂'當讀爲'音樂'之'樂'乎？抑'益者三樂'之'樂'乎？'樂而不淫'之'樂'乎？將安所適從？……孫君退遜久之，乃曰：球，音屬石，石之精華者爲玉，故或以玉代石，鄒孟氏曰'玉振之也者，終條理之事'是也。今九成之樂奏於天廷，而以玉振之，具有顯徵，宜易以廷振，庶與其名相成焉。尹君曰：然。坐客皆曰：然。……以告劉君，君曰：'竊懼未稱耳！誠以見呼，敢不唯唯。'予退，復思之，劉君策上第，列職春官，又舉入經筵,兼太史,所歷皆禮樂之地,非球之廷振而何? 夫豈吾徒得願望之而然邪! 從而易焉,則天下之士不謂吾徒爲諛。因序而請劉君易之,謂凡相稱謂者悉之。"

程敏政《皇明文衡》卷九十六周叙《哀劉兩溪辭有序》:"兩溪,諱球,字求樂,一字廷振。兩溪者,其弟子尊稱之詞,世家安成茨溪,後徙家之葛溪。"

劉球《兩溪文集》卷首劉定之《兩溪文集序》:"兩溪者,故翰林學士謚忠愍劉公存日所自號也。公先世家安成茨溪,繼徙邑葛溪,自號不忘其先,孝也。"

焦竑《國朝獻徵録》卷二十彭韶《翰林院侍講承直郎贈翰林院學士謚忠愍劉公球傳》(以下稱《劉公球傳》):"癸亥夏,雷震奉天殿鴟吻。詔求言,時麓川再叛,發兵往征之。公復陳十事,一言'宜親政務,權不可移於下'。大監王振覽之,怒,欲置之法,適編修董璘自陳願爲太常卿,得罪振,令錦衣指揮馬順深探其獄,謂公晝此謀,陛前捽去,公見刑,不知所謂,但曰:'死訴太祖太宗。'遂死於獄,年五十二。"

按,癸亥爲正統八年(1443),劉球卒於是年,其卒時年五十二,推其生於洪武二十五年。

陸心源《三續疑年録》卷六:"劉求樂,五十二。球生於洪武二十五年壬申,卒正統八年癸亥。《明琬琰集》後。"

查繼佐《罪惟録》(《四部叢刊三編》本)之列傳卷十三上:"劉球,字求樂。江西安福人。祖譓,以進士官大行,遣使絶域,爲所拘留,欲降之,妻以女,不屈見害。一傳文懿宣,再傳球。……子鉞、釪。"

少習《春秋》,入邑庠爲弟子員,與劉自禎等朝夕力學。

《兩溪文集》卷十三《墨莊劉氏重修族譜序》:"余少習《春秋》,

竊宋集賢學士臨江荻斜劉公是先生所爲《意林》《權衡》,已慕其有功於經。"

《兩溪文集》卷九《送劉教諭赴中牟詩序》:"因憶永樂中,予始入邑庠,爲弟子員,嘗約二三同志力學於講堂之東偏,朝夕更相飭勵,以期於成,自禎與焉。"

永樂十九年(1421),中進士,旋乞恩歸省。家居讀書講學,從學者甚衆。

鄧球《皇明泳化類編》忠烈卷一百十一《劉球傳》:"其學邃於《春秋》,中永樂辛丑會試第四名,登二甲三十名進士。是年五月,乞恩歸省。"

雷禮《皇明大政紀》卷八:"是科薛瑄、劉球、于謙爲世名臣。"

按,據《皇明三元考》卷二"永樂十九年辛丑科"載,是年主考官爲右春坊大學士楊士奇、侍講周叙。

《兩溪文集》卷十二《諸生分别詩序》:"聖天子在位之十九年,既賜球等進士出身,又還之家,俾讀書俟選用。球自荷恩命來,於外事略不省理,惟僻居之西隅,羅百書籍,日呻吟呫嗶其中。明年,受家嚴君教曰:'學不徒欲善己,貴有以及物也。汝成名來鄉里,而教不人沾,於物何所及哉?彼姻舊子弟有來學者,宜不問其倖入有無,一供給其舍榻飲膳之需,以獎誘其成材可也。'由是四方來講經質疑義者相繼,其始終在門請業則有彭貫、劉菁、李時、歐陽武、劉温良、奇桂勝暨從弟玭、從子鑒十人焉。又明年冬,球以徵命下,行色日僦,弗暇及講學事,諸生慨失所仗,將告去,十人者乃取韓文公'人之能爲人,由腹有詩書'之句分韵賦詩,交贈其别,且相戒以無廢所學,來請球叙。"

按,《明史》卷一百六十二本傳云其"家居讀書十年",蓋自中進士歸家算起,直至宣德五年(1430)赴京入仕。其間,球亦有赴京之行。《兩溪文集》卷十五《上東里楊先生書》:"球行未達京,而先君訃至,歸,服喪。"

鄧球《劉球傳》云:"洪熙改元,起入京,比至張秋鎮,以父喪歸。宣德丁未,服闋,遂立家規,嘗羡江州陳氏之風,毅然欲武之以敦睦云。戊申秋七月,立祠堂,置祭田,遂考《朱子家禮》而參著五款行之。"

宣德四年(1429),中秋宴會,探韵賦詩。

《兩溪文集》卷十《中秋宴會詩序》:"宣德四年秋八月,霖雨既霽,天廓風清,余乃會客,賞中秋節於西朝房。時李檢討克述奉旨將南歸,劉教諭金鉉秩滿自蜀至,國子生周志謨、劉自省來自故鄉,王教諭忠佐將之杞,劉教諭自禎將之中牟,皆在會,列尊俎,具陳醴饌序進。予欲與客爲歡,客乃從容於故舊之序、禮文之講,雖數易令而飲,皆不盡量,必俟月出東方,然後探韵賦詩,各引觴以期於醉,而無一人至亂失儀者,可謂樂而有節矣。……因集録所賦詩,得十四篇,其十篇皆客所賦,又四篇則予及子弟爲之,復序其端,以彰是會之有德。"

明年,除禮部儀制司主事。

鄧球《劉球傳》云:"庚戌,入京觀禮部政。是冬,除禮部儀制司郎中,因取前後條例類爲帙,以便披閱,禮制粲然具矣。"

彭韶《劉公球傳》云:"擢禮部儀制主事,取前後條例類輒爲一帙。於是,禮儀制度不煩考索,一檢閱之,頃可盡得之。"

宣德九年(1434),受命奉使西蜀,同邑之士於七月二十五日宴會,賦詩贈别。

鄧球《劉球傳》云:"甲寅秋九月,奉命治蜀府喪,厚遺,皆拒不受,少師楊士奇、尚書胡濙皆雅敬焉。”

李時勉《古廉文集》卷四《中元日燕送劉主事序》云:“吾邑之士在京師者,每時節燕會常二十餘人。今年自伏日以來,或使於四方,或受職外任以去,至中元之會猶十四五人焉。是會也,禮部儀制主事鮑時博實主之。以予有上陵之行,故停以待。及予歸,又連有國忌,至是月之二十有五日,始會衆賓合燕於其第。而儀制主事劉君求樂適有奉使西蜀之命,酒半,時博曰:‘燕會,常事也,然有所賦咏。今劉君行在即,盍亦以是爲餞而賦詩以贈之乎?’衆咸曰然。於是取杜少陵詩‘主人送客何所作,飲酒賦詩殊未休’二句各分一字作五言八韵詩一首。既成,時博又以序屬予。”

按,鮑時博,《兩溪文集》卷九《送鮑時默南歸序》云:“吾與鮑氏居同邑,於時博官同寮。”知其爲江西吉安府安福縣人。

吴節《吴竹坡先生詩集》卷二《送永樂劉春官典蜀府喪禮》:“秋色淡雲漢,客臺墮飛梧。揆時念同輩,歡會日已疏。况兹春官彦,駕言適成都。親藩謝鐘鼎,國典在所敷。皇命既祇肅,朋情正紆徐。冠裳倏來覲,取别城南隅。嘽嘽汗血馬,躍躍朱輪車。西行慎秉禮,樹德昭良謨。”

《兩溪文集》卷十三《端午宴會詩序》:“吾邑人居京師而時節有會者,常事也。宣德乙卯春,以國有喪罷之,及再祥也,而後復焉。是歲,端午會者十有五人,而主治具者,余也。雖敝廬不廣,又無遠方珍奇之味,與夫華麗之觀、絲管之奏,然牖户夙滌,熏風時來,果餚隨宜,蒲觴角黍,又應時薦,亦足以娱令節。……竊思余自庚戌之歲入京,至明歲冬始有鄉會,當時預者十餘人,又明歲增至十四人,又明歲至二十人,未幾會罷,而預者亦或遷,或調,或歸,或没,及今復會,則坐中能言向時事者不過五六人焉耳。雖學士古廉李先生風采如故,猶以子喪未預,而後至者乃倍其舊焉。……因録諸君所賦，並序以文，非徒以夸今日之樂，亦將以繫後來之思。"按，宣德乙卯，即宣德十年(1435)。

正統元年(1436)，薦侍經筵，與修《宣宗實録》。

舉薦劉球者，有兩説。一説是胡濙。《明史》劉球本傳云："胡濙薦侍經筵，與修《宣宗實録》，改翰林侍講。"《殿閣詞林記》卷六《贈學士謚忠愍劉球》云："正統初，開經筵，濙首薦之。"彭韶《劉公球傳》云："正統初，詔求文學之臣。濙首以公薦，預修《宣廟實録》。"

另一説是"西楊"楊士奇。成化年間新喻胡榮云："正統初，東里楊先生薦之入講經筵，預修國史。"(《兩溪文集》卷末《書劉忠愍公文集後》)尹守衡《皇明史竊》(明崇禎刻本)卷八十六云："正統元年，西楊薦侍經筵，與修《宣宗實録》。"

按，《明通鑑》卷二十二云："(正統元年)二月，始開經筵，從大學士楊士奇等之請也……丙辰，命太師英國公張輔知經筵事，大學士楊士奇、楊榮、學士楊溥同知經筵事，少詹王直、王英，侍讀學士李時勉、錢習禮，侍講學士陳循、侍讀苗衷、侍講高穀、修撰馬愉、曹鼐兼經筵官，翰林、春坊儒臣分直侍講。經筵定儀注自此始。"據此來看，楊士奇薦球亦有可能。

三年(1438)，遷翰林院侍講，冬至日宴會，分韵賦詩。

《明通鑑》卷二十二云："(正統三年四月)是月，宣宗皇帝《實録》成。楊士奇、楊榮俱進少師，溥進少保兼禮部尚書、武英殿大學士，餘升賞有差。"

鄧球《劉球傳》云："戊午，《實録》成，進侍講，食五品俸，賜白金、文綺。"按，"戊午"乃正統三年。

《兩溪文集》卷九《戊午冬至宴會詩序》云："置酒於西長安直廬，主爲迎長之會者，景陵太尹楊君懷忠也。夫按節爲會，乃吾鄉人居京師者相與叙其情、行其禮、宣其和樂以忘其故土之思也。何爲而主之太尹耶？太尹，吾鄉老成人也，去京師五六年來，課其績，得復與吾曹聚首於久别渴思之餘，而適當長至，欲因是會以論道故情，是以主之也……已而，客與子弟十數人褒衣束帶，接踵及門，尊者席於堂，卑者席於外，席於堂者指使，席於外者順旨，此言彼應，交得其歡。是日旦暮，欲輟未能，乃繼以燭，莫不盡醉而後歸。故事：會必分韵賦詩，以文其敬。至是以太尹之故，無分少長，無不喜而賦之，是以長章短篇，所以咏歌其懷而形容其樂，又皆洋洋焉，各極其能。”

正統五年(1440)八月，在京師李時勉處，預槐陰文會。

《兩溪文集》卷四《槐陰文會記》：“翰林學士李公有圃林，在都城西隅完顔金故城之下。正統五年八月，公因廣東僉事彭君毓敬來考績，約予暨編修吴君與儉以暇日俱往游焉。至期，公肩輿先發，其子艮邀其同門友五人偕往。比至圃舍，公見諸生儀觀並雅，又與其子游，欲以文字課其所能而勵其所未至。圃傍有張老人者探知其意，即具几席，肅迎至家。公顧其庭有古槐二株，皆大數圍，柯葉繁盛，垂陰茂密，指謂諸生曰：‘兹非爾曹踏槐之兆耶？’乃布席坐其下，課以四書講義。予三人繼至，則諸生文已就篇，公復命僉憲發經論策題，使備三場之作，諸生得題，又欣然構思。予三人侍公行圃中一周還，坐槐陰以臨之，老人亦時出茗果以助諸生之勤。逮日過午，公遂設筵觴予三人，以諸生執筆不得離次，分筵就之，而杯酌通行，上下交歡，諸生且飲且思，未卒宴而卷已畢呈。惟艮一人習書經，而文最先，公意其有宿構，更其題，至是亦成。合諸卷而程之，皆蔚然有章而不謬於理。公喜且勖之，曰：‘由是而進不已，何患文不中時選，學不與古期耶？’其勉毋懈，諸生亦皆自快，如得意場屋中。然私相語曰：‘今日之會，盛會也，不可以無述。’因各賦詩一篇，明日以呈，公冠其題曰槐陰文會。”

按，翰林學士李公乃李時勉，吴與儉，即吴節，廣東僉事彭君毓敬乃彭琉，三人皆江西安福人。

正統六年(1441)，朝廷議徵兵十二萬南征雲南叛首思任發，球上《諫伐麓川疏》，以爲不可過度用兵西南，當以防守西北爲要。其後又上《請罷麓川之征奏》，反對增兵，而應該以屯田之法圖之。皆不納。

《明實録》之《明英宗實録》卷七十五："正統六年春正月己亥朔……戊午……行在翰林院侍講劉球言：帝王之馭夷狄，必寬宥於其小而謹防於其大，所以適緩急之宜爲天下久安計也。故周伐崇不克，即退修德教以待其降。至於玁狁，則命南仲城朔方以備之。漢征南越不利，即爲罷兵，賜書以通好。至於匈奴，雖已和親，猶募民徙居塞下。……一則因便諭以禍福，撫其向化，明加賞罰，責以成功，如此，將不煩大兵而寇自可服。至於西北邊境，及今無事，宜敕諸將及參贊文臣巡視，塞垣當築者作之，溝澗當浚者浚之，城堡烽堠當增修者皆增修之。仍勤訓練、廣儲蓄、利器械、嚴守望，凡備邊之事悉令修舉，以防不虞。是誠國家萬萬年太平之計也。章下行，兵部覆奏，以爲麓川之征已有成命，難允所言。"按，該疏又載陳子龍編《皇明經世文編》(明崇禎平露堂刻本)卷三十一，名《諫伐麓川疏》。

湯斌《劉球傳》："正統六年，王振用事，欲立威邊方，用兵部尚書王驥遠征麓川，球抗疏言：麓川荒遠，即叛服不足爲中國輕重。今脱歡、也先并吞諸部，深謀入寇，大臣捨門庭之近，圖邊徼之遠，非計之得也。請罷麓川兵，專事西北。……又不報。"

黄光昇《昭代典則》(明萬曆二十八年刻本)卷十五："壬戌七年……翰林侍講劉球疏云：臣聞王者之師不騁忿於一快，必慮勝於萬全。所以無敗事而有成功也。今者中外大臣議，欲益兵十二萬於雲南邊境,以俟麓川殘寇思任發來降乃罷,否則攻之。……伏望皇上憫臣愚昧,察臣所言,如果無害於事、有益於國、可便於民,則請罷益兵之議,行屯田之令。仍敕所司選將命官,各務得人,授用給賞,必存至公。毋應故事而已。"

《兩溪文集》卷二《請罷麓川之征奏》:"聞王者之師,不逞忿於一決,必慮勝於萬全,所以無敗事而有成功也。今者中外大臣議,欲益兵十二萬於雲南邊境,以俟麓川殘寇思任發來降乃罷,否則攻之。臣竊以爲是則徒欲逞忿而非萬全之慮也。向者大兵兩蹴寇境皆不得大逞而還者,蓋以其地僻遠,阻山跨谷,道途險塞,又有瘴毒之患,中土之士被甲持杖、負糧荷芻,越數千里而至彼,疲困不堪,飲食不充,水土不習,疾病薦生,又驟與敵遇,故未交鋒而剛猛敢鬥之氣十已消其七八,兼以將帥不和,行師失律,所以無功,誠非兵少所致也。今雖益兵,然彼險遠如故,分道以進則山廣而援不接,并力以攻則地隘而衆莫容,是皆兵法所忌。况寇以逸待勞,窺測形勢,得便則出抗王師,失利則遁入溪谷,豈不坐老我師。若但宿兵境上以待其降,尤爲不可。……因雲南見操之兵,或益以附近萬餘,分屯邊沿地方,厚其糧賞,給以農用之物,務使兵民相安,以耕以守,仍通好於木邦、車里諸夷以爲外援,俟寇出没,即加剿攘。倘其服辜,則以禮納,或終不悛,則三二年後,糧積有餘,士卒熟其向道,别議大舉,仍詔雲南郡縣及各土官,使明知聖意,欲暫息兵休民,將圖後舉。是雖不能速於成功,亦必不致敗事。伏望皇上憫臣愚昧,察臣所言。如果無害於事、有益於國、可便於民,則請罷益兵之議,行屯田之令。仍敕所司選將命官,各務得人,授用給賞,必存至公,毋應故事而已。"

在京期間,與文酒之會,賦詩作序。

《兩溪文集》卷十《中秋燕會詩序》:"居京師而樂文酒之會,爲吾鄉故爲。然會而遇有遠來之客,則是會也爲尤樂焉。辛酉之歲,陽朔萬縣尹季丙以課績至,順義王廣文善廣以終喪至,適近中秋之期,編修與儉謂廣文其内兄也,縣尹其同年友也,會不可不主其家。至日,酒筵盛張,衆賓畢集。……故凡在席者無不醉,醉亦不至愆禮而失德,乃循故事,分韵賦詩,詩成而屬余序。"

按,辛酉,乃正統六年(1441)。

李時勉《古廉文集》(文淵閣《四庫全書》本)卷四《七夕宴會詩序》:"七月朔旦,始大開朗,咸謂今秋七夕,銀漢庶其可見也。及期,禮部主事陳鉉當設會,適有五嶺使命。於是邀同鄉之士凡十有六人,合燕於其家。……而大風忽起,陰雲四合,雨意近在眉睫,衆復默然。主事劉求樂曰:'諸公但速爲詩,詩成雨自不至,不然杜少陵何以曰"片雲頭上黑,應是雨催詩"乎? 諸公慎無憂。'於是,主人懼客之散也,促爲酒令行酒甚急,諸公亦操紙筆競書,詩成雨亦不至。衆又舉杯劇飲,醉然後歸。明日,國子上舍左璇輯其詩爲大軸,謂予宜爲序。"

按,文中稱劉球爲主事,則此會舉行於正統三年(1438)前。

李時勉《古廉文集》卷四《九日賞菊詩序》:"予在北京,復居城西,又十稔矣。始構屋數楹於其東偏,以爲延客之館。前有隙地,種菊數十株。時惟九日,繁英欲吐,秀色可愛,遂邀鄉曲之士之在京師者相與燕集而賞之。……春官主事劉求樂以爲今日之會不可以無述,衆咸曰然。於是分題賦詩,而行不輟酒,既闌而詩亦成。會者鄉先生吴良善存,監察御史王讓體良,禮部員外郎鮑時時博,主事陳鉉會鼎,翰林編修吴節與儉,檢討李紹克述,信宜學諭尹遜恒遜,浦城學諭彭素三白,進士彭貫進唯、戴相延器、劉鉞仗德。洎予與求樂凡十有三人,時幼子艮初冠,侍酒尊俎間,亦令拾題得咏菊。"

按,文中除劉球官春官主事,則此會亦舉行於正統三年(1438)前。

正統八年(1443)四月,雷震奉天殿,應詔陳言十事,忤王振,逮繫詔獄死。

按,球所陳十事大略載於《明史》劉球本傳。《兩溪文集》卷二亦有《雷震奉天殿鴟吻奏請修省疏》。所謂十事,即"勤聖學以正心德""親正務以總權綱""别賢否以親正士""選禮臣以隆祀典""嚴考核以督吏治""慎刑罰以彰憲典""罷營作以蘇人勞""寬逋賦以憫民窮""息兵威以重民命""修武備以防外患"。

羅洪先《念庵文集》卷十三《劉忠愍公死事狀》:"鄉人錦衣指揮彭德清往來王振門下,頗用事,諸公卿率趨謁而公獨不爲禮,彭銜之。會公上疏,彭欲假以相報,乃激振曰:劉某疏中'權不下移'之言,暗指公也。振既大怒,而公疏中嘗言'太常不可用道士,宜以進士處之'。未幾,編修董璘自陳願爲太常少卿,振因誣公與璘同謀,故先以言爲璘地,並逮下獄,已而陰嗾錦衣衛使馬順以計殺公。順是時掌衛事,一日五更,携一小校推監門入,公與董璘同卧,小校前持公,公知有變,大呼曰:'太祖太宗之靈在天,汝何得擅殺我?'小校持刀斷頸,流血被體,屹立不動。順走前舉足踢倒,因曰'如此無禮',遂支解之,裹以蒲包埋衛後空處。董從旁匿其血裙,數日密歸公家,家人始知公死,乃以血裙爲櫬歸葬。……而洪先讀先行人如墉《手記》,公下獄在正統八年六月十二日,至二十一日而變作,二十三日家人始得聞之,又二日乃敢發喪。當是時,親朋無相吊者,逾月而歸。此事固秘,莫得其詳。公家諱祭自二十一日後連三舉,蓋亦疑之,不知實二十一日也。"

夏燮《明通鑑》卷二十三:"(正統八年)夏,四月……戊寅,雷震奉天殿鴟吻。上輟朝祭告,敕修省,求直言。……侍講劉球,應詔陳十事……疏上,王振益惡之。六月丁亥,下翰林侍講劉球於獄,王振尋使人殺之。”

廖道南《殿閣詞林記》卷六《贈學士謚忠愍劉球》:“廖道南曰:仲尼有言:‘志士仁人,無求生以害仁,有殺身以成仁。’夫球之志於仁也,務引君以當道,慷慨激烈,首論額森之必寇,繼發王振之奸邪,身就斧鑕,殺身成仁。卒之乘輿播遷,中原板蕩,雖野厭王振之肉、廷暴馬順之屍,竟亦何益?嗚呼!有天下者可以鑒矣。彭韶贊曰:於惟忠臣,詞林之英。沉思力學,好義勇行。太阿倒持,執命腐刑。乞戒履霜,勿致堅冰。不售蒙難,乃險而傾。褒贈官階,節惠易名。凜凜大節,萬世猶生。”

邵寶《容春堂集》(文淵閣《四庫全書》本)前集卷六《讀成布衣祭忠文》:“萬古興亡泪滿箋,一壇遥憶祭忠年。大書筆在憑誰執,高調歌沉待我傳。無地可投湘水裔,有天應照越山顛。布衣閔世尤堪吊,何處松楸是墓田。”題注云:“成器,餘姚人。正統末,聞劉忠愍死獄,即邑中龍泉山頂爲文祭之,祭畢,以餕頒諸同志。其文歷述古今權奸之禍,凡二千餘言,人謂之祭忠文。今其地謂祭忠壇。”

正統十四年(1449)九月,景泰帝即位,十月,帝憐球忠,贈翰林學士,謚忠愍,立祠於鄉。

《明實録》之《明英宗實録》卷一百八十四:“正統十四年冬十月戊申朔……贈故翰林院侍講劉球爲翰林院學士,謚忠愍。故永豐縣知縣鄧顒爲光禄寺少卿,謚恭毅。各遣官賜祭,命祠於鄉郡。”

劉球有二子:長鉞,次釪。先後成進士,鉞官廣東參政,釪官雲南按察使。

見《明史》劉球本傳。尹守衡《皇明史竊》卷八十六:“球有二子:長鉞,次釪,皆篤志士也。痛抱父冤,遂絶意仕進,兄弟閉門養母十四年。上北狩虜,殺振,朝士廷裂順。景帝憐球忠,追贈翰林學士,謚忠愍,於是撫臣楊寧乃召二子慰勉之曰:先公忠義已顯白,子可出而仕矣。兄弟乃出應舉,釪是秋遂舉鄉試第一,尋與兄鉞先後登進士。鉞官至廣東參政,釪選翰林庶吉士,授御史、浙江提學副使,升雲南按察使。”

按,吴節《吴竹坡先生詩集》卷四有《有懷兩溪直士四首》,痛悼劉球。

球自幼穎敏,讀書輒能成誦解義。論文主乎理,以爲道爲文之本。

鄧球《劉球傳》:“自幼穎敏,讀書輒能成誦解義。性孝友廉潔,凡持論多慷慨處。”

《兩溪文集》卷十五《答士元書》:“雖然文主乎理,理載於書而應乎心,心罔玩其書則理罔由明,理未明則文罔克工,韓子所謂必有諸其中者是也。以足下之聰明天與,見聞日增,誠欲其文之合於時而高於時,則莫若究極其理,理不外在,唯平其心以求之於經,加之以孔曾思孟之書,與夫百子史之説,循環而誦之,早夜以思之,不中止,不疾成,不爲外物奪,章搜而句得之,使片辭隻字,皆由中出,則其來也必源源乎有本,滔滔乎不竭矣,尚何患其不合於時而不高於時哉?果能是,則視凡今之謬戾者殆將覆瓿,其何能少留於心目間歟?”

《兩溪文集》卷十三《雙峰先生文集序》:“有令德其中者,不能不文於外。文者,宣播其德之具也,不有其德而曰文足以追古作、名後世,非誣即謬,皆不足與言文也。有追古名後之文浩乎與江河同其流,皦乎與雲漢争其輝,鏗乎與金石抗其音者,皆非末沿外襲所能爲,必有德焉爲之本。德有大小,而文之淺深高下隨之,故曰:有德者必有言。”

《兩溪文集》卷九《復樸稿序》:“蓋古之文所以高於今者,以其道高於今，而文隨之也，必由其道而後能其文，韓子所謂學古道則兼通其詞是也。"

撰有《兩溪文集》，爲文和平雅潔，無浮靡怪誕之習。

丁仁《八千卷樓書目》(民國間印本)卷十六集部："《兩溪文集》，二十四卷，明劉球撰，乾隆刊本；《兩溪文集》，二十卷，明劉球撰，《乾坤正氣集》本。"

《四庫全書總目》卷一百七十《兩溪文集》提要："是編皆所作雜文。球殁後二十八年，其子廣東布政司參政鉞所編，彭時、劉定之皆爲之序。當王振盛時，侯伯公卿，惴惴趨風恐後。而球以一文弱詞臣，仗大義以與之抗，至死屹不少撓。沈德符《野獲篇》記其見害之後猶爲厲於馬順家。《明史》亦載其事於本傳。是其剛毅之氣亘生死而不可磨滅。今觀其文，乃多和平温雅，殊不類其爲人。其殆義理之勇，非氣質用事者歟！然味其詞旨，大都光明磊落，無依阿澳涊之態，所謂君子之文也。雖殘章斷簡，猶當寶貴。况全集裒然具存，固宜亟爲采録，以風厲名教者矣。"

《兩溪文集》卷首彭時《劉忠愍公文集序》："惟公之文步趨聖賢之途，根本道德之實，嚴整雅潔，無一浮靡怪誕語，若此者自足以取重於世。加之死於忠諫，其精神耿耿乎天地間，凌厲山岳，蕩摩日月，與寒暑俱運而無窮，其所以增重斯文者有在。人將視爲商敦周鼎而寶重之，雖微予言，可必傳於世無疑也。"

《兩溪文集》卷首劉定之《兩溪文集序》："時在院以文鳴者，吉郡最多，公居其間，金舂玉應，鯨鏗鰲答，光前偉後，爲二三元老宗工所重。……公議論正大，動以古賢哲爲歸，以子孝臣忠爲榮，此其素心也。心以學經經以爲文，其本深矣。觀《兩溪文集》者，其宜以是求公焉。"

《兩溪文集》卷末張瑄《題兩溪先生文集後》："今觀先生之文，

皆自其胸中浩然之氣發而爲忠義正大之詞,豐縟而不失之泛,簡約而不失之略,寄至味於平淡,寓纖穠於高古,視彼夸毗無實、大言無當者,奚翅霄壤。信乎,有德者必有言,仁者必有勇矣!”

參考文獻:

1. 劉球《兩溪文集》,《四庫提要著録叢書》集部第263册影印明成化六年劉鉞等刻本,北京出版社2010年版。

2.《明實録》,臺灣“中央研究院”歷史語言研究所1962年校印本。

3. 張廷玉等《明史》,中華書局1974年版。

4. 廖道南《殿閣詞林記》,《叢書集成續編》本,上海書店出版社1994年版。

5. 湯斌《潛庵先生擬明史稿》,《四庫未收書輯刊》本,北京出版社1998年版。

6. 夏燮《明通鑑》,岳麓書社1999年版。

7. 何喬遠《名山藏》,《續修四庫全書》史部,上海古籍出版社2002年版。

8. 焦竑《國朝獻徵録》,《續修四庫全書》史部,上海古籍出版社2002年版。

9. 陸心源《三續疑年録》,清光緒五年刻本。

10. 鄧球編《皇明泳化類編》,《明代傳記叢刊》本,明文書局1991年版。

11. 程敏政《皇明文衡》,《四部叢刊初編》本,上海書店1989年版。

12. 羅洪先《念庵文集》,《景印文淵閣四庫全書》本,臺灣商務印書館 1986 年版。

13. 吴節《吴竹坡先生詩集》,《四庫全書存目叢書》集部第 33 册,齊魯書社 1997 年版。

（張明强　汪孔豐）

劉鉉傳

劉鉉，字宗器，號假庵，蘇州府長洲人。洪武二十七年(1394)生。

焦竑《國朝獻徵録》卷十八李賢《中順大夫詹事府少詹事贈禮部左侍郎謚文恭劉公鉉神道碑》(以下稱《劉公鉉神道碑》):"公諱鉉，字宗器，號假庵。其先汴人，宋南渡時徙家於蘇，遂爲長洲人。曾祖元善，號雪樓。元末兵亂，嘗率其豪賢以障鄉井，里人德之。祖德讓，洪武中以明經爲沛縣儒學教諭。考中興，隱德不仕，用公貴，贈徵仕郎中書舍人，妣陸氏贈孺人。""公生洪武甲戌八月二十日，卒天順戊寅十月六日，享年六十有五。"

過庭訓《本朝分省人物考》卷十八:"劉鉉字宗器，長洲人。"

何喬遠《名山藏》卷六十四:"劉鉉字宗器，長洲人。"

明錢穀《吴都文粹續集》卷三十九高穀《劉文恭墓志銘》:"公諱鉉，字宗器，姓劉氏，號假庵。其先汴人，高祖順之，元爲平江路榷茶提領，家於蘇，因占籍長洲焉。曾祖元善，號雪樓。祖德讓，國朝沛縣儒學教諭。考仲興，贈中書舍人。"

吴寬《劉文恭公文集序》:"劉爲吴中世家，自宋以來以儒宦相承。入國朝，值家中衰，而公居貧力學，未嘗降志。"

張廷玉等《明史》卷一百六十三《劉鉉傳》:"劉鉉字宗器，長洲人。"

按，《劉文恭公詩集》卷首有《劉文恭公行實》，收録《國史》《大明一統志》《蘇郡志》,及李賢《神道碑銘》、高穀《墓誌銘》、錢溥《傳》、王鏊《守溪筆記》、葉盛《水東日記》、劉定之《保齋存録》,紀其行實悉備。

少孤,事母孝。數歲,入鄉塾,輒有志向學。未冠,即授徒里中,從之者甚衆,其言動規模如宿儒。

李賢《劉公鉉神道碑》:“公生彌月而孤,數歲入鄉塾,輒有志向學,雖衣食粗糲,弗顧也。未冠即授徒里中,從之者甚衆。其言動規模如宿儒,鄉之長者皆折輩行與交。性孝友,母遘疾,刲腕肉以進,旦夕籲天求代。比没,哀毁垂絶者再,見者莫不感嘆。事兄若嚴師,雖加楚毒,不敢怨。迎寡姊養於家。從父没而絶嗣,公以父命出繼之。”

過庭訓《本朝分省人物考》卷十八:“劉鉉字宗器,長洲人。生彌月而孤,數歲入鄉塾,輒有志向學。未冠,即授徒里中,從之者甚衆,其言動規模如宿儒。母遭疾,刲股肉以進,旦夕籲天求代。比没,哀毁垂絶,見者莫不敬嘆。事兄若嚴師,雖加楚棰不怨。迎寡弟養於家,從父没而絶嗣,以父命出繼之。”

高穀《劉文恭墓志銘》:“公生五月而失怙,爲母陸孺人所鞠。稍長,即知向學,嗜好异於衆。授徒里中,已有老師宿儒之譽。”

何喬遠《名山藏》卷六十四:“彌月而孤,未冠,授徒里中,刲股養母。”

張廷玉等《明史》本傳:“生彌月而孤。及長,刲股療母疾。母卒,哀毁,以孝聞。”

永樂十七年(1419),以善書徵入翰林。明年,中京闈鄉試,授中書舍人,再進學士。

李賢《劉公鉉神道碑》:“永樂戊戌,以善書徵入翰林。明年中京闈鄉試,未上春闈,授中書舍人。"

《劉文恭公詩集》卷首《劉文恭公行實》引《國史》:"永樂間徵入翰林,領京闈鄉試,授中書舍人。"

廖道南《殿閣詞林記》卷六:"幼習楷書,選翰林秀才。"

高穀《劉文恭墓誌銘》:"永樂中,以善書徵赴京師。時予爲翰林庶吉士,因相麗益,往來甚密。庚子秋闈,公以《易經》先多士,人益高其才識。未及會試,拜中書舍人。"

吴寬《劉文恭公文集序》:"永樂間竟取科第,入翰林,益篤於學,纂修、講讀皆稱其任。"

何喬遠《名山藏》卷六十四:"永樂中,以善書徵入翰林,筆法温媚,推重一時。而博極群籍,用心於内。同官王汝玉輩詞翰若宿構,鉉淹時始就,然沉深切至,其於經國匡導爲多。久之,中京闈鄉試,授中書舍人。"

過庭訓《本朝分省人物考》卷十八:"永樂戊戌,以善書徵入翰林。明年中京闈鄉試,未上春闈,授中書舍人。"

查繼佐《罪惟録》:"永樂中,以善書徵入翰林,筆法温媚,推重一時。博極群籍,所著沉深切至,於經國匡導爲多。久之,中京闈鄉試,授中書舍人,豫修宣廟《實録》。再進學士。"

張廷玉等《明史》本傳:"永樂中,以善書徵入翰林。舉順天鄉試,授中書舍人。"

談遷《國榷》卷三十二:"善書,薦入翰林。明年舉於鄉,授中書舍人。博學能文章,其自居暗如也。"

宣德四年(1429),預修成祖、仁宗《實録》成,升兵部車駕主事,仍供事内廷。

李賢《劉公鉉神道碑》:"宣德己酉,預修兩廟《實録》成,賜白金、文綺,升兵部車駕司主事,仍莅事内庭。"

過庭訓《本朝分省人物考》卷十八:"宣德己酉,與修兩朝《實録》成,賜白金、文綺,升兵部車駕主事,仍莅事内廷。"

高穀《劉文恭墓誌銘》:"宣德己酉,預修兩朝《實録》,有白金、織綺之賜,擢兵部車駕司主事。"

張廷玉等《明史》本傳:"宣德時,預修成祖、仁宗《實録》,遷兵部主事,仍供事内廷。"

正統三年(1438),與修《宣宗實録》,進翰林侍講。

《劉文恭公行實》引《國史》:"宣德、正統間,預修三朝實録成,升兵部車駕司主事,進翰林侍講。"

李賢《劉公鉉神道碑》:"正統戊午,與修宣廟《實録》成,進翰林侍講,金、綺之賚有加。"

高穀《劉文恭墓誌銘》:"戊午,再修宣廟《實録》成,進翰林侍講。"

何喬遠《名山藏》卷六十四:"正統中,豫修宣廟《實録》,進侍講,再進學士。開説簡質,爲英廟所嘉。"

過庭訓《本朝分省人物考》卷十八:"正統戊午,與修宣廟《實録》成,進翰林侍講。"

廖道南《殿閣詞林記》卷六:"正統初,預修宣廟《實録》,擢侍講。"

談遷《國榷》卷二十四:"(正統三年四月)主事劉球、劉鉉、洪璵俱改侍講。"卷二十五:"(正統六年八月)戊子,劉鉉疾愈,復行在翰林院侍講。"卷二十六:"(正統九年十月)甲戌,兵部右侍郎虞祥、通政司右通政吕經正、翰林院侍講劉鉉、檢校王玉清理軍職貼黄。"

張廷玉等《明史》本傳:"正統中,再修《宣宗實録》,進侍講。"

十三年(1448),得學士曹鼐等薦,教習翰林院庶吉士,慨然以師道自任,俾力追古作。明年,進侍講學士。

《劉文恭公行實》引《國史》:"戊辰,選進士爲庶吉士,命鉉教之。日有程限,詩文經手改竄者,一字未穩,閱旬猶爲易之。明年升侍講學士。"

李賢《劉公鉉神道碑》:"正統戊辰,詔擇進士穎敏者爲庶吉士,屬以教之。公懲曩之事虚文者,慨然以師道自任,俾力追古作,有一字未愜者經月不置,以故諸士夫有所造,後多以文學致名。己巳,進侍講學士。"

高穀《劉文恭墓誌銘》:"正統戊辰,詔簡進士,讀書文淵閣,命公教閲優劣,士皆有所進,名稱籍籍焉。己巳,以公負士林之望,特進侍講學士,階奉訓大夫。"

劉鉉《劉文恭公詩集》卷六《紀行詩并序》序云:"予承乏於朝二十載,自姑蘇抵於北京者往還既再,然或迫於公期,或牽於私情,或窘於同侶,而制於風波,故雖當山川之勝、古迹之奇、時物之美、風俗之殊,不獲探吊訪玩,而於衷恒有未愜。今年春,予以病請告,既蒙恩允,自二月辛酉陛辭,丁卯登舟,至閏月戊戌抵舍。兹行也,從容自由,無牽迫窘制之患,故於探吊訪玩之間有所得,輒形於言,凡得五七言近體并古體詩,共若干首,第其後先,俾澄等録成一編。嗚呼!自京至吴,以道計者越四千里之遠,以日計者餘四十日之久,然而山河草野之間風行露宿,不聞有萑符之警,實足以見聖朝仁涵義煦,民繁財阜,居安樂業,無有不遂,而四海之民鼓舞於熙皞之間者多矣。因不忍言之鄙近棄去用序之,或可以備他日輶車所采,且使黄童白叟歌於道路,或可以助康衢擊壤之樂云。正統四年,歲在己未閏月望後五日,承德郎、翰林院侍講兼修國史,彭城劉鉉序。"

過庭訓《本朝分省人物考》卷十八："戊辰，詔擇進士穎敏者爲庶吉士，屬鉉教之。鉉慨然以師道自任，力追古作，有一字未協者經月不置，以故諸吉士大有所造，後多以文學致名。己巳，進侍講學士。"

談遷《國榷》卷二十七："（己巳正統十四年五月）戊申，翰林院侍講劉鉉、修撰王振教習庶吉士。"

張廷玉等《明史》本傳："以學士曹鼐等薦，與修撰王振教習庶吉士。"

景帝立，景泰元年（1450），進侍講學士，直經筵。初，景帝稱攝，諸司勸進，鉉獨不署名；及易儲，亦不署名。同郡楊翥以故郕府長史，薦之於帝，鉉聞而不樂，然帝卒用之。二年夏，不雨，特遣祀濟瀆。

《劉文恭公行實》引《國史》："景泰庚午，始開經筵，簡鉉兼經筵官，以資講讀，啓沃良多。辛未大旱，遣祀濟瀆之神。有司餽贐遣者，鉉曰：'祀神本以爲民，今反害民，可乎？'遣者慚而退。"

李賢《劉公鉉神道碑》："景泰庚午，主考京闈，及揭曉，第一人劉宣乃盧龍軍士，同事者欲更之。公曰：'朝廷立賢，無方不可。'乃止。時論韙之。公未没，宣已第進士，爲翰林修撰矣。初置經筵官，公居首選，數賜白金、文綺、寶鏹，禮遇甚隆。辛未夏，不雨，特遣祀濟瀆。"

劉鉉《劉文恭公詩集》卷四《在試院作時景泰庚午》："西風初起夜寒微，細閲篇章定是非。墻棘遠圍人迹静，院門深鎖漏聲稀。堂中蠟炬輕摇影，天上文星爛有輝。盛世取才憑較藝，點頭何必信朱衣。"

高穀《劉文恭墓志銘》："庚午，爲京闈主考，得今翰林修撰劉君宣爲首冠，人號精選，宣時由盧龍軍入試故也。適開經筵，簡儒臣用資講讀，公在首列。每陳帝王圖治之道、聖賢心法之傳，且曰：

‘必如是而後可。’辛未夏,不雨,制遣公祀濟瀆。事竣,有司懷金幣以餽,公笑曰:‘吾之爲此,蓋爲民弭灾求福,豈容若私獻耶?’彼愧謝而去。”

廖道南《殿閣詞林記》卷六:“景泰初,充經筵官,遣祀濟瀆。”

王鏊《震澤紀聞》(明末刻本)卷上:“景皇帝即位,楊翥以前郕府長史自吴中來朝,主鉉家。時翥以舊學數入見内殿,其還也,手疏言鉉及吕原可大用。上以授大璫宋某,曰:‘俟有缺言之。’他日宋病,召醫盛叔大治之,問其家安在,對曰:‘長洲人。’因問:‘識劉先生乎?’盛以爲劉溥也,曰:‘今爲吏目。’曰:‘非也,翰林學士耳。’盛曰:‘劉學士古板人也。’宋曰:‘上亦知之,且用之矣。’盛退以告鉉,因要與俱詣宋。鉉謝不往,既而曰:‘上奚從知我?必翥之言也。可謂不知我者。’時易儲之議漸萌,禮部兩侍郎俱缺,宋乃出前疏以白上,上令送内閣曰:‘可用學士爲之。’大學士陳循等以鉉名進,江淵不悦鉉,追語内侍曰:‘鉉素不能幹事,不可用。’乃用編修薩琦。鉉聞淵言曰:‘是最知我者。’久之,遷國子祭酒。及將易儲,諸司皆勸進。司業言於鉉曰:‘諸司皆勸進,國子監容獨已乎?’鉉曰:‘國子監諫止則可,勸進則不可。’英宗復辟,閲諸疏,見勸進疏,無國子監名,心嘉之,問徐有貞曰:‘祭酒何人?’有貞以鉉對。上曰:‘吾欲一識之。’乃召對文華殿曰:‘卿可遂傅東宫。’又擢少詹事。後以完名終,賜謚文恭。弘治間,録其孫棨,今爲太常卿。人曰:‘此不能幹事之效也。’”

談遷《國榷》卷二十八:“(正統十四年九月)丙申,工科給事中張敏爲工部右侍郎,翰林院侍講劉鉉爲侍講學士。”卷二十九:“(景泰元年八月)己卯,翰林院侍講學士劉鉉、侍講陳文主試順天。”“(景泰元年九月)癸丑,敕太保寧陽侯陳懋知經筵事,户部尚書兼翰林院學士陳循、工部尚書兼翰林院學士高穀同知經筵事,户部右侍郎兼學士江淵、學士商輅、侍講學士劉鉉、吏部右侍郎俞山、禮部左侍郎儀銘、兵部右侍郎俞綱、國子祭酒蕭鎡、左諭德趙琬兼經筵官。”卷三十:“(景泰二年六月)甲申,遣工部右侍郎張敏、左通政欒惲、侍講學士劉鉉分祭東嶽、濟瀆、金龍口、黄河之神。”卷三十二:“修兩朝《實録》成,遷兵部主事,仍内直。又宣廟《實録》成,進侍講,特命教習庶吉士。進侍講學士。同鄉楊侍郎翥以潛邸舊人見景帝,館於鉉,嘗從容薦鉉可大用。上然之。鉉聞而自恨曰:‘楊先生館於我,而累我如是。’乃陽爲室煬以謝楊,使他徙。尋值日講,轉祭酒,條教篤密。”

張廷玉等《明史》本傳:“景帝立,進侍講學士,直經筵。”

景泰三年(1452)春,以高穀薦,遷國子監祭酒。時以國計不足放遣諸生,不願歸者停其月廪。鉉建言復給。乃定程課,示教條,旦暮講解,如恐弗及。及有托權貴以求幸得者,斥弗聽,六館之士帖然。

《劉文恭公行實》引《國史》:“壬申,命爲國子祭酒。至則嚴教條以約諸生,無敢假權豪以倖進者。”

李賢《劉公鉉神道碑》:“壬申春,缺祭酒,衆難其人,大學士高穀曰:‘學行老成,無如劉某者。’遂抗章薦之。命下,以公爲國子祭酒,士類歡然,有得人之賀。公曰:‘士子若室女,當保愛之。’於是定程課,示教條,旦暮講解,如恐弗及,有托權貴以求幸得者,斥弗聽,六館之士帖然。”

高穀《劉文恭墓誌銘》:“壬申春,會太學闕正員,時論難乎得人。予以公薦,命爲祭酒。公至,嚴條約,以身先之,爲生徒講説道義,揚善遏惡。覬覦者往往假權豪者以圖進,公一不之聽,由是倖迹屏息,人不能干以私。”

文徵明《劉文恭公詩集叙》:“景皇時,國家多故,謀臣倖吏往往附時取寵,致位通顯,而公毅然自守,不肯苟有所徇。"

廖道南《殿閣詞林記》卷六:"壬申,大學士高穀薦改國子祭酒,嚴條規淑諸生。"

雷禮《國朝列卿紀》卷一百五十九:"壬申春,缺祭酒,衆難其人。大學士高穀曰:'學行老成無如劉某者。'遂抗章薦之命下,以鉉國子祭酒。士類歡然,有得人之賀。鉉曰:'士子若室女,當保愛之。'於是定程課,示教條,旦暮講解,如恐弗及。有托權貴以求幸得者,斥弗聽,六館之士帖然。時監生多潛住在京,奔競成風。鉉奏稱:'監生有家近在京者,當依親之時,雖給文引,仍在京潛住。一聞行取,不待勘到原籍,官司輒詣部告病不曾還攙,先復監亟永出身。又有聞父母之喪,托故在京,守制給由,服未滿,即行起復,速求利禄,有傷風化,請禁止之。'上命凡監生犯此者,到部即送法司問罪。明年養母陳氏卒,朝廷欲奪其情,力求終制。服除,仍拜祭酒。監志云:舊例監生依親日月,俱准坐堂,行取文書,出部日即爲虚曠。景泰間,劉鉉等奏准文書,出部後俱以各布政司遠近爲限,再准水程,雲南、四川、貴州、兩廣五個月,福建七十日,陝西、江西、湖廣兩個月,南直、浙江四十日,山西、山東、河南一個月,北直半月,俱爲坐堂月日。"

談遷《國榷》卷三十:"(景泰三年正月)庚子,翰林院侍講學士劉鉉爲國子祭酒。""(景泰三年七月)己亥,國子祭酒劉鉉請:'任子年稍長赴監肄業,十五以下遣回。'從之。"

張廷玉等《明史》本傳:"三年,以高穀薦,遷國子祭酒。時以國計不足放遣諸生,不願歸者停其月廪。鉉言:'養才,國家急務,今倉廪尚盈,奈何靳此?'遂得復給。又令甄别六館生,年老貌寢、學藝疏淺者斥爲民,鉉言:'諸生荷教澤久,豈無片長?况離親戚,棄墳墓,艱苦備至,一旦被斥,非朝廷育才意,乞揀年貌衰而有學者,量授之官。'帝可其奏。"

景泰四年(1453),丁養母艱。服除,仍拜祭酒。

李賢《劉公鉉神道碑》:"明年,養母陳氏卒,朝廷欲奪其情,公力求終制。服除,仍拜祭酒。""詹事劉鉉爲祭酒時,諸生出身資格爲權要所挽,人咸苦之。先生曰:'此易爾。'立諸生,而與之約曰:'有守規格圖出身者,必同館諸生合辭共推,即遣行;不然,不可得也。'他日有圖之者,動爲諸生所嘩詈,至不能容。出是,此風遂絶。《水東日記》。"

高穀《劉文恭墓志銘》:"養母陳氏卒,命奔喪,公力求終制,從之。"

盧上銘《辟雍紀事》六:"是年劉鉉爲北祭酒。一日傳將易儲,諸司無大小皆勸進。司業某言於鉉,鉉曰:'此事所關甚大,若國子監勸止則可,勸進則不可。'乃已。"

過庭訓《本朝分省人物考》卷十八:"明年,丁養母艱。服除,仍拜祭酒。"

談遷《國榷》卷三十一:"(景泰四年二月)國子監祭酒劉鉉請終繼母喪,從之。""(景泰六年十月)庚申,劉鉉服闋,復國子祭酒。"

查繼佐《罪惟録》:"及上易儲,鉉已爲國子監祭酒,此時諸司皆賀,司業言鉉亦合上表。鉉曰:'不能諫,又賀耶?'"

張廷玉等《明史》本傳:"尋以母喪歸,服闋,赴都。陳詢已爲祭酒,帝重鉉,命與詢並任。"

英宗復辟改元(1457),以鉉易儲時無賀表,改少詹事,侍東宫講讀,輔道惟謹。

《劉文恭公行實》引《國史》:"天順改元,擢爲少詹事,日侍皇太子講讀。"

李賢《劉公鋐神道碑》:"天順改元,皇上復位,念宫端必求宿德之儒,在朝無逾公者,遂升少詹事。日侍講讀,輔導惟謹。"

何喬遠《名山藏》卷六十四:"英宗復辟,閲易儲時國子監無賀表,問徐有貞:'祭酒何人?官幾年矣?'有貞以鋐對。上召見文華殿,曰:'卿可遂傅東宫。'擢少詹事。"

高穀《劉文恭墓誌銘》:"天順改元,今上復大寶,詔立皇儲,必資才德老成者,俾爲輔導,僉謂在朝宿德無逾公者,遂升少詹事,日侍講讀,於正心、誠意之學啓沃良多。"

文徵明《劉文恭公詩集叙》:"英廟復辟,遂用爲宫詹。方將大拜,而公非久物故,一時士論有遺望焉。"

劉鳳《題文恭公詩集後》:"不肖舊聞之父老云,憲廟嘗稱'劉某說書簡而且明'。蓋公青宫首僚,尤被顧遇,贊翊良多。"

過庭訓《本朝分省人物考》卷十八:"天順改元,英皇復位,念官端必求宿德之儒,遂升少詹事,日侍講讀,輔道惟謹。"

盧上銘《辟雍紀事》六:"後英廟復辟,閲諸司勸進疏,獨無國子監名,問徐有貞曰:'祭酒何人?'貞以鋐對。上即召見文華,語鋐曰:'卿可還傅東官。'乃擢少詹事。"

雷禮《國朝列卿紀》卷十八:"天順元年,任兼侍讀。"

談遷《國榷》卷三十二:"(天順元年)三月甲子朔,國子祭酒劉鋐爲少詹事。""以易儲時獨不預名,憂去,奪情不起。服除,復秩。天順初,閲前疏,獨無鋐名,心善之,擢少詹事,直講。"

查繼佐《罪惟録》:"上皇復辟,以國子監獨無賀表,問徐有貞,有貞以鋐對。上立召見,擢少詹事。"

張廷玉等《明史》本傳:"天順初,改少詹事,侍東宫講讀。"

天順二年(1458)卒,年六十五。帝及太子皆賜祭,賻贈有加。成化二年(1466),贈禮部左侍郎,賜謚文恭。

《劉文恭公行實》引《國史》:“至是卒,上聞而嗟悼曰:‘安得學行醇篤如斯人耶?’命官諭祭之。皇太子亦遣官致祭,賻贈加厚。”引《蘇郡志》:“成化三年,追贈禮部侍郎,謚文恭。”

李賢《劉公鉉神道碑》:“忽一日不至,云已捐館矣。朝縉莫不畫然。上聞訃哀悼曰:‘安得學行醇篤如斯人者?’遣禮部侍郎李紹諭祭於其家。公生洪武甲戌八月二十日,卒天順戊寅十月六日,享年六十有五。”“配陸氏,有淑德,封孺人。子男四,長曰澄,早卒;次曰瀚,天順丁丑進士;次曰滸;次曰泳。”

高穀《劉文恭墓誌銘》:“天順二年十月六日,以疾卒於官,春秋六十有五。訃聞,上深悼之,賜祭,以旌其賢。皇太子亦致賻,以表其行。朝臣自六卿以下皆臨奠。嗚呼,盛哉!”“配陸氏,有賢行,封孺人,先公卒。子男四:長澄,先卒;次瀚,即進士;次滸;次泳。女四:安清適賀庸,安福適錢溥,安正適吴正,安吉未行。孫男五:橋、梓、楨、檣、桐。孫女五。瀚扶柩南還,以明年三月七日,葬於其邑武邱鄉袁巷村之原,合陸氏兆。”

吴寬《劉文恭公文集序》:“公殁後數年,天子念公爲春宫舊學之臣,特贈禮部左侍郎,謚曰文恭,而有司復祠公於學宫,知德者以爲合於公議云。”

何喬遠《名山藏》卷六十四:“一日忽不至,曰死矣。上嘆惜久之。成化二年,贈禮部左侍郎,賜謚文恭。”

過庭訓《本朝分省人物考》卷十八:“二年卒於官,年六十五。上聞訃,哀悼曰:‘安得學行純篤如斯人者?’遣禮部侍郎李紹諭祭其家,贈禮部左侍郎,謚文恭。”

談遷《國榷》卷三十二:“(天順二年十月)庚申,少詹事劉鉉卒。……年六十五,贈禮部左侍郎,賜祭葬,謚文恭。”

張廷玉等《明史》本傳:“明年十月卒。帝及太子皆賜祭,賻贈有加。憲宗立,贈禮部侍郎,謚文恭。"

鉉性介特,言行不苟,讀書至老彌篤。尚儉約,已貴而猶僦居隘陋,裕如也。而恤所乏及問遺其孤,無不至,人咸謂之長者,至有所發,使人不寒而粟。家訓素嚴。

《劉文恭公行實》引《國史》:"鉉爲人介特自守,言行不妄,與人交一以誠。權門雖舊,絶迹不往。官位已崇,猶僦居隘陋。當時少師楊士奇、少傅楊溥相推許,有古君子之行。"

李賢《劉公鉉神道碑》:"公性介特,絶軟媚之態,立身以不欺爲主,未嘗疾言遽色。尚儉約,已貴而猶僦居隘陋,裕如也。禄賜之餘,必分惠宗族故舊之貧者。恒館粟之僚友卒而乏者,爲具後事,復教其孤。有至顯官者,有病吏,公憐而舍之,染其疾及家人,或請遣之,公弗聽,已而皆愈。鄉人有逮繫不能明者,公爲白其冤,人德之,懷金以謝,公曰:'吾直爾公也,豈爲私邪?'遂感泣而退。其善行如此類者甚多。立朝無惰容,不以寒暑久速而少變,亦其志之堅定也。楊文貞、文定兩公皆重其爲人,每稱道之。家訓素嚴,仲子瀚以進士使南方,戒之曰:'臨財毋苟得也。'閱其衣篋以行。比還,仍閱之如故,乃喜曰:'無玷吾門矣。'"

高穀《劉文恭墓誌銘》:"公爲人介特自守,言動不欺,與人交,一以誠恪爲主,而人亦服其無僞,親者亦衆。權門要路,絶迹不往。或疑其太迂,公曰:'吾知安吾分而已。'當時若楊文貞公士奇、楊文定公溥交相推許,有'志古道如古人'之嘆。在中書時,寮友有卒不克喪者,公爲具後事,復教其孤成學,得有顯官。鄰有謫戍者,天寒不能行,公製絮被爲重裘遺之。吏有病,主人勿能容,舍之以待痊。婚喪貧窶不能自給者,周之或恐後。天性孝友,嘗以二親不及養,每歲時逢忌,哀痛如初喪。季父解元君没,子夭,公繼其後。兄有疾,躬藥食以奉。姊寡,迎養於家。教諸子以德義忠孝,每舉古人行實爲勉。子瀚登丁丑進士第，嘗奉使東南，以‘無見利忘義’爲戒。”

何喬遠《名山藏》卷六十四：“鉉不好名稱，與人雖造次未嘗不厚，若同官子弟見焉，拜起必令如禮，而恤所乏及問遺其孤，無不至，人咸謂之長者，至有所發，使人不寒而栗。子瀚舉進士，奉使行時，鉉閲其衣篋，比還，篋如故，殊喜。瀚官副使，能伉鉉法於家。鉉從孫有名鳳者，仕御史，以好學聞。”

文震孟撰《姑蘇名賢小紀》（明萬曆刻清順治重修本）卷上《劉文恭公》：“論曰：士當危疑之會不能自立，旅衆爲進退者，得失心累之也。劉公視相位如浮雲，若或浼之，又肯以易儲請乎？夫使劉公而相，後之論次劉公者，不過易一相銜耳，其寔何益劉公毫髮？違衆守是，不虞奇禍，不摇危議，殆庶幾古稱社稷臣矣。”

王鏊《（正德）姑蘇志》卷五十二：“鉉爲人介特自持，言行不苟，與人交一以誠信。權門要路，未嘗一迹，官位已崇，猶僦居隘巷。當時楊士奇、楊溥相推許，有古君子之行。”

廖道南《殿閣詞林記》卷六：“予觀《姑蘇志》稱鉉介特自持，言行不苟，楊文貞、楊文定嘗過其所居，名‘假庵’，甚湫隘，稱爲古人云。贊曰：樸不離俗，介不附權。嗜學不倦，立志彌堅。所居假庵，廳不旋馬。文貞文定，稱賢不暇。”

查繼佐《罪惟録》：“鉉不好名，務長□。至有所發，吏人不寒而慄。子瀚，舉進士，奉使行。鉉閲其行篋，比還，篋如故，則殊喜。”

張廷玉等《明史》本傳：“鉉性介特，言行不苟，教庶吉士及課國子生，規條嚴整，讀書至老彌篤。仲子瀚以進士使南方，瀕行，閲其衣篋。比還，篋如故。乃喜曰：‘無玷吾門矣。’瀚官終副使，能守父訓。”

傅維鱗《明書》卷一百二十五：“史官曰：昔人謂鉉介特自持，言行不苟，楊士奇、楊溥常過其所居，名‘假庵’，甚湫隘，亟稱爲古人，嘆賞久之。觀其不謝中貴，則與薛瑄之不枉見王振同一貞操；不表易儲,則當時于、商、高、陳諸人,且輸一籌多矣。如鉉者,豈非可大用而不究其所用歟?”

平生耽嗜文籍,博極群書,素醞藉,爲文紆徐演迤,務造至理。詩古淡舂容,自有餘味。所著有《假庵稿》若干卷。

《劉文恭公行實》引《國史》:“平生耽嗜群書,至老彌篤。爲文渾厚雄偉,詩舂容豐雅,皆有典則,足以追配古之作者。有《假庵稿》若干卷。”

李賢《劉公鉉神道碑》:“平生耽嗜文籍,博極群書,素醞藉,爲文紆徐演迤,務造至理。詩古淡舂容,自有餘味。方衆賢聚於朝,以意氣相雄長,公獨用心於內,退然沉毅,略不與較。有《假庵稿》若干卷,藏於家。”

李賢《明一統志》卷八:“爲人學行淳篤,其教人以不欺爲本。善古文,尤工於詩。”

高穀《劉文恭墓誌銘》:“平生耽嗜羣書,至老彌篤。爲文渾厚雄偉,務極理趣。詩舂容豐雅,咸有典律,皆足以追配古作。四方求者日集户外,一時文人咸推服之。所著有《假庵稿》若干卷。”

吴寬《劉文恭公文集序》:“文名既著,有求者輒酬應之,若不辭拒。然平生慎許可,少假借,言之所施,未嘗徇俗以悦人,人亦未敢易而求之也。蓋公爲人儉質無華,而少玩好,静退不競,而絶奔趨,故形於著作者,不以險怪侈靡爲工,往往於和平簡澹之中而有温純典雅之意,知公者以爲似其爲人焉。公既没,藏于篋中率多亂稿。其子瀚從仕中外,皆以刑獄爲職,未暇編次。及是,以陜西按察副使致仕,始以其暇爲之。以寬居同里,及仕又嘗同朝,契好甚,久乃奉其遺稿以示,俾序其首。寬生也後,不獲承公之教,特從諸生中一嘗望見其顔色而已。今幸得其遺稿而讀之,亦何异蒙公之指授者?顧淺陋之學,雖按察君繆加委重,其非公之望乎?既辭不獲,他日君則以書俾其子今直閣尚寶卿桀來言曰：‘某老矣，先子之文將板刻行世，願序文之及見之也。’蓋公在翰林最久，後自國子祭酒擢少詹事，官亦顯矣。而公所以儉質静退者，自持愈至，猶夫山林人也。故其行已，鄉人知之，同時之人知之，遠方後輩或有不知者，將無疑其文乎！孔子曰：‘有德者必有言。’敢書曰‘此有德者之言也。’學者宜相與傳之。”

文徵明《劉文恭公詩集叙》：“公剛方博大之氣，端居自守之節，蓋嘗以古人自期，文章翰墨特其餘事耳。然所論著精深博雅，當其時亦未見有以過之者。嘗言前輩爲文，楊文貞公必歷時乃就，而王汝玉日可數篇，然精駁雜出，非楊公比也。今曹文襄、張士謙文亦易成，而余[公]非歲月不可，其意隱然有自負者。至其爲詩，一字不安，更數月必改定乃已。其慎重如此，殆非苟作也。……公文之妙麗，吴公既已論次，此特著其重刊之意云。”

皇甫冲《題劉文恭公詩集後》：“公之詩杼思敦厚，吐詞和平，可以語教，可以觀德。語云‘雖無老成人，尚有典刑’，於斯詩見之。其所用多今韻，則猶從周之意云。既爲删定，因題其末，以告諸知言者。”

劉璞《題文恭公詩集後》：“近世之士，德行文章難於兼備。璞嘗考公之行剛方清雅，朝野推重，有古人之風。讀公之詩沉鬱雄渾，而格調高古，殆與盛唐諸家相雄長。二者實兼之矣。”

葉盛《水東日記》卷十六：“正統十三年，彭時榜進士詔選北士(中闕)林爲庶吉士，命儒臣教督之。長州劉詹事先生宗器、公安王祭酒先生的(中闕)亦嘗同事。時山東士二人尹旻同仁、孫昱廷昭也。同仁之言曰：‘兩先生言行皆可師法。’劉先生一日出《送行同官之任南京》詩一律，命書之，詩成，慟哭不能語。忠誠之發，左右莫不感動。其詩曰：‘一尊傾罷雨蕭蕭，客思離情總不消。十載禁林同侍講,五更青瑣共趍朝。西風鴻雁南歸急,落日雲烟北望遥。此際送君無限意,疏疏楊柳玉河橋。'"

過庭訓《本朝分省人物考》卷十八:"平生耽嗜文籍,博極群書,素有醞籍,爲文務造至理,詩古淡有餘味。立朝無惰容,不以寒暑久速少變,所志堅人類如此。有《假庵》若干卷稿,藏於家。"

王鏊《(正德)姑蘇志》卷五十二:"平生耽嗜群書,至老彌篤。爲文渾厚,詩春容豐贍,皆有法則。所著有《假庵稿》。"

范邦甸《天一閣書目》卷四之二集部"劉文恭公詩集六卷刊本":"明少詹事長洲劉鉉著。鉉由京闈鄉解授中書舍人,與修三朝《實録》,累升翰林侍講、國子祭酒,轉少詹事,卒於官。《一統志》稱其學行淳篤,教人以不欺爲本,善古文,尤工於詩,所著有《假庵集》六十卷。嘉靖己酉,玄孫畿志曰:'高祖文恭公全集,曾祖憲副公嘗求序於胡文定公,刻閩中。原稿掌於憲副後人,珍襲之過,未之得見。乃搜采數十年,僅得是詩三百餘首,體别類聚,均爲六卷,缺誤頗多。因就正於華陽皇甫子,而折衷於衡山文太史。先以登梓,俟獲全集,續梓行世。其行實載在史志銘傳,散見於諸家之所紀録者,合爲一册,以冠諸首,俾誦言者得以考德。'卷首郡人文徵明序,延陵吴寬原序,卷尾皇甫冲、從曾孫鳳、從元孫璞後序。"

張昶《吴中人物志》卷七:"平生博通經史,爲文根柢義理,詩亦典則。"

談遷《國榷》卷三十二:"鉉於修詞艱,法取雅潔,每篇成,必旬日而後出,有《假庵稿》。"

錢謙益《列朝詩集》乙集卷六《劉少詹鉉》:"平生端謹静退,老而好學,詩文爲詞林所推。文徵仲稱:'其爲詩一字不安,更數月必改定,其矜重如此。'其家刻《假庵詩集》殊寥淺,不滿人意。或云公詩毁於火,所傳皆非其佳者。"

朱彝尊《明詩綜》卷二十一："李原德云：劉公詩古淡春容，自有餘味。吴原博云：文恭著作不以險怪爲工，往往於和平簡淡之中，寓温純典雅之意。文徵仲云：公爲詩一字不安，更數月必改定，其矜慎若此。"

湯斌《擬明史稿》卷十二《劉鉉列傳》："數祭酒皆以嚴正風骨勝，而鉉更冷峻。文以本色語繪之，其氣猶岳立紙上。"

按，馮桂芬《（同治）蘇州府志》卷一百三十七："劉鉉《劉文恭詩集》六卷，《康熙志》作《假庵稿》，《明詩綜》作《假庵集》。"劉鉉著作，始刻爲《假庵稿》六十卷，後散失無存，至其玄孫畿搜輯殘稿，僅得詩六卷，合《行實》刻爲《劉文恭公詩集》。本末詳劉畿《劉文恭公詩集》識語："先高祖文恭公遺《假庵集》六十卷，兹刻特十之一耳。曾伯祖憲副公嘗以全集求序於吴文定公，聞刻諸閩中，恨未及之見。先大父湯溪公謀重刻於家，又以蚤世，弗竟厥緒。畿每痛之，思嗣先志，而原稿爲先憲副公所掌遺之後，人珍襲之過，未能遽得。乃始旁搜博采，積之數年，僅得是詩三百餘首。因體别而類聚之，均爲六卷。命子份手録成帙，第缺誤頗多，因就正於華陽皇甫子，而折衷於衡山太史公。先以登梓，俟他日獲購全集，續梓行之。其行實載在史志，銘傳散見於諸家之所記録者，合爲一册，以冠諸首，俾誦言者因以考德，庶幾不泯先文恭之美，且以成先大父之志云。"又見文徵明《劉文恭公詩集叙》："平生所著有《假庵集》若干卷，公仲子陝西按察副使瀚嘗刻於閩中矣。文定公寔叙之，今叙文載《匏庵集》，而其書竟不傳。蓋副使没，而其家文獻或散失也。比歲，公之孫桐宰湯溪，謀重刻之，以不得原稿而止。今鄉貢進士畿，湯溪之孫也，搜諸故篋，及訪於親友，得雜詩數十篇，遂以鋟梓，意蓋有所俟也。"

按，劉鉉著述，李賢《劉公鉉神道碑》、過庭訓《本朝分省人物考》、張昶《吴中人物志》、王鏊《(正德)姑蘇志》、談遷《國榷》等皆著録爲《假庵稿》,朱彝尊《明詩綜》作《假庵集》,其他則焦竑《國史經籍志》卷五著録"劉鉉《文恭集》六卷",黄虞稷《千頃堂書目》卷十八著録"劉鉉《劉文恭公詩集》六卷",張廷玉《明史》卷九十九著録"劉鉉詩集六卷",趙宏恩《(乾隆)江南通志》卷九十四著録"《假庵稿》,長洲劉鉉",范邦甸《天一閣書目》卷四之二集部著録"劉文恭公詩集六卷刊本"。馮桂芬《(同治)蘇州府志》卷一百三十七:"劉鉉《劉文恭詩集》六卷,《康熙志》作《假庵稿》,《明詩綜》作《假庵集》。"則實同書而异名。

又,趙宏恩《(乾隆)江南通志》卷一百九十二著録"《天文明解》,長洲劉鉉。"按,《(康熙)安慶府志》卷十九:"劉鉉,廪□生,好學□□,博通經史,著有《天文明解》《詩易會參》《四書會參》。"清何紹基《(光緒)重修安徽通志》卷二百二十三:"姜學達字拙生,太湖廪生,博涉經史,古文擬諸大家,尤工詩,所著有《涉亂草》。同邑劉鋐(按,當爲"鉉"之誤)亦廪生,博通經史,著有《天文明解》《詩易會參》《四書會參》。《安慶府志》"卷三百四十一:"《天文明解》,太湖劉鉉著。"則著《天文明解》者當爲清朝太湖劉鉉。

參考文獻:

1. 劉鉉《劉文恭公詩集》,明嘉靖刻本。

2. 焦竑《國朝獻徵録》,明萬曆四十四年徐家檈曼山館刻本。

3. 過庭訓《本朝分省人物考》,明天啓刻本。

4. 湯斌《擬明史稿》,清康熙二十七年刻後印本。

5. 談遷《國榷》,中華書局 1958 年版。

6. 張廷玉等《明史》,中華書局 1983 年版。

7. 何喬遠《名山藏》,上海古籍出版社 1996 年版。

8. 雷禮《國朝列卿紀》,《四庫全書存目叢書》史部第 92—94 册,齊魯書社 1997 年版。

9. 查繼佐《罪惟録》,浙江古籍出版社 2012 年版。

10. 錢謙益《列朝詩集》,清順治九年毛氏汲古閣刻本。

11. 錢穀《吴都文粹續集》,清文淵閣《四庫全書》補配文津閣《四庫全書》本。

12. 陳田輯著《明詩紀事》,上海古籍出版社 1993 年版。

（陳書録　王志剛）